추천사

이 책은 앞으로 수년 동안 설교자들에게 회자되고 그들이 참고로 할 중요한 책들 가운데 하나가 될 것이다. — **월터 C. 카이저**(전 고든콘웰 신학교 총장)

구약은 초대교회의 성경이었다. 그런데도 현대 교회의 많은 목회자들은 구약은 설교하기에 어렵다고 느낀다. 그레이다누스는 고민하고 있는 독자들에게 구약에서 그리스도를 설교하는 데 필요한 실제적이고도 유익한 조언을 해 주고 있다. 이 책은 하나님의 말씀을 가르치려는 사람이 읽고 적용할 만한 가치가 충분하다. — **해돈 로빈슨**(『강해 설교』 저자)

구약 설교는 여전히 드물다. 구약에서 그리스도를 설교하는 것은 여전히 까다롭다. 하지만 이 책은 그 길을 체계적으로, 명확히 보여 준다. 또한 이 책은 저자가 꾸준히 내어 놓는 설교들을 통해 검증을 마쳤다. 구약에서 그리스도를 전하고자 하는 설교자에게 이 책은 손때가 묻어야 할 필독서이다. — **김대혁**(총신대학교 신학대학원 설교학 교수)

이 책은 복음의 발원지이자 물줄기인 구약에서 그리스도를 만나고 전하는 해석과 설교의 이론과 실제를 효과적으로 제시한다. 말씀 사역자들이 두고두고 되새기고 활용할 통찰력의 보고이다. — **성주진**(전 합동신학대학원대학교 구약학 교수)

제목이 모든 것을 말해 주는 책. 그리스도 중심의 구약 설교라는 당위성에 실천력을 더해 주는 최고의 안내서. 오고 가는 설교 이론들에 휘둘리지 않고 중심 잡힌 신학적 설교를 추구한다면 꼭 읽어야 할 책이다. — **유선명**(백석대학교 신학대학원 구약학 교수)

성경적인 설교를 원한다면, 구약 본문에서 예수 그리스도를 선포할 수 있어야 한다. 본서는 구약 본문에 관한 기독론적인 성경 해석의 모든 쟁점과 설교의 실제 방안을 제시한다. — **이승진**(합동신학대학원대학교 설교학 교수)

시드니 그레이다누스는 구약에서 예수 그리스도를 설교할 수 있도록 학문적이면서도 실질적인 원리들을 제시하고 있다. 이 책은 구약을 기독론적으로 설교하고자 하는 모든 이들을 위한 필독서임이 분명하다. — **이희성**(총신대학교 신학대학원 구약학 교수)

설교의 중심은 오직 예수 그리스도! 그레이다누스 교수는 강박적일 정도로 모든 성경에서 그리스도 중심적 설교를 하고자 하는데, 나는 이를 '거룩한' 강박이라고 부르고 싶다. 신약에서, 또 구약에서 오직 그리스도만 선포하기를 열망하는 설교자들에게 이 책은 좋은 길잡이가 될 것이다. — **채경락**(고신대학교 설교학 교수)

Preaching Christ from the Old Testament
by Sidney Greidanus

Copyright © 1999 Sidney Greidanus
Originally published in English under the title *Preaching Christ from the Old Testament*
by Wm. B. Eerdmans Publishing Co., Grand Rapids, Michigan, U.S.A.
All rights reserved.

This Korean Edition © 2019 by Jireh Publishing Company, Goyang-si,
Gyeonggi-do, Republic of Korea.

This Korean edition is published by arrangement of Wm. B. Eerdmans Publishing Co.
through rMaeng2, Seoul, Republic of Korea.

이 한국어판의 저작권은 알맹2 에이전시를 통하여 Wm. B. Eerdmans Publishing Co.와 독점 계약한 이레서원에 있습니다. 신 저작권법에 의하여 한국 내에서 보호받는 저작물이므로 무단 전재와 무단 복제를 금합니다.

• 일러두기: 이 책의 인명 및 지명 표기는 외래어 표기법을 따랐습니다.

구약의
그리스도,

어떻게
설교할 것인가

구약의 그리스도, 어떻게 설교할 것인가

지은이　시드니 그레이다누스
옮긴이　김진섭·류호영·류호준

개정판 1쇄 발행　2019년 4월 19일
개정판 2쇄 발행　2021년 6월 1일

기획, 마케팅　김정태
편집　송혜숙, 오수현
총무　곽현자

발행처　도서출판 이레서원
발행인　문영이
출판신고　2005년 9월 13일 제2015-000099호
경기도 고양시 일산동구 백석로71번길 46, 1층 1호
Tel. 02)402-3238, 406-3273 / Fax. 02)401-3387
E-mail: Jireh@changjisa.com / Facebook: facebook.com/jirehpub

책값은 표지에 있습니다.
ISBN 978-89-7435-513-5　93230

이 도서의 국립중앙도서관 출판예정도서목록(CIP)은 서지정보유통지원시스템 홈페이지(http://seoji.nl.go.kr)와 국가자료공동목록시스템(http://www.nl.go.kr/kolisnet)에서 이용하실 수 있습니다. (CIP 제어번호: CIP2019007530)

Preaching Christ from the Old Testament

**하나의 현대적
해석학 방법론**

구약의 그리스도, 어떻게 설교할 것인가

시드니 그레이다누스 지음
김진섭·류호영·류호준 옮김

이레서원

목 차

- 역자 서문 | 12
- 친애하는 한국 독자들에게 | 15
- 서문 | 17
- 감사의 글 | 21
- 약어 표 | 24

• 제1장 •
그리스도를 설교함과 구약을 설교함

1. 그리스도를 설교해야 할 필요성 | 25
   1) "그리스도를 설교함"의 의미에 대한 혼동 | 27
   2) "그리스도를 설교함"에 대한 신약의 가르침 | 29
   3) "그리스도를 설교함"의 의미 | 35
   4) 오늘날 그리스도를 설교해야 할 이유 | 38

2. 구약에서 설교해야 할 필요성 | 45
   1) 구약 설교가 별로 없는 이유 | 47
   2) 신약뿐 아니라 구약을 설교해야 할 이유 | 59

• 제2장 •
구약에서 그리스도를 설교해야 할 필요성

1. 구약에서 그리스도를 설교하는 일이 별로 없는 이유 | 70
   1) 인물 중심적 설교에 대한 유혹 | 70
   2) 억지 해석에 대한 우려 | 74
   3) 구약과 신약의 분리 | 76

2. 구약의 독특한 성격에 대한 견해 | 77
   1) 구약은 반기독교적(sub-Christian)이다 | 78
   2) 구약은 비기독교적(non-Christian)이다 | 78
   3) 구약은 전기독교적(pre-Christian)이다 | 80
   4) 구약은 기독교적(Christian)이다 | 85

3. 구약과 신약의 관계 | 87
   1) 구약은 미래지향적이다 | 88
   2) 단일한 구속사가 구약과 신약의 중심을 이룬다 | 90
   3) 예수 그리스도는 신구약의 연결 고리이다 | 91
   4) 신약 저자들은 자신의 저술을 구약과 융합한다 | 93
   5) 구약은 신약의 관점에서 해석되어야 한다 | 94

4. 그리스도에 대한 구약의 증거 | 96
   1) 구약에서 그리스도를 설교함에 있어서의 다양한 선택 사항 | 97
   2) 구약에서 그리스도를 설교함에 있어서의 신약의 통찰 | 100

5. 구약에서 그리스도를 설교함이 주는 유익 | 109
   1) 구약에 친숙해지게 함 | 110
   2) 그리스도를 보다 온전히 이해하게 함 | 111

• 제3장 •
구약에서 그리스도를 설교함의 역사적 고찰 (I)

1. 알레고리적 해석 | 118
   1) 배경 | 118
   2) 사도적 교부들 | 123
   3) 알렉산드리아 학파 | 132
   4) 알레고리적 해석에 대한 평가 | 142

2. 모형론적 해석 | 146
   1) 배경 | 146
   2) 안디옥 학파 | 147
   3) 모형론적 해석에 대한 평가 | 154

3. 4중적 해석 | 157
   1) 배경 | 157
   2) 성경의 네 가지 의미 | 158
   3) 4중적 해석에 대한 평가 | 169

· 제4장 ·
구약에서 그리스도를 설교함의 역사적 고찰 (II)

1. 기독론적 해석 ㅣ 173

   1) 젊은 날의 루터 ㅣ 173
   2) 루터의 해석 방법론 ㅣ 177
   3) 루터의 기독론적 구약 해석 ㅣ 184
   4) 루터의 그리스도 설교 ㅣ 187
   5) 루터의 기독론적 해석에 대한 우리의 평가 ㅣ 191

2. 하나님 중심적 해석 ㅣ 195

   1) 칼뱅 ㅣ 195
   2) 칼뱅의 해석학적 방법론 ㅣ 197
   3) 칼뱅의 하나님 중심적 구약 해석 ㅣ 210
   4) 칼뱅의 하나님 중심적 설교 ㅣ 221
   5) 칼뱅의 하나님 중심적 해석에 대한 평가 ㅣ 225

3. 현대의 기독론적 해석들 ㅣ 229

   1) 스펄전(Spurgeon) ㅣ 230
   2) 빌헬름 피셔(Wilhelm Vischer) ㅣ 245

· 제5장 ·
구약에서 그리스도를 설교하기 위한 신약적 원리

1. 그리스도 중심적 설교는 하나님 중심적 설교여야 한다 ㅣ 268

   1) 그리스도 일원론의 위험성 ㅣ 268
   2) 하나님 영광을 위해 그리스도를 설교함 ㅣ 269
   3) 성령님을 설교함에 대한 관심 ㅣ 273

2. 그리스도의 실재성으로부터 구약을 해석하라 ㅣ 274

   1) 그리스도의 실재성으로부터 구약을 이해함 ㅣ 276
   2) 신약의 구약 사용 ㅣ 278
   3) 구약 해석을 위한 신약의 전제들 ㅣ 286

3. 그리스도께로 인도하는 구약의 다양한 길 | 302

1) 점진적 구속사의 길 | 302
2) 약속-성취의 길 | 306
3) 모형론의 길 | 315
4) 유비의 길 | 326
5) 통시적 주제의 길 | 329
6) 대조의 길 | 332

• 제6장 •

그리스도 중심적 방법론

1. 구속사적-그리스도 중심적 해석 | 336

1) 첫째, 본문을 그 자체의 역사적 문맥에서 이해하라 | 336
2) 그다음에, 메시지를 정경의 문맥과 구속사의 문맥에서 이해하라 | 340

2. 점진적 구속사의 길 | 345

1) 구속사의 중추적 요점들 | 346
2) 구속사의 특징 | 347
3) 점진적 구속사의 길 | 348

3. 약속-성취의 길 | 354

1) 약속 – 성취 관계 해석을 위한 특별한 규칙 | 355
2) 선지서의 약속들 | 356
3) 시편의 약속들 | 359
4) 내러티브의 약속들 | 360
5) 약속 – 성취의 길의 현대적 관련성 | 365

4. 모형론의 길 | 366

1) 모형론과 주해 | 367
2) 모형론의 길에 따르는 위험 | 370
3) 모형론의 정의 | 373
4) 모형들의 특징 | 374
5) 모형론 사용의 규칙 | 376
6) 다양한 장르 속에 나타난 모형의 실례들 | 380

5. 유비의 길 | 383
　　1) 구약에서 그리스도를 설교하기 위한 유비의 길 | 384
　　2) 다양한 장르 속에 나타난 유비 사용의 실례들 | 385

6. 통시적 주제의 길 | 389
　　1) 성경 신학 | 390
　　2) 통시적 주제의 실례 | 391

7. 신약의 관련 구절 사용의 길 | 393
　　1) 신약 관련 구절 사용 | 394
　　2) 신약 관련 구절 사용의 실례 | 394

8. 대조의 길 | 397
　　1) 그리스도 안에 중심을 둔 대조의 길 | 398
　　2) 다양한 장르 속에 나타난 대조의 실례들 | 399

• 제7장 •
구약 본문에서 그리스도 중심적 설교에 이르는 단계

1. 구약 본문에서 그리스도 중심적 설교에 이르는 단계 | 406
　　1) 첫째, 회중의 필요에 주의하면서 설교 본문을 선택하라 | 406
　　2) 둘째, 본문을 그 문예적 문맥에서 읽고 또 읽어라 | 409
　　3) 셋째, 본문 구조의 개요를 만들라 | 410
　　4) 넷째, 본문을 그 자체의 역사적 배경에서 해석하라 | 411
　　5) 다섯째, 본문의 주제와 목표를 명확히 표현하라 | 415
　　6) 여섯째, 본문의 메시지를 정경과 구속사의 문맥에서 이해하라 | 416
　　7) 일곱째, 설교의 주제와 목표를 명확히 표현하라 | 418
　　8) 여덟째, 알맞은 설교 양식을 선택하라 | 419
　　9) 아홉째, 설교 개요를 준비하라 | 420
　　10) 열째, 설교문을 구어체로 작성하라 | 422

2. 창세기 22장에 대한 열 단계 적용 | 423

• 제8장 •
그리스도 중심적 방법론의 실제

1. 알레고리적 방법에 맞서, 그리스도 중심적 방법론 시험해 보기 | 464
    1) 노아 홍수에 대한 설교(창 6:9-8:22) | 464
    2) 이스라엘과 마라의 물에 대한 설교(출 15:22-27) | 472
    3) 이스라엘의 아말렉 전투에 대한 설교(출 17:8-16) | 477
    4) 붉은 암송아지 의식에 관한 설교(민수기 19장) | 483
    5) 여리고성의 멸망과 라합의 구원에 관한 설교(여호수아 2장과 6장) | 491

2. 그리스도 중심적 방법론 실습 | 503

- 부록
    1. 본문에서 설교에 이르는 단계 | 507
    2. 강해 설교의 한 모델 | 510

- 참고 문헌 | 512
- 성경 색인 | 528
- 주제 색인 | 532

역자 서문

구약 성경은 신약 성경과 더불어 우리 주 예수 그리스도 안에 있는 구원을 믿음으로 누리게 하는 역사적 기독교회의 신앙과 생활에 유일한 규범으로서 중요한 축을 이루어 왔다. 그러나 기독신앙 공동체 안에서 신약 성경이 받아 온 존경에 비하면 실질적으로 구약 성경은 거의 부차적인 지위에 머물러 왔음을 부인하기 어렵다.

구약 성경에 대한 이러한 편견은 사실상 기독교회의 역사만큼이나 오래되었다. 기독교 초기 역사에 등장했던 마르키온(Marcion, 약 85-160년)으로부터 '정경 안에서 정경'을 찾으려는 현대 그리스도인들에 이르기까지, 비록 형태는 달랐어도 구약에 대한 배척이나 편견은 계속되어 왔다. 그리고 적지 않은 수의 현대 기독교회의 목회자들이나 신학도들, 그리고 일반 그리스도인들 역시 이러한 입장에 대해 의식적으로, 혹은 무의식적으로 동의해 왔다고 할 수 있다.

그럼에도 불구하고 구약을 기독론적으로 이해해야 한다는 입장이 기독교회의 긴 역사를 통해서 주류를 이루어 왔다는 것은 결코 놀랄 만한 일이 아니다. 특별히 16세기 종교 개혁자들의 공헌이 있다면 그것은 구약에 대한 정당한 이해였다. 종교 개혁자들은 신약과 마찬가지로 구약도 교회를 향한 하나님의 동일한 은혜와 진리의 말씀으로 이해했으며, 특별히 신약과의 관계성에 있어서 구약이 지닌 점진적 구속사에 대한 성경신학적 위치를 강조했다. 그리고 그리스도를 정점으로 구약과 신약이 만나며, 구약의 다양성이 그리스도 안에서 통일되고 다시 신약의 다양성으로 발전한다는 그들의 성경신학적 이해는 구약에 대한 올바른 기독론적 해석을 가능케 한 시발점이 되었다고 할 수 있다.

본서는 구약을 기독론적으로 설교해야 할 이유와 방법들을 그 역사적 고찰과 함께 진지하게 논의하고 있다. 이 점에 있어서 본서는 매우 실질적이며 구체적이다. 그러나 본서는 단순히 기독론적 구약 설교에 대한 기술이나 전략을 가르치는 책은 아니다. 오히려 "하나의 현대적 해석학 방법론"이란 책의 부제가 암시하듯이, 이 책은 구약 본문에 대한 기독론적 해석의 틀을 제공하려는 노력의 일환으로 쓰인 이론적 저서이다. 기독론적 구약 설교에 대한 광범위한 주제들과 문제들을 매우 치밀하게 분석하고 설득력 있게 그 핵심들을 다루고 있다. 특별히 저자가 '하나님 중심적, 그리스도 중심적' 구약 설교를 위해 우리 주 예수 그리스도께로 인도하는 일곱 가지 길을 제시하는 6장은 독자들에게 큰 유익을 주리라 생각한다. 물론 저자는 기독론적 구약 설교에 관한 이론에만 머무르는 것은 아니다. 이론적으로 세워진 "설교 작성의 열 단계" 원리를 따라 실제적인 설교를 작성할 수 있도록 도움을 주고 있기 때문이다.

저자는 이미 오래전에 설교학 이론에 대한 탁월한 견해를 피력한 바 있었다. 네덜란드 자유대학교에 제출한 그의 박사학위 논문은 후에 책으로 출간되어 많은 목회자와 설교학자들에게 실질적인 도움을 주었다. 그 책에서 저자는 '모범적 설교'와 '구속사적 설교'의 차이점을 1930년대 네덜란드 교회를 실례로 들어 날카롭게 지적하면서, 구약의 역사적 본문에 대한 설교의 문제점과 바람직한 원리들을 제시하고 있다.[1] 그리고 최근에 출간된 설교학 저서에서 그는 성경 본문에 대한 올바른 이해(예: 장르 인식, 역사적-문예적-신학적 해석의 중요성)가 설교 작성에 얼마나 지대한 영향을 미치는가에 관해 상세하게 서술

---

1 Sidney Greidanus, *Sola Scriptura: Problems and Principles in Preaching Historical Texts* (Toronto: Wedge, 1970).『구속사적 설교의 원리』(SFC 출판부, 2003).

한 일이 있다.[2] 설교에 관한 미국의 영향력 있는 정기 간행물인 *Preaching*은 1990년에 '올해의 탁월한 설교학 저서'로 이 책을 선정하기도 했다. 이제 저자는 그의 세 번째 저서인 본서를 통해 구약을 어떻게 기독론적으로 설교할 것인가에 대해 주의 깊고 치밀한 연구를 독자에게 제시하고 있다. 특별히 현장에서 사역하고 있는 목회자들과 신학도들에게 커다란 실질적 봉사를 제공하고 있다.

본서를 번역함에 있어서 번역자들은 팀을 이루어 힘을 합쳤다. 성경 본문 번역은 NRSV를 중심으로 한 저자의 의도를 따라 개역한글판, NIV 직역, 번역자의 사역으로 구성된다. 1장에서 4장까지는 류호영 교수가, 5장부터 7장까지는 김진섭 교수가, 마지막 장은 류호준 교수가 번역했으며, 문체적 통일성과 출판을 위한 마지막 점검은 김진섭 교수가 맡아서 수고했다. 특별히 류호영 교수는 저자에게서 직접 설교학을 배운 제자이기에 번역의 기쁨은 더욱 컸다.

한국 교회의 강단에서 구약이 더 많이 설교되기를 바라며, 특별히 구약에서 우리 주 예수 그리스도를 올바로 전파하기를 원하는 설교자들과 신학도들에게 본서가 건전하고 신실한 안내자의 역할을 담당하기를 기대한다. 마지막으로, 출판을 기꺼이 맡아 수고한 이레서원에 깊은 감사의 마음을 표한다.

김진섭, 류호영, 류호준

---

[2] Sidney Greidanus, *The Modern Preacher and the Ancient Text: Interpreting and Preaching Biblical Literature* (Grand Rapids: Eerdmans, 1988). 『성경 해석과 성경적 설교』(여수룬, 2012).

[친애하는 한국 독자들에게

『구약의 그리스도, 어떻게 설교할 것인가』의 저자로서, 내 저서를 한국어로 번역한 한국인 친구 세 분에게 진심으로 감사를 표합니다. 류호준 박사, 김진섭 박사, 그리고 칼빈 신학교에서 나의 가르침을 받은 제자 류호영 교수가 그들입니다. 한국의 설교자들과 신학생들에게 이 저서가 널리 읽히도록 수고한 그들의 노고에 대해 고맙게 생각합니다. 한국의 설교자들과 신학생들이 좀 더 능력 있고 신뢰할 만한 성경적 설교를 할 수 있도록 이 책이 도움을 줄 수 있다고 생각한 그들의 확신에 대해서도 찬사를 아끼지 않는 바입니다.

종종 사람들은 쉽게, "그리스도가 해답이야."라고 말합니다. 곰곰이 생각해 보면 그 말은 진정한 의미에서 맞는 말입니다. 그렇습니다. 그리스도는 해답이십니다! 하나님을 찾고 알기를 원하는 사람들에게 그리스도는 해답입니다. "본래 하나님을 본 사람이 없지만, 아버지 품속에 있는 독생하신 하나님이 나타내셨느니라"(요 1:18). 구원을 추구하고 알기를 원하는 사람들에게 그리스도는 해답이십니다. "하나님이 세상을 이처럼 사랑하사 독생자를 주셨으니, 누구든지 저를 믿으면 멸망치 않고 영생을 얻게 하려 하심이라"(요 3:16). 포스트모던적 상대주의 속에 살면서도 일관성 있는 인생관과 세계관을 추구하려는 사람들이 있다면 그들에게 그리스도야말로 유일한 해답입니다. "만물이 다 그로 말미암아 그를 위하여 창조되었고 또한 그가 만물보다 먼저 계시고 만물이 그 안에 함께 섰느니라"(골 1:16-17).

그러나 어떻게 책임 있게 구약에서 그리스도를 설교할 수 있단 말입니까? 이것은 결코 쉬운 일이 아닙니다. 종종 많은 설교자들이 구약을 무시하고 지나가 버립니다. 그러나 구약 성경도 "하나님의 영감으로 된 것으로 가르침을 위한 유익한 책"입니다(딤후 3:16). 아시다시피 구약 성경은 그리스도인의 성경의 4분의 3에 이르는 분량을 차지하고 있습니다. 구약은 신약 성경의 저자들이 그들의 독자들이 이미 알고 있으리라고 전제하고 있는 수많은 진리를 가르치고 있습니다. 따라서 교회는 신약과 아울러 구약을 균형 있게 설교할 필요가 있습니다. 이것이 교회와 설교자가 교인들을 위해 준비하는 균형 잡힌 식단이 아니겠습니까?

한국의 신학생들을 향한 나의 간절한 기도와 바람이 있다면, 이 책을 통하여 그들이 구약 성경으로부터 그리스도를 설교할 수 있는 건전한 방법을 배웠으면 하는 것입니다.

한국의 설교자들을 향한 나의 간절한 기도와 바람이 있다면, 그들이 이 책을 통해서 구약에서 그리스도를 설교해야겠다는 자극과 아이디어들을 많이 발견했으면 하는 것입니다.

한국의 그리스도인들을 향한 나의 간절한 기도와 바람이 있다면, 하나님의 말씀을 선포하는 설교를 통해, "여러분의 사랑이 지식과 모든 총명으로 점점 더 풍성하여져서 여러분이 지극히 선한 것이 무엇인지 분별하고, 또 그리스도의 날까지 진실하여 허물 없이 이르고, 또 예수 그리스도로 말미암아 의의 열매가 가득하여 하나님의 영광과 찬송이 되는 것입니다."(빌 1:9-11).

시드니 그레이다누스

서문

한동안 모교를 떠나 있다가 25년 만에 돌아와 설교학을 가르치게 되었을 때, 나는 학교 당국에 어떤 과목을 강의해야 하는지에 관해 물어본 적이 있다. 학교가 제안한 여섯 가지 과목 중, 지금까지 가장 많은 지지를 받은 과목의 이름은 "그리스도 중심적 구약 설교"(Christocentric Preaching from the Old Testament)였다. 불행히도 이 주제를 심도 있게 다루는 적당한 교재를 발견할 수 없었다. 사실, 빌헬름 피셔(Wilhelm Vischer)가 1936년에 *Das Christus Zeugnis des Alten Testaments*(구약의 그리스도 증거)를 출판한 이래로, 구약에서 그리스도를 설교함에 대한 논제로 글을 쓴 사람이 불과 몇 사람에 불과하다는 것을 알고 놀란 바 있다. 성경학자들이 이 논제에 대해 매력을 잃게 된 것은 피셔가 알레고리화(allegorizing)라는 광맥으로 잘못 빠져 들어갔기 때문인가? 아니면 성경학자들이 구약에 대한 모든 형태의 기독론적 해석에 등을 돌렸기 때문인가? 아니면 성경 해석에 있어서 현대적 방법들이 더 호소력이 있었기 때문인가?

1960년대 후반 이래로, 성경학자들은 수사 비평, 내러티브 비평, 정경 비평과 같은 고무적인 새로운 방법론을 사용하여 성경을 탐구해 왔다. 성경학자들은 이들 방법론들을 통해 성경 본문의 의미에 대한 새로운 많은 통찰을 얻어 왔고 지금도 얻고 있다. 비록 성경적인 설교를 위해 나도 이러한 새로운 방법론들의 가치를 상당히 인정하긴 하지만(나의 저서, *The Modern Preacher and the Ancient Text*, 48-79을 보라), 해석을 위한 이러한 새로운 도구들을 배타적으로 사용함으로 우리가 성경의 핵심을 잃어버리지 않을까 하는 점에 나는 더 신경이 쓰인다. 이러한 방법론들로 훈련을 받은 설교자들은 성경 본문에 관한 많은 흥미로운 진리들을 전달하는 방법이야 알지 모르지만, 과연 이들이 진리 자체이신 예수 그리스도를 설교하는 방법을 알고 있겠는가? 이 책의 주된 목표는 신학생들이나 설교자들이 구약에서 그리스도를 설교하기 위한 책임 있고 현대적인 방법론을 제공하는 데 있다. 이차적이지만 결코 덜 중요하지 않은 목표는 구약학자들로 하여금 그들의 초점을 넓혀 구약을 단지 구약 자체의 역사적 문맥에서뿐만 아니라 신약의 문맥에 비추어서도 이해하도록 도전하는 데 있다.

학자들 세계에서는 구약을 "히브리 성경"(Hebrew Bible)이라고 지칭하는 것이 일반화된 것임을 잘 알고 있지만, 나는 몇 가지 이유 때문에 전통적인 용어인, "구약"(Old Testament)이란 용어를 계속 사용하고자 한다. 첫째, 구약의 "구"란 형용사를 노후하고 쓸모없다는 경멸적 의미로 사용할 필요가 없으며, 우리는 이 형용사를 귀중한 가치를 지니고 있는 **오래된**(old) 보물처럼 유서 깊고 가치 있다는 긍정적 의미로 사용할 것이다. 둘째, "히브리 성경"이란 용어는 신약 저자들에 의해 인용된 구약 성경의 정체를 밝히는 데는 적합하지 않다. 그 이유는 이들 저자들이 관행적으로 히브리 성경을 사용하지 않았고, 대신 이 성경의 헬라어 번역본인 칠십인역(Septuagint)을 사용했기 때문이다. 셋째, 더욱 실제적인 측면에서, 나는 "구약"이란 용어를 계속 사용할 것인데, 그 이유는 구약과 신약이란 전통적인 구분은 구약 자체가 만든 옛 언약과 새 언약의 구분에 의존하고 있기 때문이다(렘 31:31-33; 참조, 고후 3:14). 마지막으로, "구약"과 "신약"이란 용어는 하나님이 자신의 백성과 맺으셨던 역사적인 옛 언약과 새 언약에 대한 이들 두 정경 모음집의 관계를 보여 줌은 물론('언약'이란 의미의 헬라어 단어 '디아세케'[*diathēkē*]는 라틴어 성경인 벌게이트에서 '유언'이란 의미의 *testamentum*으로 번역되어 있음), 이 두 정경 모음집 사이의 관계, 즉 이들 사이의 불연속성("구"와 "신")은 물론 이들 사이의 연속성("[언]약")을 나타내 준다.

"구약"이란 용어를 유행하지만 부정확한 용어인 "히브리 성경"으로 대체함으로써 이러한 성경적이고도 고백적인 연결들을 잃어버리기엔 이들은 너무도 중요한 것이다.[1]

이제 우리는 일종의 탐험 여행을 시작하고자 한다. 이 여행을 통해 우리는 다음과 같은 부문을 두루 섭렵하게 될 것이다. 즉 그리스도를 설교해야 할 필요성에서부터 구약을 설교해야 할 필요성(제1장), 구약에서 그리스도를 설교해야 할 필요성(제2장), 이러한 요구 사항을 충족시키려던 교회 역사 속의 고심들에 이르기까지이다(제3, 4장). 이 여행을 통해, 우리는 승리는 물론 실패로부터도 배우기를 기대한다. 이런 과정 속에 현대 학자들 가운데서도 의견의 일치가 이루어지지 않은 수많은 근본적인 문제들을 헤치고 나아가게 될 것이다. 다음과 같은 질문들을 예로 들 수 있다. 그리스도를 설교한다는 것은 정확히 무엇을 의미하는가? 하나님 중심적인 구약 설교로 충분한가, 아니면 설교자는 명시적으로 그리스도 중심적 설교를 지향해야 하는가? 구약은 반(半)기독교적인가(sub-Christian), 전(前)기독교적인가(pre-Christian), 아니면 기독교적인 책인가? 구약은 구약 자체의 문맥에 비추어 해석되어야 하는가, 아니면 신약이란 문맥에 비추어 해석되어야 하는가, 아니면 이 모두에 비추어 해석되어야 하는가? 구약은 그리스도를 증언하는가, 증언하지 않는가? 증언한다면 어떻게 증언하고 있는가? 모형론적 해석은 알레고리적 해석과 동일한 진영에 속해 있는가? 신약의 구약 인용이나 사용이 오늘날 설교자들에게 규범적인 역할을 하는가? 아니면, 이것은 "비평-이전적"인 구시대의 해석에 불과한가(제5장)? 그렇다면 어떻게 구체적으로 설교자가 책임 있게 구약에서 그리스도를 설교하는 일에 힘쓸 수 있겠는가(제6장)? 우리는 구약 본문으로부터 기독교 설교로 나아

---

1 몇 가지 다른 기술적인 사항들을 언급하고자 한다. 나는 일반적으로 가장 최근 판 *Chicago Manual of Style* (1993)을 따랐다. 인용 구문들에 내가 이탤릭체를 첨가할 때마다, 그런 사실을 반드시 명기했으며, 예외적인 경우는 성경 구절 인용의 경우인데, 이 경우는 이탤릭체를 첨가한 것이 너무 자명하기 때문이다. 각주는 짧으면서도 제 기능이 되도록 저자의 이름, 책 표제의 중심 단어들과 페이지를 명기했다. 완전한 정보는 책 뒤에 주어지는 참고 문헌을 보라. 참고 문헌에 없는 소논문이나 책의 경우, 이들이 제일 처음 나타나는 각주에 완전한 정보가 있다.

가는 데 필요한 구체적인 단계들을 제안함으로써(제7장), 그리고 구약에서 그리스도를 설교하는 방법들에 대한 구체적인 실례들을 제공함으로써(제8장), 우리의 항해를 끝마칠 것이다.

시드니 그레이다누스

감사의 글

 이 책 서두에서, 이 책의 출판에 기여한 모든 사람에게 진정한 감사의 마음을 표하고자 한다. 먼저 1993년에 5개월 동안 남아프리카 공화국에 개혁주의 전통의 세 개의 주요 대학에서 연구하기 위해 방문한 적이 있는데, 이에 대해 칼빈 동문회가 제공한 재정적인 도움에 대해 감사한다. 이와 관련해, 스텔렌보스(Stellenbosch), 블룸폰테인(Bloemfontein), 포체프스트룸(Potchefstroom) 대학 도서관 직원들이 보여 준 정중한 도움에 감사한다.

 1997년 유럽에서, 특히 영국 케임브리지 틴들 하우스(Tyndale House)에서의 계속적인 연구를 지원해 준 칼빈신학교 헤리티지 기금에 대해 감사한다. 성경 연구를 할 수 있도록 좋은 분위기를 제공해 준 틴들 하우스의 교수와 직원들께도 감사한다.

 북미주, 특히 칼빈대학과 동 신학대학원의 훌륭한 도서관도 나의 연구에 좋은 도움이 되었다. 특별히, 소논문과 책들을 찾아내고 도서관 상호 대출을 통해 자료들을 빌리도록 도와준 칼빈대학과 신학대학원 도서관 직원들의 도움에 감사한다.

 나의 학생 조교들에게도 감사의 마음을 전하고자 한다. 홀트롭(Cindy Holtrop)은 원래의 긴 참조 문헌들을 적절한 형태로 타이핑해 주었고, 브루거(David Vroege)는 원고 전체를 읽고 수정하는 일과 주제 및 본문 색인을 정리하는 데 많은 수고를 했다. 더욱이 어드만 출판사 직원들이 보여 준 유능함에도 감사한다.

특별히 바쁜 와중에도 귀중한 기간을 내어 원고의 전부와 일부를 읽어 가며 교정해 준 구약 해석과 구약 신학의 전문가들에게도 감사를 표하고자 한다. 칼빈신학대학원 역사신학의 멀러(Richard A. Muller) 교수는 역사적 개관의 장들을 점검했으며, 조직신학 및 철학신학의 페엔스트라(Ronald J. Feenstra) 교수와 구약학의 은퇴 교수인 스텍(John H. Stek) 교수는 원고 전부를 읽고 교정해 주었다. 이 책의 발간에는 나의 가족들도 포함되었다. 캐나다 온타리오 주 사르니아에 사는 프랑스어 선생인 나의 누이 재니스(Janice Greidanus Baker)는 원고 전부를 읽고 독자들이 읽기 쉽게 교정해 주었으며, 나의 동서이자, 토론토 소재 Institute for Christian Studies에서 조직신학 분야의 선임회원인 반더벨드(George Vandervelde)는 많은 가치 있는 제안을 해 주었다.

또한 특별한 감사의 말을 나의 신실한 아내이자 가장 절친한 친구인 마리(Marie)에게 전하고자 한다. 아내는 이 책을 발간하는 데 있어서 나를 격려했음은 물론, 여러 대륙에 있는 도서관들을 오가는 동안 나와 동행하면서 기록을 정리하고 참조 문헌의 자료들을 타이핑했으며, 책들과 소논문들을 찾아내고, 관련된 페이지들을 복사하고, 나의 서재에서 책들과 소논문들을 정리하고 재정리하면서도 한 번도 불평하지 않았다.

무엇보다도, 이 책을 발간하는 데 있어서 친척들과 친구들, 교회 동료들, 외국의 여러 학자들을 통해 수많은 격려를 얻게 된 것에 대해 주님께 감사드린다. 연구하는 동안 건강을 허락해 주시고, 당혹스러운 문제들을 푸는 데 있어서 번득이는 통찰들을 주시며, 이러한 중요한 프로젝트를 감당함에 있어서 계속적인 기쁨을 주심에 대해 주님께 감사한다.

칼빈신학대학원의 재단 이사회는 나에게 강의 안식년을 허락해 주었음은 물론, 이 책을 마치도록 출판 안식년을 베풀어 주었다. 재단 이사진들의 크나큰 배려에 대해 감사한다. 마지막으로 칼빈신학대학원 동료들과 학생들의 소중한 충고에 대해 감사한다. 나는 이 책을 칼빈신학대학원이 이루고자 하는 사역에 동참한 모든 분들에게 헌정하고자 한다.

미시간주 그랜드래피즈 소재, 칼빈신학대학원의
학생들, 직원, 후원자들에게 헌정함

약어 표

BSac	*Bibliotheca Sacra*
CBQ	*Catholic Biblical Quarterly*
CO	*Calvini Opera – Corpus Reformatorum*
Comm.	Calvin's *Commentaries*
CR	*Corpus Reformatorum*
CTJ	*Calvin Theological Journal*
CTM	*Concordia Theological Monthly*
CurTM	*Currents in Theology and Mission*
EvQ	*Evangelical Quarterly*
ExpT	*Expository Times*
GTJ	*Grace Theological Journal*
HorBT	*Horizons of Biblical Theology*
Int	*Interpretation*
ISBE	*International Standard Bible Encyclopedia*
JETS	*Journal of the Evangelical Theological Society*
JSOT	*Journal for the Study of the Old Testament*
LuthQ	*Lutheran Quarterly*
LW	*Luther's Works* – American Edition
NGTT	*Nederduitse Gereformeerde Teologiese Tydskrif*
NTS	*New Testament Studies*
PG	*Patrologia Graeca*
PL	*Patrologia Latina*
RevExp	*Review and Expositor*
SJT	*Scottish Journal of Theology*
TDNT	*Theological Dictionary of the New Testament*
Th	*Theology*
TynBul	*Tyndale Bulletin*
WA	*Weimarer Ausgabe*, Luther's *Werke*
WTJ	*Westminster Theological Journal*

| 제1장 |

그리스도를 설교함과
구약을 설교함

"우리는 십자가에 달린 그리스도,
즉 하나님의 능력이요 하나님의 지혜이신 그리스도를 전파하노라."

– 바울, 고린도전서 1:23-24(NIV)

이 책은 구약에서 그리스도를 설교하는 일을 다루고 있다. 보다 구체적으로 이 주제를 다루기에 앞서, 자세한 논의에 필요한 기초를 세울 필요가 있다. 본 장에서는 두 가지 구별된 주제들, 즉 (1) **그리스도**를 설교해야 할 필요성 (2) **구약**을 설교해야 할 필요성을 다룰 것이다. 제2장에서는 구약에서 그리스도를 설교해야 할 필요성을 논의하면서 발견한 결과를 통합해서 제시할 것이다.

1. 그리스도를 설교해야 할 필요성

다양한 기독교 전통에 서 있는 설교학자들이 그리스도를 설교하는 것을 옹호하고 있다. 예를 들어, 로마 가톨릭 진영의 저자인 도메니코 그라소(Domenico Grasso)는 "설교의 대상과 내용은 그리스도, 즉 성부 하나님이 이를 통해 인간들에게 자신을 나타내시고 자신의 뜻을 전달하신 말씀이다."라고 진술한 바 있다.[1] 동방정교회 소속의 조르주 플로로브스키(Georges Florovsky)는 "목사들은 정확하게 하나님의 말씀을 전파하도록 교회에 사명자로 보내진 자들이며, 바로 이를 위해 목사로 안수받은 자들이다. 이들에게는 예수 그리스도의 복음이라는 몇 가지 고착화된 지시어들이 주어졌는데, 이들은 바로 이러한 유일하고도 영속적인 메시지를 위해 헌신된 자들이다."라고 주장한 바 있다.[2] 루터교 계통의 설교학자인 류(M. Reu)는 "설교는 그리스도 중심적이어야 하며, 그리스도 예수 이외에 그 어느 것도 설교의 중심에 서서는 안 되며, 설교의 내용이 되어서도 안 된다."라고 주장한 바 있다.[3] 개혁파 진영의 설교학자인 훅스트라(T. Hoekstra)도 "교인들을 위해 성경을 강론할 경우, 설교자는 심지어 변두리의 먼 지점으로부터도 중심에 이르는 길이 있다는 것을 보여 줄 수 있어야 한다. 그리스도 없는 설교는 설교가 아니기 때문이다."라고 말한 바 있다.[4] 침례교 전통의 설교자인 찰스 스펄전(Charles Spurgeon) 역시 "언제 어디서나 그리스도를 설교하라. 그는 복음의 전부이시며, 그의 인성과 직분들, 그리고 그의 사역만이 우리의 유일하고도 위대한, 그리고 모든 것을 포괄하는 주제이다."라고 이야기한 적이 있다.[5] 이와 같이 다양한 전통에 서 있는 저자들이 그리스도를 설교함의 필요성을 증언해 주고 있다.[6]

---

1 Grasso, *Proclaiming*, 6.
2 Florovsky, *Bible*, 9.
3 Reu, *Homiletics*, 57.
4 Hoekstra, *Homiletiek*, 172 (나의 번역). 참조. Abraham Kuyper, "신자라면 모든 설교가 그리스도를 제시해야 한다고 당연히 요구한다." C. Veenhof, *Predik*, 20 (나의 번역)에서 인용.
5 Spurgeon, *Lectures to My Students*, 194.
6 또한, 다음의 실례들을 보라. James Stewart, *Heralds*, 54, "만약 우리가 모든 설교에서 반드시 그리스도를 설교해야 한다고 결심하지 않는다면, 당장 우리에게 주어진 사명을 내어놓고 다른 직업을 찾아 나서는 편이 좋을 것이다." R. B. Kuiper, "Scriptural Preaching," 239, "진실로, 성경적인 설교는 그리스도 중심적 설교가 아닐 수 없다." Edmund Clowney, *Preaching and Biblical Theology*, 74, "하나님의 말씀을 전하고자 하는 자는 반드시 그리스도를 설교해야 한다." Jay Adams, *Preaching with Purpose*, 152, "성경 모두에서 그리스도를 설교하라. 그는 성경 전체의 유일한 관심 대상이다. 그분이 거기에 계신다. 그분을 당신의 설교 가운데서 발견할 수 있기까지는, 당신은 설교할 준비가 되어 있지 않은 셈이다." David Larsen, *Anatomy of Preaching*, 163, "기독교 설교자는 구약에서 설교하든 신약에서 설교하든, 반드시 그리스도를 궁극적인 판단의 준거 기준으로 제시해야 한다."

1) "그리스도를 설교함"의 의미에 대한 혼동

불행히도, 우리는 그리스도를 설교함의 실제와 이에 대한 이상 사이에는 현격한 차이가 있다고 불평하는 사람들의 목록을 만들 수 있을 것이다. 이러한 차이가 생겨나는 이유 중 하나는 구약에서 그리스도를 설교하는 것이 어렵기 때문이다. 이 문제에 덧붙여, 구약 해석과 구약 설교에 대한 책들 속에서도 그리스도를 설교함에 대한 구체적인 지침들이 결여되고 있다는 사실을 지적할 수 있다. 우리 주님의 갈보리에 기적적으로 도달하고자 구약의 한 본문을 비틀어 해석하는 설교자들에 대한 끔찍한 이야기들이 비일비재하다. 그러나 그리스도를 설교하고자 성경을 전도시키고 파괴하는 일은 메시지의 권위를 손상시킬 뿐이다.

어떤 이에게는 '그리스도를 설교한다'는 것이 다소 좁고 제한적인 의미로 받아들여지거나, 기독교 설교자들의 또 다른 이상인 '하나님의 뜻을 다'(행 20:27) 설교하는 일과는 상당히 거리가 먼 일로 받아들여질지 모른다. 예를 들어, 그리스도를 설교하는 일은 기독교의 다른 교리들이나, 그리스도인의 삶, 혹은 사회 정의와 관련된 문제들을 설교하는 일을 희생하는 것을 의미하는가?

그러나 일반적으로 그리스도를 설교하지 못하는 또 다른 이유들이 존재한다. 이상스럽게 들릴지 몰라도, 실상은 '그리스도를 설교한다'는 것이 무엇을 의미하는지 분명치 않다. 비록 외견상 이 의미가 단순해 보이긴 해도 여러 가지 요소에 의해 이 의미가 복잡해지는데, 그중에 적지 않은 부분은 그리스도는 태초부터 계신 영원한 로고스(요 1:1)인 동시에 성육신하신 그리스도로, 오직 구약 시대 이후에만 존재하셨다는 성경의 증언에 기인하고 있다(요 1:14). 이러한 복잡성은 다양한 의미들로 표현되고 있으며, 이 모든 의미들은 "그리스도를 설교함"이란 용어와 연결되어 있다.[7] 몇몇 사람들에게 있어서, 그리스

---

[7] 조직신학 내에도 유사한 혼동이 있음을 알 수 있다. "루터와 소치니, 그리고 칼 바르트와 폴 틸리히처럼 서로 너무 다른 신학자들이 그리스도가 성경의 중심이심을 이야기한다." 그러나 이에 대해 이들이 의미하는 바는 서로 다르다. Robert D. Preus, "Response to the Unity of the Bible," 677.

도를 설교한다는 것은 십자가에서 죽으신 그리스도를 설교하는 일, 즉 모든 본문을 갈보리와 십자가상의 그리스도의 속죄 사역과 연결 짓는 것을 의미하고 있다. 어떤 사람들은 보다 의미를 확장시켜, 그리스도의 죽음과 부활을 설교하는 것까지를 포함시키기도 한다. 또 다른 사람들은 본문을 영원한 로고스, 즉 구약 시대에는 특별히 여호와의 천사로, 주의 군대의 군대장관으로, 나아가서 하나님의 지혜로 활동하셨던 영원한 로고스의 사역과 연결시키고자 한다. 혹자는 의미를 훨씬 더 확장시켜서, 하나님을 중심으로 한 설교를 전하는 것까지 포함시키는데, 이들은 그 이유를 그리스도는 삼위일체의 제2격이신 동시에 온전히 하나님이시기에, 하나님 중심적 설교는 그리스도 중심적이라는 데서 찾고 있다. 또 어떤 이들은 "주 되신 예수 그리스도는 성경에서 여호와로 인식되고 있으며", 그러기에 구약 내에서 "여호와"란 이름이 나타날 때마다 그 이름을 그리스도란 이름으로 대체할 수 있다고 주장한다.[8]

구약에서 그리스도를 설교함에 관한 본 저서의 초두에서, 그리스도를 설교한다는 것이 무엇을 의미하는가를 분명히 해 두는 것이 좋을 듯하다. "그리스도를 설교함"의 의미 목록에 또 하나의 정의를 추가하는 것보다는, 이 의미와 관련해 신약을 살펴보는 것이 훨씬 중요할 것이다. 무엇보다도, 사도들이 제일 먼저 그리스도를 설교함이란 용어를 만들어 냈기 때문이다.

---

8 William Robinson, "Jesus Christ Is Jehovah," *EvQ* 5 (1933) 145. 참조. T. W. Calloway, *Christ in the Old Testament* (New York: Loizeaux, 1950), 예를 들면, 1장 "'Jehovah' of the Old Testament the Christ of the New." 또한 Howard A. Hanke, *Christ and the Church in the Old Testament* (Grand Rapids: Zondervan, 1957), 예를 들면, 173쪽, "구약에서 우리 하나님은 그리스도(여호와)란 이름으로 사람에게 나타나셨다; 신약에서 그는 여수아(Yahshua) 혹은 그리스도(예수님)란 이름으로 자신을 나타내셨다."

2) "그리스도를 설교함"에 대한 신약의 가르침

① 사도들의 설교의 핵심

사도들의 설교의 핵심은 예수 그리스도였다. 리처드 리셔(Richard Lischer)는 다음과 같이 지적한다. "'설교하다'란 신약 헬라어 동사의 목적어로 어떤 단어들이 사용되고 있는가를 간단히 살펴보면, 초대 교회의 선포가 얼마나 깊게 그리스도로 배어 있었는가를 알 수 있다. 그 목적어들은 다음과 같다: 예수님, 주 예수님, 그리스도, 주님이신 예수 그리스도, 십자가에 죽으신 그리스도, 죽음에서 일어나신 그리스도, 예수님과 부활, 하나님의 나라에 대한 좋은 소식, 하나님의 아들이신 예수님, 하나님의 복음, 주님의 말씀, 죄의 용서, 너희 안에 계신 그리스도 - 영광의 소망."[9] '설교하다'란 동사의 목적어들이 보여 주듯이, 그리스도께서 사도들의 설교의 핵심이었다는 데는 의심의 여지가 없다. 그러나 자료상의 증거가 우리가 직면한 어려움을 해결해 주지 않는다. "그리스도"는 성삼위의 제2격이신 그리스도를 의미하는가? 아니면, 영원한 로고스이신 그리스도를 의미하는가? 아니면, 십자가에 죽으신 그리스도를 의미하는가? 그렇지 않으면, 부활하시고 승천하신 주님을 의미하는가? 아니면, 이 모두를 의미하는가? 이에 대한 답을 얻기 위해, 신약을 좀 더 자세히 살펴볼 필요가 있다.

그의 저서인 *The Apostolic Preaching and Its Development*에서 도드(C. H. Dodd)는 사도행전에 나타나는 베드로의 첫 네 편의 설교가 초대 교회 **케리그마**의 내용에 대한 포괄적인 전망을 제공한다고 결론 내리고 있다. 그리고 도드는 이 **케리그마**의 내용을 다음과 같이 여섯 개의 제하로 요약한다. 첫째, "성취의 때가 시작되었다." 둘째, "성취의 때가 예수님의 사역과 죽음, 부활을 통해 일어났으며, 이에 대한 간단한 설명이 뒤따라 주어진다." 셋째, "부활을

---

9 Lischer, *Theology of Preaching*, 73.

통해, 예수님은 승천하사 새로운 이스라엘의 메시아 계열의 머리로서, 하나님 우편에 앉아 계신다." 넷째, "교회 내의 성령님은 그리스도의 현재적인 능력과 영광의 징표이다." 다섯째, "메시아 시대는 그리스도가 재림하실 때 곧바로 그 절정에 다다를 것이다." 마지막으로, "초대 교회의 선포(케리그마)는 언제나 회개에 대한 촉구, 죄를 용서하고 성령을 주시는 일, 그리고 '구원'의 약속으로 끝을 맺는다."[10]

이상의 여섯 가지 요소를 간단히 살펴보면, 신약 교회의 설교는 진실로 예수 그리스도를 중심으로 하는 설교였음을 알 수 있으며, 이것은 좁은 의미에서 십자가에 죽으신 그리스도를 중심으로 한 설교도 아니었고, 넓은 의미에서 성삼위의 제2격 혹은 영원한 로고스를 중심으로 한 설교도 아니었음을 알게 된다. 신약 교회는 나사렛 예수님의 탄생, 사역, 죽음, 부활, 승천 모두를 하나님의 옛 언약 약속들의 성취로 선포했으며, 또한 성령님을 통한 이 예수님의 오늘날의 임재와 그의 임박한 재림을 선포했다. 간단히 말해, 신약에서 '그리스도를 설교한다'는 것은 성육신하신 그리스도를 구속사의 전 영역이란 문맥에서 전파하는 것을 의미했다.

② 그리스도를 설교함의 너비

'그리스도를 설교한다'는 개념이 지닌 무한한 폭을 생각하고자 하는데, 십자가에 죽으신 그리스도를 설교하는 일로부터, 부활하신 그리스도를 설교하는 일, 나아가서 하나님의 나라를 설교하기까지 했던 사도들의 발자취를 따라 그 폭을 살펴보고자 한다.

예수님의 십자가

그리스도를 설교하는 것은 오직 십자가를 설교하는 것만을 의미한다는 협

---

10   Dodd, *Apostolic Preaching*, 38-43.

의의 견해를 옹호하는 자들은 그 증거로 사도 바울의 명시적인 진술에 호소한다. 고린도전서 1:23에서, 바울은 고린도 교회에 "우리는 십자가에서 죽으신 그리스도를 전파하노라"라고 말한다(NIV). 그리고 2장에 가서 "나는 너희 가운데서 예수 그리스도, 즉 십자가에서 죽으신 그분을 제외한 그 어느 것도 알지 않기로 결정하였노라"(고전 2:2)라고 말한다. 그러나 류(Reu)가 바르게 경고하듯이, 설교자는 그리스도의 십자가를 그의 삶과 가르침과 사역들과 결코 분리해서는 안 되는데, 이것이 바로 "옛적 신앙"의 설교자들이 올바르지 않게 행했던 것들이다.[11] 바울에게 있어서 "십자가에서 죽으신 그리스도"를 설교한다는 것은 모든 설교가 예수님의 십자가 고난만을 중심으로 삼아야 한다는 것 그 이상의 넓은 의미를 지니고 있다. 분명 그리스도의 십자가는 바울 설교의 핵심이었다. 그러나 바울의 설교와 서신서들이 잘 보여 주듯이, 그리스도의 십자가는 예수님의 고난 그 이상을 보여 준다. 또한 그리스도의 십자가는 하나님의 온전하신 공의에 대한, 그리고 인간의 죄가 지닌 무서운 재앙에 대한 하나의 관점을 제공한다(롬 3:25-26). "십자가는 그 다른 무엇으로도 보여 줄 수 없는 우리 죄의 엄청난 심각성을 보여 주고 우리에게 반드시 필요한 회개의 깊이와 정도를 보여 주는데, 이러한 종류의 회개는 우리 가운데서 십자가를 기억하고 십자가의 의미를 가슴에 새기는 일을 통해서만 가능해진다."[12]

죄와 회개의 깊이를 넘어서는 그 이상의 것이 십자가의 빛 안에서 보인다. 또한 그리스도의 십자가는 자신의 피조물과 창조 세계에 대한 하나님의 놀라운 사랑에 대한 하나의 관점을 제공한다(롬 5:9-19; 8:32-34). "초대 교인들이 알게 된 것은 바로 이것, 즉 하나님이 다른 곳이 아니라 바로 그곳에 계셨다는 사실이다. 베드로는 그의 첫 번째 설교에서 이 일은 '하나님의 확고한 계획과 미리 아신 바를 통해' 이루어졌다고 선포한다. 사도들은 그리스도의 십자가를 설교할 때마다 '이것은 하나님의 일이요, 역사하고 있는 하나님의 목적이며,

---

11 Reu, *Homiletics*, 59.
12 John Knox, *Chapters*, 126.

미쳐서 멸망당한 세상을 다시 건강하고 정상적이고 평강인 상태로 되돌려 놓으시는 하나님의 방법이다.'라고 반드시 선언했다."[13]

시간이란 관점에서 볼 때, 십자가는 창조로부터 새 창조에 이르는 구속사의 전 영역 속의 한 시점일 뿐이다. 그러나 정확히 이 구속사의 전 영역 속에서 십자가는 너무도 중대한 시점을 차지하기에, 이 십자가 사건의 영향은 인간 타락과 하나님의 심판인 **죽음**에까지 거슬러 올라가며(창 3:19), 심지어 하나님 나라의 온전한 성취를 향해 밀고 나아간다. 이 절정의 때에 모든 나라가 몰려올 것이요, 더 이상 사망도 없고, 눈물도 없으며, 하나님이 모든 것 되시며, 모두와 함께 거하실 것이다(계 21:1-4). 바울에 따르면, 그 이유는 "그리스도 안에서 하나님이 세상을 자신과 화목하게 하셨고, 그들의 죄를 그들에게 묻지 않으셨기" 때문이다(고후 5:19).

예수님의 부활

그리스도의 십자가가 가져온 광대한 일들을 열거하는 일에 덧붙여, 바울의 설교는 그리스도의 부활을 동일하게 그 중심으로 삼고 있다. "예수 그리스도, 곧 십자가에 죽으신 그분 외에는 너희 가운데서 아무것도 알지 못한다."라는 고린도전서 2:2에서, 바울은 외견상 그의 선포의 중심을 제한된 의미의 그리스도에 두고 있는 것 같아 보이지만, 실상은 보다 넓은 시각이 여기에 담겨 있다. 존 녹스(John Knox)의 설명이 도움이 된다. "일견 여기서 '십자가에 죽으신 그분'이란 마지막 구절이 부활이란 요소를 완전히 배제하고 있는 것처럼 보인다. 그러나 이것은 우리가 습관적으로 그러하듯이 바울의 사고가 앞쪽으로 흘러가고 있다고 우리가 생각하기 때문인 것으로 보인다. … 바울이 이 표현을 썼을 때, 그는 무엇보다도 부활하사 승천하신 그리스도를 생각하고 있었으며, 그의 사고는 뒤쪽으로 흘러 십자가 쪽으로 나아가고 있었다. … 그렇다면, 바울의 진술은 부활에 대한 언급을 생략하고 있는 것이 아니라, 부활을 그 출발

---

13 Stewart, *Faith to Proclaim*, 98.

점으로 삼고 있으며, 이런 점에서 **그리스도**란 표현은 기본적으로 이제는 살아 계시고 현존하시는 주님으로 알려진 바로 그분을 의미한다."[14]

다른 구절들을 살펴보면, 바울이 그리스도의 부활에 그 중심을 동일하게 두고 있음을 보다 분명히 알 수 있다. 예를 들면, 바울과 바나바가 비시디아 안디옥의 회당에서 설교할 때, 바울은 "하나님이 죽은 자 가운데서 저를 살리셨다. … 친히 예수님을 일으키심으로 하나님이 우리의 조상들에게 약속하신 바를 우리와 우리 자녀들을 위해 성취하셨다는 복음을 너희에게 전한다."라고 선포한다(행 13:30, 32; 참조. 행 17:31). "다윗의 후손으로, 죽은 자 가운데서 다시 살아나신 예수 그리스도를 기억하라. 이것이 나의 이 복음이다."(딤후 2:8). 결과적으로 제임스 스튜어트(James Stewart)는 설교자들에게 다음과 같이 권면한다. "나는 여러분이 부활을 다른 중요한 관심 분야 그 이상으로 설교하기를 권면합니다. 부활은 그리스도인 개개인의 삶은 물론, 온 인류와 이들의 마지막 종국에 대한 설교보다 우선되어야 합니다. 부활은 영원한 질서가 고통과 혼란, 죄와 사망의 세상 속으로 뚫고 들어온 사건이요, 영원한 의의 신원하심이며, 우주의 중심부가 영적 기원을 갖는다는 선언입니다. 부활은 가시화된 하나님의 나라입니다."[15]

그러나 명심해야 할 것은 십자가 사건과 부활 사건을 서로 경쟁적인 것으로 봐서는 안 된다는 점이다. "예수님의 죽음과 부활은 처음부터 케리그마의 한 요소로서 불가분의 관계로 연결되어 있었다. 이 둘은 **한** 구원 사건의 양면으로서 지속적으로 서로를 상기시킨다."[16] 사실, 바울은 자신이 "십자가에서 죽

---

14 Knox, *Chapters*, 109. 참조. Stewart, *Faith to Proclaim*, 111, "여기서 '그리스도를 안다'는 것은 통상적으로 바울에게서 이 표현이 의미하는 바를 의미한다. 이 표현이 가리키는 일차적 대상은 역사의 예수님이 아니라, 승귀하시고 언제나 계시는 주님이다. … '그리스도, 곧 십자가에 달리신 그분'을 설교한다는 것은 단연코 부활 **케리그마이다**."
15 Stewart, *Heralds*, 89.
16 J. Kahmann, *Bible*, 82. 참조. Raymond Brown, *Biblical Exegesis*, 141, "만약 어떤 사람이 십자가를 생각하지 않고는 부활을 바르게 이해할 수 없다면, 이것은 곧 친히 손을 내밀어 병든 자들을 치료하셨고 … 가난한 자들과 압제당하는 자들에게 하나님의 복을 선포하셨던 예수님을 이해함 없이는 십자가든 부활이든 아무것도 이해할 수 없게 된다는 것을 의미한다."

으신 그리스도"를 설교한다고 진술하고 있는 바로 그 서신서(고전 1:23; 2:2)에서, 고린도 교인들에게 "내가 너희에게 전한 복음에 대해" 상기시키며 다음과 같이 말하고 있다. "내가 받은 것을 먼저 너희에게 전하였노니, 곧 성경대로 그리스도께서 우리 죄를 위하여 죽으시고 장사 지낸 바 되었다가 성경대로 사흘 만에 다시 살아나신 일이라"(고전 15:1-4; 참조. 15:12).

하나님의 나라

지금까지 우리는 그리스도의 죽음과 부활을 설교한다는 것은 나사렛 예수님과 관련한 사실들을 자세히 열거하는 것 이상이라는 점을 살펴봤다.[17] 이 두 사건은 하나님의 공의와 사랑과 최후 승리에 대한 심오한 통찰, 인간의 죄와 형벌과 구원에 대한 깊은 통찰을 분명하게 제시했다.[18] 그러나 이 두 사건은 구속사 가운데 펼쳐진 하나님의 구원 계획의 장엄한 전개를 헤아릴 수 있는 하나의 관점을 제공하기도 했다.[19] 초대 교회의 설교자들은 "이제 하나의 사건으로 보이게 된 이 엄청난 파괴력의 두 사건을 통해, 하나님의 나라가 능력으로 이 땅을 뚫고 들어왔다. … 이전에는 순전한 종말론에 머물러 있던 것이 이제 저들의 목전에서 현존하게 되었고, 초자연적인 것이 가시화되었고, 말씀이 육신이 되었다. 더 이상 그들은 왕국 시대를 꿈꾸지 않으며, 이제 그들이 왕국 안에 살고 있다. 왕국이 도래했다."[20]

이와 마찬가지로, 그리스도를 설교한다는 것은 하나님 나라를 전하는 것과 밀접하게 연결되어 있었다. 바울은 자신 역시 "예수 그리스도를 주님으로"(고후 4:5), 즉 "모든 권세"를 부여받으신 통치자로(마 28:18) 선포했다고 말한다.

---

17 물론 그리스도의 죽음과 부활을 설교하는 일은 이 사건들을 전파하는 일들이기도 하다. 예를 들어, 고린도전서 15:12-20과 베드로후서 1:16을 보라. "이 설교는 역사의 구체적인 사실들에 대한 선언이요, 참되고 객관적인 사건들에 대한 포고이다. 이 설교의 요지는 '우리가 봐 왔고 들어 왔던 것을 너희에게 전하노라.'라는 것이다." Stewart, *Heralds*, 62-64.
18 예를 들어, 바울은 "이방인들에게 그리스도의 측량할 수 없는 부요함을 전파할 수 있는" 은혜가 자신에게 주어졌다는 사실에 놀라고 있다(엡 3:8, NIV).
19 고린도전서 15장에서 "성경대로"에 대한 바울의 강조(반복)를 주목하라.
20 Stewart, *Heralds*, 64.

예수 그리스도 안에서 하나님의 나라가 도래했다. 사도행전은 로마 감옥에 갇혀 있는 바울에 대한 묘사로 끝을 맺는다. 하나님의 나라가 아직 완전히 도래하지 않았다. 그러나 위대한 사도 바울이 세계의 중심인 로마에 있고, "하나님의 나라를 선포하며, 주 되신 예수 그리스도에 관해 가르치고 있다"(행 28:31; 참조. 행 20:25).

3) "그리스도를 설교함"의 의미

이상과 같은 신약의 증거들을 기초로 하여, 그리스도를 설교한다는 것이 무엇을 의미하는가에 대한 윤곽을 잡을 수 있다. 본질적인 논의를 위해, 먼저 무엇이 그리스도를 설교하는 것이 아닌가를 살펴보는 것이 좋을 듯하다. 물론 그리스도를 설교한다는 것은 설교 가운데 단순히 예수님 혹은 그리스도란 이름을 언급하는 일이 아니다. 또한 그리스도를 구약의 여호와, 혹은 여호와의 천사, 혹은 주님의 군대의 군대장관, 혹은 하나님의 지혜 등과 동일시하는 일도 아니다. 그리스도를 설교하는 일은 먼 거리에서 그리스도를 가리키는 일도 아니요, 모형론을 이용해서 그리스도에게 선을 연결하는 일도 아니다.

긍정적인 측면에서 볼 때, 그리스도를 설교한다는 것은 하나님 나라의 복음을 전하는 것만큼이나 포괄적이다. 성구 사전을 찾아보면, 얼마나 자주 신약이 "하나님 나라의 복음", "그리스도의 복음", "예수 그리스도의 복음", "하나님의 은혜의 복음", 혹은 "평강의 복음"에 대해 이야기하고 있는가를 금방 알 수 있다. 이들 표현들은 두 가지 특징을 두드러지게 보여 준다. 그리스도를 설교하는 일은 사람들을 위한 좋은 소식이며, 그리스도를 설교하는 일은 하나님 나라를 설교하는 것만큼 포괄적인데, 이는 하나님 나라가 그 나라의 왕 되신 예수님과 연결되어 있음을 고려할 때 그렇다.

보다 구체적으로 말해, 그리스도를 설교한다는 것은 나사렛 예수님의 **인성**과 **사역**, 그리고 그의 **가르침**의 여러 측면을 선포함으로써, 사람들이 그분을 믿고 신뢰하고 사랑하며 순종할 수 있게 하는 것이다. 이제 이러한 여러 측면을 개별적으로 보다 자세히 살펴보기로 하자.

① 그리스도의 인성

그리스도의 인성과 사역 사이의 구분은 조직신학 분야에서,[21] 그리고 그리스도의 설교에 관한 글들에서 일반적이다(또한 논란이 있기도 있다). 물론 이러한 구분 때문에, 그리스도의 인성과 그의 사역이 분리되어서는 안 되는데, 이 둘은 불가분의 관계로 연결되어 있기 때문이다.[22] 그럼에도 불구하고, 이 구분은 메시아의 몇몇 양상을 밝히 보여 준다는 점에서 가치가 있다. 예수님 자신이 친히 제자들에게 "너희는 나를 누구라 하는가?"라고 물으신 적이 있다. 이 질문에 대한 "주는 그리스도시요, 살아 계신 하나님의 아들입니다."라는 베드로의 대답은 하나님 자신으로부터 온 계시였다고 예수님이 말씀하셨다(마 16:16-17). 예수님이 누구인지를(그리스도, 하나님의 아들) 아는 것이 제자들로 하여금 예수님의 말씀 선포와 치유, 그리고 그의 죽으심과 부활하심의 사역들이 지닌 심오한 중요성을 어느 정도 이해할 수 있게 도와주었다.

사실, 요한은 그의 복음서를 그리스도의 인성의 정체를 밝히는 일로 시작한다. 그는, "본래 하나님을 본 사람이 없으되 아버지의 품속에 있는 독생하신 하나님이 나타내셨느니라"라고 기록한다(요 1:18). 예수 그리스도의 인성, 즉 하나님의 유일하신 아들이라는 점이 예수 그리스도에 관한 하나님의 계시의 절정이다. 예수님 안에서, 우리는 하나님을 보게 된다. 예수님이 하나님을 나타내 보이셨다. 마찬가지로, 히브리서도 그리스도의 인성의 정체성을 밝히는 일로 시작한다. "그는 하나님의 영광의 광채시요, 그 본체의 형상이시라"(1:3).

구약에서 그리스도를 설교할 때, 우리는 종종 구약 메시지와 그리스도의 인

---

21 G. C. Berkouwer, *Person of Christ*, 101-106을 보라.
22 "그가 누구인지를 알지 못한다는 것은 그의 사역이 무엇인지를 이해하지 못한다는 것이며, 그의 사역을 바른 관점에서 보지 못한다는 것은 그의 인성을 이해하지 못하는 것이다. … 그러므로, 하나님의 계시는 그리스도의 인성과 사역 모두를 밝히 드러낸다." Berkouwer, ibid., 105.

성의 몇몇 측면을 연결 지을 수 있다: 하나님의 아들, 메시아, 우리의 선지자, 제사장, 왕.

② 그리스도의 사역

그리스도를 설교할 때 우리는 그리스도의 사역이란 한 국면에도 초점을 맞추게 된다. 복음서 저자인 요한은 예수님의 인성으로부터 시작해서 그가 행하셨던 몇몇 "표적들"(사역들)로 나아가고 있다. "오직 이것을 기록함은 너희로 예수님이 하나님의 아들 그리스도이심을 믿게 하려 함이요 또 너희로 믿고 그 이름을 힘입어 생명을 얻게 하려 함이니라"(요 20:31).

보통 그리스도의 사역은 그의 고난과 죽음을 통해 우리를 하나님과 화목하게 하는 그의 사역(속죄)과 연결된다. 그러나 그리스도의 기적을 통한 치유 사역(하나님 나라 임재의 표적), 그의 부활(죽음에 대한 승리), 그의 승천(왕으로서의 등극), 그리고 그의 재림(다가올 왕국)도 그리스도의 사역에 해당된다. 구약에서 그리스도를 설교할 때 우리는 종종 본문의 메시지를 우리 구주의 구속 사역이나 우리 주님의 의로운 통치와 연결 지어 생각할 수 있다.

③ 그리스도의 가르침

그리스도의 가르침이 그리스도의 사역의 일부로 생각될 수 있음에도 불구하고, 예수님의 가르침은 구약에서 그리스도를 설교함을 논의함에 있어서 종종 간과되고 있다.[23] 우리의 논의와 관련해 이 주제가 지닌 중요성에 비추어 볼 때, 그리스도의 가르침을 별도로 취급하는 것이 좋을 듯하다.

예수님의 가르침의 중요성은 "너희가 나의 가르침을 꼭 붙잡고 있으면, 너

---

23 아마도 이러한 현상은 그리스도의 **가르침**에만 거의 전적으로 초점을 맞추는 1900년대 초엽의 자유주의 신학과 사회복음 설교에 대한 반작용에서 생겨난 것 같다. Meade Williams, *Princeton Theological Review* 4 (1906) 191-195를 보라.

희는 정말로 나의 제자들이다. 또한 너희가 진리를 알지니, 진리가 너희를 자유롭게 하리라."(요 8:31-32, NIV)라는 예수님의 말씀에서 잘 드러난다. 그리스도의 가르침의 참된 중요성은 특별히 제자들에게 주시는 그리스도의 마지막 위임 명령에 잘 나타난다. "모든 족속으로 제자를 삼고, 아버지와 아들과 성령님의 이름으로 세례를 주고, **내가 너희에게 분부한** 모든 것을 가르쳐 지키게 하라"(마 28:19-20). 예수님의 가르침은 구약에서 그리스도를 설교함에 있어서 필수 불가결한 요소인데, 이는 구약이 예수님의 성경이었고, 예수님은 자신의 가르침의 토대를 구약에 두었기 때문이다. 예수님의 가르침은 자신(인자, 메시아), 자신의 사명, 자신의 재림에 관한 가르침은 물론, 하나님, 하나님의 나라, 하나님의 언약, 하나님의 법(예를 들면, 마 5-7장) 들과 같은 것도 포함하고 있다.

이상의 논의를 요약하자면, 그리스도를 설교한다는 것은 **신약에 계시된 바 있는 예수 그리스도의 인성과 사역, 그리고 그의 가르침 속에서 절정에 다다른 하나님의 계시를 본문의 메시지와 참되게 통합하여 전하는 설교**라고 정의할 수 있다.

4) 오늘날 그리스도를 설교해야 할 이유

왜 우리가 오늘날 그리스도를 설교해야 하는가라는 질문에 대해, 많은 사람들이 사도들의 예를 들 수도 있을 것이다. 베드로와 바울이 그리스도를 설교했다면, 오늘날의 설교자들도 그리스도를 설교해야만 한다. 그러나 이러한 모방에 근거한 주장은 피상적이고 결점이 있다. 그리스도를 설교함에 있어서 바울을 모방한다는 것은 일종의 선별적인 모방인데, 우리 대부분은 설교를 하기 위해 바울처럼 선교 여행을 떠나지는 않는다. 설교를 하기 위해서 바울처럼 우선 회당으로 가지도 않는다. "자비량 사역"을 하기 위해 바울처럼 문자 그대로 천막을 만들지도 않는다. 이러저런 실례들을 살펴볼 때, 우리는 바울이 행하는 바들에 대한 성경의 묘사가(description) 반드시 오늘날의 우리에 대한 성경적 처방(prescription)으로 전환되는 것은 아니라는 사실을 깨닫게 된다.[24] 그렇기 때문에, 좀 더 깊이 들어가 오늘날에 있어서 그리스도를 설교함의 당위성을 찾아내야 할 것이다. 먼저 다음과 같은 질문을 할 필요가 있다. 바울과 여러 사도들이 그리스도를 설교했던 보다 본질적인 이유는 무엇이었는가? 이러한 이유들은 오늘날의 설교자들에게도 여전히 유효한가?

① 예수님의 명령: "가서 모든 족속으로 제자를 삼아"

왜 사도들이 그리스도를 설교했는가에 대해 자주 지나치는, 그러나 자명한 이유는 예수님이 세상을 떠나시며 남기신 명령 때문이다. "가서 모든 족속으로 제자를 삼아, 아버지와 아들과 성령님의 이름으로 세례를 주고, 내가 너희에게 분부한 모든 것을 가르쳐 지키게 하라. 볼지어다. 내가 세상 끝 날까지 너희와 항상 함께 있으리라."(마 28:19-20). "아버지와 아들과 성령님의 이름으로 세례를 주고"란 표현이 삼위일체적 용어이긴 하지만, "제자를 삼고, 내가 분부한 모든 것을 가르쳐 지키게 하라"라는 명령과 예수님이 항상 함께하시겠다는 약속 등은 모두 특별히 예수 그리스도에게 초점을 맞추고 있다. 후에 베드로 사도는 "우리를 명하사 백성에게 전도하되 하나님이 산 자와 죽은 자의 재판장으로 정하신 자가 곧 이 사람인 것을 증언하라고 말씀하셨다."라고 회상한다(행 10:42).

심지어 위와 같은 본래의 위임 명령을 받지 않았던 바울도 후에 가서 그리스도를 전하라는 구체적인 명령을 받은 바 있다. 그리스도인들을 박해하기 위해서 다메섹으로 가는 도중에, 살아 계신 주께서 바울을 만나셨다. "나는 네가 핍박하는 예수다. 일어나 성으로 들어가라. 거기서 네가 해야 할 일을 네게 보이리라." 그리고 나서 예수님은 아나니아에게 바울을 만나라고 하시면서 "이

---

[24] 성경의 묘사를 성경의 처방으로 읽는 것은 장르상 오해의 일반적 형태이다. 이것은 마치 역사적 혹은 자서전적인 내러티브를 마치 율법이나 권면의 장르인 양 읽는 경우를 말한다. Greidanus, *Modern Preacher*, 17, 165을 보라.

사람은 내 이름을 이방인과 임금들과 이스라엘 자손들에게 전하기 위하여 택한 나의 그릇이다."라고 말씀하셨다(행 9:5-6, 15).

그 후 사도들은 부활하신 주님께 열방 가운데 그리스도의 이름(예수님에 관한 계시)을 전하라는 명령을 들었고, 이 명령에 대한 응답으로 그들은 예수 그리스도를 전했다. 수십 년이 지나서, 복음서 저자들은 이러한 위임 명령을 자신들에게 주신 명령으로 받아들였다. 예를 들어, 마가는 복음서를 쓰면서 자신의 중심 메시지를 초두에서 밝히고 있다. "하나님의 아들 예수 그리스도의 복음의 시작이라." 오늘날의 설교자들 역시 예수 그리스도의 이름을 설교하라는 명령 아래 살고 있는데, 이는 그리스도를 설교하라는 명령은 신약의 사도들이나 복음서 저자들을 훨씬 넘어서, "세상 끝 날까지" 이르기 때문이다.

② **놀라운 소식: 왕이 오셨다!**

예수님의 위임 명령에 대한 순종 이외에, 그리스도를 설교해야 할 또 다른 주요 이유는 "왕이 오셨다."라는 메시지 자체에 있다. 심지어 대통령이나 여왕이 어떤 도시를 방문할 때, 그의 도착 소식은 그 자체만으로도 대단한 뉴스거리가 된다. 어느 누구도 방송 종사자들로 하여금 도착 소식을 알리라고 명령할 필요가 없는데, 이는 그들의 도착 소식 그 자체만으로도 알려지는 것이 당연하다고 여겨지기 때문이다. 만약 대통령이나 여왕의 도착이 이러하다면, "왕의 왕" 되신 분의 오심은 얼마나 더 그러하겠는가. 하나님이 약속하신 메시아를 수 세기 동안 기다린 후이기에, 또 많은 기대를 가졌다가 그에 못지않게 소망이 깨진 후이기에, 메시아가 오셨다는 소식은 마땅히 선포되어야 한다.

예를 들어, 예수님과의 만남으로 흥분된, 베드로의 형제 안드레는 자연스럽게 이런 모습을 보였다. "안드레가 처음 한 일은 자기의 형제 시몬을 찾아서 '우리가 메시아를 만났다'라고 말한 것이다. 그리고 그를 예수님께로 데려갔다."(요 1:41-42). 메시아를 전하고자 했던 안드레의 열심은 예수님의 부활 이후 교회가 보여 준 선교 열정의 작은 맛보기였을 뿐이다. 이 이야기는 반드시 전해져야 한다. "하나님이 자신의 약속을 성취하셨다. 하나님의 구원이 실체가 되었다. 하나님의 나라가 놀라운 새로운 방식으로 이 세상을 뚫고 들어왔다. 왕이 오셨다!"

③ 생명을 주는 소식: "주 예수를 믿으라. 그리하면 네가 구원을 얻으리라."

그리스도를 설교해야 할 또 다른 주요 이유는 그 메시지가 생명을 살리는 것이기 때문이다. 1970년대 캐나다의 브리티시 콜롬비아에 소아마비가 발생했을 때, 지체하지 않고 캐나다 정부는 자녀들에게 소아마비 백신을 접종해야 한다는 메시지를 모든 부모에게 전했다. 이것은 대단히 중요한 메시지였다. 즉시 방송으로 내보내야 할 메시지였다. 그 질병의 위험성과 이에 대한 백신의 효용성을 생각해 보면, 그 메시지를 전하는 것은 당연했다.

인류의 타락 이후, 인간은 하나님께로부터 멀어졌고 죽음이란 징벌 아래 놓였다. 생각이 있는 사람이라면 병에 대해서는 알 수 있지만, 치료법에 대해서는 모두 다 아는 것이 아니다. 사람들은 치료법에 대해 들어야 한다. 빌립보인 간수가 "내가 어떻게 하여야 구원을 얻으리이까?"라고 울부짖었을 때, 바울은 "주 예수를 믿으라. 그리하면 너와 네 집이 구원을 얻으리라."라고 답했다(행 16:30-31). 몇 년 후 바울은 다시 이 점을 분명히 하고 있다. "만일 네 입으로 예수님을 주로 시인하며 또 하나님이 그를 죽은 자 가운데서 살리신 것을 네 마음에 믿으면 구원을 얻으리라"(롬 10:9). 예수 그리스도에 대한 믿음이 영원한 사망에 대한 치료제이다. 죄로 죽고, 하나님께로부터 멀어진, 그리고 죽음을 향해 달려가고 있는 세상 속에서 생명을 주시는 예수 그리스도의 메시지는 긴급하게 반드시 전해져야 할 메시지이다. 이는 소망, 화목, 하나님과의 평화, 치료, 회복, 구원, 영생의 메시지이기 때문이다.

④ 배타적인 소식: "다른 이로써는 구원을 얻을 수 없나니"

그리스도를 설교해야 할 또 하나의 자극제는 그리스도만이 구원의 유일한 길이라는 사실이다. 베드로가 말하듯이, "다른 이로써는 구원을 얻을 수 없나니 천하 인간에 구원을 얻을 만한 다른 이름을 우리에게 주신 일이 없다."(행 4:12). 이러한 소망적이며 동시에 배타적인 베드로의 메시지는 예수님 자신의 메시지를 반영한다. "내가 길이요 진리요 생명이니, 나로 말미암지 않고는 아버지께로 올 자가 없느니라."[25] 영생은 오직 예수 그리스도 안에서만 찾을 수 있다.

만약 예수님이 구원의 여러 길들 중 하나라면, 교회는 사람들이 죽음에서 구원받기 위해 다른 길을 찾을 수 있기를 바라면서 조금 느긋해질 수도 있을 것이다. 그러나 그리스도만이 유일한 길이기 때문에, 그리스도를 설교해야 할 긴급성이 훨씬 더 강해진다. 예수님 이외에는 어디에도 구원은 없다.[26]

이상에서 언급한, 그리스도를 설교해야 할 여러 이유들은 신약 교회 때와 마찬가지로 오늘날에도 여전히 유효한데, 예수님의 명령은 "세상 끝 날까지" 효력을 지니기 때문이다. 교회 역사상 가장 많은 기독교 순교자가 있었던 시대에도, '왕이 오셨다'라는 복음은 어느 때보다도 중요하고 고무적인 것이었다. 인간 삶의 의미에 대해 많은 사람이 절망하고 있는 물질 만능 시대에, 그리스도를 믿음으로 인해 죽음으로부터 구원을 받는다는 중요한 소식은 여전히 중대하다. 또한 소위 구세주들이 많이 있다는 지금의 상대주의적이며 다원화된 세계 속에서도, 예수 그리스도 외에 다른 곳에는 구원이 없다는 배타적인 소식은 여전히 본질적이다.

---

25 요 14:6; 참조. 요 15:5; 17; 마 11:27; 고후 5:20-21; 딤후 2:5.
26 예를 들어, Allan Harman, "No Other Name," *Theological Forum* 24 (November 1996) 43-53을 보라.

⑤ 비기독교 문화권 청중

그리스도를 설교해야 할 마지막 이유는 우리의 청중이 비기독교 문화권에서 살고 있다는 점이다. 그 성격상 초대 교회는 비기독교 문화권에 살고 있던 사람들에게 복음을 전했다. 그 당시 사람들은 그리스도에 관해서, 또한 그리스도가 만들어 낸 변화에 관해서 들을 필요가 있었다. 현대의 설교자들 역시 비기독교적이거나 기독교 이후(post-Christian: 기독교 세계관이 세상에서 우세를 잃은 상태나 상황 - 역주) 문화권에 사는 사람들에게 복음을 전하고 있다. 만약 현대 청중이 기독교적인 사고와 행동들로 가득 찬 문화에 살고 있다면, 설교를 듣는 사람들이 그 설교가 어떻게 그리스도와 연결되고 있는지를 이해하고 있다고 생각하는 것이 당연할 것이다. 삶의 모든 것이 그리스도와 연결되어 있기 때문이다. 이와 관련해 바울은 이렇게 이야기한다. "그(그리스도)는 보이지 아니하는 하나님의 형상이시요 모든 피조물보다 먼저 나신 이시니 만물이 그에게서 창조되되 하늘과 땅에서 … 만물이 다 그로 말미암고 그를 위하여 창조되었고 또한 그가 만물보다 먼저 계시고 만물이 그 안에 함께 섰느니라"(골 1:15-17). 그러나 오늘날 설교자들은 청중들이 그들의 설교와 그리스도 사이의 연결점을 자연스럽게 볼 수 있다고 생각할 수 없으며, 심지어 청중들이 "복음", "하나님", "그리스도"와 같은 단어들의 의미를 알 것이라고 쉽게 가정할 수도 없다.

비기독교 청중

유럽과 북아메리카가 선교 사역지가 되었다. 사람들은 길을 잃어버렸고, 삶의 궁극적인 것을 찾고 있으며, 이 땅에서의 삶의 짧은 여정에 대한 의미를 찾고자 애쓰고 있다. 교회 예배들은 기독교 예배로부터 이러한 "구도자 예배"(seeker services)로 빠르게 바뀌고 있다. 오늘날, 기독교 예배와 '구도자 예배' 모두에서 그리스도를 설교해야 할 필요가 있다. 존 스토트(John Stott) 목사는 이렇게 말한다. "모든 설교자의 정말 매혹적인 책무 중 하나는 타락한 인간들의 공허함과 예수 그리스도의 충만함을 탐구함으로써 어떻게 그리스도께서 우리의 공허함을 채우시고 우리의 어두움을 밝히시며 가난한 우리를 부요케 하시고 우리의 열망을 이루시는가를 보여 주는 데 있다."[27] 왜냐하면 "그리스도를 만난다는 것은 삶의 실체를 만지는 것이요 동시에 초월적인 실체를 경험하는 것이기 때문이다. 그리스도는 우리에게 자기 가치 의식 혹은 개인의 중요성을 깨닫게 하시는데, 이는 그분이 우리에 대한 하나님의 사랑을 우리에게 확신시켜 주시기 때문이다. 그리스도는 우리를 위해 죽으심으로 우리를 죄책으로부터 자유롭게 하셨고, 부활의 능력으로 우리의 자기중심적 사고의 감옥으로부터 우리를 해방하셨으며, 우리를 다스리심으로써 우리를 공포의 짓눌림으로부터 자유롭게 하셨다. … 그는 결혼과 가정, 일과 여가, 인간 됨과 시민 됨에 의미를 주신다."[28]

기독교 청중

비기독교인은 물론, 참된 그리스도인들도 오늘날 명시적인 그리스도 중심의 설교로부터 도움을 받을 수 있다. 기독교 이후 문화 속에서 이러한 설교는 그리스도인들로 하여금 자신들의 삶과 세상 가운데서 그리스도의 중심성을 깨닫게 해 준다. 자신의 특정한 신앙이 유대교, 동방종교, 뉴에이지 운동, 기복 신앙, 그리고 다른 종교와 어떻게 다른지를 구별할 수 있도록 도와준다. 그리스도 중심의 설교는 지속적으로 그들의 구주와 주님으로서의 예수님에 대한 믿음을 증진시킨다. 사막에서 물이 유목민들을 지탱해 주듯이, 비기독교적인 문화 속에서 그리스도 중심의 설교는 기독교인들을 지탱해 준다. 류(Reu)는 "참된 그리스도인의 신앙과 삶은 매일매일 그리스도를 받아들이고 그를 소유할 때만 존재할 수 있다."라고 주장한 바 있다.[29] 그리스도에게 전적으로 헌신한 사람들조차도 구세주이신 예수님을 삶의 주님으로 섬긴다는 것이 무엇을

---

27 Stott, *Between Two Worlds*, 154.
28 Ibid.
29 Reu, *Homiletics*, 57.

의미하는지 계속적으로 배우고 또 배워야만 한다.

기독교 이후 문화 속에서 설교는 그리스도를 있는 그대로, 참되게, 통찰력 있게 설교해야 한다는 엄청난 책임감을 현대의 설교자들에게 부여하고 있다. 이제 설교자들은 기독교적인 사고 체계와 기독교 예배란 문맥에서는 자연스러웠던 메시지와 그리스도 사이의 연결 관계가 지금 청중에게도 자연스럽게 인식될 것이라고 생각해서는 안 된다. 설교자들은 이러한 연결 관계를 의도적으로 드러내서 모든 사람이 볼 수 있게 만들어야 한다. 존 스토트는 현대 설교자들에게 이러한 설교의 목표를 잘 주지시키고 있다. "설교의 주된 관심 사항은 성경을 충실하게, 그리고 현실감 있게 강해함으로써 예수 그리스도께서 아주 정확하게 인식되어 인간의 필요를 채울 수 있도록 하는 것이다."[30] 윌리엄 헐(William Hull)은 중요한 충고 한 가지를 덧붙인다. "지엽적인 문제들에 대해 논쟁을 벌이거나, 소수만이 호기심을 갖는 문제에 대해 추측하고자 강대상에 오르지 맙시다. … 우리는 예수 그리스도를 주님으로 전하고자 강대상에 서는 것입니다. … 이것만이 우리의 굉장히 중요한 사명입니다. 즉 이 메시지를 말로 전함으로써 우리의 청중들이 우리 주 예수 그리스도 안에서 우리의 것인 새로운 날을 실천하도록 하는 일입니다."[31]

2. 구약에서 설교해야 할 필요성

우리가 그리스도를 설교함, 보다 구체적으로 '구약에서 그리스도를 설교함'(제2장)이라는 논의에 초점을 맞추기 전에, 먼저 '구'약에서 설교함이라는 일반적인 문제를 생각해 보는 것이 좋을 듯하다. 구약은 오늘날 교회에서 잃어버린 보물과 같다는 것을 모든 사람이 알고 있을 것이다. "내 경험으론 구

---

30 Stott, *Between Two Worlds*, 325.
31 Hull, "Called to Preach," 47-48.

약은 닫힌 책일 뿐이다."³²라는 말이 이러한 경향을 잘 설명해 주고 있다. 크리스웰(W. A. Criswell)은 성경에서 구약은 "아마도 현대 설교 가운데 가장 소홀히 취급되는 분야이며" 구약이 사용될 때라도 "그것은 단순히 어떤 주제의 강론을 위해 사용되는 경우요, 원래 구약 본문의 문맥과는 동떨어진 사용일 뿐이다."라고 말한 바 있다.³³ 글리슨 아처(Gleason Archer)는 "보기에 희한하고 이해하기에 어려운 것은, 성경을 믿는 복음주의 진영의 교회에서 매주 교인들이 구약 성경으로부터 어떤 설교도 듣지 못하고 있다는 사실이 보여 주고 있듯이, 오늘날 그리스도인들이 상대적으로 구약을 소홀히 다루고 있다는 점이다."라고 말한다. 이어서 그는 "만약 현대 목회자들이 그리스도와 모든 신약 저자들의 영적인 영양분의 수원지였던 성경 39권을 이처럼 소홀히 취급한다면 어떻게 자신들의 양 떼에게 균형 잡힌 영적인 양식을 공급하기를 바랄 수 있겠는가?"라고 질문한다.³⁴

통계를 얻기는 어렵지만, 여러 교단들의 보고서를 고려할 때, 보통 교회의 교인들이 듣는 설교 중에서 구약 본문에 기초한 것은 20% 이하라고 결론 내릴 수 있다.³⁵ 구약이 기독교 정경인 성경의 4분의 3 정도를 차지하고 있다는 사실을 기억할 때 이 숫자가 시사하는 바는 아주 중요하다. 설교자들을 위한 복음주의 계통의 저널인 *Preaching* 편집장은 "나는 매년 다양한 개신교 교단 내의 목사들로부터 수백 편의 설교문을 받는데, … *Preaching*에 제출된 설교 중에서 구약 본문에 기초한 설교는 10분의 1 이하이다."라며 한탄한다.³⁶

---

32 Thomas Ridenhour, "Old Testament and Preaching," 254.
33 Criswell, "Preaching from the Old Testament," 293.
34 Gleason Archer Jr., "A New Look at the Old Testament," *Decision*, August 1972, 5.
35 참조. Herbert Mayer, "The Old Testament in the Pulpit," *CTM* 35 (1964) 603, "루터 교회-미주리 총회는 구약 본문 한 개당 평균적으로 넷이나 다섯 개의 신약 구절 연구가 있음을 보여 주고 있다." 참조. John Stapert, *Church Herald* [Reformed Church in America], July 13, 1979, 9, "내가 들었던 설교의 거의 대부분이 전적으로, 혹은 거의 전부가 신약에 대한 설교였다."
36 Michael Duduit, "The Church's Need for Old Testament Preaching," 10.

1) 구약 설교가 별로 없는 이유

구약 설교를 많이 하지 않는 데에는 많은 개별적인 이유들이 있다. 그중 네 가지 주요 이유를 살펴보고자 한다. 곧 교회력에 따른 설교집 사용, 비평적 진영의 구약 연구, 구약 거부, 구약 설교의 어려움이다.

① 교회력에 따른 설교집 사용

교회력에 따른 설교집 사용은 구약 설교에 긍정적이고도 부정적인 효과를 동시에 미치고 있다. 긍정적인 측면에서 볼 때, 구약 본문을 포함시킴으로써 이러한 설교집 사용은 기독교 예배 의식 가운데서 구약이 지속적으로 들려질 수 있게 한다. 포스터 매컬리(Foster McCurley)는 "우리 루터교 전통의 경우 1958년이 되어서야 비로소 매주 예배 시간에 성경 읽기로 '구약 교훈'이 정했으며, 이전까지는 대부분의 미국 루터 교회에서는 서신서와 복음서만 읽어 왔다."라고 인정했다.[37]

그러나 "구약 교훈"을 읽는다는 것이 반드시 구약을 설교한다는 것을 의미하지는 않는데, 이는 대부분의 설교자들이 신약으로부터 설교 본문을 선택하기 때문이다. 신약 본문에 대한 이러한 선호도는 부분적으로는 목회자들의 편협한 취향 때문이기는 하지만, 교회력을 따르는 대부분의 설교집 속에서도 발견된다. 강림절에서 성탄절, 예수님 공현일(Epiphany), 사순절, 부활절, 오순절에 이르는 교회력(그리스도의 일생)을 따르는 연속적인 본문 강독은 일반적으로 복음서 중 하나에서 택하는 경향이 있다. 결과적으로 구약 본문 강독은 기껏해야 보조적인 역할을 할 뿐이다. 더욱 중요한 점은 "구약 본문 강독은 주일과 주일 사이의 연속성이란 점에서 거의 아무런 연속성을 갖지 못한다."라는 점

---

37 McCurley, *Proclaiming*, 3. 1997년에 노르웨이에서 몇 개의 강의를 하면서, 나는 노르웨이의 루터 교회가 1980년대까지는 구약을 설교하지 않았고, 그때까지 구약 본문은 오직 두 개만 그들의 교회력에 따른 설교집에 들어 있다는 사실을 발견하고 놀란 적이 있다.

이다.[38] 그러기에, 교회력을 따른다거나 복음서 강독이 지닌 연속성을 제공한다는 점에서, 교회력에 따른 설교집은 설교 본문 선택을 신약 쪽으로 기울게 한다.

데니스 올슨(Dennis Olson)은 또 다른 우려를 제기한다. 그는 다음과 같은 사실을 주목한다. "교회력에 따른 대부분의 설교집들이 대단히 제한된 분야의 구약 본문(주로, 이사야, 예레미야, 창세기, 출애굽기, 신명기)을 예배 시 강독할 때 사용한다. 구약에서의 인용은 설교집에서 빠른 속도로 사라져 가고 있다. … 현재 이들 설교집들의 경우, 구약 본문의 80%가 회중 예배 때 한 번도 봉독된 적이 없고, 이보다 훨씬 적은 양이 설교된다. 이는 마치 보스턴 교향악단의 단원 중 20%만 남기고 나머지는 모두 해고하는 경우와 같다. 구약의 온전한 목소리를 다 제거하고 단지 20%만 남긴다면, 어떤 일이 일어나겠는가? 어떤 신학적인 강조점들이 사라져 버리겠는가?"[39]

② 비평적 진영의 구약 연구

구약 설교를 많이 하지 않는 더 심각한 이유는 많은 설교자들이 여러 신학교와 신학대학에서 받은 구약 수업에 있다. "20세기 시작과 함께, 성경 연구의 지대한 관심이었던 신학적 주해는 과학적-역사적인 개념의 학문적 관심에 의해 그 자리를 잃게 되었다."[40] 고등비평은 자료 비평, 양식 비평, 종교 역사 등에 관심을 기울였다. 구약은 단지 이스라엘의 역사, 이스라엘의 문헌 역사, 이스라엘 종교의 역사를 복원하기 위해 연구되었으며, 이로써 이후의 설교자들이 설교해야 할 하나님의 말씀에 관해서는 한마디도 남겨 주지 않았다. 율리우스 벨하우젠(Julius Wellhausen, 자료 비평의 대가)이 그라이프스발트(Greifswald) 대학의 신학 교수를 사임하고 할레(Halle) 대학의 셈족어 교수 자리를 얻게 된

---

38 Calvin Storley, "Reclaiming the Old Testament," 490.
39 Olson, "Rediscovering," 3.
40 Herbert F. Hahn, *The Old Testament in Modern Research* (Philadelphia: Fortress, 1966). 10.

사건이 바로 당시 신학 교육의 황량함을 잘 보여 준다. 그는 신학 교수에서 셈족어 교수로 자리를 바꾸게 된 이유에 대해 다음과 같이 이야기한다. "나는 성경을 과학적으로 다루는 일에 관심을 갖고 있었기에 신학자가 되었다. 그러나 내 마음속에 서서히 싹트기 시작했던 생각은 신학 교수 또한 학생들을 복음주의 교회를 위한 사역에 준비시켜야 할 실제적인 책무를 갖고 있다는 점과 나는 이러한 실제적인 책무를 완수하지 못하고 있으며, 내가 신중하게 행동함에도 불구하고 이들을 그들의 목회 사역에 대해 **무능하게 만들고 있다**는 점이었다."[41] 약 50년 후에도, 구약 설교에 대한 훈련은 최소한 독일에서는 진전을 보이지 않았다. 폰 라트(von Rad)는 다음과 같이 주장한다. "구약 연구는 종교적인 진지함과 더불어 불멸의 역사적 발견들을 통해 얻어지는 윤리적 가르침에 대해 사람들을 훈련해 왔으나, 구약을 공적으로 인정하도록 – 신학자들이 소위 **고백의 입장**(in statu confessionis)이라고 부르는 방식임 – 훈련시키지는 않았다."[42] 최근 들어 부상한 편집 비평, 수사 비평, 내러티브 비평, 정경 비평 등은 성경학자들로 하여금 이스라엘에 대한 구약 메시지를 이해하고 학생들이 구약 설교를 위해 준비될 수 있도록 돕는 일에 총력을 기울일 수 있도록 보다 많은 약속을 보장하고 있다.[43]

③ 구약 거부

구약 설교가 미미한 또 다른 이유는 구약을 명백하게 거부한 데 있다. 구약 거부는 마르키온에게까지 거슬러 올라갈 정도로 긴 역사를 갖고 있다. 왜 사람들이 구약을 거부했는가를 이해하기 위해, 마르키온, 슐라이어마허, 본 하르

---

41 Alfred Jepsen, "The Scientific Study of the Old Testament," in *Essays on Old Testament Hermeneutics*, ed. Claus Westermann (Richmond, VA: John Knox, 1964), 247에서 인용. 강조는 저자의 것임.
42 Von Rad, "Gerhard von Rad über von Rad," in *Probleme biblischer Theologie*, ed. H. W. Wolff (Munich, 1971), 660. Rendtorff, *Canon*, 76에서 인용.
43 Greidanus, *Modern Preacher*, 55-79를 보라.

나크, 불트만 등 네 신학자의 입장을 간단히 살펴보고자 한다.

마르키온(Marcion, 대략 85-160년)

마르키온은 흑해 남방 해협에 살았던 부유한 선주였다. 주후 140년경에, 그는 로마로 이주했고, 거기서 교회의 일원이 되었다. "로마에 있는 동안, 그는 비-정교도인 시리아 선생 케르도(Cerdo)의 영향에 압도되었고, 그로부터 마르키온의 가르침의 토대인, 구약에 묘사된 하나님과 신약에 묘사된 하나님이 다르다는 교리가 유래되었다."[44] 마르키온은 144년에 교회에서 추방되자 자신의 교회를 세우고 자신의 특이한 가르침을 더 널리 전파했다.

영지주의자들처럼,[45] 마르키온은 이원론적인 우주관을 지지했다. 곧 물질적인 세계는 악하고 영적인 세계는 선하며, 선한 하나님(순수한 영)은 이러한 물질적인 세계를 창조하실 수 없다는 것이다. 마르키온에 따르면, 구약의 하나님은 창조자 하나님이기에, 그는 열등한 신이요 조물주이다. 또한 우리는 이 하나님을 구약 속에서 율법의 하나님, 진노의 하나님, 전쟁의 하나님, 준엄한 심판자로 만나게 된다. 이와 반대로, 신약에 나타난 하나님은 사랑과 은혜와 평강의 하나님이시며, 이 참 하나님이 예수 그리스도를 보내셔서 우리를 이 악한 세상에서 구출해 내셨다고 마르키온은 주장한다. 구약과 신약에서 이처럼 다른 하나님을 상정했기에, 또한 구약과 신약 사이에서 외견상의 모순점들을 보았기에, 마르키온은 구약을 거부하고 신약에서 구약에 대한 모든 언급을 제거하고자 했다. 마르키온이 이처럼 구약을 통째로 거부함으로써 기독교 교회는 자신들의 정경에 대해 다시 생각하게 되었다. 그리고 교회는 구약은 신약과 마찬가지로 교회의 정경에 속한다고, 곧 둘은 하나라는 결론을 내리게 된다.[46]

---

44 A. J. B. Higgins, *Christian Significance of the Old Testament*, 14.
45 마르키온이 영지주의에 의존했는가에 대한 논의에 대해서는, John Bright, *Authority*, 62, n4를 보라.
46 교회가 히브리 성경의 순서를 '토라-선지서-성문서'로부터 '토라-성문서-선지서'로 순서를 바꿈으

주후 382년에 교회가 히브리 구약 성경 역시 교회의 정경에 속한다고 공식적으로 선언함으로[47] 이 문제가 일단락 지어졌어야 했다. 그러나 유감스럽게도 이것으로 끝이 아니었다. 독자적인 사상가들은 성경 자체가 제시하는 성경 고유의 잣대(규범, 표준)에 승복하기가 어려웠고 그들의 모든 사고를 성경에 종속시키는 일도 쉽지 않았다. 달리 표현하자면, 참된 성경적 전제들을 갖고 구약을 해석하기 위해 해석학적인 순환 고리 속으로 들어간다는 것이 대단히 어렵다는 것이다. 아무런 성경적 전제 없이 시작해서 이러한 무(無) 전제를 규범으로 삼아 성경을 판단하는 것이 훨씬 쉽다는 뜻이다. 마르키온의 이러한 비성경적 출발점은 두 분 하나님이었고 이로 말미암아 성경이 둘로 나뉘어졌다. 하나님의 말씀인 성경에 복종하는 대신에, 마르키온은 성경 위에 군림했다.

다른 사람들이 마르키온의 뒤를 이었다. 그렇다고 이들이 마르키온처럼 두 분 하나님으로 출발할 필요는 없다. 이들은 새로운 개념의 계시관이나 새로운 종교관, 혹은 새로운 윤리관을 받아들임으로써 마르키온의 발자취를 따랐다. 이들은 정경에 순복하는 대신에 정경 위에 군림했고, 성경의 어떤 부분들을 열등하고 무가치한 것들로 생각해서 정경으로부터 잘라냈다. 교회 역사에 있어서, 구약을 거부하거나 무시한다는 점에서의 마르키온 사상은 지속적으로 나타났다. 이러한 마르키온적 구약 거부의 실례들을[48] 모두 여기서 다룰 필요

로 그리스도께서 구약 예언의 성취라는 점을 극명하게 보여 주려 했고, 이를 통해 구약과 신약의 통일성을 표현하고자 한 일은 잘한 일이다. 그러나 이 점에 대해서 학자들의 의견이 일치하지는 않는다. 오토 아이스펠트(Otto Eissfeldt)는, 이렇게 순서를 바꾼 것은 "칠십인역에 나타나 있는 전승 가운데서 생겨난 일이며 … 여기서 책들의 배열은 분명히 칠십인역의 배열 원리, 즉 과거를 다루는 역사서가 먼저 오고, 그다음 특별한 의미에서 당대의 삶에 대한 계도와 훈육의 책들로 이해되는 시가서와 교훈서들이 오고, 마지막으로 미래를 지향하는 선지서들로 끝을 장식하게 한다는 원리에 의해 결정되었다."라고 주장한다. Otto Eissfeldt, *The Old Testament: An Introduction*, 번역. Peter R. Ackroyd (New York: Harper and Row, 1965), 570.

47 아마 로마에서 열렸던 것으로 생각되는 이 종교회의는 "구약과 신약의 정경들에 대한 완전한 목록(이것은 495년에 젤라시오[Gelasius]가 다시 만들었기에, '젤라시오 법령'으로 알려져 있기도 하다)을 제시했다. 이 목록은 트렌트 종교회의에서 주어진 목록과 일치한다." *The Oxford Dictionary of the Christian Church* (3d ed.,; New York: Oxford University Press, 1997), 279.

48 예를 들어, 다음을 보라. A. H. J. Gunneweg, *Understanding the Old Testament*; Emil G. Kraeling, *The Old Testament since the Reformation*; Foster McCurley, *Proclaiming the Promise*; Alan Richardson, "Is the Old Testament the Propaedeutic to Christian Faith?"

는 없으며, 최근의 영향력 있는 몇몇 학자들의 실례들을 언급하는 것으로 충분하리라 생각한다.

프리드리히 슐라이어마허(Friedrich Schleiermacher, 1768-1834)

슐라이어마허는 "하나님에 대한 절대적 의존의 감정"이라는 종교에 대한 새로운 이해로 유명하다. 나아가서 그는 "계시를 종교적 감정들의 영역 속에 있는 새로운 그 무엇이라고 정의하고, 이것은 어떤 구체적인 종교 집단의 삶의 기초적인 것"[49]이라고 말한다. 계시에 대한 이러한 주관적인 이해와 함께 구약은 단순히 전(前)기독교적(pre-Christain)이 아니라 반(半)기독교적(sub-Christian)인 것으로 간주된다. 슐라이어마허는 유대교와 기독교 사이에서 어떠한 연속성도 보지 않으며, 그 대신 "기독교와 유대교 및 이교도와의 관계는 동일한데, 이는 유대교나 이교도로부터 기독교로의 전이는 또 다른 종교로의 전이이기 때문이다."라고 주장했다.[50] 또한 그는 "만약 구약이 신약 뒤에 부록으로 온다면" 더 좋을 것이라고 제안했다.[51] 슐라이어마허의 추종자였던 크랠링(Kraeling)은 "이렇게 해서 19세기 개신교 전통의 가장 위대한 신학자인 슐라이어마허는 구약을 극히 종속적인 위치에 놓는 일을 선호했다. 그러나 그는 마르키온 진영에 합류함으로 자신의 주장을 보다 영향력 있게 하는 일에는 주저했다."라고 쓰고 있다.[52]

아돌프 폰 하르나크(Adolf von Harnack, 1851-1930)

하르나크는 자유주의 프로테스탄 전통(Liberal Protestantism)의 영향력 있는 주창자였다. 그는 마르키온에 관해 고전적인 저작을 저술한 바 있다. "그는 마르키온은 창조주 하나님과 기독교의 하나님을 완전히 다른 신으로 간주함에

---

49 Kraeling, *Old Testament*, 59.
50 Schleiermacher, *The Christian Faith*, 60-62. McCurley, *Proclaiming the Promise*, 9에서 인용.
51 Kraeling, *Old Testament*, 66.
52 Ibid.

있어서 너무 지나쳤다고 인정한다. 그러나 이것이 구약을 구해 낼 수는 없다고 주장했다." 그는 그리스도인들에게 "구약이 그들이 믿고 있는 바에 끼친 해를 생각하라고 요청한다. 현대에 있어 기독교를 반대하는 의견의 상당 부분이 구약을 기초로 하고 있으며, 이 때문에 사람들에게 성경을 공격하고 조롱하게 만드는 많은 기회를 제공하게 된다."[53] 하르나크는 분류상 구약은 "읽기에 유용하나 권위는 없는 책들"인 외경에 포함되어야 한다고 제안한다.[54] 다음이 하르나크가 깊이 생각하고 제기한 의견이다. "2세기에 구약을 거부했던 일은 잘못이며, 교회가 이를 받아들이지 않은 것은 옳았다. 16세기에 구약을 정경으로 유지하기로 했던 결정은 종교 개혁이 피할 수 없었던 운명 같은 것이었다. 그러나 19세기 이후에 구약을 프로테스탄 전통 내에서 정경으로 여전히 간주하는 것은 종교적 무기력과 교회의 마비 상태로부터 생겨난 일이다."[55]

루돌프 불트만(Rudolf Bultmann, 1884-1976)

다른 많은 사람들을 생각할 수도 있지만,[56] 가장 영향력이 있었던 인물인 루돌프 불트만을 가장 먼저 언급해야 하겠다. 불트만이 마르키온의 부류로 분류되어야 하는가에 대해서는 학자들 사이에 논쟁이 있는데, 이는 불트만이 구약을 공공연히 거부하지는 않았기 때문이다.[57] 그러나 그가 교회에 대해 구약이 갖는 가치를 대단히 제한적으로, 그리고 부정적으로 받아들였다는 사실은 부인할 수 없다. "The Significance of the Old Testament for the Christian Faith"라는 글에서, 불트만은 "신약은 구약을 전제하고, 복음은 율법을 전제한다."라는 점을 인정한다. 그러나 그는 곧 이어서, "사람들이 하나님의 명령 아

---

53 Ibid., 148.
54 Ibid., 149.
55 Harnack, *Marcion: Das Evangelium vom fremden Gott* (1924), 221-222. 인용문은 Bright, *Authority*, 65에서 가져왔다.
56 Bright, *Authority*, 67-75을 보라.
57 예를 들어, Bernard Anderson in his "Introduction" to *The Old Testament and Christian Truth* (New York: Harper & Row, 1963), 7; 같은 책에서, Carl Michaelson, "Bultmann against Marcion," 49-63을 보라.

래 서 있다는 의식을 갖게 하도록 기독교 교회가 구약을 사용하는 것은 순전히 교육적인 이유 때문이다."라고 말한다.[58] 이것이 구약의 '긍정적' 측면이다.

그러나 그리스도인들에 대한 구약의 중요성과 관련한 이러한 최소한의, 그리고 제한된 진술들은 동일한 글에 있는 불트만의 혼란스러운 부정적 진술들에 비추어 따져 보아야 한다. "구약은 유대인들에게는 과거에도 지금도 계시이지만, 기독교 신앙에 있어서는 더 이상 계시가 아니다. 교회에 속한 사람들에게, 이스라엘의 역사는 이제 닫힌 장(a closed chapter)이다. … 이스라엘의 역사는 우리의 역사가 아니며, 하나님이 그 역사 가운데서 그분의 은혜를 나타내 보이시는 한, 이 은혜는 우리를 위해 의도된 것이 아니다. … 우리에게 이스라엘의 역사는 계시의 역사가 아니다. 이스라엘에게 의미를 지녔던 사건들과 하나님의 말씀은 우리에게 더 이상 아무것도 의미하지 않는다. … 기독교 신앙에 있어서 구약은 진정한 의미에서 하나님의 말씀이 아니다."[59]

구약은 여전히 비난을 받고 무시를 당한다. 비록 앞에서 살펴본 신학자들이 그랬던 것처럼 오늘날에는 마르키온 사상이 그렇게 노골적으로 주장되고 있지는 않지만, 여전히 그 사상이 도처에 남아 있고, 심지어 멀리 떨어진 지역에서도 이러한 위험스러운 사상들이 구약의 이미지를 오염시키고 있다.[60] 더욱

---

58 Bultmann, "Significance," 17. 참조. 34-35: "만약 구약이 교회에 의해 하나님 말씀으로 선포될 경우, 이에 대한 두 가지 조건이 있는데, 이 조건들은 반드시 준수되어야 한다. (1) 구약은 구약 자체의 원래적 의미로 사용되어야 한다. (2) 구약은 실제적으로 약속(즉, 존재에 대한 기독교적 이해를 위한 준비)일 경우에만 채택되어야 한다." 참조. Friedrich Baumgärtel, "The Hermeneutical Problem of the Old Testament," in *Essays on Old Testament Hermeneutics*, 135, "이러한 이해에 대해, 우리는 종교 역사 연구로부터 기인한 사실, 즉 구약은 비기독교적 종교로부터 생겨난 증거라는 사실을 부정할 수 없다."
59 Ibid., 31-32.
60 예를 들어, 1962년 8월에 런던 「타임즈」는 공적 예배 시 구약 강독과 관련한 일련의 편지들을 발간한 적이 있다. 런던 시티 템플(City Temple) 은퇴 목사인 레슬리 웨더헤드(Leslie Weatherhead)는 이렇게 썼다. "또다시 우리 중 누군가는 예배 시 '구약 교훈'이란 순서 뒤에 자리에서 일어나, '친애하는 형제들이여, 방금 여러분이 들은 아무 상관 없는 허튼소리에 귀 기울이지 마십시오. 그 본문은 기독교에 시사하는 바가 아무것도 없습니다.'라고 말하고 싶을 것입니다." *Christianity Today*, September 28, 1962, 54.

이 오늘날에는 구약을 그냥 지나쳐 버리거나 건성으로 언급할 뿐인 설교자들의 무책임함 때문에 마르키온 사상이 조장되기도 한다. 또한 구약을 단지 "예수님의 가르침이 특이하다는 것을 극명하게 보이기 위한 대조 도구"[61]로 사용하는 설교자들에 의해서도 마르키온 사상이 자라난다.

유감스럽게도, 오늘날에도 구약의 하나님이 신약의 하나님인지에 대한 질문이 제기되고 있다. 이 질문은 수 세기에 걸쳐 교회를 괴롭혀 왔던 질문이며, 신학적인 논쟁을 복잡하게 만들어 왔던 질문이다. 그러나 이는 무모한 질문인데, 이 질문은 성경 자체로부터 기인한 것이 아니기 때문이다. 밤낮으로 이스라엘 백성들은 "들으라, 이스라엘이여, 우리 하나님 여호와는 오직 유일한 여호와시니라"(신 6:4, NIV)라는 말씀을 반복해서 들었다. 참이스라엘이신 예수님은 이 한 분 주 여호와를 나타내 보이셨으며, 이분을 아버지라고 부르셨다. 우리가 구약과 신약 속에서 다른 강조점에 관한 질문이나, 구약과 신약 사이의 긴장 관계에 대한 질문을 제기할 수는 있으나, 서로 다른 하나님들에 대한 질문을 생각한다는 것은 우리의 출발점을 정경이란 문맥 바깥으로 끌고 나가서 이상한 종교 속으로 끌고 들어가는 행위이다.

④ 구약 설교의 어려운 점들

물론 한 분 하나님, 그리고 하나의 성경이라는 성경적 전제들과 함께 우리의 논의를 시작한다고 해서, 구약 설교의 모든 난제들이 사라지는 것은 아니다. 그러나 이러한 출발은 우리로 하여금 이 난제들을 역사적인 기독교 신앙이란 문맥 내에서 다룰 수 있게 해 준다. 왜냐하면 구약을 무시하는 또 다른 주요 원인이 설교자들이 구약을 설교할 때 직면하게 되는 실질적인 어려움이라는 데는 의심의 여지가 없기 때문이다. 이 난제들을 최소한 네 가지 유형으로 구분할 수 있을 것 같다. 곧 역사적-문화적 난제, 신학적 난제, 윤리적 난

---

61 Bright, *Authority*, 74.

제, 실제적인 난제이다.

역사적-문화적 난제

구약은 근동 지방의 농촌 사회란 배경 아래 놓인 고대의 책이다. 성경 속에서 우리는 성전, 동물 제사, 안식년, 음식 규정이라는 낯선 세계로 들어간다. 이 세계는 서구에 있고 산업화 이후 도시를 배경으로 하는 현대 교회와는 상당히 멀리 떨어져 있다. 구약을 설교함에 있어서, 설교자들은 역사적-문화적 간격에 직면하게 된다. 이러한 고대의 책으로부터 현대적 상관성을 갖는 설교를 한다는 것은 일견 불가능해 보인다.

이러한 역사적-문화적 간격이 오늘날 구약 설교를 별로 하지 않는 주요 원인인 듯하다. 도널드 고완(Donald Gowan)은 그의 책 *Reclaiming the Old Testament for the Christian Pulpit*에서 "구약을 신실하게 사용하고자 하는 현대의 설교자들이 직면하는 핵심 문제는 **비연속성**이란 문제이다."라고 주장한다.[62] 구약은 이스라엘 시대와는 완전히 다른 시대에 살고 있는 그리스도인들에게는 할 말이 거의 없어 보인다. 이 문제를 다른 각도에서 접근하면서, 월터 카이저(Walter Kaiser)도 다음과 같은 동일한 결론에 도달한다. "구약을 소홀히 하는 모든 다른 이유를 압도하는 것은 성경이 지닌 역사적 특이성의 문제이다. 즉 성경의 말들은 비록 항상 그런 것은 아니지만, 대단히 자주 특정한 문화 속에서, 특정한 때에, 특정한 상황 속에 있는 특정한 사람들을 대상으로 한다. 이것이 정말로 어려운 점이다."[63]

이러한 역사적-문화적 간격이 오늘날 구약을 현실성 있게 설교하는 데 어려움을 준다는 것을 인정하더라도, 이 간격을 전적으로 부정적인 시각에서만 볼 필요는 없다. 왜냐하면, 우리가 우리의 시대로부터 역사적-문화적 간격을 파악하고 있다는 사실은 구약은 구약 자신의 시대를 의미 있게 평가하고 있

---

62 Gowan, *Reclaiming*, 6.
63 Kaiser, *Exegetical Theology*, 37.

다는 것을 보여 주기 때문이다: 하나님의 말씀은 영원한 말씀으로서 이스라엘을 초월해서 높이 떠돌아다니지 않고 이스라엘의 문화 속으로 의미 있게 들어갔다. 그러므로 역사적-문화적 간격은 장애물이 아니며, 설교자들에게 이러한 과거의 의미 있는 상관성들을 발견하고, 나아가서 구약의 메시지가 과거 이스라엘에 의미 있게 전파되었던 것처럼 오늘날에도 의미 있게 설교될 수 있도록 도전을 준다.[64]

신학적 난제

1800여 년 전, 마르키온은 구약을 설교함에 있어 몇몇 주요한 신학적 난제들을 갖고 교회를 대적한 바 있다. 예를 들어, 그는 구약에 계시된 하나님과 신약에 계시된 하나님 사이의 차이점들을 주목했다. 즉 구약에서 하나님은 이스라엘에게 가나안 족속들을 불쌍히 여기지 말고 "완전히 진멸하라"라고 명령하셨는데(수 11:20), "그러나 그리스도는 모든 무력을 금하시고 자비와 평화를 전하셨다." "구약의 창조주는 엘리야의 요청으로 불을 내리셨는데(왕하 1:9-12), 그리스도는 하늘로부터 불을 내려 달라는 제자들의 요청을 금하신다." "구약의 하나님은 전쟁에 능하신 분이나, 그리스도는 평화를 가져오신다."[65]

하나님에 대한 구약 계시와 신약 계시 사이에 차이점이 존재한다는 것을 주목하기 위해 두 분 하나님이란 전제를 논의의 시작으로 삼을 필요는 없다. 때때로 구약은 하나님을 준엄하게 심판하시는 하나님, 즉 "나를 거부하는 자들의 죄를 갚되 아비로부터 아들에게로 삼사 대까지 심판하시는"(출 20:5) 분으로 묘사하고 있으며, 반면 신약은 하나님을 "세상을 이처럼 사랑하사 자기의 독생자를 주시는" 분으로(요 3:16), 또한 용서하기를 속히 하시는 분으로 묘사하고 있다. 구약은 물질적인 부요를 하나님의 축복으로 묘사하고(많은 자녀, 가축들, 토지소산[신 30:9]), 반면 신약은 "영생"을 하나님의 가장 큰 축복으로 제시

---

64 이에 대한 몇몇 제안과 참고 문헌을 위해, Greidanus, *Modern Preacher*, 157-187을 보라.
65 Marcion. Tertullian, *Against Marcion*, 2.18, 4.23, 3.21에서 각각 언급되었고, Higgins, *Christian Significance*, 16에서 인용되었다.

한다(요 3:16). 구약은 행위에 의한 구원을 제시하는 듯한데(예를 들면, "만약 명령에 복종하면 … 너희가 살리라"[신 30:16]), 신약은 믿음을 통한 구원을 제시한다(롬 5:1). 구약을 설교함에 있어서, 설교자들은 이러한 많은 긴장 관계들을 풀어야 할 필요가 있다. 뒤에 가서 제3장과 제4장에서 교회가 이러한 문제를 어떻게 점진적 계시란 입장에서 다루어 왔는가를 살펴보게 될 것이다.

윤리적 난제

역사적-문화적 난제와 신학적 난제 이외에도, 설교자들은 윤리적 난제에 직면할 것이다. 1800여 년 전에 이미 마르키온은 이러한 윤리적인 장애물에 걸려 넘어진 적이 있다. "율법은 '눈에는 눈, 이에는 이'라고 말하는 데 반해, 선하신 주님은 복음서에서 '만약 누가 너희의 한쪽 뺨을 치거든, 다른 쪽 뺨을 돌려 대라.'라고 말씀하셨다. 율법에서 하나님(조물주)은 '너는 너를 사랑하는 자를 사랑하고 원수는 미워하라.'라고 말하는데, 선하신 우리 주님은 '너희 원수를 사랑하며 너희를 핍박하는 자를 위하여 기도하라.'라고 말씀하셨다."[66]

이러한 구체적인 문제들이 교회 역사를 통해 구약을 손상시켰던 자들에 의해 끊임없이 대두되었다. 그러나 설교자들은 이외에도 많은 다른 윤리적인 어려움들에 직면하게 될 것이다. 예를 들어, 모세 율법은 살인자는 물론, 무당(출 22:18), 우상 숭배자(신 13:6-10; 16:2-7), 심지어 완악하고 패역한 아들(신 21:18-21)까지 죽일 것을 명한다. 어떤 시편들은 원수를 진멸해 달라고 하나님께 간구하거나 그 이상을 요청하기도 한다. "네 어린것들을 반석에 메어치는 자는 유복하리로다"(시 137:9; 참조. 시 109:6-13).[67]

윤리적 문제에 민감한 그리스도인이라면, 구약의 어떤 부분에 쉽게 상처를 입을 수도 있을 것이다. 이와 관련해 존 브라이트(John Bright)는 이런 흥미로운 질문을 제기한다. "구약이 때때로 우리 그리스도인의 감정을 상하게 한다고

---

66 Ibid., 4.16. Higgins, *Christian Significance* 16에서 인용.
67 소위 "저주의 시편"에 관해선, 이 책 401-403쪽을 보라. 또한 Walter Kaiser, *Old Testament Ethics* 292-297을 보라.

하는데, 분명히 그리스도의 '기독교적 감정'은 상하게 하지 않으니, 어떻게 된 일인가! 우리가 그리스도보다 윤리적으로나 종교적으로 더 민감하다는 말인가? 아니면, 그리스도께서 구약과 구약의 하나님을 보시는 방식으로, 우리가 구약과 구약의 하나님을 보지 않기 때문인가?"[68]

실제적인 난제

역사적-문화적, 신학적, 윤리적 난제 이외에도, 구약을 설교함에 있어서 실제적인 어려움이 존재한다. 포스터 매컬리는 실제적 어려움의 도전을 다음과 같이 기술한다. "구약은 너무 방대하고 포괄적이다. 그렇기 때문에 역사, 문학, 신학에 대한 폭넓은 지식이 필요하다. … 신약처럼 1세기 정도가 아니라, 구약은 12세기에 걸친 문헌들과 18세기에 걸친 역사들로 이루어져 있다. … 구약 연구의 범위는 해석자들에게 실로 두렵고 부담이 큰 일이다."[69]

2) 신약뿐 아니라 구약을 설교해야 할 이유

이상의 주요 장애물에도 불구하고, 목회자들이 구약을 설교해야 할 이유가 있다. ① 구약은 기독교 정경의 일부이다. ② 구약은 그리스도에 이르는 구속사를 드러낸다. ③ 구약은 신약에서 발견되지 않는 진리를 선포한다. ④ 구약은 우리가 신약을 이해하도록 도와준다. ⑤구약은 신약을 잘못 이해하는 일을 막아 준다. ⑥ 구약은 그리스도에 대한 보다 충만한 이해를 제공한다. 제1장을 마무리하면서, 처음 다섯 가지 이유를 논의하고자 한다.

---

68 Bright, *Authority*, 77-78.
69 McCurley, *Proclaiming*, 5.

① 구약은 기독교 정경의 일부이다

구약을 설교해야 할 첫 번째 이유는 교회가 구약을 교회 정경의 일부로 받아들였기 때문이다. 이 "신앙과 삶의 표준"이 무시를 당하도록 놔두려고, 구약을 정경의 일부로 받아들인다는 것은 전혀 말이 되지 않는다. 만약 구약이 기독교 정경의 일부라면, 구약은 교회 내에서 반드시 사용되어야 한다. 바울은 디모데에게 "성경(즉, 구약)을 공적으로 강독하는 일과 권면하는 일, 그리고 가르치는 일에 전념하라"라고 교훈한다(딤전 4:13). 후에 가서, 바울은 구약은 영감으로 된("하나님이 숨을 내쉰") 말씀이라고 주장하며 다음과 같이 기록한다. "모든 성경은 하나님의 감동으로 된 것으로 교훈과 책망과 바르게 함과 의로 교육하기에 유익하니 이는 하나님의 사람으로 온전케 하며 모든 선한 일을 행하기에 온전케 하려 함이니라"(딤후 3:16-17). 바울은 구약이 그리스도인을 교육하기에 유익하다고 말한다. 구약은 신약이 단지 전제하고 있을 뿐 실제적으로 반복할 필요가 없는 교훈들을 담고 있다(다음의 예를 보라). 사실상, 바울은 디모데후서 3:15에서 "성경은 능히 너로 하여금 그리스도 예수 안에 있는 믿음으로 말미암아 구원에 이르는 지혜가 있게 하느니라"라고 주장한다. 구약은 "책망"하기에 유익하다. 즉 죄인들에게 그들이 걸어가는 길이 잘못되었음을 보여 줌으로써 이들이 거룩한 삶으로 돌아오도록 만든다(도덕법이나 지혜서를 생각하라). 또한 구약은 "바르게 함", 즉 구부러지고 뒤틀린 것들을 바로잡는 데 유익하다. 마지막으로 바울은 구약이 "의로 교육하기"에, 다시 말해, 의로운 상태로 이끄는 가르침에 유익하다고 말한다.[70] 로마서 15:4에서 바울은 우리가 구약에서 얻을 수 있는 소망의 요소를 첨가한다. "무엇이든지 전에 기록된 바는 우리의 교훈을 위하여 기록된 것이니 우리로 하여금 인내로 또는 성경의 위로로 소망을 가지게 함이니라."

사도 베드로도 그리스도인들이 구약을 사용해야 한다는 데 바울에게 동의

---

70 이상의 설명 중에서 일부는 Kaiser, *Rediscovering*, 26-32에서 얻은 것이다.

한다. 그는 흩어져 사는 그리스도인들에게 다음과 같이 쓰고 있다. "이제 너희에게 전하여진 것들에 관해서는, 그들(선지자들)이 자신들을 섬기는 것이 아니라 너희를 섬기고 있음이 그들에게 계시되었도다"(벧전 1:12). 모든 기독교회는 오늘날 교회의 사명인 교훈과 책망, 바르게 함, 의로 교육함 등을 위해 구약을 들을 필요가 있다. 그뿐만 아니라, 교회가 전파하는 소망을 위해, 그리고 "그리스도 예수 안에 있는 믿음으로 말미암는 구원"(딤후 3:15)을 위한 교회 교육을 위해 구약에 귀를 기울일 필요가 있다.

② 구약은 그리스도에 이르는 구속사를 드러낸다

구약을 설교해야 할 두 번째 이유는 구약이 예수 그리스도의 오심을 통해 절정에 다다른 긴 구속사를 보여 주기 때문이다.[71] 구약은 창조로부터 그리스도의 재림 직전까지 이르는 역사 가운데, 하나님의 구속 행위를 드러내 보여 준다. 구약은 인간 타락 이후 어떻게 하나님이 자기 백성을 구원하시고자 하셨으며, 어떻게 피조 세계에 대한 자신의 다스림, 곧 하나님의 나라를 복원하시고자 했는가를 보여 준다. 구약은 하나님의 약속들과 이들의 성취는 물론, 수 세기에 걸친 하나님의 구속 행위들을 나타내 보인다. 우리는 이러한 하나님의 오랜 역사의 구원 행위들을 신약 속에서 발견하는 것이 아니다. 신약은 이런 행위들을 전제하고, 이 긴 역사 위에 세워져 있다. 오직 구약만이 이러한 구속사를 드러내 보이기에, 구약은 기독교회에 필수 불가결하다.

구속사는 여러 개의 막으로 구성된 연극과 같다. 1막은 아름다운 왕국을 세우시고 이 왕국에서 왕으로 존경받으시는 하나님을 보여 준다. 2막은 이 왕국에서 벌어지는 쿠데타에 관한 것인데, 여기서 인간들이 사탄과 손잡고 하나님께 반기를 든다. 2막은 죽음이라는 하나님의 징벌은 물론, 자신의 왕국을 절

---

71 비록 구약이 풍부한 성경적 진리들(교리들)의 보고이기는 하지만, 우리는 무엇보다도 먼저 구속사를 고려해야 한다. 왜냐하면 구속사가 성경적 교리를 앞서기 때문이다. 구속사가 성경 교리의 필수 불가결한 토대를 이루고 있다고 말할 수 있다.

대 포기하지 않을 것이라는 하나님의 확신으로 끝을 맺는데, 그 이유는 하나님이 악의 동맹을 깨트리시고, "여인의 후손"과 "악한 자의 후손"을 서로 원수 되게 하시기 때문이다. 2막에 이어 수많은 막들이 이어지는데 이 가운데 하나님은 자기의 백성을 구원하신다. 정점은 아브라함을 부르시는 사건으로서, 여기서 하나님은 아브라함에게 수많은 후손과 땅을 약속하시며, "너로 말미암아 온 땅의 족속들이 복을 얻을 것이라"라는 약속을 하신다(창 12:3; 참조. 사 2:3=미 4:2). 또 다른 중대한 사건들로는 출애굽 사건, 다윗 왕의 통치, 포로 귀환이 있다. 그러나 아직 절정에는 도달하지 못했다. 신약에 와서 하나님이 세상을 구하시고자 자신의 독생자를 친히 보내심으로 그 절정에 도달하게 된다. 연극의 앞부분을 알지 못하고는 그 연극의 마지막 부분을 이해할 수 없듯이, 자신의 아들을 보내신 하나님의 이러한 절정의 행위는 하나님의 이전 구원의 행위들을 먼저 알아야만 비로소 이해할 수 있다. 이러한 구원 행위들은 오직 구약에만 기록되어 있기에, 구약 이야기를 설교한다는 것은 기독교 교회에 필수 불가결하다.

③ 구약은 신약에서 발견되지 않는 진리를 선포한다

구약을 설교해야 할 세 번째 이유는 다른 데서는 알 길 없는 진리를 구약이 보여 주기 때문이다. 율법 중 가장 큰 계명이 무엇이냐는 질문을 받았을 때, 예수님은 구약을 사용해서 사랑의 계명이라는 사실을 보이셨다(막 12:29-32). 신약은 구약이 가르치는 모든 것을 반복하지 않으며 단지 구약의 가르침을 전제하는데, 이는 구약이 하나님의 말씀으로 이미 받아들여졌기 때문이다.

예를 들어, 오직 구약에서만 우리는 하나님에 대한 포괄적인 계시, 즉 자신의 피조물과 철저히 구별되는, 주권적인 창조주로서의 하나님을 보게 된다. 오직 구약에서만 우리는 하나님이 자기와의 교제를 위해, 또한 인간 서로 간의 교제를 위해 자신의 형상을 따라 사람을 지으셨으며, 동시에 온 땅을 다스리고 보호하라는 위임 명령을 주셨다는 사실을 배우게 된다. 오직 구약에서만 우리는 인간 타락과 그에 따른 죽음과 깨어짐, 그리고 여인의 후손과 뱀의 후손 사이의 원수 됨의 모습을 볼 수 있다. 오직 구약에서만 우리는 하나님이 아브라함/이스라엘을 선택하사 이 땅에 자신의 왕국을 회복시키기 위한 교두보를 삼으셨다는 말씀을 듣게 된다. 오직 구약에서만 우리는 하나님이 이스라엘과 맺으신 언약과 시내산 언약(십계명), 그리고 축복과 저주에 대한 자세한 기록을 발견할 수 있다. 오직 구약에서만 우리는 오실 메시아와 주의 날에 대해 들을 수 있다.

구약의 다양한 가르침들은 하나의 포괄적인 세계관을 형성하기에 충분하다. 다시 말하면 구약의 가르침들은 하나님과 사람들, 그리고 세상 사이의 상호 관계를 포괄적으로 보여 준다.

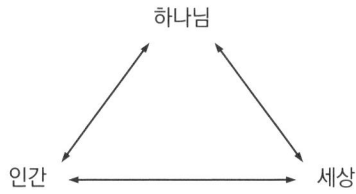

이러한 세계관은 중요하다. 이 세계관이 하나의 표준 격자(grid)를 형성함으로써 이를 통해 모든 자료를 분류하고 해석하며, 우리가 세상을 이해하고 세상 속의 우리의 위치와 사명을 깨닫도록 도와주기 때문이다.[72] 구약의 세계관은 다신교, 범신론, 영지주의, 유신론, 무신론, 자연론 등과 같은 세계관들과 아주 다르다. 신약은 다른 세계관을 보여 주지 않으며, 단지 구약에서 보여 주고 있는 세계관을 전제하고 있을 뿐이다.

이러한 근본적인 가르침 이외에, 구약은 신약에서 반영되거나 반영되고 있

---

[72] Albert M. Wolters, *Creation Regained: Biblical Basis for a Reformational Worldview* (Grand Rapids: Eerdmans, 1985)를 보라.

지 않을 수도 있는 많은 가르침을 제공한다. 이들 중 일부를 살펴보면 다음과 같다. 곧 온 열방에 대한 하나님의 주권(사 10:5-19; 하박국), 다른 것에 비교할 수 없는 하나님(사 40:12-31), 하나님 백성의 고통의 문제(욥기, 시편), 사회 정의를 이루어야 할 인간의 책임(신 15, 아모스, 미가, 이사야), 성적 사랑이라는 선물(창 2:18-28, 아가서), 새 땅에 대한 소망(사 11:6-9; 65:17-25) 등이다. 이러한 구약의 가르침을 모두 잃어버린다면, 설교는 무기력할 수밖에 없다. 마이클 더두잇(Michael Duduit)은 "우리가 설교에서 구약 성경을 소홀히 한다면 교인들은 신학적으로 깊이가 없고 평범한 집단으로 전락할 것이다."라고 판단한다.[73]

④ 구약은 우리가 신약을 이해하도록 도와준다

예수님은 잡히시기 전날 밤에 제자들과 함께 유월절을 기념하셨다. 그런데 이상한 일이 일어났다. 마태는 예수님이 잔을 가지사, "이는 죄 용서를 위해 많은 사람을 위해 흘리는 나의 언약의 피"라고 말씀하셨다고 기록한다(26:28). 우리는 이 말씀을 아주 많이 들었기에 이 말씀이 이상해 보이지 않을지 모르지만, "피"나 "언약"이란 말은 도대체 무슨 뜻인가? 만약 우리가 유월절에 대한 구약의 가르침이나, 자기 백성과 맺으신 하나님의 언약, 그리고 죄의 속죄에 필요한 피의 희생 제사에 관한 구약의 가르침을 알지 못한다면, "피"나 "언약"에 관해 알 길이 전혀 없다.

교회의 개념에 대해서도 생각해 보자. 구약이 없었다면, 우리는 교회가 무엇인지 알 수 없었을 텐데, 이는 신약이 교회를 구약의 이미지를 통해 묘사하기 때문이다. 바울은 교회를 "살아 계신 하나님의 전"(고후 6:16) 혹은 "하나님의 이스라엘"(갈 6:16)로 표현한다. 베드로 역시 교회를 구약 개념들로 묘사한다. "너희는 택하신 족속이요 왕 같은 제사장들이요 거룩한 나라요 그의 소유된 백성이니 이는 너희를 어두운 데서 불러내어 그의 기이한 빛에 들어가게 하

---

[73] Duduit, "Church's Need," 12. 또한 Achtemeier, *Preaching*, 21-26을 보라.

신 자의 위대한 일들을(NIV에서는 '찬양들을') 전파하게 하려 하심이라"(벧전 2:9). 심지어 교회의 사명을 기술하는 방식에 있어서도 베드로는 다음과 같은 구약의 말씀에서 그 개념을 끌어온다. "이 백성은 내가 나를 위하여 지었나니 나의 찬송을 부르게 하려 함이니라"(사 43:21). 예수님은 교회에 "모든 민족을 제자로 삼으라"라는 지상명령을 주실 때도(마 28:18-20) 이스라엘의 사명을 되풀이해서 말씀하신다. "내가 너를 열방의 빛으로 삼아 나의 구원이 땅끝까지 이르게 하리라"(사 49:6; 참조. 창 12:3). 존 브라이트는 이러한 많은 구약 개념을 다음과 같이 잘 요약해 보여 준다. "신약은 … [교회를] 세상에 하나님 나라의 의를 드러내 보이도록 부름을 받고, 세상에 하나님의 나라를 선포하고 사람들을 그 언약의 교제로 초청하라는 명령을 받은 참이스라엘, 하나님의 언약과 종의 백성으로 이해했다."[74]

이외에도 신약은 구약 없이는 우리가 알 수 없는 많은 이미지들과 개념들로 가득하다. 예를 들어, 하나님, 하나님의 나라, 구원, 선지자, 제사장, 왕, 속죄, 율법, 믿음, 소망, 사랑, 그리스도, 인자, 선한 목자, 하나님의 종과 같은 개념들을 생각해 보라. 그러므로 구약 설교는 회중이 신약을 이해하도록 도와준다.

⑤ 구약은 신약을 잘못 이해하는 일을 막아 준다

구약을 설교해야 할 보다 중요한 이유는 구약이 신약을 잘못 이해하지 않게 해 준다는 데 있다. 예를 들어, 예수님의 사역에 관해 우리가 신약에서 듣는 첫 번째 이야기는 예수님이 "회개하라 천국이 가까이 왔느니라"(마 4:17)라고 전파하기 시작했다는 사실이다. "천국"이 무엇인가? 만약 구약이 없었다면, 우리는 "천국은 이 사악한 세상에서 멀리 떨어져 있는, 저 하늘에 있는 나라인가?"라고 궁금해할 것이다. 나라에 대한 이러한 견해는 뒤에 가서 빌라도에게 "내 나라는 이 세상에 속한 것이 아니다."(요 18:36, NIV)라고 하신 예수님의 대

---

74 Bright, *Kingdom*, 259.

답 속에서 어느 정도 확인할 수 있다. 그 결과, 많은 그리스도인이 이 악한 세상을 벗어나서 "하늘에 있는 호화저택"을 소유하기를 학수고대하고 있다. 이러한 잘못된 왕국관에 대한 인식 없이, 이들은 마르키온과 영지주의적인 구원관, 즉 사악하고 물질적인 이 세상을 벗어나는 것을 구원으로 보는 잘못된 구원 개념을 채택해 왔다. 그러나 예수님은 정말로 자신의 나라가 오직 하늘에만 있다고 말씀하셨는가?

브루스(F. F. Bruce)는 "예수님은 그들의 유산인 구약을 잘 인식하고 있던 청중을 향해 그들 마음속에 커다란, 혹은 여러 개의 반향을 불러일으켰을 만한 언어를 사용하셨다."라고 쓰고 있다. 계속해서 브루스는 "이스라엘의 하나님이신 여호와의 왕권은 수 세기 동안 이스라엘의 예배의 지배적인 주제였으며, 창조와 역사 속에 나타난 여호와의 위대한 행위들은 한결같이 그분이 온 땅의 왕으로 경배받게 될 날, 곧 다가올 그날의 모습을 미리 보여 준다."[75]라고 주장한다. 구약의 분명한 기대에 따르면, 하나님의 나라(통치)는 이 **땅**에 다시 임할 것이다. 그렇다면, 예수님은 이 기대를 땅에서 하늘로 바꾸었는가? 빌라도에게 하신 예수님의 말씀을 보다 분명히 번역한다면, "내 나라는 이 세상**으로부터 기인하지** 않는다."(요 18:36, NRSV)라고 할 수 있는데, 이것은 예수님의 나라가 하늘에 그 기원을 두고 있다는 것을 암시한다. 그러나 예수님은 "하늘 나라(=하나님의 왕국)가 이 땅에 온다."라는 구약의 기대를 이어 가고 있다. 사실, 자신의 임재와 기적을 통해, 예수님은 "하나님의 나라가 너희에게 임했다."(눅 11:20)라고 말씀하셨다. 그러나 이것이 하나님 나라의 전부가 아니다. 그러기에 예수님은 자기 백성들에게 "나라가 임하옵시며 뜻이 하늘에서 이루어진 것 같이 **땅**에서도 이루어지이다"(마 6:10)라고 기도하라고 가르치셨다. 예수님이 다시 오실 때 (이때가 구속 드라마의 마지막 장면이 될 것이다) 하나님의 완성된 나라를 이 땅에 도래하게 하실 것이다. "우리는 그의 약속대로 의가 거하는 새 하늘과 새 땅을 기다리고 있다."(벧후 3:13; 참조. 계 21:1).

---

75 Bruce, *New Testament Development*, 22, 24.

분명히 구약을 배경으로 삼아 신약을 읽지 않을 때 생겨나는 위험 중 하나는 신약의 가르침에 대한 중대한 오해이다. 마빈 윌슨(Marvin Wilson)은 "어디서부터 교회가 잘못되었는가"라는 한 냉철한 글에서, 다음과 같은 사실을 주목한다. "히브리적 기원의 문맥 속에서, 교회가 배워 왔고 믿어 왔던 바를 계속적으로 이어 가라는 바울의 권면에 교회는 별로 귀를 기울이지 않았다. 그 대신 교회는 더욱더 헬라화되어 갔으며 이상한 가르침 속으로 빠져 들어가기 시작했다(참조. 히 13:9)."[76] 이러한 이상한 가르침의 기저에는 보다 고상하고 보이지 않는 영적인 세계와 열등하고 가시적인 물질적 세계를 구분하는 헬라적인 이원론적 사고(세계관)가 놓여 있다. 이 사고에 따르면 두 세계가 인간 개개인 속에 보다 고상한 영적인 혼의 형태와 보다 열등한 물질적인 몸의 형태로 존재한다. 플라톤에게 몸은 혼의 감옥이며, 구원이란 죽음의 때에 혼이 이 감옥에서 벗어나 순전한 영의 영역으로 들어가는 것을 의미한다. 이러한 이원론적인 창을 통해 신약을 읽음으로써, 교회는 수없이 물질적 세계와 우리 몸을 평가 절하해 왔으며, 금욕주의(바울은 이를 거부한다[골 2:20-23]), 독신주의, 내세주의, 세상으로부터의 도피로서의 구원과 같은 이상한 가르침을 부추겨 왔다.[77]

히긴스(A. J. B. Higgins)는 "우리는 구약이 기독교에 대해 아무런 중요성이 없는 것처럼 한쪽에 방치되었을 때 신약에 일어날 수 있는 폐단들의 온전한 예를 마르키온에게서 보게 된다."라고 지적한 바 있다.[78] 마르키온은 교회에 의

---

76 Wilson, *Our Father Abraham*, 166.
77 Wilson, ibid., 173, "성경은 인간과 세상을 이원론적으로가 아니라 역동적인 통일성의 견지에서 보고 있다. 그러나 점차적으로 불건전하고도 비성경적인 태도들이 기독교인의 사고 가운데 스며들게 되었다. 결과적으로, 물질적이며 육체적인 즐거움들을 즐기는 일에 대한, 또한 결혼과 가정의 선함을 확언하는 일에 대한 교회의 시각 역시 비뚤어지게 되었다." 182-190쪽에서 윌슨(Wilson)은 믿음을 신실함 혹은 신뢰로 보는 대신에 지적인 동의로 여기는 서구적 시각을 다루고 있으며, 또한 공동체를 희생시키면서까지 크게 부상하고 있는 개인주의를 다루고 있다.
78 Higgins, *Christian Significance*, 21. 참조. D. Moody Smith, "구약이 무시되는 곳에서는, 인간을 피조물 특히 역사적이며 사회적인 피조물로 보는 이해가 사라지게 된다. 그리고 이런 곳에서는 신약 역시 단순히 개인적인 경건과 개인적인 종교의 핸드북 정도로 잘못 간주된다." "The Use of the Old Testament," 65.

해 거부되었지만, 그의 이원론적 견해는 현재에 이르기까지 지속적으로 나타나고 있다. "다양한 방식으로 이러한 오래된 적군[영지주의]이 여러 가면을 쓰고 다시 돌아왔다. 뉴 에이지 종교, 다양한 동방 종교, 그뿐만 아니라 교회 자체 안에. … 만약 우리가 이 땅에 전혀 무용한 기독교 신앙을 제시하고 있다면, 이 신앙은 모든 영역에 있어서 삶의 실천과 무관한 신앙이며, 지금 여기서의 삶을 새롭게 하는 복음의 능력을 전혀 보여 주지 못하는 신앙이다. 이것은 복음을 하나의 편협한 미래-지향적인 영지주의로 환원시키는 일이다."[79]

물론 우리 모두는 자신의 전제와 편견을 갖고 있기 때문에, 신약을 완벽하게 이해하고 있다고 아무도 주장할 수 없다. 그러나 신약을 바르게 해석하는 데 필수 불가결한 하나의 전제가 존재한다. 이 전제는 신구약 성경의 통일성이며, 이런 이유 때문에 신약을 구약의 문맥에서, 또한 구약을 신약의 문맥에서 이해해야 할 당위성이 생겨난다. "구약은 복음과 역사를 한데 묶어 준다. 구약은 성경이 이교적인 철학과 사상들과 동화하지 못하도록 지켜 주고, 감상적이고 편협한 내세지향적인 경건으로 전락하지 못하게 해 주는, 우리를 너무 쉽게 에워싸고 분열케 하는 개인주의로부터 막아 주는, 가장 확실한 성벽이다."[80]

⑥ 구약은 그리스도에 대한 보다 충만한 이해를 제공한다

구약을 설교해야 할 마지막 이유는 구약이 그리스도의 인성과 사역과 가르침에 대해 신약의 어떤 설교보다도 더 충만한 이해를 제공하기 때문이다. 예수님은 구약이 자신에 대해 증언했다고 가르치셨음은 물론, 자신의 삶에서 구약 성경을 따라 그대로 사셨으며, 구약을 성취하셨고, 구약을 가르치셨다. 그러나 이 마지막 이유에 대한 논의는 다음 장의 끝에 더 적합하기에 그때 다루기로 하자.

---

79 Raymond Van Leeuwen, "No Other Gods," 42.
80 Bright, *Authority*, 78.

| 제2장 |

구약에서 그리스도를
설교해야 할 필요성

"이에 모세와 모든 선지자의 글로 시작하여
모든 성경에 쓴 바 자기에 관한 것을 자세히 설명하시니라."

— 누가복음 24:27

    그리스도를 설교해야 할 필요성과 구약을 설교해야 할 필요성 모두를 생각해 보았기에, 이제 구약에서 그리스도를 설교해야 할 필요성을 자세히 살펴봄으로써 앞 장에서 발견한 것들의 결과를 한데 통합시키는 일을 진행하고자 한다. 이 일이 논리적인 귀결처럼 보일 수도 있지만, 그리스도를 설교한다는 것과 구약을 설교한다는 이 두 가지 구별된 주제를 하나로 통합하는 일은 우리 앞에 여러 새로운 주제를 제기한다. 곧 구약의 비기독교적 혹은 기독교적 성격, 구약과 신약의 관계, 구약이 그리스도에 대해 증언하는 방식, 구체적으로 구약에서 그리스도를 설교하는 일이 가져다주는 유익들이다. 본 장의 논의를 이러한 주제들을 따라 그대로 진행하면 되겠지만, 구약에서 그리스도를 설교하는 일에 자주 실패하는 원인을 먼저 살펴보고자 한다.

1. 구약에서 그리스도를 설교하는 일이 별로 없는 이유

먼저 구약을 설교하기가 어렵다는 이유에서부터 구약 설교에 대한 관심이 없다는 이유에 이르기까지, 구약에서 그리스도를 설교하는 일이 별로 없는 데는 많은 이유들이 있을 것이다. 이런 이유들을 세 가지 유형으로 구분하고자 한다: (1) 인물 중심적 설교에 대한 유혹, (2) 억지 해석에 대한 우려, (3) 구약과 신약의 분리.

1) 인물 중심적 설교에 대한 유혹

설교에 대한 교과서들은 한목소리로 "설교자에게 가장 생생한 구약의 가치는 구약이 제시하는 인물들에게 있다."[1]라고 말한다. 구약을 거닐고 있는 파란만장한 삶의 인물들은 설교자들에게 강력한 매력으로 다가온다. 특별히 바쁜 설교자들에게는, 구약 인물들의 이야기를 단순히 전하고 이들의 이야기를 교인들의 삶에 연결시키고자 하는 유혹이 크다. 윌리엄 윌리몬(William Willimon)은 이렇게 주장한다. "내가 들은 대부분의 설교들은 너무 지나치게 '일반적인 인간 경험' 위에 뭔가를 세우고자 합니다. '여러분은 침체 상태에 있습니까? 모든 사람들이 침체 상태에 빠집니다. 울적하고 우울해합니다. 여기 우울한 상태, 말하자면, 구덩이에 빠져 있는 한 사람의 이야기가 있습니다. 그의 이름은 요셉입니다. 그는 웅덩이에 던져졌습니다.'"[2] 이러한 성경 인물 설교의 결과는 비극적이다. "그리스도와 십자가에 달린 그분을 설교할 수 없을 때, 우리는 인간을 설교하게 되고, 그것이 발전해 왔다."[3]

---

1 Walter Russell Bowie, *Preaching: Why Preach, What to Preach, How to Preach* (Nashville: Abingdon, 1954), 99.
2 Willimon, *Peculiar Speech*, 13.
3 Ibid., 9.

① **전기적 설교**(Biographical Preaching)

인물 중심 설교의 대부분은 소위 "전기적 설교" 혹은 "인물 설교"로 이루어진다. 이 주제를 다른 곳에서 자세히 다룬 적이 있기에,[4] 여기서는 *Guide to Biographical Preaching*(1988)이라는 최근 책만 살펴보기로 하자. 이 책에서 로이 드 브랜드(Roy De Brand)는 전기적 설교를 옹호하는데, 그 이유는 이 설교가 "준비하기 쉽고 설교하기 쉬울" 뿐만 아니라 특히 엄청난 설교 가치를 갖기 때문이라고 주장한다. 그는 전기적 설교의 가치를 다음과 같이 옹호한다.

> 전기적 설교는 본보기라는 자동적인 보너스를 지니고 있다. … 우리는 다른 사람들로부터 배운다. 때때로 그 교훈들은 긍정적이고, 우리는 이 교훈들을 그대로 배워 모방한다. 때때로 우리는 다른 사람들의 예로부터, 해서는 안 되는 것들, 생각해서는 안 되는 것들, 말해서는 안 되는 것들에 대해 배운다. 종종 긍정적인 교훈과 부정적인 교훈 모두를 동일한 성경 인물로부터 배울 수 있다. 예를 들어, 우리는 다윗 왕의 고귀한 행동과 높은 열망, 하나님께 대한 참된 예배로부터 많은 것을 배울 수 있다. 또한 우리아와 밧세바에 대한 다윗의 죄악의 실례로부터 우리가 무엇을 피해야 하는가에 대해서도 많은 것을 배울 수 있다. … 성경 인물들의 삶에서 발견되는 수많은 실례를 설교함으로써 우리가 모방하고 배워야 할 덕목을 제시하고 동시에 제거해야 할 악들을 드러내라.[5]

드 브랜드는 자신의 방법론을 자세하게 예증한다. 한 설교자가 창세기

---

4 Greidanus, *Sola Scriptura*, 56-120, *Modern Preacher*, 116-118, 161-166, 216-217을 보라. 성경 인물과의 "동일시 현상"에 관해서는, *Modern Preacher*, 175-181을 보라.

5 Roy E. De Brand, *Guide to Bibliographical Preaching* (Nashville: Broadman, 1988), 23-24. 이와 동일한 접근 방식에 대해서는, Paul R. House, "Ancient Allies in the Culture Wars: Preaching the Former Prophets Today," *Faith & Mission* 13/1 (Fall 1995) 24-36을 보라. 예를 들어, 그의 책 30쪽에서 폴(Paul)은 "설교자의 임무는 이러한 긍정적이며 부정적인 성경 인물 모델들을 수천 년 후 오늘날에 살고 있는 사람들에게 실제적인 것처럼 보이게 만드는 일이다."라고 주장한다.

32:22-32을 설교한다고 가정해 보자. 전형적인 전기적 설교는 다음과 같을 것이다.

> 제목: "야곱이 천사와 씨름할 때"
> 요점: 1. 야곱이 씨름했다(32:22-25).
> 　　　2. 야곱이 변화되었다(32:26-28).
> 　　　3. 야곱이 복을 받았다(32:29-32).

브랜드는 본문의 발전을 이런 식으로 구분하는 것은 메시지를 과거에 머무르게 한다는 점을 잘 인식하고 있다. 메시지를 현대의 청중에게 연결하기 위해서, 브랜드는 다음과 같이 설교문을 발전시킬 것을 제안한다.

> 제목: "하나님이 우리를 대면하실 때"
> 요점: 1. 하나님이 우리를 대면하실 때, 때로 우리는 그분과 씨름하게 된다 (32:22-25).
> 　　　2. 하나님과의 대면은 우리에게 변화를 요구한다(32:26-28).
> 　　　3. 하나님이 우리를 대면하실 때 우리는 하나님의 복을 받는다(32:29-32).[6]

두 번째 설교의 대지가 첫 번째 설교 대지보다 훨씬 발전된 설교 윤곽을 갖고 있다. 두 번째 설교 대지는 인물 중심적 설교이기보다는, 보다 하나님 중심적이다. 더욱이, 두 번째 설교 대지는 현실에 적합한 상관성을 지니고 있다. 그러나 반면에 희생된 것이 있다. 두 번째 대지 첫 번째 요점에서 야곱에게 국한된 구체적인 고민이 모든 사람의 고민으로 바뀌어 있음을 주목하라. 이것은 소위 일반화(generalizing) 혹은 보편화(universalizing)의 오류에 해당한다.[7] 또한

6　Ibid., 35.
7　보편화의 오류에 관해서는 Ernest Best, *From Text to Sermon*, 86-89를 보라.

야곱의 물리적인 씨름이 하나님과 우리의 영적인 씨름으로 바뀌어 있음을 주목하라. 이것은 영적화(spiritualizing)의 오류이다. 두 번째 요점에서 야곱의 변화가 우리의 변화에 대한 요청이 되고 있음을 주목할 필요가 있다. 이는 도덕화(moralizing)의 오류이다.[8] 두 번째 대지는 마치 이 본문이 율법서 장르에 속하는 것처럼 잘못 인식하여 내러티브 묘사(description)를 우리에 대한 처방전(prescription)으로 바꿈으로 "장르 착오"를 불러일으키고 있다. 마지막으로 세 번째 요점에서 복을 받는 야곱이 우리 모두가 복을 받을 것이라는 확신으로 바뀌어 있음을 주목할 필요가 있다(일반화의 오류).

② 전기적 설교의 문제점

이런 종류의 설교가 지닌 문제점들은 적용을 시도하는 과정에서 분명히 드러난다: 일반화, 영적화, 도덕화. 그러나 적용상의 이러한 문제점은 보다 깊은 뿌리를 지닌 문제점들, 다시 말하면, 해석학적인 접근과 강해에 있어서의 문제점을 보여 주는 표식에 불과하다. 왜냐하면 전기적 설교는 개개의 이야기를 하나님 나라의 도래라는 단일한 핵심적 이야기라는 문맥에 비추어 해석하지 않는 것이 분명하기 때문이다. 그 대신, 전기적 설교는 각 이야기의 구속사적 문맥과 문예적 문맥에서 각 이야기를 분리시켜 개별적으로 다루는 경향이 있다. 또한 전기적 설교는 저자의 의도, 즉 이스라엘을 향한 저자의 메시지가 무엇인지를 묻지 않는 경향이 있다.[9] 그 대신에 전기적 설교는 성경 인물과 강단 밑에 앉아 있는 사람들을 동일시하는 해석상의 표준을, 또한 성경 인물의 예로부터 우리가 무엇을 배우고 모방해야 하는가를 묻는 해석상의 표준을 성경

---

[8] 영적화의 오류에 관해서는 Greidanus, *Modern Preacher* 160-161을 보라. 도덕화의 오류에 관해서는 동일한 책 116-119, 163-166을 보라.

[9] John Bright, *Authority*, 153-154을 보라. "만약 우리가 할 수 있는 일이라는 것이, 그 이야기에서 뿔뿔이 흩어져 있는 몇몇 도덕적 교훈을 찾아내는 것뿐이라면, 우리는 이야기의 저자가 전혀 의도하지 않았던 그 무엇을 이야기로부터 추출해 내는 일에서만 성공할 수 있을지도 모른다. 다윗이나 나단을 우리가 따라야 할 본보기로 제시하는 것은 저자의 목표가 아니었기 때문이다."

이야기에 강제로 부여한다. 전기적 설교는 성경 이야기의 문맥과 저자의 의도를 철저히 간과하기에, 이런 방법으로는 진정한 그리스도 중심의 설교를 만들어 낼 수 없다.

2) 억지 해석에 대한 우려

여러 해 동안 나는 개인적으로 모든 본문에서 그리스도를 설교해야 한다는 당위성에 대해 애매모호한 입장을 취해 왔다. 내가 가장 우려한 점은 이러한 엄격한 요구는 알레고리화 혹은 모형론화 등에서 종종 볼 수 있는 부자연스러운 해석에 이르게 될지 모른다는 점이었다. 결과적으로 나는 몇몇 본문들의 경우에는 보다 넓은 범위의 범주인 하나님 중심적 설교로 만족해야 한다고 생각하고 가르치면서, 하나님 중심적 설교는 암시적으로는 그리스도 중심적 설교인데, 이는 그리스도께서 하나님이기 때문이라는 점을 주목해 왔다. 나는 많은 다른 설교자들도 부자연스러운 해석에 대한 동일한 두려움을 갖고 있으며, 그렇기에 구약을 설교할 때 항상 명시적으로 그리스도를 설교하지는 않는다고 생각해 왔다.

그러나 신약의 예를 토대로 하여(제1장을 보라), 나는 이 책에서 일반적인 범주인 하나님 중심적 설교는 물론, 보다 구체적인 범주인 명시적인 그리스도 중심적 설교를 주장한다. 그러나 여전히 주의해야 할 것은, 우리가 구약을 강요해서 구약이 말하지 않는 바를 말하게 해서는 안 된다는 점이다. 예를 들어, 한 유명한 라디오 방송 설교자가 창세기 2:18-25에 대한 해석을 다음과 같이 제시한 바 있다.

> 아담이 잠들었을 때, 하나님은 그의 상처 난 옆구리로부터 한 여자를 지으사 그의 일부가 되게 하셨고, 아담은 자신의 피를 흘림으로써 그녀에 대한 대가를 지불했다. … 이제 모든 것이 분명해졌다. 아담은 아버지의 집을 떠나 자기 목숨을 바쳐 신부를 얻고자 했던 주 예수님을 묘사하는 하나의 그림이다. 마지막 아

담 되시는 예수님은 첫 번째 아담처럼 자신의 신부인 교회를 사기 위해서 잠을 자야 했고, 그렇기에 예수님은 십자가에서 죽으사 무덤 속에서 3일간 주무셨다. 그가 잠에 빠진 이후, 그의 옆구리 역시 열렸으며, 그 상처 난 옆구리로부터 구원이 흘러나왔다.[10]

이런 메시지는 번뜩이는 재치가 있고 흥미로운 그리스도 중심적 메시지이다. 그러나 이 메시지는 구약 본문을 잘못 사용하는 희생을 치르면서 그리스도를 설교하고 있다. 이것은 분명히 알레고리화의 한 예인데, 이는 그리스도에 대한 메시지가 본문 자체에 기초하고 있지 않기 때문이다. 설교자는 단순히 그가 신약으로부터 알고 있는 그리스도를 구약 본문에 거꾸로 투영해 읽고 있다. 이것은 구약 본문 저자의 메시지와는 아무런 상관이 없음은 물론, 어떠한 "보다 충만한 의미"도 이런 종류의 해석을 통해서는 도달할 수 없다. 그리고 유감스럽게도, 본문을 알레고리화하는 과정 중에 본문의 진정한 메시지는 뒷전으로 밀려나게 된다. 왜냐하면 본문은 태초에 홀로 있는 아담을 위해 동반자 하와를 만드신 하나님에 관한 본문이기 때문이다. 이스라엘을 향한 저자의 메시지는 하나님의 놀라운 선물인 결혼에 관한 것이다. 이스라엘은 일부다처제가 정상적이요 여자는 참된 동반자로서 가치를 인정받지 못하는 문화에서 살고 있었기에, 결혼에 대한 하나님의 본래적 뜻에 관한 이 메시지는 이스라엘 백성에게 결혼에 대한 하나님의 기준을 가르쳐 주고 있다. 이 메시지는 설교되어야만 하는데, 이는 여전히 오늘날에도 남자와 여자에 대한 좋은 소식이기 때문이다. 그리고 이 메시지는 이 본문을 기초로 하는 예수님의 가르침에 의해 강화되어야 마땅하다. "그러므로 하나님이 짝지어 주신 것을 사람이 나눌 수 없느니라"(막 10:9).

---

10 Martin R. DeHaan, *Portraits of Christ in Genesis* (Grand Rapids: Zondervan, 1966), 32-33.

3) 구약과 신약의 분리

다른 설교자들의 경우, 구약을 설교하지 못하는 이유는 구약에 대한 그들의 견해로부터 연유한다. 간단히 표현하자면, 많은 설교자들이 구약과 신약을 분리하고 구약을 비기독교적(non-Christian)인 책으로 생각한다. 결과적으로 이들은 처음부터 모든 종류의 "기독론적인 해석"을 거부하고 나선다. 예를 들어, 휘브레이(R. N. Whybray)는 "구약은 독립적으로 연구할 때 올바로 이해할 수 있다."라고 주장한다.[11] 또한 "구약이 기독교 시대를 기대하거나 예시하는 것으로 해석하는, 전통적인 기독론적 해석의 원리는 배제하는 것이 필요하다."라고 주장한다. 계속해서 그는 "이것이 신약 저자들이 구약을 이해했던 방식이라고 말하는 것은 오늘날의 구약 해석에 아무런 도움이 되지 않는다."라고 주장한다. 또한 그는 우리에게 "구약의 신약 해석은 현대의 성경 연구에서 용납될 수 없다는 사실을 솔직하게 인정할 것을 요구한다."[12] 분명히 휘브레이는 구약을 비기독교적인 책으로 이해할 것을 주장한다. 구약을 신약으로부터 분리하고 그 대신에 이스라엘에게 주어졌던 원래의 메시지에만 초점을 맞추는 극단적인 역사-비평이론을 수용하는 일은 구약에서 그리스도를 설교할 수 있는 가능성 그 자체를 손상시키게 된다.

다소 온건하긴 하지만, 제임스 바(James Barr) 역시 결국 구약의 "기독론적인 해석"을 반대하고 나섰다. "일종의 '기독론적인' 해석을 우리가 반대하기로 결정한 것은 비록 역사-비평적 방법론이 중요한 변수이긴 하지만, 기본적으로 이 방법론에 연유한 것이 아니다. 신학적인 관점에서 볼 때 이 결정은 비록 구

---

11 R. N. Whybray, "Old Testament Theology-A Non-existent Beast," in *Scripture: Meaning and Method*, ed. Barry P. Thompson (Hull: Hull University Press, 1987), 172. 참조. Gunneweg, *Understanding*, 222, "기독교적이지 않은 그 무엇에 대해서 기독교적인 해석을 부여한다는 것은 불가능하다. 기독교적이지 않은 그 무엇에 대한 기독교적 해석은 가짜 해석에 불과하다. 오히려, 적절한 해석은 구약이 그 자신의 말을 할 수 있게 하는 일에, 또한 구약을 현재에 비추어 스스로를 해석하고 이해하는 일에 관심을 갖는다."

12 Whybray, "Old Testament Theology," 170, 171.

약의 하나님이 우리 주님의 아버지이긴 하지만, 구약은 아직 우리 주님이 오시지 않았던 시기였다는 사실에 근거하고 있다. 꼭 주목해야 할 사실은 구약은 아직 우리 주님이 오시지 않았던 시기로 이해해야 한다는 점이다."[13]

내가 보기에, 바(Barr)의 이유는 신학적이라기보다는 연대기적인 이유이다. "그리스도"란 용어가 어떠하든지, 만약 구체적으로 이 용어가 성육신하신 그리스도를 가리키고 있다면, "구약은 우리 주님이 아직 오시지 않았던 시기였다."라는 바(Barr)의 주장에 우리는 동의한다. 왜냐하면, 그와 달리 생각하는 것은 시간적 오류에 해당하기 때문이다. 그러나 역사적 발전의 특이함에 대한 이러한 정당한 민감성을 인정한다 해도, 이것이 곧 구약의 그리스도를 설교하는 일을 배제하는 것을 정당화하지는 못한다. 내가 생각하기에, 이에 대한 해결책 중 하나는 우리가 구약과 신약의 관계를 어떻게 보는가에 달려 있다.[14] 그러기에 우리가 구약에서 그리스도를 바르게 설교하려면 다음과 같은 근본적인 문제들에 대한 명확한 이해가 선행되어야 한다: 구약의 독특한 성격, 구약과 신약의 관계, 그리스도에 대한 구약의 증거.

2. 구약의 독특한 성격에 대한 견해

구약에 대한 개인의 견해는 뒤따르는 모든 해석 방법에 영향을 미칠 정도로 해석학적인 중요성을 지닌다. 현대적 관점에서 볼 때, 우리는 구약의 성격에 대해 네 가지 다른 입장을 구별해 낼 수 있다. (1) 구약은 반(半)기독교적(sub-Christian)이다. (2) 구약은 비(非)기독교적(non-Christian)이다. (3) 구약은 전(前)

---

13 Barr, *Old and New*, 152.
14 참조. Merrill Unger, *Principles*, 156, "아마도 우리 시대에 있어서 단일한 요소로서 성경 해석에 가장 해로운 요소는 성경은 하나의 통일성을 지녔고 성경을 바르게 해석하려면 반드시 이러한 측면에서 성경이 다루어져야 한다는 점을 많은 사람들이 인식하지 못한다는 것이다. 많은 진영에서, 이러한 성경의 통일성이 성경 내용의 다양성을 강조하는 경향 가운데 잊히고 있다."

기독교적(pre-Christian)이다. (4) 구약은 기독교적(Christian)이다.

1) 구약은 반기독교적(sub-Christian)이다

구약이 반기독교적이라는 입장에 대해서는 많은 시간을 쓸 필요가 없다. 우리는 이 책 1장에서 이 입장을 지지하는 몇몇 사람들, 즉 구약을 명시적으로 거부하는 사람들이나 구약을 최소한도 내에서 사용하는 사람들에 대해 이미 이야기한 적이 있다. 마르키온, 슐라이어마허, 하르나크, 델리취, 불트만, 바움가르텔, 웨더헤드, 그 외에 많은 사람들이 여기에 해당된다. 북아메리카의 경우, 이 입장을 취하는 사람들로는 사회복음을 주장하는 몇몇 설교자들을 생각할 수 있는데, 이들은 자유주의 신학의 입장에서 자신들의 메시지를 만들어 냈고, 구약을 선별적으로 사용했던 사람들이다. 이들은 구약의 상당 부분을 반기독교적인 것으로 생각해 거부했지만, 가치 있다고 생각되는 몇몇 부분들을 여기저기서 찾아내기도 했는데 특히 사회 정의에 대한 선지자의 요구가 여기에 해당된다.

2) 구약은 비기독교적(non-Christian)이다

구약이 비기독교적이라는 입장은 구약을 신약과 관계 없이 읽는 성경학자들(유대와 기독교 학자 모두를 포함해)에 의해 대변된다(위에서 언급한 휘브레이, 군네벡[Gunneweg], 바[Barr]를 보라). 이들은 구약 연구가 객관적이기를 원하며 일반적으로 구약을 타나크(*Tanakh*: 유대 성경인 'Torah-Prophets-Writings'의 히브리 단어의 약어)로 본다. 이 입장을 대변하는 사람들 중 한 명인 레너드 톰슨(Leonard Thompson)은 히브리 성경을 가르칠 때 반드시 "히브리 성경은 완성된 저작이며, 이런 점에서 신약은 필요치 않다는 점"[15]을 강조해야 한다고 주장한 바 있

---

15 Leonard L. Thompson, "From *Tanakh* to Old Testament," in *Approaches to Teaching*

다. 이 결과 구약의 해석은 의도적으로 신약을 배제하게 된다. 임마누엘 본문에 대해 이야기하면서, 톰슨은 다음과 같이 쓴다. "타나크의 문맥에서 이사야 본문을 읽게 되면…, 예수님과 이 본문을 연결 짓는 것은 생각할 수 있는 일이 아니다. 인접 문맥에 비추어 볼 때, 이사야 7:14의 메시지는 유다 왕 아하스에게 주어진 하나의 표징으로서, 아하스를 위협했던 아람과 북이스라엘의 군사적 동맹을 두려워하지 말라는 메시지였다. … 역사적 입장에서 볼 때, 이 본문에 대한 기독교적인 이해(마태의 이해)는 불가능한데, 이는 아하스가 왕이었던 때로부터 수 세기가 지난 후에 예수님이 태어났으며 또한 이 표징은 아하스가 다스리던 때의 구체적인 상황에 대해 주어진 것이기 때문이다."[16] 이 입장은 결국 구약을 전적으로 비기독교적이며 유대인 것으로 해석한다.

그러나 분명히 해야 할 점은 구약이 누구의 책인가 하는 것은 문제가 아니라는 점이다. 유대인들은 타나크를 그들의 성경으로 주장하고, 그리스도인들은 구약을 그들 정경의 일부로 생각한다. 또 몰몬교도들은 구약을 그들의 성경인 몰몬경과 동일 선상에서 취급하며,[17] 이슬람교도들은 구약의 일부를 코란으로 인정한다. 역사 전반에 걸쳐, 다양한 신앙 집단들이 성경을 그들의 경전으로 인정해 왔다. 그러나 문제는 이 책이 누구의 것이냐 하는 점이 아니다. 문제는 어떠한 문맥에서 구약 성경의 최종적인 해석이 발견되는가 하는 점이다.

그리스도인들에게 있어서, 이 문맥은 다름 아닌 신약이다. 바울은 살아생전에 이미 구약이 비기독교적이며 유대적 해석이란 문제와 씨름해야 했다. 바울은 고린도후서 3:15-16에서 다음과 같이 쓰고 있다. "정말로, 바로 오늘까지 모세의 글을 읽을 때마다, 베일이 그들의 마음을 가리고 있다. 그러나 우리가 주께로 돌아가기만 하면, 이 베일은 제거된다." 확신하건대, 기독교 설교자들은 "자신들의 마음이 베일에 가려진 채" 구약을 해석하기를 원치 않을 것이

Hebrew Bible as Literature in Translation (New York: Modern Language Association, 1983), 52.
16 Ibid., 45-46.
17 몰몬경 안에 있는 이사야 부분들과 함께.

다. 보다 나은 입장은 구약을 전기독교적인 것으로 보는 관점이다.

3) 구약은 전기독교적(pre-Christian)이다

구약은 전(前)기독교적이라는 입장을 가장 잘 보여 주기 위해 유명한 구약학자 두 사람의 견해를 간단히 살펴보고자 한다.

① 구약은 주전(B.C.)에 해당된다

그의 책인 *The Authority of the Old Testament*에서 존 브라이트는 구약과 신약의 관계에 대해, 그리고 구약 설교에 미치는 이 관계의 해석학적인 중요성에 대해 진지하게 고민한다. 한편 그는 "우리는 기독교적인 설교 외에는 어떠한 설교도 할 수 없다."라고 바르게 지적한다.[18] 다른 한편, 브라이트는 구약의 메시지는 "본래 자체적으로는 기독교적인 메시지가 아니다."라고 주장한다.[19] 여기에 딜레마가 있다. 브라이트는 구약을 전(前)기독교적인 책, 즉 그의 표현을 빌리자면, "주전"(B.C.)에 해당되는 책이다. "구약은 … 신약과 불연속적인 입장에 서 있는데, 이는 구약이 주후(A.D.)의 말씀이 아니라, 주전의 말씀을 하고 있기 때문이다."[20] 또한 "구약의 기본적인 문제점은 구약의 모든 본문이 우리의 시각이 아닌, 그리고 우리의 시각일 수도 없는 그러한 시각을 갖고 있다는 점이다. 구약은 그리스도의 다른 한쪽에 놓여 있다."[21]

해석학적으로 볼 때, 이 입장은 브라이트를 곤경에 처하게 한다. 한편으로 브라이트는 "구약을 '주후'라는 관점에서, 즉 구약이 지닌 기독교적인 중요성에 비추어 구약을 선포해야 한다. 그렇지 않으면 솔직히 말해 구약은 강단에

---

18 Bright, *Authority*, 197.
19 Ibid., 183.
20 Ibid., 207.
21 Ibid., 183-184.

서 현대인들에게 쓸모없게 될 것이다."라고 주장한다. 그러나 다른 한편으로 그는 해석학의 첫 번째 원리로 "우리는 주해상의 속임수나 설교상의 무책임함으로 인해 구약 본문에 기독교적인 의미를 강제로 부과해서는 안 된다."라는 점을 분명히 바르게 지적한다. 그 이유를 그는 "해석자의 정직하고 건전한 해석 방법이 이러한 의미 부여를 금하기" 때문이라고 밝힌다.[22]

브라이트는 이러한 딜레마로부터 벗어나고자 어려움을 겪었다. 그 후 그는 다음과 같은 좋은 제안("보다 충만한 의미"[fuller sense]라 불리는 것과 유사한 입장)을 하고 있다. "우리는 과거 사건을 되돌아볼 때 그 사건 속에서 사건 당시보다 더 분명해진 보다 깊은 중요성을 볼 수 있게 된다. 이 중요성에 대한 통찰들은 사건에 참여했던 등장인물들은 거의 갖지 못했던 통찰들로, 회고적으로 주어진 통찰이다."[23] 그러나 괜찮아 보이는 이 제안도 다음과 같은 실망스러운 해결책에 의해서 좌초되고 만다. "구약은 주전(B.C.)이란 시각을 갖고 있기 때문에, 구약은 우리에게 특이한 직접성(immediacy)으로 다가온다. 이는 우리 모두가 어느 정도 주전에 살고 있기 때문이다." 여기서 주전에 산다고 하는 것은 "그리스도의 메시아 왕국에 완전히 종속되어 있지 않다."라는 뜻이다.[24] 브라이트는 구약과 신약 사이의 질적인 차이에 너무 집착했으며, 이 때문에 해결책을 찾는 데 있어서 생겨난 어려움은 부분적으로는 자초한 것이기도 하다.

② 구약은 이스라엘을 향해 주어진 것이다

이 주제에 대해 잠깐 엘리자베스 악트마이어(Elizabeth Achtemeier)의 말을 들어 보기로 하자. 악트마이어는 『구약, 어떻게 설교할 것인가』(*Preaching from*

22　Ibid., 184.
23　Ibid., 203. 참조. 200쪽.
24　Ibid., 206. 유사한 해결책을 위해, Rudof Bultmann, "Prophecy and Fulfillment," in *Essays on Old Testament Hermeneutics*, ed Claus Westermann (Richmond: John Knox, 1963), 50-75. 그리고 같은 책에서 Friedrich Baumgärtel, "The Hermeneutical Problem of the Old Testament," 134-159를 보라.

the Old Testament, 이레서원, 2004)라는 설교자를 위한 좋은 책을 썼다. 그러나 브라이트와 마찬가지로, 그녀 역시 구약은 전(前)기독교적이라는 입장을 취한다. 악트마이어는 다음과 같이 쓰고 있다. "사실, 신약과 달리, 구약은 기독교 교회에 속하지 않으며 교회의 책도 아니다. 구약은 이스라엘을 향한 하나님의 말씀이다."[25] 악트마이어는 다른 책에서도 이렇게 말한다. "구약을 설교할 때 우리가 반드시 취해야 할 기본적인 전제는 구약은 이스라엘을 향해 주어진 것이라는 점이다. … 그러므로 만약 우리가 이스라엘과 어떤 식으로든 연결되어 있지 않다면, 구약은 우리의 책이 아니며, 그런 점에서 우리에게 주어진 계시도 아니다."[26] 그러나 다행스럽게도 우리는 그리스도를 통해 이스라엘과 연결되어 있다. "에베소서 2장이 주장하듯, 그리스도는 우리 모두를 하나 되게 하셨고, 교회는 이제 이스라엘이란 공동체의 일원이 되었다. 로마서 11장의 표현을 빌리자면, 이방의 가지인 우리는 이스라엘이란 뿌리에 접붙여졌다."[27]

그러나 이스라엘과의 이러한 연결만으로는 우리가 구약에서 기독교 메시지를 얻기에 충분하지 않다. 이에 관해 악트마이어는 이렇게 말한다. "꼭 기억해야 할 사실은 만약 어떤 설교라도 신약을 떠나서 단지 구약만을 다루고 있다면, 그 설교는 기독교 교회를 향한 하나님의 말씀이 될 수 없다는 점이다. 구약 본문을 기초로 한 모든 설교는 구약 말씀에 대한 신약의 결과를 반드시 언급해야 한다."[28] 그렇다면 우리는 어떻게 구약에서 기독교 메시지를 설교할 수 있겠는가? 이 문제에 대한 브라이트의 해석학적인 고민과 대조적으로, 악트마이어는 설교상의 간단한 해결책을 제시한다. "만약 설교자가 구약 본문을 먼저 선택할 경우, 그 설교자는 반드시 그 구약 본문에 맞는 신약 본문도 선택해야 한다."[29] 다른 곳에서 악트마이어는 이 점을 반복해서 이야기한다. "구약 본

---

25 Achtemeier, *Preaching*, 56. 참조. Reu, *Homiletics*, 57, "구약만을 설교한다는 것은 기독교-이전의 준비 단계로 되돌아가는 한탄스러운 일이다."
26 Achtemeier, "From Exegesis to Proclamation," 50.
27 Ibid., 참조. *Preaching*, 56.
28 Achtemeier, *Old Testament*, 142.
29 Ibid., 참조. *Preaching*, 56-59.

문을 설교할 때는 반드시 구약 본문과 짝을 이루는 신약 본문을 선택해야 한다."30

③ 신구약 본문의 "짝 짓기"(Pairing)

설교학상, 물론 "짝 짓기"는 유효한 선택 사항이다. 비록 "본문 설교"(textual preaching, 즉 본문 하나에 대한 설교)를 해야 할 많은 타당한 이유들이 있지만, 설교자가 반드시 하나의 본문에만 묶여 있어야 한다는 법도 없다. 그러나 내 생각에 "짝 짓기"는 좋은 방법이 아닌 듯싶다. 먼저 이러한 방법은 설교자에게 여러 가지 점에서 어려움을 갖게 하기 때문이다. 즉 설교자들은 두 개의 완전히 다른 역사적-문화적 배경에 놓여 있는 본문을 정당하게 강해할 수 있어야 한다.31 또한 구약과 신약 두 본문의 짝 짓기에 기초한 설교는 구약 부분과 신약 부분이라는 이중적 구조를 띠게 될 것이다. 더욱이 구약 본문의 중요성이 신약 전체라는 관점에서가 아니라, 선택된 구체적인 신약 본문만을 기초로 해서 제시될 확률이 높다. 만약 신약 본문이 잘 선택된 본문이 아니라면, 짝 짓기에 기초한 설교 준비 과정은 구약 본문의 메시지를 왜곡할 수 있다. 예를 들어, 교회력에 따른 설교집 Epiphany 4B는 나아만 치료(왕하 5:1-14)와 예수님이 나병 환자를 치료하신 사건(막 1:40-45)을 짝 짓고 있는데, 이 두 가지는 나병 환자 치유라는 관점에서 피상적인 평행 관계에 있다. 열왕기하 5:1-27(나아만 치료 기사)의 메시지는 한 이스라엘인(게하시)이 방해했지만 하나님이 이방인 나아만을 자유롭게 치유하셨다(은혜)는 사실과 관련 있다. 이러한 구체적인 메시지가 마가복음 1:40-45에는 나타나 있지 않다. 나아만 치료 기사에 보다 잘 연결되는 신약 본문은 아마도 나사렛에서 예수님이 행하신 설교를 담고 있는

---

30 Achtemeier, *RevExp* 72/4(1975) 474.
31 참조. Achtemeier, *Old Testament*, 146, "설교자가 구약 본문의 교훈을 완전히 이해하기 전에는 신약 본문을 구약 본문과 연결시킬 수 없음이 분명하다. 또한 설교자가 구약 본문을 연구했던 방식 그대로 신약 본문에도 똑같은 연구 방식을 적용해야 할 것이다."

누가복음 4:27-30일 것이다. 여기서 예수님은 이방인에 대한 하나님의 은혜의 사건을 상기시키고 "회당에 있는 자들이 이것을 듣고 다 크게 화를 냈다."

마지막 예가 보여 주듯이, 우리는 종종 한 가지 혹은 그 이상의 신약 본문을 언급함으로써 구약 메시지를 확언하거나 강화하거나 심화시킬 수 있다. 그러나 이 일은 신약 본문과 구약 본문을 **반드시** "짝 짓기"해서 이를 통해 설교가 "기독교회를 위한 하나님의 말씀이 되게 해야 한다"라고 말하는 것과는 아주 다른 이야기이다. 이렇게 요구하는 것은 구약의 격을 떨어뜨리는 것인데, 구약은 그 자체로도 하나님의 말씀이기 때문이다. 물론 우리가 신약에 드러난, 보다 후대의 하나님 계시에 비추어 구약을 읽어 나가야 한다는 것은 사실이다. 그러나 이러한 신약 계시라는 문맥은 신약이 되풀이하거나 전제하고 있는 많은 구약의 가르침을 더욱 분명히 해 주고 밝혀 주는 역할을 한다(이 책 62-64쪽을 보라). 구약 본문의 가르침이 신약의 가르침과 온전히 일치하는 경우에는 "짝 짓기" 할 필요성이 없다. 현재 우리의 상황과 연결하고자, 혹은 이것이 신약의 가르침이기도 한 점을 확언하기 위해, 설교자는 여전히 신약 사건을 언급하거나, 하나 혹은 그 이상의 신약 본문을 인용해야 할지도 모른다. 그러나 메시지를 "기독교적"으로 만들고자 반드시 이렇게 해야만 하는 것은 아니다. 예를 들어, 설교자가 "여호와는 나의 목자시라"라는 시편 23편을 설교하면서, 이 시편을 신약 본문과 "짝 짓기" 하지 않고도 기독교 메시지를 전할 수 있다. 물론 설교자는 설교 가운데 이 주님은 오직 그리스도를 통해서만 우리의 목자이시라는 점을 반드시 지적해야 하나, 이 메시지를 기독교적으로 만들고자 "짝 짓기"가 반드시 필요한 것은 아니다.

결과적으로, 우리는 "짝 짓기"는 구약의 메시지와 신약의 가르침 사이에 강한 연속성이 있을 경우에는 별로 필요하지 않다는 결론을 내릴 수 있다. 구약 본문이 신약에서 성취된 약속을 담고 있는 경우, 설교자는 반드시 그의 설교 속에서 이러한 신약 속의 성취 쪽으로 자연스럽게 나아가야 한다. 그러나 신약을 향한 이러한 움직임은 명제나 인용, 혹은 암시를 통해 이루어질 수 있으며, "짝 짓기"를 반드시 필요로 하는 것은 아니다. 일종의 "짝 짓기"가 필요한 유일한 경우는 구약 본문의 메시지와 신약 사이에 강한 비연속성이 존재하는 경우이다. 예를 들어, "너희 중 모든 남자에게 하나님의 언약의 징표로 할례를 행하라"라는 말씀이 있는 창세기 17:9-14를 설교할 때, 반드시 설교자는 초대교회 회중이 할례의 문제를 다루고 있는 사도행전 강해로 나아가야 한다. 그러나 대체적으로, "짝 짓기"는 필요치 않은데, 이는 구약이 신약의 문맥에서 이해된다면, 그 말씀은 오늘날에도 하나님의 백성을 향한 하나님의 말씀이기 때문이다.

4) 구약은 기독교적(Christian)이다

어떤 점에서 우리는 구약을 "전기독교적"이라고 부를 수 있다. 그러나 이 경우 우리는 연대기적 관점에서, 즉 구약이 기독교 이전에 존재했다는 의미에서 이렇게 이야기하는 것이다. 그러나 이 표현 역시 구약의 성격에 대해선 아무것도 말하지 않고 있다. 우리 역시 집의 기초를 "집-이전"(pre-house)이라고 부를 수 있을 것이다. 그러나 우리는 처음부터 이 기초가 집의 필수 불가결한 부분이라는 점을 알고 있다. 마찬가지로 우리는 구약을 "전기독교적"이라고 말할 수 있지만, 우리는 처음부터 구약의 본질은 "전기독교적"이 아니라 "기독교적"이라는 사실을 알고 있다. "기독교적"이라는 용어는 구약의 성격, 즉 본성을 묘사한다.

만약 우리가 어떤 식으로든 구약이 기독교적이라는 데 의구심을 갖고 있다면, 구약이 예수 그리스도 그분의 성경이었다는 사실을 상기할 필요가 있다. 또한 구약은 바울과 다른 사도들의 성경이기도 했다. 바울이 "모든 성경은 하나님의 영감으로 기록된 말씀으로 교훈과 책망과 바르게 함과 의로 교육하기에 유익하다."(딤후 3:16)라고 썼을 때, 그는 구약을 마음에 두고 있었다. 구약은 신약 저자들의 성경이었다. (유대) 기독교 교회는 구약을 그들의 성경으로 당연하게 받아들였다. 구약은 처음부터 교회의 성경이었다. 구약이 기독교 성경

(의 일부)이었다는 데 대해선 어떠한 의심도 없었다.[32] 마르키온이 등장하기 전까지는 말이다. 그 뒤 교회는 구약이 기독교 성경의 일부임을 공식화했다(주후 382년).[33] 후에 가서 신앙고백서들은 이러한 입장을 되풀이했다. 예를 들어, 종교 개혁 시기의 한 신앙고백서는 다음과 같이 기록한다. "우리는 성경에 구약과 신약 두 권을 포함시킨다. … 우리는 66권 모두를, 그리고 오직 이 66권만을 우리 신앙을 규정하고, 세우며, 설정함에 있어서 거룩한 경전으로 받아들인다."[34] 그리고 바티칸 제2공회는 다음과 같이 선포한다. "성경의 저자들에 의해 예언되고 자세히 이야기되고 설명된 바 있는 구원 계획은 구약의 책들 속에 하나님의 참된 말씀으로 나타나 있다. 그러므로 하나님의 영감으로 기록된 이 책들은 영원히 가치 있는 말씀으로 남아 있다."[35]

결과적으로, "비기독교적"이며 혹은 "전기독교적"인 책으로부터 어떻게 기독교 메시지를 얻을 수 있겠는가 하는 딜레마는 우리가 만들어 낸 어려움일 뿐인데, 이것은 성경 자체로부터 생겨난 딜레마가 아니기 때문이다. 물론 설교하면서 구약에서 신약으로 움직여 나아갈 때, 우리는 계시란 측면에서는 물론 구속사란 측면에서의 점진성을 주목하게 된다. 그러나 이러한 점진성이 구약을 비기독교적으로 혹은 전기독교적으로 만들지는 않는다. 강의 상류라고 해서 그것이 "강이 아니거나"(non-river) "강이 되기 이전"(pre-river)인 것은 아니다. 강은 상류에서 하류로 흘러 내려가기에, 상류는 강의 본질적인 일부이다. 더욱이 항상 있던 그 자리에 머물러 있을 때에도 강은 앞쪽으로 움직이고 있는 것처럼, 구속사와 계시에 있어서 점진성은 과거에 대한 훼손 없이도 일어날 수 있다. 왜냐하면 점진성은 연속성이라는 보다 큰 구조 속에서 일어나고

---

32 참조. Oscar Cullmann, *Christ and Time*, 132. 쿨만(Cullmann)은 여기서 『바나바 서신』(*Epistle of Barnabas*)을 언급하면서, "초대 교인들은 예배 의식 가운데 구약을 읽었으며, 구약을 기독교 공동체의 정경으로 간주했고, 실제적으로도 구약을 기독교의 책으로 대했다."라는 점을 지적한다.
33 이 책 51쪽 각주 47번을 보라.
34 『벨직 신앙 고백서』(*The Belgic Confession*) 4항과 5항. 참조. Berkouwer, *Person of Christ*, 117, "혹자는 성경과 관련한 교회의 신조를 축약해서 다음과 같은 진술로 표현할 수 있을 것이다: 구약이 기독교적이라고 말하는 것은 절대 시대착오적인 발언이 아니다."
35 *Constitution on Divine Revelation*, 4.14, Bruce, *New Testament Development*, 12에서 인용.

있기 때문이다. 구속사와 계시를 근본적인 의미에서 앞쪽으로 움직여 나아가게 하신 분인 예수님은 마태복음 5:17에서 "내가 율법이나 선지자들(즉, 구약)을 폐하러 왔다고 생각하지 말라. 폐하러 온 것이 아니라 성취하러 왔느니라."라고 말씀하셨다. 이 말은 구약의 온전한 의미를 드러내며, 구약을 절정에 이르게 한다.

여기서 요점은 구약과 신약 사이의 단절을 설정해 놓고 나서, 구약에서 기독교 메시지를 얻고자 서둘러 양자 사이에서 어떤 형태로든 연속성을 찾아 나서는 우를 범치 말아야 한다는 점이다. 그 대신 우리는 구약에서 신약으로 점진적으로 나아가는 통일된 구속사란 연속성을 염두에 두고, 또한 구약과 신약으로 이루어진 단일한 성경을 마음에 두고 구약과 신약을 볼 수 있어야 한다. 구약과 신약은 기독교 성경의 양쪽 부분이다. 둘 다 동일한 '언약을 세우시는' 하나님을 계시하고 있으며, 둘 다 하나님의 은혜의 복음을 계시한다. 둘 다 "내가 너희의 하나님이 될 것이요, 너희는 나의 백성이 되리라"라는 약속과 함께 불순종하는 자녀들에게 손을 내미시는 하나님을 보여 주고 있으며, 둘 다 하나님의 구속의 행위를 드러내 보여 주고 있다. 이러한 연속성의 토대를 확실히 염두에 둘 때, 우리는 비연속성의 본질을 간파할 준비가 된 것이다. 성경의 하나님은 정적인 하나님이 아니요, 자신의 백성과 함께 역사를 따라 움직이시며, 그들이 있는 곳에서 그들을 만나시고, 자신의 왕국의 완성을 향해 역사를 앞으로 움직여 나아가시면서 자신의 구속 계획을 더 많이 계시하시는 하나님이심을 우리가 알기 때문이다.

3. 구약과 신약의 관계

구약과 신약의 관계는 이미 많이 다루어진 주제이다. 누군가 "1869년부터 1960년 사이에 이 주제에 대해 500편 이상의 주요 저작들이 발간된 바 있다."

라는 통계를 발표한 적이 있다.[36] 구약과 신약의 관계에 대한 이러한 많은 관심은 이 주제가 대단히 중요하다는 것을 보여 준다. 군네벡(A. H. J. Gunneweg)은 "정경 안에서 구약과 신약이 연결되어 있다는 것 자체가 하나의 실질적인 해석학적 문제이다."라고 주장한다.[37]

1) 구약은 미래지향적이다

앞에서 우리는 한 종교학과 교수가 "히브리 성경은 그 자체로 완전한 저작이며 이 성경을 완성시키기 위해 신약은 필요하지 않다."라고 선언했다는 이야기를 했다. "히브리 성경의 마지막 부분에서 읽기를 멈춘다 해도 미완성이라는 느낌은 없다."[38] 그러나 이 주장은 명백히 잘못되었다. 사실은 많은 비기독교 유대인들이 하나님 약속의 마지막 성취를 지속적으로 기다리고 있다. 라이트(N. T. Wright)는 다음과 같은 사실을 주목한다. "히브리 성경의 위대한 이야기는 어쩔 수 없이 제2성전 시대에도 여전히 결론을 찾는 이야기로 읽혔다. 이 결론은 이스라엘의 온전한 해방과 구속을 통합하는 결론이어야 했다." 그는 요세푸스(Josephus)와 시라크(Sirach) 44-50, 그리고 마카비(Maccabees)가 각기 제시한 구약의 끝부분에 주목한다. "이스라엘의 이야기를 새롭게 진술하고 있는 이러한 세 실례들은 제2성전 시대의 유대인들은 이스라엘의 이야기를 전체적인 관점에서 읽고, 이 이야기의 적합한 결론을 지속적으로 찾았다는 것을 보여 준다."[39] 라이트는 다음과 같이 결론 내린다. "사실상 모든 면에서 창

---

36 William Cosser, *Preaching*, 9. 이 주제에 대한 지금의 입장들을 개관하려면, David L. Baker, *Two Testaments, One Bible: A Study of Some Modern Solutions to the Theological Problem of the Relationship between the Old and the New Testaments*를 보라.
37 Gunneweg, *Understanding*, 219.
38 Thompson, "From *Tanakh*," 52, 46 (이 책 78쪽을 보라).
39 Wright, *New Testament*, 217, 218. 참조. Bright, *Authority*, 199, "그것은 끝나지 않은 구원 역사(*Heilsgeschichte*), 즉 구원(*Heil*)에 도달하지 못한 구원 역사이다. … 우리는 구약 성경의 맨 마지막 페이지를 열어 보면, 여전히 기다림의 자세로 있는 이스라엘, 즉 하나님의 미래를 기다리는 이스라엘을 발견하게 된다." 참조. von Rad, *Old Testament Theology*, 2.319, "구약은 점차 커지는 기대가 있는 책으로 읽힐 수 있을 뿐이다."

조주와 그의 피조 세계, 그리고 그의 언약 백성의 역사는 어디론가 가고 있다는 인식이 존재하며, 이 역사는 여전히 그 목표에 도달하지 못했다는 인식이 있다. 창조주는 과거에 그랬던 것처럼 다시 한 번 역사하셔서 이스라엘을 곤경에서 구출하시고 세상의 악을 심판하실 것이다."⁴⁰

버나드 앤더슨(Bernhard Anderson)은 "구약이 반드시 신약으로 이어지는 것은 아니며, 탈무드나 랍비 전승으로 이어질 수도 있고, 또 이어지기도 했다. 또한 구약은 코란으로 혹은 급진적인 유일신 사상의 종교로 이어질 수도 있다." 라는 점을 인정한다. 그러나 "기독교 신앙의 관점에서 볼 때, 창조로부터 완성에 이르는 성경의 모든 이야기는 예수 그리스도의 삶과 죽음, 그리고 부활로 절정에 도달했으며, 이것은 예수님이 인간 역사 속에서 시작하신 새로운 시대이다."⁴¹

이레니우스와 크리소스토무스가 제안했듯이, 우리는 구약을 하나님이 역사라는 화판 위에 스케치하고 계시는 그림처럼 생각할 수 있다. 그림이 미완이라면, 그 그림은 다양한 방면으로 발전되어 나갈 수 있을 것이다. 다시 말하면, 미완의 그림은 다양한 해석에 열려 있다. 그러나 이러한 하나님의 그림 그리기가 그리스도의 초림과 재림에 관한 신약의 가르침과 함께 결정적인 모습과 색깔을 드러냈기에, 구약 속에 내재해 있는 모호함들 역시 해결되었다. 이제 구약의 모든 부분은 반드시 신약을 통해 온전해진 그림과의 관계 속에서 해석되어야 하며, 예수 그리스도와의 관계 속에서 읽혀야 한다.

---

40 Ibid., 219. 참조. Shires, *Finding*, 31. "유대인들과 그리스도인 모두가 성경은 영감으로 된 말씀이기에 성경 안의 미성취된 예언들은 어떤 형식으로든 성취를 요구하고 있다는 점을 인정한다. 구약은 도처에서 하나님이 온 인류를 다스리시고 온 땅에 평화와 행복이 깃드는 한 미래를 내다보고 있다. 유대 성경들 속에는 피할 수 없는 미완의 인식이 있으며, 능력과 권세 중에 오셔서 인간의 악과 실패를 바로잡으실 하나님에 대한 깊은 바람이 존재한다." 참조. Toombs, *Old Testament*, 27, "기독교적인 시각에서 볼 때, 구약은 미완의 책이다. 반복적으로 구약은 구약 자체를 넘어서 다가올 미래의 그 무엇을 가리키고 있다. 갈망과 소망과 열망이 제기되었으나, 이것들은 결코 성취되지 못했다."

41 Anderson, "Bible as Shared Story," 32, 33.

2) 단일한 구속사가 구약과 신약의 중심을 이룬다

구약은 하나님의 위대한 구속의 행위들을 선포한다. 이 행위들은 하나님이 자신의 아들을 보내실 때 신약에서 그 절정에 다다른다. 구속사는 옛 언약으로부터 새 언약으로 흘러가는 위대한 강이요, 이 두 언약을 함께 붙들어 맨다. 물론 구속사에는 진전이 있음이 사실이다. 그럼에도 불구하고 이것은 단일한 하나의 구속사이다. 옛 언약과 새 언약이 있음도 사실이지만, 이 모두는 하나의 은혜 언약이다.[42] 그리스도의 희생으로 인해, 피의 제사를 통해 이루어지는 구약의 성전 예배가 종결되었음이 사실이지만, 그리스도인은 여전히 동일한 하나님께 반드시 제사를 드려야 한다.[43] 구속사의 진전은 단일한 구속사의 연속성이란 구조 속에서 일어난다.

구속사의 진전과 함께 우리는 계시의 진전을 목도하게 된다. 이 진전은 결과적으로 구약의 가르침과 신약의 가르침 사이의 비연속성에 이르게 된다(이 책 55-59쪽에 있는 목록을 보라). 그러나 계시에 있어서도 진전은 저변에 흐르는 연속성이란 구조 내에서 일어난다. 비록 신약이 구약과의 관계에서 많은 비연속성을 보여 주고 있긴 하지만 연속성을 훨씬 더 많이 보여 주고 있으며 이런 연속성은 훨씬 더 근본적이다. 신약 저자들은 구약과 신약 사이의 연결에 대해 반복적으로 이야기한다: 구약의 약속들이 신약에서 성취된다; 구약의 모형(type)이 신약의 원형(antitype) 안에서 성취된다; 하나님의 나라, 언약, 구속과 같은 구약의 주제들은 비록 극적인 변형을 겪긴 하지만 여전히 신약으로 이어져 나간다. 이러한 연결들은 모두 구약과 신약의 통일성을 웅변적으로 잘 보여 준다. 그리고 이 연결들은 하나님의 구속사가 단일하다는 사실에 결정적으로 그 기초를 두고 있다. 왜냐하면 약속과 성취 사이의 연결, 모형과 원형 사이

---

42 예레미야 31장에서 구체적으로 표현되는 옛 언약과 새 언약 사이의 연속성에 대한 논의를 위해, Bernhard W. Anderson, "The New Covenant and the Old," in *The Old Testament and Christian Faith* (New York: Harper & Row, 1963), 225-42를 보라.

43 예를 들면, 로마서 12:1은 "너희 몸을 하나님이 받으실 만한, 거룩한 산 제물로 드리라"라고 말씀한다.

의 연결, 그리고 성경 내의 주제들 사이의 연속성은 오직 구속사 가운데 드러난 언약에 대한 하나님의 신실하심 때문으로만 가능하기 때문이다. 다시 말해, 하나님이 친히 인도하시는 단일한 구속사가 구약과 신약 사이의 통일성의 토대요 기초이다.

3) 예수 그리스도는 신구약의 연결 고리이다

비록 단일한 구속사가 구약과 신약 사이의 통일성을 세우는 데 중요하긴 하지만, 더 고려해야 할 사실들이 있다. 우리는 보통 예수님을 신약의 인물로 생각한다. 그러나 프리젠(T. C. Vriezen)은 "외경과 쿰란 문헌의 저자들처럼, 그리고 세례 요한처럼, 예수님은 구약 세계에 속해 있다."라는 점을 잘 지적한다.[44] 조금만 생각해 보면, 이 말이 옳다는 것을 알 수 있다. 예수님은 8일 만에 옛 언약의 징표를 받으셨다(눅 2:21). 40일이 지나 요셉과 마리아는 "주의 율법에 기록된 대로, '처음 난 남자마다 주의 거룩한 자라 하리라' 한 대로" 예수님을 하나님께 드리고자 성전으로 그를 데리고 갔다(눅 2:23). 예수님은 구약을 공부하셨고 안식일에 회당에 가셨으며("안식일에 늘 하시던 대로"[눅 4:16]), 시편을 노래했고, 성전에서 기도하셨으며, 유월절을 지키셨다. 프리젠은 계속해서 말한다. "세례 요한처럼, 예수님은 구약 세계에 속하셨으며, 그와 동시에 그는 신약에 가득한 사건들을 만드신 분이요, 하나님 나라의 새로운 공동체의 머리가 되신다. 이런 점에서 예수 그리스도 안에서 구약과 신약 사이에 근본적인 연결이 존재한다."[45]

예수 그리스도는 구약과 신약을 연결하신다. 하나님의 계시는 신약에서 절

---

44 Vriezen, *Outline of Old Testament Theology*, 123. 『구약 신학 개요』(크리스챤다이제스트, 1995).
45 Ibid. 참조. Gustaf Wingren, *Living Word*, 57, "성경의 통일성은 … 그리스도께서 주라는 사실에 달려 있다. 그리스도는 구약과 신약인 두 언약 사이에서 일어나신, 살아 계신 주님으로서, 구약을 성취하시며 신약의 토대를 놓으신 분이다."

정에 도달했다. 이 절정은 하나의 새로운 가르침이 아니요, 하나의 새로운 율법도 아니며, 한 분 사람이신, 하나님 자신의 아들이다. 그러므로 구약과 신약은 율법-복음의 관계로 연결된 것이 아니라, 약속-성취의 관계(한 사람)로 연결되어 있다.[46] 히브리서 저자는 "옛적에 선지자들로 여러 부분과 여러 모양으로 우리 조상에게 말씀하신 하나님이 이 모든 날 마지막에 아들로 우리에게 말씀하셨으니"라고 선포한다(히 1:1-2). 비록 히브리서 저자가 이 마지막 날들에 하나님이 말씀하시는 새로운 방식, 즉 하나님이 "아들로 우리에게 말씀하셨다"라는 사실에 놀라워하고 있긴 하지만, 여전히 저자는 시대 전반에 걸쳐서 말씀하시는 하나님이란 연속성을 강조한다.

이렇게 아들로 말씀하신다는 것은 전에는 한 번도 들어 본 적이 없는 말이며, 어떤 종교도 이러한 주장을 하고 있지 않다. 그러나 히브리서 저자가 이러한 주장을 한 최초의 사람은 아니다. 그는 그저 예수님의 가르침을 반복하고 있을 뿐이다. 왜냐하면 예수님은 자신의 오심과 함께 일어난 계시의 놀라운 진전을 밝히 드러내 보이셨다. 그는 "나를 본 자는 아버지를 보았거늘"이라고 말씀하셨다(요 14:9).[47] 바울 역시 하나님의 아들의 오심을 통해 이루어진 계시에 있어서의 이러한 결정적인 진전을 강조한다. 예를 들어, 바울은 "영원 전부터 감추어졌다가 이제는 나타내신 바 되었으며 선지자들의 글로 말미암아 모든 민족에게 … 알려지게 된 신비의 계시"에 관해 쓰고 있다(롬 16:25-26). 여기서 바울이 어떻게 계시의 진전(이제 나타내신 바 된 "신비"의 계시)을 과거와 연결 짓고 있는지를("선지자들의 글로 말미암아") 주목할 필요가 있다. 이러한 연결을 통해 바울은 계시가 진전할 때 여전히 하나님의 계시에는 통일성이 있다는 것을 반복해 이야기한다. 이제 나타내신 바 되었다는 이 "신비"는 무엇인가? 디모데전서 3:16에서 바울은 초대 교회의 찬양시 형태로 이 질문에 답한다.

---

46 Herman Bavinck, *Magnalia Dei: Onderwijzing in de Christelijke Religie naar Gereformeerde Belijdenis* (Kampen: Kok, 1909), 94를 보라.
47 참조. 요 1:18, "본래 하나님을 본 사람이 없으되 아버지 품속에 있는 독생하신 하나님이 나타내셨느니라."

크도다 경건의 신비여, 그렇지 않다 하는 이 없도다
그는 육신으로 나타난 바 되시고
　영으로 의롭다 하심을 입으시고,[48]
　　천사들에게 보이시고
만국에서 전파되시고
　세상에서 믿은 바 되시고
　　영광 가운데서 올리우셨음이라

이 신비는 인간의 몸을 입으신 하나님이요, 성령님에 의해 죽은 자 가운데서 일으키심을 받으셨고,[49] 하늘로 들려 올리우신("천사들에게 보이시고") 예수 그리스도이시다. 성육신하신 그리스도는 신약에 계시된 "신비"이며 동시에 구약과 신약을 잇는 연결 고리이다.

4) 신약 저자들은 자신의 저술을 구약과 융합한다

복음서와 서신서를 기록한 신약의 저자들은 의도적으로 자신의 저작을 구약과 연결시킨다. 제5장에 가면 신약 저자들이 구약을 사용한 방식에 관해서 자세히 살펴볼 것이기에, 여기서는 신약 저자들이 구약을 자신들의 설교 본문으로, 다시 말해 예수 그리스도의 복음을 전파하기 위해 구약을 사용했다는 점을 주목하는 것만으로 충분하다. 이런 연유에서, 그들은 신약을 구약과 연결 지었다. 신약 저자들은 약속-성취, 모형론, 구약의 주제들이란 방식들을 통해서뿐만 아니라, 종종 구약을 인용하거나 암시함으로써, 구약과 신약을 연결한다. 성경학자들 사이에서는 신약에서 구약이 얼마나 인용되거나 암시되었는지에 대해 의견이 일치되지 않는데, 판단 기준에 따라서, 인용 구절의 수는

48　NRSV의 대안적 번역임. NIV는 단순한 번역임.
49　예를 들어, 로마서 1:4을 보라.

250개에서 600개를 헤아리며, 암시의 경우는 650개에서 약 4,000개에 이른다.[50] 이에 덧붙여, 신약 저자들은 셀 수 없이 많은 구약의 이미지와 개념을 신약에 도입하고 있다. 분명히 그들은 구약을 하나님의 약속의 책으로 생각했고, 이 약속은 예수 그리스도 안에서 최종적으로 성취된다고 생각했다. 교회 역시 구약과 신약 사이의 이러한 통일성을 인정했고, 구약과 신약 모두를 교회의 정경으로 받아들였다.

5) 구약은 신약의 관점에서 해석되어야 한다

지금까지 우리는 구약과 신약의 관계를 네 가지 각도에서 살펴봤다. 첫째, 구약은 신약 없이는 미완의 책이다. 둘째, 단일한 구속사는 구약과 신약을 함께 묶는 강(river)이다. 셋째, 예수 그리스도의 인성(person)은 구약과 신약을 결합한다. 넷째, 신약 저자들은 의도적으로 자신의 저작을 구약과 융합한다. 이 네 가지를 고려할 때 우리는 자연스럽게 구약과 신약은 두 개의 책이 아니라 하나의 책이라는 대단히 중대한 결정적인 결론에 이르게 된다. 나아가서 이 결론은 **구약은 구약 자체의 문맥에 비추는 것은 물론이고, 반드시 신약의 문맥에 비추어서 해석되어야 한다**는 대단히 중요한 해석학적인 결론으로 이어진다.

이 결론은 모든 본문은 그 본문이 속한 문맥 내에서 이해되어야 한다는 표준 해석학 원리의 한 가지 적용일 뿐이다. 기독교 정경에서 구약의 문예적인 문맥은 신약이기 때문에, 이 사실은 구약이 신약의 문맥 내에서 이해되어야 한다는 것을 의미한다. 그리고 신약의 핵심은 예수 그리스도이기에, 이것은 구약의 모든 메시지는 예수 그리스도에 비추어서 이해되어야 한다는 것을 의미한다.[51]

---

50 Walter Kaiser, *Rediscovering*, 168; Kaiser, *Introduction*, 216; Klaas Runia, *CTJ* 24 (1989) 305를 보라.

51 많은 기독교 학자들이 이러한 해석학 원리에 동의한다. 예를 들면 다음과 같다. Toombs, *Old Testament*, 26, "설교자는 신약 신앙에 굳건히 바로 서 있어야 한다. 그렇게 함으로써, 비록 구약 본

구약을 신약의 관점에서 읽어야 할 필요성은 구속사의 점진성이라는 성격으로부터 흘러나온다. "때가 차매" 도래한 예수님의 오심과 예수님 안에서 주신 하나님의 마지막 계시는 구약을 이러한 마지막 계시란 관점에서 읽을 것을 요구한다. 존 스텍(John Stek)이 이 점을 분명히 한다. "구원 역사에 있어서 진전이란, 사실은 구원 역사의 앞선 시기에 선포된 바 있는 주님의 말씀을 **새롭게** 들을 것을 요구한다. 이 들음이 새로워야만 하는 이유는 이 들음이 구원 역사 내에서 조금 더 후대 사건들의 문맥 안에서의 들음이기 때문이요, 구원 역사 안에서 조금 더 후대에 선포된 주님의 말씀에 비추어 들리는 들음이기 때문이다."52

바울은 구약에 대한 이러한 새로운 들음에 대해 고린도후서 3:15-16에서 이렇게 기록한다. "오늘까지 모세의 글을 읽을 때에 수건이 그 마음을 덮었도다 그러나 언제든지 주께로 돌아가면 그 수건이 벗겨지리라." 신약에 나타난 하나님의 계시라는 관점에서 주 예수님을 아는 그리스도인이라면 구약을 이해함에 있어서 "새로운 독자 역량"을 갖게 된다.53

앞에서 우리는 구약 자체로는 미완의 그림과 같다는 사실을 살펴본 적이 있다. 신약의 계시와 신약 내 그리스도의 계시가 이 미완의 그림을 완성하며, 이제 우리는 구약의 모든 부분을 이 완성된 그림에 비추어서 볼 수 있어야 한다. 이러한 유비적 설명은 다름 아닌 표준적인 해석학적 순환(hermeneutical circle)의 한 형태이다. 즉 어느 누구도 전체를 알기 전까지는 부분을 진정으로 알 수 없으며, 또한 부분들을 알기 전까지는 전체를 알 수 없다는 원리이다.

문으로부터 설교할 때에라도 구약을 설교하는 것이 아니라, 언제나 설교자 자신의 독특한 기독교 복음을 전할 수 있게 된다." 참조. Kuiper, "Scriptural Preaching," 228, "신약과 함께 도래한 새로운 시대 속에서 어떠한 설교자도 옛 시대의 입장과 견해를 여전히 견지하는 데 만족해하는 사람은 없을 것이다. 구약 본문에 대한 설교는 언제나 신약 설교이어야 한다." 참조. Clowney, *Preaching*, 75, "구약 본문에 대한 그리스도인 선포는 구약 설교의 선포가 아니다." 참조. Carl Graesser, "Preaching," 529, "구약은 하나님 나라의 도래라는 목표를 대망한다. 이 나라가 예수 그리스도 안에서 도래했기에, 구약은 이러한 신약의 성취에 비추어, 또한 예수 그리스도의 신약 사건의 완결성에 비추어서만 설교될 수 있다."

52　Stek, *CTJ* 4/1 (1969) 47-48.
53　Richard Hays, *Echoes*, 124.

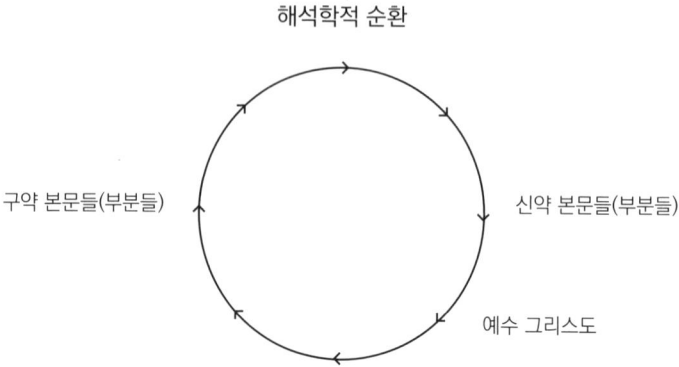

기독교 정경 내의 구약과 신약의 통일성을 전제로 한, 이러한 해석학적 순환은 우리에게 구약은 오직 신약에 비추어서, 그리고 예수 그리스도에 대한 신약의 증거에 비추어서만 이해될 수 있다는 사실을 주지시켜 준다.[54] 그러나 그 반대도 사실이다. 즉 구약 부분들을 알기 전까지는 예수 그리스도를 진정으로 이해할 수 없다. 이에 대해서는 뒤에서 다시 생각하기로 하고, 여기서는 구약에서 그리스도를 설교함에 있어서 주된 문제 하나를 더 생각하고자 한다.

4. 그리스도에 대한 구약의 증거

구약에서 그리스도를 설교함에 있어서 우리가 직면하는 또 다른 주요 문제

---

[54] 참조. Herbert Mayer, *CTM* 35 (1964) 607, "구약은 오직 그리스도인에 의해서만 구약 자체의 목적에 맞게 기독론적으로 이해되고 설교될 수 있다. 구약을 그리스도의 십자가와 빈 무덤[부활, 승천, 재림]을 배경으로 해서 바라보는 바로 그 사람만이 하나님이 행하시고 말씀하는 바를 이해할 수 있다." [ ]안에 들어간 말은 Mayer의 다소 좁은 견해를 보완한 나의 첨언이다(제1장 참조). 참조. Kuyper, *Scripture Unbroken*, 56, "구약을 신약과 별도로 제시하는 것은 믿음에 대한 불완전한 이해를 제공할 위험성을 지닌다. … 모든 구약 본문은 수정, 발전, 확장을 위해 신약의 불빛 아래로 가져와야 한다."

는 그리스도께서 구약에 존재하는가 하는 점이다. 만약 그리스도께서 어떤 식으로든 구약에 존재하지 않는다면, 우리가 어떻게 구약을 인용해서 그를 권위 있게 설교할 수 있겠는가? 제4장에서 보게 되겠지만, 폰 라트는 이 문제에 대해 빌헬름 피셔(Wilhelm Vischer)와 의견을 달리한다. 폰 라트는 "구약에서 그리스도의 개별적인 임재(personal presence)에 대해 말하고" 싶어 하는 유혹에 대해 경고한다. 즉 "그리스도께서 '이삭 안에', '다윗 안에', 그리고 '시편 22편을 노래한 사람 안에' 임재하셨다."라는 주장에 대해 경고한다. 폰 라트는 구약에서 그리스도의 이러한 개별적인 임재를 받아들일 수 없었다.[55] 보다 최근에 제임스 메이즈(James Mays)는 이렇게 이야기한 바 있다. "구약 본문을 최소한 우리의 현대적인 사고 체계 아래서 읽을 경우, 구약은 나사렛 예수님에 관해 이야기하지 않는다. 역사의 예수님은 구약 본문들에 대한 하나의 참고 문헌으로 존재하지 않는다."[56] 앞에서 우리는 제임스 바가 동일한 점을 지적한 바를 들은 적이 있다. "구약은 아직 우리 주님이 오시지 않았던 시기이다."[57] 이런 이유 때문에 설교자들은 딜레마에 빠지게 된다. 예수님이 태어나기 전에 기록된 책으로부터 그리스도를 어떻게 설교해야 하는가?

1) 구약에서 그리스도를 설교함에 있어서의 다양한 선택 사항

① 그리스도는 구약 시대에 역사하신 영원한 로고스이시다

이상의 딜레마에 대한 반응으로 어떤 이들은 신약은 창조 때에 계셨고 그러기에 구약 시대에도 계셨던 영원한 로고스이신 그리스도를 나타내 보여 준다는 점을 지적한다(참조. 요1:1-3). 비록 그리스도에 대한 이러한 이해가 사실이

---

55 Martin Kuske, *Old Testament*, 67. von Rad, *Fragen der Schriftauslegung im Alten Testament* (1938), 7이하를 언급함.
56 Mays, *The Lord Reigns*, 99.
57 이 책 76-77쪽을 보라.

며, 또한 오랫동안 구약에서 그리스도를 설교하기 위해 사용되어 왔던 이해이기는 해도, 이것은 문제의 핵심을 벗어난다. 폰 라트는 "구약 내에 그리스도 즉 나사렛 예수의 개별적 임재"를 부인한다. 메이즈와 바(Barr) 역시 역사적 예수님에 대해 이야기하고 있다. 그리스도를 영원한 로고스라고 호소하는 것은 설교자들이 직면하는 진짜 문제를 회피하는 일이다. 설교자의 사명은 **성육신하신** 그리스도를 하나님의 계시의 절정으로 설교하는 일이기 때문이다. 그리스도께서 구약 시대에 육신의 몸을 입고 실질적으로 존재한 것은 아니라는 점에 우리는 모두 동의할 것이다. 달리 주장하는 것은 그리스도는 구약에 기록된 사건들 **이후에** 비로소 성육신하셨다는 신약의 주장을 부인하는 일이다. 그렇다면, 문제는 시간상 예수님의 성육신보다 여러 세기 앞서는 책으로부터 어떻게 성육신하신 그리스도를 설교할 것인가 하는 점이다. 이런 식으로 이 문제를 제기하면, 여전히 설교자들에게는 여러 선택 사항들이 남게 된다.

② 그리스도를 구약에 투사해 읽기

어떤 설교자들은 단순히 예수 그리스도를 구약에 투사해서 읽어 간다. 제3장과 제4장에서 살펴보겠지만, 이것은 설교 역사에서 종종 행해져 왔던 방식이다. 알레고리화하거나 모형론화하는 일은 구약 본문에서 역사적 예수님과 그의 십자가를 설교할 수 있는 가장 손쉬운 방법이다. 다른 설교자들은 단순히 구약 본문을 신약의 예수님 이야기를 다시 들려주기 위한 하나의 도약판으로 사용한다. 그러나 역사적으로 인기가 있었음에도 불구하고, 그리스도를 구약에 투사해 읽어 가는 것은 좋은 방식이 아닌데, 그 방법은 구약 본문이 원래 의도하지 않았던 바를 말하도록 구약 본문을 강요하기 때문이다. 다시 말해 이 방법은 구약 본문을 잘못 사용한다.

③ 구약 본문으로부터 신약의 그리스도로 이동하기

보다 좋은 방법은 설교를 구약 본문으로 시작해서 예수 그리스도를 설교하고자 신약 쪽으로 이동해 가는 것이다. 모든 본문은 반드시 본문의 문맥에 비추어서 해석되어야 하기 때문에, 또한 구약과 신약은 통일성을 갖고 있기 때문에, 이러한 이동은 충분한 보장이 뒷받침된다. 물론 설교자는 임의대로 신약으로 이동해서는 안 된다. 이동하기 전에 먼저 구약 본문 내에서 구체적인 신약의 사건 혹은 신약 본문과 연결 짓는 일을 지지해 주는 어떤 열쇠나 특징적 형태가 있는지를 찾아봐야 한다. 다시 말해, 설교자는 먼저 구약에서 신약으로의 의미 있는 이동을 허용해 주는 길을 반드시 찾아야 한다.

④ 구약은 그리스도의 성육신을 증언한다

신약은 우리에게 또 하나의 유사한 선택 사항을 제공하는데, 이 방법은 그 기초를 구약에 단단히 두고 있다. 신약은 구약 자체가 성육신하신 그리스도를 증언하고 있다고 선포한다. 만약 이것이 사실이라면, 구약 해석의 궁극적인 형태는 메시아적 해석(messianic interpretation)이거나 그리스도 중심적 해석이다. 문예적 해석이나 역사적 해석, 혹은 사회학적인 해석과 같은 다른 형태의 해석들도 구약 진리의 여러 면을 들추어 낼 수 있겠지만, 오직 메시아적 해석만이 구약의 핵심 진리를 드러낼 수 있다. 이 방법의 중요성 때문에, 그리고 현대 구약 연구에서 많은 세력이 메시아적 해석을 비판하고 있기 때문에,[58] 신약의 증거를 개관함으로써 이 방법들을 보다 자세히 살펴볼 필요가 있다.

---

58 Gordon McConville, "Messianic Interpretation," 2, "현대의 구약 연구는 구약 본문에 대한 전통적인 기독교의 메시아적 해석이 주해학적으로 변호될 수 없다는 확신을 거의 인식하고 있다." 맥콘빌(McConville)이 소개하는 책은 메시아적 해석에 대한 현대의 편견들 내에서 일어나고 있는 변화들에 대한 설득력 있는 논쟁을 일목요연하게 살피고 있다. 특히 훌륭한 글인, Iain Provan, "The Messiah in the Book of Kings" in *The Lord's Anointed: Interpretation of Old Testament Messianic Texts*, 67-85를 보라.

2) 구약에서 그리스도를 설교함에 있어서의 신약의 통찰

제5장에서 우리는 신약이 어떻게 구약에서 그리스도를 설교하고 있는지에 대해 깊이 다룰 것이다. 이 시점에서 우리의 목적상, 구약 자체가 성육신하신 그리스도를 증언하고 있기 때문에 우리는 구약에서 그리스도를 설교할 수 있다는 사실을 확정하는 것만으로 충분하다. 이제 예수님의 선포와 사도들의 선포, 그리고 복음서 저자들의 선포를 차례대로 생각해 보자.

① 예수님의 선포

예수님은 고향인 나사렛 마을에서 행하신 첫 번째 설교에서, 희년(레 25:8-55)을 암시하는 이사야 61:1-2을 낭독하신다. "주 여호와의 신이 내게 임하셨으니 이는 가난한 자에게 복음을 전하게 하시려고 내게 기름을 부으시고 나를 보내사 포로 된 자에게 자유를, 눈먼 자에게 다시 보게 함을 전파하며, 여호와의 은혜의 해를 선포하게 하려 함이라." 그리고 나서, 예수님은 "이 성경이 오늘날 너희의 들음 속에서 성취되었느니라"라고 말씀하신다(눅 4:18-21). 여기서 성취가 나사렛 예수님과 관련되어 있다는 점을 주목할 필요가 있다. 주의 신이 그 위에 임하였고, 그는 가난한 자에게 복음을 전파하셨고, 그는 병든 자들을 치료하셨으며, 그는 희년이 도래하게 하셨다. 예수님에 따르면, 구약은 예수님이 태어나기 이미 오래전에 예수님에 대해 증언한 바 있다.

그러나 예수님에 대한 구약의 증거를 찾아내는 일이 쉽지는 않다. 예수님은 자신의 마지막 '설교'에서, 엠마오로 가는 두 제자를 꾸짖으시며 말씀하셨다. "미련하고, 선지자들이 말한 모든 것을 마음에 더디 믿는 자들이여, 그리스도께서 이런 고난을 받고 자기의 영광에 들어가야 할 것이 아니냐?"(눅 24:25-26). 유대인들은 고난받는 메시아가 아니라 승리의 메시아를 찾고 있었다. 그러나 예수님은 선지자들이 메시아의 고난을 예언한 바 있다고 말씀하신다. "그리고 모세와 및 모든 선지자의 글로 시작하여 모든 성경에 쓴 바 자기에 관한 것을 자세히 설명하셨다."(눅 24:27).[59] 예수님은 모세와 모든 선지자들이 자신, 즉 성육신하신 그리스도에 대해 증언했다고 믿었다. 그렇다면 예수님은 자신이 태어나기 수 세기 전에 어떻게 구약에 존재해 있었을까? 그는 기본적으로 약속의 형태로 구약에 "존재해" 있었다.

그러나 "약속"이란 개념은 메시아에 관한 몇몇 예언들에 나타난 예시들보다 훨씬 폭넓은 의미군을 갖고 있다. 누가복음 24:44-49의 마지막 '설교'에서, 예수님은 "모세의 율법과 선지자의 글과 시편에서 나에 관해 기록된 모든 것이 … 이루어졌도다."라고 말씀하신다. 예수님이 여기서 구약의 세 주요 부분을 가리키고 있음을 주목할 필요가 있다. 다시 말해 단지 몇몇 구약의 예언들이 아니라 구약 전체가 예수 그리스도에 대해 이야기한다. 그렇다면 구약 전체는 예수님에 관해 무엇을 드러내 놓고 있는가? 보다 구체적으로 말하자면, 구약은 예수님의 고난과 부활, 그의 가르침에 대해 말하고 있다. 예수님은 "이같이 그리스도께서 고난을 받고 제삼일에 죽은 자 가운데서 살아날 것과 또 그의 이름으로 죄 사함을 얻게 하는 회개가 예루살렘으로부터 시작하여 모든 족속에게 전파될 것이 기록되었느니라"라고 말씀하신다. 요한복음 5:39에서도 우리는 예수님이 유대인들에게 동일한 말씀을 하시는 것을 들을 수 있다. "너희가 성경에서 영생을 얻는 줄 생각하고 성경을 상고하거니와 이 성경이 곧 내게 대하여 증언하는 것이로다." 메시아에 관한 개별적인 몇몇 예언들이 아니라 구약 전체가 예수님을 증언한다.

② 사도들의 선포

예수님이 구약 내에서 약속으로 임재해 있었기에, 사도들은 구약에서 그리

---

59 Clowney, "Preaching Christ," 164. "모세와 및 모든 선지자의 글로 시작하여'란 표현과 '자세히 설명하다'라는 뜻의 동사인 *diermeneuo* 사용은 심사숙고한 해석을 의미한다. 예수님은 자의적 해석(eisegesis)으로 설명하신 것이 아니라, 성경이 실제로 말하고 있는 바를 해석하셨고 그의 제자들의 마음을 열어 이것을 이해하게 하셨다."

스도를 설교할 수 있었다. 오순절에 베드로는 요엘서와 시편 16편과 110편을 사용해서 그리스도를 선포했다(행 2:14-34). 며칠 뒤에 베드로는 솔로몬 행각에서 설교하며(행 3:11-26) "하나님이 모든 선지자의 입을 의탁하사 자기의 그리스도께서 고난받으실 일을 미리 알게 하신 것을 이와 같이 이루셨느니라"라고 밝힌다(18절). 그리고 나서 베드로는 "하나님이 영원 전부터 거룩한 선지자들의 입을 의탁하여 말씀하신바 만유를 회복하실 때까지"(21절) 하늘에 머물러 계시는 예수님에 대해 말한다. 그다음에 베드로는 신명기 15장 15절과 18절을 인용한다. "모세가 말하되 주 하나님이 너희를 위하여 너희 형제 가운데서 나 같은 선지자 하나를 세울 것이니 … 사무엘 때부터 그 후의 모든 선지자들이 또한 이때를 가리켜 말하였느니라"(22-24절). 마지막으로 베드로는 창세기 12:3에 나오는 "땅 위의 모든 족속이 너의 씨를 인하여 복을 받으리라"라는 아브라함에 대한 하나님의 약속을 인용함으로써, 예수님이 먼저 아브라함의 후손에게 와서 그들의 "악한 길"로부터 그들을 돌이키게 함으로 이들에게 복을 주셨다는 점을 분명히 한다(25-26절).

나중에, 빌립은 이사야 53장에서 "그가 도살자에게로 가는 양과 같이 끌려갔고"라는 구절을 읽고 이해하지 못하는 에티오피아 내시를 만난다. "빌립이 입을 열어 이 글에서 시작하여 예수를 가르쳐 복음을 전하니"(행 8:35).

비시디아 안디옥에서 복음을 전하면서, 바울은 애굽 때로부터 다윗 왕에 이르는 이스라엘 역사를 개관한다. 그리고 나서 바울은 요점을 밝힌다. "하나님이 약속하신 대로 이 사람의 씨에서 이스라엘을 위하여 구주를 세우셨으니 곧 예수라"(행 13:23). 바울은 계속해서 예수님의 죽음과 부활에 대해 이야기하고, 주목할 만한 일련의 구약 구절을 인용하면서 설교를 마친다(32-35절).

> 우리가 우리 조상들에게 주신 약속을 너희에게 전파하노니, 곧 하나님이 예수를 일으키사 우리 자녀들에게 이 약속을 이루게 하셨다는 좋은 소식이라; 또한 시편 2편에 기록된 바와 같이,
>
> "너는 내 아들이라 오늘 너를 낳았도다" 하셨고,

또 하나님이 죽은 자 가운데서 저를 일으키사 다시 썩음을 당하지 않게 하실 것을 가르쳐 가라사대[사 55:3]

"내가 다윗의 거룩하고 미쁜 은사를 너희에게 주리라" 하셨으니,
그러므로 또 다른 시편[16:10]에 일렀으되,

"주의 거룩한 자로 썩음을 당하지 않게 하시리라" 하셨느니라.

데살로니가에서의 바울의 설교를 이야기하면서 누가는 "바울이 자기의 관례대로 저희에게로 들어가서 세 안식일에 성경을 가지고 강론하며 뜻을 풀어 그리스도께서 해를 받고 죽은 자 가운데서 다시 살아나야 할 것을 증언하고 이르되 내가 너희에게 전하는 이 예수가 곧 그리스도라 하니"라고 기록한다(행 17:2-3). 어떤 사람들은 그 말씀에 설득되었고, 어떤 이들은 바울과 실라를 해하고자 했기에 바울과 실라는 베뢰아로 도망해야 했다. 누가는 이렇게 기록한다. "베뢰아 사람들은 데살로니가에 있는 사람들보다 말씀을 훨씬 더 잘 수용하였기에 간절한 마음으로 말씀을 받고 이것이 그러한가 하여 날마다 성경[구약]을 상고하므로"(11절).

후에 바울은 고린도 교인들에게 자신이 그리스도를 설교한 일을 상기시키면서, 그리스도를 설교한 일은 구약에 의존한 것이라는 점을 분명히 한다. "내가 받은 것을 먼저 너희에게 전하였노니, 곧 성경대로 그리스도께서 우리 죄를 위하여 죽으시고, 장사 지낸 바 되셨다가 성경대로 사흘 만에 다시 살아나셨음을 전하였노라"(고전 15:3-4).[60]

그러므로 복음 전파에 있어서 사도들은 구약에서 그리스도를 설교함으로써 자신들의 선생의 발자취를 따랐다.[61] 사도들의 마음속에는 구약이 예수님을 증언했다는 사실에 대한 추호의 의심도 없었다. 사실상, 헤르만 리델보스

---

60 누가 역시 아볼로의 설교를 "성경을 통해 예수님이 그리스도라는 사실을 보인 것"이라고 특징짓는다(행 18:28).
61 누가에 따르면, 산헤드린 공회도 배움이 없고 평범한 사람이지만 담대히 복음을 설교한 베드로와 요한에게 놀랐으며, "이들이 예수님과 함께 있었던 사실을 주목한 바 있다."(행 4:13, NIV).

(Herman Ridderbos)는 "바울 설교의 주요 주제(motif) 중 하나는 그의 복음은 성경을 따른다는 점이다."라고 지적한 바 있다.[62] 그는 계속해서 다음과 같이 쓴다. "바울은 그리스도가 아브라함에게 주신 하나님의 약속의 성취, 즉 땅의 모든 족속이 그로 말미암아 복을 받게 될 약속의 씨의 성취라고 주장했으며(갈 3:8, 16, 29), 그리스도가 종말론적인 구원을 가져오신 분이요, 모든 것을 포괄하는 이 구원의 중요성은 반드시 구약 예언에 비추어 이해되어야 한다고 주장했다(롬 15:9-12). 또 바울은 그리스도를 온 세상과 세상의 미래에 대한 하나님의 구속적인 뜻을 성취하는 분으로 묘사한다."[63]

③ 복음서 저자들의 설교

예수님과 사도들의 증언 이외에도, 복음서 저자들이 예수님을 어떻게 제시하기 시작했는지를 살펴보는 것이 필요하다.

마가

마가는 그의 복음서를 이렇게 시작한다. "하나님의 아들 예수 그리스도의 복음의 시작이라. 선지자 이사야의 글에 '보라, 내가 내 사자를 네 앞에 보내노니 그가 네 길을 예비하리라. 광야에 외치는 자의 소리가 있어'라고 기록된 것과 같이, 세례 요한이 광야에 이르러"(1:1-4). 마가는 예수님과 (예수님보다 먼저 온) 세례 요한을 말라기 3:1과 이사야 40:3(주의 사자와 주의 오심에 대한 예언들)을 통해 구약과 연결한다. 곧이어 예수님은 자신의 사역을 시작하신다. "요한이 잡힌 후 예수께서 갈릴리에 오셔서 하나님의 복음을 전파하여 이르시되, 때

---

62 Ridderbos, *Paul*, 51. 이 인용 뒤에 다음과 같은 성경 구절이 있다. "(롬 1:17; 3:28; 참조. 롬 4; 갈 3:6 이하; 4:21 이하; 고전 10:1-10; 롬 15:4; 고전 9:10; 딤후 3:16 등등)."
63 Ibid. 참조. Ibid., "이 성취는 선지자들에 의해 예언되었음은 물론이고, 하나님이 시대의 흐름과 이 시대의 종말에 관련해서 스스로에게 약속하셨던 구원 계획을 실행하셨음을 의미한다(엡 1:9, 10; 3:11). 이것이 그리스도에 대한 바울 설교의 근본적이고도 가장 포괄적인 구속사적 특징이다."

가 찼고 하나님의 나라가 가까웠으니 회개하고 복음을 믿으라 하시니라"(1:14-15). 잭 킹스베리(Jack Kingsbury)는 이 구절에 이렇게 주해를 달고 있다. "마가가 기술하듯이, 요한의 출현과 예수님의 나타나심은 구약 예언의 시대가 지나갔고 종말론적인 성취의 때가 시작되었음을 의미한다."[64] 이어 킹스베리는 왜 마가가 "예수님의 지상 사역 이야기를 구약 예언의 때부터 시대의 종말에까지 흐르는 역사의 문맥 내에 위치시키고 있는가?"라는 질문을 제기하고, 이에 대해 "마가는 인간을 다루시는 하나님의 역사에서 가장 중요한 것이 바로 예수님의 지상 사역이라는 주장을 제기하고자 했기 때문이다."라고 답한다.[65]

마태

마태는 그의 복음서를 다음과 같이 시작한다. "아브라함과 다윗의 자손 예수 그리스도의 계보라." 마가가 예수님을 선지자들과 연결 짓는 반면에, 마태는 예수님을 다윗 왕을 거쳐 아브라함에게까지 연결한다. 마태가 예수님의 계보를 아브라함에게까지 거슬러 올라가 살피는 이유는 하나님이 자손과 땅, 그리고 땅의 모든 민족에게 복의 근원이 되게 하리라는 약속을 포함하는 은혜의 언약을 아브라함과 처음 맺으셨기 때문이다(창 12:2-3; 17:8; 22:17-18). 이처럼 예수님이 아브라함과 연결된 것의 중요성에 대해, 데이비드 홀베르다(David Holwerda)는 다음과 같이 주해를 달고 있다. "예수님을 아브라함과 연결시킴으로 마태는 만국에 대한 하나님의 축복 약속이 이제 예수님을 통해 성취되고 있다고 선언한다. 이 약속이 성취되었다는 힌트가 예수님을 경배하러 오는 동방 박사들 이야기에서 일찌감치 나타난다(마 2장). 후에 예수님은 '동서로부터 많은 사람이 이르러 아브라함과 이삭과 야곱과 함께 천국에 앉을 것이라'라는 예언자적 선포를 하신다(8:11). 그리고 나서 복음서 끝부분에 가서 '모든 민족을 제자로 삼으라'는 사명을 제자들에게 주신다(28:19)."[66]

---

64 Kingsbury, *Jesus Christ*, 29.
65 Ibid.
66 Holwerda, *Jesus and Israel*, 32-33. 『예수와 이스라엘: 하나의 언약 혹은 두 개의 언약?』(기독교문

또한 마태는 예수님의 계보를 다윗 왕에게로 거슬러 올라간다. 다윗은 이스라엘 역사 가운데서 하나님께 많은 약속을 받은 또 한 사람이다. 사실상, 이스라엘의 왕을 통해서 하나님은 아브라함이 모든 열방의 복의 근원이 되리라는 약속을 성취하실 것이다. "모든 민족이 다 그를 인하여 복을 받을 것이라"(시 72:17). 그러나 하나님은 특별히 다윗에게 "네 집과 네 나라가 내 앞에서 영원히 보전되고 네 왕위가 영원히 견고하리라"라고 약속하셨다(삼하 7:16). 예수님의 족보에서 마태의 요점은 예수님은 다윗에게 주어진 하나님의 약속들의 궁극적인 성취라는 사실이다. 즉 다윗의 이 아들이 영원토록 지속될 왕국을 시작하시는 분이라는 점이다. "마태의 족보의 초점은 분명하다. 예수님의 중요성은 구약 이스라엘의 역사 속에 깊게 뿌리내리고 있음은 물론, 구약 이스라엘에게 약속된 축복들은 오직 예수님을 통해서만 그 성취가 이루어질 수 있을 정도로 그 뿌리가 깊다. 예수님은 이스라엘, 곧 참이스라엘과 이스라엘 왕의 대표적 구현이다."[67]

누가

마태가 예수님의 뿌리를 언약 역사의 처음에 있는 아브라함에게서 찾는 반면에, 누가는 더 거슬러 올라간다. 예수님의 족보에서 누가는 예수님의 뿌리를 "하나님의 아들인 아담"에게까지 연결한다(3:38). 아담에게까지 거슬러 올라가는 이유는 유대인을 향해 복음서를 쓰고 있는 마태와 달리, 누가는 이방인을 향해 복음서를 쓰고 있기 때문이다. 누가가 예수님을 바라볼 때 그 배경으로서의 역사는 인간 역사 전부이다. 즉 처음부터 이방인을 포함하는 역사이다. 우리가 이 점을 놓치지 않도록, 누가는 예수님이 아우구스투스 황제 때, 곧 "구레뇨가 수리아 총독 되었을 때" 태어났다고 기록한다(2:1-2). 누가는 예수님 이야기를 사도행전과 함께 계속 이어 가는데, 사도행전은 로마에서 "하나

서선교회, 1995).
67 Ibid., 34.

님의 나라를 전파하며 주 예수 그리스도에 관한 모든 것을 담대하게 거침없이 가르치는" 바울의 모습으로 끝을 맺는다(행 28:31). 누가에 따르면, 예수님은 인간 역사의 중심점이다.[68] 예수님은 주전과 주후가 만나는 연결점이다.

잭 킹스베리는 "누가가 '예언의 시기'(1:70; 24:25-27, 44-45)인 '이스라엘의 때'(1:54-55, 68)와 '성취의 시기'(1:1; 24:44)를 구분하고 있다."라는 사실을 주목한다.[69] 두 시대를 연결하는 분이 예수님이다. 예수님은 예언을 성취하시고 새 시대를 여시는 분이다. 그렇다면 누가가 "모세의 율법과 선지자의 글과 시편에 나에 관해 기록된 모든 것이 반드시 이루어져야 하리라"라는 예수님의 말씀을 기록한 것은 전혀 놀라운 일이 아니다(24:44). 누가에 따르면, 예수님은 구약을 성취하시는 분이다.

요한

요한은 예수님의 복음의 기원을 찾아, 마가(선지자들), 마태(아브라함), 누가(아담)의 경우보다도 훨씬 더 이전으로 거슬러 올라간다. 요한은 복음의 기원을 태초, 심지어 창조 이전으로 보고 있다. "태초에 말씀이 있었고 … 모든 것이 그로 말미암아 지은 바 되었으며 … 말씀이 육신이 되어"(1:1-14). "태초에"란 표현을 통해 요한은 분명 창세기 1:1을 암시하고 있다. "태초에 하나님이 천지를 창조하시니라"(창 1:1). 요한은 예수님을 온전히 하나님과 한 분이시며, 역사의 어느 시점에서 인간의 몸을 입으신 영원하신 로고스로 제시하고 있다. 요한은 "나는 …이다."라는 예수님의 어록을 제시하며 예수님을 구약의 "스스로 있는 자"(I AM)이신 여호와와 동일시하는 복음서 저자이다.

또한 요한은 예수님을 이스라엘에게 주신 하나님의 약속을 성취하시는 분으로 제시한다. 요한은 "너희가 성경에서 영생을 얻는 줄 생각하고 성경을 상고하거니와 이 성경이 곧 내게 대하여 증언하는 것이로다"(5:39)라는 예수님

---

68 Hans Conzelmann의 누가복음 주해 제목, *Die Mitte der Zeit*.
69 Kingsbury, *Jesus Christ*, 97.

의 말씀을 기록한다. 그는 계속해서 "모세를 믿었더라면 또 나를 믿었으리니 이는 그가 내게 대하여 기록하였음이라"(5:46)라는 예수님의 말씀을 인용한다. 분명히 요한 역시 구약이 예수 그리스도를 증언했다고 믿었다.

✧ ✧ ✧

이와 같은 신약 개관을 통해서, 우리는 사도들과 복음서 저자들이 구약에서 그리스도를 설교했음을 분명히 알 수 있다.[70] 또 한 가지 분명한 사실은 이들이 한 치의 의심도 없이 그리스도를 설교했던 이유는 구약이 그리스도에 대해 증언했다고 믿었다는 점이다.[71] 마지막으로 분명한 사실은 이들은 구약에 대한 이러한 기독론적인 이해를 다름 아닌 예수님 자신에게 배웠다는 점이다. 이것을 배우게 된 이유는 예수님이 자신의 삶을 통해 구약 성취의 전형을 보여 주셨음은 물론이고,[72] 모든 성경에 기록된 자신에 대한 것을 그들에게 가르쳐 주셨기 때문이다(눅 24:27).

현대 설교자들이 고려해야 할 요점은 이것이다. **만약 구약이 정말로 그리스도를 증언하고 있다면, 우리가 구약을 해석하거나 설교할 때 이러한 구약의 측**

---

70 참조. Karl Barth, *Church Dogmatics* 1/2 72, "신약 저자들은 한결같이 구약이 증언하고 있는 이스라엘의 역사 속에는 그리스도에 대한 자신들의 선포와 교리, 그리고 이야기에 관한 연결점이 존재한다고 믿었다. 또한 역으로, 이들 모두는 한결같이 그리스도에 대한 자신들의 선포와 교리, 그리고 이야기 속에서 이스라엘 역사의 진리, 회당에서 낭독된 성경의 성취를 보았다고 믿었다."
71 참조. Brevard Childs, *Biblical Theology*, 480, "모든 신약의 분명한 확신은 예수 그리스도의 성육신 사건 속에서 '위로부터'의 구약 계시와 '아래로부터'의 구약 계시 모두가 한 분이신 주와 구세주 안에서 하나로 연합되었다는 사실이다." 참조. William Cosser, *Preaching*, 13: "구약은 준비요 예언이요 약속이며, 성육신은 이에 대한 실현이요 성취이다." 또한 H. L. Ellison, *The Centrality of the Messianic Idea for the Old Testament*를 보라. 주엘(Juel)은 초기 기독교가 사무엘하 7장, 시편 22, 69, 89, 110장, 이사야의 고난받는 종의 노래, 다니엘 7장을 예수님에게 적용했는데 이는 이미 유대 해석자들이 이 구절들을 메시아에 관한 것으로 이해했기 때문이라고 주장한다. Donald Juel, *Messianic Exegesis*.
72 참조. Martin Selman, "Messianic Mysteries," 283, "예수님은 구약의 메시아사상을 성취하셨음은 물론, 그와 동시에 이것을 확장하셨다. 그는 구약의 기름 부음 받은 지도자들과 연관된 모든 속성을 성취하셨다." 참조. James Dunn, "Messianic Ideas and Their Influence on the Jesus of History."

면을 정당하게 평가할 때만 신실한 설교자가 될 수 있다. 그러나 비극적인 사실은 구약의 본래적 의미를 복원하기에 총력을 기울였던 현대의 역사 비평 주해가 대개의 경우 이러한 측면을 무시하고 있다는 점이다. 비록 그리스도께서 구약 안에서 묘사되고 있지만, 현대의 기독교 설교자들은 종종 이 점을 주목하지 못한다. 이러한 사각지대는 구약 본문의 본래적인 의미를 설정한 다음 이 의미를 어떻게 그리스도와 연결 지을 수 있겠는가 하는 질문과 함께 구약의 의미를 신약에 비추어 보는 일을 시급하게 요구한다. 이는 어떤 구약 본문이 그리스도와 어떻게 연결될 수 있는가라는 질문을 하게 한다. 이 본문은 신약의 그리스도 안에서 성취된 구약의 기대들, 예언들, 약속들, 모형들, 주제들을 통해서 그리스도를 증언하고 있는가? 이러한 질문들은 제기되어야 할 중요한 문제인데, 이는 신약에 따르면, 만약 구약에서 그리스도를 설교하지 못한다면 우리는 구약의 본질을 놓치는 것이기 때문이다.[73]

5. 구약에서 그리스도를 설교함이 주는 유익

그리스도를 설교하는 일의 주된 유익 한 가지는 이 설교가 사람들을 영원히 구원한다는 점이다. "다른 이로써는 구원을 얻을 수 없나니 천하 인간에 구원을 얻을 만한 다른 이름을 우리에게 주신 일이 없기 때문이다."(행 4:12). 그러나 이러한 유익 이외에, 구약에서 그리스도를 설교할 때 구체적으로 생겨나는 다른 유익들도 생각해 볼 수 있다. 그중 두 가지 유익을 생각해 보고자 한다. 첫째는 사람들이 구약에 친숙해지게 하는 것이고, 둘째는 사람들이 그리스도를 보다 온전히 이해하게 하는 것이다.

---

[73] 한 초교파적인 위원회는 1947년 WCC에 다음과 같이 보고했다. "구약과 신약에서 동일한 하나님이 동일한 구원을 동일한 구세주를 통해 제공하신다." Cosser, *Preaching* 15에서 인용. 참조. "The Chicago Statement on Biblical Hermeneutics," 1982, "예수 그리스도의 인성과 사역은 전체 성경의 핵심적 사항이다. 우리는 성경의 그리스도 중심성을 거부하거나 이를 모호하게 하는 모든 형태의 해석이 옳지 않다고 믿는다."

1) 구약에 친숙해지게 함

구약에서 그리스도를 설교할 때 얻을 수 있는 주된 유익 중 하나는 기독교 교회가 구약을 듣게 된다는 점이다. 제1장에서 우리는 구약 본문을 설교해야 할 이유를 열거했다. 첫째, 구약 설교의 유익으로 인해서 설교자는 물론 회중도 하나님의 계시를 보다 온전히 이해할 수 있게 된다. 둘째, 구약은 그리스도에게 이르는 구속 역사를 드러낸다.[74] 셋째, 구약은 신약에서 발견되지 않은 진리를 선포한다. 넷째, 구약은 신약을 이해하도록 도와준다. 다섯째, 구약은 신약을 오해하지 않게 한다.

이러한 유익들은 설교자가 구약 성경의 넓은 영역을 파헤치고자 노력해야지, 자신을 제한해서 몇몇 요절에만 얽매여서는 안 된다는 것을 상정한다. 이는 그리스도를 설교하려는 것 때문에 설교자들이 메시아 예언을 담고 있는 구약 본문만을 선택하지 않을까 하는 우려 때문이다. 불행히도, 제한된 영역에 얽매이면 구약의 방대하고도 포괄적인 주제들을 놓치게 될 것이다. 이는 구약은 하나님의 "신실하심과 그의 자비를 계시하고 있으며, 영원토록 확실한 언약을 드러내고, 오직 은혜로만 구원받는 거룩한 남은 자들을 보여 주기" 때문이다.[75] 몇몇 메시아 본문들만 설교 본문으로 선택하는 일을 피하려면, 설교자는 설교 본문을 선택할 때 그저 그리스도를 설교한다는 목표뿐 아니라, 하나님의 구원 계획 모두를 설교하고 교회의 믿음을 성장시켜야 한다는 기본적인 목표를 갖고 있어야 한다. 구약 본문들로부터 어떻게 그리스도를 설교할 것인가라는 질문은 중요하기에 나중에 다시 자세히 생각하기로 하자.

---

74 예를 들어, Clowney, "Preaching Christ from All the Scriptures," 183을 보라. "구약이 약속이라는 구약 자체 구조에 비추어 해석될 때, 그리고 이 약속이 예수 그리스도에게서 성취된 것으로 여겨질 때 비로소 구약의 중요성은 신학적으로 깊이 있게, 그리고 실제적으로 힘 있게 설교될 수 있다. 그리스도를 중심에 두지 않는 설교는 구약 계시가 지닌 이러한 깊은 차원을 언제나 놓치게 된다."

75 Berkouwer, *Person of Christ*, 139.

2) 그리스도를 보다 온전히 이해하게 함

구약에서 그리스도를 설교할 때 얻을 수 있는 두 번째 유익은 그리스도를 보다 온전히 이해하게 된다는 점이다. 베르까우어(Berkouwer)는 구약이 없다면 "인간의 불행과 하나님의 구속 행위라는 큰 배경과 관계없는 그리스도, 즉 하나님의 의와 진노하심, 하나님의 사랑과 거룩하심이라는 큰 배경과 동떨어진 그리스도가 남을 뿐이다."라고 주목한다.[76] 폰 라트 역시 "그리스도에 대한 우리의 지식은 구약의 증거 없이는 미완성이다. 그리스도는 오직 기다리는 사람들의 합창 소리와 기억하는 사람들의 합창 소리가 함께 어우러진 이중적 증거를 통해서만 우리에게 주어진다."라고 주장한다.[77] 이렇게 그리스도를 보다 온전히 이해하기 위해서 세 개의 구체적인 분야로 나누어 생각하고자 한다: ① 그리스도의 인성, ② 그리스도의 사역, ③ 그리스도의 가르침.

① 그리스도의 인성

마태는 복음서를 유명한 구절, "예수 그리스도의 세계[계보]라"(1:1)라는 말씀으로 시작한다. 구약에 친숙하지 않은 사람이라면, 다음과 같은 질문들을 곧바로 갖게 된다. 왜 계보로 시작하는가? "예수"란 이름의 의미는 무엇인가? "메시아" 혹은 헬라어로 "그리스도"란 칭호의 의미는 무엇인가? 신약을 여는 첫 구절의 절반도 읽기 전에, 예수님에 관해 마태가 말하고 있는 것을 바르게 이해하려면 구약이 필요하다. 브루스 버치(Bruce Birch)는 "구약의 증거가 없다면 우리는 초대 교회가 신약에서 예수님에 관해 말하고 있는 바를 거의 알 길이 없다."라는 점을 잘 지적한 바 있다.[78]

---

76 Ibid., 152, Vriezen, *Outline*, 9, "그리스도의 메시아 사역은 구약 없이는 고백될 수도 없고, 유지될 수도 없다."
77 Von Rad, "Typological Interpretation of the Old Testament," 39.
78 Bruce C. Birch, *What Does the Lord Require? The Old Testament Call to Social Witness* (Philadelphia: Westminster, 1985), 110.

자주 예수님은 자신을 "인자"(Son of Man)라고 부르셨다.[79] 많은 사람들이 이 용어는 예수님의 신성과 구분하여 예수님을 인성이란 관점에서 기술하고 있다고 생각한다. 마가복음 13:26은 이러한 주장과 다소 맞지 않는데, 여기서 예수님은 자신의 재림과 관련해서 "구름을 타고 큰 권능과 영광 중에 오시는 인자"라고 표현하기 때문이다. 설교자가 다니엘 7:9-14에 대한 설교를 하지 않는 한, 인자란 칭호에 대한 오해는 여전히 있을 것이다. "내가 보니 인자 같은 이가 하늘 구름을 타고 와서 … 그에게 권세와 영광과 나라를 주고 모든 백성과 나라들과 각 방언하는 자들이 그를 섬기게 하였으니 그 권세는 영원한 권세라 옮기지 아니할 것이요 그 나라는 폐하지 아니할 것이니라."

브라이트는 "신약은 예수님을 메시아와 인자로 칭송하고, 그를 고난받는 종으로 기술한다. 그러나 신약 어디에서도 이 칭호들이 의미하는 바를 설명하지 않는다. … 정말로, 구약을 떠나서 신약 저자들이 목격한 바 즉 우리 주님의 사역의 중요성을 이해한다는 것은 불가능하다."라고 말한다.[80] 메시아, 왕, 인자, 고난받는 종의 개념을 살펴본 후에, 윌리엄 라솔(William LaSor)은 "내가 알기로는, 예수님 이전 시기의 어느 누구도 이 세 개념 모두를 한 번에 한 사람에게 돌린 예는 없다."라는 결론을 내린다.[81] 발터 벌하르트(Walter Burghardt)는 다음과 같이 요약한다. "사도들의 교회가 그랬던 것처럼 만약 내가 그렇게 예수님을 이스라엘의 메시아로 설교해야 한다면, 메시아가 유대교[더 좋은 표현은 '구약] 내에서 의미했던 신앙 체계와 소망 체계를 먼저 이해하는 것이 당연한 의무일 것이다."[82]

79　참조. Bright, *Kingdom*, 201, "이 칭호는 예수님의 여러 칭호 가운데서 예수님이 자신에게 가장 자주 적용했던 것이다." 특이하게도 노먼 페린(Norman Perrin)은 *Rediscovering the Teaching of Jesus* (London, 1967), 198에서 "예수님은 인자의 오심에 대해 말할 수 없었을 것이다."라고 주장하는데, 그것은 아마도 이 칭호가 당시 유대교에서는 발견되지 않기 때문일 것이다. 브루스(F. F. Bruce)는 상이성의 기준이 "'인자'라는 직함의 진정성을 위한 강력한 논거가 되어야 한다."라는 페린(Perrin)의 주장에 반박한다(*Time is Fulfilled*, 27).
80　Bright, *Authority*, 204.
81　LaSor, "Messiah," 90-91.
82　Burghardt, *Preaching: The Art and the Craft*, 143. 구약의 관점에서 예수님의 칭호를 설명한 내용을 보기 위해서는, William Barclay, *Jesus As They Saw Him: New Testament Interpretation*

② 그리스도의 사역

그리스도를 가리키는 구약의 칭호들은 예수님을 인간의 몸을 입으신 한 사람으로 묘사함은 물론, 그의 사역을 기술하고 있다. 이 점은 "인자"와 "여호와의 종"과 같은 칭호들에서 가장 분명히 드러난다. 비록 신약이 예수님을 구약의 여호와의 종과 연결 짓고 있긴 하지만(예, 마 12:18-21; 행 8:32-35; 고후 5:21), 대부분의 경우 이러한 연결은 너무도 미묘하기에, 만약 우리가 이사야에 나타나는 종의 노래(42:1-9; 49:1-6; 50:4-11; 52:13-53:12)를 잘 알지 못할 경우, 이 연결을 놓치기가 쉽다. 그러나 "예수님이 자신의 메시아 사역을 여호와의 고난 받는 종이라는 관점에서 해석했다는 점은 분명하다."[83] 예수님은 "인자는 섬김을 받기 위해서 온 것이 아니라 도리어 섬기려 하고, 자기 목숨을 많은 사람의 대속물로 주려 함이라"라고 말씀하셨다(막 10:45; 참조. 사 53:10-11). 죽으시기 전날 밤에, 예수님은 "인자는 자기에게 대해 기록된 대로 (아마도 이사야 53장에 기록된 대로) 가거니와"라고 선언하셨다. 그러고 나서, 유월절을 자신의 최후의 만찬으로 바꾸시면서, "이것은 많은 사람을 위하여 흘리는 바 나의 피 곧 언약의 피니라"라고 말씀하셨다(막 14:24; 참조. 사 53:5-6). 다음에 예수님은 산헤드린 앞에 섰고, "그러나 아무 말도 없으셨으며"(막 14:61), 후에 빌라도 앞에서 역시 "예수님은 아무 대답도 아니하셨다."(막 15:5; 참조. 사 53:7). 예수님은 강도 두 명과 함께 십자가에 달리셨고, "아버지여 저들을 용서해 주옵소서"라고 기도하셨다(눅 23:34; 참조. 사 53:12).[84] 분명히 우리는 구약의 여호와의 종을 알지 못하고서는 예수님의 고난과 죽음을 알 수 없다.[85]

---

of Jesus (New York: Harper & Row, 1962); Leopold Sabourin, *Bible and Christ*, 110-126; F. F. Bruce, "Promise and Fulfillment," 38-50을 보라.
83 Bright, *Kingdom*, 267.
84 이상의 병행 구절 대부분은 Leopold Sabourin, *Bible and Christ*, 121-122에서 가져왔다.
85 참조. Anders Nygren, *Significance*, 26, "신약은 구약의 가장 깊은 의미를 드러내는 데 필요하다. 그러나 마찬가지로 필요한 것은 만약 그리스도 안에서 하나님이 행하신 일들의 가장 깊은 의미를 이해하고자 한다면, 우리는 반드시 이것을 구약에 비추어서 보아야 한다는 점이다. 만약 고난받는 종에 대한 구약의 선포가 우리에게 주어지지 않았다면(사 53장) 십자가에서 죽으신 그리스도를 설

그리스도의 사역은 예수님의 기적들을 포함한다. 예수님의 기적들에 관해 읽을 때, 만약 우리가 이 기적들을 애굽에서 행하신 하나님의 구속적인 기적이라는 문맥(여호와 애굽 신들 사이의 싸움이라는 문맥)과 선지자들이 행한 치유의 기적이라는 문맥에서 보지 못한다면, 예수님은 단지 또 한 명의 기적을 베푸는 사람일 뿐이라고 잘못 생각할 수도 있다. 그러나 이런 문맥과 배경에서 예수님의 기적을 보게 될 때 비로소 우리는 그 기적들의 보다 깊은 차원을 보기 시작한다. 즉 그 기적들은 여자의 후손과 뱀의 후손 사이의 원수 됨을 드러낸 것이다. 예수님의 기적은 하나님의 나라가 이 세상을 뚫고 들어왔다는 징표로서, 뒤틀린 것을 바르게 하고, 병을 치유하고, 생명을 구원한다. 예수님이 친히 말씀하셨다. "내가 만일 하나님의 손을 힘입어 귀신을 쫓아내는 것이면 하나님의 나라가 이미 너희에게 임하였느니라"(눅 11:20).

③ 그리스도의 가르침

예수님의 핵심적인 가르침 중 하나는 하나님 나라이다. 예수님은 그의 사역을 이렇게 시작하신다. "때가 찼고 하나님 나라가 가까이 왔다."(막 1:15). 이미 우리가 얼마나 쉽게 하나님 나라를 하늘에 있는 미래의 실체로 생각하는지에 대해 살펴본 바 있다(제1장). 하나님 나라의 구약적 배경을 알게 되면, "하나님 나라"가 이 땅 위에 도래한다는 개념을 더 잘 이해할 수 있게 되며, 그와 동시에 하나님은 우리가 바로 지금 이 나라의 충성스러운 시민이 되기를 기대하신다는 개념들도 보다 잘 수용할 수 있게 된다. 이것이 또한 주의 기도에 나타난 예수님의 가르침이기도 하다. "나라가 임하옵시며 뜻이 하늘에서 이루어진 것 같이 **땅**에서도 이루어지이다"(마 6:10).

마찬가지로 예수님은 "내 아버지 집에 거할 곳이 많도다 … 내가 너희를 위하여 처소를 예비하러 가노니"라고 가르치셨다(요 14:2). 여기서 혹시 내세에

교하는 일이 어떻게 효과를 거둘 수 있었겠는가를 생각하기는 쉽지 않을 것이다."

대한 예수님의 가르침을 영지주의적 의미로, 즉 우리의 몸이 안전한 영적인 영역을 향해 탈출하는 것으로 이해할 수도 있을 것이다. 그러나 하나님의 선한 창조와 도래할 왕국에 대한 구약의 가르침을 알고 있다면, 우리가 사도신경을 통해 정기적으로 고백하는 것처럼, 죽음에 직면한 우리의 최고 소망은 "육체의 부활에 대한 믿음"이라는 신약 성경의 가르침을 우리(그리고 교회)가 좀 더 잘 받아들일 수 있게 된다. 최후의 만찬을 하시면서, 예수님은 제자들에게 "너희에게 이르노니 내가 포도나무에서 난 것을 이제부터 내 아버지의 나라에서 새 것으로 너희와 함께 마시는 날까지 마시지 아니하리라"라고 말씀하셨다(마 26:29). 그리스도인들은 죽을 때 주님과 함께 있을 것을 학수고대할 수도 있지만(빌 1:23), 우리의 최후 소망은 그리스도 안에서 죽은 자들이 일어나고 새 예루살렘이 땅 위에 내려오며 하나님이 모든 것 되시는 그날, 바로 그리스도 재림의 날이다(살전 4:16; 계 21:3). 바울에 따르면, 죽음에 직면한 우리의 궁극적 소망은 육체의 부활이다. 예수님은 최초로 이러한 놀라운 변화를 경험하셨다. 예수님은 "죽은 자들의 첫 열매가 되셨으니, 이는 사망이 한 사람으로 말미암아 왔기에, 죽은 자의 부활도 한 사람으로 말미암아 와야 하기 때문이다."(고전 15:20-21).

이 두 가지는 예수님의 가르침이 예수님 자신의 성경이었던 구약을 배경으로 할 때 어떻게 더 잘 이해될 수 있는가에 대한 실례들이다. 크리스토퍼 라이트(Christopher Wright)는 "구약을 많이 이해하면 이해할수록, 예수님의 마음에 더 가까이 가게 될 것입니다."라는 확신을 솔직하게 피력한 바 있다.[86]

다음 두 장에서 우리는 기독교 설교의 역사를 살펴봄으로써, 영향력 있는 성경 해석자들과 설교자들이 어떻게 구약에서 그리스도를 설교했는가를 살펴보고자 한다.

---

86 Wright, *Knowing Jesus*, 108. 참조. McKenzie, "The Significance of the Old Testament for Christian Faith in Roman Catholicism," 108. "신약은 예수님을 이스라엘의 충만함으로 제시한다. 그렇다면, 만약 우리가 이스라엘을 알지 못한다면 예수 그리스도를 잘 알 수 없다는 결론에 도달하게 된다."

| 제3장 |

구약에서 그리스도를 설교함의
역사적 고찰 (I)

"성경을 주의 깊게 읽는 사람이라면 성경 속에서 그리스도에 대한 말씀을
발견할 수 있다. … 그리스도는 '밭에 감추인 보화'이기 때문이다. 그는 감추어져 있는데,
그 이유는 그가 모형들과 비유적인 표현들로 나타나기 때문이다.
이 모형과 표현들은 예언된 바의 마지막 절정에 다다르기까지는,
다시 말해 그리스도의 재림 전에는 인간적인 차원에선 이해될 수 없는 것들이다."

– 이레니우스, *Against Heresies*, 4.26.1

오늘날 설교자들은 연이어 폭주하는 새로운 해석 방법들에 둘러싸여 있다. 이러한 해석 방법들(자료 비평, 양식 비평, 구조주의, 탈구조주의)은 해석학이란 분야를 잠깐 사이에 불붙여, 마치 유성처럼, 이 분야를 순식간에 태워 버렸다. 이렇게 빠르게 변화하는 시기에 우리가 현재의 이러한 상황들로부터 어느 정도 거리를 두면서, 원대한 역사적 관점에서 안정된 해석 방법을 찾는 것이 좋을 듯하다. 이번 장과 다음 장에서 우리는 초대 교회 설교를 시작으로 각 시대별로 그리스도 중심적 설교를 찾아냄으로, 구약에서 그리스도를 설교함의 역사를 추적해 보고자 한다. 우리의 목적에 따라, 이 역사를 기본적으로 해석 방법이란 관점에서 살펴보는 것이 좋을 듯하며, 또한 가능한 선에서 원래의 저자들로 하여금 스스로 구약에서 그리스도를 설교함에 대해 말하게 함으로써 보다 정확하게 이 역사를 살펴보고자 한다. 이번 장에서는, 초대 교회로부터 종교 개혁에 이르는 시기에 그리스도를 설교한 내용을 살펴보면서, 알레고리적 해

석, 모형론적 해석, 4중적 해석을 집중적으로 살펴보기로 하자.

1. 알레고리적 해석

알레고리적 해석은 설교자로 하여금 본문의 문자적이며 역사적 의미를 넘어, 소위 더 깊은 의미로 나아가게 한다. 3세기부터 16세기에 이르기까지 이 해석 방법은 구약에서 그리스도를 설교하는 데 사용되었던 주된 방법이었다. 비록 이레니우스와 테르툴리아누스(Tertullian) 같은 몇몇 교부들이 이러한 해석의 조류를 막으려 했지만, 결국 이 방법이 이겼다.

1) 배경

알레고리적 해석이 얼마나 널리 퍼져 있었는지를 알고자 한다면, 이 방법론을 발전시켰던 배경에 대해 어느 정도 알 필요가 있다. 초대 교회는 다양한 적대자들로부터 구약의 기독교적 성격을 변호해야 했다. 켈수스(Celsus)와 같은 비기독교 이방인들이 구약의 비도덕성과 모순들로 인해 구약을 공격했다. 비기독교 유대인 계통의 적대자들은 예수 그리스도께서 구약의 성취라는 것을 부인했다. "교회와 회당 사이의 이러한 논쟁은 구약을 기독론적으로 이해하는 주해적 방법론과 주해적인 발전을 필요로 했다."[1] 그 뒤 영지주의 계통의 "그리스도인들"이 구약은 예수 그리스도의 아버지가 아니라 그보다 열등한 창조주 하나님을 보여 준다는 이유로, 구약을 신약과 분리했다. 그리고 마지막으로 마르키온(약 85-160년)과 그의 교회가 구약을 열등하고 비기독교적인 책으로 생각했다.

알레고리적 해석을 일반적으로 받아들이게 된 주된 이유는 아마도 마르키

---

1 Larry Chouinard, "History," 196.

온과 그의 영향력으로부터 구약의 기독교적인 성격을 방어하기 위해서였던 것으로 보인다. 마르키온은 그의 책 *Antitheses*에서 구약과 신약의 차이점을 한층 부각하고자 노력했다. 예를 들어, 그는 다음과 같이 쓰고 있다.

> (1) 여호수아는 가나안 땅을 정복하고자 잔인함과 무력을 사용했다. 그러나 그리스도는 모든 무력을 금했으며 자비와 화평을 전했다.
> (2) 율법에서는 "눈에는 눈, 이에는 이"라고 말한다. 그러나 선하신 우리 주님은 복음서에서 "만약 누가 너의 오른쪽 뺨을 치거든 왼뺨마저 내놓으라."라고 말씀하신다(2.18; 4.16).
> (3) 창조주는 엘리야가 요청했을 때 불을 내렸다(왕하 1:9-12). 그러나 그리스도는 하늘로부터 불을 내려 달라는 제자들의 요청을 거절하셨다(4.23).
> (4) 창조주는 "나무에 달린 자마다 저주를 받았다."라고 말씀하신다(신 21:23). 그러나 그리스도는 십자가 위에서 죽으셨다(3.18; 5.3).
> (5) 율법에서 하나님(창조주)은 "너를 사랑하는 자를 사랑하고 너희의 원수를 미워하라."라고 말씀하신다. 그러나 선하신 우리 주님은 "네 원수를 사랑하고, 너를 핍박하는 자들을 위해 기도하라."라고 말씀하신다.
> (6) 창조주는 안식일을 제정하셨지만, 그리스도는 이를 폐지하셨다(4.12).
> (7) 창조주의 약속들은 이 땅에 관한 것인데, 그리스도의 약속들은 천국에 관한 것들이다(4.14).
> (8) 구약의 하나님은 전쟁에 능하신데, 그리스도는 화평을 가져오신다(3.21).[2]

마르키온은 문자적 해석주의자였다. 엄격한 문자적 해석을 통해, 마르키온은 구약과 신약 사이의 불일치를 보여 주고 구약을 거부할 수 있었다.[3] 기독교

---

2 이상의 실례들은 Tertullian, *Against Marcion*에서 찾았다. 이 실례들은 A. J. B. Higgins, *Christian Significance* 16에서 인용되었으며, 이것은 Harnack, *Marcion, Das Evangelium vom fremden Gott* (2d ed. 1924) 89 이하에서 가져온 것이다.
3 마르키온은 신약의 많은 부분 역시 부정했다. 그는 누가복음과 바울의 10개 서신서만을 받아들였다

교회에 맞섰던 마르키온의 교회는 오히려 기독교 교회에게 구약은 정말로 기독교적인 책이며 그리스도에 대해 이야기하고 있다는 것을 구체적으로 보여주도록 강요한 셈이 되었다. 뒤에서 살펴보겠지만, 구약에서 그리스도의 존재를 증명하는 가장 손쉬운 방법은 알레고리적 해석이다.

교부들이 모두 알레고리적 해석의 적법성에 동의한 것은 아니다. 그러나 교부들 사이의 차이점에도 불구하고, 구약에 대한 이들의 근본적인 차원의 통일된 접근 방식에 대해 제프리 브로밀리(Geoffrey Bromiley)는 다음과 같은 점을 상기시킨다. "교부들을 개관적으로 살펴보기만 해도 알 수 있는 사실은, 이들이 가진 석의상의 차이점들에도 불구하고 이들은 동일한 기본적인 이해를 공유했다는 점이다. … 구약과 신약은 불가분의 통일성을 가진 한 권의 책으로서, 즉 한 분 하나님에 의한, 한 성령의 영감에 의한, 한 아들에 대해 증언하는 책이다."[4] 데이비드 도커리(David Dockery)는 다음과 같이 첨언한다. "성경의 모형론적이며 알레고리적인 의미는 물론, 문자적-역사적 의미에 대한 교부들의 이해와 관련해, 이들 사이에 분명한 차이점들이 존재했던 반면에, 성경은 반드시 기독론적으로 해석되어야 한다는 일반적인 공감대 또한 존재했다."[5]

처음에, 기독교 설교자들은 우리가 신약에서 볼 수 있는 그런 종류의 모형론적인 해석을 사용해서 구약에서 그리스도를 설교했던 것으로 보인다. "심지어 2세기경에 교부들은 거의 '이러한 신약 주해 형태를 따랐고, 바울처럼 그리스도 중심적 설교를 견지했고, 역사적 의미에 충실한 상태로 머물러 있었다.'"[6] 현존하는 가장 오래된 기독교 설교 중 하나는 사르디스의 멜리토(Melito

---

(목회서신서와 히브리서를 제외하고). 그러나 심지어 그가 받아들인 신약들도 다시 간추렸다. 우선 마르키온은 누가의 탄생 기사를 제거했는데, 그리스도가 물리적인 몸을 가질 수는 없기 때문이라고 생각했기 때문이다(가현설). 그런 다음에 그는 누가복음 3:1과 4:31을 결합한 형태로 누가복음을 시작한다. "티베리우스 황제의 재위 15년에 그리스도는 갈릴리에 있는 한 도시 가버나움으로 내려갔다." 그리고 나서 마르키온은 구약에 대한 모든 언급을 제거해 버려야 했는데, 신약에는 구약이 완전히 스며들어 있기에 이 일은 대단히 어려웠을 것이다.

4　Bromiley, "Church Fathers," 212.
5　Dockery, *Biblical Interpretation*, 157.
6　Chouinard, "History," 196-197. J. N. S. Alexander, "The Interpretation of Scripture in the Ante-Nicene Period," *Int* 12 (1958) 273을 인용. 『바나바 서신』(*Epistle of Barnabas*)은 분명히

of Sardis)의 *Paschal Homily*(170년경)이다. 에드워즈(O. C. Edwards)에 따르면, "본질상, 이 설교는 출애굽기의 유월절을 그리스도의 죽음과 부활의 모형으로 해석한 설교이다. 이 설교는 구원 역사에 대한 긴 설명으로 시작해서, 구속자의 필요성을 보여 주고자 한다. 이 뒤에 모형론적 해석의 원리에 대한 서술이 이어지는데, 이 서술에 의하면 결국 그리스도를 통해 이루어진 구원과 출애굽 특히 유월절 사건을 통해 예시된 모든 사건이 동일시된다."[7]

모형론적 해석과 함께, 우리는 곧바로 알레고리적 해석을 발견하게 된다.[8] 주후 96년경에, 로마 주교였던 클레멘스(Clement)는 고린도에 있는 교회에 목회 서신을 써서 보냈다. 이 편지 중 한 부분에서 클레멘스는 여리고성의 라합 이야기를 다시 들려준다. 정탐꾼들은 라합에게 한 표식을 준비하라고 말했다. "그녀는 붉은 줄을 창문에 달아 내려야 했습니다. 이를 통해, 그들은 하나님을 믿고 그분께 소망을 두는 모든 사람을 위한 구원이 주님의 피를 통해 올 것이라는 점을 분명히 했습니다. 사랑하는 성도 여러분, 이 여인 안에 믿음이 있었을 뿐 아니라 어떻게 예언 능력이 있었는지를 보십시오."[9] 이런 종류의 알레고리적 해석은 뒤이어 유스티누스(Justine Martyr), 이레니우스(Irenaeus), 오리게네스(Origen), 암브로시우스(Ambrose), 아우구스티누스(Augustine), 그리고 많은 기독교 설교자들에 의해 행해졌다.[10]

주후 70년과 100년 사이에 쓰였을 것으로 추정되는 『바나바 서신』(*Epistle of Barnabas*)은 훨씬 더 부자연스러운 알레고리적 해석을 보여 준다. "구약 어디

예외인 듯하다.

7 Edwards, "History of Preaching," 188.
8 F. W. Farrar, *History*, 166-67, "알레고리는 유대인들에게 이미 친숙한 방법론이었으며, 알렉산드리아인들이 이 방법론을 채택해서 모세에게서 헬라 철학을 미리 보고자 했던 것처럼, 신약 정경이 완전히 형성되기 이전에 사도적 교부들 역시 이 방법론에 이끌려, 구약을 기독교 진리에 대한 즉각적인 증거로 삼고자 했다."
9 *1 Clem* 12:7-8. 이 서신에는 그리스도에 대한 언급이 거의 없다. 그 대신 헬라 방식으로, "고대의 실례들"(5:1)이라고 불리는 구약 인물들이, 사람들이 배워야 할 덕목과 피해야 할 악의 모본으로 제시된다.
10 자세한 기록을 찾아보려면, Farrar, *History*, 166, n. 4를 보라. 라합에 대한 해석을 보다 자세히 보려면, 이 책 491-502쪽을 보라.

에서든 나무에 대한 이야기가 있기만 하면, 그는 즉시 그것이 의미하는 바는 그리스도의 십자가라는 결론을 내린다. 그는 구약 본문 내에서 나무라는 단어가 나타나는 문맥에 대해서는 아무런 관심도 보이지 않는다."[11] 그러나 『바나바 서신』은 계속해서 보다 정교한 알레고리적 해석을 제시하고 있다. 예를 들어, 『바나바 서신』 8:1-7은 백향목과 함께 붉은 암송아지를 불태우는 의식(민 19:1-10)을 다음과 같이 해석한다.

> 죄로 이미 깊이 물든 사람들은 암송아지를 제물로 드리고 그것을 잡아 불태워야 한다. 그 뒤 어린 소년들로 하여금 재를 모아 그릇에 담게 하고, 백향목을 취해 여기다 우슬초와 홍색 실을 묶도록 해야 한다. … 여기서 다시 십자가의 모형[나무]과 홍색 실을 주목할 필요가 있다! … 그것이 얼마나 분명하게 여러분들에게 말하고 있는가를 보라! 암송아지는 예수님이다. 암송아지를 바치는 죄인들은 예수님을 도살자에게 데리고 갔던 자들이다. … 피를 뿌리는 어린 소년들은 죄 용서의 좋은 소식과 마음의 성화를 가져다준 자들이며 … 하나님이 복음을 전파하도록 능력을 부여하신 자들이다. … 그러나 피 뿌리는 자가 왜 소년 세 명이었는가? 이는 아브라함, 이삭, 야곱을 대변한다. … 그러면 왜 백향목 나무에 홍색 실을 묶었는가? 예수님의 나라는 십자가에 의존하고 있기 때문이다.[12]

---

11 Cullmann, *Christ and Time*, 132.
12 *Barn* 8:1-5, trans. James A. Kleist, *Ancient Christian Writers*, no. 6 (Westminster, MD: Newman, 1948). 9:8-9에서 저자는 심지어 그리스도의 십자가를 창세기 14:14에 기록된 아브라함의 종들의 숫자에서도 찾아낸다. "이 구절은 **아브라함이 자신에게 속한 자 318명에게 할례를 베풀었다**고 기록한다. … 이 구절이 먼저 10과 8이라고 말한 뒤에, 따로 300이라고 말하고 있음을 주목하라. 히브리 숫자 10은 I이며, 8은 H이므로, 이 둘이 합쳐져 여기서는 IESUS를 의미한다. 그러나 T자에 의해 미리 예시되고 있는 십자가가 은혜의 원천이 되기 때문에, 이 구절은 '300'을 첨가한다. (정확하게 말하면, 숫자 10의 히브리어 글자 Yod에 대한 헬라어의 발음이 I이고, 헬라어 H는 ē로 발음되는데 이는 숫자 8을 가리키는 히브리어 Het의 발음이다. 숫자 300은 히브리어 글자로 Taw인데 그 고어 형태는 정확히 T 모양이다. - 역주) 결국 이 구절은 두 글자로 예수님을 나타내고, 한 글자로 십자가를 가리킨다. 우리 안에 예수님의 가르침이라는 선물을 심어 주신 그분이 잘 알고 계신다. 어느 누구도 나에게서 이보다 더 믿을 만한 설명을 받은 이가 없다. 그러나 나는 여러분이 이러한 설명을 받을 자격이 있음을 알고 있다."

구약에서 그리스도를 설교함의 개관을 통해, 우리는 사도적 교부인 유스티누스와 이레니우스에 의해 발전되고 행해진 구약 해석을 특별히 살펴보고자 한다.

2) 사도적 교부들

① 유스티누스(Justin Martyr, 100-165년경)

유스티누스는 보통 "사도들의 모형론적-기독론적 해석 방법"을 계승한 교부로 알려져 왔다.[13] "아마도 130년경 에베소에서 개종한 때로부터 165년경 로마에서 순교자로 죽기까지, 그는 자신이 이미 배척한 바 있던 이교도는 물론, 영지주의와 마르키온 사상과 유대교 등에 대해 반대적 입장에 서 있는 정통 노선을 대변했다."[14] 구약을 해석함에 있어서 그의 주된 목적은 구약이 예수 그리스도를 증언한다는 사실을 보이는 데 있었다. 그는 "구약 본문의 세부 사항들을 그리스도의 선재하심, 탄생, 죽음, 부활, 재림 이야기의 세부 사항들"과 연결 짓고자 했다.[15] 예를 들어, 그의 *Dialogue with Trypho*에서 우리는 그가 유대인들과 논쟁하는 장면을 읽을 수 있다.

"그러나 트리포(Trypho), 만약 전능하신 하나님의 천사로(사 9:6), 에스겔에 의해 인자로(40:3), 다니엘에 의해 인자 같은 이로(7:13), 이사야에 의해 아들로(9:6), 다윗에 의해 경배받으신 그리스도요 하나님으로(시 2편), 많은 자들에 의해 그리스

---

13 Dockery, "New Testament Interpretation," 43. 참조. Stanley N. Gundry, "Typology," 234, "이것이 *Dialogue with Trypho*에서 유스티누스가 사용했던 방법론이었다. 만약 구약이 그리스도에 관한 책이었다면, 모형론은 그 사실을 발견하고 해석하는 하나의 수단이었다."
14 W. H. C. Frend, *SJT* 26 (1973) 139.
15 Rowan Greer, "Christian Bible," 146. 참조. Frend, *SJT* 26 (1973) 144, "구약 전체가 예수님은 메시아라는 사실과 예수님은 메시아에 관해 예언된 바를 세부적인 측면까지 모두 성취하셨다는 사실을 증명하는 데 기여한다."

도요 돌로(시 118:22f; 사 8:14; 28:16; 50:7; 단 2:34, 44f), 솔로몬에 의해 지혜로(잠 8:22 이하), 모세에 의해 요셉과 유다와 별로(창 49장; 민 24:17), 스가랴에 의해 동편으로 (6:12), 다시 이사야에 의해 고난받는 자, 야곱, 이스라엘로(42; 43; 52-53), 지팡이, 꽃, 모퉁잇돌, 하나님의 아들(사 8:14; 28:16; 11:1)로 불린 바 있는 그분이 누구인지 네가 알았다면, 너는 이제 이 땅에 오사 태어나셨고, 고난받으신 후, 하늘로 승천하시고, 다시 오실 그분을 신성 모독하지 않았을 것이다. 그분이 오실 그때에 너의 열두 지파가 탄식하게 될 것이다(슥 12:10). 왜냐하면 만약 네가 선지자들에 의해 기록된 것을 이해했다면, 너는 그분이 유일하시고, 영원 전부터 계시며, 말로 형언할 수 없는 하나님의 아들 되신 하나님이라는 사실을 부정하지 않았을 것이기 때문이다."[16]

구약에서 그리스도를 발견하기 위해, 유스티누스는 약속들과 모형에 의존했을 뿐만 아니라, 그리스도께서 선재하신 로고스란 사실에도 의존한다. 노아가 방주에 들어간 뒤에 문을 닫으신 분(창 7:16), 바벨탑을 보고자 강림하신 분(창 11:5), 아브라함에게 말씀하신 분(창 18장), 야곱과 씨름하신 분(창 32장), 불붙은 가시덤불에서 모세에게 말씀하신 분(출 3장) 모두가 바로 선재하신 로고스인 그리스도였다.[17]

핸슨(R. P. C. Hanson)은 다음과 같이 지적한다. "유스티누스의 주해는 유스티누스 앞에 있었던 어떠한 기독교 저자의 주해보다도 훨씬 발전되어 있었다. 그는 노아의 홍수나 약속의 땅과 같이 구약에서 오는 전통적인 모형들과 이미지들을 기독론적으로 사용하고 있음은 물론(*Dial*, 119.8), 구약에 나타난 어떠한 대상이나 사건이라도 기독교 시대에 대한 예언으로 연결시킬 수 있는 준비가 되어 있었다."[18] 구약의 모든 본문 속에서 그리스도를 발견하고자 하는 이러

---

16 Justin, *Dialogue*, 126. Greer, Ibid.에서 인용됨. 그리어(Greer)는 "개연성 있는 성경적 암시들"이란 표현을 첨가했다.
17 *Dialogue* 61-62, 126-127과 관련해 Greer, "Christian Bible," 147을 보라.
18 Hanson, "Biblical Exegesis," 415.

한 움직임은 결국 유스티누스의 모형론적 해석과 유사한 형태의 알레고리적 해석에 이르게 된다. 이러한 알레고리적 성향이 가장 분명하게 드러나는 경우는 유스티누스가 구약 속에서 그리스도의 십자가를 찾고자 할 경우이다. 예를 들어, 노아와 방주 이야기에서, "방주의 나무들은 십자가를 상징하며, 물은 기독교 세례를 상징하고, 살아남은 여덟 명은 그리스도께서 죽음에서 일어나시고 자신의 모습을 보이신 이후 여덟 번째 날을 상징한다."[19] 유스티누스는 또한 "에덴동산에 있던 생명나무, 모세의 지팡이, 마라의 쓴 물을 달게 했던 나무, 야곱의 지팡이와 사다리, 아론의 지팡이, 마므레의 상수리나무, 출애굽기 15:27의 종려나무 일흔 그루, 엘리야의 지팡이와 유다의 지팡이" 들에서 십자가를 찾아낸다.[20] 이에 덧붙여, 그는 "아말렉과의 전쟁에서 손을 들어 올리는 모세에게서 … 그리고 광야에서 백성들을 치료하고자 뱀을 들어 올리는 모세에게서" 십자가를 찾아낸다.[21]

그리어(Rowan Greer)는 유스티누스는 구약이 그리스도를 증언하고 있다는 점을 증명하고자 세 개의 다른 방법론을 사용하고 있다고 결론 내린다. "예언으로부터의 증명, 모형으로부터의 증명, 알레고리주의로부터의 증명. 이 세 방법론은 서로 혼합되어 있는데, 경우에 따라서는 어떤 본문에 병치되어 사용될 뿐만 아니라, 동일한 본문에 대해 동시에 사용되기도 한다."[22] 좋든 나쁘든 간에, 유스티누스는 초기 기독교의 구약 해석에 대한 분명한 분위기를 설정했다. "우리는 후대의 기독교 저작들에서 계속적으로 나타나는 많은 '증거-본문' 구절들을 유스티누스에게서 최초로 발견한다."[23]

---

19 Greer, "Christian Bible," 148, *Dialogue*, 138을 인용. 노아와 홍수에 관해선 이 책 464-472쪽을 보라.
20 Greer, Ibid., "마라의 쓴 물을 달게 했던 나무"에 관해선 이 책 472-477쪽을 보라.
21 Ibid., 순서대로 출애굽기 17:8-16, *Dialogue*, 90, 111, 민수기 21:4-9, *Dialogue*, 91. 더 많은 예를 위해서는, J. L. Koole, *Overname*, 111-113을 보라. "아말렉과의 전쟁에서 손을 들어 올리는 모세"에 관한 보다 자세한 논의를 위해서는 이 책 477-483쪽을 보라.
22 Ibid., 151.
23 Hanson, "Biblical Exegesis," 415.

② 이레니우스(Irenaeus; 130-200년경)

골(Gaul) 지방 리옹(Lyon)의 주교였던 이레니우스는 신약 27권 모두를 언급한 최초의 교부였다. 이레니우스는 구약 석의에 있어서 주로 유스티누스를 따랐다.[24] 그러나 이레니우스는 유스티누스를 훨씬 넘어서서 성경 해석학을 발전시켜 나갔다.

"이레니우스에게 있어서 해석학의 기초석은 그리스도께서 성경의 핵심을 이루고 있다는 점이다. 성경은 구세주에 관한 책이다. 성경 저자들의 근본적인 주제는 구원 계획이다."[25] 이레니우스는 다음과 같이 쓰고 있다.

> 그러므로 성경을 자세히 읽는 사람은 누구나 성경 속에서 그리스도에 대한 말씀과 새로운 부르심에 대한 예시를 발견할 것이다. 왜냐하면, 그리스도는 밭에 감추인 보화이기 때문이다. 그는 감추어져 있는데, 그 이유는 예언된 바가 절정에 다다르기까지는, 다시 말해 그리스도의 재림 전까지는 인간적인 차원에서는 전혀 알 길이 없는 그러한 모형들과 비유적 표현들로 그가 암시되어 있기 때문이다. … 모든 예언은 성취되기까지는 사람들에게 수수께끼 같고 모호해 보인다. 그러나 때가 이르고 예언이 실현될 때, 그때 비로소 예언들에 대한 분명하고도 명확한 해석들이 드러나게 된다. 이런 이유 때문에, 율법이 유대인들에 의해 읽힐 때, 마치 우화처럼 들린다. … 그러나 율법이 그리스도인에 의해 읽힐 때, 진실로 율법은 밭에 감추인 보화였으나, 이제 그리스도의 십자가에 의해 드러나고 설명된다. 율법은 인간의 이해를 풍요롭게 하며, 하나님의 지혜를 밝히 드러내 주고, 인류에 대한 하나님의 섭리를 계시하며, 그리스도의 왕국을 미리 보여

---

24 참조. Greer, "Christian Bible," 172, "예를 들어, *Demonstration of the Apostolic Preaching*의 42-85장은 유스티누스의 *Dialogue with Trypho*에서 발견되는 예언들과 모형들의 대부분을 담고 있다."
25 A. S. Wood, *Principles of Biblical Interpretation*, 26.

주고, 거룩한 예루살렘이 가져올 유산을 미리 선포한다.[26]

이상의 인용문에서 볼 수 있듯이, 이레니우스의 성경적 이해는 "섭리들"(dispensations), 그리스도의 모형들과 약속들, 그리스도의 재림에 따른 성취, 그리스도의 왕국, 그리고 절정 등을 포함하는 성경의 전체적인 견해와 어우러져 있다. 다시 말해, 그는 그리스도에게 중심을 두는 단일한 구속사의 계시 속에서 구약과 신약의 통일성을 발견한다.[27] 다른 곳에서 이레니우스는 성경에 나타난 하나님의 계시의 점진성을 주목한다. 그리어가 이레니우스의 견해를 잘 요약한다. "하나님의 아들은 … 피조된 세계 가운데, 히브리 성경을 통해, 그리고 성육신을 통해 성부 하나님을 계시한다. … 정말로, 성육신은 절대 하나님의 계시를 최초로 소개하는 것이 아니라, 창조를 통해, 그리고 히브리 성경을 통해 이미 드러난 바 있는 하나님의 자기 계시를 극명하게 드러내며, 이 계시에 초점을 맞춘다. 그러기에, 인류 역사는 하나님의 점진적인 계시, 즉 새 시대에 도래할 썩지 않을 최후의 구속을 향해 나아가는 계시의 일환이다. … 그리스도께서 히브리 성경 속에서 보여 주는 성부 하나님의 계시는 단계별로 일어난다. 이 단계는 네 언약, 즉 아담 아래의 언약, 노아 아래의 언약, 모세 아래의 언약, 그리고 마지막으로 복음을 통해 인간을 회복시키고 만물을 자기 가운데 두실 그분의 언약으로 이루어진다."[28]

---

26 Irenaeus, *Against Heresies*, 4.26.1. 번역은 Karlfried Froelich, *Biblical Interpretation*, 44-45에서 가져옴.

27 참조. A. H. J. Gunneweg, 175, "반영지주의적 신학자인 이레니우스는 자신의 책 'An Unmasking and Refutation of that which is wrongly called Knowledge'에서 구원 역사라는 개념을 전개한다. 그에 따르면, 그리스도 안에서 자신을 온전히, 그리고 보편적으로 계시하기 이전에 이미, 동일하신 한 분 하나님은 시간 속에서 역사하고 계셨으며, 후일에 특별히 이스라엘 역사 속에서 역사하셨다. 이런 관점에서 생각할 때, 구약은 더 이상 단순히 신약의 서막이 아니다. 구약은 역사의 여러 단계에서 일어났고 오랜 시간 동안 지속된 구원 역사가 기록된 문헌이다. 이레니우스에 따르면, 구약은 단계에서 단계로, 언약에서 언약으로, 아담에서 노아를 거쳐, 모세, 그리고 그리스도의 새 언약으로 움직여 나아가며, 그리스도의 새 언약을 통해, 말씀이신 로고스가 구체적으로 모습을 드러내셨다."

28 *Against Heresies*, 4.6.6-7과 3.11.8과 관련해서는, Greer, "Christian Bible," 166-167. 참조. Brevard Childs, *Biblical Theology*, 31, "이레니우스에게 있어서 중심 사상은 구원에 대한 하나님

"섭리들"이란 개념은 이레니우스로 하여금 단순히 구약 속에서 그리스도를 발견한다는 제한된 관심을 벗어나 이스라엘을 향한 구약 본문의 의미를 생각할 수 있는 방향으로 나아가도록 해 주었다. 이레니우스는 이렇게 쓰고 있다. "하나님은 땅 위에 선지자들을 세우셨다. 즉 그분을 기쁘게 하는 사람들을 구원하기 위해, 건축가처럼 구원 계획을 세우셨고, 애굽에서 그분을 바라보지 않던 자들을 친히 인도하셨다. 반면 광야에서 패역한 자들에게, [그들의 상황에] 대단히 걸맞은 율법을 공표하셨다."[29] 여기서 우리는 이레니우스가 오늘날 "역사적 해석"이라 부르는 방법을 향해 첫걸음을 내딛고 있음을 볼 수 있다.

우드(A. S. Wood)에 따르면, 이레니우스는 성경의 통일성으로부터 두 개의 해석학적 원리를 추출해 냈다. "첫 번째 원리는 성경의 조화이다."[30] 두 번째 원리는 "유비의 원리로, 이를 통해 성경이 성경 자체의 해석자 역할을 할 수 있게 된다."[31] 또한 이레니우스는 영지주의 계통의 임의적이며 원자화하는 성경 해석에 반하여, 다른 해석학적 원리를 발전시켰다.[32] 그는 모든 구절은 그 구절이 속한 문맥에 비추어 이해되어야 하고,[33] "진리의 규칙"이라는 범주 내에서 해석되어야 한다고 주장했다.[34] "신앙의 규칙"이라고도 불리는 이 "진리

의 순서는 창조로부터 그리스도 안의 성취까지 확장된다는 성경의 강조이다. 즉 하나님은 점진적으로 자신을 드러내시되, 창조, 율법, 예언, 그리고 하나님이신 로고스를 통해서 자신을 점진적으로 계시하셨다는 점이다. 기독교 성경은 예수 그리스도를 태초부터 하나님과 함께하셨고, 역사 전체를 통해 온전히 역사하시는 하나님의 아들과 구세주로 증언했다(4.20.1 이하)."

29 Irenaeus, *Against Heresies*, 4.14.2.
30 Wood, *Principles of Biblical Interpretation*, 29. 참조. Irenaeus, *Against Heresies*, 2.28.3: "하나님이 우리에게 주신 모든 성경이 완전히 일관된다는 사실은 우리가 깨닫도록 되어 있다. 성경의 비유들은 완전히 그 의미가 분명한 성경 본문들과 조화를 이루고, 의미가 분명한 그 진술들은 비유를 설명하는 역할을 하게 되어 있다."
31 Ibid., 31. 참조. Irenaeus, *Against Heresies*, 3.12.9. "성경 안에 [담겨 있는 것들에 대한] 증명은 성경 자체를 떠나서는 이루어질 수 없다."
32 참조. Ibid., 29, "이레니우스는 호도된, 그리고 근본적으로 비성경적인 자신의 주장을 지지하고자 개별적인 본문들을 임의로 원자화해서 적용하는 해석 방법론에 의존했던 이단들에게 가장 엄히 항거했다."
33 Irenaeus, *Against Heresies*, 1.8.1, "그들[발렌티아누스 계통의 사람들]은 성경 각 권의 순서와 연결을 무시했고, (그들 안에 이런 태도가 있는 한 그들은) 진리를 해체하고 파괴했다."
34 Ibid., 1.9.4, "세례를 통해 그가 받은 바 있던 **진리의 규칙**을 마음속에 확고하게 보유했던 그는 성경에서 취해진 이름들, 표현들, 비유들을 분명히 인식할 수 있지만, 사람들에 의해 이들에게 저질러진

의 규칙"은 보다 후대에 나타나는 교회의 신앙고백서들의 선구자이다.[35] 또한 "신앙의 규칙"은 성경 해석을 예수 그리스도에게 초점을 맞추어 하게 하는 역할을 한다. 도커리는 이에 관해 다음과 같이 주목한다. "이레니우스와 함께, 우리는 교회의 신앙의 규칙 속에서 기독교 성경에 대한 최초의 분명한 증거와 해석의 준거를 발견한다. 사도들의 기독론적인 강조를 이어받은 이들 초기 해석자들 역시 신앙의 규칙이 성육신하신 주님을 핵심으로 하는 신학적 이야기의 윤곽을 보여 주고 있다는 사실을 강조했다."[36]

영지주의 계통의 알레고리적 해석에 반하여, 이레니우스는 여전히 또 다른 해석학적 원리를 제시한다: 설교자들은 "정상적이고 단순하고 분명한 해석을" 성경 해석의 목표로 삼아야 한다.[37] 이 원리는 후에 테르툴리아누스에게 지지를 받는데, 테르툴리아누스는 "'우리는 성경 속에서 보다 많은 의미를 찾아내기보다, 가능하다면 보다 적은 의미를 찾고자 한다.'라는 경구를 만들어 낸다."[38]

자기보다 앞서 있었던 유스티누스처럼, 이레니우스는 약속들과 모형들을

불경한 사용 모두를 분별해 낼 수는 없을 것이다. … 그러나 인용된 표현 각각이 원래의 위치로 복원되어, 다시 **진리의 몸체 속으로 끼워 넣어질 때**, 그는 이들 이단이 만들어 낸 허구의 실상을 드러낼 수 있고, 이것들이 아무런 근거가 없다는 것을 증명해 낼 것이다." (저자의 강조)

35 참조. Ibid., 1,10,1. "교회는 사도들과 사도들의 후예들로부터 이 신앙을 물려받았다. [교회는 믿는다] 하늘과 땅과 바다, 그리고 바닷속에 있는 모든 것을 지으신 전능하신 아버지, 곧 한 분 하나님을; 그리고 우리의 구원을 위해 성육신하신 하나님의 아들, 곧 한 분 그리스도 예수님을; 그리고 성령님을" 참조. *Proof of the Apostolic Preaching*, 3, "The Rule of Faith," 그리고 6, "The Three Articles of the Faith."
36 Dockery, "New Testament Interpretation," 43.
37 R. P. C. Hanson, "Biblical Exegesis," 427, Irenaeus, *Against Heresies*, 39-41장을 언급하고 있음.
38 Ibid., Tertullian's *De Pudicitia*, 9.22에서 인용. 참조. Robert Daly, "Hermeneutics," 139, "테르툴리아누스는 문자적 의미가 말이 되지 않거나 받아들일 수 없는 것으로 판명될 경우에만 알레고리를 허용했다. 그러나 성경 본문이 역사적인 실체인 경우에는 알레고리를 거부했다. … *Figura* (모형론에 대한 현대적 정의와 거의 비슷한 의미입니다)는 테르툴리아누스가 좋아했던 영적 해석 방법론이다." 참조. J. H. Waszink, "Tertullian's Principles and Methods of Exegesis," in *Early Christian Literature and the Classical Intellectual Tradition*, ed. William R. Schoedel and Robert L. Wilken (Paris: Beauchesne, 1979), 28, "그[테르툴리아누스]는 본문이 비유(*parabola*)나 알레고리(*allegoria*)를 담고 있다고 생각할 때는 언제나 세 번째 논지(*tertium comparationis*)를 고수해야 하며, 단지 은유를 치장하거나 완성시키는 기능만을 하는 세부 사항들에 대한 알레고리적 해석을 찾아서는 안 된다고 주장한다."

사용해 구약 속에서 예수 그리스도에 대한 증거를 찾아내고자 했다.[39] 그리고 유스티누스처럼, 그는 영원한 로고스이신 그리스도는 구약 전반에 걸쳐 존재해 있었다는 견해를 유용하게 사용했다. 예를 들어, 창세기 18:2에는 아브라함이 세 사람을 만나는 사건이 있다. 이 본문을 이레니우스는 다음과 같이 해석한다. "모세는 하나님의 아들이 아브라함과 대화를 나누고자 그에게 가까이 가셨다고 말한다. … 세 사람 중 둘은 천사였고, 하나는 하나님의 아들이었다."[40] 뒤에 가서, "야곱 역시, 메소포타미아 지방으로 여행하던 중 꿈에 땅에서 하늘까지 닿은 사다리, 곧 나무 앞에 서 계신 그리스도를 보게 된다. 이 사건을 통해 그리스도를 믿는 사람들은 하늘에 오를 수 있게 되는데, 그리스도의 수난은 우리를 높이 들어 올리는 것이기 때문이다."[41] 다시 하나님의 아들이 모세를 만나신다. "가시덤불 속에서 모세에게 말씀하신 그분이 다시 말씀하신다. '내가 진실로 애굽에 있는 나의 백성의 고통을 보았고, 내가 그들을 구원하고자 내려왔노라.'"[42]

이레니우스는 영지주의자들의 알레고리화를 반대했음에도 불구하고, 또한 약속들과 모형들과 영원한 로고스 등을 통해 그리스도를 설교하자는 대안을 제시했음에도 불구하고, 이레니우스 자신 역시 때때로 알레고리적 해석에 굴복하곤 했다.[43] 예를 들어, 그는 양손을 높이 들고 기도하는 모세의 모습 속에서 십자가에 달리신 예수님을 보고 있다. "그[예수님] 역시 자신의 손을 높이 펼치심으로 우리를 아말렉으로부터 구해 내사 아버지의 왕국으로 인도하신다."[44] 정탐꾼들을 숨겨 주는 라합의 이야기 속에서 이레니우스는 세 명의 정

---

39 참조. Childs, *Biblical Theology*, 31, "'모형들'(4.14.3)과 예언(4.10.1)의 사용을 통해, 이레니우스는 두 언약은 본질상 동일하며 한 분 하나님의 저작이라는 점을 증명하고자 했다(4.9.1)."
40 Irenaeus, *Proof of the Apostolic Preaching*, 44.
41 Ibid., 45. 여기서 나무를 예수님 십자가의 상징이라고 이해하는 표준적인 알레고리적 해석에 대한 암시를 주목하라.
42 Ibid., 46.
43 티슬턴(Thiselton)은 알레고리적 해석이 "생겨나게 된 이유는 이레니우스가 성경의 모든 부분이 중요성을 지니며 모든 부분이 궁극적으로 그리스도를 가리키고 있거나 복음을 수종 들고 있다고 믿기 때문이다."라고 주장한다. Anthony Thiselton, *New Horizons*, 155.
44 Irenaeus, *Proof*, 46.

탐꾼에 대해 이야기하기를, "세 정탐꾼은 의심할 바 없이 성부, 성자, 성령이었다."라고 말한다.[45] 정한 동물과 부정한 동물들에 대한 해석에서, 이레니우스는 정한 동물들은 참된 그리스도인들로서, 이들은 "이것은 굽이 갈라진 짐승들의 꾸준함이 보여 주는바 믿음을 통해 꾸준히 성부와 성자를 향해 나아가는 자들이다."라고 제안한다. 또한 새김질이 보여 주듯이, "이들은 하나님의 말씀을 주야로 묵상한다." 부정한 짐승들은 이방인들, 유대인들, 이단자들이란 세 부류로 나누어진다. 예를 들어, "부정한 짐승들은 굽이 갈라지지도 않았고, 되새김질도 하지 않는 짐승들이다. 즉 하나님에 대한 믿음도 없고, 그의 말씀을 묵상하지도 않는 사람들이며, 이러한 것은 이방인들이 혐오하는 것들이다."[46]

이러저러한 오류에도 불구하고, 이레니우스는 여전히 마르키온과 영지주의자들에 맞서서 건전한 성경 해석의 기초석을 놓았던 자로 남아 있다. 그에 대한 짧은 개관을 통해 다음과 같은 이레니우스의 귀중한 통찰들을 볼 수 있다: 구약과 신약은 하나의 통일된 전체를 이룬다; 그리스도는 성경의 핵심이다; 성경은 성경 자체와 일치한다; 성경은 언제나 성경 자체의 해석자가 되도록 해야 한다; 기독교 해석은 신앙의 규칙이란 범주 내에서 이루어져야 한다; 본문은 문맥에 비추어 해석되어야 한다; 이스라엘을 향한 본문의 의미는 본문의 다양한 시대적 측면들에 비추어서 이해되어야 하며, 정상적이고 분명한 해석을 해석의 목표로 삼아야 한다.[47]

---

45 Ibid., *Against Heresies*, 4.20.12.
46 Ibid., 5.8.4.
47 Thiselton, *New Horizons*, 156, "이레니우스는 그리스도의 중심성을 해석학적 원리 혹은 열쇠라고 호소했는데, 이러한 호소는 성경의 온전함에 대한 그의 관심과 함께 루터와 종교 개혁자들의 근본적인 두 가지 관심을 예기한다. 스케빙톤 우드(Skevington Wood)는 이레니우스의 저작들은 종교 개혁의 원리였던, 성경으로 하여금 '성경 자체의 해석자'가 되게 하라는 원리에 이르고 있다는 결론을 내린다."

3) 알렉산드리아 학파

알레고리적 해석은 제일 먼저 주전 3세기경에 그리스에서 호머(Homer)와 헤시오도스(Hesiod)의 작품에 나타나는 당혹스러운 요소들을 철학적으로 교정하기 위해 개발되었다. "신들의 이야기와 시인의 작품은 **문자적으로** 취급되어서는 안 된다. 은밀한 의미 혹은 진정한 의미는 오히려 그 이면에 놓여 있다."[48] 이 해석 방법은 이집트 알렉산드리아로 퍼져 나갔고, 거기서 유대 학자 필론(Philo, 주전 20년-주후 54년경)은 이 방법을 사용해서 칠십인역이 플라톤과 금욕주의학파와 일치한다는 것을 증명하고자 했다. 이 방법론은 필론으로부터 알렉산드리아의 클레멘스와 오리게네스를 거쳐 기독교 교회에까지 퍼져 나갔다.

존 브렉(John Breck)은 플라톤에서 시작된 이러한 헬라 철학 학파가 어떻게 알렉산드리아인들이 선호했던 알레고리적 해석을 불러일으켰는가를 잘 보여준다. "영원한 진리의 영역을 역사적인 세계의 일과 대조시킴으로써, 플라톤 철학의 후예들은 역사란 개념을, 그리고 나아가서 계시의 역사적인 뼈대를 평가 절하하는 경향이 있었다. … 역사적인 사건들의 해석은 사건들이 지닌 '영적인 의미', 즉 인간의 삶 속에 모습을 드러낸 영적이며 천상의 실체의 깊은 의미를 분별해 내는 일로 구성된다. 해석학적 원리라는 관점에서 볼 때, 해석의 목표는 사건 안에 놓여 있는 영원한 진리를 드러냄으로써 사건의 '숨겨진 의미'를 분별해 내는 일이다. 순전히 역사적인 혹은 '문자적 의미'는 계시를 구체적인 시간적 문맥 속에 위치시킨다는 점에서 가치 있긴 하지만, 그 자체로선 단지 부차적인 중요성을 지닐 뿐이다."[49] 앞으로 우리의 개관을 통해 알렉산드리아 학파의 대표적인 두 인물, 클레멘스와 오리게네스에게 초점을 맞추고자 한다.

---

48 Bernard Ramm, *Protestant Biblical Interpretation*, 25.
49 Breck, *Power*, 50, 51.

① 알렉산드리아의 클레멘스(150-215년경)

클레멘스는 당시 현존하던 석의 방법들에 필론의 알레고리적 해석을 추가한 최초의 인물이었다. 비록 우리가 이 시기 이전에 이미 있었던 알레고리적 해석의 실례를 살펴본 바 있지만, 핸슨(Hanson)에 따르면, 필론의 알레고리적 방법은 "아주 색다른 그 무엇"이었다.[50] 핸슨은 이것을 이렇게 설명한다. "『바나바의 서신』, 이레니우스, 테르툴리아누스 등에서 볼 수 있는 보수적이고 유대적인 형태의 알레고리에 덧붙여, 그리고 초기 기독론적인 모형들에 덧붙여, 기본적으로 헬라적이며 반역사적인(anti-historical) 형태의 알레고리가 도입되고 있다. 이러한 알레고리는 본문에 적용될 경우 도덕, 심리, 철학에 대한 일반적인 진리를 양산해 내며, 클레멘스와 오리게네스에 의해서 기독교 교리 체계에 대한 일반적 진리를 만들어 내는 데 사용되었고, 이들의 교리 체계가 점차적으로 정교한 모습을 띠게 되었다."[51]

성경의 이중적 해석

이전에는 알레고리적 해석이 보다 산발적으로 사용되었던 데 반해, 클레멘스와 함께, 알레고리적 해석은 모든 성경에 적용되는 해석 방법이 되었다. "필로처럼, 클레멘스는 성경은 이중적 의미를 지닌다고 가르쳤다. 인간처럼, 성경은 문자적 의미 이면에 숨겨진 혼(영적인) 의미는 물론 몸(문자적) 의미를 갖고 있다. 클레멘스는 숨겨진 영적 의미를 보다 중요한 의미로 간주했다."[52] 그는 "문자적 의미가 의도하는 바는 보다 깊은 의미를 이해하고자 하는 관심을 자극시키는 데 있다."라고 지적한다.[53] 클레멘스는 "많은 이유 때문에 성경은 깊

---

50 Hanson, "Biblical Exegesis," 436.
51 Ibid.
52 William Klein, Craig Bloomberg, and Robert Hubbard, *Introduction*, 34. 『성경 해석학 총론』 (생명의말씀사, 1997).
53 클레멘스는 "해석의 몇몇 원리를 제시한다. (1) 하나님에 대해 가치가 없는 모든 것은 문자적인 측면에서 역시 진리를 담고 있지 않다. (2) 성경 전체와 배치되는 어떠한 해석도 용인될 수 없다.

은 의미를 감추고 있다. … 그래서 성경의 예언들이 지닌 거룩한 신비들이 비유로 가려져 있다."라고 쓰고 있다.[54] 그러므로 성경의 성격 자체가 알레고리적 해석을 요구한다.

구약에서 그리스도 찾기

또한 클레멘스는 알레고리적 해석이 구약에서 그리스도를 발견하는 데 필요하다고 생각했다. "클레멘스는 그리스도께서 어떻게 가장 심오한 차원에서 지식의 지고한 원천이며 내용이 되는가를 보여 주고자 진력했고, 구약을 사용함에 있어서 그의 접근 방식은 그리스도께서 구약에서 말씀하셨다는 점과 그리스도께서 구약에서 말씀하신 바는 최상의 헬라 철학보다 우선하며 동시에 이 철학의 원천이었다는 점이다."[55] 클레멘스는 "우리의 스승은 모든 인류의 인도자인 말씀 곧 거룩한 하나님 예수님이시다. 살아 계신 하나님 자신이 우리의 스승이시다."라고 쓰고 있다.[56]

클레멘스에게 있어서, 알레고리적 해석은 다소 이상한 구약 해석에 이르게 된다. 예를 들어, 아브라함과 하갈 이야기에서, 아브라함은 믿음의 사람을 상징하고 하갈은 세속적인 철학을 상징하며 사라는 참된 철학을 상징한다. "클레멘스는 아브라함이 사라보다 하갈을 선호했던 것을 단지 아브라함이 '세속 철학에서 유익한 것을 선택하고 있을 뿐'이라고 이해했다. 그리고 아브라함이 사라에게 '보라 네 여종이 네 손에 있노라'(창 16:6)라고 말했을 때, 아브라함은 '나는 젊고 발랄한 세속문화인 여종을 받아들인다. 그러나 참된 아내인 당신의 지식을 존중하고 그 지식에 경의를 표한다.'라는 것을 '명백히' 의미했

---

(3) 문자적 의미가 의도하는 바는 보다 깊은 의미를 이해하고자 하는 관심을 불러일으키는 데 있다." *Stromateis*, 6.15.126, 7.16.96과 관련해서, Dan McCartney and Charles Clayton, *Let the Reader*, 87을 보라.

54 Clement, *Miscellanies*, 6.15. Walter Kaiser, Moisés Silva, *Introduction*, 218에서 인용. Clement, *Stromata* 6124.5-6 (sic), "성경의 거의 대부분이 수수께끼로 표현된다."와 관련해서는 219를 보라.
55 John Rogerson, Christopher Rowland, and Barnabas Lindars, *Study*, 28-29.
56 Clement, *The Instructor*, 1.7, Ibid에서 인용됨.

다."[57] 클레멘스는 이 이야기의 저자가 의도했던 이스라엘을 향한 이 이야기의 의미에는 전혀 관심을 보이지 않고 있음이 분명하다. 더욱이, 이야기의 역사성이 이야기의 해석에 있어서 아무런 역할을 하지 못하고 있다. 자신의 알레고리적 해석을 사용해, 클레멘스는 고대의 *People* 잡지에 나오는 어떤 이야기에서도 위와 동일한 메시지를 이끌어 낼 수 있었을 것이다.

② 오리게네스(Origen, 185-254년경)

오리게네스는 "아마도 초기 기독교 시대에 가장 영향력 있는 신학자"로 불려 왔다.[58] 그는 1세기 전보다 오늘날에 와서 훨씬 더 호의적인 관점에서 평가받고 있다. "마치 오리게네스가 단순히 필론의 방식으로 혹은 한없이 다기능적인 의미를 지닌 것으로 구약과 신약을 알레고리화한 것인 양"[59] 그렇게, 그를 그의 스승이었던 클레멘스의 복사판으로 판단하는 것은 공정치 못하다. 티슬턴은 이렇게 주장한다. "오리게네스의 해석 방법은 **성육신의 신학**과 세상에 대한 '성만찬적' 이해에 보다 깊이 뿌리내리고 있다. … 로고스인 그리스도는 세 가지 '성육신의' 양태로 우리에게 말씀하신다. 곧 역사적이고 부활하신 몸의 양태로, 자신의 몸이신 교회의 양태로, 성령님을 통해 생명을 지니게 된 글자들로 이루어진 자신의 '몸'인 성경의 양태로."[60]

구약에서 그리스도 찾기

오리게네스는 구약에서 그리스도를 설교하는 일에 관심이 있었다. 비록 그리스도께서 구약에 미리 예언되어 있지만, 그의 성육신 이전까지는 베일이 제

---

57 Rogerson, *et al.*, *Study*, 31, Clement, *Miscellanies*, 1.21. 인용.
58 Froelich, *Biblical Interpretation*, 16.
59 Thiselton, *New Horizons*, 167.
60 Ibid.

거되지 않았으며, 글자 이면에 있는 영적인 의미들이 드러나지 않았다.[61] 도커리는 다음과 같은 점을 주목한다. "알레고리적 해석은 교회의 기독론적인 해석의 연장이다. 그 이유는 오리게네스가 추구했던 보다 깊은 의미는 그리스도 중심적 의미였기 때문이다. 오리게네스에게 있어서 그리스도는 역사의 중심이며 구약 해석의 열쇠였다. 그리스도는 구약의 율법과 의식을 대치하셨고, 구약 의미에 대한 문자적 접근은 마땅히 바뀌어야 한다."[62]

오리게네스는 단순한 문자적 해석은 사람들을 호도할 뿐이라고 확신했다. 마르키온은 구약에 대한 문자적 이해 때문에 구약을 거부하지 않았던가? 그리고 유대인들은 성경을 문자적으로 이해했기 때문에 예수님을 거절하지 않았던가? 오리게네스는 다음과 같이 적고 있다. "할례를 옹호하는 자들은 … 우리 구세주를 믿기를 거부했다. 구세주에 대해 이야기한 예언서들을 문자적으로 따르는 것이 그들의 의도였다. 그러나 그들은 실질적으로 포로들에게 놓임을 선포하거나(사 61:1), 혹은 예루살렘을 건설하거나(시 46:4-5 칠십인역) … 혹은 병거를 에브라임으로부터 끊어 버리시고 군마들을 예루살렘으로부터 끊어 버리시는(슥 9:10) 구세주를 보는 데 실패했다. … 우리가 그리스도라고 믿는 그분이 오셨을 때, 실질적으로 이런 일들이 일어나고 있음을 보지 못함으로, 그들은 우리 주 예수님을 받아들이지 않았다."[63] 유대인들, 영지주의자들, 마르키온 추종자들, 평범한 그리스도인들과 관련해, 오리게네스는 다음과 같이 주장한다. "방금 언급한 이들 그룹의 거짓 의견들, 불경건한 태도, 그리고 하나님에 대한 유치한 말들의 원인은 다름 아니라 성경이 영적인 의미로 이해되지 않고 단순히 글자에 따라 해석되고 있기 때문인 듯하다."[64]

---

61 Origen, *First Principles*, 4.1.6, "그리스도의 오심 이전에는 옛 성경의 신적 영감의 명시적 증거를 드러내 보인다는 것이 가능치 않았다. 반면에 그의 오심을 통해 율법과 선지서들이 신적 기원을 갖고 있지 않다고 의심했던 사람들이 율법과 선지서들은 하늘의 은혜에 힘입어 기록되었다는 분명한 확신에 이르게 되었다."
62 Dockery, *Biblical Interpretation*, 93-94.
63 Origen, *First Principles*, 4.2.1.
64 Ibid., 4.2.2.

문자(letter)나 영(spirit)이 오리게네스에게 있어서 문제가 된다.⁶⁵ 그의 저서 *First Principles* 서문에서, 오리게네스는 다음과 같이 주장한다. "성경은 하나님의 영에 의해서 기록되었으며, 처음 보기에 분명해 보이는 하나의 의미를 지니고 있음은 물론, 대부분 사람들의 시선에서 벗어나는 또 다른 의미도 갖고 있다. 왜냐하면 기록된 이 말씀들은 구체적인 신비들의 형태이며, 신적인 것들의 이미지이기 때문이다. 이와 관련해, 교회 전체를 통해 하나의 견해가 존재한다. 이 견해에 따르면 율법 전체는 진실로 영적이다. 그러나 율법이 전하는 영적인 의미는 모두에게 알려지는 것이 아니라, 오직 지혜와 지식의 말씀을 통해 성령님의 은혜가 부여된 자들에게만 알려진다."⁶⁶

성경의 3중적 해석

인간은 몸, 혼, 영으로 이루어졌다고 보는 견해를 따라, 오리게네스는 성경 본문에 대해 세 가지 계층의 의미를 제시한다. "사람은 자기 혼 속에 성경의 의도를 3중적 형태로 새겨 넣어야 한다. 평범한 사람은 말하자면 성경의 몸('몸'[flesh]은 명시적인 의미에 우리가 붙인 명칭이다)에 의해, 다소 발전된 사람은 성경의 혼에 의해, 완전한 사람은 '다가올 좋은 일들의 그림자'(히 10:1)를 담고 있는 영적인 율법에 의해서 교훈을 받고 훈육될 수 있다. 그 이유는 인간이 몸, 혼, 영으로 이루어졌듯이, 하나님이 인류의 구원을 위해 우리에게 주시려고 만드신 성경 역시 그렇게 이루어졌기 때문이다."⁶⁷

이 인용문은 오리게네스가 때때로 자신의 세 가지 계층의 의미와 자신의 공동체 안에 있는 세 부류의 사람들을 연결시키고 있음을 보여 준다. 곧 평범한 신자들, 다소 발전된 신자들, 완전한 신자들이다. 이러한 연결은 오리게네스의

---

65 Greer, "Christian Bible," 180. "그는 성경의 의미들에 대한 보다 복잡한 이론에 이르는 길을 열어 놓고 있다. 그러나 그에게 정작 문제가 되는 유일한 구분은 문자(letter)와 영(spirit) 사이의 구분이다."
66 Origen, *First Principles*, Preface, 8.
67 Ibid., 4.2.4.

목회적 관심을 반영한다. 사실, 티슬턴은 "'알레고리적 해석'은 오늘날 우리가 목회적 적용이라 부르는 바로 그 일을 반영하는 경우가 종종 있는데, 오리게네스가 이러한 형태를 대단히 잘 보여 주고 있다."라고 주장한다.[68] 그러나 오리게네스는 성경의 세 의미를 사용해서 동일한 본문으로부터 다른 계층의 의미(내용들)를 얻고자 하는 경우도 종종 있다. "영적인 해석은 그리스도와 하나님의 구원 섭리의 위대한 진리에 연관시키는 해석이며, 반면 도덕적[혼적] 해석은 인간 경험과 관련짓는 해석이다." 예를 들어, "노아가 방주를 만드는 사건의 영적 의미는 그리스도와 교회에 관련되고, 도덕적 의미는 주위의 악한 세상으로부터 돌이켜 하나님의 명령을 따라 자신의 마음 가운데 구원의 방주를 준비하는 사람들에게 적용된다."[69] 육체적인 의미는 노아가 방주를 만들었던 역사적 사건을 가리킨다.

비록 "육체적인 의미"로 자신의 해석을 시작하고 있지만, 오리게네스는 분명 영적인 의미를 선호한다. 그는 "성경을 전체적인 관점에서 볼 때, 성경 모두는 영적인 의미를 갖고 있으나, 성경 모두가 육체적인 의미를 갖는 것은 아니라는 의견을 갖게 된다."라고 쓰고 있다.[70] 자신의 주해와 설교집에서, 오리게네스는 종종 성경의 문자적 의미에 대해서는 매우 적은 시간을 할애하고, 그 대신 영적인 의미에 대한 설명으로 곧바로 이동하는 것을 볼 수 있다. 예를 들어, 한 주해서에서, 그는 다음과 같이 쓰고 있다. "내가 볼 때 이러한 것들은

---

68 Thiselton, *New Horizons*, 171. 참조. 168쪽, "카렌 토저센(Karen Torjesen)은 오리게네스의 관심을 철학적이거나 유사-영지주의적인 것으로 해석하기보다는 성경 본문들이 갖는 **독자 반응-효과들**에 대한 목회적 관심으로 해석한다." Edwards, "History," 189, 역시 오리게네스의 여러 계층의 의미들을 "적용"으로 보고 있다. "오리게네스는 자신의 적용 방법들을 도덕적이며 신비로운 방법들이라 불렀다. 도덕적 의미는 혼에 대해서 본문이 갖는 의미를 찾는 일이요, 신비로운 의미란 그리스도와 교회와 관련해서 본문이 의미했던 바를 추구하는 것이다."

69 M. F. Wiles, "Origen," 468. 참조. 설교 가운데 노아 홍수에 대한 오리게네스의 설명을 보라. "앞선 두 해석에다 제3의 해석을 연결하도록 노력합시다. 첫 번째 되는 역사적 해석은 다른 두 해석의 기초입니다. 두 번째 되는 신비적 해석은 보다 고양되고 고상한 해석입니다. 여기에다 세 번째 되는 도덕적 해석을 첨가하도록 해야 합니다." *Homiles on Genesis*, 2.6; 36.18-25, Jean Daniélou, *From Shadows*, 110에서 인용됨.

70 Origen, *First Principles*, 4.3.5.

본문 이야기에 관한 한 독자들에게 어떤 유익도 제공하는 것 같지 않다. … 그러므로 이것들 모두에 영적인 의미를 부여하는 것이 필요하다."[71] 태양이 중천에 머물러 서 있는 본문에 대한 설교(수 10:1-16)에서, 오리게네스는 먼저 이야기를 요약한 뒤 계속해서 다음과 같이 말한다. "역사에 따르면, 이러한 하나님의 기적적인 행위는 모든 시대에 전하는 바가 있습니다. 이 행위 자체에 대한 해석은 필요치 않습니다. 행위 속에는 사실적 실제란 불빛이 이미 환히 빛나고 있기 때문입니다. 이 행위는 외적으로 해석해야 할 필요가 없습니다. 따라서 이제 이 행위 속에 어떤 영적인 의미가 담겨 있는가를 살펴보기로 합시다."[72]

히에로니무스(Jerome)에 따르면, 오리게네스는 구약 본문에 대해선 444편의 설교문을, 신약 본문에 대해선 130편의 설교문을 발표했는데,[73] 흥미롭게도 이러한 구약과 신약 본문 선정 비율은 당대의 본문 선정 비율과 배치된다. 이 중에서 단지 200여 편만 남아 있는데, 이것을 보면, 오리게네스는 "고전적 형태의 설교의 창시자"라 불리기에 충분한 증거를 갖고 있다.[74] 그의 설교 패턴은 다음과 같다. "본문을 읽은 다음, 짧게 서론적인 이야기를 하거나, 아니면 곧바로 성경을 한 구절씩 설명해 나간다. 먼저 오리게네스는 문자적 의미를 다루고, 그 뒤에 자신이 발견한 모든 영적 의미를 다룬다. 그는 항상 청중이 본문을 자신들의 삶에 적용할 수 있는 길을 찾고자 진력했다."[75]

조셉 리나드(Joseph Lienhard)는 다음과 같은 점을 주목한다. "성경을 한 구절도 빼지 않고 모두 봉독하고 설교한다는 것은 용기, 다시 말해 하나님의 말씀에 대한 확신을 요구했다. … 오리게네스는 성령님이 성경의 저자이시며, 성령

---

71 Origen, *Commentary*, bk.3, Roland Murphy, *CBQ* 43 (1981) 511에서 인용. 참조. E. C. Blackman, *Biblical Interpretation*, 98, "종종 자신의 주해서들 가운데서, 오리게네스는 본문이 갖는 분명한 의미에 대해 이상스럽게도 민감성을 보이지 않는다."
72 Origen, *Joshua Homilies*, 11.1 Robert Daly, "Hermeneutics," 140에서 인용.
73 Paul Wilson, *Concise History*, 36.
74 Edwards, "History," 189. 참조. Ibid., "그는 본문에 속한 구절들을 한 번에 한 절씩 문자적으로 설명하고, 그 뒤에 그 구절을 사람들의 삶에 적용해 나간다."
75 Joseph Lienhard, "Origen," 45.

님이 절대 부주의하게, 혹은 말이 안 되게 성경을 구성하지 않으셨다고 확신했다. 성경의 모든 단어는 심오한 의미를, 다시 말해 독자와 청중 모두를 이롭게 하는 의미를 갖고 있다고 확신했다."[76] 예를 들어, 창세기 18:8은 아브라함이 나무 밑에 서 있었다고 기록한다. 오리게네스는 이에 대해 다음과 같이 말한다. "모세 율법에서 성령님의 최대의 관심사는 아브라함이 어디에 서 있었는가를 기록하는 데 있었다고 생각해서는 안 된다. 왜냐하면, 성령님께서 인류에게 가르치시는 바를 듣고자 나아온 내가, 단지 '아브라함이 나무 밑에 서 있었다.'라는 말만 듣는다면, 그것이 무슨 도움이 되겠는가?"[77]

성경의 모든 단어 혹은 구절이 각각 갖고 있는 보다 깊은 의미를 발견하고자, 오리게네스는 알레고리적 해석 방법을 채택한다. 그의 설교들은 알레고리적 해석을 통해 그가 의미한 바가 무엇인지를 잘 보여 준다. 이스라엘과 아말렉의 전쟁(출 17장)을 설교하면서, 오리게네스는 먼저 9절, "모세가 여호수아에게 이르되 우리를 위하여 사람들을 택하여 나가서 아말렉과 싸우라"라는 구절을 읽는다. 그리고 소리 높여 외친다. "여기까지 성경은 어느 곳에서도 예수님의 복된 이름을 언급하지 않았습니다. 그러나 여기서 처음 모세는 예수님께 호소하여 '사람들을 택하라'고 말합니다. 모세가 예수님께 청원합니다. 율법이 그리스도에게 사람들 가운데서 강한 자들을 택하라고 부탁합니다. 모세는 선택할 수 없었습니다. 강한 자들을 택할 수 있는 분은 오직 예수님이십니다. 그는 '너희가 나를 선택한 것이 아니라, 내가 너희를 선택했다.'라고 말씀하십니다."[78]

이스라엘이 모압을 향해 나아가는 본문(민 21:16-18)을 설교하면서, 오리게네스는 여호와께서 모세에게 백성을 우물로 모으라 명령하시며 "내가 그들에게

---

76 Ibid., 46.
77 Origen, *Homilies on Genesis*, 4.3 and 16.3. Lienhard, Ibid에서 인용.
78 Lucas Grollenberg, *Bible*, 63-64. *Sources Chrétiennes: Origéne, Homélies sur l'Exode* (Paris, 1947) 334의 오리게네스 인용. 출애굽기 2장에 적용된 오리게네스의 알레고리적 해석에 대해서는 61-62쪽을 보라.

물을 주리라"라고 말씀하신 것에 주목한다. 그는 백성들이 목이 말랐을 때 제각기 우물로 가지 않고 모두 한데 모여야 했다는 것이 대단히 이상하다고 주시한다. 오리게네스는 계속해서 말한다. "문자적 의미상 이러한 명령은 치졸해 보이는데, 바로 이 때문에 영적인 해석의 부요함으로 나아가야 한다. 나는 성경의 다른 부분들로부터 우물의 신비들을 모으는 것이 편리하다고 생각한다. 이를 통해서 여러 본문을 참조할 수 있고, 그렇게 함으로 이 본문의 불분명한 점들이 분명해질 수 있다."[79] 물을 마시도록 우물가로 이스라엘 백성을 모으시는 하나님에 대한 문자적 의미로부터, 오리게네스는 아주 다른 의미로 나아간다. 곧 모세는 율법이고, 우물은 예수 그리스도이시라는 것이다. 오리게네스에 따르면, 이 본문의 메시지는 우리가 물을 마시도록 율법이 우리를 그리스도께로 초청한다는 것이다. 아이러니하게도, 한 성경 구절을 다른 성경 구절과 비교하는 해석학적 원리가 오리게네스에게 있어선 알레고리적이며 그리스도 중심적 해석의 도구로 기능하기 시작한다.

오리게네스는 여호수아서에 대한 자신의 연속 설교를 여호수아서의 중요성에 대한 서론으로 시작한다. "이 책의 중요성은 눈의 아들 예수님(여호수아)이 행하신 일을 우리에게 말하는 데 있다기보다 우리 주님이신 예수님의 신비를 말하는 데 있습니다. 왜냐하면 모세 이후에 이스라엘에 대한 지도권을 이어 받은 분, 그리고 이스라엘 진영에 명하여 아말렉과 싸우게 하신 분이 바로 이분이기 때문입니다. 두 팔을 든 상태로 산 위에 서 있던 모세의 기사에서 의도된 바들이 십자가 위에서 이분에 의해 구현되었고, 이 십자가 상에서 이분은 친히 모든 정사와 권세를 이기셨습니다."[80]

여리고 전쟁에 대한 설교에서(수 6장), 오리게네스는 다음과 같이 말한다. "여호수아는 예수님을 상징하고, 여리고는 이 세상을 상징한다. 나팔을 든 제사장 일곱 명은 마태, 마가, 누가, 요한, 야고보, 유다, 베드로를 상징한다. 기생

---

79 Origen, *Homily on Numbers*, 12, Arthur Hebert, *Anthority*, 272-273에서 인용.
80 Grollenberg, *Bible*, 64에서 인용.

라합은 죄인들로 구성된 교회를 의미하며, 라합이 자신과 가족을 살육으로부터 구하고자 창 밖에 매단 붉은 줄은 그리스도의 구속의 피를 상징한다."[81] 그리고 결국 동굴에 숨기까지 패주하는 다섯 왕을 여호수아가 격퇴할 수 있도록 태양이 중천에 머물러 서 있었던 본문(수 10:1-16)에 대해 설교하면서, 오리게네스는 여호수아는 예수님이고 다섯 왕은 육체의 다섯 가지 감각이며 동굴은 "이 감각들이 몰두하고 있는, 몸이 하고 있는 세속적인 일들"을 의미한다고 이야기한다.[82]

4) 알레고리적 해석에 대한 평가

① 귀중한 공헌

알레고리적 해석이 배척되는 경우가 종종 있다는 사실을 생각할 때, 이 해석의 몇몇 긍정적 측면을 주목하고자 한다. 먼저 교부들이 이 해석 방법을 사용한 것은 구약에서 그리스도를 설교하기 위한 진지한 시도였다. 둘째, 일반적으로 교부들의 설교는 비성경적이지 않았는데, 이는 이들이 성경의 문맥과 "신앙의 규칙"이란 범주 내에서 알레고리적 해석을 사용하고자 했기 때문이다.[83] 셋째, 알레고리적 해석을 통해, 교부들은 마르키온을 따르는 무리, 영지주의자들, 켈수스와 같은 비기독교인들의 잘못된 주장에 대항해 구약의 기독

---

81 Origen, *In lib. Jesu Nave Hom.* 3.4-5; 6.3-7.7 (PG 12,839-42; 854-63)에 대한 언급과 함께, Arthur, Wainwright, *Beyond*, 87. 오리게네스 역시 "문제 구절들"을 해결하고자 알레고리적 해석을 사용한다. 예를 들어, 시편 137:9은 "네 어린것들을 반석에 메어치는 자는 유복하리로다"라고 선포한다. 오리게네스는 이 구절을 다음과 같이 주해한다. "'혼동'을 의미하는 바벨론의 유아들은 방금 전 혼 속에 심겨지고 자라나고 있는 악에 의해 생겨난 혼란스러운 생각들이다. 이들을 움켜쥐고 계신 분은 말씀의 굳건함과 결속력을 통해 이들의 머리를 부수신 분으로 바벨론의 어린것들을 반석에 메어치고 계신다." *Against Celsus*, 7.22. McCartney and Clayton, *Let the Reader*, 89에서 인용.
82 Daly, "Hermeneutics," 140.
83 참조. Ramm, *Protestant*, 29, "그들은 그들이 좋아하는 방법대로 복음의 진리를 강조했다. 그렇지 않았다면, 그들은 소수 이단자로 전락했을 것이다." 정말로 영지주의자들에 의한 알레고리적 해석은 "종파주의"로 흘러갔다.

교적 성격을 성공적으로 변호할 수 있었다. 마지막으로, 정말로 알레고리적 해석은 알레고리들을 해석하는 데 좋은 방법론이다. 알레고리는 확장된 은유이다. 다시 말해 이야기 속의 수많은 요소들은 일련의 은유를 구성하고 있으며, 이들 은유는 보다 깊고 통일된 의미를 지니고 있다. 예를 들어, 예수님의 씨 뿌리는 자 비유는 진실로 하나의 알레고리이다. 씨는 말씀이요, 씨가 떨어진 네 개의 다른 장소인 길, 돌밭, 가시덤불, 옥토는 각기 다른 유형의 사람들과 유혹들을 상징한다(막 4:3-20). 번연의 천로역정 역시 하나의 알레고리이다. 만약 우리가 이 작품을 알레고리적으로 해석하지 않는다면, 이 작품의 의미를 놓치게 될 것이다. 구약에서 우리는 다양한 알레고리를 발견한다. 예를 들어, 요셉, 바로, 술 맡은 관원장과 떡 굽는 관원장, 느부갓네살, 다니엘의 꿈들이 여기에 해당된다. 다른 실례들로는 나무들 비유(삿 9:8-15), 옮겨 심겨진 포도나무(시 80:8-16), 열매 없는 포도원(사 5:1-7), 두 독수리와 포도나무(겔 17:3-10, 22-24)가 있다. 이 모든 본문을 바르게 이해하려면 알레고리적 해석이 필요하다.

② 알레고리적 해석의 결점

그러나 예를 들어, 역사적 내러티브와 같은 성경의 장르에 알레고리적 해석을 사용하면 장르 오류가 생겨나고, 결국 이질적인 것을 성경 본문 속으로 끌어들이게 된다. 클레멘스와 오리게네스는 역사적 내러티브를 알레고리, 곧 확장된 은유로 읽었다. 그들은 여전히 역사적 의미를 참된 것으로 인정했지만, 이러한 "몸적 의미"는 그들의 해석과 설교에 있어서 거의 아무런 역할을 하지 못했다. 보다 깊은 계층의 의미, 즉 여호수아는 예수님이고, 여리고는 세상이고, 라합은 교회이고, 붉은 줄은 그리스도의 피라는 의미 발견이 구약 말씀을 기독교 메시지가 되게 만든다. 이러한 "보다 깊은" 차원에서 참된 메시지를 발견하려는 알레고리적 해석은 성경 내러티브의 역사적 성격을 무시하며, 궁극적으로 구속사의 가치를 부정한다. 오스카 쿨만이 이야기하듯, "이러한 경우 구약은 수수께끼 책이 되고 말며, 그리스도를 목표로 삼아 나아가는 구속사의 계시인 한도 내에서는, 구약의 내용은 그 가치를 빼앗기게 된다."[84]

알렉산드리아 학파와 달리, 유스티누스와 이레니우스는 다른 종류의 알레고리적 해석을 채택한다. 일반적으로 이들은 역사적 내러티브를 알레고리, 즉 확장된 은유로 읽지 않는다. 보통 이들은 이야기를 그 자체로 받아들이지만, 때로는 이야기 내의 한 요소를 은유로 사용하기도 한다. 예를 들어, 어떤 이야기에서 나무나 막대기를 언급할 경우, 이 요소는 그리스도의 십자가를 나타내는 은유로 읽히는 경향이 있다. 또한 붉은 색깔을 본문에서 분리시켜 그리스도의 피를 의미하는 것으로 이해하기도 한다. 결국 이들에 따르면 설교자들이 본문의 은유를 인식해 낼 수 있는 데 도움을 줄 수 있는 단어 목록이 존재하는 것 같다: 나무=십자가, 주홍=피, 모세=율법, 여호수아=예수님.[85] 비록 이러한 목록이 존재하지는 않았다 해도, 구약에서 그리스도를 설교하고자 하는 교회의 의도 때문에 이러한 구전 전승이 세워지는 데 오랜 시간이 걸리지 않았다.

유스티누스와 이레니우스의 알레고리화가 갖는 문제점은 이들이 성경 내러티브의 역사적 성격을 정당하게 취급하지 않았다는 데 있다기보다는 예수님과의 연결을 쉽게 하고자, 또한 예수님과 초자연적으로 연결하고자 이러한 성

---

[84] Cullmann, *Christ and Time*, 133. 참조. Thiselton, *New Horizons*, 171-172, "그러나 결국, 던컨 퍼거슨(Duncan Ferguson) 또한 지적하듯이, 안디옥 학파에 속한 교부들의 주장인 '오리게네스와 다른 알렉산드리아 학파에 속한 사람들은 성경에 기록된 말씀과 사건들이 지닌 광범위하고도 시간적 제약을 받는 신적 목적들의 계시에 대한 적합한 역사적 이해를 갖는 데 실패했다.'라는 점은 옳다." 참조. John Breck, *Power*, 64. "알레고리적 해석의 진정한 위험은 모형론의 역사적 제한을 벗어나서 하나님의 경륜을 구원 역사에서 신화로 전락시키는 데 있다."

[85] 학자들은 주후 7세기로부터 기원하는 알레고리적 상당 어구들의 목록집을 발견했는데, 오늘날 이것은 Papyrus Michigan Inventory 3718로 알려져 있다. 이 목록의 내용들은 오랜 역사를 갖는 학파의 전통을 보여 준다(Froelich, *Biblical Interpretation*, 19). 이런 종류의 목록이 설교자나 선생들의 손에 있었을 수도 있다. Froelich, Ibid. 79-81의 번역 속에 나타나는 몇몇 실례들은 이런 목록들이 구약에서 그리스도를 설교함에 있어서 어떻게 하나의 길잡이로 사용될 수 있었는가를 보여 주는 데 기여할 것이다. "(잠 10:1) 지혜로운 아들이 즐거운 아버지를 만든다. 그러나 어리석은 아들은 그 어미에게 슬픔이 된다. 여기서 지혜로운 아들은 바울이며, 아버지는 구세주이시고, 어리석은 아들은 유다요, 어미는 교회이다. (잠 14:7) 지식의 무기는 지혜로운 입술이다. 여기서 무기는 사도들이요, 입술은 그리스도이며, 지혜로운 것은 복음이다. (잠 15:7) 지혜로운 자의 입술은 깨달음에 헌신되어 있다. 여기서 입술은 선지자들이고, 지혜로운 자는 사도들이며, 깨달음이란 그리스도이다. (잠 16:26) 한 사람이 자신의 수고 가운데 자신을 고통스럽게 하며, 파멸을 초래한다. 여기서 한 사람은 그리스도이고, 수고는 그리스도께서 당하신 곤욕이며, 파멸은 죄이다."

격을 일시적으로 중단시켰다는 데 있다. 문제는 이들이 예수님과의 연결을 영감으로 기록된 성경 저자의 **메시지**에서가 아니라 오히려 주변적이고 일회성인 세부 사항들 속에서 찾고 있다는 데 있다. 만약 성경 해석의 대상으로 본문의 한 세부 사항만을 하나의 은유로 분리시켜 생각한다면, 나머지 다른 세부 사항들에 대해서는 왜 그렇게 하지 않는단 말인가? "알레고리화가 갖는 위험 중 하나는 설교상의 목적을 이루고자 내러티브의 모든 세부 항목을 그 목적을 향해 밀어붙이려는 경향이다."[86] 그러나 역사적 내러티브의 오직 한 가지 세부 항목만 은유로 분리해서 해석하는 일이라 해도, 만약 이것이 성경 저자가 의도한 것이 아니라면 이것도 저자의 메시지를 왜곡하는 일이다.

알레고리적 해석은 영감을 받은 저자의 의도에 의해 인도받은 것이 아니기에, 이 해석 방법을 사용하게 되면 설교자는 임의적이고도 주관적인 해석의 넓은 함정에 빠질 수 있는 가능성이 있다.[87] "오리게네스의 알레고리적 해석은 대개의 경우 오직 자신의 상상력에 의해서만 제한을 받는다. 그러나 오리게네스의 경우 자신을 위해 자신이 설정한 두 가지 한계점과 안전장치가 있다: (1) 성경 자체 (2) 교회의 신앙의 규칙."[88] 그러나 모든 설교자들이 이 안전장치를 준수할 수 있는 것은 아니다.[89] 버나드 램(Bernard Ramm)은 "알레고리적 해석이 가져온 불행은 그것이 하나님 말씀의 참된 의미를 흐리게 한다는 데 있다.

---

[86] R. K. Harrison, *BSac* 146 (1986) 369. 현대의 몇몇 저자들은 성경 주해와 달리 설교학은 알레고리화를 허용할 수 있다고 생각하는 듯하다. 예를 들어, G. Lampe, "Typological Exegesis," *Tb* 51 (1953) 206, "순수한 알레고리는 건설적일 수 있으며, 그런 점에서 설교학의 경우, 알레고리가 설 자리가 있을 수 있다. 그러나 건전한 주해의 경우, 알레고리는 아무런 가치가 없다." 참조. Edwards, "History," 190. 나는 성경적 설교의 경우, 성경 주해상 비난받을 만하다고 생각되는 것이 왜 허용되어야 하는가에 대한 이유를 생각해 낼 수 없다. 그러나 알레고리화가 성경적 설교에서 왜 사용되어서는 안 되는지에 대해서는 많은 이유를 생각해 낼 수 있다.

[87] 참조. Blackman, *Biblical Interpretation*, 101, "오리게네스 역시 알레고리에 대한 일반적 비판, 즉 알레고리는 공상에 이르는 넓은 문을 열어 놓으며 건전한 주해라는 평평한 길을 벗어나 상상력의 나래를 타고 안전한 귀환이 불가능한 너무 미끄러운 비탈길을 걸어간다는 비판을 벗어나지 못한다."

[88] Dockery, *Biblical Interpretation*, 94.

[89] G. W. H. Lampe, *Tb* 51 (1953) 206-207는 몇몇 실례들과 설명을 제공한다. "이러한 알레고리화를 통해 독자들은 인위적인 퍼즐을 만들어 내고 이를 풀어내기에 충분한 재간을 갖고 있는 주해가의 손에 완전히 좌지우지된다. 이러한 해석은 교회의 전통이나 공식화된 주해의 척도에 의해 통제를 전혀 받지 않는 완전히 주관적이고 개별주의적인 해석이다."

… 알레고리적으로 다루어진 성경은 주해자의 손안에 있는 공작용 지점토가 되어 버린다."[90] 말씀의 사역자(종)가 되기보다 그들이 말씀의 주인이 된다. 긴 전통에도 불구하고, 알레고리적 해석은 구약에서 그리스도를 설교하기 위한 하나의 가능성 있는 방법론으로 채택되어서는 안 된다.

2. 모형론적 해석

1) 배경

모형론적 해석의 배경에 대해서는 많은 시간을 할애할 필요가 없는데, 이는 이 해석이 위에서 설명한 바 있는 알레고리적 해석의 배경의 상당 부분을 공유하고 있기 때문이다(앞을 보라). 알레고리적 해석과 달리, 모형론적 해석은 그 뿌리를 구약 속에서 발견할 수 있다. 예를 들어, 선지자들은 출애굽 사건을 바벨론으로부터의 하나님의 미래 구원의 한 모형으로 사용했다.[91] 제5장에서 살펴보겠지만 신약 역시 모형론적 해석을 종종 사용한다. 유스티누스와 이레니우스 같은 사도적 교부들도 크게 봤을 때 이러한 전통을 계속 이어 가고 있었다. 특별히 우리는 이레니우스에게서 건전한 해석학적 원리의 발전을 살펴본 바 있다: 구약과 신약은 하나의 통일된 전체를 이룬다; 그리스도는 성경의 핵심이다; 성경은 성경 자체와 일치한다; 성경은 성경 자체의 해석자가 되어야 한다; 성경 구절은 구절의 문맥에 비추어서, 그리고 "신앙의 규칙"이란 범주 내에서 해석되어야 한다.

그러나 후에 알렉산드리아의 클레멘스와 오리게네스는 그리스 계통의 알레고리적 해석을 채택했고 이를 널리 확산시켰다. 이러한 비역사적 접근 방법에

---

90 Ramm, *Protestant*, 30.
91 예를 들어, 사 11:11-12, 15-16; 43:16-21; 48:20-21; 51:9-11; 52:11-12; 렘 16:14-15.

대응하고자 4세기경 시리아의 안디옥에서 새로운 해석학파가 시작되었다.

2) 안디옥 학파

안디옥은 알레고리적 해석을 거부했고 그 대신 문자적 해석을 강조했다. 그러나 이 해석은 문자주의(유대적 해석이라 불렸다) 그 이상이었다. 어디에서든 안디옥의 문자적 해석은 은유나 신인동형론, 그리고 모형들과 같은 비유적 표현을 인정했다.

모형론적 해석과 알레고리적 해석의 주요한 차이점은 해석에 있어서 구속사가 기능하는 방식에 있다. 비록 알레고리적 해석이 구속사를 부인하지는 않는다 해도, 성경을 해석할 때 구속사는 아무런 역할을 하지 않는다. 이와 대조적으로, 모형론적 해석은 구속사를 필요로 하는데, 이는 모형(type)과 원형(antitype) 사이의 유비와 확대 상승이란 요소가 구속사 내에서 추출되기 때문이다. 울콤(K. J. Woollcombe)이 표현하듯이, "알레고리적 해석은 성경 이야기의 일차적이고도 분명한 의미 기저에 깔려 있는 2차적이고도 숨겨진 의미를 찾고자 하는 시도인 반면에, 모형론적 주해는 사건들, 사람들, 혹은 사물들 사이의 연결 관계를 **계시의 역사적 구조물 내에서** 찾고자 하는 시도이다."[92] 이와 연결된 또 하나의 차이점은 클레멘스와 오리게네스는 대부분의 성경 본문들 속에서 최소한 두 개의 구별된 의미들을 보았다는 사실이다. 그러나 이와 달리, 안디옥 학파는 하나의 의미, 즉 문자적-역사적 의미를 선호했다. 그런데 문자적 해석은 해석자로 하여금 모형론적 해석이 필요한 모형에 대해 주의를 기울이게끔 할 수도 있는데, 모든 본문이 모형을 담고 있는 것은 아니다.

---

92 Woollcombe, *Essays on Typology*, 40. 동일한 책 31쪽에서 람프(Lampe)는 "알레고리는 실질적인 역사적 성취에 대한 인식에 의존하는 모형론과 근본적으로 다르다. 이러한 커다란 차이의 이유는 단순히 알레고리는 역사를 무시한다는 데 있다." 참조. Goppelt, *Typos*, 50, "우리는 필론에게서 성경의 모형론적 해석의 아무런 흔적도 발견할 수 없었다. 이것은 우연이 아니다. … 그에게 있어서 성경은 전혀 구속사의 기록이 아니다. 그 대신 필론은 성경을 삶의 철학을 위한 하나의 지침서로 보았다."

존 브렉(John Breck)은 안디옥의 입장을 다음과 같이 잘 설명한다. "디오도레(Diodore)[안디옥 학파의 창설자]와 그의 제자 데오도레(Theodore)는 오리게네스의 전제와 정반대되는 해석학적 전제로 시작했다. 즉 모든 성경 구절이 영적 의미를 갖는 것은 아니며, 모든 구절은 그 자체의 역사적 문자적 의미를 갖고 있다는 전제이다. 디오도레에 따르면, 석의가 해야 할 일은 역사적 사건 속에서 사건의 문자적 의미와 영적 의미 모두를 분별해 내는 일이다."[93] 이를 위해, 그들은 '테오리아'(*theoria*)라는 용어를 사용했는데, 이 용어는 과거 사건들 속에서 "종말론적이며 구원론적인 실체"를 분별해 낼 수 있는 주해자의 영적 인식력을 가리킨다.[94] 이러한 출발점은 해석자/설교자의 초점을 본문으로부터 본문에 의해 기록된 구속사로 이동하게 했다. 이러한 이동이 가져온 주요 업적은 "영적 의미"가 "문자적 의미" 안에 자리 잡게 되었다는 점이다. "역사적 사건 자체 내에서, 테오리아는 서로 다른 두 의미를 발견하는 것이 아니라 소위 이중적 의미라 불리는 것을 발견하며, 이 경우 이중적 의미의 영적 차원은 문자적이며 역사적 차원에 단단히 근거한다. … 이러한 관계는 이중적 의미를 나타내 준다: 저자가 의도한 의미(문자적 의미)와 장차 메시아 시대에 이루어질 성취를 내포하고 이를 가리키는 의미."[95] "그러기에 '테오리아'는 디오도레에게 알레고리라는 한 극단과 성경의 문자적 의미에만 집착했던 소위 '유대주의'라는 또 다른 극단 사이에 중간 길을 제공했다."[96]

안디옥 학파의 주요 선생들로는 몹수에스티아의 데오도레(Theodore of Mopsuestia)와 데오도레트(Theodoret)가 있다. 비록 이 학파의 선생은 아니었지만, 크리소스토무스도 성경 해석에 대한 견해 때문에 종종 이 학파와 연결되었다. 이제 데오도레의 가르침과 크리소스토무스의 설교를 보다 자세히 살펴보기로 하자.

---

93 Breck, *Power*, 74-75.
94 Ibid., 75.
95 Ibid., 76. 참조. Kaiser and Silva, *Introduction*, 221.
96 Ibid., 78.

① **몹수에스티아의 데오도레**(Theodore of Mopsuestia, 350-428)

데오도레는 안디옥에서 살았고, 몹수에스티아의 주교가 되었다. "그는 *Concerning Allegory and History Against Origen*이라는, 알레고리적 해석에 반대하는 책자를 쓴 바 있는데, 여기서 그는 오리게네스의 해석은 성경 역사로부터 역사의 실체를 빼앗아 가 버렸다고 주장한다."[97] 그는 또한 알레고리적 해석을 정당화하고자 갈라디아서 4장에 나타나는 바울의 알레고리에 호소하는 오리게네스를 비난했다. 갈라디아서 4:24 상반절 주해에서, 데오도레는 "성경의 의미를 거짓되게 만드는 일에 커다란 열의를 갖고 있는 사람들, 그리고 자신의 성경 이해로부터 의미 없는 우화들[*fabulae*]을 지어내고 있는 자들을 강력하게 비난함으로 그의 석의를 시작하고 있다. … 사도 바울은 역사를 저버린 것도 아니고, 오래전에 일어난 바 있던 행동들을 제해 버린 것도 아니다. 오히려 바울은 과거 사건들에 대한 기록을 사용해서 자신이 하려는 이야기를 분명하게 설명하고 있다."[98] 다시 말해, 바울은 이들 과거 사건들을 자신의 메시지를 위한 예증들로 사용했지, 이들 사건들에 대한 해석의 모델로 사용하지 않았다.

자신의 해석 방법에서, 데오도레는 문법적-역사적 해석을 사용했다. 그는 자연적이며 문자적 의미에 초점을 맞추었다. 자기 앞에 있던 이레니우스처럼, 데오도레는 본문의 원래적이고도 역사적 의미를 결정하는 데 진력했다. 예를 들어, "시편에 대한 자신의 저작 속에서, 데오도레는 역사적 증거들로부터 개별 시편이 구성된 가장 개연성 있는 정황을 재구성하고자 진력했다."[99] 그는 성경 저자가 원래 의도했던 의미를 찾고자 했다.[100] 성경 저자가 어떤 단어나

---

97 McCartney and Clayton, *Let the Reader*, 90.
98 Robert Kepple, *WTJ* 39 (1976-77) 241. Swete's *Theodori*에서 데오도레를 인용함. 데오도레에 대한 완전한 본문을 위해선, Froelich, *Biblical Interpretation*, 95-103을 보라.
99 Enid Mellor, "Old Testament," 191. 참조. Maurice Wiles, "Theodore of Mopsuestia," 497.
100 참조. Blackmann, *Biblical Interpretation*, 104, "그는 성경 저자 개개인의 목표와 방법과 특징적인 용법(*idioma*) 등을 분명히 하고자 진력했다. 그는 문법과 구두점과 같은 사항들, 그리고 심지

구를 비유적 표현으로 사용하고자 의도한 경우에만 데오도레는 그 단어나 구를 비유적으로 해석했다.

알레고리적 해석과 대조적으로, 데오도레의 해석 방법은 그리스도에 대해 말하는 구약 본문의 숫자를 현격하게 제한했다. "소선지서들에 대한 데오도레의 주해로부터 그의 해석 원리를 추론해 볼 수 있다: 신약이 실제적으로 구약 본문을 인용하지 않는다면, 그 본문은 메시아에 관한 본문이 아니다. … 심지어 신약이 구약 본문을 인용할 경우에도, 신약은 본문의 메시아적 의미를 암시한다기보다는 이러한 의미를 단지 예증하고 있다고 생각할 수 있을 뿐이다. 데오도레는 호세아서 11:1 자체는 마태복음 2:15에도 불구하고 그리스도에 대한 어떠한 언급도 없다고 주장한다."[101] 시편에 대한 데오도레의 해석에 대해, 콘스탄티노플의 한 총회는 이렇게 결정한다. "그[데오도레]는 모든 시편을 유대적 방법에 따라 스룹바벨과 히스기야에 연결하고 있는데, 유일한 예외는 그가 주님과 연결하고 있는 세 편이다."[102] 블랙먼(Blackman)은 우리에게 다음과 같은 사실을 알려 준다. "데오도레는 '유대주의자'로 불렸는데(후에 칼뱅처럼), 이는 그가 성경의 역사적 의미에서 성경을 이해했고, 당시에 많이 행해지는 방식대로 성경 속에서 기독교 교리를 읽어 내는 방식을 단호히 거부했기 때문이다."[103] 데오도레는 "몇몇 구약 본문이 그리스도에게서 성취되었다는 점을 분명히 인정했다. 예를 들면, 시편 22편의 경우인데, 그는 이 시편이 원래 다윗과 압살롬을 대상으로 기록되었지만, 복음서 기자들에 의해 아주 정당하게 그리스도의 수난을 가리키는 것으로 취급되었다는 점을 인정한다. 마찬가지로, 비록 요엘 1:28에서 요엘이 의식적으로 기독교 오순절을 의도한 것은 아니었겠지만, 이 구절이 베드로에 의해 최초의 기독교 오순절을 가리키는 것

어 의심스러운 독법 등에 대단히 주의를 기울였고 철두철미했다."
101 McCarthney and Clayton, *Let the Reader*, 90.
102 인용 구문은 나의 번역으로 S. Greijdanus, *Schriftbeginselen ter Schriftverklaring* (Kampen: Kok, 1946), 168에 나온다. "Omnes psalmos iudaice ad Zorobabelem et Ezechiam retulit, tribus ad Dominus reiectis."
103 Blackman, *Biblical Interpretation*, 103.

으로 정당하게 취급되었다고 주장했다."[104]

또한 데오도레는 모형론적 해석을 사용하고 있으나, 유스티누스나 이레니우스, 그리고 다른 사람들의 과도한 사용과 비교해 볼 때, 그는 발견된 모형의 수효를 신약에서 인용된 모형들로 제한하는 듯하다.[105] 그는 "이레니우스의 모형론 이해를 발전시켰으나, 그 모형론 이해를 역사적 상관관계로 지속적으로 제한했다. 어떤 본문의 의미는 그 본문이 지닌 역사적 의미이다. 누군가 후일 구속사 가운데서, 하나님의 계획 속에 있는 유형들로부터 연유하는 역사적 상관관계들(모형들)을 발견해 낼 수도 있다. 그런 점에서 시편 22편은 그 자체로는 역사적일 뿐이며, 이 시편이 모든 고난받는 자들에게 적용될 수 있다는 점에서 그리스도에게 단지 약간 스칠 정도로 적용될 수 있을 뿐이다. 이 시편이 그리스도에게 가장 극명하게 적용될 수 있는 이유는 그가 고난받는 자의 궁극적 모습이기 때문이다."[106]

데오도레의 저작들로부터, 존 브렉은 진짜 모형을 분별해 내기 위해 서로 연결된 세 가지 기준을 선정했다. "첫째, 두 개의 극점 혹은 이미지들인 모형과 원형(대형) 사이에 유사점*(mimesis)*이 반드시 존재해야 한다. 둘째, 이 두 가지 이미지(사람들 혹은 사건들) 사이의 관계는 약속-성취의 순서로 이루어져야 하며, 이를 통해 모형이 원형 속에서 실현되고 현실화되어야 한다. … 셋째, 원형의 초월적 실체는 사실상 모형 속에 참여하고 있어야 하며, 이를 통해 역사적 사건을 계시의 한 매개물로 변형시킬 수 있어야 한다."[107]

---

104 Ibid..
105 앞의 150쪽을 보라.
106 McCartney and Clayton, *Let the Reader*, 90. Breck, *Power*, 54, 데오도레는 요엘(*PG* 66,232)과 Ionam Praef. (*PG* 66,317 이하)와 관련해, "가장 고양된 성경의 의미는 모형론에 의해 드러나는 의미라고 주장했다."
107 Breck, *Power*, 82. 세 번째 기준에 대해서, 브렉은 자신의 동방정교적 전제를 데오도레 속으로 투영해 읽고 있는 듯하다. 참조. Ibid., "그러기에 영적인 의미는 문자적 의미 안에 내재되어 있어 보이며, 역사적 사건 자체는 천상의 실체 혹은 진리의 가시적 표현이 된다." 데오도레의 역사적이고 모형론적 해석에 관하여, Greer, "Christian Bible," 181-183을 보라.

② 크리소스토무스(Chrysostom, 347-407)

요한 크리소스토무스("황금의 입")는 안디옥의 유명한 설교자였으며 후에(398년) 콘스탄티노플의 대주교가 되었다. 그의 "700편 이상 남아 있는 설교들은 건전한 역사적 주해 전통을 따르고 있다."[108] 데오도레처럼, 그는 알레고리적 해석에 대해 경고했다. "내 의견으로는 본문에 기록되어 있는 바를 받아들이는 대신에 자신의 상상력을 통해 성경 외적인 개념을 성경 속에 집어넣는 일은 성경을 담대히 따르는 사람들에게 커다란 위험을 초래한다."[109] 그리고 데오도레처럼, 그는 오리게네스가 자신의 알레고리적 해석을 뒷받침하기 위해 갈라디아서 4장에 호소한 것을 비난했다. 크리소스토무스는 바울이 "언어를 잘못 사용함으로써 … 모형을 알레고리라고 불렀다."라고 말한다.[110]

성경을 해석하는 데 있어서, 크리소스토무스는 원래 성경 저자의 의도에 초점을 맞췄다. 그는 "우리는 단어들을 사실 그대로의 단어들로 해석해서는 안 되며, 언어를 그 자체로 해석해서도 안 된다. 저자의 마음을 주목해야 한다."라고 주장한다.[111] 이에 덧붙여, 그는 단어들을 문예적 문맥에 비추어 이해하는 일에 관심을 두었다. 티슬턴이 크리소스토무스의 해석 방법을 다음과 같이 요약한다. "해석자는 문맥상의, 그리고 목적상의 의미란 관점에서 문자적 의미를 추구해야 한다. 만약 은유나 비유적 표현이 저자의 목적과 언어적 문맥

---

108 Mellor, "Old Testament," 191.
109 Chrysostom, *Homily in Genesis* (PG 53,109), Jack Rogers and Donald McKim, *Authority*, 20에서 인용됨. 참조. Chrysostom, *Interpretatio in Isaiam* 5.3, Dockery, *Biblical Interpretation*, 117에서 인용, "우리는 해석의 규칙을 지배하는 선생들이 아니다. 그러기에 성경 자체의 성경 해석을 따라야 하며, 성경의 해석 방식대로 알레고리적 방법을 사용해야 한다. … 이것이 성경 도처에 있는 규칙이다. 성경이 알레고리화하기를 원할 때, 성경은 알레고리의 해석을 말하며, 이를 통해 본문이 피상적으로 해석되지 않고, 아무렇게나 상상의 나래를 펼치거나 마음대로 행해지는 알레고리화를 즐기는 사람들의 한없는 욕망에 의해 본문이 좌지우지되지 않을 것이다." 그러고 나서, 그는 에스겔 17장을 성경적 알레고리의 한 예로 제시한다.
110 Chrysostom, *Epistle to the Galatians*, 4 (PG 61,662), Rogers and McKim, *Authority*, 21에서 인용.
111 Chrysostom, *Galatians*, 10,675A, Thiselton, *New Horizons*, 172에서 인용.

이 제시하는 의미일 경우, 문자적 의미는 은유 혹은 비유적 표현의 사용을 포함할 수도 있다."[112]

그러나 몇 가지 더 주목할 사항이 있다. 구약 역시 신약의 문맥 내에서 기능한다. 그러므로 크리소스토무스는 "성경 전체의 중심적 구원의 메시지에 대한 자신의 이해가 성경 모든 부분의 해석을 지배하도록" 허용한다.[113] 신약이란 문맥이 구약을 미래 성취란 관점에서 해석할 수 있게 해 준다. 구약에서 그리스도를 설교함에 있어서, 크리소스토무스는 "예언"을 두 가지 의미로 사용했다: 말들로 이루어진 예언들(약속/예시), 역사적 사건들로 이루어진 예언들(모형들). 이에 대해 그는 다음과 같이 말한다. "여러분에게 구약에서 그리스도를 설교하는 것과 관련하여, 물체에 의한 예언의 예와 말에 의한 예언의 예를 말해 줄 것이다. '그는 어린양처럼 도수장으로 끌려갔으며, 털 깎는 자 앞에서 잠잠한 양 같았다'(사 53:7). 이것이 말에 의한 예언이다. 그러나 아브라함이 이삭을 잡으려는 순간, 뿔이 수풀에 걸려 있는 숫양을 보고, 그 양을 잡아 이삭을 대신해 번제로 드렸을 때(창 22:3-13), 아브라함은 실제로 우리에게 모형으로 그리스도의 수난을 선포한 것이다."[114]

모형론의 개념을 확장하면서, 크리소스토무스는 다른 곳에서 이렇게 설명한다. "'참'(truth)이 나타나기까지 모형에 참이란 이름이 주어진다. 그러나 참 자체가 왔을 때, 참이란 이름은 더 이상 사용되지 않는다. 그림에서도 마찬가지다. 한 미술가가 왕을 스케치하고 있다고 하자. 색칠이 모두 끝나기 전에는 그 그림은 왕이라 불리지 않는다. 그러나 참에 의해 숨겨져 있고 보이지 않던 모형에 색깔이 입혀지면, 그때 우리는 '왕을 보라!'라고 말한다."[115] 이러한 연결 관계를 통해, 크리소스토무스는 하나님의 계시의 점진성에 대한 자신의 인

---

112 Thieslton, Ibid., 173.
113 Rogers and McKim, *Authority*, 21.
114 Chrysostom, *De Poenitentia hom.* 6 (*PG* 49.320). George Barrois, *Face of Christ*, 43에서 인용.
115 Chrysostom, *Sermons in the Epistle to the Philippians*, no. 10, MPG 62.257, Leslie Barnard, *Studia Theologica* 36 (1982) 2에서 인용.

식을 보여 준다. 그는 유대 명절들은 이제 더 이상 준수할 필요가 없다고 말한다. 그 이유는 "참 자체가 왔고, 모형은 더 이상 설 땅이 없기 때문이다."[116]

3) 모형론적 해석에 대한 평가

① 귀중한 공헌

안디옥 학파에 의해 발전된 모형론적 해석을 판단함에 있어서, 먼저 우리는 이 해석이 가져온 긍정적인 기여를 인정할 필요가 있다. 첫째, 알레고리적 해석과 달리 모형론적 해석은 구약에 그 뿌리를 두고 있고(제2의 출애굽, 제2의 성전) 신약에 와서 완전히 꽃피운(특별히 히브리서) 성경적 해석의 형태를 계속 이어 나가고 있다.[117]

둘째, 알레고리적 해석과 달리, 이 학파는 임의적이고도 주관적인 해석을 배제했다. 존 브로더스(John Broadus)는 다음과 같이 판단한다. "크리소스토무스의 중요한 차이점 하나는 그의 해석이 오리게네스 이래로 거의 보편화되다시피 한 알레고리화로부터 거의 완벽하게 자유로워졌다는 점이다."[118]

셋째, 이 학파는 건전한 역사적 해석을 장려했다. 심지어 모형론적 해석에서도, 이들은 "성경 주해를 할 때, 심지어 모형을 분별해 내고 드러낼 때에도, 본문의 역사적 양식에 철저한 관심을 기울일 것을" 요구했다.[119] 레너드 고펠트(Leonard Goppelt)에 따르면, "그들은 모형론을 유대적 해석의 경직된 문자주의와 알레고리적 픽션 사이의 적당한 중간 지점으로 옹호했다."[120]

넷째, 구약에서 그리스도를 설교함에 있어서, "역사적인 것과 메시아적인

---

116 Chrysostom, *Homily* 14.8, Paul Wilson, *Concise History*, 43에서 인용.
117 이 책의 제5장과 6장을 보라.
118 John A. Broadus, *Lectures on the History of Preaching*, 74.
119 Diodore, Preface in *Psalms*에 관련해서, Geoffrey Bromiley, "Church Fathers," 215.
120 Goppelt, *Typos*, 6.

것이 씨줄과 날줄처럼 어우러져 있다. 메시아적인 것이 역사적인 것 위에 따로 떠다닌 것이 아니라, 역사적인 것 안에 암시적으로 내포되어 있었다."[121]

마지막으로, 이 학파는 하나님의 계시에는 점진성이 있다는 것을 인정했다. "알레고리적 해석자라면 누가복음보다 창세기에서 예수 그리스도와 구원에 관해 훨씬 더 풍요로운 그 무엇을 발견할 수 있을지 모른다. 그러나 만약 계시의 점진성을 바르게 이해한다면, 성경 해석자에 의한 이러한 교묘한 해석들은 불가능해질 것이다."[122]

② 모형론적 해석의 결점

부정적 관점에서 볼 때, 모형론적 해석은 모형론화(typologizing) 쪽으로 전락할 수 있는 위험성이 있다. 즉 본문에 있는 다소 부수적인 세부 조항들 속에서 모형을 찾음으로써, 모형론의 사용을 과도하게 확대할 수 있는 위험이 있다는 뜻이다. 유스티누스와 이레니우스, 그리고 다른 몇몇 사람의 경우, 모형론화는 결국 무작위로 모형들을 양산해 내고 말았다. 보다 후일 중세 시대에 가서, 설교자들은 이런 모형들을 찾아냈다: 아담의 옆구리로부터 하와가 만들어진 것은 십자가 위에서 옆구리에 창을 찔리신 그리스도의 모형이다; 멜기세덱의 빵과 포도주는 유월절 만찬의 떡과 포도주의 모형이다; 나무를 지고 모리아 산으로 오르는 이삭은 십자가를 지시는 그리스도의 모형이다; 웅덩이에 빠져 있는 요셉은 무덤에 계신 그리스도의 모형이다.[123] 심지어 오늘날 설교자들도 이러한 모형론화의 위험에서 자유롭지 못하다. 최근의 몇몇 설교로부터 유사한 예를 찾아볼 수 있다: 형제들을 찾으라는 야곱의 명령에 요셉이 순

---

121 Ramm, *Protestant*, 50.
122 Ibid.
123 이러한 실례들은 M. B. Van 't Veer, "Christologische," 139에서 인용되었다. 요셉이 그의 굴욕과 후일의 높임을 통해 그리스도의 모형이 되고 있음을 주목할 수 있는데, 그리스도 역시 수치와 승귀하심을 통해 온 열국에 복을 가져오셨다. 이러한 모형론적 연결에 한 가지 문제가 있다면 웅덩이란 세부 조항과 그리스도의 무덤 사이의 유비 관계를 이끌어 내는 일이다.

종한 것은 그리스도의 순종에 대한 예언적 모형이다; 이스마엘인들에게 요셉이 팔려 가는 것은 유다에 의해 그리스도께서 팔리는 것을 미리 보여 준다; 브니엘에서 씨름하는 야곱은 갈보리에서 씨름하시는 그리스도를 미리 보여 준다; 룻에 대한 나오미의 사랑은 자기 백성을 향한 그리스도의 사랑을 예시한다; 여인들이 다윗에게 보였던 존경의 표시는 베들레헴에서 아기 예수님이 받으셨던 경배를 미리 보여 준다.[124]

모형론화는 결국 알레고리화로 전락될 수 있다. 설교자가 몇몇 모형을 한데 연결해서 하나의 확장된 은유로 바꾸게 되면, "모형이 발견되는 것이 아니라 모형이 만들어지게 되며, 알레고리화로 쉽게 이어지게 마련이다."[125] 분명히 모형론적 해석에 대한 도전은 얼마간의 통제 장치를 마련하는 일인데, 이를 통해 모형론적 해석이 모형론화나 알레고리화로 빠져들지 않도록 하는 데 있다. 데오도레는 이러한 도전을 인식했음이 분명하다. 그가 "신약이 실제적으로 구약 본문을 인용하지 않는 한, 구약 본문은 메시아에 관한 본문이 아니다."라는 규칙을 따라 그의 해석을 행하고 있음이 이를 잘 보여 준다.[126] 그러나 이 규칙은 너무 제한적이다. 신약이 예수님에게서 성취된 구약의 본문들을 모두 인용하고 있다고 생각할 아무런 이유가 없기 때문이다. 만약 모형론적 해석이 건전한 해석 방법이라면, 그 해석 방법은 신약 저자들이 언급하지 않는 그리스도의 모형들을 발견해 낼 수 있어야 할 것이다.

모형론적 해석이 지닌 또 다른 위험성은 설교자들이 자신의 설교 가운데 모형과 원형(대형) 사이를 단순히 서로 연결한다는 데 있다. 그러나 단순히 그리스도와 선을 그어 연결하는 것이 그리스도를 설교하는 일은 아니다. 그리스도와 연결하는 일이 어떻게 듣는 이의 믿음을 증진시킬 수 있겠는가? 설교자가 해야 할 일은 단순히 그리스도에게 선을 그어 연결하는 일이 아니라, 그리스도를 설교함으로써, 사람들이 그리스도께로 인도함을 받고 그들의 믿음과 신

---

124 Ibid., 142-145.
125 Stanley N. Gundry, "Typology," 235.
126 McCartney and Clayton, *Let the Reader*, 90을 보라.

뢰와 소망을 그에게 두도록 하는 데 있다. 모형론에 대해서는 제5장과 제6장에서 좀 더 살펴보고, 여기서는 그리스도를 설교함이 중세 시대에는 어떻게 발전했는가를 살펴볼 것이다.

3. 4중적 해석

1) 배경

알렉산드리아 학파와 안디옥 학파 이후에도, 알레고리적 해석과 모형론적 해석은 교회 가운데서 나란히 계속적으로 존재했다. 푸아티에의 힐라리우스(Hilary of Poitiers, 300-367년경)는 "오리게네스의 영향을 받아들여 그로부터 여러 유익을 본 최초의 서방 교부"로 알려져 있다.[127] 밀란의 대주교였던 암브로시우스(Ambrose, 339-397) 역시 알레고리적 해석을 사용했다.

아우구스티누스로부터 중세에 이르는 시기까지 성경 해석을 주도했던 주요 해석학적 원리는 성경의 4중적 의미였다. 이미 오리게네스가 사람의 구조와 마찬가지로 성경도 3중적 의미를 가진다고 가르친 바 있다. 곧 몸은 성경 본문의 문자적 의미이며, 혼은 도덕적 의미, 영은 영적인 의미이다. 오리게네스처럼, 암브로시우스 역시 성경의 3중적 의미를 가르쳤다: 문자적-역사적 의미, 도덕적 의미, 신비적 의미.[128] 암브로시우스에게 영향을 받았던 아우구스티누스는 여기에다 종말론적 의미를 찾는, 네 번째 의미를 첨가했다.

---

127 R. P. C Hanson, "Biblical Exegesis," 446을 보라.
128 Gunneweg, *Understanding*, 41을 보라.

2) 성경의 네 가지 의미

여기서 우리는 주요 인물 세 명의 저작을 살펴볼 것이다: 아우구스티누스, 존 카시안, 토마스 아퀴나스.

① **아우구스티누스**(Augustin, 354-430)

아우구스티누스의 저작은 "초대 교회로부터 중세로의 전환"이라 불려 왔다. "그의 저작은 수 세기에 걸친 기독교 사상의 절정이며 뒤따르는 시대의 서방 사회에 있어서 신학의 기초를 형성한다."[129] 아우구스티누스는 주로 펠라기우스(Pelagius)와 도나투스(Donatus)와의 싸움으로 잘 알려져 있지만, 그 역시 성경 해석학의 주요 인물이었다.

아우구스티누스는 그리스도인이 되기 전에, 마르키온처럼 구약의 조잡함과 비도덕성 때문에 구약을 거부했던 종파인 마니교에 속해 있었다. 그러나 밀라노로 이주했을 때, 아우구스티누스는 암브로시우스의 알레고리적 해석과 설교에 매력을 느꼈는데, 이는 알레고리적 해석이 구약의 문제가 되는 구절을 해결해 줄 수 있었기 때문이다. 아우구스티누스는 다음과 같이 회고한다. "사람들에게 설교하면서 다음의 본문을 매우 열렬히 하나의 해석 규칙으로 제시하는 암브로시우스를 나는 기쁨으로 경청했다. '문자는 죽이지만, 영은 살린다'(고후 3:6). 그와 동시에 암브로시우스는 신비한 베일을 거두고, 만약 문자적으로 다루게 되면 왜곡된 교리를 가르치는 것으로 비춰질 수 있는 본문의 영적 의미를 열어 보여 주었다."[130]

훗날 아우구스티누스는 북아프리카 히포(Hippo)의 주교가 되었다. 그는 *On Christian Doctrine*이란 제목의 "최초의 해석학과 설교학 지침서"를 쓸 수 있

---

129 Baker, *Two Testaments*, 47. 『구속사적 성경 해석학』(엠마오, 1989).
130 Augustine, *Confessions*, 6.4.6, Rogers and McKim, *Authority*, 32에서 인용.

는 영예를 가졌다.[131] 이 지침서 제6권에서 "그는 모든 설교는 하나님의 말씀에 기초해야 한다는 원리를 제시하고 있다."[132] 아이러니하게도, 이전 마니교도였던 아우구스티누스는 "성경 전체, 특별히 구약의 신적 권위를 변호하려는 기독교 변증가 계열"에 속한 사람이 되었다.[133]

『하나님의 도성』(The City of God, 15-22)에서 아우구스티누스는 "교회의 삶의 근간을 이루는" 구속사란 관점에서 구약과 신약의 관계를 설명한다. "아우구스티누스는 성경 속에서 하나님의 역사와 예언이 점진적으로 발전하는 궤도를 인식했는데, 그에 따르면, 이 궤도는 일련의 시대를 지나 교회의 여섯 번째 시대에 해당하는 그리스도 시대에 와서 절정을 이루게 된다. 이 여섯 번째 시대 전반에 걸쳐 두 도시를 구성하는 두 그룹의 사람들이 존재한다. 곧 이 세상을 사랑하는 데 헌신하는 그룹과 하나님께 헌신하는 그룹이다. 마지막 시대인 교회의 시대는 심판의 날까지 지속될 것이다."[134]

구약에서 그리스도를 설교하는 일과 관련해, 아마도 아우구스티누스는 "구약에 신약이 감추어져 있으며, 신약에서 구약이 드러난다."라는 경구로 가장 잘 기억될 것이다.[135] 아우구스티누스는 다음과 쓰고 있다. "우리가 할 수 있는 선에서 최선을 다해 영감으로 기록된 성경의 이러한 숨겨진 의미를 찾아 나설 수 있으며, 그 성공 여부는 다르게 나타날 것이다. 그러나 우리 모두가 확신을 갖고 굳게 믿는 바는 이러한 역사적 사건들과 이들의 이야기들은 언제나 다가올 일들에 대한 예시 기능을 갖고 있다는 점과 이것들은 언제나 그리스도와 하나님의 도성인 교회와 관련해 해석되어야 한다는 점이다."[136] 요한일서 2:12-17에 대한 설교에서 아우구스티누스는 엠마오 도상의 예수님의 말씀(눅 24:25-26)을 다음과 같이 청중에게 상기시킨다. "그가 그들에게 성경을 열어,

---

131   Ramm, *Protestant*, 34.
132   Leroy Nixon, *John Calvin*, 20.
133   James Preus, *From Shadow*, 10.
134   Rodney Petersen, "Continuity," 23.
135   Rogers and McKim, *Authority*, 33 (PL 34,623)에서 인용된 아우구스티누스.
136   Augustine, *City of God*, 16,2.

그리스도께서 마땅히 고난을 받아야 할 것과 모세 율법과 선지자의 글과 시편에서(이러므로 구약 전체를 받아들임) 자기에 관해 기록된 모든 것이 성취되어야 할 것을 보이셨습니다. 이들 성경에 있는 모든 것이 그리스도에 대해 말하고 있습니다. 그러나 오직 들을 귀가 있는 자들에게만 말합니다. 그리스도는 그들의 마음을 열어 성경을 이해하게 하셨습니다. 그러기에 우리도 그리스도가 우리의 마음도 열어 주시도록 기도합시다."[137] 그리스도는 구약 이해의 열쇠이다. "인간의 지성이 그리스도에게 다다르기 전에는 구약을 이해했다고 생각할 수 없다."[138] 그리스도에 대한 구약의 증거를 부인했던 파우스투스(Faustus)를 향해 쓴 저작에서 특별히 아우구스티누스는 구약이 그리스도에 대해 이야기하고 있다는 것을 보여 주고자 되풀이해서 신약을 인용한다. 구약의 모든 것이 그리스도를 증언한다.[139]

아우구스티누스는 구약에서 그리스도를 설교하기 위한 다양한 수단을 갖고 있었다. 구약은 그리스도에 대한 분명한 약속은 물론, 그리스도에 대한 다양한 모형을 담고 있다. 예를 들어, 여호수아는 그리스도의 한 모형이다: 여호수아가 이스라엘을 지상의 가나안으로 인도했듯이, 그리스도는 자신의 교회를 천상의 가나안으로 인도하신다; 평화의 왕국의 왕인 솔로몬 또한 참된 평화의 나라를 가져오실 그리스도의 한 모형이다.[140] 그러나 약속-성취. 그리고 모형론적 해석 이외에, 아우구스티누스는 알레고리적 해석도 사용했다.

비록 아우구스티누스가 성경의 인간 저자의 의도를 발견하고자 했지만,[141]

---

137 Augustine, *Homilies of 1 John*, 2nd Homily, 2.
138 Augustine, *Enarratio in Ps* 96:2. B. J. Oosterhoff, *Om de Schriften*, 78에서 인용(나의 번역).
139 Augustine, *Contra Faustum*, 12.3-6, Oosterhoff, Ibid., 77-78에 요약됨.
140 Oosterhoff, Ibid., 85-86을 보라.
141 Augustine, *De Doctrina*, 2.5.6, "쉽게 말해 성경 독자의 목표는 성경을 기록한 사람들의 사고와 바람을 발견하고 그들을 통해서 하나님의 뜻을 깨닫는 것뿐이다. 우리는 그들이 말하는 대로 행했다고 믿는다." 문자적 해석의 중요한 역할에 대해서는 Ibid. 2.9.14를 보라: "분명하게 표현된 성경 구절들 속에서 우리는 믿음과 도덕적 삶(즉, 소망과 사랑 등)에 관련된 모든 것을 발견할 수 있다. 그다음에 우리는 계속해서 불분명한 구절들을 탐구하고 분석해 나가야 한다. 불분명한 표현의 의미를 밝히고자 하기보다 더 분명한 구절들로부터 실례들을 찾아내고 애매모호한 구절들의 불확실성을 제거하기 위해 논란의 여지가 없는 구절들을 증거로 사용해야 한다." 참조. Ibid., 2.6.8, "사실

그는 보다 넓은 성경 문맥과 "신앙의 규칙"이란 문맥에 비추어 역사적 해석을 상대화했다. 그는 이렇게 쓰고 있다. "때로 성경 속의 동일한 표현들 속에서 단지 하나가 아니라 둘 혹은 그 이상의 의미들이 인식된다. 비록 저자의 의미가 불분명해 보여도, 성경의 다른 구절들로부터 본문의 여러 해석들 모두가 성경의 진리와 일치한다는 것을 보여 줄 수만 있다면 아무런 위험이 없다."[142] 아우구스티누스에게 있어서, 알레고리적 해석은 그것이 본문의 역사성을 부인하지 않는 한, 그리고 알레고리적 해석의 결과가 "신앙의 규칙"에 모순되지 않는 한 용인될 수 있다.[143]

사실상, 아우구스티누스는 단순한 문자적 해석은 설교자로 하여금 많은 성경 구절의 경우, 길을 잃게 할 것이라는 점에 주목한다. 그렇다면 우리가 언제 성경 구절을 문자적으로 해석해야 하고 언제 비유적으로 해석해야 하는가를 어떻게 결정할 수 있는가? 아우구스티누스는 이에 대한 실마리를 신약에서 말하는 3중적 삶의 기준인 믿음, 소망, 사랑에서 찾는다. 그는 이렇게 쓰고 있다. "일반적으로 말해 … 성경 속에서 선한 도덕적 가르침이나 참된 믿음에 연결할 수 없는 모든 것은 반드시 비유적으로 다루어야 한다. 도덕적 가르침은 하나님과 이웃에 대한 우리의 **사랑**과 관계된 것이고, 참된 **믿음**은 하나님과 이웃에 대한 우리의 이해와 관련된 것이다. 개개인이 자신의 양심 속에 지니고 있는 **소망**은 자신이 하나님과 이웃에 대한 사랑과 이해를 향해 발전해 나아가고 있다고 느끼는 진보와 직접적으로 연결되어 있다."[144]

아우구스티누스의 몇몇 알레고리적 해석들은 구약에서 발견되는 문제점을

상 성경의 다른 어느 곳에서도 아주 분명하게 표현되어 설명되지 않는, 이러한 애매모호한 구절들에서는 찾아낼 수 있는 것이 아무것도 없다."
142 Ibid., 3.27.38. 아우구스티누스는 계속해서 다음과 같이 쓰고 있다. "하나님의 말씀을 연구하는 사람은 성령의 도구로서 구체적인 본문을 기록했던 인간 저자의 의도에 다다르고자 최선을 다해야 한다. 이를 통해 저자의 의도에 도달할 수 있거나 성경의 다른 구절들의 예를 사용해서 동일한 말씀으로부터 신앙에 위배되지 않는 또 다른 의미를 찾아낼 수도 있을 것이다."
143 Augustine, *City of God*, 13.21, "만약 성경 이야기의 진리를 역사적 사실의 신실한 기록으로 믿는다면, 이러한 주해를 금할 이유가 전혀 없다." 참조. Ibid., 15.26, "그러나 나의 비평가들은 반드시 신앙의 규칙과 배치되지 않는 몇몇 다른 해석을 반드시 제시할 수 있어야 한다."
144 Ibid., *De Doctrina*, 3.10.14 (나의 강조). 참조. 1.36.40; 1.40.44.

극복해 주는 역할을 한다. 실례를 들어, "네[바벨론인] 어린것들을 반석에 메어 치는 자는 유복하리로다"(시 137:9)라는 문제 구절을 생각해 보자. 오리게네스와 거의 마찬가지로, 아우구스티누스는 어린것들은 "타락한 인간의 혼 속에 내재되어 있는 악한 욕망들이라고 주해한다. 이 욕망들이 아직 작을 때, 즉 이것들이 힘을 얻기 전에 이 욕망들을 제거해야 한다."[145]

아우구스티누스의 다른 알레고리적 해석들은 구약에서 그리스도를 설교하는 일에 도움이 된다. 예를 들어, 아우구스티누스는 이렇게 쓴다. "우리는 에덴동산에 대한 세부 사항들을 교회와 관련해 해석할 수 있다. … 에덴동산은 교회 자체를 상징하며, … 네 강은 사복음서를 의미하고, 과일 나무는 성도를 나타내며, 나무의 열매는 성도들의 업적을 가리킨다. 지성소인 생명나무는 그리스도 자신이며, 선악을 알게 하는 나무는 인간의 자유의지의 개인적인 결단을 상징한다."[146] 노아의 방주와 관련해, 아우구스티누스는 이렇게 주장한다. "의심할 바 없이 방주는 이 세상 속에서 순례하는 하나님의 도시, 즉 나무배를 통해 구원된 교회를 상징하는데, 이 나무배 위에 '하나님과 사람 사이의 중재자이신 그리스도 예수님'이 떠 계신다. … 방주의 양 옆에 난 문은 십자가에 달리신 분의 양 옆구리가 창에 찔렸을 때 생겨난 상처를 나타낸다. 이 문은 그에게 나아오는 자들을 위한 통로인데, 이는 그 상처로부터 신자들이 처음 입문할 때 참여했던 성례전이 흘러나오기 때문이다. … 방주 건축에 관해 언급되는 모든 다른 세부 사항들은 교회에서 발견되는 모든 실체를 상징한다."[147]

제럴드 보너(Gerald Bonner)는 아우구스티누스는 "해가 흘러감에 따라 성경

---

145 Augustine, *Enarratio in Ps* 136, 21 (*PL* 37.1773-4). Arthur Wainwright, *Beyond*, 60에 의역되어 있음. 오리게네스에 대해서는, 이 책 142쪽 각주 81번을 보라.
146 Augustine, *City of God*, 13.21.
147 Augustine, Ibid., 15.26. 다른 실례들을 보려면, Farrar, *History of Interpretation*, 238을 보라. 예를 들어, "시편 기자가 '내가 누워 자고 깨었으니'[3:5]라고 말하는데, 만약 여기서 의미하는 바가 잠은 그리스도의 죽음이고, 깨어나는 것은 그리스도의 부활이 아니라면, 시편 기자가 하찮은 이야기를 진술하고 있다고 생각할 정도로 사람이 어리석을 수 있겠는가라고 아우구스티누스는 묻는다." 참조. Oosterhoff, *Om de Schriften*, 85-86.

주해에 있어서 알레고리적인 요소를 줄여 나갔고,"[148] 그 대신 성경 해석에 있어서 구속사의 역할을 더 많이 강조했다고 주장한다. 아우구스티누스는 성경에 대한 깊은 이해를 보이는데, 그에 따르면 "성경은 과거와 현재와 미래에 있어서, 나아가서 그리스도의 재림에 이르기까지, 인간을 위한 하나님의 구원 행위의 역사이다."[149] 아우구스티누스는 다음과 같이 쓰고 있다. "이러한 거룩한 책들의 저자의 목적, 엄밀히 말해, 성경 저자 안에 있는 하나님의 영의 목적은 과거를 기록하는 것뿐만 아니라 미래를 묘사하는 데 있는데, 이는 그 목적이 하나님의 도성과 관련이 있기 때문이다. 이 도성의 시민이 아닌 자들에 대해 하는 모든 이야기는 이 도성을 가르치기 위해 주어졌거나 이 도성의 영광을 드높이기 위한 하나의 대조로 주어진 것이다."[150]

비록 아우구스티누스가 성경의 두 의미인 문자적-역사적 의미와 비유적 의

---

[148] Bonner, "Augustine," 552. 그러나 보너(Bonner)가 인용하는 바로 그 책인, *The City of God*, 16.2에서 아우구스티누스는 노아의 아들들에 대해 다음과 같이 말한다. "그리스도께서 육신을 입어 그의 혈통으로 태어나게 된 셈(Shem)은 '이름 붙여진'(named)이란 의미를 갖는다. 그리스도보다 더 위대한 이름을 가진 것이 있는가? … 또한 열방의 '확장'(enlargement)이 있는 곳이 다름 아닌 그리스도의 집, 곧 교회 공동체 안이 아니겠는가? 왜냐하면 야벳은 '확장'을 의미하기 때문이다. 그리고 함('뜨거운'), 그는 무엇을 나타내는가? 곧, 인내의 영이 아니라 성급한 영의 뜨거움을 지닌, 이단 종족을 나타낸다." 셈과 야벳이 아버지의 벌거벗음을 가렸을 때 "사용한 옷은 성례전을 의미하며, 그들의 등 뒤는 과거 일들에 대한 기억을 나타내는데, 이는 교회는 그리스도의 수난을 이미 성취된 과거의 사건으로 기념하고 있기 때문이다." 아우구스티누스는 다음을 흔쾌히 인정한다. "모든 사람이 동일한 확신을 갖고 우리의 해석을 받아들이지는 않을 것이다. 그러나 그들은 이런 일들이 미래의 사건들에 대한 어느 정도의 예시 기능 없이 행해지거나 기록되지는 않았다는 것이 확실하다고 믿을 것이다. 그리고 그들은 이런 일들은 그리스도와 하나님의 도성인 그의 교회를 뜻하고 있으며, 이 하나님의 도성은 인류 역사가 시작될 때부터 여러 모양으로 선포되어 왔고, 이 모양들이 지금 우리 주위 도처에서 성취된 것을 볼 수 있음이 분명하다고 믿게 될 것이다." 본 장 각주 147번의 인용문을 보라.

[149] Ibid., 553.

[150] Augustine, *City of God*, 16.2. 흥미롭게도, 아우구스티누스는 계속해서 다음과 같이 쓰고 있다. "그러나 성경에 기록된 모든 것이 의미를 갖는다고 생각해서는 안 된다. 그 자체적으로 아무런 의미를 갖고 있지 않은 것들은 의미를 가진 것들을 위해 기록된 것이다. … 감미로운 선율을 만드는 것은 다름 아닌 하프나 다른 악기들의 현들이다. 이렇다 하더라도, 실제로 연주하는 사람에 의해 사용되지 않는 악기의 부분들이 있는데, 그러나 이들 부분도 여전히 연주자에 의해 사용되고 소리를 만들어 내는 현과 연결되어 있다. 마찬가지로 이러한 예언적 역사에서 어떤 것들은 아무런 의미를 갖고 있지 않지만 기록되어 있으며, 이것들이 마치 하나의 골격처럼 사용되어 의미를 갖는 것들이 여기에 연결된다."

미를 주요 대상으로 그의 해석 이론을 전개하고 있지만, 그는 성경은 4중적 의미를 갖고 있다고 공식적으로 선언한다: 역사적 의미, 알레고리적 의미, 유비적 의미, 원인론적 의미.[151] 아우구스티누스는 이렇게 말한다. "성경의 모든 책에서 우리가 반드시 주목해야 할 것들로는 전달되고 있는 영원의 것들, 다시 이야기되는 역사의 사실들, 예언되는 미래 사건들, 명령되거나 권고되고 있는 도덕적 교훈들이다."[152]

② 존 카시안(John Cassian, 360-435년경)

존 카시안은 크리소스토무스의 집사였으며, 아우구스티누스와 동시대인이었다. 비록 우리 논의의 중심인물은 아니지만, 그 역시 중세 시대에 표준적 성경 해석이었던 성경의 4중적 의미를 명명했던 인물로 기억되고 있다. 카시안은 성경에는 두 개의 주된 의미가 있다고 주장한다: 역사적 의미(*historica intepretatio*)와 영적 의미(*intelligentia spiritalis*). 그리고 영적 의미는 다시 세 개의 다른 의미로 구분된다고 주장한다. 그는 "전의적 의미(*tropologia*), 알레고리적 의미(*allegoria*), 신비적 의미(*anagoge*)와 같은 세 가지 영적인 지식(*scientia*)이 있으며, 이에 대해 잠언[22:20]에 '너는 너를 위해 이것들을 너의 마음에 3중으로(*tripliciter*) 기록하라'라고 쓰여 있다."라고 말한다.[153] 비유적인 의미와 알레고리적 의미들은 후에 가서 서로 자리바꿈을 하는데, 그 결과 성경은 믿음, 사랑, 소망을 가르치고 있다는 아우구스티누스의 해석학적 규칙에 세 가지 영

---

151 Augustine, "On the Profit of Believing," *Seventeen Treatises*, 582, "알레고리는 비유적으로 언급된 것들의 이해를 가리킨다. … 유비는 구약과 신약의 일관성(*congruentia*)을 보여 주며, 원인론은 말해지고 행해진 것들의 원인을 설명한다." 역사적(historia), 알레고리적(allegoria), 유비적(analogia), 원인론적(aetiologia) 의미에 대한 아우구스티누스의 설명에 대해서는 James Preus, *From Shadow*, 21, n.26을 보라.

152 Augustine, *Genesis according to the Literal Sense*, 1.1. Rogers and McKim, *Authority* 33에서 인용.

153 Cassian, *Conlationes*, 14.c.8. Preus, *From Shadow*, 21에서 인용.

적 의미들이 들어맞게 된다.[154] 결과적으로 나타난 4중적 의미는 다음과 같다.

1. 문자적 의미: 이것은 역사적 사실을 가리킨다.
2. 알레고리적 의미: 이것은 역사적 사실이 "또 다른 신비의 형태를 예시하고 있음을 보여 준다."[믿음]
3. 비유적 혹은 도덕적 의미: 이것은 "삶이 정결케 되는 것과 관련한 도덕적 설명"을 제공한다[사랑].
4. 유비적 의미: "보다 고상하고 성스러운 비밀을 지닌 하늘에서 일어나고 있는 영적 신비들"과 관련된 것이다[소망].[155]

카시안은 예루살렘과 관련해서 4중적 의미의 유명한 예를 제공한다. 이 예를 다음과 같이 도식화할 수 있다.

1. 문자적: 역사적 사실들   예루살렘 = 이스라엘에 위치한 도시
2. 알레고리적: 믿음   예루살렘 = 그리스도의 교회
3. 도덕적(비유적): 사랑   예루살렘 = 사람의 혼
4. 영적: 소망   예루살렘 = 하나님의 천상의 도시

중세 후대에는, 만나가 예증을 보다 분명히 해 주는 또 다른 예로 사용된다. "만나는 문자적으로는 광야의 이스라엘 백성에게 기적을 통해 주어졌던 음식을 가리키며, 알레고리적으로는 성만찬의 축복된 성례전을 가리키고, 비유적으로는 내주하시는 하나님의 영의 능력을 통해 매일매일 혼이 영적으로 생명을 유지하는 것을 의미하며, 영적인 의미로는 복 받은 혼들이 하늘에서 먹게

---

154 Preus, *From Shadow*, 21.
155 Preus, Ibid., 21-22에 기록된 카시안으로부터 인용. 후에, Rabanus Maurus (d. 856)는 이러한 4중적 의미를 권위 있는 것으로 확언한다.

될 음식, 곧 축복된 비전과 그리스도와의 완전한 연합을 가리킨다."[156]

일반적으로 중세 시대에는 구약에서 그리스도를 설교하는 일에 있어서 새로운 입장을 거의 취하지 않는다.[157] 이 점은 몇 가지 사실을 고려해 볼 때 이해할 수 있다. 로마 제국이 붕괴된 이후, 사제를 훈련하는 일이 제대로 이루어지지 않았고 사제들은 교부들의 설교를 그저 재활용하곤 했다.[158] 더욱이, 미사에서 그리스도를 기념하는 일이 점차적으로 중심적 역할을 담당해 감에 따라서, 설교에서 그리스도를 선포하는 일은 그 비중을 잃었다. 더군다나, 비공식적이긴 해도 교회의 입장이 반펠라기우스적(semi-Pelagian)으로 전환됨에 따라서, 설교의 강조점 역시 구원과 관련해서 그리스도 안에 나타난 하나님의 은혜로부터 그리스도인들이 행해야 할 선한 행위들로 바뀌어 갔다. 다시 말해, 4중적 의미들 중 도덕적 의미가 설교에서 가장 높은 자리를 차지하게 되었다.

1054년에 동방교회와 서방교회가 분리되었다. 오늘날까지, 동방정교회는 교부들의 성경 해석에 크게 의존하고 있다. 동방정교의 최근 저작들 속에서, 우리는 성경 해석에서 구속사가 차지하는 역할에 대한 훌륭한 설명과 구약의 모형론적 해석에 대한 탁월한 설명을 찾아볼 수 있다.[159]

---

156 Hebert, *Authority*, 269. 중세에 있어서, 4중적 의미들은 여러 역본의 라틴어 시에 나타난다. Dockery, *Biblical Interpretation*, 150, 리라의 니콜라스(Nicholas of Lyra, 1265-1349)는 "많이 인용되는 운문으로 이러한 중세의 해석학적 이론을 요약했다."

Littera gesta docet,	The letter teaches facts (문자는 사실을 가르치고),
Quid credas allegoria,	Allegory what one should believe, (알레고리는 우리가 믿어야 할 것을 가르치며)
Moralis quid agas,	Tropology what one should do (비유는 우리가 해야 할 것을 가르치고)
Quo tendas anagogia,	Anagogy where one should aspire (영적인 것은 우리가 열망하는 곳을 가르쳐 준다).

157 Broadus, *History of Preaching*, 91, "보다 앞선 시기의 기독교 설교는 크리소스토무스와 아우구스티누스에게서 절정에 이르는데, 그 뒤 이러한 주목할 만한 영향력들이 갑자기, 그리고 완전히 멈춰 버렸다."

158 참조. Edwards, "History," 195, "이 기간 동안에 만들어진 유일한 새로운 설교 자료들은 새로운 설교들이 아니라 후대의 학자들이 설교집이라 부르는 교부들의 설교 모음집들이었다. … 어떤 사제는 이들 교부들의 설교를 적당한 날에 회중에게 봉독해 주었던 반면에, 어떤 사제들은 이 설교들을 그들만의 설교를 작성하는 데 원자료로 사용하곤 했다."

159 예를 들어, Georges Florovsky, "Revelation and Interpretation,"(1951) and *Bible, Church,*

반면, 서방교회에서는, "4중적 의미 이론이 학문적 성향의 사람들에 의해 제한받지 않고 사용되었으며, 이 이론의 인위적 경향 때문에, 보다 실제적인 접근 방식을 요구하는 움직임이 일어나게 되었다."[160] 또한 중세에 4중적 해석 사용에 대한 자제를 촉구하는 목소리가 일어났다. 어떤 이들은 거의 안디옥 학파가 주장하는 것처럼 문자적 해석만을 주장하기까지 했다.[161] 그러나 위대한 학자이며 성직자였던 토마스 아퀴나스의 영향력을 통해서 비로소 성경 본문으로부터 이끌어 낼 수 있는 의미의 다양성들에 대한 통제력이 생겨나게 되었다.

③ 토마스 아퀴나스(Thomas Aquinas, 1225-1274년경)

토마스 아퀴나스는 후기 중세 사상의 정상에 우뚝 서 있다. 그는 조직신학 분야의 업적들로 가장 잘 알려져 있다. 그러나 그가 설교학에 기여한 내용이 간과되어서는 안 된다. 아퀴나스는 부모의 기대와 달리 설교자들의 수도회인 도미니크회에 가입했고, 후에 거기서 신학뿐만 아니라 설교학도 가르쳤다.

그의 영향력 있는 저서인 『신학 대전』(*Summa Theologica*)에서, 아퀴나스는 4중적 의미라는 주제와 씨름하면서 혼란스러운 여러 해석에 대해 어느 정도의 질서를 세우고자 노력했다. 아리스토텔레스 철학의 입장에 맞추어, 그는 본문이 지닌 문자적 의미의 중요성을 강조했다. 문자적(혹은 역사적) 의미는 어떤 본문이 지닌 여러 가능한 의미들에 대해 어느 정도의 해석학적인 통제력을 부여

Tradition: An Eastern Orthodox View (1972); Georges A. Barrois, *The Face of Christ in the Old Testament* (1974); John Breck, *The Power of the Word* (1986)를 보라.

160 Barrois, *Face of Christ*, 42. 참조. A. Berkeley, Mickelsen, *Interpreting*, 36, "주후 600년에서 1200년에 이르기까지, 알레고리는 중세 신학자들의 마음을 크게 사로잡고 있었다. 알레고리적 해석의 모음집들이 회람되었다. 이 모음집들은 한 단어가 얼마나 많은 의미를 갖고 있을 수 있는가를 잘 보여 준다. 예를 들어, '바다'라는 단어는 물이 모여 있는 것, 성경, 현재 시대, 사람 마음, 활동적인 삶, 이교도, 혹은 세례 등을 의미할 수 있다."

161 예를 들어, 성 빅토르의 위고(Hugo of St. Victor, 1096-1141), 성 빅토르의 안드레아(Andrew of St. Victor, 1110-1141년경), 그리고 토마스 아퀴나스 이후에 리라의 니콜라스(1270-1340)를 들 수 있다.

하는데, 이는 문자적 의미가 모든 해석의 기초를 이루기 때문이다. 문자적 의미는 저자가 의도한 의미이다.

아퀴나스는 저자가 사용하고 있는 단어들과 이 단어들이 가리키는 "것들"(예, 역사적 사실들), 그리고 한 걸음 더 나아가 이 "것들"(예, 역사적 사실들)이 의미하는 바를 구분했다. 문자적 의미는 단어들과 이 단어들이 가리키는 "것들"을 포함하며, 영적인 의미는 이 "것들"(예, 역사적 사실들)이 의미하는 바와 관련된다. 아퀴나스의 말을 들어 보자.

> 성경의 저자는 하나님이시며, 하나님의 능력 가운데, 성경은 단어들을 어떤 의미와 일치시키는데, 이것은 사람도 할 수 있는 일이다. 그뿐만 아니라, 성경은 의미를 대상들 자체와 일치하게도 한다. 그러므로 모든 학문 분야의 경우, 단어들이 의미들을 갖는 반면에, 이 학문(신학)의 고유한 특성은 단어들에 의해 표시되는 대상들이 어떤 의미를 얻게 된다는 점이다. 단어들이 대상의 의미를 보여 주는 첫 번째 방식은 첫 번째 의미, 즉 **역사적 혹은 문자적** 의미에 속한다. 한 걸음 더 나아가, 단어들에 의해 표시되는 대상들이 다른 것들을 의미하는데, 이것이 이루어지는 방식을 **영적** 의미라 부르며, 이것은 문자적 의미에 기초하며, 문자적 의미를 전제한다. 이 영적 의미는 세 가지로 구분된다. … 이런 연유에서, 고대법의 대상들이 새로운 법의 대상들을 나타내 주기에, 우리는 **알레고리적** 의미를 갖게 된다. 그리스도 안에서 이루어진 일들이, 혹은 그리스도를 나타내 주는 일들이 우리가 반드시 행해야 할 일들을 나타내기에, 우리는 **도덕적** 의미를 갖게 된다. 반면 이것들이 영원한 영광에 속하는 것들을 가리키고 있기에, 우리는 **영적**인 의미를 갖게 된다. … 그러므로, 성경에는 아무런 혼동이 없다. 왜냐하면 모든 의미들은 한 가지 의미 즉 문자적 의미에 기초하고 있기 때문이며, 오직 이 의미로부터 어떠한 의견이 개진될 수 있으며, 알레고리적으로 이야기된 것들로부터는 어떠한 주장도 추출되어서는 안 된다.[162]

---

162 Aquinas, *Summa*, 1.1.10. Hebert, *Authority*, 268-269에서 인용됨.

이상에서 볼 수 있듯이, 토마스는 여전히 4중적 의미를 유지하고 있다. 그러나 그는 세 가지 영적 의미를 역사적 의미 위에 굳건히 세우고 있다. 더욱이, 비록 그 자신이 알레고리적 해석을 사용하긴 하지만, 그 역시 이에 대해 경고하고 있다. 토마스는 "(1) 알레고리적 해석은 현혹시킬 수 있는 가능성이 높고, (2) 분명한 해석 방법이 있지 않는 한 알레고리적 해석은 혼동을 야기하며, (3) 알레고리적 해석은 성경에 대한 적법한 통합적 이해가 결여되어 있다."라고 주장한다.[163]

앞서 우리는 토마스가 문자적 의미를 성경 저자의 의도란 관점에서 정의 내린 것을 살펴본바 있다. 그러나 그 역시 성경의 저자는 인간과 하나님 모두라는 사실을 인정하고 있다. 후에 가서, 리라의 니콜라스(1270-1340)는 이러한 이중적 저작권과 이중적 의도란 문제를 구약 구절들의 기독론적 해석에 대한 기초로 사용한다. "구약의 경우, 이 이론이 의미하는 바는 다음과 같다. 어떤 구약 본문에 대해 성령님이 의도한 기독론적 해석은 그 본문이 원래 문맥에서 갖고 있던 문자적 의미만큼이나 문자적 의미로 간주되어야 하며, 그 이상으로 간주되는 경우도 있다."[164]

3) 4중적 해석에 대한 평가

① 귀중한 공헌

긍정적인 측면에서 볼 때, 우리는 4중적 해석이 최소한 성경의 네 가지 의미 중 첫 번째 의미로 문자적-역사적 해석을 제시함으로 최소한 문자적-역사적 해석의 여지를 남겨 놓고 있다는 사실을 인정한다. 또한 토마스 아퀴나스뿐만 아니라 아우구스티누스도 문자적 해석을 성경 저자의 의도라고 분명히 밝

---

163 Rodney Petersen, "Continuity," 26에서 요약된 아퀴나스.
164 Scott Hendrix, *Int* 37 (1983) 232.

히고 있으며, 또한 이 해석을 모든 해석의 토대로 삼고 있다는 점을 인정한다. 더욱이 구약을 해석하는 데 있어서, 4중적 해석은 소위 객관적 사실들을 넘어서서, 본문이 지닌 성경 메시지들을 찾고 있다는 점에서도 긍정적으로 평가될 수 있다. 또한 4중적 해석은 구약에서 그리스도를 설교할 수 있는 여러 가지 방법을 제시해 주기도 한다. 첫째, 구약 본문의 문자적 의미는 오실 메시아에 대한 약속이나 모형을 갖고 있을 가능성이 있다. 둘째, 알레고리적 의미는 알레고리를 통해 그리스도를 나타내 보여 줄 수도 있다. 셋째, 영적 의미는 종말론이란 관점에서 그리스도를 드러내 보일 수 있다.

② 4중적 해석의 결점

반면에 우리는 4중적 해석의 결점을 살펴보아야 한다. 비록 이 해석이 문자적-역사적 해석의 여지를 남겨 놓고 있긴 하지만, 실제적으로는 문자적 해석의 중요성을 감소시키는 경향이 있다. 이는 문자적 해석이 4가지 가능한 해석 중 단지 하나의 해석 정도에 지나지 않기 때문이며, 또 이 해석이 가장 낮은 단계에서 기능하고 있기 때문이다.[165] 더욱이 4중적 해석은 그리스도를 설교하는 일에만 집중적으로 그 초점을 맞추고 있지 못하다. 그 이유는 해석자가 본문의 메시지를 여러 개의 각기 다른 방향들로 전환시킬 수 있기 때문인데, 반펠라기우스적 전통(semi-Pelagianism)의 경우, 4중적 해석은 특히 도덕적 의미의 선한 일을 행하는 방향으로 나아간다.

한 걸음 더 나아가, 4중적 해석은 본문으로부터 나온 의미들을 통제하는 데 필요한 한 가지 건전한 해석 방법이 결여되어 있다. 만약 어떤 본문에 속한 단

---

165 참조. Childs, "Sensus Literalis," 82, "문자적이든 비유적이든, 해석의 계층을 결정짓는 사랑의 명령이라는 문맥에 비추어 성경 구절의 내용을 강조하는 아우구스티누스의 해석은, 성경에서 발견되는, 서로 느슨하게 연결되어 있는 세 계층(알레고리적 계층, 비유적 계층, 영적 계층)의 정적인 개념의 의미들에 의해 대체되었다. 이러한 이해가 오리게네스가 주장한 요소들과 연합되면서, 성경의 문자적 의미에 대한 암시적 비하는 불가피한 것이 되었다."

어들이 각각 네 개의 다른 의미를 갖고 있다고 하자. 이 경우 단어들이 수많은 형태로 여럿이 한데 어우러지고, 다른 여러 의미들이 한데 어우러질 텐데, 이러한 단어들과 의미들의 조합은 결국 셀 수 없이 수많은 다른 의미들을 낳게 될 것이다. 이러한 해석은 온갖 종류의 공상과 추측이 난무하는 해석이 되고 만다. 토마스 아퀴나스는 영적 의미에 대한 보다 굳건한 발판을 문자적 의미 속에서 발견하고자 노력했지만, 4중적 의미를 견지함으로써, 설교자로 하여금 자신 있게 "주님이 이렇게 말씀하셨습니다."라고 말할 수 있게 하는 통제력을 얻는 데는 실패했다.

끝으로, 가장 중요한 결점은, 4중적 해석은 본문으로 하여금 저자가 의도하지 않았던 방식들로(즉, 알레고리적으로, 도덕적으로, 종말론적으로) 말하게 한다는 데 있다. 이렇게 함으로써, 메시지가 성경적 권위를 잃어 가는 경향이 있다.[166] 그 이유는 존 브라이트가 말하듯이, "만약 우리가 구약의 자명한 의미들에 분명하게 초점을 맞추지 않는다면, 구약은 교회 안에서 권위 있는 말씀으로 호소되거나 권위 있게 선포될 수 없기" 때문이다.[167]

수 세기에 걸쳐 행해진 알레고리적, 모형론적, 4중적 해석 이후에, 교회는 적합한 성경적 해석에 대한 문제를 해결해야 할 필요를 절감했다. 특별히 구

---

[166] 앞에서 우리는 알레고리적 해석이 반드시 비성경적인 것은 아니라는 점을 살펴본 적이 있는데, 이는 이 해석이 "신앙의 규칙"이란 범주 내에서 이루어지기 때문이다. 즉 알레고리적 해석은 비록 본문을 잘못 해석하는 경우일지라도, 성경의 진리들을 드러내는 데 사용되었기 때문이다(이 책 142쪽 각주 83번을 보라). 아우구스티누스와 관련해, Hebert, *Authority*, 278은 다음과 같이 말한다. "이러한 알레고리적 해석들의 권위는 성경 본문 자체에 놓여 있는 것이 아니라, 본문이 예증하는 진리들에 놓여 있다. … 교부들이 자신들에게는 매력적이라고 생각했던 형태로 청중에게 전달하고자 했던 것이 바로 이러한 진리들이었으며, 이 진리들은 신앙의 전통과 성경의 일반적 의미에 기초한 진리들이었다." 비록 이러한 고찰이 의미 있긴 하지만, 알레고리적 해석의 심각한 결점을 줄여 주는 것이 아니라 오히려 확언해 줄 뿐이다. 이 고찰에 따르면, 알레고리적 해석은 본문의 메시지를 저자가 전달하려고 했던 것과는 다른 그 무엇으로 바꾸어 버린다. 이런 점에서 알레고리적 해석은 온전치 못하며 최소한 본문의 권위를 결여하고 있다. 그리고 설교학적인 관점에서도, 우리는 왜 설교자가 자신이 말하려는 바를 알레고리적인 방식이 아니라 직접적인 방식으로 말하고 있는 본문을 선택하지 않는가라고 의아해할 수 있다.

[167] Bright, *Authority*, 91. 참조. 95쪽, "그러나 오직 구약의 자명한 의미들을 제쳐 놓고 '보다 기독교적인' 의미를 설교하기에 급급한 방식으로 구약을 교회에서 설교한다면 구약에서 설교해야 할 이유는 도대체 어디 있단 말인가? 이런 일은 마르키온에게 일어났던 일로, 이미 그는 이에 대해 단죄된 바 있다."

약에서 그리스도를 설교하는 일과 관련해서 그러했다. 이에 대한 논의가 특별히 종교 개혁 시대에서 계속되었다.[168]

---

168 다음 장에서 우리는 프로테스탄 진영에서 전개되는 발전 과정을 살펴보겠지만, 물론 성경 해석에 대한 논의들은 동방정교 진영과 로마 가톨릭 진영에서도 계속되었다(본 장 각주 159번을 보라). 로마 가톨릭 교회는 오늘날 두 가지 의미를 이야기한다. 곧 문자적 의미와 영적 의미이다. 교황청 회보인 *Divino Afflante*, Oct. 10, 1943은 다음과 같이 선언한다. "주해자가 해야 할 일은 성경 저자가 의도하고 표현했던 단어들의 적합한 혹은 문자적 의미를 발견하고 설명하는 것뿐만 아니라, 이들 단어의 영적인 중요성을 발견하고 설명하는 것이다. 단, 이러한 주해의 전제는 이러한 의미가 하나님에 의해 이 단어들에 부여되었다는 점이다. … 하나님 자신에 의해 의도되고 제정된 … 이러한 영적 의미는 하나님 말씀의 권위 자체가 요구하는 부지런함 속에서, 로마 가톨릭 주해가들에 의해 분명히 드러나고 설명되어야 한다. 그러나 주해가들은 다른 형이상학적 의미들을 마치 성경의 참된 의미인 양 제시하지 않도록 대단히 주의를 기울여야 한다." Hebert, *Authority*, 264에서 인용. 1993년 교황청 성서 위원회(Pontifical Biblical Commission)가 발간한 공식적 문서인, *The Interpretation of the Bible in the Church*는 알레고리적 해석에 대해 주의를 환기시킬 뿐만 아니라, 문자적 의미의 우선순위를 확고하게 설정하고 있다. "이 두 의미 사이에 차이점이 존재하는 반면, 영적 의미는 문자적 의미와의 연결을 결코 잊어서는 안 된다. 문자적 의미가 필수 불가결한 기초로 남아 있다. 그렇지 않으면, 우리는 성경의 '성취'에 대해 말할 수 없게 된다. … 영적 의미는 상상이나 지적인 추측으로부터 생겨나는 주관적 해석들과 혼동되어서는 안 된다. 영적 의미는 본문을 본문에 낯설지 않은 실제적 사실들과의 관계 속에 넣음으로써 생겨나는 의미이다. 이스라엘 역사 가운데 하나님의 간섭의 정점에 서 있는 유월절 사건은, 특히 이 사건이 지닌 부요한 의미를 통해 온 인류에게 유익을 끼친다." J. L. Houlden, *The Interpretation of the Bible in the Church*, 55. 전체 문서는 이 책에서 찾을 수 있다.

| 제4장 |

구약에서 그리스도를 설교함의
역사적 고찰 (Ⅱ)

"만약 우리가 성경의 내적 의미를 살펴볼 경우, 비록 외견상 그 내적 의미가
달리 들릴지는 몰라도, 성경 전체는 어디에서나 그리스도에 관해 이야기하고 있다."

– 마르틴 루터, *Römerbrief*

본 장에서 우리는 계속해서 구약에서 그리스도를 설교한 역사에 대한 논의를 해 나갈 것이다. 먼저 마르틴 루터의 기독론적 해석에 초점을 맞추고, 그다음 장 칼뱅의 하나님 중심적 해석을 살펴볼 것이며, 마지막으로, 스펄전과 빌헬름 피셔의 기독론적 해석을 살펴볼 것이다.

1. 기독론적 해석

1) 젊은 날의 루터

마르틴 루터(1483-1546) 역시 구약에서 그리스도를 설교하는 데 필요한 열쇠를 찾고자 계속 노력했다. 그의 기독론적 해석은 오늘날에 이르기까지 설교자

들에게 지대한 영향을 미치고 있다.

① 종교 개혁의 출발

우드(A. S. Wood)는 종교 개혁의 시작은 로마를 방문한 루터가 바티칸이 부추겼던 추악한 상업주의에 충격을 받았던 1510년도 아니고, 루터가 95개조 반박문을 비텐베르크 성곽 교회 문에 붙였던 1517년도 아니라고 주장한다. 그에 따르면, 종교 개혁은 1514년에 "루터가 아우구스티누스 계통의 수도원의 성채 방에 앉아 성경을 펼쳐 놓고 전능하신 하나님이 그와 대면하시도록 했던" 시기였다.[1] 루터는 복음에는 "하나님의 의가 나타나"(롬 1:17) 있다는 바울의 증언에 크게 곤혹스러웠다. 그는 다음과 같이 쓰고 있다.

> "하나님의 의"란 개념은 내게 불쾌하게 들리는데, 이는 내가 이 개념을 스콜라 철학에 따라 해석하는 습관이 있기 때문이다. 즉 내가 해석하기로는 이 개념은 "공식적인" 혹은 "능동적인" 의로써 이를 통해 하나님은 자신의 의로움을 증명해 보이시며 죄인을 불의한 사람으로 벌주신다는 것을 의미한다. … 이 문제와 오랫동안 씨름한 후에, 하나님은 마침내 내게 긍휼을 베푸사, 나로 하여금 "복음 가운데 나타난 하나님의 의"와 "의인은 믿음으로 산다."라는 두 개념 사이의 내적 연관 관계를 깨닫도록 하셨다. 그 뒤에 나는 의인이 하나님의 은혜 즉 믿음을 통해 구원받는 일을 가능케 하는 수단으로서의 "하나님의 의"를 이해하기 시작했다. 즉 복음을 통해 계시된 "하나님의 의"는 수동적인 의미로 이해되어야 한다는 뜻인데, 이 의미에 따르면, "의인은 믿음으로 살리라"라고 기록하고 있듯이, 자비를 통해 하나님은 믿음으로 사람을 의롭다 여기신다. 이제 나는 마치 다시 태어난 것과 같은 기분을 느끼며, 이제 내가 기억할 수 있는 한도 내에서 성경 전체를 상고하면서, 성경 여러 곳에서 지금 나의 기분과 동일한 의미를 발견

---

1 Wood, *Luther's Principles*, 7.

하게 된다. 즉 "하나님의 일"은 그가 내 안에서 이루시는 바로 그 일들이요, "하나님의 능력"은 나를 강하게 하시는 바로 그 능력이며, "하나님의 지혜"는 나를 지혜롭게 하는 바로 그 지혜이다. … 전에 나는 "하나님의 의"란 표현을 그렇게도 싫어했는데, 이제는 그와 동일한 정도로 은혜의 이러한 새로운 개념을 강렬히 사모하며 받아들이게 되었다. 이제 내게 "하나님의 의"란 표현은 진실로 낙원의 문을 열어 주었다.[2]

이것이 바로 종교 개혁의 슬로건이었던 *sola gratia*(오직 은혜로)와 *sola fide*(오직 믿음으로)의 시작이었다. "오직 하나님의 은혜로만, 그리고 믿음으로만 얻는 구원." 이 출발점이 루터의 설교관에 중대한 영향을 미치게 된다. 즉 설교는 그리스도에 대한 설교가 되어야 한다는 것이다. 그러나 이러한 설교가 어떻게 이루어질 수 있겠는가?

② 알레고리적 해석

그의 초기 저작들이 보여 주듯이, 루터는 중세의 4중적 성경 해석이라는 문맥 내에서 교육을 받았다. 그러나 제임스 프레우스(James S. Preus)에 따르면, 루터는 이 해석 방법을 1517년에 포기했고, 그 대신에 단일한 문자적 해석 방법을 채택한다.[3] 그러나 루터는 생애 전체를 통해 알레고리적 해석의 유혹을 극복하고자 고민했다. 루터는 이렇게 고백한 바 있다. "수도원의 수도사였을 때, 나는 모든 것을 알레고리화했다. 그러나 로마서를 강의한 이후로, 그리스도에 대한 얼마간의 지식을 갖게 되었다. 왜냐하면 로마서 속에서 나는 그리스도는 하나의 알레고리가 아니라는 사실을 보게 되었으며, 그리스도께서 실제로 누구인가를 알게 되었기 때문이다."[4] 다른 곳에서, 그는 이렇게 인정한

---

2 Luther, *WA* 54,185-87. Wood, ibid., 7-8에서 번역됨.
3 Preus, *Shadow*, 227.
4 Luther, *WA* 42,173. McCartney and Clayton, *Let the Reader*, 93에서 번역됨.

다. "알레고리에 대한 나의 고질적인 열망을 끊는다는 것이 매우 어려웠다. 그러나 나는 알레고리적 해석은 성경에 대한 공허한 추측이요 객담이라는 것을 인식하게 되었다. 오직 역사적 의미만이 진리와 건전한 교리를 제공해 준다."[5] 루터는 알레고리적 해석을 단호하게 끊어 버렸다: "오리게네스의 알레고리들은 쓰레기만큼이나 무가치하다." "알레고리들은 부자연스럽고, 부적절하며, 마음대로 만들어졌고, 쓸모없으며, 지저분한 넝마들이다." "알레고리는 일종의 아름다운 기생과 같아서 게으른 사람들에게 특히 매혹적으로 여겨진다."[6]

성경 해석과 관련한 자신의 발전에 대해, 루터는 이렇게 쓰고 있다. "내가 성경의 역사적 의미에 매달리기 시작한 이래로, 나는 항상 알레고리를 혐오해 왔으며, 본문 자체가 알레고리를 나타내고 있지 않는 한, 또한 알레고리적 해석이 신약에 있지 않는 한, 나는 알레고리를 사용하지 않았다."[7] 그리고 아마도 성경의 다른 책들보다 훨씬 더 많이 알레고리적 해석의 대상이었던 아가서를 해석하면서, 루터는 다음과 같이 말하고 있다. "나는 알레고리들만을 뒤에 남겨 놓는다. 젊은 신학자라면 그가 할 수 있는 선에서 최선을 다해 알레고리들을 피해야 할 것이다. 내가 생각하기에, 지난 1000년간 나보다 더 실속 있는 알레고리 해석자는 없었을 것이다. … 본문 비평가가 되어라. 그리고 문법적 의미를 배우라. 이 경우 관계된 문법이 믿음에 관한 것이든, 인내에 관한 것이든, 죽음이나 삶에 관한 것이든, 무엇을 의미하든 상관없다. 하나님의 말씀은 하찮은 것을 다루고 있지 않다."[8]

---

5 *LW* 1,283에 대한 언급과 함께, Rogers and McKim, *Authority*, 85에 인용된 루터.
6 Luther, *LW* 1-3, *Lectures on Genesis*, 창세기 3:15-20 주해, Kaiser and Silva, *Introduction*, 224-25에서 인용됨.
7 Luther, *WA* 47,173,25. F. Baue, *LuthQ* 9 (1995) 414에 번역됨. 참조, *LW* 1,232-33.
8 Luther, *WA* 31,592,16, *A Brief, Yet Clear Exposition of the Song of Songs*. Bornkamm, *Luther and the Old Testament*, 92에 번역됨.

2) 루터의 해석 방법론

① 오직 성경대로(Sola Scriptura)

루터의 해석 방법론의 토대는 "오직 성경대로"(Sola Scriptura) 원리이다. 이와 관련해 루터는 "교부들의 가르침은 우리를 성경으로 이끌어 간다는 점에서만 유용하며, 이런 점에서 우리는 반드시 성경만을 고수해야 한다."라고 쓰고 있다.[9] "오직 성경대로"라는 원리는 교회 "전통"(이전 시대의 "신앙의 규칙"이 발전된 것임)이라는 규범적 문맥에서 성경을 이해하는 중세의 해석 유형과의 분리를 그 안에 담고 있다. "오직 성경대로"는 성경을 교회 "전통"의 속박으로부터 자유롭게 하며, 성경이 그 해석에 있어서 최종적 권위라고 선언한다. 루터의 유명한 말인, "Scriptura sui ipsius interpres"에 따르면, 성경은 성경 자체를 해석한다.[10] 루터는 "이것이 해석의 참된 방법"으로서, "성경의 책을 옳고 적합한 방식으로 성경의 다른 책들과 병치시키는 일"이라고 말한다.[11]

루터는 이러한 해석을 위해, 교부들의 해석의 실례를 언급한다. "경건한 교부들은 성경의 분명하고 자명한 구절들을 통해 성경을 해석했으며, 이들 구절들을 통해 불분명하고 의심스러운 구절들의 의미를 밝혀 주었다."[12] 그는 이렇게 주장한다. "이것이 성경 전체의 길이다. 성경은 여타 성경 구절들의 참조를 통해 해석되길 바라며, 성경 자체가 인도하는 방식대로 이해되길 바란다. 성경의 의미를 찾아내는 데 있어서 제일 안전한 방법은 여러 성경 구절을 함께 상고하고 이들을 자세히 연구하면서 성경의 의미를 찾고자 하는 방법이다."[13]

그러나 루터에게 있어서, 성경이 성경을 해석한다는 원리는 또 다른 차원에서 그 기능을 한다. 즉 오직 교회만이 성경을 이해할 수 있다는 로마 가톨

---

9 Luther, *WA* 18,1588, McCartney and Clayton, *Let the Reader*, 93에 번역됨.
10 Luther, *WA* 7,97, Wood, *Luther's Principles*, 21에 번역됨.
11 Luther, *Works*, Holman Edition, 3,334, Wood, ibid에서 인용됨.
12 Luther, *Martin Luthers sämmtliche Schriften* (St. Louis), 20,856, Wood, ibid에 번역됨.
13 Luther, *LW* 9,21.

릭 교회에 대해서, 루터는 성경은 자체적인 명료성을 소유하고 있다고 주장한다.[14] 평신도들 역시 알레고리적 해석 대신에 문자적 해석이 주어질 경우, 성경을 읽고 이해할 수 있다.[15] 루터는 성경을 독일어로 번역함으로써, 성경을 모든 사람에게 되돌려 주었다(신자의 제사장 직분).

② 문자적-예언적 해석

루터는 4중적 해석이라는 자신의 사상적 배경과 씨름했지만, 분명히 단일한 의미의 문자적 해석을 받아들였다. 자신의 해석학적 방법론을 개발함에 있어서, 루터는 교부들, 특히 문자적 의미를 강조했던 리라의 니콜라스(1340년 사망)와 르페브르(Lefèvre; 1536년 사망)에게 의존할 수 있었다.[16] 루터는 문자적 의미만이 "고통과 고난 속에서 굳건히 설 수 있고, 죄와 사망뿐만 아니라 지옥의 문들[마 16:18]을 정복할 수 있으며, 승리하여 하나님을 찬양하고 그분에게 영광을 돌릴 수 있다."라고 주장한다. 그러나 알레고리는 너무 자주 불확실하고, 신뢰할 수 없으며, 믿음을 증진시키는 데 결코 안전하지 못하다. 너무 자주 알레고리는 인간의 추측과 의견에 의존하고 있다."[17] 그러나 루터의 문자적 해석은 경직된 문자주의가 아니다. 그는 비유적 표현을 비유적으로 해석할 준비가 충분히 되어 있었다. 그러나 입증 책임은 비유적 표현들에 놓여 있다. 그는 이렇게 쓰고 있다. "암시이든, 비유이든, 이런 것들은 모두 성경 어느 구절에

---

14 Klaas Runia, *CTJ* 19/2 (1984) 134.
15 참조. McCartney and Clayton, *Let the Reader*, 93, "알레고리적 해석의 신비 사상이 더 이상 주된 관심이 아니기 때문에, 성경은 일반적인 사고를 통해서도 접근이 가능해졌다. 그래서 루터는 성경의 의미가 단순하고 분명하다고 생각했다."
16 루터는 "여기서 우리는 가장 단순한 의미의 참되고 진실한 역사적 의미를 발견하고자 한다. 이러한 발견이 특별히 성경 해석에서 이루어져야 하는데, 이를 통해 성경으로부터 확실하고도 단순한 의미가 나올 수 있어야 하기 때문이다." Luther, *WA* 47,172,40. Baue, *LuthQ* 9 (1995) 414에 번역됨. 참조. *LW* 1.230. 중세 시대의 성경 해석과 종교 개혁 시기의 성경 해석 사이의 연속성의 요소들을 찾아보려면, Richard Muller, "Biblical Interpretation," 8-13을 보라.
17 Luther, *WA* 14,560,14. Heinrich Bornkamm, *Luther and the Old Testament*, 91에 번역됨. 참조. *LW* 9.24.

서도 용납될 수 없다는 견해를 받아들이자. 단 예외적인 경우는 문맥의 명확한 성격이 우리에게 암시나 비유를 받아들이라고 할 경우와 문자적 의미가 너무 부적절하고 더 나아가서 신앙의 규칙 조항들과 대립될 경우이다. 그 대신 우리는 성경의 모든 곳에서 단어들의 단순하고도 순수한, 자연적 의미를 고수해야 한다. 이 의미는 하나님이 인간 속에 만들어 주셨던 바로 그 언어의 문법 규칙과 일치하는 의미이며, 이 언어의 정상적인 사용과 일치하는 의미이다."[18]

그러나 문자적 의미를 목표로 하는 반면에, 구약에서 그리스도를 설교하는 것에 관심을 가졌기 때문에 루터는 문자적 의미를 "예언적 의미"로까지 확대하게 되었다. "예수 그리스도의 서문"이라는 의미심장한 제목을 가진 시편에 대한 서문에서, 루터는 "'문자적'이란 '역사적' 것을 의미하는 것이 아니라(즉 '유대인의' 오해), '예언적'인 것을 의미한다."라고 설명한다. "시편의 참된, 그리고 유일한 *sensus*는 *sensus Christi*이다."[19] 우드(A. S. Wood)에 따르면, "루터는 문자적 의미에서 한 걸음 더 나아가 내적이며 영적 의미가 존재한다는 점을 인정하면서도 문자적 의미가 우선해야 한다고 주장하는데, 성경에 대한 루터의 기독론적 접근이 이러한 주장에 담겨 있는 역설에 대한 실마리를 제공한다. … 영적 의미는 문자적 의미를 보완하는 것이 아니라, 문자적 의미에 의해 전달된다."[20] 이러한 루터의 견해는 르페브르의 저작을 토대로 한다. "문자-역사적 의미와 문자-예언적 의미라는 이중의 문자적 의미를 주장했던 르페브르를 따라서, 루터는 두 방식으로 역사적 의미를 고수했다. 첫째는 하나님이 이미 행하셨던 것들, 즉 바로 이러한 역사에 대한 설명으로서의 역사적 의미이며, 둘째는 하나님이 행하시려고 했던 것을 가리키는 역사, 바로 이러한 역사

---

18 Luther, *On the Bondage of the Will*, 221. Runia, *CTJ* 19/2 (1984) 135에서 인용됨. 참조. Bornkamm, *Luther and the Old Testament*, 95.
19 James S. Preus, *Harvard Theological Review* 60 (1967) 146-147. 참조. Preus, *Shadow*, 144, "루터는 '영적'이란 용어를 기독론적 의미에 적용하고 있지 않다. 사실 그는 성경의 여러 의미를 설명하면서, '문자적'이란 용어와 '영적'이란 용어를 피하고 있다. 루터에게 있어서 '문자'와 '영'은 다른 문제로 비쳐지고 있다. 다소 특이하지만, 루터가 사용했던 용어들은 *historicus*(역사적)와 *propheticus*(예언적)였다."
20 Wood, *Luther's Principles*, 34.

를 갖는다는 의미에서의 역사적 의미이다."²¹

③ 구약과 신약의 통일성과 대조

루터는 구약과 신약의 통일성과 차이점 모두를 강조했다. 그는 성경의 통일성을 성경의 핵심이신 예수 그리스도 안에서 보고 있다. 그는 이렇게 말한다. "신약의 어떤 말씀도 신약의 말씀을 앞서 선언하고 있는 구약을 되돌아보지 않는 말씀이 없다. … 신약은 다름 아닌 구약의 계시이기 때문이다."²² 결과적으로, 루터는 자유롭게 "신약을 구약에 비추어, 그리고 구약을 신약에 비추어" 해석한다. "그에게 있어서, 구약과 신약은 단일한 통일체를 이룬다."²³

율법과 복음

루터는 구약과 신약의 통일성을 고수하면서도 이들 사이의 차이점을 강조했는데, 특히 율법과 복음 사이의 구별을 통해 그 차이점을 부각했다. 이에 관해 차일즈는 다음과 같이 말한다. "루터의 출발점은 율법과 복음을 각각 구약과 신약과 연결 지었던 중세의 주도적 견해였다. 그러나 시편에 대한 두 번째 시리즈 어디에선가, 루터는 '신실한 회당'을 발견했는데, 이를 통해 루터는 구

---

21 McCartney and Clayton, *Let the Reader*, 94. 참조. Muller, *Post-Reformation*, 2,489-90, "르페브르가 직면했던 문제(간단히 말해서, 성경 본문의 단일한 문자적 의미를 주장하는 동시에, 이러한 고대 이스라엘 본문이 교회적으로나 교리적으로 갖는 중요성을 발견하는 문제)는 중세 후기 인문주의자들의 성경 해석에 국한되지 않는다. 이 문제는 종교 개혁자들의 성경 해석의 핵심에 놓여 있는 문제였다." 참조. Bright, *Authority*, 83, "루터와 칼뱅은 원리상 성경은 단지 하나의 의미, 즉 평이한 의미 혹은 문자적 의미만을 지닌다고 주장했다. 그러나 이러한 주장은 정확히 대부분의 현대 성경 해석자들(동일한 주장을 말하는 사람들)이 의미하는 바를 의미하지는 않았다. … 성경의 진정한 저자는 성령님이 아니신가? 그렇다면, 본문의 평이한 의미는 성령님께서 의도하셨던 의미, 즉 성경 전체에 비추인 의미(즉 성경이 성경 자체의 해석자란 뜻), 곧 예언적 의미(*sensus literalis propheticus*)를 포함한다."

22 Luther, *WA* 10.1a, 181-182. Runia, *CTJ* 19/2 (1984) 128에 번역됨. 참조. Bornkamm, *Luther in Mid-Career*, 231에서 인용되고 있는 Luther, *LW* 30.19 (*WA* 12,275.5)를 보라. "모세의 책들과 선지서들 역시 복음인데, 이는 후에 그리스도에 관해 사도들이 선포하거나 기록한 바들을 앞서 선포하고 묘사하기 때문이다."

23 Wood, *Luther's Principles*, 23.

약의 참된 신학적, 영적 차원을 인정하게 되었다."[24] 그러나 여전히 루터는 율법과 복음이란 관점에서 구약과 신약의 차이점들을 지속적으로 강화해 나갔다. 그는 구약도 어느 정도의 복음을 갖고 있으며, 신약도 어느 정도의 율법을 갖고 있다는 점을 인정한다. 그러나 구약은 기본적으로 율법의 책이요, 신약은 복음이라고 생각한다. "구약에 대한 서문"(1523)에서 루터는 다음과 같이 쓰고 있다. "구약은 율법의 책으로서, 사람들이 마땅히 해야 할 것과 하지 말아야 할 것을 가르친다. 마찬가지로 신약은 복음 혹은 은혜의 책으로서, 사람이 어디서 율법을 성취할 수 있는 능력을 얻을 수 있겠는가를 가르친다. 또한 신약에서는 율법과 명령들인 다른 많은 가르침이 주어지고 있다. … 마찬가지로, 구약에도 은혜의 약속들과 말씀들이 담겨 있다. … 그럼에도 불구하고, 신약의 주된 가르침이 실제적으로는 그리스도 안에서 죄의 용서를 통한 은혜와 평강의 선언인 것처럼, 구약의 주된 가르침은 실제적으론 율법의 가르침, 즉 죄를 드러나게 하고 선을 요구하는 것이다."[25]

그렇다면, 루터의 경우, 그리스도인들에게 있어서 구약이 지닌 주요 역할은 부정적이다. 곧 구약은 사람들로 하여금 구원을 얻기 위해 온전히 하나님의 율법을 지키는 것은 불가능하다는, 자신의 전적인 무능을 깨닫게 해 준다. 그러나 구약은 여전히 어느 정도의 긍정적 측면을 갖고 있다. "구약 속에는 그리스도인들에게 영속적인 의미를 갖는 세 가지 요소가 존재한다. 첫째로 그리

---

24 Childs, *Biblical Theology*, 45.
25 Luther, "Preface to the Old Testament," par. 4, *LW* 35,236-37. Baker, *Two Testaments*, 51에서 인용됨. 고린도후서 3:6의 "문자는 죽이고, 영은 살린다."라는 바울의 말에 대한 루터와 엠저(Emser)의 논쟁을 참조하라. 엠저는 이 구절을 문자적 의미는 죽이고 영적인 의미는 살린다고 해석했다. 루터는 다음과 같은 점을 주목한다. "이 구절에서 바울은 이러한 두 의미에 관해 전혀 말하고 있지 않으며, 그 대신 두 종류의 설교 혹은 사역들이 존재한다고 선언한다. 이 중 하나는 구약의 설교요 다른 하나는 신약의 설교이다. 구약은 문자를 설교하고, 신약은 영을 설교한다. … 또한 두 종류의 사역이 존재한다. 구약의 제사장들, 설교자들, 사역들은 다름 아닌 하나님의 율법을 다루고 있다. 즉 이들은 아직 성령님과 은혜에 대해 아무런 공공연한 선포를 담고 있지 않다. 그러나 신약의 모든 선포는 그리스도를 통해 우리에게 주어진 은혜와 성령님에 관한 것들이다. 신약의 선포는 오직 하나님의 순전한 자비를 통해 모든 인간에게 제시되고 주어진 그리스도에 관한 설교뿐이다." Luther, "Answer to the Superchristian," 156-157.

스도인에게 있어서 외적인 율법은 그가 자신의 자유의지로 이것들을 채택하지 않는 한 죽은 것이나 마찬가지인데, 이는 그에게 있어서 율법들은 외향적인 행동에 적합한 것이거나 십계명처럼 이 율법들은 하나님이 우리 마음속에 심어 놓으신 자연법칙과 일치하기 때문이다. … 구약이 우리에게 주는 두 번째 요소는 자연 속에서 발견되는 것이 아니다. 이것은 그리스도의 오심에 대한 약속들과 그리스도와 관련한 하나님의 서원들로, 구약에서 발견되는 최상의 요소들이다. … 셋째, 우리는 모세오경을 읽는데 그 이유는 이 속에 우리가 사랑하는 조상들의 믿음과 사랑과 고난의 좋은 실례들이 있기 때문이다."[26]

동일한 맥락에서, 루터는 설교에 있어서 구약을 무시하기를 원하지 않았다. 사실, 그는 구약을 거부하려는 사람들을 강력하게 반대했다. 그는 이들을 다음과 같이 꾸짖었다. "우리는 얼마나 부드럽고 경건한 자녀들인가! 성경을 공부하고 거기서 그리스도를 배울 필요가 없도록, 그저 우리는 구약 전체를 하찮은 것이거나, 과거에 일어난 것이어서 더 이상 유효하지 않은 것이라고 여긴다."[27] 그러나 그리스도께서 구약에 계시기에 우리는 마땅히 구약으로부터 설교해야 한다. 복음서들과 사도들의 서신서들은 "우리를 구약의 선지자와 모세의 글들로 인도하는 우리의 안내자가 되기를 원하는데, 이를 통해서, 우리는 거기서 어떻게 그리스도께서 강보에 싸여 말구유에 누워 계셨는가를 읽고 볼 수 있게 되며, 어떻게 그리스도께서 선지자들의 글들 가운데서 이해되고 있는가를 알 수 있게 될 것이다. 바로 구약 속에서 그리스도께서 누구이시며, 무슨 목적으로 그가 우리에게 주신 바 되었고, 어떻게 그가 약속되었으며, 어떻게 모든 성경이 그를 향해 나아가고 있는지를 우리와 같은 모든 사람이 읽고 공부하고 볼 수 있어야 한다."[28]

---

26 Luther, *WA* 18,80; 24:10; and 24:15. Kurt Aland, *ExpT* 69 (1957-58) 69.
27 Luther, *A Brief Instruction*, 99.
28 Ibid., 98.

모든 설교 속에서의 율법과 복음

우드(A. S. Wood)는 다음을 주목한다. "율법과 복음은 루터에게 있어서 항상 나란히 위치하고 있다. 이것들은 모두 그리스도의 사역이다. 율법은 그리스도의 기이한 사역(opus alienum)이며, 복음은 그리스도의 적합한 사역(opus proprium)이다. '율법은 병을 드러내고, 복음은 약을 처방해 준다.'"[29] "Against the Heavenly Prophets"에서 루터는 기독교 신앙의 5개 조항을 설교의 우선 순위로 차례대로 나열한다. "첫째 조항은 하나님의 율법으로, 이것은 반드시 설교해야 하는데 이를 통해 설교자는 죄를 인식하는 방법을 보여 주고 가르쳐 주어야 한다(롬 3장[:20]과 7장[:7]). … 둘째, 죄가 인식되고 율법이 설교됨으로 하나님의 진노 앞에서 양심이 일깨워지고 겸손하게 된 후에, 우리는 복음의 위로의 말씀과 죄의 용서를 전함으로, 양심이 다시 하나님의 은혜 가운데 위로받고 온전히 세워지도록 해야 한다.…"[30]

프레드 모이저(Fred Meuser)는 우리에게 다음과 같은 사실을 상기시킨다. "자신의 설교에 있어서, 율법과 복음에 대한 루터의 관심은 이들 사이의 관계에 대한 신학적 정의에 있는 것이 아니라, 매우 목회적인 관심에 있다. 즉 당신의 신뢰는 어디에 있는가? 당신의 삶의 초점은 어디에 있는가? 당신 자신의 노력에 초점이 맞추어져 있는가, 아니면 그리스도 안에서 주어진 하나님의 약속들에 초점이 맞추어져 있는가? 이런 문제들이었다."[31] 듀크 알브레히트(Duke Albrecht)에 대한 「처치 포스틸」(Church Postil)에서 우리는 루터가 복음 설교하는 것을 율법 설교하는 일과 대조해서 어떻게 보고 있는지를 분명히 알 수 있다. 그는 이렇게 쓰고 있다.

---

29 Wood, *EvQ* 21 (1949), 119, *Sermons of Martin Luther*, ed. Kerr, 219에서 인용.
30 나머지 세 조항은 다음과 같다. 셋째, "로마서 5, 6, 7장에서 이야기하고 있듯이, 옛 사람이 죽는 일이다." 넷째, "이웃을 향한 사랑의 역사이며" "마지막 다섯 번째로 우리는 그리스도인들을 위해서가 아니라, 강퍅하고 믿지 않는 자들을 위해 율법과 율법의 일들을 마땅히 선포해야 한다." Luther, *LW* 40, 82-83.
31 Meuser, *Luther*, 23.

복음서와 서신서들을 마치 율법의 책들처럼 취급해서 이것들로부터 사람이 마땅히 해야 할 것들을 가르치거나, 그리스도의 사역을 모범이나 예증 정도로 제시하는 일은 아주 악한 관행이다. … 그리스도를 또 하나의 모세로 전환시키는 일, 즉 마치 그리스도께서 다른 성인들처럼 우리에게 교훈이나 모범의 예가 되는 분에 불과한 정도로 취급하는 일은 반드시 삼가야 한다. … 이러한 수준보다 훨씬 더 높은 차원으로 나아가야 한다. 비록 이러한 최상의 설교가 오랜 시간에 걸쳐 거의 실행되지 못했다 할지라도 말이다. 복음서에서 말하고 있는 근본적이고도 주된 가르침은 바로 이것이다. 그리스도를 당신의 모범으로 삼기 이전에, 당신은 그리스도를 하나님이 당신에게 주신 선물로 인정하고 그분을 받아들여야 한다. 그렇게 함으로써, 그리스도의 모든 형태의 사역과 고난 속에서 그분을 보고 들음으로써, 당신은 그리스도 자신인 그분이 그의 사역과 고난을 통해 진정으로 당신의 것이 되었고, 마치 당신이 그 사역과 고난을 담당한 것처럼 느껴질 정도로 그분에게 자신 있게 의지할 수 있다고 의심치 않고 믿을 수 있어야 한다. … 이것이 바로 복음서를 바르게 이해하는 것이요, 하나님의 무한한 은혜를 이해하는 것이다. … 이것은 우리를 향한 하나님 사랑의 강력한 불길이며, 이를 통해 그분은 우리의 양심을 확신에 차게 하고, 기쁨으로 충만하게 하며, 만족하게 하신다. 이것은 그리스도인의 믿음을 전하는 일이다. 이것을 통해 우리의 복음 설교가 즐겁고, 좋고, 위로를 주는 기쁜 소식이 된다.[32]

3) 루터의 기독론적 구약 해석

① "구약은 그리스도를 다루는가, 다루지 않는가?"

야고보서에 대한 서문에서, 루터는 성경책들을 평가하는 데 사용하는 자신의 기준을 설명한다. 그는 다음과 같이 쓰고 있다. "참된 사도의 직분은 그리

---

[32] Luther, *Church Postil*. Reu, *Homiletics*, 61-62에서 인용.

스도의 수난과 부활과 사역을 선포하는 일이며, 선포의 기초를 이러한 믿음에 두고 있다. … 이 점에 관해 모든 성경책들은 동의하며, 모든 책들은 그리스도를 전하고 있다. 이것이 모든 성경책들을 판단하는 적법한 시금석이다. 즉 우리는 책들이 그리스도를 다루고 있는지의 여부를 반드시 살펴 보아야 한다. 모든 성경이 그리스도를 증언하고 있기 때문에(롬 3:22 이하), 또한 바울이 그리스도를 제외한 그 어느 것도 알지 않기로 작정했기에(고전 2:2), 비록 베드로와 바울이 이 점을 마땅히 가르쳐야 하긴 했지만, 그리스도를 가르치지 않는 것은 사도적 권위가 없다."[33]

그리스도에 대한 증거가 단지 좋은 설교뿐만 아니라 성경책들을 평가하는 데 있어서도 제일 되는 루터의 판단 기준이다. 그런 연유에서 그는 구약 정경 내에서 에스더서가 서야 할 위치에 대해 의문을 제기한다. 그는 "비록 에스더서가 구약 정경 속에 있긴 하지만, 내 생각에는 에스더서는 다른 성경에 비해 정경이라고 불릴 만한 가치가 적다."라고 말한다.[34] 반대로, 다른 모든 정경서들을 루터가 받아들였다는 것은 그가 이 모든 책들이 그리스도를 증언하고 있다고 생각했다는 것을 의미한다.

② 구약의 기독론적 해석

이 주제와 관련한 루터의 논의의 시작은 그리스도께서 성경의 핵심이라는 명제이다. 수많은 자신의 저작들 속에서, 루터는 구약 역시 그리스도에 관해 말하고 있다는 자신의 확신을 서술하고 있다. "성경 전체에서 때론 평이한 단어들 가운데, 때론 복잡한 단어들 가운데, 그리스도만이 존재하신다." "비록

33　Luther, "Preface," *WA, Deutsche Bibel*, 7.384. Kurt Aland, *ExpT* 69 (1957-58) 48에 번역됨.
34　Luther, *On the Bondage of the Will*, *WA* 18.666.23. 참조. Luther, *Table Talk*, 1534, *Martin Luthers Werke*, Tischreden (Weimar, 1912-21), 3.302.12 (no. 3391a): "나는 에스더서와 마카비 2서를 싫어하는데, 이들이 너무 유대화한 경향이 있고, 너무 많은 이방 요소들을 담고 있기 때문이다."

표면상으론 다르게 들릴지 모르지만, 만약 우리가 성경의 내적 의미를 주시한다면, 성경 전체는 모든 곳에서 그리스도에 관해 이야기하고 있다." 그리스도는 "성경 안에서 태양이요 진리이시다." "모든 성경이 그리스도만을 가리키고 있다는 것은 전혀 의심의 여지가 없다." "구약 전체가 그리스도를 가리키고 있으며, 구약 전체가 그분과 일치한다."[35]

극명한 이미지를 통해, 루터는 구약이 어떻게 읽혀야 하는가를 잘 보여 준다. 그는 다음과 같이 말한다. "신약은 다름 아닌 구약의 한 계시이다. 마치 어떤 사람이 봉인된 편지를 처음부터 갖고 있다가, 후에 그 편지를 개봉한 것과 같다. 이처럼, 구약은 그리스도의 서신서로서, 자신의 죽음 이후에 그분께서 친히 개봉하사 복음을 통해 읽히게 하셨고, 모든 곳에 선포되게 하셨다."[36] 다시 말해, 루터는 구약을 신약에 비추어 읽고자 진력했다.

이러한 출발점이 일단 주어진다면, 예언적 의미는 "기독론적 의미로 가장 강력하게 이해될 수 있다."[37] 루터 자신이 다음과 같이 권면한다. "모든 예언과 모든 선지서들은 'de Christo domino[주님이신 그리스도에 관한 것으로]' 반드시 이해되어야 한다. 단, 예외적인 경우는 분명한 어조로 이들 예언과 선지서들이 그리스도가 아닌 다른 것들에 관해 말하고 있다고 이야기하는 경우다."[38] 보른캄(Bornkamm)에 따르면, 시편에 대한 루터의 강의들은 "종종 일종의 신약 이미지를 담고 있는데, 이것은 루터가 사용했던 예언적-기독론적 해석 방법에 기인한다." "예언적-기독론적 해석은 … 루터에게 있어서 구약에 이르는 필수불가결한 다리였다."[39]

---

35 Luther, *WA* 11.223; *Römerbrief*, ed. J. Ficker, 240; *WA* 3.643; *Works*, Holman Edition, 2.432; *WA* 10.576. Wood, *Luther's Principles*, 33에서 각각 번역되고 인용됨.
36 Luther, *Kirchen Post.*, John 1:1-2, WA 10/2.181.15. Barth, *Church Dogmatics*, 1/2.14.77에 번역됨.
37 Preus, *Shadow*, 145.
38 Luther, *WA* 55/1.6.25 이하. Preus, ibid.에 번역
39 Bornkamm, *Luther in Mid-Career*, 229 and 232.

4) 루터의 그리스도 설교

① 루터의 증언

프레드 모이저는 다음과 같이 쓰고 있다. "루터는 복음서가 제시하는 아름답고, 자비로운, 인간 예수님을 뜨겁게 사랑했다. 자신이 그랬던 것처럼 다른 사람들도 놀라게 할 수 있고 하나님의 약속을 신뢰할 수 있게 하고 하나님뿐 아니라 자기 자신과도 화평을 누릴 수 있도록, (십자가에서 자신을 내어 주심으로 그 사랑의 절정을 보여 주신) 바로 그 주님을 붙잡는 데 어떤 면으로든 실패한 설교, 그런 설교는 그리스도를 설교한 것이라고 이야기할 수 없다."[40] 모이저는 신학과 설교에 있어서 루터의 강조점이 어떻게 다른지에 주의를 기울일 것을 요구한다. "칭의 사상이 루터 신학의 기저를 이룬다. 그러나 살아 계시고, 숨을 쉬시며, 사랑하시고, 섬기시며, 고난당하시는 그리스도께서 그의 설교의 기저를 이룬다."[41]

루터는 한 종려 주일 설교를 다음과 같이 시작한다. "기독교 교회의 설교자는 바로 이 점에 의해 판단되어야 한다. 즉 그가 그리스도만을 설교하고 있는가? 그리스도에 대한 설교를 통해 사람들이 누구를 의지해야 하는가를 알게 되고, 그들의 양심이 어디에 토대를 두고 있어야 하는가를 알게 되는가?"[42] 그 다음에 있었던 부활절 설교에서, 루터는 이렇게 말한다. "제사장들은 밝은 태양이신 그리스도를 설교하는 일 이외에 어떠한 직분도 지니고 있지 않다. 그러므로 설교는 위험한 일이다. 설교자들은 이와 같이 설교하도록 주의해야 하

---

40 Meuser, *Luther*, 24.
41 Ibid., 18-19.
42 Luther, Meuser, Ibid., 17에서 인용. 참조. Reu, *Homiletics*, 61에서 인용된 루터의 진술: "우리의 모든 설교는 이 목적, 즉 여러분과 우리 모두가 그리스도께서 유일한 구세주이시며 세상의 소망이시요 우리 영혼의 목자요 감독이심을 믿게 하는 목적을 갖고 있다. 왜냐하면, 요한 사도의 증언이 그러하듯이(요 1:8, 29) 복음 전체가 그리스도를 가리키고 있기 때문이다. 그런 연유에서 우리는 사람들을 우리에게로 이끌지 않고, 그들을 길이요 진리요 생명 되신 그리스도에게 이끌어 간다."

며, 그렇지 않다면 침묵하는 편이 낫다. 나쁜 설교자는 수천 명의 난폭자보다 위험하다. … 하나님의 나라에 대해 설교하지 않는 모든 사람은 그리스도에 의해 보냄을 받지 않은 사람들이다. … 하나님의 나라를 설교한다는 것은 다름 아니라 그리스도에 대한 신앙을 가르치는 복음을 전파하는 일이다. 이 신앙을 통해서만 하나님은 우리 가운데 내주하신다."[43]

② 루터의 구약에서 그리스도를 설교함

루터는 "우리가 율법과 선지서들로 싸여 있는 그리스도를 보지 못한다면, 이것들은 올바르게 설교될 수도 이해될 수도 없다."라고 선언한다.[44] 그렇다면 루터는 구약에서 어떻게 그리스도를 발견하고 있는가? 매컬리(McCurley)는 루터가 기독론적 주해를 두 가지 방식으로 발전시키고 있다고 주장한다: "(1) 그리스도에 대한 직접적인 예언들, (2) 복음의 간접적인 내포." 루터는 그리스도에 대한 직접적인 예언을 창세기 3:15; 4:1; 28:18; 49:10, 그리고 신명기 18:15, 18과 같은 소위 메시아 본문에서만 발견하고 있지 않다.[45] "이들 메시아 본문들을 넘어서서" 루터는 "그리스도에 대한 약속을 가리키고 있는 출애굽기 34:5 이하와 8절 이하(하나님의 나타나심과 하나님의 언약)에서뿐만 아니라, 출애굽기 33:18-19("내가 나의 모든 선한 형상을 네 앞으로 지나가게 하고 여호와의 이름을 네 앞에 선포하리라")에서 기독론적인 약속을" 발견한다. 또한 그리스도에 대한 직접적인 예언들은 "사무엘하 23:1 이하 (여기서 "사람들을 공의로 다스리는 자"

---

43 Luther. 또한 WA 10/3.361를 언급하고 있는 Meuser, Ibid.에서 인용됨. 1534년 승천일 설교에 대해서는 Ibid., 24-25를 참조하라. "그리스도에 대한 신앙은 어떠한 일이 있어도 반드시 설교되어야 한다. 나는 내가 그리스도에 대한 신앙을 전혀 설교하지 않는다는 말을 듣는 대신에 너무 감미롭게 그리스도에 대한 신앙을 설교한다는 말을 사람들에게서 듣고자 한다. 왜냐하면, 이 신앙에 대해 설교하지 않으면, 두려워하고 놀라 있는 양심에 아무런 도움이 되지 않기 때문이다. 그러므로 나는 그리스도에 대한 신앙의 메시지가 잊히지 않고 일반적으로 잘 알려지기를 간절히 바란다. 이 메시지는 너무도 달콤한 메시지요, 참된 기쁨, 위로, 긍휼, 은혜가 충만한 메시지이다."
44 Luther, Sermon on Luke 2:1-12, WA 10/2.81.8. Barth, *Church Dogmatics*, 1/2.14.77에서 인용.
45 Foster McCurley, "Confessional," 234. 참조. Bornkamm, *Luther and the Old Testament*, 101-114.

는 다윗이 아니라 그리스도이다)와 사무엘하 7:16 (여기서 "너의 집과 너의 왕국이 내 앞에서 영토록 굳건할 것이라"라는 예언은 다윗의 지상의 집을 대체하실 왕에게 적용되고 있다)과 같이 다윗에 관한 예언을 담고 있다."[46]

루터가 구약에서 그리스도를 발견하는 두 번째 방법인 복음의 간접적 내포는 설명하기가 좀 더 어렵다. 포스터 매컬리는 이 개념을 다음과 같이 설명하고자 한다. "복음은 존재하며 실제로 구약 전체를 가득 채우고 있고, 이런 점에서 개별 예언적 구절들을 넘어서고 있다고 말할 수 있다." 더욱 구체적으로 말하면, 루터는 그리스도에 대한 신약의 증거를 기초로 해서 복음이 무엇인지를 알고 있었기에, 그는 "구약 속에서 구약 전체를 통해 증언되고 있는 **약속으로서의 복음**을 볼 수 있었다. 하나님은 지속적으로 자기 백성인 이스라엘에 대한 자신의 통치의 확립을 상기시킴으로, 이들과의 신실한 관계를 보여 주셨고, 이러한 신실한 관계 속에서, 하나님은 아브라함에게 미리 전파된 **복음**의 방식으로 역사하셨고, 또한 '너로 모든 민족이 복을 받을 것이라'(갈 3:8)라고 말씀하셨다."[47]

구약 책들 중에서 루터는 특히 시편을 좋아했던 것처럼 보인다. 그는 다음과 같이 쓰고 있다. "시편은 이런 이유에서 귀하고 사랑스러운 책으로 받아들여야 마땅하다. 시편은 그리스도의 죽음과 부활을 너무도 분명히 약속하고 있기에(또한 그의 나라와 그리스도 왕국의 조건과 성격을 묘사한다) 시편은 작은 성경이라 불릴 수 있을 것이다."[48] 시편에 대한 초기 강의에서, 루터는 "그리스도께서 스스로 앞에 나서서 신약의 자증을 통해 자신을 시편 전체의 주제와 화자로 분명히 밝히도록 하는 전례 없는 입장을 취하신다."[49] 시편 1, 2, 3편에 대한 루터의 기독론적 해석을 주목해 보라.

---

46 McCurley, "Confessional," 234.
47 Ibid., 234-235.
48 Luther, "Preface to the Psalms," *LW* 35.254.
49 James Preus, "Old Testament *Promissio*," 146.

시편 1: "이 시편은 주 예수님은 유대인들과 당시 타락하고 패역한 세대가 즐겨 추구했던 것에 굴복하지 않았다는 것이다."

시편 2: "이 시편은 고난당하는 그리스도에 대한 유대인들과 이방인들의 분노에 관한 것이다."

시편 3: "'여호와여, 나의 대적이 어찌 그리 많은지요.'라는 표현은 자신의 적대자들인 유대인들에 대한 그리스도의 **문자적인**(ad literam) 불평이다."50

일 년 후에, 루터는 자신의 해석학적 입장을 바꿨다. 이 변화가 생겨난 이유는 "구약이 종교적으로나 신학적으로 상관성을 지니고 있다는 것을 루터가 깨달았기 때문이다. … 구약은 그리스도가 오시기 **이전에** 살고 있으면서 그의 오심을 갈망했던 자들 안에 기대(expectatio)와 바람(petitio)을 불러일으켰던, 여전히 권위 있는 증언이요 약속으로 서 있다."51 다시 말해, 신약의 그리스도를 시편에 역으로 투영해 읽는 대신에, 루터는 시편을 시편 자체의 역사적 문맥에 비추어서, 즉 이스라엘에게 주어진 시편이란 문맥에 비추어서 이해해야 할 필요성을 더 많이 인식하게 되었다. "'옛' '약속'으로서의 구약 말씀들은 아직 여기 계시지 않는 그리스도에 대한 기도이며, 그와 동시에 그분을 가리키는 말씀이다." 이제 그리스도께서 "석의 전체의 '텔로스'(telos)" 곧 목표가 되었다. "이제 적용(applicatio)은 우리가 그리스도와 같다는 점에서가 아니라, 우리가 구약의 화자와 같다는 점에서 생겨나는데, 이는 구약의 화자와 함께 우리도 오실 그분을 대망하고 있기 때문이다."52

1546년 2월 14일에 했던 마지막 설교에서, 루터는 한 번 더 다음과 같이 말하고 있다. "바른 설교자라면 하나님의 말씀만을 신실하고 부지런히 설교해야 하며, 하나님의 영광과 명예만을 추구해야 한다. 마찬가지로 말씀을 듣는 자들

---

50 Ibid., n 5.
51 Ibid., 148.
52 Ibid., 156, 153에서 각각.

도 '나는 나의 목사님을 믿는 것이 아니라, 목사님은 내게 그리스도라 이름하는 주님에 관해 말씀하고 있으며 그분을 내게 선포하고 있고, 그가 나를 하나님 자신의 아들이신, 이 참된 주인이요 스승에게로 인도하기에 나는 그의 말을 경청할 것이다.'라고 말할 수 있어야 한다."[53]

5) 루터의 기독론적 해석에 대한 우리의 평가

① 귀중한 공헌

루터의 기독론적 해석과 설교는 많은 가치 있는 요소를 담고 있다. 당시의 다른 사람들과 달리, 루터는 하나님의 은혜의 복음, 즉 예수 그리스도는 하나님의 선물(*sola gratia*)이며, 우리가 오직 믿음으로만(*sola fide*) 받을 수 있는 선물이라고 설교했다. 또한 그는 '*sola Scriptura*', 즉 성경만이 삶과 설교의 유일한(혹은 궁극적인) 표준이라고 주장했다. 그러기에, 루터는 교회 "전통"의 지배로부터 성경을 자유롭게 함으로 성경이 성경을 해석할 수 있게 만들었다.

한 걸음 더 나아가, 루터는 설교자들은 진리를 단지 객관적으로만 설교해서는 안 되고 우리에 대해(*pro nobis*) 성경이 갖는 상관성을 반드시 보여 주어야 한다고 강조한다. 그는 이렇게 주장한다. "이것이 의롭다 여기심에 대해 우리가 이해한 두 번째 부분이다. 즉 그리스도께서 바로 우리를 위해 고난을 받으시고 저주받아 죽으셨다는 것을 아는 일이다. 고난이라는 주제를 아는 것으로 충분치 않고, 고난의 역할을 아는 것이 필요하다."[54] 다른 곳에서 루터는 다음과 같이 쓰고 있다. "그리스도의 사역, 그의 삶, 그리고 그의 말씀들을 역사적 사실로 설교하는 것만으로는 충분치 않으며, 또한 그것은 기독교적인 것도 아

---

53 Reu, *Homiletics*, 46-47에서 인용된 루터.
54 Luther, *LW* 17. 220-21. John L. Thompson, *Studia Biblica et Theologica* 12 (1982) 62에서 인용. 참조. Meuser, *Luther*, 73. "부활도 십자가에 죽으심만큼이나 우리를 위한 것(*pro nobis*)이다. … 그는 우리의 죽음을 대신 담당하셨고 우리에게 생명을 주셨다."

니다. 이것은 마치 이러한 것들에 대한 지식이 삶의 행동에 충분하다고 생각하는 것이며, 이것이 오늘날 최상의 설교자들로 간주되어 온 사람들이 행하는 모습이다. … 그러나 그리스도를 설교함으로, 종국적으로 그리스도에 대한 믿음이 확립되고, 그분만이 그리스도가 되시며, 특히 당신과 나의 그리스도가 되셔야 하며, 그리스도라는 이름이 의미하는 바가 우리 안에서 실제적인 효과가 있어야 한다. 왜 그리스도께서 오셨으며, 그는 무엇을 가져오셔서 우리에게 수여하셨고, 그를 받아들인다는 것이 우리에게 어떠한 이익이 있는가를 설교할 때만 우리 안에 이러한 믿음이 생겨나고 유지된다."[55]

또한 오늘날 우리가 강해 설교 혹은 본문-주제 설교라 부르는 설교 유형은 루터의 공적이라 할 수 있다. 모이저에 따르면, "루터와 함께, 특히 1521년 이후, 오늘날 많은 성경 해석자들이 완전히 새로운 형태의 설교라 부르는 설교 유형이 생겨나게 되었다. 이것은 **성경-강해 설교**[die schriftauslegende Predigt]로서, 이 설교의 목표는 청중으로 하여금 단순히 어떠한 종교적 진리가 아니라, 성경 본문 자체를 이해하도록 돕는 데 있다. … 이 설교의 방법론은 성경의 주어진 단락을 취해서, 그 안에 있는 핵심 사상을 발견하고, 그것을 한 치의 오차도 없이 분명하게 밝히는 것이다. 성경 본문이 설교를 통제한다."[56]

② 루터의 해석 방법의 결점

루터의 해석 방법에 대한 우리의 긍정적 평가 이외에, 몇몇 결점을 생각해 볼 필요가 있다. 첫째, 루터의 기독론적 해석은 결과적으로 그리스도를 구약 본문에 역으로 투영해 읽게 만든다. 우리가 앞에서 시편에 대한 루터의 초기 해석을 살펴보면서 이 점을 주목한 바 있긴 하지만, 후기 해석에서도 동일

---

55 Luther, *Tractatus de libertate christiana*, Schubert Ogden, *Point*, xiii에서 인용.
56 Meuser, *Luther*, 46-47. 참조. Ibid., 47. "루터는 본문의 핵심[*Sinnmitte*]을 찾을 것을 주장한다. 그 핵심(*Kern* 또는 kernel)은 설교자로 하여금 세부 사항들에 빠져 버리지 않게 한다. … 설교의 주요 요점이 설교자의 마음속에서 분명해야 하며, 이 요점이 말해지는 모든 것을 통제할 수 있어야 한다."

한 경향이 나타난다.[57] 보른캄은 다음과 같이 주장한다. "기독론적-예언적 해석은 필연적으로 신약 계시의 개념들을 구약 속으로 끌어들이고, 이 개념들을 구약의 족장들과 저자들의 입에 넣게 된다." 그는 이렇게 결론 내린다. "역사적인 관점에서 사고하는 모든 형태의 연구는 아무런 주저함 없이 흔쾌히, 구약에서 기독론적인 예언을 말하는 루터의 해석을 포기해야 할 것이다."[58]

한 걸음 더 나아가, 그리스도를 설교하는 일에 집중하려는 루터는 결국 구약에 있는 다른 근본적인 계시들을 간과하게 된다. 즉 하나님의 **선한** 창조, 하나님의 피조 세계에 대한 인간의 청지기적 사명, 구속사, 구약에 나타난 하나님 나라의 도래, 하나님의 언약, 기독교 삶에 대한 하나님의 율법의 가치 등의 주제들이 무시되는 경향이 있다.

또 다른 결점은 율법과 복음을 구약과 신약의 구분으로 구별한다는 점이다. 이미 살펴보았듯이, 루터는 어느 정도의 예외는 인정하지만, 구약을 율법으로, 신약을 복음으로 구별하는 견해를 단단히 견지했다. 이러한 율법-복음이란 구별은 하나님 율법의 가치를 인정하지 못하는 결과를 가져온다. 심지어 루터는 어떤 시점에서 "십계명은 그리스도인에게 적용될 수 없는데, 이는 십계명은 애굽에서 나온 유대인들에게만 주어진 것이기 때문이다."라고 주장하기까지 한다.[59] 비록 바울이 행함을 통한 '의' 사상에 대한 싸움이란 문맥에서 율법과 복음 사이의 급진적인 대조를 만들어 내기는 하지만, 서로 대조되는 방식의 율법과 복음이란 용어는 구약과 신약을 가리키고 있지 않으며, 단지 두 가지 방식의 구원, 즉 행위로 인한 구원과 은혜로 인한 구원 방식을 가리키고 있

---

57 예를 들면, Luther, *WA* 2, 120.8-121.14에서는 시편 3:5을 "내가 다시 깨었으니, 여호와께서 나를 붙드심이로다."라고 해석하는데, 이것은 아우구스티누스가 이 구절을 그리스도의 부활을 가리키는 것으로 해석하는 것과 마찬가지다. 루터의 후년의 해석에 관해, 멀러(Muller)는 "루터는 구약의 기독론적 읽기에 대한 이러한 강조점을 견지하고 있으며, 이것은 창세기에 대한 그의 강의 전체에 걸쳐 잘 드러난다."라고 말한다. Muller, *Post-Reformation*, 2,490.

58 Bornkamm, *Luther and the Old Testament*, 263 and 262. 참조. Farrar, *History*, 333, "루터가 삼위일체, 성육신, 이신칭의 교리를 기독교 시대보다 수천 년 앞서 기록된 구절 속으로 역으로 투영해 읽어 나갔을 때, 그는 안디옥 학파가 자신들의 보다 분명한 통찰과 보다 객관적인 지혜를 통해 천년 전에 거부했던 바로 그 비현실적인 방법을 채택하고 있었던 셈이다."

59 Luther, *WA* 16,363-93. McCartney and Clayton, *Let the Reader*, 95-96에서 요약됨.

을 뿐이다.[60] 더욱이, "마태복음에 따르면, 율법은 진실로 예수 그리스도 안에서 성취되었다. 그러나 이 성취의 효과는 율법과 복음 사이에 어떠한 분열상을 초래하지 않는다. 참된 제자도란 반드시, 율법에 표현된 의, 곧 창조 그 자체에 뿌리를 두고 있는 의를 행하는 일을 수반한다."[61]

또한 루터는 율법-복음이란 구별을 설교학적으로 사용하고 있는데, 구체적으로 이야기해서, 그는 가장 이상적인 설교는 처음에는 율법으로 우리의 필요를, 그다음에는 복음으로 그 해결책을 선포하는 설교라고 가르친다. 심지어 오늘날에도, 설교자들은 반드시 모든 성경 본문에 대해 두 가지 질문을 해야 한다고 명령하는 사람들이 있다: 여기서 무엇이 율법이고 무엇이 복음인가? 리처드 리셔(Richard Lischer)는 이러한 접근 방식이 갖는 위험에 대해 다음과 같이 지적한다. "우리는 모든 본문에 똑같은 형판을 찍어 넣는 셈인데, 이것은 마치 하나님이 그의 백성에게 무엇을 말씀하고 있는가라는 질문 대신에, 어디에 율법이 있고, 어디에 복음이 있는가라는 동일한 질문을 모든 본문에 하는 것과 같다. 이러한 경직된 해석은 회중에게 구체적인 본문이 무엇을 말하는가에 관계없이, 심판과 은혜에 대한 설명만을 확인시켜 줄 뿐이다."[62]

마지막으로, 알레고리적 해석에 대한 자신의 경고에도 불구하고, 루터 자신은 지속적으로 이러한 임의적인 해석 방법을 사용하고 있는데, 특히 본문이 "어떤 다른 유용한 의미"를 제공하지 않을 때, 이 방법을 사용한다.[63] 아이러니하게도, 루터가 알레고리적 해석에 대해서는 어느 정도 제한된 여지를 남겨

---

60 바울의 율법과 복음의 사용 용례들에게 대한 다양한 의미들을 보려면, Andrew Bandstra, *Law and Gospel*, 18-21을 보라.
61 David Holwerda, *Jesus and Israel*, 145. 루터 역시 우리가 도덕법을 지켜야 하는데, 그 이유는 이 법이 구약에 있기 때문이 아니라, 이 법이 창조의 법이기 때문이라고 제시하고 있음을 주목할 필요가 있다(이 책 181-182쪽을 보라). 참조. W. Eichrodt, *Theology of the Old Testament*, 1,94, "인간 편의 반응으로, 어떠한 인간 행위가 있기 이미 오래전에, 이[하나님의] 사랑이 이스라엘 백성을 선택하여 하나님의 소유로 삼으셨으며, 이들이 하나님께로부터 받은 특별한 은혜의 위치에 대한 하나의 표식으로 이들 백성에게 율법을 주셨다. 그러기에, 율법을 지킨다는 것은 하나님의 선택 행위에 대한 인간의 사랑의 반응이 되었다."
62 Lischer, *Theology of Preaching*, 61.
63 Bornkamm, *Luther and the Old Testament*, 95. 날짜를 담고 있는 많은 실례들과 이들에 대한

놓은 반면에, 모형론적 해석은 전혀 사용하지 않는데, 이것은 도커리가 말하듯이, 예시를 담고 있는 모형론이 "구약 속의 그리스도의 역사적 존재를 무효화하기 때문이다." 안디옥 학파는 "다가올 것에 대한 그림자 같은 기대를 보았다. 이것은 루터에게 아무런 의미가 없었다. 그에게 있어서, 구약은 어떤 개연성에 대한 하나의 비유가 아니라, 인류와 하나님 사이의 변함없는 사실들에 대한 증거이다."[64]

2. 하나님 중심적 해석

1) 칼뱅

① 칼뱅과 루터

루터보다 26년 늦게 태어난 칼뱅(1509-64)은 구약에서 그리스도를 설교하는 방법에 있어서 아주 다른 견해를 갖고 있었다.[65] 물론 칼뱅은 루터로부터 많은 것을 배웠고, 이 두 종교 개혁자는 많은 근본적인 것들에 대해 서로 동의했다. 이들은 "오직 은혜로, 오직 믿음으로, 오직 성경대로"라는 원리에 동의했다. 또한 이들은 성경은 성경 자체의 해석자라는 데 동의했으며, 그리스도께서 성경의 중심이라는 데도 동의했다.

그러나 광범위한 의견 일치에도 불구하고, 칼뱅의 해석학적 접근은 루터의

설명(94쪽)을 위해 92-95쪽을 보라: "이들 날짜들은 루터가 그의 생애 전반에 걸쳐 알레고리를 사용했다는 것을 보여 준다. 물론 그는 시간이 흘러감에 따라 알레고리를 사용하는 것에 보다 조심스러워졌다. 1525년 이후에는 분명하고도 결정적으로 알레고리와의 단절이 이루어졌다."

64 Dockery, *GTJ* 4/2 (1983) 193. 루터가 모형론을 거부한 것은 구약 속에 그리스도께서 영원한 하나님으로 존재한다는 것과 역사에 대한 그의 생각에 잘 연결되어 있다. Bornkamm, *Luther and the Old Testament*, 200-207, 258-260을 보라.

65 *Calvin's Old Testament Commentaries*, 9-10, Parker의 분석에 따르면, 1549년과 1564년 사이에 칼뱅은 구약을 2천 번 이상 설교했다.

접근 방식과 아주 달랐다. 루터는 주로 구원이라는 문제에 관심을 가졌으며 그리스도에 대한 믿음을 통한 칭의에 초점을 맞추었다. 결과적으로, 구약에서 그리스도를 발견하는 것이 루터의 우선순위였다. 칼뱅 역시 그리스도에 대한 믿음을 통한 칭의를 확언했지만, 보다 넓은 관점 즉 하나님의 주권과 영광에 초점을 맞추었다.[66] 이러한 보다 광범위한 시각은 칼뱅으로 하여금 하나님, 하나님의 구속사, 하나님의 언약에 관한 성경의 메시지들을 꼭 예수 그리스도에게 초점을 맞추지 않고도, 이들 메시지에 만족할 수 있게 해 주었다.

또한 루터와 달리, 칼뱅은 안디옥 학파, 특히 크리소스토무스의 가치를 인정했다. "크리소스토무스는 두 개의 목표를 달성한 바 있는데, 칼뱅은 이 목표들에 자신을 헌신했다. 이 중 첫 번째 목표는 크리소스토무스는 성경 본문에 대한 명확한 설명과 해설을 결코 벗어난 적이 없었다는 것이다. 두 번째 목표는 크리소스토무스는 보통의 사람들을 마음에 두고 말했다는 점이다."[67] 크리소스토무스 설교집들의 프랑스어 판을 소개하면서, 칼뱅은 다음과 같이 쓰고 있다. "우리의 저자, 크리소스토무스의 탁월한 장점은 항상 성경의 단순하고도 진정한 의미에서 절대 벗어나지 않고, 본문 단어들의 명백한 의미를 자유롭게 임의대로 바꾸지 않는 것을 자신의 최고 관심사로 삼았다는 점이다."[68]

② 알레고리적 해석에 대한 반대

칼뱅이 크리소스토무스를 소개한 내용을 보면, 알레고리적 해석을 통해 "성경 말씀의 명백한 의미를 임의대로 바꾸는 것을" 그가 싫어했다는 것을 알 수

---

66 참조. Leroy Nixon, *John Calvin*, 76, "칼뱅의 설교에 있어서 일차적 진리는 하나님의 주권이다." 참조. McCartney and Clayton, *Let the Reader*, 97, "보다 협의의 주제인, 이신칭의에 초점을 두는 대신에, 칼뱅은 보다 커다란 항목인 하나님의 영광을 자신의 해석상의 관점으로 삼았으며, 이로 인해 성경의 가르침들을 훨씬 쉽게 통합할 수 있었다."
67 Rogers and McKim, *Authority*, 114-115. 참조. David Puckett, *Calvin's Exegesis*, 105, "칼뱅은 데오도레와 동의했다. 그렇게 함으로써, 칼뱅은 많은 기독교 주해 전통과 반대되는 입장에 서게 되었다."
68 Calvin, *CR* 9.835. Rogers and McKim, *Authority*, 114에서 인용됨.

있다. "문자는 죽이고, 영은 살린다."(고후 3:6)라는 구절을 주해하면서, 칼뱅은 다음과 같이 쓰고 있다. "이 구절은 첫 번째로 오리게네스에 의해, 그리고 다른 사람들에 의해 왜곡되고 잘못 해석되어 왔다. … 이러한 잘못이 많은 악의 원천이 되어 왔다. 이러한 잘못은 성경의 자연스러운 의미를 변질시키는 길을 열어 놓았음은 물론, 알레고리화를 주요한 석의상의 덕목으로 생각하는 대담성을 낳게 했다. 이 때문에, 고대의 많은 사람들이 아무런 제약을 받지 않고 하나님의 거룩한 말씀을 갖고 온갖 장난을 했으며, 이것은 마치 공을 이리저리 주고받는 것과 같다. 또한 이러한 잘못은 이단자들에게 교회를 혼란 속에 빠트릴 기회를 제공했는데, 이는 모든 구절을 해석자가 원하는 대로 마음대로 해석하는 것이 용인된 관례일 경우, 불합리한 아이디어이거나 괴이한 아이디어이든 상관없이 모든 기이한 아이디어들이 알레고리라는 미명하에, 마음대로 도입될 수 있기 때문이다."[69] 사실, 칼뱅은 알레고리화를 성경의 가르침을 훼손하려는 사탄의 책략으로 생각했다. 그는 다음과 같이 주장한다. "우리는 오리게네스나, 그와 같은 다른 사람들의 알레고리적 해석을 단호히 거부해야 한다. 아주 기묘한 방법으로 사탄은 이러한 해석을 교회에 도입하고자 노력해 왔는데, 그 목적은 성경의 교리를 애매모호하게 만들고, 성경 교리의 모든 확실성과 견고성을 제거하려는 데 있었다."[70]

2) 칼뱅의 해석학적 방법론

칼뱅의 해석학적 방법론에 대한 논의를 시작하기 위해, 먼저 칼뱅의 저작들로부터 한스 크라우스(Hans Kraus)가 정리한 바 있는 8가지 주해 원리를 생각하고자 한다.[71]

---

69 Calvin, *Comm.* 2 Cor 3:6. Puckett, *Calvin's Exegesis*, 107에서 번역. 참조. *CO* 50. 40-41.
70 Calvin, *Comm.* Gen 2:8 (*CO* 23.37). Puckett, Ibid.에서 인용. 또한 *Comm.* Gen. 6:14을 보라.
71 Kraus, *Int* 31 (1977) 8-18.

① 명료성과 간결성

로마서에 대한 주해와 관련한 한 편지에서, 칼뱅은 성경 주해가의 최상의 덕목은 "명료성과 간결성"이라고 밝히고 있다.[72] 이러한 덕목은 해석자에게 강해의 투명성과 초점 맞추기를 그 목표로 삼을 것을 요구한다(이는 설교의 경우에도 적용되는 훌륭한 표준임!). 크라우스가 이를 자세히 설명한다. "설명이 분명히 이해되기 위해서는, 반드시 명확해야 하고 간결해야 한다. 루터가 창세기 주해에서 장식하고 예증하는 기능을 하리라고 생각했던 알레고리는 … 엄격히 배제되어야 마땅하다. 강해의 목적이, 다루어지는 주제 자체로 하여금 강해할 때 목소리를 내게 하는 것이라면, 본문을 위한 목적에서가 아니라, 수많은 주해자들이 자신들에게 관심을 갖게 하려는 의도로 문제점들의 풍요로움을 즐기고 있을 시간은 없다."[73]

② 저자의 의도

"성경 저자의 의도를 끊임없이 찾으려는 것이 칼뱅 주해의 특징이다."[74] 칼뱅은 다음과 같이 쓰고 있다. "해석자가 자세히 설명하고자 하는 저자의 마음을 펼쳐 보이는 것이 해석자의 거의 유일한 과업이기에, 만약 해석자가 독자들로 하여금 성경 저자의 의도로부터 이탈하게 한다면, 이탈하게 하는 정도만큼, 그는 과녁을 벗어나게 되며, 아니면 최소한 그의 한계를 벗어나게 될 것이다." 칼뱅은 성경 강해의 중요성을 다음과 같이 강조한다. "정당한 노력 없

---

72 Calvin, *CR* 38.403. Kraus, Ibid., 13에서 인용. 참조. Richard Gamble, *CTJ* 23 (1988) 189.
73 Kraus, Ibid., 루터와 관련해서, *WA* 44.93 and Calvin, *CR* 59.33. 자신의 박사학위 논문인, "L'École de Dieu: Pedagogy and Method in Calvin's Interpretation of Deuteronomy" (Grand Rapids: Calvin Seminary [photocopy], 1998), 89. 레이몬드 블래키터(Raymond Blacketer)는 간결성을 "하나의 수사학적 스타일과 강해의 한 방법으로 생각해야 할 좋은 근거를 제시한다. 간결성은 주해의 한 형태가 아니다."
74 Kraus, Ibid.

이 성경의 의미를 뒤바꾸는 일은 주제넘은 일이요 신성 모독에 해당하는 일이다. 이것은 마치 성경을 가지고 장난치는 것과 같다."[75] 데이비드 퍼켓(David Puckett)은 많은 예를 들면서, 칼뱅은 "그의 구약 주해 전체에 걸쳐서 해석자의 역할은 선지자의 의도를 설명하는 데 있다는 것을 확언한다."라고 말한다.[76]

③ 역사적 문맥

『기독교 강요』에서, 칼뱅은 "성경에는 진술의 의미를 문맥에 의존하는 수많은 진술들이 존재한다."라고 서술한다.[77] 파커는 "칼뱅의 선지서 강해의 탁월한 점 한 가지는 역사적 문맥을 매우 잘 다루고 있다는 점이다."라고 주장한다.[78] 자신의 주해서에서 칼뱅은 종종 본문을 강해하기에 앞서 본문의 역사적 문맥을 설명한다. 예를 들어, 시편을 다루면서, 칼뱅은 "찬양의 노래들이 불리는 것을 들었던 '장엄한 회중'에 대해서 이야기하고, 또한 감사의 시편들의 역사적 배경이었던 '감사를 위한 공적 예배'에 대해 이야기하고, 장엄한 갱신의 예배가 있고 약속들이 서명되고 인증되며 언약 제사를 통해 효력이 발생되는 등의 의식을 담고 있는 '언약 갱신 축제'에 대해 이야기한다."[79]

④ 원래적, 문법적 의미

오리게네스와 알레고리적 해석에 반대하면서, 칼뱅은 "우리 모두 성경의 진

75　Calvin, *The Epistles of Paul the Apostle to the Romans and to the Thessalonians*, 14. Dockery, "New Testament Interpretation," 48에서 인용.
76　Puckett, *Calvin's Exegesis*, 33-35. 참조. T. H. L. Parker, *Calvin's Old Testament Comentaries*, 81.
77　Calvin, *Institutes*, 4.16.23. 여기서 성인 세례에 관한 본문들이 유아 세례를 거부하는 데 사용될 수 없다는 점을 지적하면서, 상기의 주장을 제시한다.
78　Parker, *Calvin's Old Testament Commentaries*, 205-206. 참조. Puckett, *Calvin's Exegesis*, 67-72.
79　*CR* 59. 466 여러 곳에; *CR* 59.231; 60.206; 그리고 *CR* 59.497 on Ps 50:5; *CR* 59.760 on Ps 81:2 이하와 관련하여, Kraus, *Int* 31 (1977) 14을 보라. 다른 예를 찾아보려면, Puckett, *Calvin's Exegesis*, 67-72을 보라.

정한 의미는 단순하고도 참된 의미[germanus et simplex]라는 사실을 알고, 이 의미를 받아들이고 굳건히 이 의미를 붙잡읍시다. 우리를 본문의 문자적 의미로부터 이탈하게 했던 이러한 거짓된 강해들을 치명적인 부패로 담대히 치부해 버립시다."라고 권면한다.[80] 브레버드 차일즈는 "칼뱅은 본문에 부차적인 혹은 영적 의미를 첨가할 필요성을 느끼지 못했는데, 이는 문자적 의미가 하나님의 뜻에 대한 본문 자체의 증거이기 때문이다."라고 제안한다.[81]

⑤ 문예적 문맥

성경 구절은 구절의 역사적 문맥뿐만 아니라, 문예적 문맥에서도 이해되어야 한다. 칼뱅이 이 원리를 다루고 있는 경우의 한 예는 시편에서 무고함에 대한 항변을 다루는 장면들이다. "비록 주께서 내 마음을 시험하시고, 비록 밤에 나를 방문하시며, 비록 나를 시험하실지라도, 내 속에서 어떠한 악도 찾지 못하실 것입니다."(시 17:3). 이러한 수많은 시편을 살펴본 후에, 칼뱅은 이렇게 쓴다. "우리가 이 시점까지 제시해 왔던 증언들[구절들]에 관해 말하자면, 이들이 속한 문맥이나 일반적인 어법과 상황들에 따라 이해된다면, 이 말씀들은 우리에게 크게 문제가 되지는 않을 것이다." 그리고 칼뱅은 결론을 내리기를, 비록 경건한 자가 "불경건한 자들의 위선에 맞서서 자신의 무고함을 변호할지라도, 이들이 하나님만을 상대로 이야기할 경우, 이들 모두는 이구동성으로 '오, 여호와여, 주께서 악함을 친히 주목하신다면, 주여 누가 설 수 있으리이까?'라고 울부짖지 않을 수 없다."라고 말한다.[82]

---

80 Calvin, *CO* 50.237. Richard Gamble, *WTJ* 49 (1987) 163에서 인용. 참조. Calvin, *Institutes*, 4.17.22. 칼뱅의 역사적 초점 때문에, 필립 샤프(Philip Schaff)는 칼뱅을 "현대의 역사적-문법적 주해 창시자"라고 명명한 바 있다. Puckett, *Calvin's Exegesis*, 56.
81 Childs, "Sensus Literalis," 87.
82 Calvin, *Institutes*, 3.17.14. 다른 실례들을 찾아보려면, Puckett, *Calvin's Exegesis*, 64-66과 Parker, *Calvin's Old Testament Commentaries*, 80-81을 보라.

⑥ 문자적 성경 언어 너머의 의미

　십계명을 다루면서, 칼뱅은 율법의 의미를 문자적 의미 너머로 확장시킬 수 있는가 하는 문제를 제기한다. 그는 "계명과 금지 조항들은 언제나 단어들에 표현된 것 이상을 담고 있다."라는 것을 일반적인 원리로 제시한다. 그러나 칼뱅은 "이 원리를 순화함으로" 우리가 "성경을 왜곡하지" 못하도록 했다. 그는 다음과 같이 말한다. "그러므로 가능하다면 우리가 곧고 굳건한 단계를 통해 하나님의 뜻에 이를 수 있는 길을 찾아야만 한다. 또한 우리는 해석이 단어 자체들의 한계를 어느 정도 벗어날 수 있는지, 또한 이를 통해 본문이 신실하게 해석되어 … 그 해석이 율법을 주신 분의 순전하고도 진정한 의미라고 여겨질 수 있는가를 반드시 물어보아야 한다. 이제 내가 생각하기에, 계명의 이유에 초점을 맞춘다면, 바로 이것이 최상의 해석 규칙일 것이다. 즉 각각의 계명이 우리에게 왜 주어졌는가를 생각하는 일이다." 다시 말해, 칼뱅은 어떤 구절의 문자적 의미를 넘어서 저자의 목표를 보고자 했다. 그는 제5계명 "네 부모를 공경하라"를 한 예로 사용한다. "제5계명의 목적은 하나님이 공경의 대상으로 삼으신 자들에게 마땅히 공경이 돌려져야 한다는 점이다. 그렇다면 이것이 바로 이 계명의 요지이다. 하나님이 어떤 뛰어난 미덕을 부여하신 자들을 우리가 공경하는 것이 하나님 보시기에 옳은 일이요 그분을 기쁘시게 하는 것이며, 하나님은 공경의 대상인 자들을 경멸하고 거역하는 것을 증오하신다."[83]

83　Calvin, *Institutes*, 2,8,8. 참조. 제1계명에 대해서는 동일한 페이지를 보라. "제1계명의 의도는 하나님만이 경배의 대상이라는 점이다. 그러므로 이 계명의 요지는 참된 경건함, 즉 하나님을 경배하는 것은 하나님을 기쁘시게 하는 일이라는 점과, 하나님은 불경건함을 싫어하신다는 점이다." 칼뱅은 이 요지의 후반부를 다시 다음과 같이 규명한다. "만약 참된 경건함이 하나님을 기쁘시게 한다면, 그 반대는 그를 불쾌하게 하며, 만약 불경건이 하나님을 불쾌하게 한다면, 그 반대는 그를 기쁘시게 할 것이다."

⑦ 비유적 표현

칼뱅에게 있어서, 문자적 해석은 경직된 문자주의를 의미하지 않는다. 그는 비유적 표현들을 비유로 해석해야 할 필요성에 대해 길게 논의한다. 칼뱅은 다음을 주목한다. "성경이 하나님을 '용사'라 부르는데(출 15:3), 내가 보기에, 이 말은 해석하지 않는다면 너무 거친 표현이기 때문에, 나는 이 말이 사람들의 세계로부터 취해진 하나의 참조라고 의심치 않는다." 그는 "하나님의 눈이 보고 있다", "그것이 그의 귀에 들렸다", "그의 손을 내미사"라는 성경의 표현들에 관심을 기울인다. 이 말들은 신인동형적인 표현들로, 반드시 이에 준해 해석되어야 한다. 그렇게 하지 않으면, "한없는 무지와 야만" 속에 빠지게 될 것이라고 칼뱅은 말한다. "만약 광적인 해석자들에게 그들이 좋아하는 대로 설정할 수 있도록 허용해 준다면, 이들이 성경에서 얼마나 기상천외한 해석들을 끌어내겠는가!"[84]

⑧ 그리스도의 범주

"이 성경이 곧 내게 대하여 증언하는 것이니라"(요 5:39)라는 예수님의 말씀을 주해하면서, 칼뱅은 이렇게 쓰고 있다. "우리는 성경 속에서 그리스도를 찾겠다는 분명한 의도를 갖고 성경을 읽어야 한다. 이러한 목표로부터 벗어나는 자는, 비록 그가 삶의 전체를 배우는 일에 분투한다 할지라도, 진리에 대한 지식은 결코 얻지 못할 것이다. 하나님에 대한 지혜 없이 우리가 무슨 지혜를 얻을 수 있겠는가?"[85] 이 원리가 우리의 특별한 관심사이기에, 이 원리를 보다 길게 생각해 보아야 할 필요가 있다. 그러나 이에 앞서, 우리는 크라우스가 제

---

84 Ibid., 4.17.23. "신비로운 것들이 논의되고 있는 경우, 성경에서 일반적으로 사용되는 비유적 표현"인 환유법에 대한 설명을 위해서는, Ibid., 4.17.21을 보라.
85 Calvin, *Comm*. John 5:39. Kraus, *Int* 31 (1977) 17. 이상의 구절을 *CR* 47.125와 다른 번역판으로부터 인용한다.

시한 8가지 주해 원리를 넘어서, 칼뱅의 해석 방법에 근본이 되는 두 가지 원리를 더 논의할 필요가 있다. 하나는 구약과 신약의 통일성이며, 다른 하나는 성경 구절을 성경 전체의 문맥 속에서 이해하는 일이다.

⑨ 구약과 신약의 관계

앞에서 역사적 고찰을 하면서, 처음부터 우리는 해석자가 구약과 신약의 관계를 어떻게 이해하는가 하는 문제가 지닌 심각한 중요성에 대해 살펴본 바 있다. 이 중요성은 여기서도 적용되는데, 이는 구약과 신약의 관계가 해석학적인 분기점임이 드러났고, 바로 여기서 칼뱅과 루터가 서로 다른 방향으로 나아갔기 때문이다. 루터는 이 관계를 주로 율법과 복음 사이의 대조로 보았음을 우리가 살펴봤다. 반면에, 칼뱅은 구약과 신약의 통일성을 강조했다. 루터가 단지 그리스도에 대한 증거란 문맥에서만 통일성을 찾았던 반면, 칼뱅은 전체에 걸쳐서 통일성을 보고 있다: 한 하나님, 한 구세주, 하나의 구속사, 하나의 은혜 언약, 하나의 율법.[86]

구약과 신약의 통일성

『기독교 강요』에서, 칼뱅은 "구약과 신약의 유사점"이란 장을 다음과 같이 시작한다. "이제 우리는 지금까지 살펴본 바로부터 분명히, 창세 이래로 하나님에 의해 선택되어 하나님 백성과의 교제 속에 들어온 모든 사람은 우리 가운데 통용되고 있는 동일한 율법과 동일한 교리와의 결속을 통해 하나님과의 언약 관계에 들어갔음을 알 수 있다. 이 점은 대단히 중요하다."[87] 오직 하나

---

[86] 예를 들어, 칼뱅은 마태복음 5:17에 대해 다음과 같이 주해한다. "교리와 관련해, 우리는 그리스도의 오심으로 인해서 우리가 율법의 권위로부터 자유로워졌다고 생각해서는 안 된다. 왜냐하면, 율법은 경건하고 거룩한 삶의 영원한 법칙이며 이런 점에서 절대 바뀔 수 없는 것이기 때문이다. 율법이 담고 있는 하나님의 정의가 불변하며 통일된 사상을 갖고 있듯이, 율법도 불변한다." *Comm. Matt* 5:17, Bandstra, "Law and Gospel," 11에서 인용.

[87] Calvin, *Institutes*, 2.10.1. 참조. "하나님은 이전에 아브라함과 맺으셨고, 뒤에 모세의 손을 통해

의 언약만이 구약과 신약의 저변에 놓여 있다. 칼뱅은 계속해서 주장한다. "모든 족장과 맺으신 언약은 너무도 본질상, 그리고 실제상 우리의 언약과 같기에, 이 두 언약은 실제적으로 하나이며 동일한 언약이다. 그러나 이 둘은 시여 형태(mode of dispensation)가 다르다."[88] 구약과 신약 사이에 대해 칼뱅이 인정하는 유일한 차이점은 운영 형태에 있다. 그러나 내용은 "하나이며 동일하다." 이 하나의 언약은 **은혜** 언약이다.

그러므로 칼뱅은 종교 개혁의 '**오직 은혜로**'와 '**오직 믿음으로**'라는 모토를 구약의 시초로 되돌려 놓고 있다. 칼뱅은 다음과 같이 말한다. "구약은 하나님의 자유로운 자비 위에 세워졌으며, 구약은 그리스도의 중보 사역에 의해 확언되었다. … 복음의 언약, 즉 그리스도께서 유일한 기초이신 복음의 언약이 유대인들과 … 만들어졌는데, 누가 감히 유대인을 그리스도로부터 끊을 수 있겠는가?"[89] 그는 그의 요점을 예수님의 가르침에 대한 언급으로 끝맺고 있다. "주 그리스도는 오늘날 그를 따르는 자들에게 이들이 '아브라함과 이삭과 야곱과 함께 식탁에 앉게' 될 '하늘 나라'(마 8:11) 이외에 다른 나라는 약속하지 않으셨다."[90]

칼뱅이 구약 속에서 그리스도 안에 있는 하나님의 은혜와 구속을 찾고 있지만, 그와 동시에 그는 복음이 근본적으로 새로운 그 무엇을 가져왔다는 생각에 관한 한, 그 어조를 순화하고자 한다. 그는 이렇게 쓰고 있다. "복음은 다른 방식의 구원을 가져올 만큼 그렇게 율법 전체를 대체하지 않는다. 오히려 복음은 율법이 약속했던 바를 확언하고 만족시키며, 그림자에 실체를 부여했다."[91] 마태복음 5:21을 주해하면서, 칼뱅은 다음과 같이 선언한다. "우리는 그리스도를 새로운 율법 제정자로, 즉 그의 아버지의 영원한 의에 무언가를 첨

자세히 확언하신 언약 이외에 어떠한 다른 언약도 만들지 않으셨다." Calvin, *Comm.* Jer 31:31. Bandstra, "Law and Gospel," 22에서 인용됨.
88 Ibid., 2.10.2.
89 Ibid., 2.10.4.
90 Ibid., 2.10.23.
91 Ibid., 2.9.4.

가하는 분으로 생각해서는 안 된다. 우리는 신실하신 해설자이신 그리스도를 청종함으로써, 율법의 성격이 무엇이고, 율법의 목표가 무엇이며, 그 범위는 무엇인가를 알 수 있어야 한다."[92]

율법의 "제3의 용례"

구약과 신약의 통일성을 강조한 것 때문에, 루터와 달리 칼뱅은 구약 율법의 "제3의 용례"를 인정한다. 율법은 우리의 죄성을 드러내고 사회 속에서 악한 행위를 억누르는 역할을 할 뿐만 아니라, 믿는 자들에게 긍정적인 역할을 한다. 칼뱅은 다음과 같이 쓰고 있다. "율법의 적합한 목적과 더 크게 관련되어 있는, 제3의 주요 용례는 마음속에 하나님의 영이 이미 살아 계시고 다스리시는, 믿는 자들 가운데서 찾아볼 수 있다. … 믿는 자들은 여전히 두 가지 점에서 율법으로부터 유익을 얻는다. 율법은 믿는 자들이 열망하는 주님의 뜻의 성격을 날마다 좀 더 철저히 배우도록 하는 최상의 도구이며, 이 주님의 뜻을 이해하도록 믿는 자들을 확증시켜 주는 최상의 도구이다. 또한 우리는 가르침뿐만 아니라 권면이 필요하기 때문에, 하나님의 종은 율법이 주는 이러한 유익을 이용할 수 있다. 즉 율법에 대한 묵상을 통해, 순종의 삶으로 나아가고, 율법 안에서 강건해지며, 위험한 죄악의 길에서 돌이킬 수 있게 된다."[93]

구약과 신약의 차이점

물론 칼뱅은 구약과 신약 사이의 차이점들을 인식하고 있다. 그러나 통일성에 대한 칼뱅의 강조 때문에, 이러한 차이점들이 희미해진다. 그는 이렇게 쓰고 있다. "나는 주의를 필요로 하는 성경 내의 차이점들을 자유롭게 인정한다. 그러나 차이점들에 대한 인정은 기존의 통일성을 손상시키지 않는 선에서 이루어져야 한다." 왜냐하면 차이점들은 "본질에 관련되어 있다기보다는 시행

---

92 Calvin, *CR* 45,175. John Leith, *Int* 25 (1971) 339에서 인용. "율법을 통해 말씀하신 하나님은 또한 복음을 통해 말씀하시는 하나님이다."라는 칼뱅의 주장을 위해, 앞의 책을 보라. *CR* 55,8.
93 Calvin, *Institutes*, 2.7.12. 참조. Ibid., 2.7.6-17.

의 방법에 관련한 문제이기 때문이다. … 이런 점에서 구약과 신약의 약속들이 동일한 약속임을 부정하는 어떠한 것도 존재하지 않으며, 또한 이들 약속의 동일한 토대가 그리스도라는 사실을 방해하는 어떠한 것도 존재하지 않는다!"[94]

칼뱅은 계속해서 다섯 가지 차이점을 자세히 논의하는데, 여기서는 이들을 단순히 열거하고자 한다. 천상의 유익들과 대조하여 구약은 지상의 유익들을 강조한다; '본체'와 대조하여 구약은 이미지와 그림자로 이야기한다; 영이라는 것과 대조하여 구약은 외형적인 문자라는 성격을 가진다(렘 31:31-34); 자유라는 것과 대조하여 구약은 속박으로 특징지어진다; 온 열방이라는 것과 대조하여 구약은 한 나라에 제한된다.[95] 그러나 칼뱅에게 있어서, 구약과 신약 사이의 이러한 차이점들은 언약을 집행하는 형식에 있어서의 차이점들일 뿐, 은혜 언약의 본질에 있어서의 차이점들이 아니다. 예를 들어, 의식법을 논의하면서, 칼뱅은 주장하기를, 의식들은 "효과라는 측면이 아니라, 단지 사용이라는 측면에서 폐기된 것이다. 그의 오심을 통해, 그리스도는 의식들을 종결시켰다. 그러나 의식들로부터 의식들이 지닌 성결성을 빼앗으신 것은 아니다. … 만약 그리스도의 죽음과 부활의 능력이 옛 언약 속에 드러나지 않았었다면, 구약의 의식들은 옛 언약의 백성들에게 단지 빈 모습만을 제공했을 것이다. 이와 마찬가지로, 만약 구약의 의식들이 중단되지 않았었다면, 우리는 오늘날 무슨 목적으로 의식들이 제정되었는지를 알아낼 길이 없었을 것이다."[96]라고 말한다.

칼뱅에게 있어서, 구약과 신약 사이의 주요 차이점은 예수 그리스도와 하나님의 나라와 관련한 선명도의 문제이다. 자신의 주해서들 중 하나에서 칼뱅도

---

94 Ibid., 2.11.1
95 Ibid., 2.11.1-12를 보라. 『기독교 강요』보다 주해서들에서 칼뱅은 더 많이 문자와 영, 속박과 자유 사이의 대조를 상세히 설명한다. 주해서에서 칼뱅은 "율법과 복음 사이의 대조"에 대해서까지 이야기하고 있으며, "복음의 반대적 입장에 서 있는 율법"에 대해서 말하고 있다. 그러나 칼뱅이 의미하는 "율법"은 구약을 말하는 것이 아니라, "여러 규정과 보상들을 담고 있는, 말 그대로의 율법"을 말한다. Bandstra, "Law and Gospel in Calvin and in Paul," 11-39을 보라.
96 Ibid., 2.7.16.

말하고 있듯이, "복음 아래에서는 생생한 색깔과 그래픽처럼 분명하게 드러나 있는 것이 율법 아래에서는 조악하고 불완전한 선들로 어렴풋이 나타나 있다." 그러나 옛 언약 속의 믿는 자들과 새 언약 속의 믿는 자들 모두에게 있어서 "동일한 그리스도께서 드러나 있으며, 동일한 의, 동일한 성화, 동일한 구원이 나타나 있다. 차이점은 단지 색칠하는 방법에 있을 뿐이다."[97]

구약 속의 그리스도

1559년도 판 『기독교 강요』에서, 칼뱅은 "그리스도, 비록 그가 율법 아래 있는 유대인들에게 알려진 바 되었지만, 복음 안에서만 자세히 분명하게 계시되었다."라는 새로운 장을 첨가한다.[98] 사실, 『기독교 강요』 제2권은 "먼저 율법 아래에서 족장들에게 나타났고, 후에 복음 안에서 우리에게 계시된 그리스도, 그분 안에서 구속주 하나님을 아는 것에 관하여"라는 제목을 갖고 있다. 여기서 결정적인 질문은, 칼뱅에 따르면, 그리스도께서 어떻게 "율법 아래 있는 유대인들에게 알려졌는가?" 하는 점이다.

칼뱅은 이렇게 주장한다. "만약 그리스도를 드러내심에 있어서, 하나님이 그의 옛 맹세를 성취하셨다면, 우리는 구약은 언제나 그 끝을 그리스도 안에 갖고 있다고 말하지 않을 수 없다."[99] 또한 칼뱅은 "중보자를 떠나서는, 하나님은 옛 백성에게 그분의 호의를 보이지 않으셨으며, 그들에게 은혜의 소망도 주시지 않았다."라고 선언한다.[100] 그리고 유대인들은 "그리스도를 중보자로 알고 그를 모셨으며, 이 중보자를 통해 그들은 하나님과 연결되었고, 그의 약

---

97 Calvin, *Comm. on Heb* 10:1. Runia, *CTJ* 19/ 2 (1984) 143에서 인용. "복음의 명확성에 관해서, 또한 시대적으로 복음을 앞서고 있는 **말씀**의 보다 희미한 시대"에 관해선 Calvin, *Institutes*, 1.11.10을 보라.
98 Calvin, *Institutes*, 2.9.
99 Ibid., 2.10.4. 참조. 2.6.2, "하나님은 중보자 없이 인류에게 은혜를 베푸실 수 없었기 때문에, 율법 아래에서 그리스도는 믿음의 조상들이 그들의 믿음으로 지속적으로 향해야 할 목표로서 그들 앞에 항상 놓여 있었다."
100 Ibid., 2.6.2.

속들을 함께했다."[101]

여기서 이 중요한 문제를 좀 더 자세히 살펴보기로 하자: 구약의 이스라엘 백성은 그리스도께서 태어나기 전, 오래전부터 어떻게 그를 알았는가? 칼뱅은 이 질문에 대한 답을 다음과 같이 주고자 했다. "다음과 같은 반대 의견을 제시할 수도 있을 것이다. '2천여 년 이전에 이미 하나님이 아브라함을 선택하셨고, 이런 점에서 최초의 구별이 그리스도께서 오시기 오래전에 이미 이루어졌는데, 왜 그리스도께서 오래전에 인준된 언약에 지명되었는가?' 내 대답은 이와 같다. 아브라함과 그의 후손과 맺으신 언약은 그 기초를 그리스도에게 두고 있는데, 이는 이 언약의 말씀이 '네 씨로 말미암아 천하 만민이 복을 받으리니'(창 22:18)라고 되어 있기 때문이다. 이 언약은 다른 방식이 아니라, 아브라함의 씨로, 즉 그리스도 안에서 인준되었으며, 비록 이 언약이 이전에 맺어졌지만, 그의 오심을 통해 이 언약이 확증되고 실제적으로 재가되었다."[102]

이 주제에 대한 칼뱅의 언급 중에서 가장 유용한 것은 베드로전서 1:12에 대한 그의 주해에 나타난다. 이 구절에 대해 칼뱅은 다음과 같이 말한다. 구약의 믿는 자들은 "그리스도를 마치 숨겨진 자로, 또한 부재한 자로 소유했는데, … 그리스도께서 능력이나 은혜란 측면에서 부재한 것이 아니라, 아직 육체 가운데 나타나지 않았다는 의미에서 부재하셨다는 뜻이다."[103] 그리스도의 구속의 능력과 은혜는 그가 태어나기 이미 오래전에 구약 가운데 현존해 있었다. 그와 동시에 구약의 믿는 자들은 그리스도께서 오실 그날을, 즉 이들이 "훨씬 더 큰 빛"을 얻게 될 그날을 내다보고 있다.[104] 반면에, 하나님은 오실 메시아에 대한 많은 약속을 주셨고, 이분을 미리 보여 주는 모형들을 세우셨다.

---

101 Ibid., 2.10.2. 참조. 2.10.23, "구약 족장들은 (1) 그리스도를 그들의 언약의 보증으로 삼았으며, (2) 미래 축복에 대한 모든 신뢰를 그리스도에게 두었다."
102 Calvin, *Comm.* Isa 42:6 (CO 37,64).
103 Calvin, CO 55,218. I. John Hesselink, "Calvin", 170에서 인용.
104 참조. Calvin, *Institutes*, 2.9.1, "'의의 태양이 떠오를 것이다'[말 4:2]. 이 말씀을 통해 그는 율법은 그리스도의 오심이라는 기대 가운데 경건한 자들을 붙드는 역할을 하지만 그리스도께서 오실 때 그들은 훨씬 더 큰 빛을 대망해야 한다는 것을 가르친다."

칼뱅이 말하듯이, "복음은 율법이 모형들 아래에서 이미 보여 주었던 바를 손가락으로 가리킨다."[105]

⑩ 성경 전체의 문맥 속에서 이해하기

성경의 통일성에 대한 자신의 견해 때문에, 칼뱅은 개별 구절을 성경의 전반적인 취지 내에서 이해하려고 진력했다. 오늘날 우리가 해석학적 원주(혹은 나선)에 대해 이야기하는데, 이에 따르면, 해석자는 전체에 대한 이해 없이 부분을 이해할 수 없고, 부분들에 대한 이해 없이 전체를 이해할 수 없다. 그렇다면, 설교자에게 있어서, 핵심적인 질문은 어떻게 이러한 해석학적 원주 속으로 바르게 들어갈 수 있는가 하는 점이다. 부분들을 바르게 이해하고 설교하기 위해서 어떻게 성경 전체에 대한 바른 조망을 얻을 수 있겠는가? 흥미롭게도, 『기독교 강요』 서문에서, 칼뱅은 『기독교 강요』를 집필한 정확한 이유는 바로 독자들이 성경에 대한 전반적인 조망을 얻는 데 도움이 되고자 한 것이라고 선언한다. "이러한 집필의 수고를 통해 신학을 준비하는 이들이 하나님 말씀을 바르게 읽을 수 있도록 가르치고 준비시킴으로 이들이 성경에 쉽게 접근할 수 있게 하고 흔들림 없이 성경 속에서 자라날 수 있도록 하는 것이 나의 목적이었다. 나는 기독교가 담고 있는 부분 모두를 포함한 전체를 받아들였고 이것을 통일된 방식으로 배열했고, 이것을 바르게 이해하는 사람은 누구나 성경에서 마땅히 추구해야 할 것이 무엇인지를 어려움 없이 결정할 수 있고, 성경의 내용을 무슨 목적과 부합시켜야 할지도 쉽게 결정할 수 있도록 했다고, 나는 믿는다."[106] 차일즈는 "중세 전체의 전통"과 대조적인 측면에서 이러한 칼

---

105 Ibid., 2.9.3. 참조. Gordon Bates, *Hartford Quarterly* 5/2 (1965) 47, "그의[칼뱅의] 모형론은 그리스도에게 중심을 두고 있다. 칼뱅의 관심을 끌었던 구속주의 인성과 사역과 분명하게 연관 지을 수 있는 것은 다름 아닌 구약의 이러한 사건들과 사람들이었으며, 이 사실은 성경의 통일성에 대한 칼뱅의 확신으로부터 직접 생겨난 것이다."

106 Calvin, *Institutes*, 1559년도 판, 서문. 이러한 진술은 1536년도 판 서문에서도 이미 나타나 있다. "기독교가 담고 있는 부분 모두를 포함한 전체"란 표현은 이레니우스의 "신앙의 규칙"을 상기시키

뱅의 제안이 갖는 급진적인 성격에 대해 다음과 같이 이야기한다. "토마스 아퀴나스는 성경이 건축 블록들을 제공하는 구조 속으로 기독교 가르침의 전부를 총망라하고자 『신학 대전』(Summa)을 썼다. 이와 아주 대조적으로, 칼뱅은 순서를 정확히 역으로 바꾸고 있다! 신학의 역할은 성경을 해석하는 데 도움을 주고자 하는 것이다. 그의 진행 방향은 교리학으로부터 성경 주해 쪽으로 나아간다."[107]

3) 칼뱅의 하나님 중심적 구약 해석

칼뱅의 구약 해석 방법론을 루터의 기독론적 해석 방법론과 구별하기 위해, 우리는 전자를 하나님 중심적 해석이라 부르고자 한다. 하나님의 주권과 영광에 초점을 맞추는,[108] 하나님 중심적 해석은 기독론적 해석보다 훨씬 포괄적인 해석인 반면, 그렇다고 해서 꼭 기독론적 해석을 배제하는 것은 아니다. 칼뱅은 하나님 중심적이며 역사적인 구약 해석을 성경이 말하는 그리스도 중심적 초점과 결합시키고자 진력했다. 먼저 칼뱅의 하나님 중심적 해석을 살펴본 후에, 그의 그리스도 중심적 해석을 생각하기로 하자.

① 하나님 중심적 해석

칼뱅은 대개의 경우 하나님에 관한 메시지를 전하는 것으로 만족해했다. 예를 들어, 이사야 63:1은 "에돔에서 오며 붉은 옷을 입고 보스라에서 오는 자가 누구냐?"라고 질문한다. 전통적인 기독교 해석은 이 사람을 그리스도라고 해석하는 경향을 보여 왔다. 그러나 칼뱅은 이에 반대한다. "사람들이 여기서 그리스도께서 붉은 옷을 입은 것은 그가 십자가상에서 흘리신 피로 적셔졌기 때

는데, 『기독교 강요』 역시 해석학적 원리들과 수많은 해석의 실례를 제공한다.
107 Childs, *Biblical Theology*, 49.
108 이 책 195-196쪽을 보라.

문이라고 생각해 왔다." 칼뱅은 이러한 생각은 본문을 마음대로 왜곡했기 때문에 가능했으며, "이사야 선지자는 결코 이런 의미를 의도한 바가 없다."라고 생각한다. 그 대신 이사야 선지자는 하나님을 "에돔 사람들을 죽이고 돌아오는" 보복자로 묘사하는데, "마치 에돔 사람들의 피로 적셔진 모습을 하고 있는 것처럼" 묘사한다.[109] 칼뱅이 극단적인 기독론적 해석을 반대한 주요 이유는 역사적 해석에 대한 관심 때문이었다.

역사적 해석

칼뱅은 역사적 해석, 즉 본문의 역사적 원래 문맥 속에서 본문의 저자가 의도했던 바로 그 의미를 찾고자 했다.[110] 예를 들어, "너는 내 아들이라 오늘날 내가 너를 낳았도다"라는 시편 2:7은 보통 직접적으로 그리스도에게 적용되어 왔다. 그러나 칼뱅은 다음과 같이 주해한다. "정말로, 다윗은 그의 왕적인 위엄에 비춰 볼 때 우선적으로 하나님의 아들이라 불릴 수 있는 사람이었다. … 다윗이 하나님에 의해 왕으로 선택된 것이 분명히 밝혀졌을 때 그는 하나님에 의해 태어났다. **오늘날**이란 표현은 바로 이 분명히 밝혀진 시점을 가리킨다. 그가 하나님에 의해 왕이 되었다는 것이 알려지자마자, 그는 하나님께로부터 최근에 태어난 자로 등장하는데, 이는 다윗이 갖게 될 영예가 너무 크기에 그것이 한 개인에게 속할 수 없기 때문이다." 이러한 역사적 설명을 한 이후에, 칼뱅은 계속해서 말한다. "그리스도에게 적용할 경우, 동일한 설명이 이 적용에 주어진다. 성부께서 그리스도에 대해 자신의 아들이라고 증언하고 있다는 바로 그런 의미에서 그리스도께서 태어났다고 말할 수 있다."[111] 마찬가

---

109 Calvin, *Comm.* Isa. 63:1 (*CO* 37.392). 더 많은 실례를 찾아보려면, Puckett, *Calvin's Exegesis*, 65-66을 보라. Pieter Verhoef(*NGTT* 3 [1990] 113-114)는 교회와 회당이 전통적으로 "메시아에 관한" 것이라고 이해해 왔지만 칼뱅이 그의 주해서에서 "메시아에 관한 것이 아님"이라고 생각하는 본문 목록을 제공한다. 창 3:15 (!); 5:29; 9:25-27; 27:29; 민 23:21; 시 46, 61, 76, 80, 89, 93, 99; 사 41:2-4; 42:5-9; 45:1-7; 50:4-9; 렘 16:13; 30:4-6; 욜 2:23; 암 5:15, 18; 8:11-12; 9:8-10; 학 2:6-8, 18; 말 2:17; 4:4-6.
110 칼뱅이 저자의 의도를 강조한 예를 더 찾아보려면, Puckett, *Calvin's Exegesis*, 33-34를 보라.
111 Calvin, *Comm.* 시 2:7.

지로, "기독론적인" 시편 72편에 대한 서문에서, 칼뱅은 다음과 같이 경고한다. "이 시편을 단순히 그리스도의 왕국에 대한 예언으로 해석하려는 사람들은 이 구절을 곡해하는 사람들이다. 그렇다면 우리가 항상 경계해야 할 것은 유대인들의 강렬한 항의를 불러일으킬 기회를 주지 않아야 한다는 점이다. 이들에게 마치 우리의 목적이 직접적으로 그리스도를 가리키지 않은 것이라도 궤변적으로 그리스도에게 적용하는 것이라는 인상을 주어서는 안 된다." 그러나 이렇게 말함으로써 칼뱅은 다윗 왕국이 그리스도 왕국의 "유일한 모형 또는 그림자"임을 자연스럽게 인정했다.[112]

칼뱅은 루터의 기독론적인 해석에 대해 비판적이었다. 그는 "다른 곳에서와 마찬가지로, 여기서도 루터의 추측은 견고하지 않다."라고 쓰고 있다.[113] 다른 곳에서 칼뱅은 다음과 같이 주장한다. "미묘한 추측들은 처음에는 좋아 보이나, 그 후에는 사라져 버리고 만다. 그렇다면, 성경에 능통하고자 하는 사람들은 모두 항상 이 규칙을 염두에 두어야 한다. 즉 선지자들과 사도들로부터 오직 견고한 것만을 모아야 한다."[114]

루터 진영의 비판

루터 진영의 신학자들은 곧바로 칼뱅을 비난하고 나섰다. 이들은 칼뱅이 성

---

112 Calvin, *Comm.* Psalm 72, Preface. 예를 들어, 7절에 대한 칼뱅의 주해를 주목하라: "이 예언은 그리스도 안에서 최상의 성취를 맛보고 있다." 유대인들에 관해서는, 시편 16편에 대한 칼뱅의 주해를 참조하라: "내가 지금까지 해 왔던, 해석의 자연스러운 간결성을 고수하는 편이 낫다. 즉 우리가 유대인들의 조롱의 대상이 되지 않도록 해야 한다." Puckett, *Calvin's Exegesis,* 53에서 인용.
113 Calvin, *Comm.* Gen 13:14 (CO 23.193). Puckett, *Calvin's Exegesis,* 55에서 인용. 또한 *Comm.* Gen. 11:27 (CO 23.170)과 *Comm.* Dan 8:22-23 (CO 41.114)을 보라.
114 Calvin, *Comm.* Hos 6:2 (CO 42.320). Puckett, *Calvin's Exegesis,* 17에서 인용. Richard Muller, "Hermeneutic," 77, "과도한 기독론적 해석에 대한 칼뱅의 불만은 파베르 스타플렌시스(Faber Stapulensis)의 유명한 시편 주해를 그 배경으로 하면 이해될 수 있을지 모른다. 이 주해에 따르면, 단일하고 문자적 의미란 이름 아래, 그리스도만이 본문의 유일한 지시 대상으로 받아들여지고, 다윗은 시편의 의미 대상으로서는 완전히 사라져 버리고 만다. 칼뱅의 경고는 기독론적인 관점의 약속-성취의 해석학을 반대하는 것이 아니라, 역사적 인물인 다윗에게 약속-성취란 구도 내에서 적합한 위치가 허락되어야 한다는 주장이며, 그와 동시에 본문의 문자적 의미는 먼저 역사적 인물인 다윗에게 주어진 약속 가운데 놓여 있어야 한다는 주장이다."

경의 참된 의미를 자신의 역사적 방법론으로 약화시키고 있다고 비난한다. 1593년 훈니우스(Hunnius)는 *Calvin the Judaizer*라는 제목의 저작에서 칼뱅을 공격한 적이 있다. 그는 칼뱅의 해석을 다름 아닌 유대적 해석으로 보았다. 리처드 멀러(Richard Muller)는 다음과 같이 말한다. "성난 루터파 주해가들과 신학자들은 … 유대교화하는 칼뱅을 지목하고자 했을 텐데, 그 이유는 칼뱅이 구약을 일관적으로 기독론화하는 것과 복수형인 '엘로힘'을 삼위일체적으로 해석하는 것을 단호히 거부했기 때문이다."[115]

그러나 칼뱅은 극단적인 기독론적 해석뿐만 아니라 유대적 해석과도 의견을 달리했다. 퍼켓은 "비록 칼뱅이 종종 유대적 전통의 언어적 전문성을 활용했으며, 때때로 다른 문제들의 경우 유대적 해석들을 인정하긴 했지만, 유대적 해석에 대한 칼뱅의 대부분의 반응은 부정적이었다."라는 의견을 제시한다.[116] 예를 들어, 이사야 7:14에 나오는 임마누엘에 관한 친숙한 구절 하나를 생각해 보자. 칼뱅은 유대인들은 "이 구절에 의해 궁지에 몰리게 된다고 주장한다. 왜냐하면, 이 구절은 '임마누엘'이라고 불리는 메시아에 관한 예증적 예언을 담고 있기 때문이며, 이런 점에서 유대인들은 총력을 기울여 이사야 선지자가 의도했던 바를 다른 의미로 바꾸고자 했다."라고 주장한다.[117] 분명히 칼뱅의 해석에는 단순한 역사적 해석 이외의 더 많은 해석들이 존재한다.

② 그리스도 중심적 해석

칼뱅이 역사적 해석이 적합하다고 생각했던 바로 그 지점에서, 그는 문자적-역사적 해석을 넘어서서 그리스도 중심적 해석으로 나아가고 있다. 이러한 움직임은 구약과 신약의 통일성에 대한 그의 견해와 성경 구절을 성경 전체의 문맥 속에서 이해해야 한다는 당위성에 의해 지지를 받는다.

---

115 Muller, *Post-Reformation*, 2.218.
116 Puckett, *Calvin's Exegesis*, 83.
117 Calvin, *Comm*. Isa 7:14 (CO 36.154). Puckett, *Calvin's Exegesis*, 85에서 인용.

성령님의 의도

지금까지 우리는 칼뱅이 저자의 의도에 대해 자주 이야기하는 것을 들어 왔다. 그는 또한 "성령님의 의도" 혹은 "하나님의 의도"에 대해서도 자주 이야기한다.[118] 예를 들어, 어떤 구체적인 해석을 거부하면서, 칼뱅은 "나는 성령님이 여기서 다른 의도를 갖고 있다고 생각한다."라고 말한다.[119] 성령님의 의도를 언급함으로써, 칼뱅은 인간 저자의 의도를 넘어 그 이상으로 나아가는 듯하다. 그러나 이 둘은 서로 밀접하게 연결되어 있다. 퍼켓은 칼뱅이 자신의 입장을 수정하는 듯한 실례를 여러 개 열거한다: "그러므로 우리는 이제 선지자의 의도, 아니 성령님의 의도를 이해한다." "우리는 이제 선지자의 의도, 아니 성령님의 의도를 이해한다." 그러나 이러한 "수정"은 아주 의도적인 것이다. 퍼켓은 다음과 같이 결론 내린다. "칼뱅은 인간 저자의 의도와 성령님이 의미한 바를 구별하는 것을 원치 않았음이 분명하다. 성경이 만들어지는 과정에 있어서 선지자의 의도와 생각과 말들이 성령님의 의도와 생각과 말씀들과 서로 너무도 밀접하게 연결되어 있기에, 이 둘을 구별할 수 있는 어떠한 실제적인 방법이 존재하지 않는다는 결론을 칼뱅이 내리지 않기는 어려웠다."[120]

구약에서 그리스도를 발견한다는 목표

예수님이 유대인들에게 말씀하신다. "너희가 성경에서 영생을 얻는 줄 생각하고 성경을 연구하거니와 이 성경이 곧 내게 대하여 증언하는 것이니라"(요 5:39). 이에 대해 칼뱅은 다음과 같이 주해한다. "우리는 성경 속에서 그리스도를 찾고자 하는 분명한 의도를 갖고 성경을 읽어야 한다. … 이미 잘 알려져 있듯이, 여기서 **성경**이란 구약을 의미한다. 왜냐하면, 복음서에서 그리스도가 최초로 나타나기 시작한 것이 아니라, 율법과 선지서들로부터 이미 증거를 얻

---

118 칼뱅의 저작들에 나타나는 두 표현들, 즉 *consilium spiritus sancti*와 *Dei consilium*을 이해하려면, Puckett, *Calvin's Exegesis*, 32-33을 보라.
119 Calvin, *Comm. Dan* 12:4. Puckett, *Calvin's Exegesis*, 32에서 인용.
120 Puckett, *Calvin's Exegesis*, 36-37.

으신 후에, 복음서에서 공공연히 그 모습을 드러냈기 때문이다."[121] 다른 곳에서, 칼뱅은 이렇게 쓰고 있다. "이것이 바로 우리가 성경 전체에서 찾고자 진력해야 하는 것이다. 즉 정말로 예수 그리스도를 알아 가고, 그 안에 있는 무한한 부요함과 그를 통해 하나님 아버지로부터 우리에게 주어진 이 풍성함을 진실로 아는 일이다."[122]

점진적 계시

구약에서 그리스도를 찾는 데 있어서, 칼뱅은 그리스도에 관한 하나님의 계시가 구약의 경우에는 신약에서만큼 그렇게 분명치 않다는 것을 잘 인식하고 있다. 그러나 구약에 있어서도, 그리스도에 대한 계시는 점점 더 분명해진다. 칼뱅은 계시에 있어서의 진전을 그림자로부터 실체로, 또한 작은 불꽃에서 태양으로 움직여 나아가는 이미지들로 전달하고자 진력했다. 그는 『기독교 강요』에서 다음과 같이 쓰고 있다. "주님은 자비의 언약을 수행해 나가심에 있어서 이러한 질서 정연한 계획을 고수하신다. 시간의 흐름과 함께 완전한 계시의 날이 다가옴에 따라, 주님은 매일매일 계시의 드러남을 점점 더 환하게 밝히셨다. 그러기에, 구원의 최초 약속이 아담에게 주어졌을 당시(창 3:15), 이 약속은 가냘픈 불꽃처럼 빛을 발했다. 그 후 약속들이 뒤이어 주어짐에 따라, 그 불은 더욱 풍성해지고, 그 광채를 더 많이 분출하고 광휘를 더 널리 비추게 되었다. 마침내, 모든 구름이 흩어졌을 때, 의의 태양이신 그리스도께서 온 세상을 환히 비추셨다."[123] 그러므로 점진적 계시라는 것은 구약에 있는 하나님의 백성에게는 아무런 빛도 없었다는 것을 의미하지 않는다. 믿음의 조상들은 "구원과 영생의 소망을 담고 있는 설교가 없었던 것이 아니라 … 단지 멀리서, 그리고 그림자 형상으로, 우리가 오늘날 환한 대낮에 보고 있는 것을 언뜻

---

121 Calvin, *Comm.* John 5:39.
122 Calvin, 신약의 프랑스어 판 서문. Leith, *Int* 25 (1971) 341에서 인용. 참조. *Institutes*, 3.2.1.
123 Calvin, *Institutes*, 2.10.20. 참조. Parker, *Calvin's Old Testament Commentaries*, 56-62.

보았을 뿐이다."라고 칼뱅은 말한다.[124]

그렇다면, 그리스도는 어떻게 구약 가운데 현존해 계셨는가? 우리가 갖고 있는 증거들에 비추어 볼 때, 칼뱅은 최소한 세 가지 방식으로 이 질문에 답하고 있는 듯하다. 곧 그리스도는 구약 속에 영원한 로고스로, 약속으로, 모형으로 현존해 계신다는 것이다. 이것들을 차례대로 생각해 보자.

영원한 로고스

칼뱅은 하나님에 대해 대단히 고양된 견해를 갖고 있었기에 그리스도 없이 과연 누가 하나님을 알 수 있는가 하는 질문을 제기한다. 그는 다음과 같이 말한다. "우리는 먼저 하나님 영광의 광대하심을 깊이 생각해야 하며, 그와 동시에 우리 이해의 빈약함을 깊이 숙고해야 한다. 우리의 예리함이 하나님을 이해할 수 있을 정도로 그렇게 뛰어나다고 결코 생각해서는 안 된다. 그러므로 그리스도를 떠나서 하나님을 알려고 하는 것은 우리 인간의 모든 지능과 감성을 완전히 삼켜 버리는 끝없는 심연과 같다."[125]

그리스도 없이는 하나님을 알 수 없다는 이러한 사실은 구약 시대에도 적용되는 사실이다. 칼뱅은 다음과 같이 쓰고 있다. "옛 시대의 거룩한 사람들은 거울로 보는 것같이 하나님의 아들 속에서 하나님의 모습을 봄으로써만 하나님을 알 수 있었다(참조. 고후 3:18). 내가 이 말을 할 때 의미하는 바는 하나님은 아들을 통하지 않고는 결코 자신을 사람들에게 나타내 보이지 않으셨다는 뜻이다. 즉 하나님은 자신의 유일한 지혜요 빛이며 진리이신 성자를 통해서 자신을 계시하셨다. 바로 이 샘으로부터 아담, 노아, 아브라함, 이삭, 야곱, 그리고 다른 사람들은 하늘의 가르침에 대한 모든 것을 마실 수 있었다. 동일한 샘

---

124 Ibid., 2.7.16. 참조. 2.9.1; *Comm. Gal.* 3:23.
125 Calvin, *Comm.* 1 Pet 1:20. 칼뱅은 계속해서 다음과 같이 말한다. "그런 연유에서, 그리스도를 통하지 않고는 우리는 하나님을 신뢰할 수 없음이 분명하다. 그리스도 안에서 하나님은, 말하자면, 자신을 작게 만드셨는데, 이는 우리의 능력에 맞추시려고 자신을 낮추신 것이다. 오직 그리스도만이 우리의 양심을 진정시켜 우리의 양심이 감히 하나님께 가까이 나아갈 수 있게 한다."

으로부터 모든 선지자들 역시 모든 하늘의 신탁을 받아 전달했다."126

구약 시대에 이렇게 그리스도께서 현존했다는 사실에 비추어 볼 때, 칼뱅이 여호와의 천사를 그리스도로 보는 전통적 가르침을 따르고 있다는 점은 놀랄 일이 아니다. 불타는 가시덤불에 나타난 천사에 관해 주해하면서(출 3:2), 칼뱅은 다음과 같이 동의한다. "교회의 고대 교부들은 하나님의 영원한 아들이 중보자라는 그의 인성적 관점에서 천사라 불렸다고 생각하는데 이것은 올바른 것이다. 오직 그분만이 성육신의 때에 중보자의 직분을 참되게 감당하셨다는 점을 인정해야 하지만, 그와 동시에 그는 이 직분을 태초부터 감당하셨다."127 그러나 칼뱅은 단순히 이 천사를 그리스도라고 말하는 것만으로 만족하지 않았음을 주목해야 한다. 그는 성육신하신 그리스도에게 관심이 있었다. 그는 보다 후기의 한 주해에서 이 점을 아주 분명히 하고 있다. "나는 이전의 저자들이 가르쳐 왔던 바, 즉 그리스도께서 이런 초기 시대에 인간의 형상으로 나타나셨을 때, 그것은 하나님이 육체로 모습을 드러내실 때에 계시될 신비의 서막이었다는 것을 기꺼이 받아들인다. 그러나 우리는 그때 그리스도가 성육신하신 것이라고 생각하지 않도록 조심해야 하는데, 그 이유는 하나님이 때가 차기 전에 자신의 아들을 육신으로 보냈다고 말하는 성경을 우리는 읽어 보지 못했기 때문이다."128

약속-성취

칼뱅으로 하여금 구약 속에서 성육신하신 그리스도를 볼 수 있게 한, 주요 카테고리는 약속이라는 카테고리이다. 그러나 구약 예언의 초점을 그리스도 안에서의 성취에 맞추기에 앞서, 그의 역사적 성향으로 인해 칼뱅은 구약 시대 속에서의 성취를 먼저 찾는다. 칼뱅은 종종 이러한 예언의 성취를 이스라엘의 바벨론 포로 생활 혹은 약속의 땅으로의 귀환 속에서 발견한다. 예를 들

---

126 Calvin, *Institutes*, 4.8.5.
127 Calvin, *CO* 24.35. Parker, *Calvin's Old Testament Commentaries*, 120에서 인용.
128 Ibid., 25.464. Parker, ibid., 119에서 인용.

어, 이사야 52:10은 "여호와께서 열방의 목전에서 그의 거룩한 팔을 나타내셨으므로 모든 땅끝까지도 우리 하나님의 구원을 보았도다"라고 말한다. 비록 칼뱅은 여기서 말하는 구원을 그리스도 안에서 우리가 갖고 있는 구원에까지 확장하기는 하지만, 그는 구약 시대 속에서의 성취를 그 출발점으로 삼는다. "이 예언은 유대인들에 의해서는 바벨론으로부터의 구원으로만 부당하게 제한되고, 그리스도인들에 의해서는 그리스도를 통해 우리가 얻게 된 영적인 구속으로만 잘못 제한되고 있다. 우리는 고레스 왕 재위 기간에 이루어졌던 구원으로부터 시작해서(대하 36:22-23) 그 구원을 우리 시대로까지 끌고 나가야 한다."[129]

이렇게, 칼뱅은 예언의 점진적 성취를 찾아 나섰다. 성취의 주된 가능성들로는 다음과 같다. 첫째로 구약 속에서의 성취, 둘째로 그리스도의 오심 속에서의 성취, 셋째로 현대 교회 속에서의 성취, 마지막으로 그리스도의 재림 속에서의 성취이다.[130] 이것은 모든 예언이 여러 번 성취된다는 의미가 아니다. "만약 예언이 그리스도의 왕국에 관한 계시라면, 선지자들은 때때로 이 왕국의 시작만을 가리킬 때가 있고, 때때로 이 왕국의 종국에 대해 이야기할 때도 있다. 그러나 종종 선지자들은 계시되는 과정 속의 한 연결점을 통해 그리스도 왕국의 처음부터 끝까지, 즉 왕국의 전 과정을 지목한다."[131] 다니엘서 7:27을 주해하면서, 칼뱅은 예언에 대한 자신의 해석 방법론을 설명한다. "여기서 나는 내가 지금까지 자주 언급해 왔던 바를 다시 한 번 말하고, 기억 속에 다시 한 번 상기시키고자 한다. 그것은 그리스도의 왕국을 다룸에 있어서 선지자들이 보여 주는 관례인데, 이 관례에 따르면 선지자들은 이 왕국의 최초 시작들이 의미한 바를 이 왕국의 최초 시작보다 더 확장시켜 나간다. 그와 동시에 이러한 의미의 확장은 그들이 여전히 이 왕국의 처음 시작이라는 시점에

---

129 Calvin, *Comm.* Isa 52:10. Willem A. VanGemeren, *WTJ* 46 (1984) 276-277에서 인용. 또한 W. McKane, *NGTT* 25/3 (1984) 256-259를 보라.
130 참조. Muller, *Post-Reformation*, 2,490.
131 Calvin, *CO* 42,573-74. Muller, "Hermeneutic," 73에서 인용.

살고 있는 동안에 이루어진다."[132] 칼뱅은 계속해서 다음과 같이 말한다. "선지자들이 사람들의 미래 구속에 대해 이야기할 때, 그들은 그리스도의 왕국의 전체적 진전 사항을 모두 포함시키고 있다. … 이 예언들은 하루나 일 년 혹은 한 시대에 성취되는 것이 아니라, 그리스도 왕국의 시작과 끝을 가리키고 있는 것으로 이해되어야 한다."[133] 그러므로, 한 약속에 대한 성취는 정적인 독립체가 아니며, 지속적인 성취의 절차로서 더 큰 성취로 나아가는 과정이다.

리처드 멀러는 우리에게 칼뱅의 해석 방법론을 잘 요약해 준다. "구약이 신약 안에서 성취되었다는 엄격한 약속-성취 모델은, 하나님의 왕국 전체를 포함하는 본문의 확장된 의미라는 사상과 더불어, 칼뱅에게 하나의 해석 구조를 제공하고 있으며, 이 구조 내에서 본문에 대한 문법적-역사적 해석과 현대적 적용을 향한 강한 움직임이 모두 함께 그 역할을 해내고 있다."[134]

모형론

하나의 은혜 언약 속에 있는 구약과 신약의 통일성에 대한 확신과 구속사의 통일성에 대한 칼뱅의 확신은 구약 속에서 그리스도의 모형들을 발견해 낼 수 있는 길을 열어 놓았다. 자신의 역사적 해석에서와 마찬가지로 모형론적 해석에 있어서도, 칼뱅은 안디옥 학파가 처음 열어 놓은 길을 따라갔다. 파커(T. H. L. Parker)는 칼뱅에게 "유대인들의 역사는 그리스도의 오심을 위한 하나의 준비였음은 물론, 그리스도와 그의 사역에 대한 하나의 의도적인 사전-규정(pre-enactment)이었다. 구체적인 사람들과 제도들은 모형들이거나 표현들이

---

132 Calvin, *Comm.* Dan 7:27, Holwerda, "Eschatology," 328-329에서 인용.
133 Calvin, *Comm.* Jer 31:24 (CO 38,682), Puckett, *Calvin's Exegesis*, 130에서 인용. 참조. Puckett, Ibid., 126-132. 또한 칼뱅은 땅에 대한 약속이 가나안 땅에서부터 온 땅으로 확장되는 것을 본다. "이러한 확장이 모든 점에 있어서 유대인들에게 성취되지 않았다. 그러나 유대인들이 본국으로 회복되었을 때, 이 확장에 대한 한 시작이 그들과 함께 이루어졌다. 그 결과 후일에 이들을 통해, 온 땅에 대한 소유권이 하나님의 자녀인 그들에게 주어질 것이다." Calvin, *Comm.* Gal 4:28. VanGemeren, *WTJ* 46 (1984) 277에서 인용.
134 Muller, "Hermeneutic," 71. 좋은 개관이 이 글 68-82에서, 그리고 David Holwerda, "Eschatology and History: A Look at Calvin's Eschatological Vision," 311-342에서 제공된다.

거나 상징들이었다(그는 이 세 단어를 교차적으로 사용한다)."라고 말한다. 그는 한 걸음 더 나아가 다음과 같은 점을 지적한다. "모형은 칼뱅에게 있어서 두 언약 사이의 우연적인 닮음이 아니라, 하나님의 섭리에 의해 의도적으로 설정된 그 무엇으로서, 성육신하신 그리스도를 사전-규정하기 위한 것이며 이런 점에서 그리스도를 상징하고 그를 효율적으로 나타내기 위한 의도였다."[135]

결과적으로 칼뱅은 그리스도의 모형을 안식일과 유월절 어린양과 같은 구약 의식들 속에서 발견할 뿐만 아니라, 특별히 수많은 구약 인물들 속에서도 모형들을 발견한다: 요셉, 아론과 레위 계통의 제사장 직분, 삼손, 다윗 왕과 그의 후계자들.[136] 칼뱅은 다음과 같이 설명한다. "이제 우리는 다윗에게서 하나의 영적 왕국이 약속되었다는 사실을 알게 된다. 그렇다면 무슨 목적에서 다윗은 그리스도에 대한 하나의 모형이었는가? 하나님이 다윗에게 자신의 독생자의 살아 있는 형상을 부여하셨음을 기억할 때, 우리는 마땅히 유한한 왕국으로부터 영원한 왕국으로, 가시적 왕국으로부터 영적인 왕국으로, 지상의 왕국으로부터 천상의 왕국으로 나아가야 한다. 동일한 원리가 제사장 직분에도 적용되어야 한다. 왜냐하면 죽을 수밖에 없는 모든 존재는 하나님과 사람을 화해시킬 수 없으며, 죄에 대한 속죄를 행할 수 없기 때문이다. 더욱이 소와 염소의 피로는 하나님의 진노를 달랠 수 없으며, 분향으로도, 물을 뿌림으로도, 의식법에 속한 어떠한 것들로도 하나님의 진노를 누그러뜨릴 수 없다. 이런 것들은 구원의 소망을 줄 수 없으며, 무서워 떠는 양심들을 진정시킬 수 없다. 그렇다면, 당연히 제사장직은 그림자였고, 레위 족속들은 그리스도께서 오

---

135 Parker, *Calvin's Old Testament Commentaries*, 74-75. 문예적인 차원에서 모형론과 관련한 현대적 논의에 비추어 볼 때, 칼뱅이 하나님의 섭리가 역사의 과정을 이끄신다는 확신 속에서 역사적 차원에서 모형들을 찾고자 했다는 것은 주목할 만한 사실이다. 참조. *Institutes*, 1.11.3. "하나님은 자신의 언약을 베일로 가린 형태로 이스라엘 백성에게 주신 기간 동안에, 은혜로운 미래와 영원한 복락이 지상의 유익들 속에 나타나고 드러나도록 작정하셨으며, 영적인 죽음의 중대성이 육체적인 형벌 가운데 나타나고 드러나도록 작정하셨다."

136 Puckett, *Calvin's Exegesis*, 114-117을 보라. 또한 S. H. Russell, "Calvin and the Messianic Interpretation of the Psalms," *SJT* 21 (1968) 38-43을 보라.

실 때까지 그분을 상징했던 자들이라는 결론이 뒤따른다."¹³⁷

칼뱅은 모형론적 해석이 갖는 위험성, 즉 본문의 세세한 조항들까지도 모형론화할 수 있는 위험성을 인식하고 있었다. 칼뱅은 다음과 같이 주장한다. "우리 자신을 교화(edification)의 한계 안에 포함시키는 것보다 더 좋은 것은 없다. 누군가 철학하는 체하며 이야기한 상세한 내용들(minutiae)을 모으는 것은 철없는 짓이다. 왜냐하면, 모든 고리마다 신비들을 담아놓는 것은 하나님의 의도가 결코 아니기 때문이다."¹³⁸

4) 칼뱅의 하나님 중심적 설교

요한복음 14:1, "하나님을 믿으니 또 나를 믿으라"라는 예수님의 말씀을 주해하면서, 칼뱅은 이렇게 말한다. "예수 그리스도이신 하나님의 아들은 자신을 우리의 믿음이 지향해야 할 대상으로 제시하셨다. … 우리의 믿음이 오직 그리스도만을 지향해야 한다는 것은 우리 믿음의 제일 되는 요소들 중 하나이다."¹³⁹ 이 주해와 지금까지 우리가 칼뱅에게 들어 온 다른 주해들에 비추어 볼 때, 일반적으로 구약에 대한 칼뱅의 설교는 그리스도 중심적이라기보다는 하

137　Calvin, *Comm*. Jer 33:17. Puckett, *Calvin's Exegesis*, 116-117에서 인용. 참조. Calvin, *Comm*. Ps 2:2, "다윗의 지상 왕국은 하나님의 옛 백성들의 영원한 왕국, 즉 그리스도 안에서 진정으로 세워진 바 있는 영원한 왕국에 대한 일종의 전조였기에, 다윗이 자신에 관해 선언한 것들은 억지로 혹은 알레고리적으로 그리스도에게 적용되지 않으며, 진실로 그리스도에 관해 예언된 내용들이다. 만약 우리가 이 왕국의 성격을 주의 깊게 생각한다면, 왕국의 목적과 범위를 간과하고 왕국의 단순한 그림자 속에 안주한다는 것은 부적절하다는 것을 인식하게 될 것이다."

138　Calvin, *Comm*. Exod 26:1. Puckett, *Calvin's Exegesis*, 116에서 인용. 구약과 신약의 통일성은 칼뱅으로 하여금 설교에서 적용을 위해 유비 혹은 유사의 개념을 사용하도록 했다. 그는 "우리는 우리와 이스라엘 백성 사이에 유비(anagogē) 혹은 유사점이 존재한다는 것을 알아야 한다."라고 말한다. *Comm*. Exod 6:7 (CO 24,80). Parker, *Calvin's Old Testament Commentaries*, 72에서 인용. 칼뱅은 중세의 4중적 해석과 같이 유비를 사용하는 것이 아니라, "전달 혹은 적용의 행위"란 의미에서 유비를 사용한다. Parker, ibid., 73. 유비는 모형론과 다르다. "유비에 의한 적용과 모형론에 의한 적용에 대한 칼뱅의 구분에 따르면, 모형론은 진실로 예언적이다. 즉 선지자들은 자신들이 자신들의 시대에 대해서뿐만 아니라 미래 시대에 대해서도 이야기하고 있는 것을 알고 있었다." 이와 달리, 유비는 선지자가 오직 이스라엘에게만 이야기하고 있는 본문의 경우, 본문의 메시지를 오늘날로 전달하는 역할을 한다. Puckett, *Calvin's Exegesis*, 68-69를 보라.

139　Calvin, *Comm*. John 14:1 (CO 47,321-22).

나님 중심적이라고 묘사하는 것이 가장 바람직하다고 말한다면 의외라고 생각될 것이다. 이것은 칼뱅이 구약에서 그리스도 중심적 설교를 결코 하지 않았다는 말이 아니다. 칼뱅의 인쇄업자였던, 바디우스(Badius)는 이렇게 전한다. "이사야 52장 끝부분과 53장 전체에서 우리 주 예수 그리스도의 죽음과 수난의 신비와 이에 대한 원인들이, 마치 성령님께서 우리 눈앞에 우리를 대신해 저주를 받으시고 우리의 죄를 위해 십자가에 못 박히신 예수님을 보여 주시기라도 하듯 그렇게 생생히 기술되고 묘사되고 있는데, 이 본문에 대해 지금까지 전해진 설교 중에서 가장 훌륭한 설교를 듣는 것은 하나님을 기쁘시게 할 것입니다."140

구약에서 그리스도를 설교하기 위해 약속-성취를 사용한 것 이외에,141 칼뱅은 그가 적합하다고 생각하는 곳에서 모형론을 사용했다. 예를 들어, 사무엘하에 대한 칼뱅의 설교에서, 다윗 왕은 그리스도의 한 모형의 역할을 할 뿐 아니라 대제사장과 희생 제사와 성전의 역할도 하고 있다.142

그러나 대체적으로, 구약에 대한 칼뱅의 설교들은 하나님 중심적이라고 표현하는 것이 가장 바람직하다. 칼뱅의 *Sermons from Job*을 소개하면서, 해럴드 데커르(Harold Dekker)는 "칼뱅의 설교에서 크게 주목할 만한 양상 중 하나는 그의 설교가 완전히 하나님 중심적이라는 사실이다. … 또한 가장 중요한 사실은 구약 설교의 대부분(욥기에 관한 159편의 설교)이 하나도 그리스도를 구체적으로 언급하지 않는다는 점이다."라고 쓰고 있다.143 심지어 "내가 나의 구

140　John Calvin, *Sermons on Isaiah's Prophecy of the Death and Passion of Christ*, trans. and ed. T. H. L. Parker (London: James Clarke, 1956), 16. 파커(Parker)가 인용한 바디우스(Badius).

141　칼뱅의 *Sermons on 2 Samuel* 중에서 사무엘하 7:12-15에 대한 Sermon 22, 사무엘하 7:25-29에 대한 Sermon 26을 참조하라.

142　Ibid. 예를 들어, 다윗은 사무엘하 5:1-5에 대한 Sermon 12와 사무엘하 7:12-17에 대한 Sermon 23에서 하나의 모형 역할을 하는데, Sermon 21, 22에서도 마찬가지이다. 사무엘하 6:6-12에 대한 Sermon 17에서는 대제사장과 희생 제사의 모형에 관하여, 사무엘하 7:4-13에 대한 Sermon 21과 사무엘하 7:12-15에 대한 Sermon 22에서는 성전의 모형에 관한 역할이 언급되었다.

143　Dekker, "Introduction," *Sermons from Job*, xxviii. 참조. Ibid., "설교자에게 있어서는 하나님이 권위와 동기일 뿐만 아니라, 매 설교의 원천이요 대상이며, 모든 설교가 지속적으로 언급해야 할 자

속주가 살아 계심을 아노니"라는 욥의 말도 그리스도에 대한 언급이라고 보증하지 않는다.[144] 신명기에 대한 칼뱅의 많은 설교에도 동일한 원리가 적용된다.[145]

칼뱅이 구약 속에 그리스도께서 계셨다는 것을 굳게 믿었다는 데는 의심의 여지가 없다. 그는 그리스도를 율법의 "근원"(fundamentum), "정신"(anima), "생명"(vita), "영"(spiritus), "목표"(scopus), "종결"(finis), 그리고 "완성"(perfectio)이라고 부른다.[146] 그러나 어떤 이유에서인지 칼뱅은 이 사실을 자신의 설교에서 반드시 명시적으로 밝혀야 한다는 생각을 갖지 않았다.[147] 내가 알기로는, 칼뱅은 어느 곳에서도 구약에서 명시적으로 그리스도를 설교하지 않은 데 대해서 설명하지 않았다. 그러나 몇 가지 이유를 생각해 볼 수 있다. 첫째, 삼위일체 하나님에 대한 칼뱅의 이해 때문이다. 칼뱅은 이렇게 말한다. "하나님이란 이름 아래에서는, 유일하고도 단순한 하나의 실체(essence)만을 생각할 수 있을 뿐이며 이 실체 안에서 우리는 세 위격을 이해하게 된다. … 그러므로 구체적인 설명 없이 하나님의 이름이 언급될 때는 언제나 성부뿐

료의 중심이다. 특히 주목할 만한 사실은 그분은 충만한 삼위일체로 존재하신다는 점이다."

144 Calvin, *Sermons from Job*, Sermon 8 on Job 19:17-25, 117-118: "이제 결국, 욥은 **그의 구속주가 살아 계심을 안다**고 부연한다. 욥의 이 말이 그때나 지금이나 완전히 이해될 수 없음이 사실이다. 그러므로 우리는 욥이 이렇게 말하고 있는 그 의도를 생각해 보아야 한다. 그가 의미한 바는 사람들 앞에서 자신의 입장을 변호하거나 자기를 정당화함으로써 위선자 역할을 하고 있지 않다는 것이다. 그는 자기의 고난은 하나님과 관계되어 있다는 것을 알고 있었다. … 그러므로 욥은 '나의 하나님이 살아 계시며, 그가 결국 땅 위에 반드시 서실 것이라는 점을 알고 있다.'라고 말하고 있는 것이다."

145 참조. John Leith, *Int* 25 (1971) 341, "이러한 의도['정말로 예수 그리스도를 알기 위해서']와 신명기에 대한 칼뱅의 많은 설교를 조화시킨다는 것은 대단히 어려운 일이다. 분명히 루터와 달리, 칼뱅에게 있어서 그리스도는 성경 속에 있는 하나의 정경 혹은 표준이 아니었다."

146 Calvin, *Comm.* 2 Cor 3:16-17 (*CO* 50,45-46); *Comm.* Rom. 10:4 (*CO* 49,196); *Comm.* Exod 24:29(*CO* 25,118); *Comm.* Ezek 16:61 (*CO* 40,395); *Comm.* Acts 28:17 (*CO* 48,567); Hesselink, "Calvin," 166에 있는 대로.

147 사실, "그리스도는 칼뱅에게 있어서 너무도 근본적이고도 온전한 의미에서 성경의 목표(scopus)이기에 이 점을 다시 자꾸 반복할 필요가 없었다."라고 주장되어 왔다. C. Veenhof, "Calvijn en Prediking," *Zicht op Calvijn*, ed. J. Stellingwerff (Amsterdam: Buijten & Schipperheijn, 1965), 80.

만 아니라 성자와 성령님도 지칭되고 있다."[148] 그러므로 칼뱅이 하나님 중심적 설교를 했을 때, 그 설교는 암시적으로 그리스도 중심적 설교이다. 그리스도 중심적 설교가 칼뱅에게 없었던 또 한 가지 이유는 그가 역사적 해석을 강조하고 알레고리적 해석을 경멸했기 때문이다.[149] 또 다른 이유는 아마도 강해 설교에 대한 칼뱅 자신의 견해에서 기인할 텐데, 그에 따르면 강해 설교는 본문이 기록된 당시에 본문이 의미하고 있던 바를 설교하는 것이다. "설교나 모든 가르침이 본문에 들어 있는 내용에 대한 강해 외에 다른 무엇이 될 수 있겠는가? 만약 우리가 본문에 어떠한 것을 첨가한다면, 아무리 작은 첨가일지라도, 그것은 본문을 왜곡할 뿐이다."[150] 마지막으로 우리는 제네바에서 칼뱅이 연이은 구절들에 대해 훈계 형식으로 구약을 설교했으며(lectio continua) 때로는 신실한 그리스도인들이 참석한 모임에서 주중에도 연이어서 설교했다는 사실을 기억할 필요가 있다.[151] 이런 이유 때문에, 칼뱅은 매번 그리스도를 명

---

148 Calvin, *Institutes*, 1.13.20. 참조. Johann Le Roux, "Betekenis," 191; 여기에 따르면, 칼뱅에게 있어서 설교의 최상의 목표는 구원론적 모티브보다는 삼위일체 하나님을 경배하는(*soli Deo gloria*) 모티브이다. 참조. Dekker, "Introduction," xxviii. "루터의 경우에 설교의 목적은 그리스도를 제시하는 데 있는 반면에, 칼뱅의 경우에는 삼위일체이신 구속주 하나님을 보다 포괄적으로 보여 주는 데 설교의 목적이 있다."
149 Parker, *Calvin's Preaching*, 92에 따르면, 구약에 대한 그의 설교에서, 칼뱅은 "성경 구절에 대한 해석과 주해를 할 때 역사적 문맥을 고수했다. 이런 이유 때문에, 그의 설교에서는 예수 그리스도나 복음에 대한 언급이 아예 없거나 거의 나타나지 않는다. 그러나 본문 적용의 경우, 상황은 아주 다르다. '우리들'[그의 청중들]은 성육신과 신약의 증언 이전 시대에 살고 있지 않으며, 그러기에 이미 대체된 역사적 상황들을 물려준다는 것은 인위적이고 어리석은 일이다. 이런 점에서 칼뱅은 자유롭게 기독교적인 방식으로 그리스도인들에게 설교한다."
150 Calvin, *Supplementa Calviniala*, 5,89.41-90.4. Parker, *Calvin's Preaching*, 24에서 인용.
151 칼뱅은 모든 제네바 시민이 반드시 예배에 참석해야 했던 주일에는 신약에서 설교하는 관행을 갖고 있었다. 때때로 그는 주일 오후 설교를 위해 시편을 사용하곤 했다. 주중에는 구약을 설교했다. 예를 들어, 칼뱅은 1554년 2월 26일부터 1555년 3월까지 욥기에 대한 설교를 159번 했고, 이어 1555년 3월 20일부터 1556년 7월 15일까지 신명기에 대해 200번의 설교를 했다. John Leith, "Calvin, John," in *Concise Encyclopedia of Preaching*, ed. William H. Willimon and Richard Lischer (Louisville: Westminster/John Knox, 1995), 62를 보라. 1549년부터 1563년까지 칼뱅의 설교 본문들에 대한 자세한 목록을 보려면, Parker, *Calvin's Preaching*, 63-64, 90-92를 보라. 스콜라주의 전통의 주제별 설교 스타일과 구별되는 칼뱅의 설교 스타일에 관해서는, Ellen Borger Monsma, "The Preaching Style of Jean Calvin: An Analysis of the Psalm Sermons of the Supplementa Calvinia" (Ph.D. thesis, Rutgers University, 1986), 특히 90-110을 보라.

시적으로 설교하는 것은 꼭 필요한 것이 아니라고 생각했었던 것 같다.

비록 이것이 사실이긴 하지만, 칼뱅의 많은 설교를 살펴본 후에 파커는 다음과 같은 결론을 내린다. "다양한 본문들과 이들 본문들이 만들어 내는 온갖 형태의 다양성에도 불구하고, 이들 다양성을 관통하는 하나의 성경 사상이 존재한다. 즉 숨어 계신 하나님은 인간의 무한한 선과 유한한 선을 위해 자신을 나타내 보이신다는 사상이다. 성경 본문들에 대한 칼뱅의 해석과 적용을 통제하는 것이 바로 이러한 사상이다. 지금까지 살펴본 모든 실례들 속에서 우리는 은혜롭게 역사하시는 하나님을 볼 수 있었다."[152] 그리고 이러한 실례들의 전반에 걸쳐서 하나님의 은혜는 오직 예수 그리스도 안에서, 그리고 오직 그를 통해서만 우리에게 온다는 것을 깨닫게 된다.[153]

5) 칼뱅의 하나님 중심적 해석에 대한 평가

① 귀중한 공헌

현대적 관점에서 볼 때, 우리는 구약의 해석과 설교에 대해 칼뱅이 기여한 많은 것의 가치를 인정하게 된다. 대부분의 현대 학자들은 칼뱅이 역사적 해석을 강조한 것, 즉 저자의 의도, 역사적 문맥, 그리고 본문의 문예적 배경에서 원래적·문법적 의미를 강조한 것을 지목한다.[154] 이와 더불어, 우리는 하나의 은혜 언약 속에 있는 구약과 신약 사이의 통일성에 대한 칼뱅의 강조를 가치 있는 기여로 인정해야 한다. 구약과 신약 사이의 통일성이라는 문맥 속에서의

---

152 Parker, *Calvin's Preaching*, 107.
153 Ibid., 93-107을 보라. 참조. Calvin, *Institutes*, 2.12.2, 중보자이신 그리스도의 사역은 "우리를 회복시켜 하나님의 은혜로 나아가게 함으로써, 사람의 자식들을 하나님의 자녀가 되게 하고, 지옥의 상속인들을 하늘나라의 상속인들이 되게 하는 데 있다."
154 예를 들어, F. W. Farrar, *History*, 345-348을 보라. John Broadus, *History of Preaching*, 115, "칼뱅은 수천 년 동안 행해졌던 성경 강해 중 가장 유능하고도 건전하며 명쾌한 성경 강해를 제시했다."

역사적 해석은, 칼뱅에게 구약 설교에 대해 균형 잡힌 접근을 할 수 있도록 해 주었다. 퍼켓이 잘 설명한 것처럼, 칼뱅은 "구약을 구약이 지닌 역사적 토양으로부터 분리시키지 않았으며, 또한 구약의 뿌리들이 예수 그리스도에게서 단번에 완전히 꽃피운 것으로 생각하여 그런 관점에서 구약의 뿌리들을 바라보는 것으로 만족하지도 않았다. 그는 신약 저자들의 구약 해석을 사용해서 구약 본문의 의미를 파악하고자 했다."[155] 더욱이, 하나님 중심적 강조를 통해, 칼뱅은 알레고리적 해석과 과도한 기독론적 해석에 대한 좋은 교정 역할을 했다. 마지막으로 칼뱅은 구약에서 그리스도를 설교하는 고대의 적합한 방식을 현대로까지 끌어들였다. 즉 약속-성취 방식과 모형론 방식이 이에 해당한다.

② 칼뱅의 해석 방법의 결점

존 리스(John Leith)에 따르면, "설교에 있어서 칼뱅의 목적은 성경 **본문** 자체를 투명하게 하는 일이었다."[156] 비록 이 목적이 그 자체로 칭찬할 만한 것이기는 하지만, 우리의 관점에서 볼 때, 칼뱅은 성경 전체라는 문맥 속에서, 명시적으로 그리스도 중심적 설교를 만들어 내는 데에는 충분한 관심을 기울이지 않았다. 이미 살펴보았듯이, 칼뱅은 종종 하나님 중심적 설교에 만족해했다. 물론 칼뱅은 기독교적 전통에 있는 제네바에서 설교했고, 그러기에 칼뱅은 청중이 설교를 들으면서 그리스도와의 연결점을 그들 스스로 발견할 것이라고 생각했을지 모르지만, 후기-기독교 문화권 속에 있는 우리에게는 부적합한 설교 모델을 남겨 주었을 뿐이다.

아이러니하게도, 칼뱅의 해석 방법의 또 다른 결점은 그가 여전히 교부들의 알레고리적 해석의 유혹에 한동안 빠져들었다는 점이다. 예를 들어, 레위기 11

---

[155] Puckett, *Calvin's Exegesis*, 132. 참조. Nixon, *John Calvin*, 129-130, "칼뱅의 힘은 그가 말씀으로 흠뻑 적셔져 있었다는 … 사실로부터 연유한다. 칼뱅은 성경을 전체적인 관점에서 봤다. 그는 구체적인 개별 구절들을 기독교 진리 전체에 어떻게 연결 지을 것인가를 알고 있었다."

[156] Leith, in *Concise Encyclopedia of Preaching*, 62 (저자의 강조).

장의 정한 고기와 부정한 고기에 대해 주해하면서, 칼뱅은 다음과 같이 말한다. "비록 알레고리적 해석들에는 견고성이 거의 없긴 하지만, 나는 초대 교부들로부터 전해 내려오는 알레고리적 해석, 즉 굽이 갈라졌다는 것은 성경의 신비를 이해하는('구별 짓는') 지혜를 의미하며, 되새김질하는 것은 하늘의 가르침에 대한 진지한 묵상을 의미한다는 알레고리적 해석을 공격하거나 거부하지 않는다."[157]

칼뱅의 설교에 있어서 또 하나의 결점은 칼뱅이 목회적으로 설교의 현대적 상관성에 관심을 가지고 훈계하는 설교 스타일을 채용하면서 이 둘을 조화시키려 했기 때문에 생겨난 결과이다. 비록 본문을 문장별로, 절별로 설명하고 적용하는 교부들의 방식이 칼뱅으로 하여금 본문에 가까워지게는 했지만, 내러티브 본문의 경우, 이러한 해석 방식은 필연적으로 설교 본문의 부수적 요소들에 딸려 있는 긍정의 명령들과 부정의 명령들을 도덕적으로 적용하는 결과에 이르게 했다. 종종 칼뱅은 이러한 적용들을 성경 속 등장인물들의 행동과 말에 연결한다. 예를 들어, 사무엘하에 대한 연속 설교 중 첫 번째 설교에서, 칼뱅은 회중에게 이스라엘의 패배와 관련된 다윗의 예로부터 "하나님이 우리를 시험하기 위해 선택하신 모든 시험을 기꺼이 받아들이는" 법을 배우라고 권면하며, 사울의 죽음을 접하고 다윗이 그랬던 것처럼 "하나님이 사울에게 주신 좋은 것들을 귀히 여김 없이는 사울 안에(그리고 우리의 대적들 안에) 있는 악한 것을 미워하지 않아야" 한다고 우리에게 권면한다. 계속해서 칼뱅은

---

157 Calvin, *CO* 24, 347. Parker, *Calvin's Old Testament Commentaries*, 76-77에서 인용. 창세기 15:11, "솔개가 그 사체 위에 내릴 때에는 아브람이 쫓았더라"에 대해서, Parker, Ibid., 74을 참조하라. 칼뱅은 이 구절을 다음과 같이 주해한다. "비록 희생 제사가 하나님께 드려졌지만, 이 제사가 새들의 공격과 폭력으로부터 면제된 것은 아니다. 믿는 자들이 하나님의 돌보심 안으로 받아들여진 이후에, 이들이 하나님의 손에 완전히 싸여서 어느 쪽으로부터도 더 이상의 공격을 받지 않게 되는 것은 아니다. 사탄과 세상은 믿는 자들을 괴롭히는 일을 포기하지 않았다. 그러므로 우리가 하나님께 한때 드린 희생 제사가 순결하고도 상처받지 않으며 침해되지 않은 상태로 남아 있도록, 우리는 이에 대한 공격을 반드시 쫓아내야 한다. 그러나 이 일에는 고통과 수고가 따를 것이다." *CO* 23, 217. 블래키터(Blacketer)는 "L'École de Dieu," 6장에서 "칼뱅은 성경 강해에 있어서, 최소한 설교에 있어서, 그리고 극히 제한된 상황에서 알레고리에 대해 극히 제한된 여지를 남기고 있다."라는 점을 증명하고자 진력한다(p. 33).

동일한 설교 속에서, 비슷한 도덕적 적용을 하고 있다. 예를 들어, 칼뱅은 사울의 죽음은 "우리가 항상 우리 자신을 되돌아보아야 한다."라는 점을 가르치고 있으며, "특별히 우리가 이해할 수 없는 이상하고도 특이한 방식으로 하나님이 우리를 징계하실 때, 이러한 사울의 예는 우리에게 하나의 훈계로 주어진다."라고 주장한다. 또한 동일한 설교에서 칼뱅은 다음과 같이 말한다. "슬퍼하는 척하지만, 실상은 진실하지 못한 아첨꾼일 뿐인 아말렉 족속들이 있는데 … 이로부터 우리가 배워야 할 것은, 사람들을 즐겁게 하려고 앞에 나서서는 안 된다는 점입니다. 이렇게 하면, 하나님은 속히 우리를 내치실 것이기 때문입니다."[158]

이러한 성격-모방 설교(character-imitation preaching)를 통해 칼뱅은 중세 시대의 비유적 혹은 도덕적 의미를 계속 전달하고 있으며, 보다 광의적 관점에서 볼 때, 그는 고대 그리스로부터 현재까지 이어지는 도덕주의적 설교 전통을 유지하고 있는 셈이다.[159] 이러한 전통을 따르는 데 있어서, 칼뱅은 분명히 성경 인물들의 역사적 차원에서 생각하며(다윗, 사울, 아말렉 족속들), 이들의 행

---

[158] Calvin, *Sermons on 2 Samuel 1* on 2 Sam 1:1-16. Sermon 2는 계속해서 우리가 "다윗의 예로부터 마땅히 배워야" 할 것에 대한 적용을 다루고 있다. 2 Sam 1:21-27에 대한 Sermon 3에서 칼뱅은 "사울의 죽음에 대한 다윗의 애도는 너무 지나쳤다."라고 판단하면서, 다음과 같이 권면한다. "이를 통해 우리는 어떤 것에 분노와 절망을 느끼게 될 때, 우리 자신을 잘 통제할 수 있는 방법을 배우도록 합시다." 계속해서 칼뱅은 말한다. "이 본문으로부터 또 하나의 원리를 이끌어 낼 수 있습니다.…" *Sermon from Job*에서 우리는 칼뱅의 동일한 경향, 즉 긍정의 명령과 부정의 명령들을 본문 속의 부차적 요소들에 연결 짓는 형태를 찾아볼 수 있다. 예를 들어, 욥 1:1에 대한 Sermon 1에서 칼뱅은 다음과 같이 말한다. "우리와 같이 연약하지만, 하나님이 극도의 환난을 주실 때에라도 유혹을 물리치며 계속적으로 굳건히 하나님께 복종하는 자들이 있다는 것을 보여 주는 실례가 우리에게 있는 것은 좋은 일입니다. 여기 우리 앞에 이에 대한 훌륭한 한 예가 있습니다." 다음으로 성경은 욥이 "정직했다"라고 기록한다. "이를 통해 우리가 배워야 할 교훈은 마음과 외부로 드러나는 여러 감정들 사이의 일치감입니다." 다음으로 "'욥이 하나님을 경외했다.'라고 기록되어 있는데, 이를 통해 우리가 배워야 할 것은 우리 삶을 잘 통제하기 위해서는 먼저 하나님을 주목해야 하며 그다음에 우리의 이웃을 돌아보아야 한다는 점입니다." 다음으로, "그가 악에서 떠났다."는 부분에 대해서 칼뱅은 "우리는 악에서 떠나야 합니다. 다시 말해, 욥의 예를 본받아 이러한 악의 공격들에 대항해 싸워야 합니다."라고 쓰고 있다.

[159] Greidanus, *Sola Scriptura: Problems and Principles in Preaching Historical Texts*, 8-18을 보라. 참조. Reu, *Homiletics*, 280, "구약에 대한 츠빙글리와 칼뱅의 설교는 루터의 설교와 마찬가지로 다음과 같은 양상을 갖고 있다. 즉 이들은 구약 성도들을 유형들과 경고의 실례들로 제시한다." 루터에 관해서는, 이 책 181-182쪽을 보라.

동과 말로부터 회중에게 줄 수 있는 실제적인 교훈들을 이끌어 내고자 노력했다. 불행히도, 칼뱅은 알레고리적 의미들을 성경 저자의 의도에 비추어 판단했던 것과 달리, 이러한 전통적인 비유적/도덕적 의미들을 성경 저자의 의도에 비추어 판단하는 데는 실패했다. 이러한 도덕적 의미가 이스라엘을 향한 저자의 의도였겠는가? 비록 성경 저자의 의도에 대한 칼뱅의 역사적 강조가 칼뱅 자신에게 이러한 성격-모방 형태로부터 벗어날 수 있는 열쇠를 제공했지만, 그는 이러한 저자의 의도와 고대 이스라엘을 향한 메시지를 연결하는 데 종종 실패했다. 이런 점에서 내러티브 본문들에 대한 설교에서 보여 준 칼뱅의 설교 스타일, 즉 개개의 문장과 절들을 설명하고 적용하는 식의 설교 스타일은 성경 저자가 이스라엘을 향해 의도했던 중심 메시지를 잃어버리는 결과를 가져왔다. 이렇게 초점을 잃어버림으로, 칼뱅의 설교는 통일성이 부족해졌으며 결국에는 그리스도 중심적이라는 초점이 흐려진다.

3. 현대의 기독론적 해석들

지금까지 우리는 구약에서 그리스도를 설교하는 일과 관련하여, 다음과 같은 주요한 역사적 대안들을 살펴보았다: 알렉산드리아의 알레고리적 해석, 안디옥의 모형론적 해석, 중세의 4중적 해석, 루터의 기독론적 해석, 칼뱅의 하나님 중심적 해석. 계속해서 현재까지의 역사를 좀 더 개관해 보고자 한다. 이를 위해 설교에 대한 기독론적 접근으로 잘 알려진 두 명의 프로테스탄트 설교자인 찰스 해돈 스펄전과 빌헬름 피셔의 저작들을 간단히 살펴보기로 하자.

1) 스펄전(Spurgeon)

① 배경

찰스 해돈 스펄전(Charles Haddon Spurgeon, 1834-1892)은 영향력이 컸던 침례교 설교자이다. 1854년부터 1892년 사이 스펄전은 영국 런던의 한 교회 담임목사였는데, 이 교회는 "세계에서 가장 교인이 많은 교회로" 성장했다.[160] 그의 영향력은 그의 설교와 그의 저서인 『목회자 후보생들에게』(*Lectures to My Students*)를 통해 세계 전체로 퍼져 나갔으며, 특히 그의 설교는 33개 국어로 번역되었다.[161] 비록 과장된 형태이긴 하지만 헬무트 틸리케(Helmut Thielicke)만큼 현대 설교자들에게 스펄전을 가장 잘 추천한 사람은 없다. "여러분이 갖고 있는 모든 것(특히 당신이 갖고 있는 설교 관련 모든 서적을 포함해서)을 팔아 스펄전의 책을 사십시오."[162] 존 탈버트(John Talbert)는 "현대 강단에 영향을 준 가장 강력한 한 가지 요소가 있다면, 그것은 설교에 대한 스펄전의 기독론적 접근이다."라고 제안한다.[163] 이것은 다소 과장된 표현일 수도 있지만, 그래도 복음주의 진영에 속한 많은 강단의 경우에는 맞는 지적일 것이다.

스펄전은 "청교도의 상속자"라고 불렸다.[164] 스펄전은 청교도 목사였던 할

---

160 Craig Skinner, "Spurgeon, Charles Haddon," in *Concise Encyclopedia of Preaching*, (앞에 있는 각주 151번 참조), 450. Edwin C. Dargan, *History of Preaching*, 2,537, "그가 런던 목회를 시작한 지 10년 만에 3,569명이 세례를 받고 교회의 성도가 되었다."
161 John Talbert, "Charles Haddon Spurgeon's Christological Homiletics," 17-18을 보라.
162 Thielicke, *Encounter with Spurgeon*, 45.
163 Talbert, "Spurgeon's Christological Homiletics," 18-19.
164 Richard Ellsworth Day, *The Shadow of the Broad Rim: The Life Story of Charles Haddon Spurgeon, Heir of the Puritans* (Judson Press, 1934)의 부제인 동시에 한 장을 구성함; 참조, E. W. Bacon, *Spurgeon: Heir of the Puritans* (London: Allen and Unwin, 1967). 스펄전은 자신을 칼뱅주의의 "다섯 가지 요점"을 수용하는 칼뱅주의자라 불렀다. Talbert, "Spurgeon's Christological Homiletics," 43, n. 39를 보라, "스펄전은 목회자는 칼뱅주의의 '다섯 가지 요점'을 반드시 선포해야 한다고 믿었다. … 메트로폴리탄 태버내클(Metropolitan Tabernacle) 개관식에서, 스펄전은 한 회의를 주재했는데, 이 회의에 참석한 설교자들이 이러한 다섯 가지 필수적인 '은혜의 교리'를 토의한 적이 있다: '선택', '인간 타락', '구체적인 구속', '유효 소명', '그리스도 예수 안에서의 성도의 최종적 견인.'" 이러한 칼뱅주의와의 교리적 관련 관계에도 불구하고, 스펄전의 기독

아버지의 사택에서 성장했다. 탈버트에 따르면, "스펄전이 한 젊은이로서 청교도에 대해 가졌던 좋은 인상은 그의 신학 사상에 있어서 '그리스도 중심적' 초점의 토대를 세우게 했다. 또한 스펄전은 소년 시절에 읽었던 신학 서적들로부터 성경에 대한 해석 방법론을 배웠다."¹⁶⁵ "청교도 해석자들은 본문을 문자적 의미에서 해석하는 일을 엄격하게 옹호했다. 그러나 그와 동시에 이들은 문자적 의미에서 '파생되는 부수적인' 영적인 의미들을 고려했다. 스펄전은 구약 본문을 해석할 때 이러한 전통을 따랐다."¹⁶⁶

② 그리스도를 설교하기

스펄전의 『목회자 후보생들에게』는 설교 초보자를 위한 건전한 충고들로 가득하다. 그러나 주요 관심사는 그들이 그리스도를 설교해야 한다는 점이다. 스펄전은 강의를 이렇게 시작한다. "기독교 사역의 최고 관심사는 하나님의 영광이다. 영혼들이 돌이키든지 돌이키지 않든지, 예수 그리스도가 신실하게 설교되는 한, 목회자의 수고는 헛된 것이 아니다. 왜냐하면 구원받는 자들뿐만 아니라 멸망하는 자들에게도 그리스도는 하나님 앞에서 향기이기 때문이다. 그러나 원칙상, 하나님은 우리를 보내서 설교하게 하심으로 예수 그리스도의 복음을 통해 사람들이 하나님과 화목하게 하고자 하셨다."¹⁶⁷

죄인들의 회심, 이것이 스펄전의 주된 관심사였다. 그는 "(성령님에 의존하지 않고서) 어떻게 죄인들이 돌아오기를 기대할 수 있겠는가? 나는 우리가 다른 무엇보다도 **그리스도와 십자가에 못 박히신 그분을** 전파해야 한다고 대답하겠다. … 기독교 목회자는 주 예수님의 인성과 사역을 둘러싼 모든 진리를 전파

론적인 방법의 구약 설교는 칼뱅보다는 루터의 방법과 더 밀접하게 관련되어 있다.
165 Talbert, "Spurgeon's Christological Homiletics," 31-32. 참조. Ibid., "중생하지 않은 사람들에게 설교할 때, 강단에서 스펄전은 청교도 전통의 종교적 경험이란 관점을 사용하기도 했다."
166 Ibid., 66-67.
167 Spurgeon, *Lectures to My Students*, 49. 『목회자 후보생들에게 1, 2, 3』(생명의말씀사, 1996).

해야 한다."라고 말한다.[168] 계속해서 스펄전은 이러한 진리들을 얼마간 열거한다: "구세주를 필요하게 만든, 죄의 사악함", 하나님의 의, 다가올 심판, "영혼 구원의 위대한 속죄 교리; 우리는 진정된 대속의 희생을 전파해야 하며, 이 희생의 결과인 용서를 꼭 전파해야 한다"; 이신칭의, 그리스도 예수 안에서의 하나님 사랑; "죄인들에게 그리스도에게로 나아오라고 설교하는 최상의 방법은 죄인들에게 그리스도를 설교하는 것이다."[169] 강의 끝부분에 가서, 스펄전은 자신의 주된 사상으로 되돌아온다. "내가 말하고자 했던 모든 것은 결국 이렇게 요약될 수 있습니다. 형제자매 여러분, 항상 언제나 그리스도를 전하십시오. 그분이 복음의 전부이십니다. 그분의 인성, 직분, 사역만이 우리의 유일하고도 위대한, 그리고 가장 포괄적인 주제입니다."[170]

스펄전은 본문 설교자가 직면하는 도전을 한 젊은 설교자에 대한 가르침 속에서 생생하게 보여 준다. "젊은이여, 그대는 영국의 모든 도시와 마을과 부락에서 런던에 이르는 길이 있다는 것을 알지 않습니까? 마찬가지로, 성경의 모든 본문들로부터 그리스도에게 이르는 길은 반드시 있습니다. 사랑하는 형제여, 그대가 본문을 해석할 때 해야 할 일은 그리스도에게 이르는 길이 무엇인가를 말하는 것입니다. 나는 한 번도 그리스도에 이르는 길이 없는 본문을 본 적이 없습니다. 만약 그러한 본문을 발견한다면, 나는 수풀과 도랑을 샅샅이 뒤지겠지만, 결국 나의 주님을 만날 것입니다. 그 안에 그리스도의 향기가 없다면 그 설교는 아무런 유익이 없기 때문입니다."[171]

---

168 Ibid., 50.
169 Ibid., 51-55.
170 Ibid., 194. 참조. Richard E. Day, *The Shadow of the Broad Rim* (Grand Rapdis: Baker, 1976), 218. 여기서 1861년 3월 25일 메트로폴리탄 태버내클(Metropolitan Tabernacle)에서 스펄전이 처음에 한 말을 인용한다. "바울 당시, 신학의 요약과 요점은 **예수 그리스도**였습니다. 나 역시 이 강단이 서 있는 그날까지 이 성전이 행해야 할 사역의 주제는 언제나 **예수 그리스도**의 인성이어야 한다고 믿습니다. 나는 내 자신을 칼뱅주의자라 천명하는 것을 부끄러워하지 않습니다. … 나는 침례교도란 이름을 취하기를 주저하지 않습니다. … 그러나 나의 신조가 무엇이냐고 묻는다면, 나는 '예수 그리스도'라고 단호히 대답합니다. 그리스도 그분은 복음의 요약이요 요점이며, 모든 귀중한 진리의 성육신이시며, 가장 영광스럽게 구현되신 길과 진리와 생명이십니다!"
171 Spurgeon, "Christ Precious to Believers," David L. Larsen, *The Anatomy of Preaching*, 168

③ 스펄전의 해석 방법

스펄전은 성경이 지닌 두 가지 기초적 의미에 관심을 둔다. 즉 문자적 의미 혹은 "평이한 의미"와 영적인 의미인데, 영적인 의미는 보다 넓은 영역을 포함한다.

문자적 의미

스펄전은 신학생들에게 다음과 같이 충고한다. "어떤 경우에도 청중들로 하여금 여러분이 영적으로 해석하고 있는 내러티브가 단지 신화나 비유가 아니라 사실이라는 점을 잊지 않도록 해야 합니다. 문자적인 본문의 이러한 첫 번째 의미가 결코 넘쳐흐르는 여러분의 상상력에 잠식되어서는 안 됩니다. 이 의미가 첫 번째 자리를 차지할 수 있도록 분명하게 선언되어야 합니다. 이러한 문자적 의미를 수정해서 본문의 원래적 의미를 밀쳐 내거나, 원래적 의미가 배경으로 밀려나게 해서는 결코 안 됩니다."[172]

영적 의미

스펄전은 문자적 의미보다는 영적인 의미에 대해 더 많이 이야기하고 있다. 그는 다음과 같이 말한다. "나의 형제들이여, 구체적인 한도 내에서, 영적으로 해석하는 일(spiritualize)을 두려워하지 마십시오. 또한 개별적인 본문들을 택하는 것을 두려워하지 마십시오. 계속적으로 성경의 본문들을 찾아 나서서, 항상 그래왔듯이 그 본문들의 평이한 의미만을 찾지 말고 본문들의 표면에 놓여 있지 않은 의미들을 찾아내려고 노력하십시오." 이와 관련해서, 스펄전은 "부적합한 영적 해석(spiritualizing)을 통해" 본문을 왜곡하는 일을 경고한다. 즉 본

에서 인용. 이와 다른 자료에 있는 다른 형태의 인용문인, *The Soul Winner*, 106-107이 Talbert, "Spurgeon's Christological Homiletics," 19에서 인용되었다.

172 Spurgeon, *Lectures to My Students*, 109-110. 더 많은 사례를 참조하려면, Talbert, "Spurgeon's Christological Homiletics," 56을 보라.

문 속의 하찮은 대상에 대한 영적인 해석, 또는 "설교자인 자신이 얼마나 영특한 사람인가를 보이기 위한" 영적인 해석, 또는 "성경을 왜곡하는" 이상스러운 영적인 의미에 대한 경고이다.[173]

영적인 의미를 적합하게 사용하는 경우 중에서, 스펄전은 첫 번째로 "모형들"을 제시한다. "여러분은 지금까지 모형들이 성화된 천재성을 발휘하는 데 폭넓은 영역을 제공하고 있음을 자주 보아왔습니다." 모형의 실례로, 스펄전은 "광야에 있었던 성막과 그 안에 있는 모든 거룩한 기구들, 번제, 화목제, 하나님께 드려졌던 모든 다양한 희생 제사들"을 언급한다. 또한 "큰 영광 중에 있는 성전"도 언급한다. "모형론적 해석을 담을 수 있는 가장 큰 용량의 그릇은 하나님의 말씀이 지닌 분명한 상징들을 풍성하게 사용하는 일이며, 이렇게 말씀이 지닌 상징들을 기초로 하는 모형론적 해석은 안전한데, 그 이유는 이 상징들은 하나님이 친히 택하신 것이기 때문이다."[174]

다음으로 스펄전은 은유를 언급한다. "여러분이 구약의 모든 모형을 섭렵한 뒤에도, 여전히 여러분에게 남는 것은 소중한 상속 자산과도 같은 수천 개의 은유들입니다."[175]

마지막으로, 그리고 놀랍게도 스펄전은 알레고리적 해석을 적법한 형태의 "영적 해석"(spiritualizing)으로 언급한다. 그는 다음과 같이 쓰고 있다. "사도 바울이 멜기세덱에게서 하나의 신비를 발견했을 때, 또한 하갈과 사라에 대해 이야기하면서 '이것은 하나의 알레고리다'라고 말했을 때, 그는 우리에게 이들 두 경우 이외의 다른 곳에서도 성경적인 **알레고리들을** 발견할 수 있는 선례를 남긴 셈이다. 정말로 역사서들은 여기저기에 알레고리를 남겨 두고 있음은 물론 전체적으로 상징적인 교훈을 염두에 두고 구성되어 있는 듯 보인다."[176] 비록 스펄전이 방금 전 신학생들에게 "오리게네스를 따라 극단적이고

---

173 Ibid., 107-109.
174 Ibid., 110.
175 Ibid.
176 Ibid.

도 담대한 해석을 모방하지" 말라고 경고했지만,[177] 여기서는 알레고리적 해석을 지지하기 위해 오리게네스의 주장 자체를 이용하는 셈이다.

④ 스펄전의 구약에서 그리스도를 설교함

스펄전은 구약에서 그리스도를 설교하기 위해 많은 "길들"을 사용한다. 사실 너무 많은 길을 사용하기에, 그의 해석 방법을 체계적으로 설명한다는 것이 어려울 정도이다.[178] 그러나 스펄전의 구약 설교들을 읽게 되면, 곧바로 그가 문자적 의미에 의해 드러나는 메시지를 전하는 것 이상의 또 다른 의제를 갖고 있었음이 분명해진다.

문자적 의미를 넘어서

흔히 스펄전은 이스라엘을 향한 성경 저자의 메시지에 관해 묻지 않고 곧바로 영적인 의미로 나아간다. 예를 들어, 정탐꾼들이 가져온 가나안 땅의 소출들(신 1:25)에 관한 설교 세 번째 문장에서, 스펄전은 이렇게 말한다. "여기서 나는 이스라엘 백성에 관해 많은 말을 하지 않겠습니다. 그 대신 정탐꾼들이 가져온 가나안 땅의 소출을 통해 이스라엘 백성이 가나안 땅이 어떠한 곳인지에 대해 배웠던 것처럼, 여러분과 저도 이 땅에 살고 있는 동안에 하나님의 선택된 백성으로서, 우리에게 주어진 몇몇 축복을 통해 천국, 즉 우리가 내세에 이르게 될 그 나라가 어떠한지에 대해 배울 수 있다는 것을 여러분에게

---

177 Ibid., 109. 참조. Spurgeon, *Commenting*, 31. Talbert, "Spurgeon's Christological Homiletics," 57에서 인용, "오리게네스처럼 알레고리화하면 사람들은 여러분을 빤히 쳐다볼지도 모른다. 그러나 여러분의 해석은 사람들의 입을 진리로 가득 차게 할 뿐, 입을 벌려 경이를 토해 내게 하지는 못한다."

178 John Talbert의 박사학위 논문, "Charles Haddon Spurgeon's Christological Homiletics"를 보라. 우리가 여기서 설명하는 길들 이외에 탈버트는 'illustrations of Christ,' 'illustrations of man in need of Christ,' 'illustrations of grace'(86-87) 등 세 가지 부제가 달린 "Spurgeon's interpretation of the text as an illustration of Christ"; 그리고 Spurgeon's use of the text for instruction about Christ, for consolation in Christ, and for consecration in Christ (111-151) 등의 세 가지 부제가 달린 "rhetorical approaches to preaching Christ"를 논한다.

보여 주고자 합니다." 이어서 스펄전은 회중에게 "천국에 대한 일련의 견해를 제시함으로써, 회중들로 하여금 이 땅에 사는 그리스도인들이 장차 나타날 축복들을 미리 맛보고 즐긴다는 것이 무슨 의미인지를 알 수 있게" 하고 있다.[179] 동일한 설교집 안에 있는 또 다른 설교문에서 스펄전은 "롯이 소알에 들어갈 때에 해가 돋았더라"라는 창세기 19:23에 대해 설교하는데, 그는 다음과 같이 설교를 시작한다. "소돔의 멸망은 의심할 바 없는 문자적 사실입니다. 창세기에 기록된 소돔의 멸망은 타키투스(Tacitus)나 요세푸스가 기록한 다른 사건들과 마찬가지로 진정한 역사의 일부입니다. 그러나 그와 동시에 소돔 멸망이란 사건은 우리에게 커다란 상징적 교훈이 되도록 의도된 사건이며, 비유의 모습을 하고 있는 하나의 교훈으로서, 이 교훈을 통해 우리는 가르침과 복을 받습니다."[180]

약속-성취

구약의 약속들로부터 그리스도를 설교함으로써, 스펄전은 보다 굳건한 역사적 토대를 가질 수 있었다. 예를 들어, 다윗에게 주어진 하나님의 약속(삼하 7:21)에 대한 설교에서, 스펄전은 자연스럽게 솔로몬으로부터 그리스도에게로 나아간다. "하나님은 나단을 다윗에게 보내셔서, 다윗과 그의 아들 솔로몬, 그리고 다윗 왕조를 향한 하나님의 은혜로운 크나큰 목적을 계시하셨습니다. 또한 나단은 다윗이 그러했고, 또한 앞으로도 그럴 것인 것처럼, 다윗의 한 후손

---

179 Spurgeon, *Metropolitan Tabernacle Pulpit*, 45:49.
180 Ibid., 469. 이 설교집 안에 있는 또 다른 설교문에서 스펄전은 "네 친구와 네 아비의 친구를 버리지 말라"라는 잠언 27:10에 대해 설교한다. 친구 됨에 대해 한 단락 길이의 개론적인 설명을 한 뒤에, 그는 다음과 같이 말한다. "여러분에게 친구 됨에 관해 강의를 한다 해도 내가 여러분의 시간을 낭비한다고 생각하지는 않습니다. … 그러나 그렇게 하는 것은 내 의도가 아닙니다. 오늘 읽은 솔로몬의 잠언 말씀이 특별히 잘 적용될 수 있는 한 친구분이 있습니다. 이분은 모든 친구 중에서 최고의 친구이시며 가장 고귀한 친구이십니다. 이 친구분에 대해 이야기할 때, 절대로 이 본문을 영적으로 해석하는 것이 아니라고 나는 생각합니다." Ibid., 289-290. 참조. p. 482, "자기 주인을 시종드는 자는 영화를 얻느니라"라는 잠언 27:18에 대한 설교, "미안한 말이지만 이 구절의 말씀이 언제나 사실이 아닐 수도 있습니다. 어쨌든 이 말씀의 문자적 의미는 뒤로하고, 이 본문을 주 예수님을 섬기는 자들, 즉 주님을 자기들의 주인으로 삼은 사람들에게 적용하고자 합니다."

이 다윗의 보좌에 영원히 좌정하실 것이라는 약속을 주고 있는데, 그 이유는 이분이 바로 오늘날 우리가 '호산나'라고 부르며 찬양하는 분이요, 왕 중의 왕이시며, 주의 주 되신 분으로서, 다윗의 아들 되시며, 여전히 보좌에서 다스리고 계시기 때문입니다."[181] 또한 스펄전은 약속의 다중적 성취를 볼 수 있었는데, 먼저는 이스라엘 역사 속에서의 성취요, 그다음은 그리스도의 오심 속에서의 성취요, 그다음은 교회 역사 속에서의 성취였다.[182]

모형론

또한 스펄전은 구약에서 그리스도를 선포하기 위해 모형론을 사용한다. 예를 들어, 아브라함이 아들 이삭 대신에 숫양을 번제로 드리는 본문(창 22장)에 대해 설교하면서, 스펄전은 다음과 같이 말한다. "아브라함이 수풀에 걸려 있는 숫양을 취해 번제를 드림으로써 아들의 생명을 구했을 때, 그는 복음의 핵심인 축복된 대속의 교리를 아주 정확히 이해했을 것입니다! 나는 바로 이러한 대속의 소망 이외에 아무런 소망을 갖고 있지 않습니다. 또한 '그리스도께서 말씀대로 죽으셨다'라는 사실보다 더 좋은 복음을 생각해 낼 수 없습니다. 나 대신에 드려진 생명이 있고 이를 통해 내가 살게 되었습니다."[183] 성전 봉헌 시 행해진 솔로몬의 기도(대하 6:28-30)에 대해 설교하면서, 스펄전은 이렇게 말한다. "우리의 성전은 주님이신 예수 그리스도이십니다. '그 안에 하나님의 충만하심이 육체의 모습으로 거하십니다.' 기도할 때 우리는 우리의 얼굴을 그를 향해 돌립니다. … 성전이 이스라엘에게 그랬던 것처럼, 그분은 우리에게 성전으로서 동일한 역할을 하시지만, 그는 근본적으로 성전보다 더 고귀하며 훨씬 더 크신 분입니다. 우리의 고난이 무엇이든, 누구든, 우리의 얼굴을 예수님께로 돌리고 그분께 기도해야 합니다. … 그러면 그의 고통이 무엇이든

181　Ibid., 458.
182　Talbert, "Spurgeon's Christological Homiletics," 76-77.
183　Spurgeon, *Metropolitan Tabernacle Pulpit*, 37.500.

지, 그의 죄가 어떠하든지 그는 죄 사함을 받게 될 것입니다."[184]

모형론화

스펄전은 모형론적 해석을 좀 더 확장하여 본문의 세부 사항으로까지 나아가며, 결국 알레고리화(allegorizing)와 뒤섞이는 일종의 모형론화(typologizing)로 끝을 맺곤 한다. 예를 들어, 이삭을 바치는 아브라함(창 22장)에 대해 설교하면서, 스펄전은 짧은 서론 후에 다음과 같이 이야기한다. "시간도 없고 그럴 마음도 없기 때문에, 공연히 긴 서론으로 여러분을 붙잡아 두고 싶지 않으며, 단도직입적으로 먼저 그리스도의 대속의 죽음과 이삭의 제물 됨 사이의 병행 관계를 생각해 보고자 합니다." 이 둘 사이의 첫 번째 유사점은 종들은 뒤에 남았고, "아브라함과 이삭만이 홀로 있었다."는 점입니다. 마찬가지로, 겟세마네 동산에서 예수님의 제자들이 도망했을 때, "똑같이 성부와 성자만이 홀로 있었습니다." "이삭이 나뭇단을 짊어졌다는 것을 여러분은 주목하실 것입니다! 이것은 자신의 십자가를 짊어지신 예수님의 참된 모습입니다." "주목해야 할 점은 여러분이 아브라함과 이삭에 관한 기사들을 읽는다면 알게 되겠지만, 이 기사들은 '이들이 함께 갔다.'라고 기록하고 있습니다. … 예수 그리스도께서 그의 아버지와 함께 구속적인 사랑의 사역 가운데 함께 가셨다는 것을 생각할 때 나는 너무도 기쁩니다." "아브라함과 이삭은 함께 나아갔고, 마침내 이삭이 결박당했습니다. 자신의 아버지에 의해 결박되었습니다. 마찬가지로 그리스도께서도 결박당하셨습니다." "양자 사이의 병행 관계는 한 걸음 더 나아갑니다. 아버지가 희생양인 아들을 결박하는 동안, 아들은 기꺼이 결박당합니다. … 마찬가지로 예수님도 그러하십니다." "유사점이 또 있습니다. … 이삭이 다시 회복되었습니다. … 이삭은 3일 동안 아브라함에게 죽은 자로 간주되었으며, 제3일에 아버지는 기쁨으로 아들과 함께 산을 내려왔습니다. 예

---

184 Ibid., 45,410. 스펄전의 모형론과 그의 모형론적 해석에 대한 질문들의 더 많은 예를 알아보려면, Talbert, "Spurgeon's Christological Homiletics," 78-86을 보라.

수님도 죽으셨습니다. 그러나 제3일에 다시 살아나셨습니다.""다시 말씀드립니다. … 하나님은 이삭 대신에 숫양을 준비하셨습니다. 이것은 하나의 모형을 보여 주기에 충분한 경우입니다. 그러나 숫양이 상징하고 있는 것은 근본적으로 더 영광스러운 것입니다. 우리를 구원하기 위해서 하나님은 **하나님**을 준비하셨습니다."[185]

알레고리화

스펄전은 자신이 충고한 대로, 그리고 구약에서 그리스도를 설교하기 위해 알레고리적 해석 방법을 종종 사용했다. 그의 설교 속에서 우리는 전통적인 알레고리적 해석을 만나게 된다. 솔로몬의 아가서(그리고 그 부분들)는 그리스도와 교회에 대한 하나의 알레고리이다.[186] 모세가 마라의 쓴 물에 던져 넣었던 나무는 예수님의 십자가와 인간 영혼에 대한 하나의 알레고리이다. "나는 한 나무를 알고 있습니다. 이 나무를 영혼에 넣으면, 영혼의 모든 생각과 바람을 달게 만들 것입니다. 예수님은 이 나무를 알고 계셨고, 이 나무 위에서 그는 죽으셨습니다."[187] 이스라엘 백성이 애굽에서부터 가나안까지 방황했던 일은 그리스도인들이 속박에서 벗어나 죄(애굽)의 길을 지나, 그리스도를 통한 구원(유월절)과 돌이킴(홍해를 건넘)을 거쳐, 시련과 유혹, 그리고 승리의 길들을 지나(광

---

[185] Spurgeon, *Christ in the Old Testament*, 47,52-53 and 64. 참조. Ibid., 93-97, 창세기 14:1-5에 대한 설교. "사랑하는 성도 여러분, 성경에 대해 잘 알고 있는 여러분에게 이 말을 할 필요는 없겠지만, 구약 속의 개인적인 모형들 중에서 요셉의 모형보다 더 분명하고 온전하게 우리 주님이신 예수 그리스도의 모습을 전형적으로 보여 주는 경우는 거의 없습니다. 여러분은 요셉과 예수님 사이의 유사점을 수많은 관점에서 이야기할 수 있을 것입니다. … 자신을 형제들에게 알림으로, 그는 자신을 우리에게 나타내 보이신 우리 주님의 모형이 되었습니다." 이 설교는 세 요점을 갖고 있다. "I. 첫째로, 주 예수 그리스도는 요셉처럼 대개의 경우 은밀한 가운데 자신을 나타내 보이셨다는 것을 주목하시기 바랍니다." "II. 둘째로, 주 예수 그리스도께서 맨 처음 사람들에게 자신을 드러내셨을 때, 그것은 보통 두려움 속에서 이루어졌으며, 그와 동시에 많은 슬픔을 자아냈습니다." "III. 셋째로, 비록 예수님의 첫 번째 나타나심이 요셉의 경우처럼 슬픔을 자아냈지만, 주 예수 그리스도께서 사랑하는 자들에게 뒤이어 나타나심으로 이들은 가장 큰 기쁨을 가질 수 있었습니다."

[186] 자세한 설명을 위해, Talbert, "Spurgeon's Christological Homiletics," 105-107을 보라.

[187] Spurgeon, *Metropolitan Tabernacle Pulpit*, 28,333. Talbert, "Spurgeon's Christological Homiletics," 104에서 인용.

야), 승리의 삶과 천국(가나안)에 이르는 순례의 여정에 대한 하나의 알레고리이다.[188] 아무런 변명 없이, 스펄전은 자신의 풍부한 상상력을 동원해 알레고리적 해석을 통해 구약에서 그리스도를 설교했다.[189]

⑤ 스펄전의 기독론적 해석에 대한 평가

귀중한 공헌

스펄전이 가장 가치 있게 공헌한 부분은 예수 그리스도에 대한 명확한 설교이다. 그는 "형제들이여, 항상 언제나 그리스도를 전하십시오."라는 자신의 충고를 충실히 따른다.[190] 스펄전이 설교하는 것을 들었던 모든 사람들은 예수 그리스도에 관해 무언가를 배울 수 있었을 것이다. 또 다른 귀중한 공헌은 그의 설교는 마음에 와닿고, 분명한 초점이 있으며, 긴박감을 준다는 것이다. 심지어 문서화된 설교문을 통해서도, 그는 독자들, 특히 믿지 않는 자들에 대한 진정한 관심을 전달하고 있으며, 이들에게 그리스도께 헌신하라고 진지하게 요청하고 있다. 한 가지 짧은 예가 이를 충분히 잘 보여 줄 것이다. "악인은 그렇지 않음이여, 오직 바람에 나는 겨와 같도다"(시 1:4)라는 구절에 대한 그의 설교의 마지막 부분이다. "죄인들이여, 나는 여러분에게 권면합니다. 그리스도를 굳건히 붙잡으십시오. 지금 그의 옷깃을 만지십시오. 보십시오, 그분은

---

188 자세한 설명을 위해서는, Talbert, "Spurgeon's Christological Homiletics," 101-105를 보라.
189 예를 들어, 소돔에서 소알을 향해 도망했던 롯(창 19:23)에 대한 스펄전의 한 설교는 세 가지 알레고리적 요점을 갖고 있다: I. "소돔에서 나올 때 어두움 속에서 달리고 있는 롯의 모습은 불쌍한 한 죄인의 모습입니다." II. "롯이 소알에 다다랐을 때, 태양이 떠올랐습니다. 죄인이 그리스도에게 돌아올 때, 그 역시 빛에 이르게 됩니다." III. "세 번째, 좀 슬픈 점을 생각해 봐야 합니다. 하나님은 한 번에 두 가지 일을 행하실 수 있습니다. … 한 손으로는 태양을 비추시고, 다른 한 손으로는 유황불의 연기(심판)를 발하사 소돔을 캄캄하게 만드십니다." Spurgeon, *Metropolitan Tabernacle Pulpit*, 45,469-77. 참조. 도피성들(민 35:11)에 대한 알레고리적 설교를 위해서는, Ibid., 218-22를 보라. "광야에 갇힌 바 됨"이라는 출애굽기 14:3에 대한 알레고리적 설교를 위해서는, Ibid., 37.73-81을 보라. 이삭을 위해 신붓감을 찾고 있는 엘리에셀(창 24:49)에 대한 알레고리적 설교를 위해서는, 589-593을 보라.
190 이 책 232쪽 각주 170번을 보라.

여러분 앞에서 십자가에 달려 계십니다. 모세가 광야에서 뱀을 들었던 것처럼, 그렇게 예수님도 들려 계십니다. 보십시오! 다시 한 번 권면합니다. 바라보시고, 생명을 얻으십시오. 주 예수 그리스도를 믿으십시오. 그리하면 여러분은 구원받을 수 있습니다. 하나님이 저를 통해 여러분을 권면하고 계십니다. 나는 그리스도를 대신해 기도합니다. 하나님과 화목하십시오. 오, 성령님이여, 나의 간구를 효력 있게 하옵소서! 천사들이 오늘 구원받고 주님을 알게 된 죄인들로 인해 기뻐할 것입니다! 아멘."[191]

구약에서 그리스도를 설교하는 일에 대한 스펄전의 또 다른 기여는 그리스도에 다다르는 전통적인 약속-성취란 길과 모형-원형이란 길 이외에 다른 "길들"을 사용하고 있다는 점이다. 때때로, 그는 "성경의 두드러진 신학적 모티브", 예를 들어, "하나님의 속성이나 구속적 행위"와 같은 모티브들을 제시하고 있는 구약 본문을 선택한다.[192] 그런 다음, 이 주제는 신약과 예수 그리스도에 이르는 하나의 길로서 역할을 하게 된다. 또한 그는 처음 보기에는 약속이나 모형, 혹은 주제의 형태로 그리스도를 나타내지 않고, 오히려 문제를 야기하기 때문에 죽은 길 같아 보이는 길, 그러나 자신에게 있어선 그리스도에 이르는 한 길을 발견해 내기도 한다. 예를 들어, 어떤 본문이 인간의 죄나 하나님의 공의, 혹은 주의 날에 대해 말한다고 하자. 이것들은 죄인들에게는 문제점들인데, 이 문제점들은 해결책을 필요로 하며 그 해결책은 바로 그리스도이다. 이렇게 설교에서 스펄전은 인간의 곤경으로부터 그리스도 안에 있는 신약의 대답으로 자연스럽게 나아간다.[193]

스펄전의 해석 방법의 결점

분명히 스펄전의 해석 방법에는 결점들이 존재한다. 심지어 그의 설교에 관대한 대부분의 해석자들도 스펄전이 성경 해석에 있어서 많은 오류를 범하고

---

191 Spurgeon, sermon in Thielicke, *Encounter*, 283.
192 Talbert, "Spurgeon's Christological Homiletics," 191-192. 예를 들어, Ibid., 192-197을 보라.
193 예를 들어, Ibid., 92-94를 보라.

있다는 점을 인정할 것이다. 이들은 이 오류들을 스펄전이 공식적인 신학 교육을 받지 않았거나, 아니면 시간이 없었던 탓으로 돌리고 있다. 그러나 분명한 점은 오직 예수 그리스도만을 전하고자 하는 그의 일편단심이 때때로 그로 하여금 그리스도를 구약 본문에 투영해 읽어 나가도록 했다는 점이다. 그는 일반적으로 예수님의 삶을, 구약 해석에 대한 하나의 통제 장치로 사용했다.[194] 다시 말해, 그는 흔히 구약 본문들의 문자적 의미와 역사적 문맥을 정당하게 평가하지 못하고 있다.[195] 그는 원래 저자의 의도에 대해 묻지 않는다.[196] 또한 이스라엘을 향한 본문의 메시지에 대해서도 질문하지 않는다. 그 대신 그는 구약 본문을 예수 그리스도에 관한 자신의 메시지를 위한 "발판"으로 사용하는 경향이 있다.[197] 그가 이러한 일을 더 쉽게 할 수 있었던 이유는 종종 대단히 짧은 본문들("개별적인 본문들"), 즉 하나의 문예적(메시지) 단위를 선택하는 것이 아니라, 파편적인 본문을 선택했기 때문이다. 예를 들어, 한 설교에서 스펄전은 설교 본문으로 단지 한 절만을 선택한다. 이 구절은 창세기 22:1로, 하나님이 아브라함에게 이삭을 바치라고 명령하시는 본문이다. "오늘의 본문을 함께 살펴봅시다. 이 구절은 대단히 특이하고도 다른 것과 비견할 수 없는 아브라함의 시험에 관한 이야기의 서론에 해당합니다. 먼저, '그 일 후에, 하나님이 아브라함을 시험하셨습니다'(혹은 '증명하셨습니다'). 여기서 우리는 믿는 자들을 다루시는 하나님의 방법을 보게 됩니다. 둘째, 하나님이 '그에게 아브라함아라고 말씀하셨을' 때, 아브라함은 즉시 '내가 여기 있나이다'라고 대답했습니다. 여기서 우리는 믿는 자들이 어떻게 하나님을 대해야 하는가에 대해

---

194 Ibid., 107-110, 165, 189를 보라.
195 예를 들어, Ibid., 160-170을 보라. 참조. Craig Loscalzo, "Preaching Themes from Amos," RevExp 92 (1995), 198, "스펄전은 아모스 8장에 나오는 열매에 대한 이상에 초점을 맞추고 있다. … 이것[그의 설교]을 자세히 읽어도 아모스 본문에 대한 스펄전의 강해가 거의 드러나지 않는다. 그 대신 스펄전은 익은 열매 광주리란 개념을 취해서 이것을 설교의 주된 은유로 사용하고 있다. 그는 아모스가 이 본문을 기록하거나 전하게 된 상황, 즉 이 본문의 요지와 이유를 이해하는 데 필요한 중요한 정보를 전혀 언급하지 않는다."
196 예를 들어, Ibid., 131-133, 170-179를 보라.
197 Ibid., 154-155.

배울 수 있습니다. 이 두 가지는 기억하기 어렵지 않습니다. 곧 믿는 자들을 다루시는 하나님의 방식과 믿는 자들이 하나님을 대해야 하는 마땅한 방식 말입니다."[198] 탈버트가 조사한 532개 설교 중에서, "스펄전은 거의 70%에 해당하는 설교에서 한 절이나 혹은 한 구절의 절반을 설교 본문으로 사용했다. 11번의 설교에서, 그는 구약에 나오는 종속절이나 간단한 구를 사용했다."[199] 비록 이러한 짧은 본문들이 사람들로 하여금 설교의 요점을 분명히 이해하게 해 줄 수 있는지는 몰라도, 파편적인 본문을 택하는 것은 종종 영감을 받은 저자가 의도했던 의미를 곡해하는 길로 나아갈 수 있다.

잘못된 본문 선택과 해석 이외에, 스펄전은 적용에 있어서도 오류를 범한다. 학생들에게 강의하면서, 스펄전은 이렇게 말한 바 있다. "영적 해석을 지향하는 재능을 사용하는 편이 좋은데, 이를 통해 지엽적이고도 개체적인 사실들에 의해 제시되고 있는 위대한 보편적 원리들이 일반화될 수 있습니다. 이것은 대단히 기발하고도 교훈적이며 적합한 일들입니다. … 수많은 성경의 사건들 속에서 여러분은 다른 곳에서는 말로 형언할 수 없는 위대한 일반적 원리를 발견할 수 있을 것입니다."[200] 이 해석 방법은 오늘날 일반화의 오류라고 알려져 있다. 스펄전의 일반화는 도덕화로 이어지는데, 특히 구약 본문 인물들의 삶으로부터 우리가 무슨 "교훈"을 배울 수 있는가를 찾을 경우 그렇게 된다. 다음의 경우가 이에 해당한다: 우리는 욥의 슬픔을 우리의 슬픔으로 동일시해야 한다; 주님에 대한 룻의 헌신을 우리도 그대로 따라해야 한다; 우리는 야곱처럼 의심하지 말아야 한다.[201]

스펄전은 만약 그가 "그리스도에 이르는 길이 없는" 본문을 발견한다면, "나는 수풀과 도랑을 샅샅이 뒤지겠지만, 결국 나는 나의 주님을 만나게 될 것입니다."라고 천명한 바 있다. 종종 스펄전은 그의 주님에 이르는 바른길을 보

---

198 Spurgeon, *Metropolitan Tabernacle Pulpit*, 37:494.
199 Talbert, "Spurgeon's Christological Homiletics," 156.
200 Spurgeon, *Lectures*, 112. 참조. Talbert, "Spurgeon's Christological Homiletics," 183-184.
201 Talbert, "Spurgeon's Christological Homiletics," 136, 146, 182. 특히 181-185를 보라.

는 데 실패하고 있으며, 그 대신 모형론화와 알레고리화라는 늪지를 지나간다. 그는 학생들에게 오리게네스를 조심하라고 경고하지만, 그의 해석 방법은 임의적이며 어떠한 형태의 통제 장치도 갖고 있지 않다. 그는 알레고리적 해석이 적법한 형태의 "영적 해석"(spiritualizing)이라고 가르쳤음은 물론, 수많은 역사서의 본문을 마치 알레고리처럼 설교하기도 했다.[202] 오늘날 우리는 이러한 잘못을 장르 오류라고 부른다.

스펄전 설교의 또 다른 결점은 오직 예수 그리스도만을 전하고자 하는 그의 일편단심이 그리스도의 인성과 사역을 성부 하나님의 품성과 사역으로부터 분리시키고 있다는 점이다.[203] 그러나 5장에서 보겠지만, 그리스도 중심적 설교는 언제나 하나님 중심적 설교이다.

우리가 생각해야 할 스펄전 설교의 마지막 결점은 그가 개인 구원에만 초점을 맞추고 있다는 점이다. 한 설교에서 스펄전은 이렇게 말한다. "나의 목표는 미사여구에 있지 않으며 오직 불쌍한 죄인들의 마음이 내 목표입니다. 나는 오직 죄인들을 구세주에게로 인도하고 싶을 뿐입니다. … 죄인들을 그리스도께로 향하게 하는 것이 우리의 유일한 바람입니다."[204] 그의 강의록에서 스펄전은 다음과 같이 쓰고 있다. "우리는 철학이나 형이상학을 전하라고 부르심을 받은 것이 아니라, 단순히 복음을 전하라고 부르심을 받았습니다. 인간의 타락, 인간의 중생의 필요성, 속죄를 통한 죄 용서, 그리고 믿음의 결과로 주어지는 구원 – 이것들이 우리의 전투용 도끼요 전쟁 무기들입니다. … 나의 지대한 관심은 예언이나 교회 운영, 정치 혹은 조직신학에 대한 견해들 때문에 우리가 그리스도의 십자가를 자랑하는 일을 그만두게 되는 일이 없도록 하는 데 있습니다."[205] 스펄전의 저작들을 소개하면서, 틸리케는 "스펄전은 그의 시선

---

202 예를 들어, Ibid., 97-107를 보라. 참조. p. 153, n. 2.
203 Le Roux, "Betekenis," 145-149를 보라.
204 Spurgeon, *Metropolitan Tabernacle Pulpit*, 29.343-44. Talbert, "Spurgeon's Christological Homiletics," 50에서 인용.
205 Spurgeon, *Lectures*, 194-195.

을 기본적으로 개인들에게 두고 있다. 그는 사회 질서나 정치 질서의 신학에 거의 관심을 두고 있지 않으며, 우주의 주님으로서의 그리스도에게도 관심을 거의 두고 있지 않았다."라는 점을 인정한다.[206] 비록 스펄전이 메트로폴리탄 태버내클을 통해 많은 다양한 인도주의적인 기구와 단체들(고아원을 비롯해서 목회자 대학까지, 구제 기관을 비롯해서 선교 단체까지[207])을 시작했지만, 설교에 있어서 스펄전은 복음의 범주를 '다가오는 하나님의 나라'라는 방대한 시각으로부터 그리스도의 대속을 통한 개인의 구원이라는 협의의 시각으로 상당히 축소시켰다는 것을 부인할 수 없다.[208]

2) 빌헬름 피셔(Wilhelm Vischer)

빌헬름 피셔(1895-1988)를 통해 우리는 구약에서 그리스도를 설교함의 최근 역사를 살펴볼 수 있게 된다. 독학했던 스펄전과 달리, 피셔는 정규 과정을 통해 탁월한 신학 교육을 받았다. 그는 독일의 한 목사관에서 태어났으나, 아버지가 1902년에 신약학 교수로 임용되어 가르치게 된 스위스 바젤에서 성장했다. 피셔는 로잔, 바젤, 마르부르크에서 신학을 공부했고, 그 후 몇몇 교회에서 담임목사로 교회를 섬겼다. 1928년 그는 독일 베델에서 구약학 강사로 임용되었으나, 1933년에 나치에 의해 강의와 설교를 금지당했다. 그 뒤에 스위스 루가노에서 교회를 섬겼고, 1936년에 바젤에서 한 교회의 담임목사가 되었는데, 칼 바르트가 그의 교인이었다. 또한 피셔는 바젤 대학의 전임 강사직을 맡아서 발터 바움가르트너(Walter Baumgartner)와 발트너 아이히로트(Walther

---

206 Thielicke, *Encounter*, 43. 틸리케는 스펄전이 "남북전쟁 초기에 개인적인 손실을 생각하지 않고 열렬히 노예 해방을 옹호했으며, 사회적인 문제에 분명한 입장을 취했음을" 인정한다.
207 참조. Craig Skinner, "Spurgeon," in *Concise Encyclopedia of Preaching*, 451-452 (본 장 각주 151번을 보라).
208 "대속 교리는 성경 전체의 핵심이요 구원의 중심이며 복음의 본질이다. 우리의 모든 설교는 마땅히 이러한 대속 교리로 충만해야 한다. 이 교리는 복음 전파에 있어서 생명줄(lifeblood)이기 때문이다." Spurgeon, *Metropolitan Tabernacle Pulpit*, 17,544. Talbert, "Spurgeon's Christological Homiletics," 48에서 인용. 참조. Ibid., n 53.

Eichrodt)와 함께 구약을 가르쳤다. 1946년 그는 프랑스 퐁펠리에(Pontpellier)에 있는 "Faculté Reformée"에서 구약 교수로 임용되었으며, 93세로 죽을 때까지 이곳에서 살았다.[209]

피셔는 두 권짜리 저작인 *Das Christuszeugnis des Alten Testament*, 1 (1934), 2 (1942)로 잘 알려져 있으며, 이 중에서 제1권은 *The Witness of the Old Testament to Christ* (1949)란 제목으로 영어로 번역된 바 있다. 데이비드 베이커(David Baker)는 이 책이 "구약 해석 역사에 하나의 전환점"이 된다고 판단한다.[210] 피셔를 이해하고 이러한 "전환점"을 바로 이해하기 위해, 우리는 그가 저술 활동을 했던 당시의 복잡한 상황에 대해 생각해 볼 필요가 있다.

① 배경

구약 거부

앞서 1장에서 우리는 몇몇 영향력 있는 독일 신학자들인 슐라이어마허, 본 하르나크, 불트만이 구약을 거부했다는 사실을 살펴본 바 있다. 1921년에 하르나크는 "19세기 이후에도 여전히 구약을 프로테스탄 전통 내에서 정경적 문헌으로 받아들이는 것은 종교적이며 교회적인 마비 상태로부터 기인한 것이다."라고 주장한 바 있다.[211] 롤프 렌토르프(Rolf Rendtorff)에 따르면, 그 당시 "내가 아는 한, 단 한 명의 구약 신학자도 하르나크가 분명히 구약을 거부한 것에 대해 아무런 공적인 반응을 보이지 않았다."[212]

심지어 구약에 대한 보다 악의에 찬 공격이 유명한 구약 주해학자인 프란츠 델리취(Franz Delitzsch)의 아들인 프리드리히 델리취(Friedrich Delitzsch)에 의해

---

209 이러한 이력들은 A. J. Bronkhorst, *Kerk en Theologie* 40/2 (1989) 142-153에서 얻은 것이다.
210 Baker, *Two Testament, One Bible*, 211. 『구약과 신약의 관계』(부흥과개혁사, 2016). 참조. Brevard Childs, "On Reclaiming," 2, "빌헬름 피셔의 유명한(많은 경우에는 평판이 좋지 않았던) 저작인 *The Witness of the Old Testament to Christ* (1934)는 일종의 피뢰침이었다."
211 Vischer, *The Witness of the Old Testament to Christ*, 26에서 인용.
212 Rendtorff, *Canon*, 77.

제기되었다. 1921년 프리드리히 델리취는 *The Great Deception*이란 책을 발간했는데, 그는 이 책을 다음과 같이 요약한 바 있다. "구약은 온갖 종류의 속임수로 가득 차 있다. 정말로 잘못되고 믿을 수 없으며 신뢰할 수 없는 인물들로 뒤범벅되어 있는데, 성경의 연대기도 이런 경우에 해당된다. 잘못된 묘사들, 호도시키는 성경 자료들의 새로운 개작들, 편집과 자리바꿈들의 뒤엉킴, 이로 말미암는 시대착오적인 엉클어짐, 모순된 구체적인 자료들과 전체 이야기들의 계속적인 혼합, 비역사적인 창작들과 전설들, 그리고 민담들의 끊임없는 혼재들 – 간단히 말해 구약은 의도적이거나 비의도적인 속임수들로 가득 차 있으며 부분적으로는 자기기만들로 가득한 대단히 위험한 책이다. 이러한 책을 사용할 경우에는 매우 조심스러운 접근이 꼭 필요하다."[213]

반유대주의(anti-Semitism) 봉기

이상의 인용 중 악의에 찬 마지막 구절은 보다 더한 일들이 학문 분야를 넘어서 계속 이루어지고 있었다는 것을 잘 보여 준다. 이때는 반유대주의가 독일에서 일어나던 시기였으며, 구약은 유대인들의 종교와 동일시되었다. 1933년에 한 악명 높은 "독일계 그리스도인들"의 모임은 "하나의 독일 민중 교회인 우리의 지역 교회는 예배와 교리에 있어서 비-독일적인 모든 것들로부터 해방되어야 하며, 특별히 유대적인 '보상' 개념의 도덕성을 지니고 있는 구약으로부터 자유로워져야 한다."라고 요구한 바 있다.[214]

이러한 배경에서, 빌헬름 피셔는 용기 있게 구약의 가치를 변호했다. 다음은 이와 관련된 그의 대표적인 글들이다. 1931, "The Old Testament and Preaching"; 1932, "Does the Old Testament Still Belong in the Bible of Today's German Christians?"; 1933, "On the Jewish Question: A Brief Discussion of the Jewish Question in Connection with a Presentation

---

213 Kraeling, *Old Testament*, 158에서 인용.
214 Rendtorff, *Canon*, 77에서 인용.

on the Meaning of the Old Testament";[215] 1934, *The Witness of the Old Testament to Christ*.

피셔는 모든 도전자들에 대항해 구약을 변호한다. 구약을 거부하라는 하르나크의 권고를 인용하면서, 피셔는 하르나크와 다른 사람들의 입장에 도전한다. 그는 다음과 같이 쓰고 있다. "이런 입장을 취하게 될 경우 우리는 기독교의 고백, 즉 나사렛 예수는 그리스도라는 고백을 포기하게 된다. … 왜냐하면 구약이 이스라엘의 메시아를 정의하는 바로 그 의미로 정확하게 기독교는 예수님이 그리스도라는 고백을 의미하기 때문이다. 신약은 구약을 이런 식으로 이해한다. … 철저한 일관성 속에서 초대 교회는 이스라엘의 성경을 물려받았다."[216] 피셔의 성경 해석 방법에 동의하지 않았던 렌토르프(Rendtorff)도 솔직하게 "당시 피셔의 저작은 구약을 나치의 공격으로부터 구원해 냈다는 평가를 받고 있음"을 인정한다.[217]

구약 학문 불모 상태

피셔는 구약 거부와 반유대주의라는 어려움 속에서 구약을 변호해야만 했음은 물론, 구약학계의 상당한 부분이 신학적으로 빈약했던 상황에서 연구를 해 나가야 했다. 고등 비평이 당시를 지배하고 있었다: 자료 비평(문헌 비평으로 알려져 있음), 양식 비평, 종교 역사. 폰 라트는 당시 상황에 대해 이렇게 쓰고 있다. "국가 사회주의가 구약에 대해 냉담하고도 부정적 시각을 갖고 등장했을 때, … 상황은 치명적이었는데, 이는 이러한 도전에 대해 구약학계는 거의 무방비 상태로 준비되어 있지 못했기 때문이다. 거의 종교적인 열정을 가지고 구약학계는 사람들을 훈련시켜 부패하지 않은 역사적 분별력의 윤리를 갖도

---

215 Bronkhorst, *Kerk en Theologie* 40/2(1989) 144-145에 기록된 독일어 책 제목을 내가 번역한 것임.
216 Vischer, *Witness*, 26. 보다 후대의 저작에서, 피셔는 루돌프 불트만과 학문적 논쟁을 펼친다. Vischer, "Everywhere the Scripture Is about Christ Alone," 90-101을 보라.
217 Rendtorff, "Towards a New Christian Reading of the Hebrew Bible," *Immanuel* 15 (Winter 1982-83) 13-21.

록 했으나, 정작 이들로 하여금 구약을 공적으로 인정하거나, 정치적인 영역이나 중대한 상황 속에서 구약을 공적으로 인정하는 법은 가르치지 않았다."[218]

1935년 피셔의 *Christuszeugnis*를 서평하면서, 폰 라트는 "교회와 구약 학문 사이의 연결 관계는 한 세대 이상 거의 완전히 끊어진 상태였다. 교회는 구약학자들의 가르침을 받아들일 준비가 되어 있지 않다."라는 점을 인정하고 있다. 이 서평에서 폰 라트는 피셔의 해석 방법에 극히 비판적이었으며, "역사, 종교의 역사, 문헌 역사" 분야에 있어서, 학문적인 연구 결과들에 관한 한 어떠한 퇴보도 없었다고 주장한다.[219]

그러나 피셔는 현대 학계의 학문에 대해 폰 라트보다 훨씬 더 비판적이었다. 예를 들어, 피셔는 몇몇 학문적인 연구의 가치를 인정하는데, "알브레히트 알트(Albrecht Alt)의 지역적-역사적 탐구들과 요하네스 페데르센(Johannes Pedersen)의 히브리인들의 심리와 사회학에 대한 연구가 여기에 해당된다."[220] 그러나 피셔의 의견에 따르면, 구약 학문의 상당 부분이 역효과를 낳았다. 피셔는 "성경의 현대적 연구가 … 구약 본문의 기독론적인 해석은 인위적인 주해만을 통해 실제화될 수 있다는 확신으로 물들어 있다."라는 비난에 강하게 반발한다. 그는 다음과 같이 반대 의견을 표명한다. "우리의 질문은 이런 종류의 현대적 연구 방법들과 그 결과들이 연구의 타당성과 관련한, 적법한 의구심을 불러일으키고 있지 않는가 하는 점이다. 이 연구가 현대 철학에 의해 영향을 받고 있지 않는가? 즉 우리가 고대의 본문을 해석하려고 할 때, 허용될 수 없는 정도로 현대 철학에 의해 연구가 좌지우지되고 있지 않는가? 또한 고대의 성경 저자들에게는 알려지지 않은 아이디어와 범주들을 갖고, 연구가 이

---

218 Von Rad, "Gerhard von Rad über von Rad," in *Probleme biblischer Theologie*, ed. H. W. Wolff (Munich, 1971), 660. Rendtorff, *Canon*, 76에서 인용. 참조. Herbert F. Hahn, *The Old Testament in Modern Research* (Philadelphia: Fortress, 1966), 10: "20세기 초엽에, 성경 학계의 가장 큰 관심사였던 신학적 주해가 과학적-역사적 개념의 학문적 과업으로 대체되었다."
219 Von Rad, *Theologische Blätter*, 249 and 251 (나의 번역).
220 Vischer, *Witness*, 29.

루어지고 있지 않는가?"²²¹

피셔는 성경의 통일성을 지지하고자 한다. 그러나 그는 다음과 같이 쓰고 있다. "구약 본문을 해석할 때, 구약 본문에 있는 것을 읽어 나가는 것이 아니라, '원래' 문맥과 의미를 재구성함으로써 구약 본문을 해석하는 것이 이러한 '과학적 성경 연구'의 특징이다. 이러한 성경 연구는 성경의 증언을 거꾸로 해석해 나감으로써, 실제 일어났던 바에 대한 기록을 본문 이면에서 발견하고자 할 뿐이지, 본문 기록이 암시하고 있듯이, 앞으로 마땅히 일어날 것들을 전망적으로 내다볼 준비를 하고 있지 않다. 구약의 특징은 회고적으로 뒤를 돌아보는 것이 아니라 전망적으로 앞을 내다보는 것이기 때문에, 이러한 과학적 성경 연구는 오직 성경 본문을 강제적으로 분해시켜 다시 재구성하는 일을 통해서만 이루어질 수 있는 일이다."²²²

변증법적 신학

피셔가 직면했던 이상의 장애물들 이외에, 그는 칼 바르트와 그의 신-정통 신학 속에서 지지자와 친구를 찾게 된다. 피셔는 이렇게 쓰고 있다. "칼 바르트가 프로테스탄 신학에 부여한 새로운 방향은 오늘날 우리로 하여금 성경을 성경 자체의 특징적인 의미의 맥락에서 해석할 수 있도록 도와준다. 즉 성경 자체의 고유한 의미들이 우리의 현대적 사고방식에 아무리 이상스러워 보일지라도, 성경을 성경의 고유한 의미의 맥락에서 해석할 수 있게끔 한다."²²³ 1965년에 쓴 편지에서, 바르트는 피셔의 가치를 다음과 같이 인정한다. "당신은 우리가

---

221 Ibid., 28-29.
222 Ibid., 29-30. 피셔는 계속해서 주장한다. "이런 식으로 재구성된 이스라엘-유다의 종교 역사에 대한 문헌들이 예수가 그리스도라고 증언하고 있다고 교회는 한 번도 주장한 적이 없다. 만약 이러한 해석 절차를 통해 다른 결론에 이른다 해도 그것은 그리 놀랄 만한 일이 아니다."
223 Ibid., 29. 신약과 구약의 통일성에 대한 바르트의 견해와 구약을 설교함에 있어서 이러한 통일성이 의미하는 바에 대한 그의 견해를 위해서는, Karl Barth, *The Preaching of the Gospel* (Philadelphia: Westminster, 1963), 48-49; *Homiletics* (Louisville: Westminster/John Knox, 1991), 80-81을 보라.

그리스도에 대한 구약 증거의 실체에 귀를 기울이도록 했습니다."²²⁴

② 피셔의 전제들

피셔는 하나님, 그리스도, 계시, 성경, 역사, 그리고 다른 개념들에 관해서, 구체적이고 바르트적인 전제를 갖고 있다. 이 모든 전제를 다 다룰 수는 없고, 우리의 논제와 직접적으로 연결되어 있는 세 가지 전제만을 간략히 살펴보고자 한다.

신학은 기독론이다

피셔의 가장 기본적인 전제는 신학은 기독론이라는 점이다. 그의 책 *Witness of the Old Testament to Christ* 서론에서, 피셔는 다음과 같이 쓰고 있다. "기독교 신학의 특징은 그것이 기독론이라는 사실이다. 즉 예수 그리스도를 떠나서는, 또한 그를 통하지 않고는, 하나님에 관해 그 어느 것도 인정치 않는 신학이 기독교 신학이라는 뜻이다. 왜냐하면 역사상 어느 누구도 하나님을 본 자가 없으며, 오직 아버지의 품속에 계신 독생하신 아들만이 그분을 드러내셨기 때문이다. – *exegesato* (요 1:18) … 이 사실로부터 분명한 것은 구약 성경 속에 담겨 있는 하나님에 대한 모든 지식은 예수 그리스도를 통해서 중개된다는 점이다. 결과적으로 교회 내에서 구약 성경에 대한 신학적 강해는 다름 아닌 기독론일 수밖에 없다."²²⁵

구약과 신약의 통일성

그리스도를 기초로 해서, 피셔는 구약과 신약의 통일성을 주장한다. 그는 다

---

224 Bronkhorst, *Kerk en Theologie* 40/2 (1989) 143 (나의 번역).
225 Vischer, *Witness*, 28, n. 1. 피셔의 결론이 뒤따르지 않고 있음을 주목할 필요가 있는데, 이것은 그가 그리스도를 계시의 주체(중재자)로 묘사하다가 그리스도를 계시의 대상(내용)으로 바꾸고 있기 때문이다.

음과 같이 쓰고 있다. "기독교 신앙 고백의 주요한 두 단어인 '예수는 그리스도이다' - 개인적인 이름인 '예수'와 사역에 관한 이름인 '그리스도' - 라는 표현은 성경의 두 부분인 신약 및 구약과 상통한다. 구약은 우리에게 그리스도의 사역이 **무엇인가**를 말해 주고, 신약은 그리스도께서 **누구인가**를 말해 준다."[226] 피셔는 구약과 신약의 증거를 "하나의 중심점을 향해 나아가는 하나의 교창-합창단의 두 파트에" 견주며, "이 중심점에 우리와 함께 계신 하나님, 즉 임마누엘 되시며, 하나님과 사람 사이의 중재자이신 그분이 하나의 역사적 사건으로 서 계신다."라고 주장한다.[227]

피셔는 계속해서 다음과 같이 주장한다. "기독교 교회는 구약과 신약의 통일성에 대한 인정 여부에 그 존폐가 달려 있다. 신약을 대하면서 구약의 가치를 무시하는 그런 '교회'는 사도들의 가르침 속에 있는 결정적인 요소를 불신하는 것이며, 이런 점에서 '기독교적'이기를 포기하는 교회이다. 왜냐하면 사도들의 선포가 지닌 특별한 교리는 바로 예수님이 구약의 그리스도라는 사실이기 때문이다."[228]

구약은 그리스도를 증언한다

피셔의 세 번째 전제는 구약은 그리스도를 증언한다는 것이다. 그는 다음과 같이 쓰고 있다. "성경의 증언에 따르면, 예수 그리스도는 하나님의 계시라는 건축물의 '모퉁잇돌'이다. 이 모퉁잇돌이 일종의 머릿돌 역할을 하는 건물 아치의 쐐기돌(keystone)로 해석되어야 하는지 아니면 초석(foundation stone)으로 해석되어야 하는지에 대한 주해가들의 논쟁은 예수 그리스도께서 초석[영원한 로고스]인 동시에, 쐐기돌[성육신하신 그리스도] 되심을 인식함으로써만 해결될 수 있다. 또한 이런 점에서 예수 그리스도는 걸려 넘어지게 하는 돌, 곧 이성의 눈으로 볼 때는 '스캔들'(헬라어 'skandalon': 현대의 '추문'이라는 의미와는 달리 '걸려

---

226 Ibid., 7.
227 Ibid., 25.
228 Ibid., 27.

넘어지게 하다'라는 뜻이다. - 역주) 같은 분이시다."²²⁹

물론 피셔는 모든 사람이 예수 그리스도에 대한 이러한 구약의 증거를 발견할 수 있는 것은 아니라는 사실을 인정하는데, 그것은 성령님이 우리의 눈을 열어 이러한 증거를 볼 수 있게 해야 하기 때문이다. "그리스도를 찾고자 하는 자들에게 있어서는 신약 성경만큼이나 구약 성경도 구유에서 탄생하신 하나님의 아들을 보여 주는 표식이요 상징이다. 구유와 강보는 이러한 표식과 상징일 뿐 아기 예수님 그분은 아니다. 증언들은 죽은 문자일 뿐이지 살아 계신 그리스도가 아니다. 성령님이 이들 가운데 숨을 내쉬지 아니하시면 이것들은 죽은 상태로 머물러 있을 뿐이다."²³⁰

③ 피셔의 구약의 기독론적 해석

불행히도, 기독론적 해석은 쉽게 자의적 해석(eisegesis, 자기 해석)으로 빠질 수 있다. 피셔는 이러한 위험성을 인식하고 있었다. "우리가 자신의 생각을 성경 속으로 투영해 성경을 읽어 나갈 크나큰 위험성이 항상 있다. 그러기에 우리는 성경을 보다 정확하게 읽는 사람들에게 지도를 받을 준비가 되어 있어야 한다. 무엇보다도, 성경 강해의 탄탄대로 위에 계속 서 있고자 한다면, 루터와 칼뱅의 발자취를 따라가야 할 것이다."²³¹

피셔의 성경 해석들이 독창적이고 또한 폭넓게 다양하기 때문에, 그의 해석들로부터 어떤 구체적인 방법론을 찾아낸다는 것은 어려운 일이다. 고펠트에 따르면, "피셔는 그의 해석에 있어서 어떠한 결정적인 방법도 따르고 있지 않

---

229 Ibid., 18. 피셔의 1964년 글인 "Everywhere the Scripture Is about Christ Alone"이란 제목을 참조하라. 이 제목은 로마서 15:15-16에 대한 루터의 *Vorlesung über den Römerbrief*, 1515/1516에서 인용한 것이다.
230 Ibid., 17. 피셔는 *The Witness of the Old Testament to Christ* 서론을 다음과 같은 아우구스티누스의 말로 끝내고 있다. "그리스도를 배제한 상태에서 선지서들을 읽어 보라. 그 어디에서 이것보다 더 맛없고 김빠진 것을 찾을 수 있겠는가? 그 안에서 그리스도를 발견하라. 그리하면 당신이 읽는 것에 동의할 수 있다는 것이 밝혀질 것이요, 나아가서 당신을 취하게 만들 것이다." Ibid., 34.
231 Ibid., 32.

은데, 그 이유는 의미의 '발견은 하나님의 선물'이기 때문이다. 피셔는 보통 모형론적으로 해석을 수행하며, 때로는 알레고리적으로 해석을 진행해 나가는데, 어떠한 경우이든 언제나 일반적인 증거를 요구하며 해석을 진행한다. 흔히 피셔는 구체적인 구약 본문의 의미를 신약 해석으로부터 직접적으로 이끌어 낸다. 예를 들어, 피셔는 아브라함이나 요셉 혹은 모세의 믿음에 대해 이야기하면서, 히브리서 11장에서 이야기되는 방식으로 이들의 믿음을 해석한다. 또한 창세기 14장은 히브리서 7장을 기초로 해서 해석하며, 홍해를 건너는 사건은 고린도전서 10장을 기초로 해서 해석한다. 피셔는 구약 속에서 그리스도의 모형적 사건들을 발견하고자 심지어 신약 내에서 암시되고 있는 것들을 뛰어 넘어 훨씬 멀리 나아가기도 한다."[232] 이러한 다양한 움직임에도 불구하고, 몇 가지 공통적인 패턴을 살펴보는 것이 도움이 될 것이다.

모형론

고펠트는 피셔가 "종종 모형론적으로 해석을 진행한다."라고 판단한다. 비록 피셔가 모형-원형(type-antitype)이란 용어를 사용하지는 않았지만,[233] 모형론이란 용어는 좀 더 자주 사용했다. 피셔가 히브리서에 크게 의존하고 있다는 사실이 이미 이 점을 잘 보여 준다. 예를 들어, "아비도 없고 어미도 없으며 후손도 없고 시작한 날도 없고 생명의 끝도 없는, 우리말로 '의의 왕' 또는 '살렘의 왕' 즉 '평화의 왕'이란 의미의 '멜기세덱'은 하나님의 아들과 비견되고, 제사장 직분에 임명된 모든 제사장들이 유한한 시간 속에서 사라져 버릴 때에도 영원히 제사장으로 머물러 계신다."[234] 모세 역시 그리스도의 모형으로

---

232 Goppelt, *Typos*, 2 (여기서 인용되고 있는 피셔의 책 *Witness*의 페이지들은 각각 32, 28, 146, 164, 167-168, 132-133, 177, 146-147, 157, 167페이지에 해당된다).『모형론: 신약의 구약 해석』(새순출판사, 1987).

233 James White, "A Critical Examination of Wilhelm Vischer's Hermeneutic of the Old Testament," 50. 제임스 화이트는 "피셔 역시 구약에 대한 모형론적 접근을 거부했다."라고 주장한다.

234 Vischer, *Witness*, 132.

묘사된다. "모세가 장래에 선포될 것을 증언하기 위해 임명된 신실한 종이었던 것처럼, 신실한 아들 되신 예수님 역시 하나님이 최후로 말씀하실 말씀 그 자체이시며, 하나님이 만물 위에 세워 두신 상속자이시며, 오직 이분을 통해서 하나님이 세상을 만드셨고 하나님의 본체의 형상이시기에 그의 능력의 말씀으로 만물을 붙들고 계신다(히 1:1-3)."[235] 모세가 자신의 후계자를 요청했을 때, 여호와께서는 "… 여호수아를 취하라"라고 말씀하셨다(민 27:16-21). 이에 대해 피셔는 다음과 같이 주해를 달고 있다. "복음을 통해 우리는 여호와께서 이러한 대답을 통해 모세가 요청하거나 생각했던 것 이상으로 주셨다는 것을 알게 된다. 왜냐하면 이 말씀을 통해 하나님은 여호수아, 즉 예수라 이름하는, 그분 왕국의 승리를 가져오는 영웅을 보내시기로 약속하셨다. 이분은 태중에 잉태되기 전에 천사에 의해 예수라는 이름이 주어졌기 때문이다(눅 2:21)."[236] 구약의 희생 제사와 관련해서, 피셔는 다음과 같이 쓰고 있다. "예수님의 대속적인 희생을 통해 이스라엘 백성이 새 생명을 얻게 되었다. 희생 제사 제도를 관장하는 규례들에 있어서 가장 중요한 요소는 중보와 대속의 요소이다. … 모든 희생 제사가 그 자체를 넘어 대속죄일을 가리키고 있으며, 또한 한 걸음 더 나아가 이 대속죄일을 넘어, 모든 죄를 단번에 완전히 덮게 될 희생, 즉 예수님의 대속의 죽음을 가리키고 있음이 분명하다."[237]

---

235 Ibid., 229.
236 Ibid., 231. 여리고를 정복하는 여호수아에 대한 피셔의 주해를 참조하라. "7일간의 행군 이후에 희년의 나팔 소리와 함께 여리고성이 함락된 것은 예언적 관점에서 볼 때, 우주적 차원의 안식을 미리 보여 주는 전조적 사건이었다. 즉 시대의 마지막 날에, 최후의 나팔 소리와 함께, 이 세상의 나라들이 여호와와 그리스도의 왕국이 될 그날을 미리 보여 주는 사건이다." *Christuzeugnis*, 2.30 (나의 번역). 참조. Ibid., 209, 골리앗을 죽인 소년 목동 다윗은 "참목자되신 분에 대한 하나의 왕적 증거가 되며, 이 참목자를 통해 하나님은 그의 양 무리를 구원하신다. 이 참목자는 이리가 올 때도 삯꾼 목자들처럼 도망치지 않으시며, 다윗의 아들이시요 주님이신 이 참목자는 다윗이 할 수 없었던 것을 행하신다. 즉 자신의 생명을 자기 백성을 위해 내놓으시고 이들에게 영원한 생명을 주신다(요 10장)." (나의 번역).
237 Ibid., 217-218. 참조. Ibid., 211에 있는 성막 건립과 관련한 콜브뤼게(Kohlbrügge)의 다음 인용을 보라. "그 시대의 그림 속에서는, 그리스도께서 오셔서 그림자를 내쫓으시기까지, 성막이 이스라엘 백성에게 보였다. 그러므로 고귀한 말씀인, '네가 한 집을 만들리라'라는 말씀의 의미는 '그러므로 이런저런 방식으로 너는 그리스도의 예표가 될 것이다'라는 뜻이다."

신약 본문과의 연결

피셔는 강해할 때 구약 본문에서 신약 본문으로 자주 이동한다. 렌토르프는 이러한 움직임을 "피셔의 강해 방법"이라고 이름 붙인다. "그는 구약 본문의 중심 개념을 해석할 때, 구약 본문 내의 어떤 단어와 동일한 단어가, 신약 인용문에서 그리스도와 연계되어 있는 것처럼 보일 경우 그 신약 구절을 인용해서 구약 본문을 해석한다. 그리고 나서 피셔는 구약 본문의 기독론적인 요소를 확장해서 강해하는데, 강해 시 [루터나 칼뱅의] 자세한 인용구가 중심적 역할을 한다."[238] 예를 들어, 아브라함에게 이삭을 바칠 것을 요구하시는 하나님의 이야기(창 22장)를 피셔는 다음과 같이 주해한다. "히브리서 11:19이 말하고 있듯이, 그[아브라함]는 하나님이 죽은 자들로부터 일으켜 다시 살리실 수 있다고 생각했다. 그렇게 아브라함은 죽은 자의 부활이란 신앙 조항을 잘 이해했으며, 이를 통해 달리 해결될 수 없는 모순을 해결할 수 있었다. … 이러한 희생의 길이 어떻게 성 금요일의 어두움으로 수놓여 있는지, 또한 이 어두운 구름이 어떻게 부활절의 태양 광선의 색채를 띠고 있는지 우리 모두가 볼 수 있지 않는가?"[239] 또한 불타는 가시덤불 사건(출 3:1-12)을 다루면서, 피셔는 다음과 같이 주해한다. "불타는 가시덤불인 'Sené'는 '여호와께서 불 가운데 임하심으로, 연기로 산 전부가 뒤덮여 있는'(출 19:18) 시내산에서의 하나님의 계시에 대한 비유요 상징이다." 출애굽기와 이사야서를 통해 하나님의 불이란 주제를 더 깊이 추적한 후, 피셔는 마침내 누가복음 12:49의 "나는 이 땅에 불을 주러 왔노라"라는 예수님의 말씀으로 귀착한다.[240]

예수님 이야기와의 연결

구약 본문을 신약 본문과 연결 짓는 것 이외에, 피셔는 구약 본문으로부터 그리스도의 삶에 있었던 유사한 사건으로 이동하기도 한다. 이삭이 태어났을

---

238 Rendtorff, *Canon*, 80.
239 Vischer, *Witness*, 142.
240 Ibid., 168-169.

때의 기쁨에 대해 강해하면서, 피셔는 다음과 같이 말한다. "이러한 고대 사건들의 저변에는 하나님의 부성애적인 기쁨, 즉 자신의 아들이 인자로, 또한 아브라함의 자손으로 탄생한 것에 대한, 하늘에 계신 성부의 기쁨이 숨겨져 있지 않는가? … 헤브론의 상수리나무 아래서, 그리고 사라의 천막 안에서, 우리는 목동들의 들판과 베들레헴의 말구유에서 우리를 맞이하는, 하나로 혼합된 땅과 하늘의 향기를 들이마시고 있지 않는가?"[241] 또한 나일강 가의 아기 모세에 관해 피셔는 다음과 같이 말한다. "하나님이 이스라엘의 구원자가 되도록 선택하신 이 아기의 이야기는 세상의 구세주인 예수님의 어린 시절을 상징하는 표식이며, 이 구세주는 달리 이 땅에 계실 곳이 없었기에 말구유에 태어나셨으며, 이분을 헤롯이 살육할 수 없었으며, 또한 일곱 머리 달린 용도 이분을 삼킬 수 없었다(마 2장; 계 12장)."[242]

영원한 로고스이신 그리스도

The Witness of the Old Testament to Christ 서론에서, 피셔는 우리에게 그리스도를 영원한 하나님으로 이야기하는 신약 구절들, 즉 요한복음 1:1의 "태초에 말씀이 계시니라 이 말씀이 하나님과 함께 계셨으니 이 말씀은 곧 하나님이시니라"라는 구절과 요한계시록 22:13의 "나는 알파와 오메가요 처음과 나중이요 시작과 끝이라"라는 구절을 주지시킨다. 피셔는 계속해서 말한다. "그[예수님]는 믿음의 완성자이시며 창시자이시며, 노아로부터 마지막 세대에 이르는 모든 신실한 자들을 확증하시는 분이다. 단순히 그분의 믿음이 이러한 신실한 자들의 믿음보다 훨씬 크다는 것이 아니라, 이들의 믿음이 그분을 향하고 있다는 뜻이다."[243]

결과적으로, 구약 내에서 영원한 로고스의 사역은 그리스도에 대한 또 하나의 증거가 된다. 예를 들어, 피셔는 요셉의 죽음(창 50)에 대해 다음과 같이 주

---

241 Ibid., 139-140.
242 Ibid., 167.
243 Ibid., 18-19.

해한다. "예수님은 우리의 경주 전부가 결코 바보들의 활보가 아님을 보증해 주신다. 그분은 우리의 경주를 그 목표 지점까지 인도해 나가시는 완성자이시다. 그분은 또한 창시자이시기도 하다. … 즉 경주 전부를 총괄하시는 주요 지도자가 되신다. 그분은 항상 계시며, 처음 세대와 함께 계셨듯이, 마지막 세대와 함께 계실 것이며, 보이지 않는 가운데 모든 세대와 함께하신다."[244] 또한 피셔는 하나님이 노아와 맺은 언약, 그리고 후에 아브라함과 맺은 언약이 "그리스도 안에서 인증되었다."라고 말한다. "성경의 언약들은 말하자면 다양한 행동반경을 지닌 원주 형태의 계시와 같다. 그러나 이 모든 원주들은 하나의 중심점을 갖고 있다. 더욱이 우리는 이러한 하나의 중심점, 즉 세상의 구세주이신 예수님은 이러한 모든 원주 형태의 계시의 원천이지, 이들 원주들이 만들어 낸 부산물이 아니라는 점을 생각할 필요가 있다."[245]

④ 피셔의 기독론적 해석 방법에 대한 평가

피셔의 저작들은 학계에 크나큰 파장을 불러일으켰고, 이로 인해 피셔는 격렬한 비평의 대상이 되었다. 그러나 비평가들의 비평이 항상 공정한 것은 아니었고, 또 이들의 비평들이 서로 일치하는 것도 아니었다.[246] 이러한 비평들 사이의 불일치는 피셔의 자유롭고도 독창적인 접근 방식을 "정확하게 이해하는 일이" 얼마나 어려운 것인가를 잘 보여 준다. 그럼에도 불구하고 우리는 피셔의 접근 방식이 갖고 있는 얼마간의 긍정적인 가치들과 일반적인 문제점을 주목해 볼 필요가 있다.

---

244 Ibid., 165.
245 Ibid., 102, 138. 또한 James White, "Critical Examination," 108을 보라. 여기서 피셔는 "잠언으로부터 어떻게 그리스도를 설교할 수 있는가를 이해할 수 있는 열쇠로, 잠언 8장에서 '지혜'를 기술한 것을 진지하게 여기도록 설교자들에게 요구한다."
246 Baker, *Two Testaments*, 222-226에 열거된 다양한 평가를 보라. 참조. Bright, *Authority*, 86, "피셔는 엄청난 비평의 대상이었으며 심지어 조롱 섞인 비평을 받기도 했는데, 이들 중 적지 않은 부분이 공정하지 못했다고 우리는 생각한다."

귀중한 공헌

피셔가 훌륭하게 기여한 것 하나는 기독교 교회와 강단을 위해 구약을 되찾았다는 점이다. 이것은 당시 주도적인 신학자들과 나치 운동에 의해 구약이 거부되는 상황에 비추어 볼 때 결코 하찮은 성과가 아니었다. 1937년 아브라모브스키(R. Abramowski)는 다음과 같이 쓴 바 있다. "피셔의 책은 우리 시대의 **전형적인** 구약 책이 되었다. 그 이유는 그 책이 필요하고 옳기 때문이다. 이 책이 **필요했던** 이유는, 단지 구약에 관한 하나의 의견을 필요로 했던 것이 아니라 당시의 신학적이고 정치적인 상황이 구약에 비추인 기독교 증언을 요구했기 때문이다. … 또한 이 책이 **옳았던** 이유는 … 신약과 종교 개혁이 동일한 목소리로 구약은 그리스도를 증언하고 있다고 우리에게 선언하기 때문이다."[247] 피셔의 저작들은 많은 목회자들에게 "구약에서 설교할 수 있는 용기를 주었다."[248]

한 걸음 더 나아가 피셔의 저작들은 성경에 대한 학문적 연구와 교회 사이의 관계에 대한 토론을 시작하게 했다.[249] 그 당시에 구약학계는 오직 구약 학문 자체에만 집착하고 있었고, 교회와 교회 설교자들에 대해서는 거의 포기한 상태였다. 피셔의 해석 방법에 반대하고 있던 군네벡(A. H. J. Gunneweg)은 다음과 같이 경고한 바 있다. "성경 비평가들이 피셔의 해석 방법이 부적합하다는 것을 증명하는 것은 쉬운 일이다. … 그러나 피셔의 시도를 너무 가볍게 취급해서는 절대 안 된다. 구약은 극히 격렬한 용어들로 거부되고 있었으며, 학자들은 구약의 중요성과 타당성, 그리고 그 성격에 관한 격렬한 질문들로부터 점차 거리를 두고 있는 실정이었다. 이러한 질문들만이 유일한 대안적 질문들인가? 피셔는 한 책에서 이에 대한 답을 제공한 바 있는데, 이 책은 이국적인

---

247 Rendtorff, *Canon*, 78에서 인용.
248 Martin Kuske, *Old Testament*, 76. 또한 Horst Preuss, *Alte Testament*, 86을 보라.
249 참조. Kuske, Ibid., "피셔의 저작은 심지어 구약 학문 자체로 하여금 신학 학문의 과업이 무엇인가를 묻도록 동기를 부여했다." 참조. Ibid., 16, "종교 개혁의 메시지에까지 관통하는 대담한 자유 분방함으로, 피셔는 구약 학문의 새로운 방향 설정을 이루어 냈다."

종교 문서들의 영역으로 퇴보되어 가는 구약을 구출해 내고자 하는 의도를 분명히 하고 있으며, 그와 동시에 구약이 주장하는 바들과 약속들에 귀를 기울이면서, 현 시대를 향한 성경의 증언들이 지닌 중요성을 다시 한 번 피력하고 있다. 학자들과 학자가 아닌 사람들 모두의 부정적 접근에 대한 피셔의 이러한 반작용, 그리고 역사가들이 채택한 중립적이고도 일종의 객관적인 시각에 대한 피셔의 반작용은 필수 불가결한 반응이었다."[250]

피셔가 기여한 또 한 가지는, 구약은 고립된 상태로는 이해될 수 없으며 반드시 신약의 문맥 속에서 이해되어야 한다고 주장한 것이다. 이 주장은 당시 구약학계가 나아가고 있었고 오늘날에도 나아가고 있는 방향에 대한 좋은 교정책이었다. 존 브라이트는 "감사하게도 피셔는 분명히 우리는 구약을 순전히 역사적으로 이해하는 것만으로는 만족할 수 없으며 계속해서 구약을 기독교적 중요성에 비추어 볼 수 있어야 한다는 사실을 상기시켜 준 최초의 사람들 중에 있었다."라고 말한다.[251]

마지막으로 우리가 눈여겨보아야 할 피셔의 공헌은, 구약은 그리스도를 증언하고 있다는 그의 전제이다. 자신의 저작들에서 피셔는 다양한 방법을 통해 우리가 구약에서 그리스도를 설교할 수 있다는 것을 증명해 보였으며 이 중에서 가장 설득력 있는 방법은 모형론을 사용하는 것이라는 점을 보여 주었다.

피셔의 해석 방법의 결점

피셔의 해석 방법의 가장 심각한 결점은 그가 깊이 참여하고 있는 추론에 있다. 이러한 추론의 몇몇은 그의 독창적이고도 심지어는 장난스러운 접근 방

---

250 Gunneweg, *Understanding the Old Testament*, 160-161. 참조. Karl Barth, *Church Dogmatics*, 1/2, 79-80. 바르트는 "지난 200년 이상 구약 전문가들이 그들의 주된 신학적 과업에 대해 보여 온 무관심의 충격적이고도 위험한 결과"를 한탄한다. 그리고 나서 바르트는 아이히로트의 연구에 자신이 의존하고 있음을 인정하고, "무엇보다 특히" 피셔의 연구에 의존하고 있음을 인정하면서 다음과 같이 부언한다. "이 책[*Christuszeugnis*]을 읽음과 동시에 하나 꼭 덧붙여야 할 것은 폰 라트의 서평인데, 이 서평은 어느 정도 유익하다(물론 피셔에 대한 의미 있는 비평은 오직 동일한 과업을 더 잘 할 수 있는 입장에 서 있는 사람만이 해야 한다)."

251 Bright, *Authority*, 88.

식으로부터 기인하는데, 피셔는 이 방식을 통해 직관적으로 신구약 사이의 연결점들을 설정하고 이 둘 사이의 유사점들을 향해 움직여 나아간다. 그러나 추론은 적절한 해석 방법이 아니며, 하나님의 확실한 말씀을 설교하는 데 있어서 건전한 토대도 아니다.

영원한 로고스이신 그리스도를 자신의 해석학적인 틀로 사용함으로써 피셔는 또 다른 형태의 추론을 만들어 낸다.[252] 예를 들어, "빛이 있으라"(창 1:4)라는 하나님의 명령을 주해하면서, 피셔는 이 명령은 예수 그리스도의 빛을 가리킨다고 주장한다. "이 빛은 – 만약 우리가 우리의 본문을 신실하게 해석하고자 한다면, 또한 모든 종류의 추론적인 잘못된 해석으로부터 이 본문을 지키고자 한다면, 이 표현은 더 이상 피할 수 없다. – '예수 그리스도의 얼굴에 나타난 하나님의 영광'이다(고후 4:6)."[253] 또한 피셔는 야곱이 씨름했던 사람을 예수 그리스도라고 주장함으로써 루터의 뒤를 따른다. "이 해석이 비록 터무니없는 것처럼 보이지만, 사실 이는 결정적인 해석이다. 예수 그리스도께서 이 땅 위에 사람으로 나타나셔서 사람들과 씨름하셨고 이들에게 압도당했다는 사실은 성경의 모든 이야기들과 말씀들이 증언하는 기적 중의 기적에 해당한다. 예수님 안에서, 그리고 오직 이분 안에서만이, 감히 생각할 수 없는 일, 즉 전능하신 그분이 자신을 사람들의 완력에 내놓으시는 일이 일어난다. 아무리 이성적으로 이를 받아들일 수 없다 할지라도, 다름 아닌 이것이 바로 십자가에 죽으신 예수님의 메시지이다."[254]

피셔의 해석이 지닌 또 다른 문제점은 구약과 신약의 관계에 대한 견해이다. 피셔는 이 관계를 "'통일성'뿐만 아니라 '동일성'을 지닌 관계로 보고 있

---

252 Vischer, *Witness* 21. 피셔는 심지어 이렇게까지 주장한다. "성경의 통일성이라는 교리는 성육신의 진정한 역사성, 즉 성육신은 공간적으로나 시간적으로 단회적으로 일어났던 사건이라는 점을 확립해 주며, 마찬가지로 그리스도의 삶 속에서 유한한 역사로 일어났던 사건들이 **이제** 무한한 영원을 형성하고 있다는 인식을 확신시켜 준다. … 모든 세대의 모든 참된 그리스도인들은 그리스도와 동시대적으로 존재한다."
253 Ibid., 44.
254 Ibid., 153.

다."²⁵⁵ 피셔는 "성경 문헌의 두 부분은 진실로 하나의 동일한 목적을 갖고 있다."라고 주장하고, 우리가 이미 살펴본 바 있듯이, 그는 구약과 신약을 "하나의 중심점 … 즉 임마누엘을 향해 나아가는 하나의 교창-합창단의 두 파트에 비유하고 있다."²⁵⁶ 이러한 가정은 구속사의 점진성을 정당하게 평가하지 못하고, 구약에서 신약에 이르는 하나님의 계시의 진전을 바르게 평가하는 데 실패한다.²⁵⁷ 베르까우어(Berkouwer)는 다음과 같은 사실을 주목하고 있다. "피셔는 구속사적인 전망을 분명히 하지 않은 상태에서 구약과 신약 사이의 병행관계를 제시한다. 바로 이런 이유 때문에, 피셔의 성경 주해는 우리에게 임의적이라는 인상을 준다. 그는 그리스도에 대한 구약의 증거가 기나긴 역사 가운데 깊이 배어 있다는 사실을 충분히 인식하지 못하고 있으며, 그와 동시에 구속과 관련한 이러한 증거가 이스라엘에 대한 하나님의 인도하심과 연결되어 있다는 사실도 충분히 인식하지 못하고 있다."²⁵⁸

하나님의 계시에 대한 피셔의 이러한 다소 정적인 견해는 그로 하여금 하나님의 계시가 지닌 서로 다른 역사적 상황들과 서로 다른 단계들을 고려치 않고 구약과 신약 사이를 자유롭게 오갈 수 있도록 했다. 이렇게 함으로써 그는 단순히 신약을 구약에 역으로 투영해 읽어 나가는 결과를 초래했다. 노먼 포티어스(Norman Porteous)에 따르면, 많은 경우에 "피셔는 구약을 가리키고 있는 신약 구절들을 단순히 구약과 병치시킴으로써 구약을 해석해 나갔다. 신약의 의미가 구약 구절 속으로 역으로 투영되어 읽혔으며, 그렇게 함으로써, 피셔는 구약 구절이 의미해야 하는 바를 미리 알고 있는 셈이다."²⁵⁹

---

255 Baker, *Two Testaments*, 228.
256 Vischer, *Witness*, 25.
257 참조. White, "Critical Examination," 81, "피셔의 성경 강해는 매우 자주 역사를 등한시한다. 결과적으로 … 그의 성경 강해는 건전한 성경 신학의 본질적인 특징 중 하나인 역사적 진전에 대한 강력한 의식을 결여하고 있다."
258 Berkouwer, *Person of Christ*, 128. 참조. Norman W. Porteous, *The Old Testament and Modern Study* (Oxford: Clarendon, 1951), 337, "피셔는 신약이 우리에게 그리스도께서 누구인지를 말하고 있음은 물론이고 또한 그의 사역이 무엇인지에 대해 구약보다 더 온전하게 이야기하고 있다는 사실을 보지 못했다. 예수님은 구약의 모든 기대와 소망을 능가하신다."
259 Porteous, *Old Testament*, 338. 참조. T. C. Vriezen, *Outline*, 86, "우리는 예수 그리스도를 회고

또한 피셔는 때때로 모형론화와 알레고리화에 의존한다. 앞에서 피셔의 "예수님 이야기와의 연결"이란 부분에서 우리는 피셔의 모형론화를 살펴보면서 그가 그리스도의 삶과의 병행 관계를 이끌어 내기 위해 본문의 세부 조항들을 사용할 경우에, 특히 본문을 모형론화하고 있다는 점을 지적한 적이 있다. 이에 대한 또 다른 예는 창세기 14장에 대한 피셔의 해석이다. "멜기세덱이 빵과 포도주를 가져오는 이야기에서, 우리는 예수님이 옛 언약을 완성하시고 이와 동시에 이를 해체하고자 제정하신 새 언약의 성례전에 대한 분명한 암시를 볼 수 있다."[260] 일종의 알레고리화의 한 예는 가인의 표(창 4:15)가 그리스도의 십자가를 암시하고,[261] 하만이 매달렸던 장대도 마찬가지라는 피셔의 주장에서 볼 수 있다.[262] 보다 정교한 형태의 알레고리화가 붉은 암송아지 희생 제사(민 19장)에 대한 피셔의 해석에서 발견된다. 그는 다음과 같이 주해한다. "사실상 민수기 19장은 예수 그리스도에 대한 주목할 만한 암시를 제시한다. 여기에는 흠이 없고 한 번도 멍에를 메지 않은 붉은 암송아지를 진 밖에서 잡아 희생 제물로 바치라고 기록되어 있다. … 그리스도를 가리키고 있는 것이 분명하다. 흠이 없고 유일하게 한 번도 죄의 멍에 아래 있지 않으셨던 바로 그분이 성문 밖의 저주받은 나무 위에서 자신을 하나님께 드리셨다. … 오직 그리스도의 피 뿌림을 통해서만 우리는 죄 사함을 받을 수 있으며, 그의 순종의 공로를 전가받음으로써만 하나님을 섬길 수 있는 문이 열리게 된다. … 바로 이것이 붉

적으로 구약 속에 투영한다든가, 회고적으로 구약에서 그리스도를 발견하려는 시도를 해서는 안 된다. 이러한 생각 이면에는 칼 바르트의 신학이 놓여 있는데, 바르트는 로고스 교리 때문에 기독론을 너무 전면에 내세움으로써, 그의 신학은 대체적으로 기독론에 의존해 이루어지고 있다. 바르트의 신학은 체계적인 측면에서뿐만 아니라, 역사 자체 내의 계시의 진행과 관련해서도 기독론에 입각해 이루어지고 있다. 역사 내에서 예수 그리스도께서 '단회적'으로 나타나셨다는 사실이 여기에서는 정당하게 다루어지지 않는다."

260 Vischer, *Witness*, 132.
261 Ibid., 74-76. 이러한 해석을 지지하면서, Donald Bloesch, "Christological Hermeneutics," 88 에서는 가인의 표를 "십자가 표식의 한 모형"이라고 부른다.
262 Vischer, "The Book of Esther," *EvQ* 11 (1939) 14, "거룩한 도성의 문들 앞에 높이 서 있는 두 개의 십자가와 수사에 있는 50규빗 높이의 교수대가 온 대륙과 여러 세기에 걸쳐서 서로 인사한다."

은 암송아지에 관해 민수기 19장에서 선포되고 있는 복음이며, 세례와 성만찬의 성례전을 통해 확언되는 복음이다."[263]

피셔의 해석 방법에 대한 마지막 문제점은, 그리스도에 대한 증거에만 초점을 맞춤으로써 배타적으로 예수 그리스도에게만 집중하는, 소위 그리스도 일원론(Christomonism)에 빠지게 된다는 점이다. 이러한 배타적인 집중은 인간 타락 이래로 자신의 백성을 구속하시고 자신의 피조 세계를 회복하시려는 계획을 위해 지속적으로 역사하셨던 삼위일체 하나님을 소홀히 취급하게 한다.

✢ ✢ ✢

이렇게 해서 우리는 구약에서 그리스도를 설교함의 역사에 대한 개관을 마치고자 한다. 1930년대에 있었던 피셔의 노력들은 그의 해석 방법에 대한 많은 비평으로 이어졌으며, 그 뒤 구약에서 그리스도를 설교하는 문제에 대해서는 사실상 반세기가량 침묵이 이어졌다. 피셔의 동료였던 아이히로트를 시작으로,[264] 성경 신학 운동이 수십 년 동안 이러한 공백을 메우기는 했지만, 구약에서 신약으로 이어지는 성경상의 주제들을 추적함에 있어서, 성경 신학 운동의 관심은 특별히 구약에서 그리스도를 설교하는 일에 있지 않았다.

이상의 역사적 개관을 통해 우리는 역사의 모든 단계마다 교회는 신약뿐만 아니라 구약에서 그리스도를 설교하고자 진력해 왔다는 사실을 보게 되었다. 또한 이러한 개관을 통해 이러한 시도들이 겪었던 어려운 문제점들, 다양한 해석학적인 접근 방식들이 만들어 낸 난제들, 여러 해석 방법을 지지하거나

---

263 Vischer, *Witness*, 226-227.
264 Goppelt, *Typos*, 3, "아이히로트는 이전 연구 결과들에 대해 대단히 긍정적인 태도를 갖고 있었지만, 그는 역사주의의 횡포를 깨뜨리고자 했고, 25년 만에 처음으로 구약을 연속적인 측면을 지닌 하나의 종교의 부산물이 아니라 하나의 구조적인 통일성을 지닌 책으로 해석하는 구약 신학을 저술하게 된다(pp. 27f). 더욱이 아이히로트는 구약은 구약 자체를 넘어서서 신약에 이르게 된다는 것과 신약은 거꾸로 구약의 주된 내용들에 이르게 된다는 것에 대한 확신을 진지하게 취급하고자 한다."

반대하는 부류들이 갖고 있는 난제들을 인식하게 되었다. 이러한 개관의 끝에 나타나는 우리의 주된 질문은 이것이다. 예수 그리스도를 설교하는 일에 시선을 돌리면서, 구약을 적법하게 해석할 수 있는 방법론은 무엇인가? 다음 장에서 우리는 신약이 구약으로부터 그리스도를 설교하는 일에 대해 실행 가능한 원리들을 제공하고 있는지를 살펴보고자 한다.

| 제5장 |

구약에서 그리스도를 설교하기 위한 신약적 원리

"항상, 그리고 더욱 그리스도를 설교하라.
그분은 복음 전체이시다.
그분의 인격, 직분, 사역은 우리가 전체적으로 이해해야 할
하나의 위대한 주제임이 틀림없다."

– 스펄전, 『목회자 후보생들에게』 중에서

구약 성경은 분명히 하나님 중심적이다. 구약의 관심은 여호와 하나님을 드러내는 것이다. 하나님과 관련해서 이스라엘 백성에게 주어진 결정적인 가르침은 매일 낭송되었던 **쉐마**(신명기 6:4 원문의 첫 단어로서 '들으라'는 뜻이다. 유대인들이 아침저녁마다 신명기 6:4-9; 11:13-21; 민수기 15:37-41을 순서대로 암송하는 기도문을 가리킨다.–역주)이다. "오! 이스라엘아 들으라. 주[여호와] 우리 하나님, 곧 주[여호와]는 한 분이시다."(신 6:4, NIV). 많은 신을 숭배하고 있는 시대 배경 속에서 구약은 이스라엘 백성에게 하나님의 유일성을 가르쳐 준다. 따라서 구약에서 설교하는 것은 당연히 하나님 중심적이며, 그래서 교회는 지금까지 하나님 중심적인 본문들에서 어떻게 그리스도 중심적 설교를 할 수 있는가를 알고자 몸부림쳐 왔다. 구약에서 그리스도를 설교하기 위한 신약의 몇몇 지침을 살피기 전에 먼저 "그리스도 중심적 설교는 하나님 중심적이어야 한다."라는 신약의 원리를 고찰해 볼 필요가 있다.

1. 그리스도 중심적 설교는 하나님 중심적 설교여야 한다

앞에서 살핀 역사적 고찰에서 우리는 "기독론적 설교"에 있어서 가끔씩 "그리스도 일원론"(Christomonism), 즉 하나님과는 별도로 그리스도만을 따로 설교하는 빗나간 경향을 살펴보았다.[1] 우리는 이것을 특히 신정통주의자 빌헬름 피셔의 글에서 볼 수 있었다. 빌헬름 피셔는 "교회 내에서 [구약] 성경의 신학적 강해는 기독론 외에는 다른 것이 있을 수 없다."라고 주장한다.[2] 피셔의 방법대로 하게 되면, 쉽사리 하나님을 무시하고 그리스도만 설교하게 되고 만다.

1) 그리스도 일원론의 위험성

그리스도 일원론의 함정은 피셔뿐만 아니라 다른 신앙 공동체들에게도 유혹이 된다. 에드먼드 스타이믈(Edmund Steimle)은 특히 자신이 속해 있는 루터교 공동체에게 이러한 위험을 조심하라고 경고한다. 그는 "루터교의 설교에서 그리스도 중심성을 강조하는 것은 … 그것이 비록 고의적인 것은 아니겠지만 심하게 어긋날 만큼 균형이 뒤틀린 결과로, 평신도들을 위해서는 본질적인 복음, 즉 그리스도 안에 있는 **하나님**의 계시 및 구속 행위를 거의 잃어버렸다. '그리스도를 나의 개인적 구주로 영접'하는 것이 언뜻 보기에 하나님과는 별 관계가 없거나, 아니면 전혀 관계가 없다."라고 주장한다.[3]

그리스도 일원론에 대한 이러한 경향은 더 이상 시편을 찬송가로 부르지 않거나 설교는 물론 "복음성가"도 하나님 아버지와는 관계없이 주로 예수님께

---

1 참조. Johann Le Roux, "Betekenis," 147. "그리스도 중심적이란 용어에 내포된 '중심' 혹은 '중심점' 사상이 '중보자'가 아닌 다른 어떤 의미일 때 하나님의 경륜은 왜곡된다. 그렇게 되면, 설교는 그리스도 일원론으로 퇴보하며 … 마치 그리스도 그분 혼자만 하나님이신 것처럼 설교하게 된다."(나의 번역).
2 Vischer, *Witness*, 28, n. 1.
3 Steimle, *LuthQ* 6 (1954) 14. "하나님 중심적 설교는 무시한 채 그리스도 중심적 설교만을 강조하는 것"과 관련해서는 13쪽 참조. "그리고 그것은 그리스도에 대한 완벽할 정도의 필요 적절한 강조를 더욱 고조한 결과 하나님을 덜 강조하게 되는 부적절한 결과를 초래했다고 말하는 셈이다."

만 초점을 맞추고 있는 다른 여러 기독교 공동체에서도 두드러지게 나타난다. 프레드 크래독(Fred Craddock)이 주목하는 것처럼 오늘날 많은 사람들이 "설교단 앞에 앉아 신학적인 문맥과는 상관없이 예수 그리스도라는 한결같은 규정식(diet)을 공급받아 왔다. 어떤 청중은 그리스도를 믿는 것이 하나님을 믿는 것을 대체했다는 인상을 받을 수도 있겠다. 아니면 마치 자신이 믿는 대상들의 수가 증가되는 것이 구원의 효과를 증가시켜 주는 것을 의미하는 것인 양, 그리스도를 믿는 것이 하나님을 믿는 것에 추가되었다는 인상을 받을 수도 있을 것이다."[4]

2) 하나님 영광을 위해 그리스도를 설교함

그리스도 일원론적인 경향과는 대조적으로, 우리가 기억해야 할 신약의 첫 번째 원리는 그리스도와 하나님은 결코 분리된 것이 아니라 하나님이 그리스도를 세상에 보내셔서 그리스도가 하나님의 일을 완성하시고 하나님의 영광을 구하셨다는 것이다. 많은 사람들이 "그리스도와 십자가에 못 박히신 그분"에 대한 설교에 올바른 관심을 가졌음에도, 바울이 바로 이 모든 구절을 하나님께 연결시키고 있다는 생각은 하지 못하는 것 같다.

① 바울은 하나님 영광을 위해 그리스도를 설교한다

바울이 행한 그리스도 중심의 설교는 결코 하나님과 분리되어 있지 않다. 바울의 말을 몇 대목 인용해 보면 그것을 잘 알 수 있다. 다음의 고전적 구절에서 바울이 강조하는 것을 주목해 보라. "우리는 십자가에 못 박힌 그리스도를 전하니 유대인에게는 거리끼는 것이요 이방인에게는 미련한 것이로되, 오

---

[4] Craddock, "The Gospel of God," in *Preaching as Theological Task: World, Gospel, Scripture*, ed. Thomas G. Long and Edward Farley (Louisville: Westminster/John Knox, 1996), 74.

직 부르심을 입은 자들에게는 유대인이나 헬라인이나 그리스도는 **하나님**의 능력이요 **하나님**의 지혜니라"(고전 1:23; 참조. 2:2-5). "우리가 우리를 전파하는 것이 아니라 오직 그리스도 예수의 주 되신 것과 … 예수 그리스도의 얼굴에 있는 **하나님**의 영광을 아는 빛을 전파하노라"(고후 4:5, 6). "모든 것이 **하나님**께로 났나니 저가 그리스도로 말미암아 우리를 자기와 화목하게 하시고 … **하나님**께서 그리스도 안에 계시사 세상을 자기와 화목하게 하시며 … 이러므로 우리가 그리스도를 대신하여 사신이 되어 **하나님**이 우리로 너희를 권면하시는 것같이 그리스도를 대신하여 간구하노니 너희는 **하나님**과 화목하라"(고후 5:18-20; 참조. 엡 3:8-12). 예수님이 수치를 받으시고 높인 바 되신 것과 관련해서 초대 기독 신자들의 찬송을 인용하는 사람은 바울이다. "이러므로 **하나님**이 그를 지극히 높여 모든 이름 위에 뛰어난 이름을 주사 … 모든 입으로 예수 그리스도를 주라 시인하여 **하나님 아버지**께 영광을 돌리게 하셨느니라."[5]

비록 신약 성경에서 "하나님 아버지"라는 문구가 보통은 삼위 가운데서 제1위를 가리키지만, 이것은 또한 하나님, 즉 삼위일체 하나님[6]을 가리킬 수도 있다. 바울은 마지막 날이 되면 예수님이 "모든 정사와 모든 권세와 능력을 멸하시고 나라를 아버지 하나님께" 바치실 것이라고 가르치신다(고전 15:24). "만물을 저[아들]에게 복종하게 하신 때에는 아들 자신도 그때에 만물을 자기에게 복종케 하신 이에게 복종케 되리니 이는 하나님이 만유의 주로서 만유 안에 계시려 하심이라"(고전 15:28; 참조. 엡 4:6).

---

5 빌립보서 2:9-11. 베드로도 비슷하게 기록한다. "만일 누가 말하려면 하나님의 말씀을 하는 것같이 하고 … 이는 범사에 예수 그리스도로 말미암아 하나님이 영광을 받으시게 하려 함이니"(벧전 4:11).
6 고린도전서 8:6에서 바울은 쉐마(신 6:4, "오 이스라엘아 들으라: 우리 하나님 여호와는 오직 하나인 여호와이시니")를 반영한다. "그러나 우리에게는 한 하나님 곧 아버지가 계시니 만물이 그에게서 났고 우리도 그를 위하며." 참조. 엡 3:14; 4:6; 히 12:9; 약 1:17.

② 예수님의 설교는 성부 하나님의 영광을 목표로 한다

마가에 따르면 예수님은 "**하나님**의 복음을 전파하여 가라사대 때가 찼고 **하나님**의 나라가 가까웠으니"(막 1:14)라고 선포하셨다. 예수님은 당신의 제자들에게 하나님의 영광과 왕국을 위해 "하늘에 계신 우리 아버지여 이름이 거룩히 여김을 받으시오며 나라이 임하옵시며 뜻이 하늘에서 이룬 것같이 땅에서도 이루어지이다"(마 6:9-10)라고 기도할 것을 가르치셨다.

요한은 그가 쓴 복음서에서 특히 하나님 아버지를 드러내시려는 예수님의 사역을 강조한다. 그의 복음서는 "본래 하나님을 본 사람이 없으되 아버지 품 속에 있는 독생하신 하나님이 나타내셨느니라"(요 1:18)로 시작된다. 그 후 예수님이 다음과 같이 말씀하심을 우리는 듣는다. "나를 보내신 아버지께서 이끌지 아니하면 아무라도 내게 올 수 없으니…"(요 6:44). 그 후에 예수님은 다음과 같이 주장하신다. "나를 믿는 자는 나를 믿는 것이 아니요 나를 보내신 이를 믿는 것이며, 나를 보는 자는 나를 보내신 이를 보는 것이니라"(요 12:44-45; 참조. 12:49; 14:10). 그리고 나서 예수님은 이렇게 선포하신다. "내가 곧 길이요 진리요 생명이니 나로 말미암지 않고는 아버지께로 올 자가 없느니라"(요 14:6). 그러한 맥락에서 예수님은 다음과 같이 말씀하신다. "나를 본 자는 아버지를 보았거늘 어찌하여 아버지를 보이라 하느냐 나는 아버지 안에 있고 아버지는 내 안에 계신 것을 네가 믿지 아니하느냐?"[7] 예수님은 계속해서 제자들에게 다음을 확신시켜 준다. "너희가 내 이름으로 무엇을 구하든지 내가 시행하리니 이는 아버지로 하여금 아들을 인하여 영광을 얻으시게 하려 함이라"(요 14:13). 예수님은 지상에서의 생애 마지막 때에 다음과 같이 기도하신다. "아버지여 때가 이르렀사오니 아들을 영화롭게 하사 아들로 아버지를 영화롭게 하게 하옵소서"(요 17:1). 그리고 나서 이제 예수님은 결론을 내리신다. "영생은 곧 유일하신 참 하나님과 그의 보내신 자 예수 그리스도를 아는 것이

---

7   요 14:9; 참조. 10:30; 10:38; 14:10-11; 17:21; 요일 2:23.

니이다 아버지께서 내게 하라고 주신 일을 내가 이루어 아버지를 이 세상에서 영화롭게 하였사오니"(요 17:3-4; 참조. 7:16-18; 8:49-50).

　제임스 던(James Dunn)은 "일반적으로 '분명한 기독론'을 제시하는 것으로 이해되어 온" 신약의 많은 성경 구절을 검토한 후에 다음과 같은 결론을 내린다. "기독교의 복음은 하나님과 완전하고도 최상인 관계를 가져야만 한다. … 기독교 신앙은 첫째로 창조주시요 구원자시며 심판자이신 한 분 하나님께 대한 신앙이다. … [신약 성경의] 저자들은 그리스도를 하나님에 대한 대안, 즉 그분만을 기독신자의 예배의 대상으로 제시할 생각이 없었다. … 그분에게서 멈추고 그분을 통해 하나님께로 나아가지 않는 예배는 결국 기독신자의 예배가 되지 못한다."[8]

③ 우리의 그리스도 중심적 설교는 하나님의 영광을 목적으로 삼아야 한다

　신약 성경은 그리스도 중심적 설교는 하나님께 집중되어야 한다는 원리를 명백하게 가르쳐 준다. 로마서에서 바울은 설교에 관한 일련의 잘 알려진 질문들을 던진다. "그런즉 저희가 믿지 아니하는 이를 어찌 부르리요? 듣지도 못한 이를 어찌 믿으리요? 전파하는 자가 없이 어찌 들으리요? 보내심을 받지 아니하였으면 어찌 전파하리요? 기록된바 '아름답도다, 좋은 소식을 전하는 자들의 발이여!' 함과 같으니라"(10:14-15). 그 좋은 소식은 무엇인가? 그것은 이사야서에서 인용된 것이며, 곧 "네 하나님이 통치하신다."(사 52:7)라는 것이다. 네 하나님이 통치하신다! 존 파이퍼(John Piper)는 코튼 매더(Cotton Mather)가 3백 년 전에 한 말을 인용한다. "기독 설교자의 임무에 있어서 중요한 계

---

[8] Dunn, "Christology as an Aspect of Theology," 212. 참조. Craddock, *Pre-Existence*, 156-157, "신약의 기독론적 증언에 나타나는 모든 풍부한 다양성과 함께 그 모든 것을 관통하는 한 가지 공통적인 요소가 있다. 예수님에 관한 메시지는 본질이자 궁극 목적(Ultimate)이신 하나님이 어떤 말씀이나 사건의 기록 안에서, 그리고 그 기록을 통해 드러나는 방식으로 제시되었다. 결국, 예수님께 대한 관심은 정확하게 이것이다: **하나님**은 여기에서 무엇을 말씀하시고, 또는 무엇을 행하시는가?"

획과 의도는 인간의 영혼에 하나님의 보좌와 통치를 회복하는 것이다." 파이퍼는 다시 묻는다. "다음의 것 – 하나님에 대한 인식, 주권적 은혜 언급, 파노라마식 영광이라는 주제, 그리고 무한하신 존재이신 하나님이라는 웅대한 대상 – 은 요즈음 사람들이 예배에서 삭제하고 있는 것이 아닌가? 그들은 일주일 내내 그들의 삶에 향기를 남기게 하는 하나님의 거룩함의 분위기 속으로 … 그 주간에 한 시간 동안이라도 들어가는가?"[9] 예수님 자신은 물론 신약 저자들은 우리에게 그리스도 중심적 설교는 하나님의 영광을 목표로 삼아야 한다고 분명하게 가르쳐 준다.

3) 성령님을 설교함에 대한 관심

하나님의 영광을 위해 그리스도를 설교하는 것에 초점을 맞출 때, 어떤 사람들은 삼위일체 중에서 제3위인 성령님을 공평하게 대하지 못할 것이라는 문제를 제기한다. 그들은 그리스도 중심적 설교나 하나님 중심적 설교가 아니라 "삼위일체적 설교"를 옹호한다. 예를 들어, 요한 르 루(Johann Le Roux)는 "모든 설교는 한 분이시지만 동시에 삼위로 구분될 수 있는, 단 한 분이신 하나님으로서의 성부와 성자와 성령을 입증해야 한다."라고 주장한다.[10]

물론 우리는 성경 저자들에게 영감을 주었고 시대마다 설교자들과 설교를 듣는 자들에게 말씀의 의미를 밝혀 주는 데 기여한 성령님의 결정적인 역할을 인정해야 한다. 더 나아가 우리의 구원에 있어서의 성령님의 절대적인 역할(중생, 회심, 믿음, 성화)도 인정해야 한다. 그러나 성령님의 중요한 역할 때문에, 또

---

9 Piper, *Supremacy of God in Preaching*, 22. 참조. 20, "설교할 때 나의 사명은 하나님의 주권에 대해 변호하는 것이다. 설교할 때의 지배적인 언급은 하나님의 주권적인 은혜가 주는 자유이며, 설교를 통일시키는 주제는 자신의 영광을 위하시는 하나님의 열정이다. 설교의 웅대한 대상은 무한하시고 지칠 줄 모르시는 하나님의 존재이며, 설교에 만연한 분위기는 하나님의 거룩함이다." 참조. Ridderbos, *Coming of the Kingdom*, 22.

10 Le Roux, "Betekenis," 257; 특히 183-204를 보라. 또한 K. Dijk, *De Dienst der Prediking* (Kampen: Kok, 1955), 83-87을 보라.

는 삼위일체 하나님께 대한 우리의 신앙 때문에, 우리는 모든 설교에 신격의 각 위에 대해 어느 정도 똑같은 시간을 할애할 필요는 없다. 설교의 초점을 결정하는 것은 조직신학이 아니라 설교 본문이다. 조직신학은 타당한 해석의 경계를 정하는 "신앙의 규칙"으로서 작용한다. 그러나 오직 (성경적이고 구속사적인 문맥에서 이해되는) 본문만이 설교의 초점을 제공한다. 따라서 만약 회중이 성령님의 사역에 대해 더 많이 듣고 싶어 한다면, 설교자는 주로 성령님에 초점을 맞춘 설교 본문을 선택해야 한다.[11] 그러나 사람들은 "모든 설교는 성부와 성자와 성령에 대해 증언해야 한다."라고 주장함으로써 설교자들에게 불필요한 부담을 준다. 신약의 서신들은 첫 부분의 인사말과 마지막 부분의 축도에서도 그렇게 하지 않는다.[12] 게다가 신약 성경은 성령께서는 사람들의 주목을 받고자 하지 않으시고 그리스도와 하나님을 영화롭게 하기를 바라신다고 가르친다. 예수님은 "진리의 성령님 … 그가 내 영광을 나타내리니 내 것을 가지고 너희에게 알리겠음이니라 무릇 아버지께 있는 것은 다 내 것이라 그러므로 내가 말하기를 그가 내 것을 가지고 너희에게 알리리라"(요 16:13-15)라고 말씀하신다.

2. 그리스도의 실재성으로부터 구약을 해석하라

설교할 때의 극단적인 그리스도 일원론에 반대하여 우리는 그리스도 중심적 설교는 하나님 중심적이 되어야 한다는 신약의 원리를 살펴보았다. 그리스

---

11 물론 성령님에 대한 초점은 성자뿐만 아니라 성부와도 연결되어 있다. 예를 들어, 요한복음 14:26과 로마서 8:9-10을 보라.
12 열두 서신서 중에서 어떤 서신서도 "성령님"이라는 단어로 시작 인사를 하지는 않는다. 즉, 서신서 열한 개는 다음과 같이 시작 인사를 한다. "하나님 아버지와 주 예수 그리스도로부터 은혜와 평강이 너희에게 있을지어다." 골로새서는 다음과 같이 시작한다. "우리 아버지 하나님으로부터 은혜와 평강이 너희에게 있을지어다." 끝맺는 인사는 열두 가지가 있을 수 있지만 성령님에 대해서는 단 한 번만 언급한다. "주 예수 그리스도의 은혜와 하나님의 사랑과 성령님의 교통하심이 너희 무리와 함께 있을지어다"(고후 13:13).

도 일원론과는 정반대의 극단도 있는데, 그것이 오늘날 훨씬 더 유행되고 있는지도 모르겠다. 그것은 곧 예수 그리스도 안에 있는 하나님 자신의 궁극적인 자기 계시와 관련시키지 않고 구약을 하나님 중심적 방법으로 설교하는 것이다. 이러한 극단적인 방식에 반대하여 신약은 기독교적 설교는 그리스도 중심적이 되어야 함을 올바로 가르쳐 준다. 혹자는 그리스도께서는 하나님이시기 때문에 하나님 중심의 설교는 이러한 요구를 충족시킨다고 주장해 왔다. 그러나 우리가 이미 보았듯이 이러한 입장은 그리스도를 설교하는 것은 성육신하신 그리스도를 설교하는 것이라는 신약의 원리를 피해 간다. 게다가 이러한 하나님 중심의 일반적인 설교는 막연한 하나님을 믿는 다른 사람들과 관계를 맺으려고 기독신앙의 특징을 희석하려는 현대적인 경향을 부추긴다. 한 예로 레이몬드 브라운(Raymond Brown)은 다음과 같이 이의를 제기한다. "우리 성도들은 단지 우리가 하나님에 대해서 무엇을 말하는가에 의해서만이 아니라 우리가 예수님에 대해서 무엇을 말하는가에 의해서도 정의되는 사람들이다. 우리는 예수님이 과거에 누구셨으며 현재는 어떤 분이신지를 이해하지 못한다면 하나님을 이해할 수 없다고 생각하기 때문이다."[13] 더 나아가 예수님은 자신에 대해 다음과 같이 주장하셨다. "나로 말미암지 않고는 아버지께로 올 자가 없느니라 … 나를 본 자는 아버지를 보았거늘"(요 14:6, 9). 하나님의 구속 행위와 자기 계시는 예수님의 죽으심과 부활에서 절정을 이룬다. "하나님의 자기 계시는 여기서 갑자기 비교할 수도 없고 전례가 없을 정도로 명확하게 나타난다."[14] 따라서 우리가 해결해야 하는 문제는 성육신하신 그리스도를 어떻게 구약에서 설교할 것인가이다.

리처드 리셔(Richard Lischer)는 "기독교적 설교는 예수님의 부활에서 태어났다."라고 주장한다.[15] 이 말에 동의할지도 모르겠지만, 구(Old, 즉, 과거 - 역주)약에서부터 그리스도를 설교하는 것을 생각할 때 우리는 자동적으로 과거에서

---

13 Brown, *Biblical Exegesis and Church Doctrine*, 140.
14 Robert Mounce, *Essential Nature*, 152.
15 Lischer, *Theology of Preaching*, 30.

현재로 움직이는 경향이 있다.

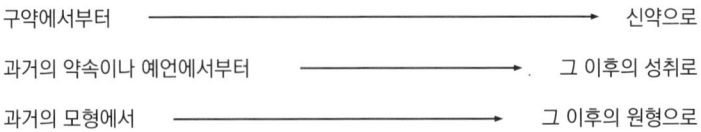

나는 얼마 전에 구약에서 그리스도를 설교하는 다양한 방법에 대해 곰곰이 생각해 보는 동안 자문해 보았다. 우리가 방향을 바꾸어 보면 어떻게 될까? 우리가 신약에서 아는 그리스도로부터 구약을 향해 이동한다면 어떻게 될까? 바로 그때 이러한 생각이 마치 패러다임의 혁명적인 전환인 것처럼 생각되었다. 한 가지 분명한 위험은 우리가 그저 신약의 그리스도를 구약에 투영해서 읽을 수도 있다는 것이다. 그러나 나는 이내 이것이 바로 사도들과 복음서 저자들이 예수 그리스도의 실재에서 출발하여 구약에서부터 그리스도를 설교한 바로 그 방법이기에 내가 그들과 동일한 입장에 서 있다는 사실을 곧 깨달았다.

1) 그리스도의 실재성으로부터 구약을 이해함

신약 성경 대부분의 저자들은 예수님과 3년 동안 같이 살면서 그분의 설교를 들었고 그분의 기적에 놀랐다. 그리고 그분이 십자가에 못 박히심에 망연자실했고, 그 후 부활하신 주님을 개인적으로 만나고는 어리둥절했다. 누가는 무슨 일이 실제로 일어났는지를 처음에는 그들이 전혀 파악하지 못했다고 보고한다. 예수님의 제자들 중에서 두 사람은 예수님이 엠마오 도상에서 그들을 만나 주셨을 때 슬픔과 절망에 빠져 있었다. 예수님은 이러한 그들을 꾸짖으셨다. "미련하고 선지자들이 말한 모든 것을 마음에 더디 믿는 자들이여! 그리스도께서 이런 고난을 받고 자기의 영광에 들어가야 할 것이 아니냐?"(눅 24:25-26). 그들은 여전히 예수님을 알아보지 못했다. 그러나 그때 예수님이 3

일 전에 행하셨던 것처럼 그들과 함께 떡을 떼자, "저희의 눈이 밝아져 그인 줄 알아보았다"(눅 24:31). 그날 저녁 예수님은 제자들을 만났고, "저희의 마음을 열어 성경을 깨닫게 하시고, 또 그들에게 '이같이 그리스도께서 고난을 받고 제삼일에 죽은 자 가운데서 살아날 것과 또 그의 이름으로 죄 사함을 얻게 하는 회개가 … 모든 족속에게 전파될 것이 기록되었으니'라고 말씀하시매 … 저희가 그에게 경배하였다…"(눅 24:45-47, 52). 예수님의 제자들은 십자가에 못 박히신 예수님이 하나님의 약속된 메시아이며 살아 계신 주님이시라는 참으로 믿기 힘든 진리를 비로소 깨닫게 되었다. 제자들은 이와 같은 신앙의 관점에서 구약을 되돌아보고, 그들이 알고 있었던 예수님과 관련된 수많은 구절을 보게 되었다. 바꾸어 말하자면, 그들은 이제 구약을 예수 그리스도 곧 십자가에 못 박히시고 부활하신 주님에 대한 이해에 비추어 읽게 되었다.

패러다임의 전환('과거에서 현재에로'에서 '현재에서 과거에로'로)에 대해 심사숙고한 지 며칠이 지난 후에 나는 이러한 전환의 완전한 실례를 목격했다. 그때 나는 남아프리카에서 연구를 하고 있었다. 한 친척이 나에게 경치가 수려한 곳을 보여 주겠다고 했다. 그는 나를 차에 태워 케이프타운(Cape Town)에 물을 공급하는 댐(인공 호수)으로 데리고 갔다. 경치가 좋은 골짜기를 지나 차를 몰고 댐으로 가고 있었을 때, 모든 풍경이 초록색으로 보였다. 놀랍게도 삼십 분 후에 되돌아올 때는 모든 골짜기가 하얀색이었다. 그 골짜기가 하얀 꽃들로 뒤덮여 있었기 때문이다. 무척이나 놀란 나는 골짜기를 올라갈 때는 왜 이 꽃들을 보지 못했는지 몹시 궁금했다. 내가 뒤를 돌아보자 대부분 초록색인 경치가 있었고, 그 힌트가 되는 꽃들이 여기저기 보였다. 앞쪽을 바라보자 전체 골짜기가 하얀 꽃으로 가득해서 다시 한 번 놀랐다. 우리가 서쪽으로 갈 때는 골짜기가 초록색으로 보이고 동쪽으로 갈 때는 하얗게 보이는 이유가 무엇일까? 나는 그 골짜기의 꽃들이 태양을 향하고 있음을 알았다. 우리가 서쪽으로 햇빛을 향해 나아갈 때는 꽃의 뒷부분인 초록색을 보게 되지만, 우리가 방향을 바꾸어 해를 등질 때는 태양을 향하고 있는 꽃들을 보게 되는 것이다.

이것이 바로 예수님의 제자들이 사용했던 방법이다. 그들이 과거에서부터 시작해 현재나 미래를 향해 구약을 읽곤 했을 때, 그들은 오실 메시아에 대한 어떤 암시를 보았지만, 완전한 그림을 보지는 못했다. 예수님이 부활하신 후에 그들이 십자가에 못 박히시고 부활하신 주님의 관점에서 구약 성경을 읽었을 때, 구약 전체가 백악관 크리스마스트리처럼 밝게 빛났다. "수천 점들의 빛"이 메시아이신 예수님을 가리켰다. 이것이 바로 그들이 그리스도를 구약에서부터 설교한 방법이다. 그들은 구약을 부활하신 예수님의 관점에서 읽었고 구약이 그리스도에 대한 약속과 그리스도의 모형들, 그리고 예수 그리스도와 관련되었거나 예수 그리스도를 암시하는 것들로 가득 차 있다는 것을 알게 되었다.[16] 베드로는 고넬료의 집에서 이방인들에게 "모든 선지자도 그[예수 그리스도]에 대하여 증언하고 있다."(행 10:43)라고 말했다. 구약을 이렇게 그리스도 중심적 방법으로 자유롭게 사용한다고 해서, 신약의 저자들이 구약을 해석하는 데 있어서 주의 깊게 작업한 해석 방법을 우리에게 제공해 줄 것이라고 기대해서는 안 된다.

2) 신약의 구약 사용

신약 저자들은 자주 구약 성경을 직접 인용하거나 암시한다. 헨리 샤이어즈(Henry Shires)는 "서로 다른 1,276개의 구약 구절이 신약에 최소한 1,604군데에서 인용되고 있다."라고 계산해 내었다. "이 모든 수치에 구약의 구절들을 분명히 암시하거나 반영하는 수천 개 이상의 신약 구절들이 덧붙여질 수 있다."[17] 더 자세한 통계로는, 신약 성경 260개 장들 중에서 229개에 "적어도 두 개의 구약 인용 구절이 있거나 특수한 관련 구절들"이 있고, 다른 19개의 장

---

16 참조. von Rad, *Old Testament Theology*, 2.328-29, "신약은 … 어마어마한 새 사건의 도래에 대한 경이감, 즉 하나님의 구원 행위의 전적으로 새로운 지평이 드러나는 새 출발-하나님의 왕국이 여기에 있다-에 서 있다는 압도적인 인식으로 충만하다. 구약은 이제 그리스도 강림의 전조이며 주님의 오심을 향한 지시물로 가득한 하나님의 계시로 읽히고 이것은 구약에 대한 완전히 새로운 해석으로 인도했다."

17 Shires, *Finding the Old Testament in the New*, 15.

에는 한 개의 예만 있고, 구약과 특별한 관계가 없는 것은 신약 전체에서 단지 12장뿐이라는 통계가 있다.[18] 다른 관점에서 보면, "신약의 32%는 구약 인용 구절들과 암시 구절들로 구성되어 있다."라고 계산할 수 있다.[19]

학자들을 당황하게 하는 것은 신약 성경의 저자들이 구약을 자주 사용한다는 사실이 아니라 그들이 구약을 사용하는 방식이다. 지금까지 수백 권의 책들과 논문들이 서로 일치점을 보지 못하고 이 주제에 관해 쓰였다. 어떤 사람들은 신약의 저자들이 오늘날에는 규범이 되지 못하는 랍비 풍의 해석 방식을 사용했다고 주장한다. 어떤 사람들은 신약 저자들은 영감을 받았기 때문에 구약의 구절들에 대한 확정적인 해석을 하고 있으며 그들의 방법은 오늘날 기독 신자들에게 규범이 된다고 주장한다. 또 어떤 사람들은 신약 성경의 저자들이 상황에 맞추어 즉흥적인 방법으로 구약을 사용한다고 주장한다.[20] 먼저 유대인들의 해석 방법이 끼친 영향에 대해서 검토해 보도록 하자.

① 유대인들의 해석 방법의 영향

오늘날 대부분의 신약학자들은 신약 성경 저자들이 그 당시 유대인 사회에서 유행하던 해석 방법에 영향을 받았다고 생각한다.[21] 물론 신약 성경 대부분의 저자들이 유대인이기 때문에 유대적 방법에 영향을 받았다는 것이 놀라운 일은 아니다.[22] 유대인의 해석 방법을 알고 나면 신약 성경이 때때로 구약의

18　Ibid., 122.
19　Andrew E. Hill, *A Survey of the Old Testament* (Grand Rapids: Zondervan, 1991), 435. 다른 계산법과 다른 참고 문헌에 대해서는 이 책의 앞부분인 93-34쪽을 보라.
20　예를 들어, Barnabas Lindars, "The Place of the Old Testament in the Formation of New Testament Theology," *NTS* 23 (1977) 64쪽, "그들은 그리스도께서 하나님의 약속들의 성취인 것을 믿고, 그들 자신은 모든 성경이 언급하고 있는 그 시대에 살고 있다고 믿으면서, 구약을 자신들을 위한(*ad hoc*) 방식으로 사용한다. 그들은 구약이 그들의 목적에 도움이 된다고 생각되는 때와 방식으로만 구약을 수단으로 삼는다." 참조. von Rad, *Old Testament Theology*, 2.230-32.
21　G. C. Berkouwer, *Heilige Schrift*, 2 (Kampen: Kok, 1967), 172, "이러한 통찰은 실제적으로 공통적인 견해가 되어 왔다."
22　"기독교의 유대적 뿌리는 무엇보다도 신약의 주해적 절차가 어느 정도 오늘날의 유대교 절차들과 유

구절을 어떻게 인용하고 언급하며 그것을 어떻게 해석하고 있는지를 보다 잘 이해하게 된다.

학자들은 유대인의 여러 가지 해석 방법을 확인했다.

1. 페샤트(Peshat) - "문자주의 주해 유형 … 본문의 자연스러운 의미는 사람들의 삶에 적용이 된다. 특히 신명기적 법령을 적용하는 데 있어서."[23]
2. 타르굼(Targum) - "의역이나 해설적인 번역."[24]
3. 미드라쉬(Midrash) - 한 구절을 주해하는 것으로 "그 목적은 거룩한 성경 본문이 현재에 대해 갖는 관련성을 밝히는 것이다."[25]
4. 페세르(Pesher) - 미드라쉬보다 초점이 더 잘 맞추어진 해석; "그 구절들 안에서, 현시대에 종말론적인 성취를 보는 본문 주해와 관련이 있다."[26]
5. 모형론(Typology) - "과거의 사람들이나 사건들과, 미래(혹은 현재)의 사람들이나 사건들 사이의 대응(correspondence)"을 보는 해석[27]
6. 알레고리(Allegory) - 보다 깊은 의미를 얻기 위해 본문을 사람들이 해독해야 하는 일종의 코드나 암호로 간주하는 "보다 극단적인 형태의 미드라쉬"[28]

어떤 학자들은 신약에서 위에 나오는 모든 해석 방법을 탐지하는 반면,[29] 어떤 학자들은 "독특하게 랍비적으로 사용된 주해의 실례, 즉 신약 다른 곳에서

사하게 되는 것을 가능케 한다." Richard Longenecker, *Themelios* 13 (1987) 7.
23 Ibid., 6.
24 James Dunn, "The Use of the Old Testament," 83.
25 Ibid., 84. 참조. Longenecker, *Biblical Exegesis in the Apostolic Period*, 114-126; David Dockery, *Biblical Interpretation*, 29-30.
26 Darrell Bock, "Use of the OT in the New," 101. 참조. Longenecker, *Biblical Exegesis*, 129-132.
27 Dunn, "The Use of the Old Testament," 86.
28 Ibid., 86-87, 90-91.
29 예를 들어, 바울의 구약 사용과 관련해서 Childs, *Biblical Theology*, 237-243에 언급된 학자들을 보라.

는 유사할 수 없는 어떤 기법을 바울 서신들에서 발견하려는 사람은 곤경에 빠질 것"이라고 주장한다.[30]

학자들 사이에 있는 또 하나의 중요한 논쟁은 신약 성경 저자들이 정말로 알레고리적 해석을 사용하고 있는가 하는 것이다. 일반적 견해는 그런 방법을 사용한다 해도 최소한도로 사용한다는 것이다. 제임스 던은 신약에서 "정말로 명확한 실례들은 단지 고린도전서 10:1-14, 갈라디아서 4:22-31뿐이며, 고린도후서 3:7-18도 가능성은 있지만" 후자는 미드라쉬에 "보다 가깝게" 속한다고 주장한다.[31] 리처드 론거네커(Richard Longenecker)는 "뒤따르는 반석에 대한 랍비적 전설"을 상기시킬 수도 있는 고린도전서 10:1-4("그 반석은 그리스도라")을 미드라쉬로 본다.[32] 그는 갈라디아서 4:22-31(하갈과 사라는 두 개의 언약이라는 바울의 알레고리)이 알레고리적 해석이라는 것에 동의하며, 고린도전서 9:9을 덧붙인다("곡식을 밟아 떠는 소에게 망을 씌우지 말라").[33] 다른 사람들은 갈라디아서 4:22-31이 모형론적 해석을 담고 있고,[34] 고린도전서 9:9-10에서 바울이 그것을 미드라쉬로 만들어 버리는 "칼 바호메르"(qal vahomer; 가벼운 쪽에서부터 무거운 쪽으로 나아가며 논증함; 즉 누구나 알고 인정하는 쉬운 논증에서 시작해서 정작 심각한 본론의 주제를 논증해 가는 방법으로, 한글 성경에서 '하물며'로 연결된 요나 4:11, 마태복음 7:11, 누가복음 18:7, 히브리서 9:14 등을 예로 들 수 있다. - 역주) 논증을 사용하고 있다고 주장한다.[35]

---

30 Moisés Silva, "Old Testament in Paul," in *Dictionary of Paul and His Letters*, ed. G. F. Hawthorne and R. P. Martin (Downers Grove, IL: InterVarsity, 1993), 637. 그러나 실바(Silva)도 다음과 같이 진술한다(638쪽). "1세기 유대인의 해석을 보다 더 잘 아는 것은 우리가 바울의 성경 사용을 올바르게 인식하는 데, 적어도 일반적으로는, 더없이 귀중한 도움이 된다."
31 Dunn, "The Use of the Old Testament," 90-91.
32 Longenecker, *Biblical Exegesis*, 119-120. 반대 견해에 대해서는 Goppelt, *Typos*, 145-146과 Kaiser and Silva, *Introduction*, 217-218을 보라.
33 Ibid., 126-127.
34 예를 들어, Leonhard Goppelt, *Typos*, 139-140; Donald Hagner, "The Old Testament in the New Testament," in *Interpreting the Word of God*, ed. S. J. Schultz and M. A. Inch (Chicago: Moody, 1976), 101을 보라.
35 Donald Juel, *Messianic Exegesis*, 56. 또한 Walter C. Kaiser, "The Current Crisis in Exegesis and the Apostolic Use of Deuteronomy 25:4 in 1 Corinthians 9:8-10," *JETS* 21/1(1978) 3-18

물론 바울이 그것을 믿는 사람들을 납득시키기 위해 알레고리적 해석을 사용했다고 하더라도, 오리게네스가 주장한 것처럼, 오늘날의 설교자들도 똑같이 그렇게 해도 된다는 뜻은 아닐 것이다(요구이기는커녕). 가령, 누군가가 제2차 세계대전을 "알레고리"로 사용해서 하나님의 왕국의 임재(예, 눅 11:20)에 관한 설교를 한다고 가정해 보자. 공격 개시일(D-day)은 지구 행성을 상륙 거점으로 해서 하나님의 왕국을 설립하기 위해 그리스도께서 초림하신 날이다(노르망디에 상륙하는 연합군들=그리스도의 초림). 그러나 왕국은 승리의 날(V-day)까지는 완성되지 않을 것이다(승리의 날=그리스도의 재림). 이것은 단지 하나님의 왕국에 대해서 '이미-그러나 아직'(the already and not yet)을 설명하는 예시일 뿐이다. 그것은 제2차 세계대전에서 공격 개시일의 의미를 해석하기 위해 사용된 것은 아니다. 마찬가지로 하갈과 사라에 대한 바울의 예시도 비록 알레고리적이기는 하지만, 창세기 21장을 알레고리적으로 해석하는 것에 대한 어떠한 보증도 제공하지 못한다. 몹수에스티아의 테오도로(Theodore of Mopsuestia)가 1600년 전에 말했듯이 그것은 단지 예시일 뿐이다.[36]

불행하게도 어떤 해석자들은 신약에 나타나는 유대인의 해석 방법을 악용해서 그것의 신빙성을 깎아내렸다. 따라서 구약에 대한 신약의 해석은 공상적이고 강요적인 주해라는 의미에서 "랍비적"이라고 특징지어진다. 그러나 이것은 잘못된 인상을 만들어 낸다. 하워드 마샬(I. Howard Marshall)은 신약이 구약 안에 묘사된 사건들을 언급할 때와 구약의 계명들을 다룰 때, 그리고 구약의 약속의 성취를 주장할 때, 일반적으로 구약을 문자 그대로 해석한다고 지적한다. 그는 "이러한 사용 방법이 너무나 명백해서 종종 아무런 언급도 없이 그냥 넘어간다는 것"에 주목한다.[37] 당연히 신약에 나타나는 많은 문자적 해

을 보라. 14쪽에서 카이저(Kaiser)는 고뎃(F. Godet)의 글을 인용한다. "바울은 최소한 알레고리를 만들지는 않는다. 그는 그 교훈이 주는 문자적이고 자연스러운 의미에서 심오한 진리인 인간애와 평등의 한 법을 풀어낸다."

36 이 책 149-151쪽을 보라.
37 Marshall, "Assessment of Recent Developments," 10.

석들을 그냥 넘어가게 되면 그것은 종합적인 그림을 왜곡할 것이다. 헨리 샤이어즈는 이렇게 진술한다. "대부분의 인용 구절들은 원래 성경의 조심스러운 번역이거나 재현이다. 대부분의 경우에 역사적인 의미는 조심스럽게 보전된다. 그리고 그 당시에는 그런 자료가 흔한 사례가 아니었다고 하더라도 때로 인용 구절의 근거는 정확하게 인정되었다."라고 진술한다.[38]

비록 그 당시 유대인들의 해석 방법을 유의하는 것이 신약 저자들의 주장을 이해하는 데 가끔씩 도움이 된다고 하더라도 우리는 랍비적 방법에 초점을 지나치게 많이 맞추어 신약 저자들의 독특한 해석 방법을 간과할 수도 있는 위험성에 유의해야 한다. 리처드 헤이즈(Richard Hays)는 다음과 같이 지적한다. "로마서 4장을 예로 든다면, 심지어 바울이 때로 랍비들의 방식과 외형적으로 가까운 문채(文彩, tropes)들을 사용할 때조차도, 그가 성경을 인용하는 방식은 랍비들의 것과는 근본적으로 다르다. 그의 해석 방법은 검증된 해석학적 절차의 어떤 목록보다도 훨씬 그 이상으로 자신이 그리스도인이라는 확신에 의해서 구체적으로 특징지어진다. 바울이 구약에서 발견하는 메시지는 예수 그리스도의 복음이다."[39] 유대인들의 해석 방법에 대한 긴 분량의 연구 끝에 리처드 론거네커는 비슷한 결론에 이른다. "신약 성경에는 저자들이 다양한 주해 장르나 특별한 해석 방법을 따르고 있음을 스스로 의식한다는 표시가 거의 없다. 신약 성경 저자들이 의식하는 것은 (1) 그리스도 중심적 관점에서 (2) 기독교 전통에 부합하며 (3) 기독론적 노선을 따라 구약을 해석하는 것이다."[40] 바

---

38 Shires, *Finding the Old Testament*, 38. 참조. Jack Weir, *Perspectives in Religious Studies* 9 (1982) 67에서 Fitzmyer, *NTS* 7 (1961) 305, 330-331을 언급하면서, "일반적으로 피츠마이어 (Joseph A. Fitzmyer)에 따르면, 신약에 나타나는 구약 인용문은 원래의 문맥에서 사용될 때와 정확하게 동일한 의미를 갖는다." 참조. Kaiser, *Uses of the Old Testament in the News*, 228-230.
39 Hays, *Echoes*, 13.
40 Longenecker, *Biblical Exegesis*, 206. 참조. 207쪽, "신약을 탄생시킨 유대교적 문맥이 중요하기는 하지만, 그것이 초기 신자들의 주해를 특이하게 만들거나 형성한 것은 아니었다. 그들의 성경 해석 중심부에는 기독론과 그리스도 중심적 관점이 있다." 참조. E. Earle Ellis, "Biblical Interpretation in the New Testament Church," 724, "하나의 근본적인 관점에서 볼 때, 그것[신약 교회]은 유대교 내의 다른 종교적인 집단이나 신학과는 달랐으니, 곧 구약의 기독론적 주해 속에서 메시아로서의 예수님께 전적으로 초점을 맞추었다. 이것은 그들이 구약을 주해하는 관점과 그들의 전제가 구체

로 이러한 그리스도 중심의 접근이 신약 해석을 유일한 것이 되게 한다.

② 신약은 성경 해석학의 교과서가 아니다

앞에서 주목해 보았듯이, 신약 저자들은 성경 해석학에 관한 하나의 교과서를 만들려고 계획하지는 않았다. 특수한 구약 구절들에 대해 설교할 때 그들의 해석 방법을 단순하게 따라한다는 것은 그들의 의도를 벗어나는 것이다.[41] 그들의 관심은 분명히 그리스도를 구약에서 전하는 것이며, 그래서 그들은 그 당시에 통용된 방식을 사용했던 것이다. 이러한 방법들 중에서 많은 것이 오늘날에도 여전히 사용되고 있지만, 그 외의 것들은 더 이상 사용되지 않는다. 이것은 바울이 사라와 하갈을 "하나의 알레고리"로 사용할 때(갈 4장) 우리에게 이미 명확해졌다. 바울이 갈라디아서 4장에서 사용한 방식을 따라 우리가 사라와 하갈의 이야기(창 21장)를 설교하려고 한다면 우리는 구약 이야기의 요점을 잃어버릴 것이다.

이미 신약의 첫 장은 신약의 해석 방법을 무분별하게 복사하는 것은 불가능하다는 것을 보여 준다. 여기서 마태는 예수님의 인상적인 족보를 가지고 그리스도를 설교한다. "그런즉 모든 대 수가 아브라함부터 다윗까지 열네 대요, 다윗부터 바벨론으로 이거할 때까지 열네 대요, 바벨론으로 이거한 후부터 그리스도까지 열네 대라"(마 1:17). 우리는 "다윗"이라는 이름의 히브리어 자음(즉, DVD)은 14라는 숫자상의 가치가 있다는 것을 알아야 한다(D는 4, V는 6

적인 성경 본문에 관계되는 방식 모두에 결정적으로 영향을 끼친다."
41 Greidanus, *Sola Scriptura*, 107-113을 보라. 참조. Andrew Bandstra, *CTJ* 6 (1971) 20, "성경 전체든 특별히 신약이든 해석학의 교과서가 되도록 의도된 것은 아니었다. 그것은 창조와 타락, 그리고 구속에서 중심을 이루는 선포로 의도되었다. 신약의 저자들은 자신들의 메시지를 선포하기 위해 구약을 사용하고 해석하지만, 그렇게 할 때 해석학적 규칙을 세우려고 의도한 것은 아니다. 만일 그러한 방식(즉, 해석학적 규칙으로 신약을 사용함-역주)으로 신약을 사용한다면, 그것은 신약이 의도하지 않은 일에 사용되는 셈이다." 참조. Norman Ericson, *JETS* 30 (1987) 338, "사도들의 목적은 학문적인 목적을 위한 히브리 정경의 역사적-문법적 해석이기보다는 즉각적이고 실용적 해석이었다." 참조. H. C. Van Zyl, *Fax Theologica* 6/1 (1986) 65-74.

을 의미한다. - 역주). 마태는 아브라함으로부터 구속사의 계보를 추적하기 시작한다. 족보상의 가계에서 14대 손은 위대한 왕 다윗이다. 그러나 그 이후 내리막길이 이어져서 그다음에 나오는 숫자 14("사로잡혀 간 여고냐", 대상 3:17)는 바벨론에 있는 포로들 속에서 나타난다. 왕국은 사라질지 몰라도 최소한 다윗의 집은 여전히 살아 있다. 많은 세대들이 오가고 다시 우리는 14라는 숫자, 즉 또 하나의 다윗이자 "메시아로 불리는" 예수님께 이르게 된다(1:16). 분명히 마태는 나사렛 예수님이 다윗의 위대한 후손, 곧 메시아시라는 것을 설득하려고 노력하고 있다. 비록 14라는 숫자를 세 번 사용하는 장치가 오늘날에는 마태의 시대만큼 설득적이지는 않지만,[42] 우리는 예수님이 약속된 다윗의 아들이라는 메시지를 설교하는 데 여전히 마태복음 1장을 사용할 수 있다. 그러나 가령 우리가 역대상 3:1-17, 즉 마태가 언급한 숫자 14의 두 번째 고리를 우리의 설교 본문으로 채택한다고 가정해 보자. 하나님의 엄중한 심판 중에라도 다윗의 집을 보존하시는 하나님의 신실하심을 설교하더라도, 우리는 마태의 숫자 14, 곧 다윗을 사용할 수는 없다. 왜냐하면 우리의 본문은 다윗부터 여고냐까지 14개의 이름이 아니라 18개의 이름을 언급하기 때문이다.

론거네커는 다음과 같은 조언한다. "우리는 본문 해석에 성경 저자들이 사용한 미드라쉬적 방법, 알레고리적 설명, 또는 그들의 유대인적인 논증 방법을 재연하려고 시도하지 말아야 한다. 이 모든 것은 엄밀하게 말해서 초문화적이고 영원한 복음이 표현되는 문화적 맥락의 한 부분이다."[43] 그러나 그가 구약에 대한 신약의 해석을 우리의 해석 안내서로 사용하는 것을 전적으로 반대하는 것은 아니다. 그는 "우리는 신약이 사용한 주해를 재생산할 수 있을까?"라고 묻는다. 그는 '예'와 '아니오'를 동시에 말한다. "그 주해가 계시적 입장에 근거하거나, 그 자체가 단순히 문화적임을 명시하거나, 그 자체가 상황적이거나 본질상 사람들에 대한(*ad hominem*) 것임을 보여 주는 곳에서는, 그 답은

---

42 어떤 주석가들은 3×14=6×7이기 때문에 예수님이 온전한 안식일의 휴식으로 인도하는, 7의 일곱 번째 기간을 시작하신다고 주장한다.
43 Longenecker, *Biblical Exegesis*, 218.

'아니오'이다. 그러나 우리가 오늘날 역사적, 문법적 주해라고 부르는 과정을 좇아 구약을 보다 문자적인 방법으로 다루는 곳에서는, 그 답은 '예'이다. 그리스도인으로서 우리의 사명은 사도적 신앙과 교리를 재생산하는 데에 있는 것이지 반드시 구체적인 사도적 주해를 행하는 것에 있지 않다."[44]

마태복음 1장과 갈라디아서 4장이 오늘날 우리가 신약 저자들의 그 모든 "주해적" 움직임에 대해 그들을 모방할 수 없다는 것을 분명히 보여 주지만, 그것이 구약에서 그리스도를 설교하기 위한 방법을 발전시키는 데 있어서 신약이 우리의 안내서가 될 수 없다는 뜻은 아니다. 그것은 단지 우리가 표면적인 특징들보다는 조금 더 깊이 파헤쳐야 한다는 것을 의미하고, 구약의 그리스도 중심적 사용을 지지하는 신약의 전제들을 우선적으로 조사해 보아야 한다는 것을 의미한다.

3) 구약 해석을 위한 신약의 전제들

신약은 구약을 그리스도 중심적으로 해석하기 위해 몇 가지 근본적인 전제들을 드러낸다. 가장 중요하고 포괄적인 전제 조건은 구속사와 관계있다.

---

[44] Ibid., 219. *Themelios* 13 (1987) 8에서, 롱거네커는 "보다 상황적이고 '사람들에 대한'(*ad hominem*)" 해석의 실례를 몇 가지 제시한다: "논쟁적 동기를 가진 갈라디아서 3:10-13에서 사도 바울의 주석(catena), 혹은 갈라디아서 3:16에서 총칭적 '후손'에 대한 바울의 논증, 혹은 갈라디아서 4:21-31에서 하갈과 사라와 그들의 아들들에 대한 그의 알레고리적 취급." 이미 1938년에 J. L. Koole, *De Overname*, 11-14에서는 구약 해석을 위해 구약에 대한 신약의 해석을 규범적으로 보지 말라고 경고했다. 그는 다음과 같이 기록했다. "사람들은 구약에 대한 신약의 주해를 높게 평가할지도 모르지만, 오늘날 우리의 주해를 위해 그것을 전적인 규범으로 고려할 수는 없다." 그는 두 가지 이유를 밝힌다. 첫째, 신약이 구약을 사용한 것은 그 시대의 산물이다. 둘째, 신약 저자들의 영감에 대한 우리의 믿음 때문에, 우리는 신약 저자들이 발견한 방식대로 구약에서 심오한 진리들을 발견할 수 있을 것처럼 그들이 사용한 방식을 강탈하듯 사용해서는 안 된다. 1960년에 그는 다음과 같이 말함으로써 그의 관점을 다듬었다. "나는 여기서(예: 마 2:15) 더 이상 신약에 의한 구약 주해(내 박사 학위논문에서 했듯이)에 대해 말하고 싶지 않지만, 신약에 의한 구약 사용에 대해서는 언급하겠다." Greidanus, *Sola Scriptura*, 109-110을 보라.

① 하나님은 역사 속에서 자신의 구속 계획을 점진적으로 성취하신다

구약을 해석하기 위한 신약의 중요한 전제는 하나님이 구속사에서 한결같이, 그러나 점진적으로 행하신다는 것이다. 도드(C. H. Dodd)에 의하면, "신약 저자들은 … 구약의 예언들을 역사에 대한 어떤 이해에 기초하여 해석하고 적용한다. 그 이해란 선지자들 자신이 실제적으로 이해한 것이다." 이러한 이해에 따르면, "역사란 … 하나님이 자신의 창조물인 인간에 대해 가지는 계획에 부합하는 어떤 양식 위에서 세워진다. 그것은 … 이 세상에서 인간 생활의 질서에 대해 창조주 하나님이 부여하신 일종의 종합적인 계획, 즉 인간이 그것을 바꿀 자유는 없지만 그 안에서는 자유롭게 일할 수 있는 계획이다. 이러한 양식은 이스라엘 과거사의 '여러 부분에서 다양한 방식으로' 드러난 것으로, 신약 저자들은 복음 이야기의 사건들에서 그 양식이 충분히 조명되었다고 생각하고 그에 따라서 해석한다."[45]

신약 저자들은 처음에는 구약 자체로부터 하나님의 종합적인 계획에 대해서 배웠다.[46] 넓게 획을 그으면서 구약은 하나님이 평화롭고 의로운 세상을 창조하신 "태초에"로 시작되었고, 그 세상에서 그분은 주권적인 왕으로 영광 받으시고 복종을 받으신다(창 1-2장). 그러나 범죄로 인한 타락은 모든 것을 변질시켜 악과 적의와 폭력이 세상으로 퍼져 나갔다(창 3-6장). 그때 이후로 하나님은 구속과 심판을 행하여 다양한 개인과 그들의 후손들, 곧 노아, 아브라함, 이스라엘, 다윗 등과 언약을 맺으시면서 지상에 자신의 평화로운 왕국을 회복하기 위해 일해 오셨다. 해마다 이스라엘 백성이 하나님께 자신들의 첫 열매를

---

45 Dodd, *According to the Scriptures*, 128. 참조. Floyd Filson, *Int* 5 (1951) 148, "이런저런 방식으로 우리는 성경에서 수잔 드 디트리히(Suzanne de Dietrich)가 '하나님의 목적'이라고 부른 것이 작동되고 있는, 신적으로 규제되고 이어지는 역사의 통일성을 보는 견해에 동의하게 된다. 그것은 모두가 하나의 역사이며, 그것은 모두가 하나님의 역사이며, 그것은 모두 그리스도 안에서 그 중심점을 발견한다."

46 John Bright, *Authority*, 130, "구약 신앙의 특징은 … 역사를, 구체적으로 이스라엘의 역사를, 하나님의 목적이 활동하는 연극장으로 이해하는 데 놓여 있다."

드릴 때, 그들은 하나님의 전능하신 구속 사역을 고백해야 했다. 그들은 다음과 같이 말해야 했다.

> 내 조상은 유리하는 아람 사람으로서, 소수의 사람을 거느리고 애굽에 내려가서 거기 우거하여 필경은 거기서 크고 강하고 번성한 민족이 되었더니, 애굽 사람이 우리를 학대하며 우리를 괴롭게 하며 우리에게 중역을 시키므로, 우리가 우리 조상의 하나님 여호와께 부르짖었더니, 여호와께서 우리 음성을 들으시고 우리의 고통과 신고와 압제를 하감하시고, 여호와께서 강한 손과 편 팔과 큰 위엄과 이적과 기사로 우리를 애굽에서 인도하여 내시고, 이곳으로 인도하사 이 땅 곧 젖과 꿀이 흐르는 땅을 주셨나이다 (신 26:5-9)

시편 78편과 105편, 그리고 106편에서 이스라엘은 하나님의 전능하신 구원 행위를 계속해서 낭송했다. "시편 78편은 단지 출애굽과 광야 생활과 정착 이야기를 확장하기 위해서만이 아니라, 다윗과 그의 왕조를 시온산 위에 세울 때에도 암송되기 때문에 주목해야 한다. 즉, 여기에서 시편 기자는 하나님이 자기 백성을 위해 행하신 전능한 행동의 절정을 본다."[47]

다른 시편들은 하나님의 주권에 대한 옛 주제들을 단지 이스라엘 백성에게만 아니라 **전 세계**에 대해서도 동일하게 적용함으로써 이러한 비전을 확대한다. 모세는 바로에게 말했다. "우박이 다시 있지 않을지라! 세상이 여호와께 속한 줄을 왕이 알리이다."(출 9:29; 참조. 19:5). 여호와께서 바로와 그의 군대를 처부순 후에 모세는 노래했다. "여호와의 다스리심이 영원무궁하시도다."(출 15:18). 시편은 이렇게 시공간을 확대하여 가로지르는 하나님의 통치에 대한 주제들을 선택했다. 예를 들어, 시편 96:13은 여호와께서 **"세상을 심판하러 오실 것이다. 그는 세상을 의로써 심판하시고 백성들을 자신의 진리로써 심판하

47　F. F. Bruce, *New Testament Development*, 37.

실 것이다."라고 선포한다.[48] 시편 145:13은 "주의 나라는 **영원한** 나라이니 주의 통치는 대대에 이르리이다"라고 선언한다.

선지자들은 여호와의 통치에 관한 이러한 메시지들을 계속해서 선포했다. 이사야는 다음과 같이 예언했다. "만방이 그리로 모여들 것이라 … 여호와의 산으로 … 그가 자기 도로 우리에게 가르치실 것이라 우리가 그의 길로 행하리라"(2:2-3). 미가도 동일한 메시지를 선포했으나 곧 그것의 초점을 베들레헴에 맞추었다. 베들레헴에서 그분이 나오실 것이다. "이스라엘을 다스릴 자, 그의 근본은 태초에 상고에니라. … 그가 여호와의 능력과 그 하나님 여호와의 이름의 위엄을 의지하고 서서 그 떼에게 먹여서 그들로 안연히 거하게 할 것이라. 이제 그가 창대하여 땅끝까지 미치리라. 이 사람은 우리의 평강이 될 것이라"(4:2-5; 5:2-5; 참조. 슥 9:10). 그 후에도 하나님의 선지자들은 창조의 완전한 회복을 선언하기 시작했다.

> 보라, 내가 새 하늘과 새 땅을 창조하나니…
> 그들의 수고가 헛되지 않겠고, 그들이 생산한 것이 재난을 당하지 아니하리니 …
> 이리와 어린양이 함께 먹을 것이며,
>   사자가 소처럼 짚을 먹을 것이며 …
> 나의 성산에서는 해함도 없겠고 상함도 없으리라
>
> (사 65:17-25)

창조-타락-구속-새 창조라는 모든 구속사의 청사진은 구약에서 발견된다. 결국 예수님이 오셨고, 자신이 이사야 61장의 예언을 성취했다고 주장하셨

---

48 Christopher Wright, *Knowing Jesus*, 249에서는 이렇게 제안한다. "'무언가를 바로잡다'라는 말은 히브리어로 '그분께서 심판하러 오신다'라는 말의 의미를 이해하는 데 아마 가장 좋은 방법일 것이다. 그것은 단지 '정죄하다'라는 것만을 의미하지 않는다. … 하나님의 오심은 우주적인 기쁨의 주제가 되기 때문에, 그것은 또한 그분 세상에 대한 그분의 원래 소원과 목적을 하나님이 재확립한다는 개념을 포함해야 한다. 그리고 그 재확립 안에서 민족들을 해방하는 것은 물론, 자연 세계에도 기쁨을 가져올 것이다(참조. 롬 8:19-25)."

다. "주의 성령이 내게 임하셨으니 … 이는 내게 기름을 부으시고 … 주의 은혜의 해를 전파하게 하려 하심이라 … 이 글이 오늘날 너희 귀에 응하였느니라"(눅 4:18-21). 예수님은 세상에서 평화와 조화를 회복하시고, 희년을 가져오실 것이다. 그리고 참으로 설교와 기적과 죽으심과 부활로써 새 시대를 시작하셨다. 예수님은 사람들이 "하나님의 통치"에 스스로 복종함으로써 하나님의 왕국에 들어오도록 초청하셨다.[49] 그러나 예수님의 오심은 다만 시작일 뿐이다. 예수님이 다시 오실 때 이사야 65장의 새 창조에 관한 예언은 완전히 성취될 것이고, 하나님이 처음부터 의도하신 방법대로 낙원이 지상에 회복될 것이다(계 21-22장을 보라).

어떤 학자들은 "예수님과 사도들은 그들 자신의 상황과 관련하여 구약에 대해 미증유의 구속사적 관점을 가지고 있다."[50]라는 주장을 했다. 도널드 밀러(Donald Miller)는 초대 그리스도인들은 예수님에 관해 어떤 색다른 증거 구절을 얻기 위해 구약을 찾아보지는 않았다고 말한다. "그들은 예수님 안에서 역사하신 하나님이 구약에 기록된 출애굽과 그 이후의 이스라엘 역사에 있었던 모든 사건들 속에서 역사하셨던 바로 그 하나님이라고 믿었다. 그들은 이 하나님이 태초부터 종말에 대한 견해를 가지셨음을 믿었다." 밀러는 구속사에 있어서의 하나님의 설계를 연극에 비유한다. "처음에 소개될 때는 사람들을 당황하게 만들지만 절정의 관점에서 되돌아보면 명확해지는 개념들을 극작가가 연극 앞 장면들에 집어넣는 것처럼, 하나님도 구속사의 어떤 요소들, 곧 처음 상황에서는 명확한 의미가 드러나지 않았지만, 예수님 안에서 그 요소들이 더 강한 어조로 재연되었을 때 그 의미가 명확하게 드러나는 요소들을 구속사

---

49 Ibid., 247-248을 보라. "하나님의 왕국에 들어오는 것은 하나님의 통치에 스스로 복종하는 것을 의미한다. 그리고 그것은 성경에 계시된 하나님의 우선권과 성품에 맞추어 각자의 윤리적 결단과 윤리적 가치를 근본적으로 재조정하는 것을 의미한다." 참조. 사 2:3, "우리가 그 길로 행하리라."
50 G. K. Beale, *Themelios* 14 (1989) 90. 참조. A. T. Hanson, *Living Utterances* 183, "성경 해석에 관한 한 모든 신약 저자들이 공통적으로 가지고 있는 것은 구원사와 그리스도 중심적 접근에 대한 신념이다."

의 앞 장면에서 행하고 계셨다."[51]

우리는 하나님의 구속사의 종합적인 계획을 다음과 같이 그려 볼 수 있다.[52]

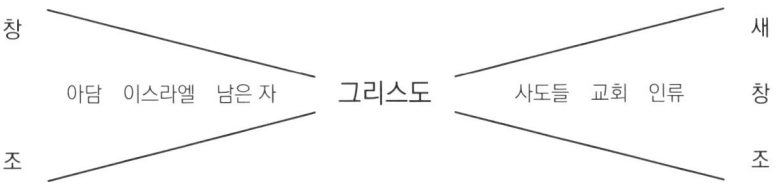

하나님은 인간의 역사에서 그분의 구속 계획을 점진적으로 성취하시기 때문에 신약 저자들은 길게 이어지는 구속 행위들의 정점으로서, 구약에서 그리스도를 설교할 수 있다. 게다가 하나님은 자신의 구속 계획을 규칙적인 양식으로 성취하시기 때문에 신약 저자들은 예수님 안에서의 하나님의 행동과 과거에 있었던 하나님의 구속의 행동들 사이의 일치점을 탐지해 낼 수 있다. 따라서 구속사에 있어서의 하나님의 행위는 또한 신약의 모형적 해석을 위한 기초가 된다.

② **예수님이 메시아 시대를 여셨다**

신약 저자들의 두 번째 전제는 예수님이 메시아 시대, 즉 왕국 시대의 도래를 알리셨다는 확신이다. 엘리스(Earle Ellis)는 다음과 같이 설명한다. "예수님과 그 제자들은 현 시대와 장차 올 시대라는 두 시대의 틀 안에서 역사를 생각한다. 이러한 관점은 구약의 선지서 속에서 그 배경을 취하는 것처럼 보인다.

---

51 Miller, *Way to Biblical Preaching*, 134.
52 Oscar Cullmann, *Christ and Time*, 116-117, "이렇게 예수 그리스도로 내려가면서 구속사는 점진적으로 축소되면서 펼쳐진다. 인류-이스라엘 백성-이스라엘의 남은 자-한 분, 그리스도 … 그리스도의 부활에 도달하는 중심부에서부터 그 길은 한 분 그리스도에게서 점진적으로 발전하여 많은 사람에게 이른다."

구약의 선지자들은 '마지막 때'와 '여호와의 날'을 궁극적인 구속의 때로 예언했다."[53] 신약 저자들은 예수님의 오심이 "마지막 때"의 시작을 알린다고 확신했다. 오순절에 베드로는 선포했다. "이는 곧 선지자 요엘로 말씀하신 것이니, '말세에 … 있으리니…'"[54] 베드로가 요엘의 "그 후에"(욜 2:28)를 "말세에"로 바꾸었다는 사실은 그 점을 보다 더 의도적인 것으로 만든다. 예수님이 마지막 때의 도래를 알리셨다.

제자들은 "말세"로 들어섰다는 이 확신을 예수님에게서 직접 배웠다. 마가는 예수님이 그의 사역을 "때가 찼고 하나님의 나라가 가까이 왔으니"(1:15)라고 전파하심으로 시작했다고 말한다. 이것은 세상을 깜짝 놀라게 할 만한 소식이다. 메시아 왕국은 사람들이 여러 세대 동안 기다려 온 것으로 예수 그리스도라는 존재로 이제 도래했다. "그들이 예배를 드릴 때 소망 사항으로 알았던 것이 이제는 실재 사항으로 몸소 그들 가운데 있었다. 종말의 때가 역사 속으로 침입하고 있었다. 하나님이 통치하러 오셨다."[55] 예수님은 귀신들을 쫓아내시고, 병든 자들을 치료하시며, 장애인을 회복시키시고, 주린 자들을 먹이시며, 죄를 용서해 주심으로써 하나님 왕국의 임재를 보여 주셨다. 제자들은 예수님이 십자가에 죽으시고 그들의 모든 소망이 산산조각 나기 전까지 이 모든 것을 목격했고 예수님이 메시아 되심을 믿었다. 그러나 예수님이 죽은 자 가운데서 다시 살아나셔서 그들에게 선지서의 글로 "그리스도께서 이런 고난을 받고 자기 영광에 들어가는 것이 필요하다."(눅 24:26)라는 것을 설명해 주셨다. 예수님의 부활은 죽은 사람이 생명을 되찾는 놀라운 기적 그 이상이었다. 예수님의 부활은 하나님이 정말로 새 시대를 시작하셨다는 사실을 확증했다.[56]

---

53   Ellis, "How the New Testament Uses the Old," 209.
54   행 2:16-17. 후에 베드로는 그리스도에 관해 다음과 같이 기록한다. "그는 창세전부터 미리 알리신 바 된 자나 이 말세에 너희를 위하여 나타내신 바 되었으니"(벧전 1:20). 참조. 고전 10:11; 히 9:26; 요일 2:18.
55   Christopher Wright, *Knowing Jesus*, 250. 참조. W. D. Davies, *Invitation to the New Testament*, 149-160; John Bright, *The Kingdom of God*, 187-243; N. T. Wright, *Jesus and the Victory of God*, 198-229.
56   Ralph P. Martin, *The Worship of God* (Grand Rapids: Eerdmans, 1982), 105. 참조. Robert H.

예수님이 메시아 시대를 시작하셨다는 확신은 신약의 저자들로 하여금 그리스도를 구약에서 설교하는 것을 가능하게 한다. 왜냐하면, 이러한 전제는 하나님의 구속사가 예수님 안에서 절정을 이루는 것을 의미하기 때문이다. 예수님 안에서 구약의 모든 약속이 성취된다. 프란스(R. T. France)가 기록한 것처럼, "나사렛 예수님의 지상에서의 삶과 미래의 영광은 여호와의 날을 소망한 구약의 성취로서 제시된다. … 예수님의 오심은 구약이 고대하던 하나님의 결정적인 행위이며 그분의 오심으로 구약의 모든 소망들이 성취되고 마지막 때가 온 것이다."[57]

③ 예수님은 영원한 하나님이시다

신약 저자들의 세 번째 전제는 예수님이 정말로 하나님이시며 하나님의 아들로서 영원부터 하나님 아버지와 함께 존재하셨다는 것이다. 요한은 그의 복음서를 창세기 1:1을 암시(allusion, 인유)하는 말씀으로 시작한다. "태초에 말씀(로고스)이 계시니라 이 말씀이 하나님과 함께 계셨으니 이 말씀은 곧 하나님이시니라 … 만물이 그로 말미암아 지은 바 되었으니 지은 것이 하나도 그가 없이는 된 것이 없느니라"(요 1:1, 3; 참조. 3:13; 17:5). 이렇게 요한은 그리스도께서 태초에 일하신 것과 하나님의 창조 행위에 참여하시며 함께 활동하신 것을 본다. 요한복음 8:56-58에서 우리는 예수님이 유대인들에게 자신이 아브라함 때에도 계셨다고 말씀하시는 것을 들을 수 있다. "'너희 조상 아브라함은 나의 때 볼 것을 즐거워하다가 보고 기뻐하였느니라.' 유대인들이 가로되, '네가 아직 오십도 못 되었는데 아브라함을 보았느냐?' 예수님이 가라사대, '진실로 진

Mounce, *Essential Nature*, 39. "왕국의 독특성은 그것이 현재적 실재가 되었다는 점에만 있는 것이 아니라 그것이 구속적 행위가 되었다는 점에도 있다. 예수 그리스도 안에서, 그리고 그를 통해 하나님의 영원한 주권은 역사 속으로 침투하고 악의 세력을 대적하여 자신 있게 구원하기 위한 전투를 벌였다. 하나님의 왕국이 도래했다."

57　France, *Jesus and the Old Testament*, 161.

실로 너희에게 이르노니 아브라함이 나기 전부터 내가 있느니라.'" "내가 있느니라"(I am)라는 표현에서 우리는 구약의 위대하신 "나는 스스로 있는 자"(I AM; 출 3:14 - 역주)라는 여호와에 대한 암시를 감지한다. 실제로 요한복음 10:30에서 예수님은 "아버지와 나는 하나이니라"(참조. 14:9-10)라고 말씀하신다. 바울 역시 "만물이 그에게 창조되되 하늘과 땅에서 보이는 것들과 … 만물이 다 그로 말미암고 그를 위하여 창조되었고"(골 1:16; 참조. 고전 8:6; 히 1:2)라고 기록했다.

오늘날 어떤 사람들은 구약에서 그리스도를 설교하는 한 방식으로 그리스도의 신성을 이용한다.[58] 어떤 사람들은 구약에서 "그리스도의 현현"(Christophanies),[59] 곧 그리스도의 출현에 관해 이야기한다. 여호와의 천사(개역성경에는 "사자"[使者]로 번역 - 역주), 여호와의 군대장관 같은 인물과 하나님의 지혜는 그리스도와 동일시된다. 어떤 사람들은 심지어 여호와라는 이름이 언급되는 부분은 어디나 그리스도라는 이름으로 대체한다. 왜냐하면 칠십인역에서는 '여호와'를 제자들이 예수님을 부를 때 사용한 말인 '퀴리오스'(*Kyrios*)로 번역하기 때문이다(유대인들이 '여호와'란 히브리어 단어를 읽을 때마다, 경외심으로 인해 항상 '아도나이'[직역, '나의 주님들']로 대체했고, 신약이 구약을 인용할 때 '여호와'란 단어를 모두 '퀴리오스' 즉 '주님'으로 대체함을 가리킨다. 요엘 2:32의 사도행전 2:21 인용 참조 - 역주).[60] 그러나 그리스도를 설교할 때 이러한 지름길을 통해서 얻어지는 것은 아무것도 없다. 이러한 사변들은 설교를 흔들리는 발판에 놓음은 물론, 이처럼 그리스도를 구약의 인물들과 동일시하는 것은 성육신하신 성자 예수님 안에서 하나님의 온전한 자기 계시로서 그리스도를 설교하는 일을 방해한다. 게다가 신약 저자들이 그리스도를 하나님으로 이야기할 때 그들의

---

58 Klass Schilder, B. Holwerda 등 다른 학자들에 대해서는, Greidanus, *Sola Scriptura*, 142-145를 보라.
59 A. T. Hanson, *Living Utterances*, 107. 참조. 그의 *Jesus Christ in the Old Testament* (London: SPCK, 1965). 핸슨(Hanson)의 접근에 대한 비평은 G. W. Grogan, *TynBul* 18 (1967) 65-66을 보라.
60 참조 자료를 보려면, 이 책 28쪽 각주 8번을 보라.

의도는 구약에 나타나는 많은 인물들과 그리스도가 동일시될 수 있다는 것을 제시하는 것이 아니라, 예수님의 신성을 증언하는 것이다. 이러한 예수님의 신성 교리는 구약에서 그리스도를 설교하는 구체적인 방식이라기보다는 구약을 해석하는 데 있어서 전제 조건으로 작용한다.

④ 공동체 인격(Corporate Personality)

신약이 구약을 이해하는 데 있어서 네 번째 전제 조건은 공동체 인격이다. 특히 개인주의적 시대에 살고 있는 우리는 신약 저자들이 구약에서 배운 이러한 공동체적 사고방식을 주의해 볼 필요가 있다. 엘리스는 "예수님과 신약 저자들에게 있어서 공동체적 존재로서의 인간에 대한 이러한 인식은 성경을 적절하게 이해하는 데 있어서 결정적인 것"이라고 주장한다.[61]

1935년에 휠러 로빈슨(H. Wheeler Robinson)은 영향력 있는 글인 "The Hebrew Conception of Corporate Personality"(공동체 인격에 대한 히브리 개념)를 썼다. 이 고전의 1964년도 서문은 공동체 인격을 "개인과 그가 속해 있는 그룹(가족, 종족, 혹은 민족) 사이에 끊임없이 반복 이동하는, 셈족의 중요한 사상 복합체"로 간단히 묘사한다. "그래서 왕이나 어떤 대표적인 인물이 그룹을 대표하거나, 그룹도 개인의 집합체로 요약된다고 말할 수 있다."[62] 이사야서에 나타나는 종의 노래들과 그 종이 이스라엘 민족인지 아니면 어떤 개인인지에 대한 끝없는 논쟁을 생각해 보라. 로빈슨은 다음과 같이 기록한다. "공동체 인격의 히브리 개념은 설명이나 명확한 표시가 없이도 양자를 조화시킬 수 있고, 우리에게는 부자연스럽게 보이는 위치 변동의 유동성 안에서 한 편에서

---

61 Ellis, "Biblical Interpretation," 716-718.
62 John Reumann, "Introduction to the First Edition" to H. Wheeler Robinson's *Corporate Personality in Ancient Israel* (Philadelphia: Fortress, 1964), 15. Robinson 자신은 (27쪽) "급작스럽고 표시도 없이 한 개인에서부터 많은 사람들로, 그리고 많은 사람들에게서 한 개인에게로 쉽게 바꾸는, 관련 인물의 유용성"에 대해 언급한다.

다른 편으로 통할 수 있다."⁶³ 공동체 인격의 개념은 그 종의 의미가 공동체적 이스라엘과 이스라엘을 대표하는 개인 사이에서 어떻게 반복 이동할 수 있는가를 설명해 준다. 이러한 개념은 또한 예수님이 고난의 종과 자신을 동일시하는 것을 가능하게 해 준다. 즉, 예수님은 고난의 종 개인이고, 그분은 신실한 이스라엘을 대표한다.

신약 저자들도 공동체 인격의 개념을 구약에서 그리스도를 설교하기 위해서 사용한다. 예를 들어, 바울은 다음과 같이 가르치면서 그것을 암시한다. "아담 안에서 모든 사람이 죽은 것같이 그리스도 안에서 모든 사람이 삶을 얻으리라"(고전 15:22). 엘리스는 다음과 같이 기록한다. "자신에게 속하는 개인들을 포함하는 지도자 한 개인의 공동체적 확대는 여러 구약 성경 구절 사용에서 드러난다. 그것은 솔로몬[에 관해서 다윗]에게 한 약속이(삼하 7:12-16) 메시아뿐만 아니라(히 1:5) 그분의 제자들에게서도(고후 6:18) 어떻게 해서 성취된 것으로 간주될 수 있는지를 설명해 준다. 마찬가지로 종말론적 성전이 그리스도 개인(막 14:58; 요 2:19 이하)과 공동체적 그리스도(고전 3:16; 벧전 2:5) 양자와 어떻게 동일시될 수 있는가를 설명해 준다. 그것은 이스라엘의 메시아적 왕이신 그리스도께 속한 사람들이 **참**이스라엘을 구성한다는 초대 교회 성도들의 확신을 매우 그럴듯하게 강조한다."⁶⁴

⑤ 그리스도의 실재성으로부터 구약 읽기

지금까지의 모든 전제들은 구약에서 그리스도를 설교할 때 신약 저자들이 가진 마지막 주요 전제를 지탱해 주는 것인데, 그것은 구약을 그리스도의 실

---

63 Robinson, *Corporate Personality*, 40.
64 Ellis, "How the New Testament Uses the Old," 213. 또한 Dockery, *Biblical Interpretation*, 25를 보라. "예수님은 자신을 이스라엘의 대표로 보았기 때문에 원래 그 민족을 언급했던 단어들이 그분에게 올바로 적용될 수 있다. 그리고 예수님은 인류의 대표이시기 때문에 원래 시편 기자가 언급했던 말씀들이 그분에 의해 성취될 수 있다(참조. 요 13:18; 15:25; 19:28)."

재성이라는 관점에서 읽는 것이다.[65] 구약을 이런 관점에서 재해석하는 것은 전적으로 새로운 것이 아니다. 왜냐하면, 그것은 이미 구약에서 발견되고 있기 때문이다.[66] 신약 성경은 이러한 재해석의 과정을 계속하고 있지만, 성육신하신 그리스도라는 실재성으로부터 재해석하고 있다.

증거들의 책

구약을 그리스도 중심적으로 해석했다는 초기 징표는 소위 "증거들의 책"에서 발견된다. 신약학자들은 신약의 여러 저자들이 동일한 구약 본문(그리고 때때로 연속적인 본문들)을 70인역 및 다른 알려진 본문과는 다른 문구로 인용하는 방식에 대해 오랫동안 답을 찾아 왔다.[67] 이러한 현상을 설명하기 위해서 렌델 해리스(Rendel Harris)는 1916년에 신약의 저자들이 "메시아 증거 본문들" 모음집을 인용하고 있다는 가설을 제시했다.[68] 1950년에 도드(Dodd)는 그 현상이 "독립된 증거 본문들로 이루어진 초기 모음집이라는 가정"으로 설명될 수 있다는 생각을 거부했다. 그 대신 그는 매우 초기 시대에 "특히 이사야서, 예레미야서, 그리고 소선지서들과 시편으로 구성된 구약 성경의 매우 큰 부문의 **선집**(selection)"의 존재를 제안했다. "이러한 부문들은 **전체**로 이해되었고, 특정한 구절들이나 문장들은 그 안에서, 그리고 그 자체로 증거를 구성한다기보다는 전체 문맥에 대한 지침으로서 부문들에서 인용되었다."[69]

---

65 신약이 구약을 사용한 목적은 하나님과 교회와 기독교 도덕성에 대해서 가르치려는 것인데, 그 주된 초점은 예수 그리스도이다. "초기 성경 해석의 주요한 초점이 예수 그리스도를 염두에 두었다는 의미에서 '기독론적'이었다는 견해에는 대체로 일치한다." Juel, *Messianic Exegesis*, 1. 그러나 Hays, *Echoes*, 86에서 "바울이 **교회 중심적** 해석학으로 성경을 해석한다."라고 주장한 것을 주의하라.

66 von Rad, *Old Testament Theology*, 2.319-35를 보라.

67 이렇게 흥미로운 현상들이 나타나는 가장 좋은 실례는 베드로전서 2장과 로마서 9장의 일치이다. 첫째, 베드로전서 2:6-10은 이사야 28:16, 시편 118:22, 이사야 8:14를 사용한다. 그리고 다른 여러 본문의 일부와 호세아 2:23을 사용한다. 로마서 9:25-33은 호세아 2:23과 이사야서의 여러 본문을 사용하며, 베드로전서와 마찬가지로 비 70인역 형태로 나타나는 이사야 28:16과 8:14의 이문 융합(conflation; 사본의 이본[異本]을 몇 가지 대조하여 하나로 정리함-역주)을 사용한다." Klyne Snodgrass, "Use of the Old Testament," 422.

68 C. H. Dodd, *According to the Scriptures*, 23-27.

69 Ibid., 126. 쿰란 제4동굴에서 발견된 두 권의 기독교 이전, 유대교 모음집을 생각할 때 초기 기독교

이러한 두 가지 가설은 모두 그리스도를 설교하기 위해 매우 초기 그리스도인들이 구약을 사용한 사실을 가리킨다. 해리스는 "메시아 증거 본문들"의 초기 모음집에 대해 생각한다. 도드는 구약의 큰 부문들에 대해서 생각하여, "**케리그마의 주제들**"을 예시하는 네 그룹을 제안한다. "묵시적-종말론적 성경 본문들", "새 이스라엘에 관한 성경 본문들", "여호와의 종과 의로운 고난의 종에 관한 성경 본문들", 그리고 메시아로서의 예수님께 적용된 다른 구절들로 이루어진 "분류되지 않은 성경 본문들"이다.[70] 네 가지 주제에서도 알 수 있듯이, 대부분의 구약 구절들은 이스라엘에 대한 하나님의 약속의 성취, 곧 고난 받으시고 부활하신 메시아로서의 예수님께 초점을 맞추는 것으로 이해된다.

구약에 대한 신약의 그리스도 중심적 해석

우리가 신약에서 발견하는 실제적인 "증거들"이 가상의 "증거들의 책"보다 확실하다. 때때로 구약의 본문들은 실로 꿴 구슬처럼 꿰어져 있다(예: 히브리서 1장).[71] 엘리스는 이러한 "증언들"을 "예수님의 메시아 직분을 '증명하는' 인용문들"로 정의한다. 그리고 그는 그러한 증언들은 "특별한 구절들에 대해 고심한 끝에 얻어진 기독론적 이해를 전제하며 단순히 제멋대로 선택된 증거 구절들이 아니다."라고 주장한다.[72]

제임스 던은 신약 저자들이 구약에서 증거 본문들을 제멋대로 선택하지는 않았다는 진술을 확증한다. 초대 그리스도인들의 해석을 지배했던 원리들을 논하면서, 그는 다음과 같이 기록한다. "첫째로 말해 둘 필요가 있는 것은, 구약 본문을 선택함은 대체로 자의적이지 않았다는 것이다. … 그들이 인용하는 구절들은 … 대부분 이미 메시아적인 것으로 받아들여진 구절들이거나(시편 110편처럼), 예수님의 실제 삶에 비추어 볼 때 메시아적인 것이라고 최우선

모음집이 존재할 가능성은 타당해진다.
70 Ibid., 61-108.
71 또한 베드로전서 2장과 로마서 9장에 대한 앞의 각주 67번을 보라.
72 Ellis, "How the New Testament Uses the Old," 201.

적으로 주장할 수 있는 구절들이다(시편 22편과 이사야 53장처럼)." 다음으로 던은 신약 저자들이 구약을 그리스도의 실재로부터 해석하는 원리를 확증한다. "둘째, 그 해석은 구약의 구절들이나 **그리스도의 사건에 비추어** 인용된 사건을 읽음으로써 거듭 달성되었다. 즉 예수님이 가져오신 새로운 상황과 예수님이 성취하신 구속의 관점에서 봄으로써 이루어졌다."[73]

사실상 바울은 구약의 엄격히 유대인적인, 다시 말해 역사적인 해석은 부적절하다고 선언한다. 그는 불신자 유대인들에 대해 다음과 같이 기록한다. "오늘까지 모세의 글을 읽을 때에 수건이 오히려 그 마음을 덮었도다 그러나 언제든지 주께로 돌아가면 그 수건이 벗겨지리라"(고후 3:15-16). 따라서 역사적으로 이사야 8:13-14이 비록 "만군의 여호와"를 "걸려 넘어지게 하는 반석"으로 언급하더라도 바울은 이 말씀을 그리스도께 적용한다(롬 9:33). 시편 2:7은 역사적으로 왕에 대해 "너는 내 아들이라 오늘날 내가 너를 낳았도다"라고 말하지만, 바울은 이 말씀을 예수님께 적용한다(행 13:33; 참조. 시 2:1-2; 행 4:25-27).[74] 시편 118편도 역사적으로 왕을 언급하지만, 마태복음 21:9은 "찬송하리로다 주의 이름으로 오시는 이여"라며 그 말씀을 그리스도께 적용한다.

그러나 그리스도인의 구약 읽기가 단지 일방통행, 즉 구약을 그리스도의 관점에서만 읽는 것이 아니다. 그 통행은 구약에서 그리스도 쪽으로도 진행된다. 오스카 쿨만은 통찰력을 가지고 다음과 같이 지적한다. "구약 준비가 바로 그 중심점(즉, 그리스도 사건 - 역주)으로부터 우선 조명된 후에, 중심점에 있는 그리스도 사건은 … 구약 준비에 의해 그 자체의 부분에 빛이 비춰진다." 그는 다

---

73 Dunn, "The Use of the Old Testament," 94. 던(Dunn)은 "그 기법이 갈라디아서 3:8, 4:22-31; 고린도후서 3:1-18과 마태복음 2:23에서 가장 잘 예시되고 있다."라고 계속해서 말한다. 참조. 101쪽, "예수님의 사건, 예수님 전통, 예수님께 대한 고양된 믿음, 성령을 새로이 경험함 - 이러한 것들은 해석 과정에서 결정적인 요소들이었다." 예를 들어, Cullmann, *Christ and Time*, 131, "신약의 저자들은 창조에 대해 어떠한 새로운 이야기도 쓰지 않았다. 그들은 단지 창조가 중심점과 어떤 관계에 있는지를 보여 주었다(특히 요 1:1 이하; 골 1:16; 히 1:2, 10)."

74 Brevard Childs, *Biblical Theology*, 241, "바울에게 참된 해석이란 그것의 참주제인 그리스도께서 누구신가에 대한 증언에 달려 있다. 이러한 의미에서 바울은 만일 그것[구약 본문 - 역주]에 의해 이해되는 것이 참된 기독론적 지시 대상에서 분리된 성경 본문이라면 '그 자체를 위한' 구약에는 관심이 없다."

음의 사실을 인정한다. "우리는 여기서 하나의 순환 고리를 다루어야 한다. 그리스도의 죽으심과 부활은 신자로 하여금 아담의 역사와 이스라엘의 역사 속에서 예수님을, 즉 십자가에 못 박히시고 부활하신 분을 위한 준비를 볼 수 있게 한다. 오직 이렇게 이해한 아담의 역사와 이렇게 이해한 이스라엘의 역사만이 신자로 하여금 십자가에 못 박히시고 부활하신 예수 그리스도의 사역을 하나님의 구원 계획과 관련하여 파악할 수 있게 한다."[75] 우리는 다시 해석학적 순환 고리의 형태와 마주친다. 즉, 우리는 오직 그리스도를 구약의 빛에서만 이해할 수 있고, 우리는 오직 구약을 그리스도의 빛에서만 이해할 수 있다.

그리스도에게서 시작된 그리스도 중심의 해석

상대편에 있는 비기독교 유대인들과 달리 신약 저자들은 그리스도의 실재로부터 구약을 해석하는 생각을 어디서 얻었는지에 대한 질문이 종종 제기되어 왔다. 하나의 확실한 대답은 그들 대부분이 예수님의 제자였고(혹은 제자였거나) 부활하신 주님을 만났다는 것이다. 그러나 더 완전한 대답은 예수님 자신이 그들에게 구약을 그러한 방법으로 읽으라고 가르치셨다는 것이다.[76] 3

---

[75] Cullmann, *Christ and Time*, 137. 예를 들어, Childs, *Biblical Theology*, 229에서는 "그리스도의 죽으심과 부활에 대한 초대 교회의 이해와 해석에 있어서 구약의 중심 역할"을 지적한다. "… 시편 110편은 하나님의 오른편으로 높아지신 예수님을 보는 것과 죽음의 세력을 다스리는 주권자의 통치에 대한 영상을 제공했다(마가복음 12:35-37과 복음서 병행 구절; 행 2:34; 히 7:17, 21). 시편 89편은 그리스도의 치욕과 연결되었고(눅 1:51; 행 2:30), 시편 22편은 그의 의로운 고난에 대해 언급했다(마가복음 15:34와 복음서 병행구절). 시편 2편과 사무엘하 7장은 하나님의 아들로서 왕적 메시아직에 대한 용어를 제공했고(행 13:33 이하; 히 1:5), 다니엘서 7장은 그의 왕국이 지닌 종말론적 소망에 대해 언급했다(막 13:26; 14:62)."

[76] 참조. Shires, *Finding the Old Testament*, 92. "초기 기독교 작품들에 팽배한 구약의 기독론적 해석을 시작한 분이 바로 예수님이시라는 확신을 지지할 만한 충분한 증거가 있다. 확실히 그는 다니엘 7장에 그려진 인자에 대한 묘사와 … 이사야 52:13-53:12에 나타나는 고난받는 종의 모습에서 많은 영향을 받았다." 신약 저자들이 예수님 자신의 구약 사용을 표현하는 것인지, 아니면 자기들의 말을 하고 있는 것인지에 관해서는, Longenecker, *TynBul* 21 (1970) 25에서 다음과 같이 주장한다. "예수님 자신이 초기 기독교 해석의 근원과 유형이 되신다는 것은 상정될 수 있고 내 생각에 아주 그럴듯하다. 즉 예수님이 해석한 어떤 선택된 구절들은 가장 초기의 기독교인들에 의해 계속해서 동일한 방식으로 해석되었다(예, 마가복음 15:28에 인용된 이사야 53:12와 사도행전 8:32-33에 인용된 이사야 53:7-8, 그리고 보다 덜 직접적으로 나타나는 본문인 사도행전 4:11과 베드로전서 2:6-8에서 '돌'의 인용문, 그리고 사도행전 2:34-36과 히브리서에 여러 번 나타나는 시편 110:1). 그

년 동안 제자들은 예수님이 설교하고 가르치시고 자신에 대하여 인자, 즉 "결코 폐하지 아니할"(단 7:14) 왕권을 받은 자라고 말씀하시는 것을 들었다. 그리고 예수님이 "우리의 허물로 인해 찔리시고 우리의 죄악으로 인해 상하신"(사 53:5) 여호와의 종의 모습과 역할을 자신에게 적용하는 것도 들었다. 예수님이 부활하신 후에 구약이 자신에 대해 말한다는 것을 제자들에게 계속해서 가르치는 것이 필요하다는 것을 알게 되셨다고 누가는 기록한다. 예수님은 "그리스도께서 이런 고난을 받고 자기의 영광에 들어가야 할 것이 아니냐 하시고 이에 모세와 및 모든 선지자의 글로 시작하여 모든 성경에 쓴바 자기에 관한 것을 자세히 설명하셨다."[77]

예수님이 그분의 말씀을 듣는 사람들뿐 아니라 그분을 반대하는 사람들조차도 감동시키는 권위를 가지고 구약을 해석하셨다는 것은 의심의 여지가 없다.[78] 마찬가지로 예수님이 구약을 그리스도 중심적 방법으로 해석했다는 것 역시 의심할 여지가 없다. 예수님은 구약에 나타난 여호와의 종(특히, 사 52:13-53:12)과 인자(단 7:13-14)의 모습을 통해 자신의 사명을 보셨다.[79] 프란스는 공관복음서에 나타난 증거를 요약한다. "예수님은 구약에 있는 사람들을 자신의 예표로 사용하신다(다윗, 솔로몬, 엘리야, 엘리사, 이사야, 요나). … 그분은 구약의 제

리고 예수님이 그렇게 다루시는 방법이 초기 사도 시대 공동체 안에서 주석적 노력을 더 확대하는 것에 대한 패러다임을 제공했다고 가정할 수 있다." 참조. Charles A. Kimball, *Jesus' Exposition of the Old Testament in Luke's Gospel* (Sheffield: Sheffield Academic Press, 1994), 202, "예수님의 성경 강해와 성경 본문에 대한 그분의 선택이 신약신학을 위한 기초를 제공했고, 예수님의 주석 방법이 그의 제자들과 신약 저자들의 주석 과정에 영향을 주었다고 나는 결론짓는다." 참조. France, *Jesus and the Old Testament*, 225.

77 눅 24:26-27; 참조. 눅 24:44-47. Dodd, *According to the Scriptures*, 110에서는 다음과 같이 판단한다. "예수님의 사명과 운명의 의미에 대한 조명을 얻을 수 있는 성경의 어떤 부분들에 제자들이 마음을 처음 두도록 한 사람은 예수님 자신이라고 신약은 증언한다."
78 "무리들이 그 가르치심에 놀라니, 이는 그 가르치시는 것이 권세 있는 자와 같고 그들의 서기관들과 같지 아니함일러라"(마 7:28-29). 참조. 눅 20:39.
79 France, *TynBul* 19 (1968) 51, "우리는 다음과 같이 결론짓는다. 예수님은 자신의 사명을 여호와의 종의 사명으로 알았고, 예수님은 그 역할을 성취할 때 반드시 자신이 고난받고 죽어야 한다고 예언했다. 그리고 자신의 고난과 죽으심을 마치 종이 받는 고난과 죽음처럼, 남을 대신하는 것과 구속적인 것으로 간주했다." 참조. 52쪽, "이사야 53장은 그분의 지상 사역에 대한 청사진이며, 다니엘 7:13-14은 그분의 미래의 존귀해지심에 대한 청사진이다." 참조. Jensen, *God's Word to Israel*, 206.

도를 자신과 자신의 사역의 모형으로 언급한다(제사장 직분과 언약). 그분은 이스라엘이 경험한 것 속에서 자기 자신의 모형을 보신다. 그분은 이스라엘의 소망이 자신 안에서 성취되는 것을 발견하신다."[80]

3. 그리스도께로 인도하는 구약의 다양한 길

구약을 해석하는 신약의 전제들은 구약에서 그리스도를 설교하는 다양한 방법들로 인도했다. 비록 이러한 방법들이 과학적으로 정확하지 않고 상당히 중복되지만, 신약의 저자들이 구약에서 그리스도를 설교하기 위해 사용하는 여러 방법들을 우리가 분류하고, 그리하여 각각의 방법이 갖는 구별되는 특징에 대해 어떤 명확성을 얻으려고 애쓰는 것은 귀중한 일일 것이다. 다음 장인 제6장에서는 현 시대의 논의에 비추어 그리스도를 설교하는 이러한 방법들을 검토할 것이다. 여기에서는 구약에서 그리스도를 설교하는 여섯 개의 중요한 길을 구별해 볼 것이다: 점진적 구속사의 길, 약속-성취의 길, 모형의 길, 유비의 길, 통시적 주제의 길, 대조의 길('way'를 '방식'으로 번역할 수도 있으나, '인도하다'[lead]라는 단어와 관련해서 '길'로 번역한다. - 역주).

1) 점진적 구속사의 길

구속사는 단순히 구약을 해석하기 위한 신약적 전제만이 아니라 구약에서 그리스도를 설교하는 주요 길들 중의 하나이다. 점진적 구속사(Redemptive-Historical Progression)는 그리스도를 절정으로 하는 구약의 구속 사건들에 그리스도를 연결하는 것이다. 우리가 보았듯이 마태는 그의 복음서를 구속사 속에서 위대한 왕 다윗과 족장 아브라함에게로 완전히 거슬러 올라가는, "메시아

---

80 France, *Jesus and the Old Testament*, 75.

이신 예수님의 족보"로 시작한다. 다윗은 "네 집과 네 나라가 내 앞에서 영원히 보전되고, 네 위가 영원히 견고하리라"(삼하 7:16)라는 하나님의 약속을 받았고, 아브라함은 "너를 축복하는 자에게는 내가 복을 내리고, 너를 저주하는 자에게는 내가 저주하리니, 땅의 모든 족속이 너를 인하여 복을 얻을 것이니라"(창 12:3)라는 약속을 받았다. 마태는 점진적 구속사를 사용하여 이 모든 땅의 영원한 통치에 대한 하나님의 놀라운 약속을 받은 왕통의 계승자로 그리스도를 설교한다.

누가도 이와 비슷하게 자신의 복음서에 구속사를 통해 그 뿌리를 "하나님의 아들인 아담"에게까지 완전히 거슬러 올라가는 예수님의 족보를 포함시킨다(눅 3장). 아담은 사탄의 거짓말에 넘어가 세상에 죽음을 가져온 자이다. 예수님도 아담처럼 사탄의 유혹을 받았지만(눅 4장), 하나님의 아들이신 예수님은 마귀를 정복하셨다. 하나님은 예수님 안에서 인류에게 영생을 얻을 수 있는 두 번째 기회를 주신다.

아마도 누가는 예수님을 구속사의 중심점으로 소개하는 것으로 가장 유명할 것이다.[81] 구속사에는 두 단계가 있으니, 곧 세례 요한 때까지 계속된 "이스라엘의 때"(눅 16:16)와 "성취의 때"이다. 예수님은 성취의 때, 곧 하나님의 왕국이 임했음을 알리신다.[82] 사도행전에서 누가는 초기 기독교의 여러 설교를 자세하게 소개한다. 그런데 그 설교들의 대부분은 그리스도를 선포하기 위해 점진적 구속사의 길을 사용한다. 오순절에 베드로는 선지자 요엘과 시편 16편 말씀을 인용한다. 그 설교에서 베드로는 예수님의 죽으심과 부활은 하나님의 종합 계획 안에 있다고 주장한다. "이스라엘 사람들아, 이 말을 들으라! 너희

---

81 참조. Hans Conzelmann의 누가복음 주석인 *Die Mitte der Zeit*. Cullmann, *Salvation in History*, 270은 요한에게 이러한 영예를 돌리며 다음과 같이 주장한다. "우리가 어딘가에서 '시간의 중심점', 즉 역사에 의미를 부여하는 중심과 절정에 관해 말할 수 있고 말해야 한다면, 그것은 요한복음에서 해야 하며 단지 누가복음에서만은 아니다. 모든 계시, 하나님의 모든 행위는 이 중심점에서 드러난다. 역사상 결정적인 절정에서 나타나는 이러한 행위의 주제는 성육신하신 주, 곧 나사렛 예수님이시다. 만약 하나님이 예수님 안에서 자신의 가장 깊이 감추어진 본질과 영광(doxa)을 드러내셨다면(요 1:14), 예수님은 세상과 관련된 하나님의 모든 창조 활동의 매체임에 틀림없다."

82 Jack Kingsbury, *Jesus Christ*, 97.

도 아는 바에 하나님이 나사렛 예수님으로 큰 권능과 기사와 표적을 너희 가운데서 베푸사, 너희 앞에서 그를 증언하셨느니라. 그가 **하나님의 정하신 뜻과 미리 아신 대로** 내어준 바 되었거늘, 너희가 법 없는 자들의 손을 빌려 못 박아 죽였으나…"(행 2:22-23). 그 후에 누가는 스데반이 어떻게 아브라함으로부터 "의인" 그리스도에게까지 구속사를 상세하게 추적해 나가는가를 기록한다(행 7:2-52). 그 후에 누가는 비시디아 안디옥에서 전한 바울의 설교를 기록한다. 그 설교는 하나님이 이스라엘 백성을 애굽 땅에서 높인 것으로부터 시작해서, 그들에게 약속의 땅을 주시며 그들이 왕을 달라고 요구한 대로 처음에는 사울을, 다음에는 위대한 왕인 다윗을 주신 것을 그 내용을 하는데, 이는 시편 78편의 회상이고, 이 시편에서는 다윗 왕이 절정에 해당한다. 그러나 바울은 다윗 왕을 넘어 구속사의 결정적인 절정을 향해 나아간다. "이 사람의 후손 중에서 하나님이 약속하신 대로 구주 예수님을 이스라엘에 보내셨다." 바울은 그 후 예수님의 이야기를 자세히 했고 사람들에게 그분을 믿도록 강력하게 권고한다(행 13:16-41).[83]

바울은 그의 서신에서 그리스도를 전하는 방법으로 점진적 구속사의 방식을 사용한다. 바울이 로마의 성도에게 보낸 편지는 다음과 같이 시작된다. "예수 그리스도의 종 바울은 사도로 부르심을 받아 하나님의 복음을 위하여 택정함을 입었으니, 이 복음은 하나님이 선지자들로 말미암아 그의 아들에 관하여 성경에 미리 약속하신 것이라. 이 아들로 말하면 육신으로는 다윗의 혈통에서 나셨고"(롬 1:1-3). 그 후에 바울은 죄를 짓고 사망을 세상에 가져온 아담에게까지 멀리 거슬러 올라가, 그를 예수 그리스도와 대조시켜 "그런즉 한 범죄로 말미암아 많은 사람이 정죄에 이른 것같이 의의 한 행동으로 말미암아 많은 사람이 의롭다 하심을 받아 생명에 이르렀느니라"(롬 5:18)라고 말한다. 갈라디

---

83 N. T. Wright, *New Testament and the People*, 396, "세 개의 공관복음서는 모두 … 한편으로는 의견이 엇갈리면서도 공통적인 유형을 공유하고 있다. 공관복음서 모두 예수님의 이야기를 … 훨씬 더 긴 이야기, 즉 이스라엘에 대한 이야기의 결말로서 말하는데, 그것은 번갈아 가며 창조주와 세상에 대한 이야기의 초점이 된다." 요한복음에 관해서는 Ibid., 410-417을 보라.

아서에서 바울은 아브라함에게 준 하나님의 약속에 대해서, 그리고 430년 후에 만들어져서 "우리를 그리스도께로 인도하는 몽학선생이 되어 우리로 하여금 믿음으로 말미암아 의롭다 함을 얻게" 하는(갈 3:24) 율법에 대해서 기록한다. 바울은 구속사의 절정으로서의 예수님의 지상 생애에 대해 언급한다. "때가 차매 하나님이 그 아들을 보내사 여자에게서 나게 하시고 율법 아래 나게 하신 것은 율법 아래 있는 자들을 속량하시고 우리로 아들의 명분을 얻게 하려 하심이라"(갈 4:4-5). 골로새서에서 바울은 "만세와 만대로부터 감추어졌던 것인데, 이제는 그의 성도들에게 나타난 비밀"(1:26)에 대해 기록한다.[84] 그리고 고린도후서에서 그는 구원의 **현재성**(now)에 관해 언급한다. "보라! 지금은 은혜 받을 만한 때요, 보라! 지금은 구원의 날이로다."(6:2).

바울은 그리스도를 설교하기 위해 단순히 과거의 구속사만을 사용하는 것이 아니다. 그는 또한 그리스도라는 중심점에서 미래의 구속사에 대해서도 언급한다. 에베소서에서 그는 하나님의 계획에 관해 기록하기를, "이는 그가 모든 지혜와 총명으로 우리에게 넘치게 하사 그 뜻의 비밀을 우리에게 알리셨으니 곧 그 기쁘심을 따라 그리스도 안에서 때가 찬 경륜을 위하여 **예정**하신 (plan) 것이니 하늘에 있는 것이나 땅에 있는 것이 다 그리스도 안에서 통일되게 하려 하심이라"(1:8-10).[85] 고린도전서 15장에서 바울은 부활하신 그리스도를 "죽은 자 가운데서 다시 살아나신, 잠자는 자들의 첫 열매"로 언급하고, 재림 때에 있을 나머지 추수에 대해 매우 상세하게 이야기한다. 로마서에서 그는 구속에 대한 우리의 환상을 확대한다. 그 구속은 하나님의 백성만을 위한 것이 아니며 "피조물도 썩어짐의 종노릇한 데서 해방되어 하나님의 자녀들의

---

[84] 참조. Domenico Grasso, *Proclaiming*, 12, "그 사도[바울]에 의하면 모든 역사는 하나님이 예정하시고 순서대로 일어나는 사실들의 복합체이자 사건들의 짜임이다. 그리하여 계시와 그리스도의 의사소통은 실현될 수 있다. 성육신 이전에는 역사가 그분을 향하고 있다. 그러나 성육신 이후에는 그분으로부터 흘러가고 있다. 그리스도께서는 역사의 중심이요 의미이다."

[85] 참조. 엡 3:3-5, "곧 계시로 내게 비밀을 알게 하신 것은 내가 이미 대강 기록함과 같으니, 이것을 읽으면 내가 그리스도의 비밀을 깨달은 것을 너희가 알 수 있으리라. 이제 그의 거룩한 사도들과 선지자들에게 성령으로 나타내신 것같이 다른 세대에서는 사람의 아들들에게 알게 하지 아니하셨으니." 참조. 롬 16:25-27.

영광의 자유에 이르는 것이다."(8:21).

2) 약속-성취의 길

신약 저자들이 구약에서 그리스도를 설교하는 또 다른 길은 약속-성취의 길이다. 약속-성취의 길은 구속사에 깊이 새겨져 있으니, 이는 하나님이 구속사의 한 단계에서 약속을 주시고 뒤따르는 단계에서 성취하시기 때문이다.[86]

① 약속-성취의 복잡성

신약에서, 성취는 구체적인 약속의 성취들보다 훨씬 더 그 범주가 넓다.[87] 예를 들어, 마태는 "인용 형식"으로 유명하다. 그는 인용문 뒤에 "이 모든 일이 된 것은 주께서 선지자로 하신 말씀을 이루려 하심이니"라는 말씀을 열 번이나 반복한다. 그러나 이러한 인용문들이 다 미래에 대한 예언은 아니다. 마태복음 2:15에서 우리는 예수님의 애굽 피난에 대해, "이는 주께서 선지자로 말씀하신바, '애굽에서 내 아들을 불렀다' 함을 이루려 하심이니라"라고 읽는다. 이 구절은 호세아 11:1의 인용인데, 이 자체는 미래에 대한 약속이나 예언이 아니라, 하나님이 이스라엘을 애굽에서부터 "내 아들아" 하고 부르신 과거에 대한 진술이다(출 4:22-23). 마태는 여기서 "성취"라는 단어를 그리스도에 대한 약속을 위해서 쓴 것이 아니라 기껏해야 예수님의 모형을 위해서 사용한 것이다.[88] 그러므로 우리는 신약 저자들이 약속과 모형 두 가지 모두를 위해 "성

---

86 Dwight Moody Smith, "Use of the Old Testament," 36-65에서는, 신약의 모든 저자들은 그리스도 안에서의 성취를 구속사와 관련하여 이해한다고 주장한다.
87 이것은 '성취하다'를 위해 사용된 두 개의 헬라어 어원에서 이미 분명하다. 첫 번째 단어군인 '텔레이오오/텔레오'(*teleioō/teleō*)는 "이것이 비록 특별한 약속을 항상 인용하지는 않는다고 하더라도 하나님 뜻의 성취를 가리킨다." 두 번째 어원은 "오로지 그리스도의 전체 사건을 가리키는 것으로 복음서들과 사도행전에서만 독점적으로 사용된" '플레로오'(*plēroō*)이다. McCurley, *Wrestling*, 22, 24. 참조. Moo, "Problem of *Sensus Plenior*," 191.
88 호세아 11장, 특히 8-11절의 보다 큰 문맥에서는 애굽/앗수르로부터의 귀환을 약속한다. David

취"라는 단어를 사용하고 있다는 것을 주의해야 한다.[89]

그러나 문제가 여전히 더욱 복잡한 것은 신약 저자들이 구약의 지시물이 약속이나 모형의 어떤 것이 아닐 때에도 성취를 언급하기 때문이다. 예를 들어, 마태는 예수님이 군중에게 비유들을 말씀했다고 기록한 후에 13:35에서 다음과 같이 기록한다. "이는 선지자로 말씀하신바, 내가 입을 열어 비유로 말하고…" 이것은 시편 78:2의 인용이다. 비록 시편이 예언서는 아니지만 모형을 내포할 수는 있다(승리한 왕과 고난받는 의인들에 대한 시편을 생각해 보라). 이러한 인용문은 예언도, 약속도, 모형도 아니지만, 마태는 그것을 성취에 관한 자신의 인용 형식에 포함시킨다. 어떤 학자들은 이러한 구약 사용을 "페세르(pesher) 형태의 해석"으로 분류한다.[90] 분류야 어떻든 간에, 마태가 그리스도의 실재로부터 구약을 되돌아보는 것만은 분명하며, 이러한 관점에서 그 거룩한 책은 모든 꽃이 태양을 향하고 있는 흰 꽃들의 골짜기와 같은 것이다. "마태는 자기 백성에게 은혜롭고, 구원이라는 목적을 가지고 계시며, 자유롭게 하시며, 언약에 신실하신 하나님을 우리에게 소개해 준다는 의미에서 구약 전체를 약속의 구현으로 본다. 그것은 히브리어 정경의 모든 부분에서 반영된 엄청난 의미의 기대와 소망을 생성시킨다. 따라서 모든 종류의 구약 기록(예언서뿐만 아니라)은 예수님께 대한 약속과 관련해서 사용될 수 있다. 예수님의 역동적인 실재는 구약의 장래 소망에 대한 적지 않은 역동적 잠재력 속으로 접속된다."[91]

"성취"라는 신약의 용어가 이처럼 넓은 의미를 다루지만, 특히 우리는 신약

Holwerda, *Jesus and Israel*, 38-40을 보라.
89 비슷하게 누가도 약속과 모형이 결합된 성취를 단정한다. "하나님이 언약의 약속을 성취하시기 위해 한 시대에 행하신 모든 것은 그분이 또다시 자신의 프로그램을 지도하고 완성하는 데 능동적으로 관련하신 시대에서 그렇게 할 수 있고, 또 그렇게 하실 것이다. 이것이 누가가 구약을 사용하는 것에 대한 하나의 주요한 신학적 전제이다. 이 전제는 그가 다양한 본문들에 호소하는 일을 가능하게 한다. … 그리하여 누가가 사용하는 많은 본문들이 독점적으로 예언적인 것만은 아닌 반면에, 그것들은 하나님의 활동 유형이 그분의 옛 행동들을 반사하고 돋보이게 하는 방식으로 재활성화될 때, '모형론적이고 예언적'이다. … 그 반복 안에, 계획과 그로 인한 예언이 존재한다." Darrell Bock, "Use of the Old Testament," 495.
90 예를 들어, Longenecker, *Biblical Exegesis*, 70-75를 보라.
91 Christopher Wright, *Knowing Jesus*, 63-64.

에서 증명된 것, 곧 구약의 구체적인 약속이나 예언의 성취라는 보다 좁은 경로에 특별히 관심이 있다.

② 구약에 나타난 약속-성취

구약은 그 자체가 약속-성취의 길을 보여 준다. 예를 들어, 하나님은 아브라함과 사라에게 아들을 얻을 것이라는 약속을 반복했고(창 18:10), 1년 후에 하나님은 이 약속을 이삭의 출생으로 성취하셨다(창 21:2). 하나님은 아브라함과 그의 후손에게 가나안 땅을 약속해 주셨고(창 17:8), 5세기 후에 하나님은 그 약속을 성취하셨다(수 21:43-45). 하나님은 유대 백성에게 그들을 포로로 내보낼 것이라고 약속(미리 경고)하셨고, 주전 587년에 이러한 위협을 실행하셨다.

구약에서 성취된 약속들에 덧붙여 다른 약속들도 여전히 성취되기를 기다리고 있었다. 하나님이 아브라함에게 하신 "땅의 모든 족속이 너를 인하여 복을 받을 것이라"(창 12:3)라는 약속이 구약 시대에는 최종적으로 성취되지 않았다. 하나님이 "한 왕국을 세우시니 이것은 영원히 망하지도 아니할 것이요, 그 국권이 다른 백성에게로 돌아가지도 아니할 것이요 … 영원히 설 것이라"(단 2:44; 참조. 7:13-14)라는 약속도 구약 시대에는 성취되지 않았다. 영광스러운 새 창조에 대한 하나님의 약속(사 65장)도 구약 시대에는 성취되지 않았다. 이렇게 성취되지 않은 약속들 때문에 구약은 "항상 그 자체와 그 자체의 체험을 넘어 앞쪽을 가리킨다."[92]

심지어 성취된 약속들조차도 여전히 미래를 향하여 앞쪽을 가리킬 수 있다. 구약은 우리에게 다중적인 성취나 점진적인 성취의 개념에 익숙하게 해 준다. 즉, 처음에 성취된 약속은 한층 더 성취될 것이라는 약속을 지닌다. 예를 들어, 하나님은 아브라함에게 "내가 너로 큰 민족을 이루고"라는 약속을 하셨다(창 12:2). 이 약속은 이삭의 출생과 함께 성취되기 시작했지만, 분명히 그 이상의

---

92 Foster McCurley, *Wrestling*, 27.

성취를 요구한다. 출애굽기 1:5은 하나님의 언약 백성이 애굽으로 갈 때 70명으로 증가되었지만, 아브라함에게 준 약속은 더 이상의 성취를 기다렸음을 기록한다. 출애굽기 1:7은 "이스라엘 자손은 생육이 중다하고 번식하고 창성하고 심히 강대하여 온 땅에 가득하게 되었더라"라고 보고한다. 그들은 이제 큰 백성이었으나 아직 "큰 민족"은 아니었다. 그래서 그 약속은 아직도 훨씬 더 크게 성취되어야 했다. 즉, 가나안 땅을 선물로 받고, 그 이후에 위대한 왕 다윗을 선물로 받아 마침내 이스라엘은 큰 민족이 되었다. 약속은 충분히 성취된 것 같았다. 그러나 바로 그 정상에서 하나님은 다윗에게 "네 집과 네 왕국이 네 앞에서 영원히 보전되고 네 위가 영원히 견고하리라"(삼하 7:16)라는 또 다른 약속을 주셨다. 그 약속은 다시 미래를 향해 손을 뻗었다. 크리스토퍼 라이트는 점진적인 성취를 "시간 여행을 하는 로켓"에 비유한다. "그래서 약속이 발사되고 부분적인 성취로서 역사의 어떤 후기 지점에 지구로 귀환하며, 또 다른 역사적 목적지 등을 향해 새로운 연료와 짐을 싣고 재발사된다."[93] 하나님이 아브라함에 주신 "큰 민족이 되리라"는 약속의 점진적인 성취는 다음과 같이 그릴 수 있다.

아브라함 이삭 야곱 애굽 가나안 다윗 유배 남은 자 미래

③ 신약에서의 약속-성취

신약 저자들은 약속-성취의 길을 구약에서도 배웠지만, 특별히 예수님에게서도 배웠다. 예수님의 첫 설교는 나사렛 회당에서 주님의 은혜의 해가 왔음을 알리신 것이다. 주님의 기름 부음 받은 종과 관련된 이사야서 61:1-2a을

---

93 Wright, *Knowing Jesus*, 72.

읽으신 후에 예수님은 다음과 같이 선포하셨다. "이 글이 오늘날 너희 귀에 응하였느니라"(눅 4:21). 구약의 모형과 약속의 성취는 예수님의 주제였다.[94] 예수님이 애호하시는 자기 호칭은 "인자가 권능의 우편에 앉은 것과 하늘 구름을 타고 오는 것을 너희가 보리라"(막 14:62)에서처럼 "인자"였다. 물론 "인자"는 다니엘이 "내가 또 밤 이상 중에 보았는데, 인자 같은 이가 하늘 구름을 타고 와서 옛적부터 항상 계신 자에게 나아와 그 앞에 인도되매, 그에게 권세와 영광과 왕국을 주고 모든 백성과 나라들과 각 방언하는 자로 그를 섬기게 하였으니, 그의 권세는 영원한 권세라 옮기지 아니할 것이요, 그의 왕국은 폐하지 아니할 것이라"(단 7:13-14)라는 말씀에서 본 바로 그 사람이다. 예수님은 자신을 영원한 왕은 물론 이사야서에 묘사된 여호와의 종(42:1-9; 49:1-13; 50:4-11; 52:13-53:12)으로도 보신다. 사실 예수님은 이 두 모습을 하나로 융합하셨다. 그분은 "인자가 온 것은 섬김을 받으려 함이 아니라, 도리어 섬기려 하고 자기 목숨을 많은 사람의 대속물로 주려 함이니라"라고 말씀하셨다(막 10:45). 자신의 마지막 유월절을 제자들과 함께 기념하실 때, 예수님은 그들에게 여호와의 고난받는 종(사 53:12)을 환기시키셨다. "내가 너희에게 말하노니, 기록된바 '그는 불법자의 동류로 여김을 받았다' 한 말이 내게 이루어져야 하리니, 내게 관한 일이 이루어 감이니라"(눅 22:37; 참조. 18:31-33). 여기서 예수님은 한 번이 아니라 두 번씩이나 자신이 고난받는 종의 역할을 **성취하고** 있음을 언급하셨다. 예수님이 겟세마네에서 체포되셨을 때, 그분은 무리에게 "그러나 이렇게 된 것은 다 선지자들의 글을 이루려 함이니라"(마 26:56)라고 말씀하셨다. 후에 에티오피아 내시가 이사야 53장에 나오는 고난받는 종, 즉 '도수장으로 끌려가는 어린양'의 정체에 대해 물었을 때, 빌립은 준비된 대답을 했다. "이 글에서 시작하여 예수를 가르쳐 복음을 전하니"(행 8:32-35). 예수님이 여호와의 종의 역할을 성취하셨다는 것은 의심의 여지가 없었다(참조. 마 12:15-21).

---

94 참조. 산상설교(마 5:17): "내가 율법이나 선지자를 폐하러 온 줄로 생각지 말라. 폐하러 온 것이 아니요 완전하게 하려 함이로라."

사실 복음서 저자들에 관한 한, 예수님은 모든 선지자들의 약속을 성취하셨다. 마가는 그의 복음서를 다음과 같이 시작한다. "하나님의 아들 예수 그리스도 복음의 시작이라. 선지자 이사야의 글에, '보라, 내가 내 사자를 네 앞에 보내노니, 그가 네 길을 예비하리라. 광야에 외치는 자의 소리가 있어 가로되, 너희는 주의 길을 예비하라, 그의 첩경을 평탄케 하라.' 기록된 것과 같이"(1:1-3). 마가는 그의 복음서 첫머리에 예수님보다 앞선 사람인 세례 요한을 선지자들이 약속한 그 사람(말 3:1; 사 40:3)이라고 기록한다.[95] 계속해서 그는 예수님의 설교가 시간 그 자체의 성취에 초점을 맞추고 있다고 보고한다. "가라사대, '때가 찼고, 하나님 나라가 가까웠으니, 회개하고 복음을 믿으라' 하시더라."(1:15).

마가와는 대조적으로 유대인들을 우선적인 독자로 삼고 있는 마태는 구약의 약속-성취에 보다 많은 초점을 맞추고 있다. 마태복음 1:22-23에서 우리는 다음과 같은 첫 인용문을 발견한다. "이 모든 일이 된 것은 주께서 선지자로 하신 말씀을 이루려 하심이니, '보라, 처녀가 잉태하여 아들을 낳을 것이요, 그 이름은 임마누엘이라 하리라.' … 하셨으니." 구약의 원래 문맥에서 이 약속은 아하스 왕에 대한 징조와 관계가 있는데, 아하스 왕은 시리아와 에브라임 연합군 침략의 위협을 받고 있었다. 이사야는 아하스에게 말한다. "그러므로 주께서 친히 징조를 너희에게 주실 것이라. 보라, 처녀가 잉태하여 아들을 낳을 것이요, 그 이름을 임마누엘이라 하리라 … 대저 이 아이가 악을 버리며 선을 택할 줄 알기 전에 네가 미워하는 두 왕의 땅이 황폐하게 되리라"(사 7:14, 16). 이 예언이 있은 지 몇 년 후 하나님은 그 약속을 성취하셨으니, 앗수르는 주전 732년에 시리아를 멸망시켰고, 에브라임을 패배시키고 10년 후에는 포로로 잡아갔다. 그러나 마태는 이 예언의 더 훗날의 성취를 우리와 함께하신 하나님, 곧 참된 임마누엘이신 예수님의 처녀(칠십인역, *parthenos*; 즉, 이사야 7:14

---

95 네 개의 복음서 모두 세례 요한에게서 이사야 40:3-5의 성취를 본다. 막 1:3과 함께 마 3:3; 눅 3:4-6; 요 1:23을 보라.

의 히브리어 *almah*를 칠십인역이 헬라어 *parthenos*로 번역했고, 이 용어가 마태복음 1:22에 인용됨 - 역주) 탄생에서 본다.

다음으로 마태는 "그리스도(즉, 메시아)가 어디서 나겠느뇨"라는 헤롯 왕의 질문에 대제사장들과 서기관들조차 구약에서 인용해 답을 할 수 있었다고 보고한다. 그들은 헤롯에게 말했다. "유대 베들레헴이오니, 이는 선지자로 이렇게 기록된바, '또 유대 땅 베들레헴아, 너는 유대 고을 중에 가장 작지 아니하도다. 네게서 한 다스리는 자가 나와서, 내 백성 이스라엘의 목자가 되리라' 하였음이니이다"(마 2:4-6). 이것은 미가서 5:2의 인용이지만, 마태는 자신의 요점에 초점을 맞추기 위해 몇 가지 변화를 시도했다. 첫째, 미가서 5:2는 베들레헴을 "유대의 작은 고을들 중의 하나"라고 말한다. 그리스도께서 베들레헴에서 태어나셨기 때문에, 마태는 베들레헴의 지위를 "유대 고을 중에 결코 가장 작지 않은" 것으로 격상시킨다. 둘째, 마태는 미가의 예언에 이스라엘에서의 다윗의 역할을 묘사한 사무엘하 5:2("네가 내 백성 이스라엘의 목자가 되며 이스라엘의 주권자가 되리라")을 한 줄 더 첨가한다. 그의 복음서 첫 장에서와 같이, 마태는 재차 위대한 왕 다윗의 자손이자 계승자이신 예수님이 구약의 약속을 성취하고 있음을 강조한다.

누가 역시 약속-성취의 길을 사용하지만, 자기만의 독특한 방식을 사용한다. 그는 인용 형식을 사용하지는 않지만, "본문을 단순히 사건으로 전개한다. ⋯ 그는 사건 자체가 스스로 말하게 하고, 그 성취를 선언하게 한다."[96] 누가는 "우리 중에 성취된 사건들"(1:1)에 대한 환기로 그의 복음서를 시작한다. 그 당시 천사가 마리아에게 하나님이 다윗에게 주셨던 약속(삼하 7:16)을 환기시키면서, 그녀의 아들이 "그 조상 다윗의 위"(1:32)를 받아 "영원히 야곱의 집에 왕 노릇 하실 것이며 그 나라가 무궁하리라"(1:33)라고 말한다. 이어서 마리아의 찬송이 나오는데, 그 찬송은 "우리 조상들, 즉 아브라함과 그의 자손에게 하신 약속"에 대해 말한다(1:55). 그다음 스가랴는 이스라엘의 주(즉, 구약의 여호

96　Bock, "Use of the Old Testament," 502.

와는 신약에서 '주'로 표현됨 - 역주) 하나님이 "우리를 위하여 구원의 뿔을 그 종 다윗의 집에 일으키셨으니, 이것은 주께서 예로부터 거룩한 선지자의 입으로 말씀하신 바와 같이…"(1:69, 70)라고 선포한다. 누가는 "내가 너희와 함께 있을 때에 너희에게 말한바 곧 '모세의 율법과 선지자의 글과 시편'(구약 성경을 유대인들은 타나크[Tanakh]라 부르는데, 이것은 구약을 삼분하여 부르는 그들의 전통인 '모세의 율법'[Torah], '선지자의 글'[Nebi'im], '시편'이 포함된 '성문서'[Ketubim]의 첫 글자를 모은 것이다. 구약 성경의 삼분법적 표현은 성경 전체에서 여기에만 나타난다. - 역주)에 나를 가리켜 기록된 모든 것이 이루어져야 하리라 한 말이 이것이라"(24:44)라는 예수님의 말씀으로 그의 복음서를 끝맺는다.

누가는 사도행전에서도 비슷한 방법으로 하나님 약속의 성취를 선포하기 위해 다른 사람들의 말을 인용한다. 오순절에 베드로는 설교를 다음과 같이 시작한다. "이는 곧 선지자 요엘로 말씀하신 것이니, 일렀으되, '하나님이 가라사대, 말세에 내가 내 영으로 모든 육체에게 부어 주리니, 너희의 자녀들은 예언할 것이요, 너희의 젊은이들은 꿈을 꾸리라.'"(2:16-17). 베드로는 그 이후의 설교에서 예수님을 하나님의 "종"(3:13, 26)이라고 부를 때, 이사야서에 기록된 고난받는 종을 암시하며 다음과 같이 말한다. "그러나 하나님이 모든 선지자의 입을 의탁하사 자기의 그리스도께서 해 받으실 일을 미리 알게 하신 것을 이와 같이 이루셨느니라"(3:18).[97] 후에 빌립은 에티오피아 내시에게 "예수님에 대한 복음"(8:32-35)을 전하기 위해 고난받는 종에 대한 예언(사 53:7-8)을 사용한다. 비시디아 안디옥에서 전한 설교에서 바울은 위대한 왕 다윗까지의 이스라엘 역사를 자세하게 설명하여, "하나님이 약속하신 대로, 이 사람의 씨에서 이스라엘을 위하여 구주를 세우셨으니 곧 예수라"라고 말하면서, 계속해서 예수님의 고난을 "선지자들이 한 말씀"의 성취로 보며, "그분에 관해서 쓰인 모든 것"은 성취되어야 했다고 주장한다(13:23, 27, 29). 바울은 아그립바 앞에서 동일한 어조로 강조하며, 자신의 설교에 대해 "하나님의 도우심을 받아

---

97 참조. 벧전 2:22-25.

내가 오늘까지 서서 높고 낮은 사람 앞에서 증언하는 것은 선지자들과 모세가 반드시 되리라고 말한 것밖에 없으니, 곧 그리스도께서 고난을 받으실 것과 죽은 자 가운데서 먼저 다시 살아나사 이스라엘과 이방인들에게 빛을 선전하시리라 함이니이다"(26:22-23)라고 설명한다.

바울은 그의 서신들에서도 그리스도를 설교하기 위해 약속-성취의 길을 사용한다. 예를 들어, 그는 "하나님의 복음"을 언급하면서 로마서를 다음과 같이 시작한다. "예수 그리스도의 종 바울은 사도로 부르심을 받아 하나님의 복음을 위하여 택정함을 입었으니, 이 복음은 하나님이 선지자들로 말미암아 그의 아들에 관하여 성경에 미리 약속하신 것이라. 이 아들로 말하면 육신으로는 다윗의 혈통에서 나셨고"(1:1-3). 그리고 부활에 관한 핵심 장에서, 바울은 다음의 사실을 강조한다. "내가 받은 것을 먼저 너희에게 전하였노니, 이는 성경대로 그리스도께서 우리 죄를 위하여 죽으시고 장사 지낸 바 되었다가, 성경대로 사흘 만에 다시 살아나사"(고전 15:3-4).

모형론으로 나아가기 전에 우리는 약속-성취에 대한 최종적인 요점을 지적해야 한다. 우리는 구약에서 약속의 점진적인 성취에 대해 알게 되었다. 다시 말해 약속은 성취되고, 여전히 더 완전한 성취를 향해 열려 있다. 그리스도에 관련해서도 마찬가지이다. 즉, 그리스도께서는 구약의 약속들을 성취함에 있어서 그것을 보다 더 큰 범위의 새로운 약속들로 변화시킨다. 갈라디아서 3:29에서 바울은 다음과 같이 기록한다. "너희가 그리스도께 속한 자면 곧 아브라함의 자손이요 약속대로 유업을 이을 자니라." 우리를 위한 이러한 약속들의 파급효과는 경이적인 것이다. 하나님이 아브라함에게 그의 하나님이 되시겠다고 약속하신 것처럼, 하나님은 우리에게도 그리스도 안에서 우리의 하나님이 되어 주시겠다고 약속하신다(특별히 무덤을 찾아온 막달라 마리아에게 부활하신 예수님이 처음으로 하신 말씀인 "내 아버지 곧 너희 아버지, 내 하나님 곧 너희 하나님"[요 20:17] 참조 – 역주). 하나님이 아브라함의 후손들에게 구속을 약속하신 것처럼, 하나님은 우리에게도 구속을 약속하신다. 그러나 그 구속은 단순히 애굽이나 바벨론 같은 물리적인 노예 상태로부터의 일시적인 구속만을 의미하는 것이 아니라, 죄의 노예 상태로부터의 구속과 영생도 포함하는 것이다. 하나님은 우리에게 "땅"을 주시겠다고 약속하시지만, 그것은 이제 가나안 땅을 훨씬 넘어 전 세계로까지 확대된다. 예수님은 "온유한 자는 복이 있나니 저희가 땅을 기업으로 받을 것"이라고 말씀하신다(마 5:5). 요한은 환상 중에 이사야 65장이 말하는 "새 하늘과 새 땅"의 성취를 바라본다(계 21:1).[98] 하나님은 우리를 "위대한 민족"으로 만드시겠다고 약속하시지만(창 12:2), 이제 그것은 다윗 왕국을 훨씬 뛰어넘어 전 세계를 포함하게 된다. 예수님은 교회에 명령하셨다. "그러므로 너희는 가서, 모든 족속으로 제자를 삼아 아버지와 아들과 성령님의 이름으로 세례를 주고, 내가 너희에게 분부한 모든 것을 가르쳐 지키게 하라. 볼지어다, 내가 세상 끝 날까지 너희와 항상 함께 있으리라"(마 28:19-20). 따라서 마침내 아브라함에게 주신 하나님의 약속이 완전하게 성취될 것이다. "땅의 모든 족속이 너를 인하여 복을 얻을 것이니라"(창 12:3; 행 3:25).[99]

3) 모형론의 길

하나님이 구속사 안에서 약속을 하시고 그 약속을 성취하시기 때문에 약속-성취가 구속사 안에서 작용하는 것과 마찬가지로, 하나님은 구속사 내에서 규칙적인 유형들(patterns)로 행하시기 때문에 모형론도 구속사 안에서 그 기능을 발휘한다.[100] 하나님은 자신의 구속 계획을 약속에서 성취까지 점진적으로(progressively) 성취하심은 물론, 구속 행위의 유사성을 통해 일관되게(uniformly) 성취하신다. 따라서 신약 저자들은 그리스도 안에서의 하나님의 현재적인 행위들과 구약에서의 구속 행위들 사이에 있는 유비들을 식별할 줄 안다. "이렇게 해서 신약의 모형론은 '복음서 사건들 속에서 보다 충만하고 완벽

---

98 바울이 아브라함에게 주신 약속에서 "땅"을 "세상"으로 바꾸는 로마서 4:13을 보라. 참조. 엡 6:3.
99 특정한 약속들을 보편화하는 것에 대해서는, David Holwerda, *Jesus and Israel*, 177-184를 보라.
100 참조. Cullmann, *Salvation in History*, 133, "모든 모형론은 … 구원사적 배경, 즉 구원사적 관점에서 이해되는 구약과 신약 사이의 관계를 전제한다."

하게 다루어지는 과거 역사의 반복적인 리듬'을 드러내면서, 본질적으로 하나님이 역사 속에서 일하시는 한결같은 원리들을 추적하는 것이다."[101] 특히 신약 저자들은 예수님이 메시아 시대의 도래를 알리고 계신다고 믿기 때문에, 그들은 하나님이 과거에 행하신 구속 행위를 그리스도 안에서 나타나기 시작한 새 시대의 그림자와 예상 형태(prefigurations)와 모형으로 본다.[102] 따라서 모형론은 유비(analogy)와 확대 상승(escalation)로 특징지어진다.[103]

모형론적 해석의 기초가 되는 주요한 전제 조건은 역사의 하나님이 역사의 주인으로서 역사에서 그의 구속 계획을 실현하신다는 것이다. "신약의 모형론적 주해의 이론적 근거는 단순히 '하나님의 언약의 역사 전체에 미치는 하나님의 목적의 연속성'일 뿐만 아니라 하나님의 목적을 드러내고 설명하기 위해 역사를 만드시고 이용하시는 하나님의 통치권이기도 하다. 하나님은 자신의 비유들을 시간의 모래밭에 기록하신다. … 감추어졌거나 오직 부분적으로 드러나는 것들은 이제 그 안에서 성취되는 교회(메시아적 공동체)에 드러난다."[104] 하나님의 섭리에 대한 믿음은 모형론적 해석의 필수적인 기초가 된다.

① 모형론의 복잡성

신약 저자들은 일반적으로 "*typos*"라는 단어를 전문적인 의미로 사용하지는 않는다. 이 단어는 신약에서 15번 나타나지만 "그 손의 못 **자국**"(요 20:25), "**교훈의 틀**"(롬 6:17), "너희가 절하고자 하여 만든 **형상**"(행 7:43), "산에서 네

---

101 Lampe, *Essays*, 27에서 인용된 것과 더불어, France, *Jesus and the Old Testament*, 39.
102 모형론의 "참된 뿌리는 구원사에서의 완성이라는 사상이다."라는 Goppelt, *TDNT*, 8,259를 보라.
103 참조. Cullmann, *Salvation in History*, 132, "모형론은 대조의 두 지점과 관련해서, 유비와 확대, 반복과 완성을 동시에 강조한다."
104 Lampe, *Theology*, 51 (1953) 202에서 인용된 Ellis, *Paul's Use*, 127-28. 참조. France, *Jesus and the Old Testament*, 76, 신약의 "모형론은 본질적으로 하나님 사역의 불변하는 원리들에 대한 확신의 표현이요, 그분의 과거 행위와 현재 행위 사이의 연속성의 표현이다." 참조. Mickelsen, *Interpreting*, 237, "그러한 일치가 나타나는 것은 하나님이 역사를 통제하시기 때문이요, 역사에 대한 이러한 하나님의 통제는 신약의 저자들에게는 자명한 것이다."

게 보이던 **양식**"(히 8:5) 등과 같이 다른 의미들로 사용되고 있다. 데이비드 베이커(David Baker)는 *typos*가 전문적인 의미로는 결코 사용되지 않는다는 것과 그것은 "실례"나 "본"으로 번역될 수 있다는 결론을 내렸다.[105] 다른 한편으로 레온하르트 고펠트(Leonhard Goppelt)는 다음과 같이 주장한다. "우리가 알고 있는 한, 장차 나타날 모습을 이전 역사에서 미리 표현하기 위한 용어로 하나의 표상(*typos*; 형용사 *typikos*)이라는 헬라어 단어를 바울이 처음 사용했다. 하나님은 광야에서 이스라엘 백성을 모형적 방식(*typikos*)으로, 즉 종말에 교회를 다루시는 유형(pattern)이 되는 방식으로 다루셨다. 이스라엘의 부침(浮沈)은 교회가 경험하는 모형들(*typoi*)이다(고전 10:11)."[106] 다른 곳에서 고펠트는 "오실 자의 모형"인 아담에 대해 말하는 로마서 5:14을 언급한다. 고펠트는 이렇게 설명한다. "아담이 초래한 우주적인 대파괴 속에서, 바울에게는 아담이 하나의 *typos*, 즉 하나님의 우주적 구원 사역 속에서 미래의 아담 곧 그리스도를 하나님이 비추시는 사전 제시(advance presentation)가 된다. … [용어] *typos*는 어떤 다른 자료에서는 정반대의 인상을 주는 '속빈 형태'(hollow form)일 수 있다. 바울은 주조 원형(moulding original)의 의미로 이미 그에겐 친숙한 이 용어를, 그 기본적 의미에 일치하는 전문적인 사용을 위해 채택할 수 있었다."[107] 나는 바울이 *typos*라는 용어를 전문적인 의미로 사용하기 시작했다는 고펠트의 의견에 동의한다.[108] 비록 베이커의 견해가 옳다 하더라도 신약 저자들은 전문적인 의미로 *typos*라는 용어를 사용하지 않으면서도 여전히 우리가 모형론이라고 부르는 방법을 사용할 수 있다.

보다 심각한 복잡성은 마태와 같은 저자들이 예수님의 생애와 모세나 엘리야나 이스라엘의 구약 인물들의 삶 사이의 병행 관계 양식을 매우 창조적으로

---

105 Baker, *Two Testaments*, 253.
106 Goppelt, *Typos*, 4-5.
107 Goppelt, *TDNT*, 8.252.
108 로마서 5:12-19에 관해 이 책 322-323쪽을 보라; 또한 베드로전서 3:21이 세례의 원형으로 사용하는 방식을 보라.

제시한다는 것이며, 어떤 학자들은 이러한 병행 관계를 "모형들", 혹은 "모형론적 해석"이라고 부른다는 것이다. 엘리스는 다음과 같이 기록한다. "마태복음에서 그리스도의 그림은 모세와 메시아 사이의 랍비 해석적인 병행 관계를 특별히 시사한다. 모세처럼, 예수님도 헤롯의 살육으로부터 구원받고, 애굽에서 나오시고, '이스라엘의 열두 아들'(열두 제자는 모두 유대인이다. - 역주)을 부르시고, 산에서 율법을 주시고(마태복음 5-7장의 산상수훈 - 역주), 열 가지 기적을 행하시고(모세의 열 가지 재앙처럼), 하늘로부터 '만나'를 공급해 주신다." 엘리스는 "그 그림이 확실하지 않다."라는 것과 "적어도 마태가 그리스도를 '이스라엘의 화신'으로 염두에 두었다고 판단해도 좋을 것이다."라는 것을 인정한다.[109] 리처드 론거네커는 "예수님과 [이스라엘] 민족 사이의 병행 관계"에 대한 실례를 다음과 같이 제시한다. "약속된 아이…, 헤롯의 학살에서 구원받으시고…, 애굽에서 나오시고…, 물로 지나가시고…, 시험받으러 광야에 들어가시고…, '이스라엘의 열두 아들'을 부르시고…, 산에서 율법을 주시고…, 열 가지 기적을 베푸시고…, 땅을 '정복하러' 열두 명을 파송하시고…, 사람들을 하늘의 '만나'로 먹이시고…, 제자들 앞에서 변형되시고…."[110] 론거네커는 "그 복음서 저자가 제시한 것 이면에는 공동체적 결속(앞서 살핀 '공동체 인격' 참조 - 역주)과 역사 속의 모형론적 일치에 대한 유대교적 개념이 존재한다. … 마태복음에서 예수님은 옛 이스라엘의 화신과 이전의 신적 구속사의 원형으로 묘사된다."라고 결론짓는다."[111]

나는 마태의 이 모든 병행 관계와 인유(암시)들을 "모형들"이라고는 부르지 않겠다.[112] 왜냐하면 모든 병행 관계와 인유(암시)가 예표론이라면 아무것도 예

---

109 Ellis, *Paul's Use*, 126. W. D. Davies, "Jewish Sources," 504-505에서는 특히 마태복음 1-2장에 나타나는 예수님-모세의 병행 관계, 마태복음 3-4장에 나타나는 예수님-이스라엘의 병행 관계, 마태복음 5:1-8:1에서 새로운 모세로서의 예수님을 본다. David Holwerda, *Jesus and Israel*, 37은 "마태가 모세 자체보다는 모세가 대표하는 이스라엘에 더 관심을 기울이고 있다."라고 진술한다.
110 Longenecker, *Biblical Exegesis*, 141.
111 Ibid., 142.
112 예를 들어, Robert Gundry, *The Use of the Old Testament in St. Matthew's Gospel*, 206-207에서는 "모세-예수님 모형론", "엘리야-요한 모형론", "다윗-예수님 모형론"에 관해 언급한다.

표론이 아니기 때문이다. 게다가 오늘날 우리가 이러한 병행 관계들과 인유(암시)들 모두를 그리스도를 설교하는 하나의 다리로 사용할 수 없다는 것은 분명하기 때문이다. 바로의 학살에서 구원받은 모세에 관해 우리가 설교를 만든다고 가정해 보자(출 2:1-10). 만약 모세를 헤롯의 학살에서 구원받은 그리스도의 "모형"이 되도록 우리가 설교를 "모형론적으로" 발전시키려 한다면, 우리는 출애굽기 2:1-10의 메시지를 놓치게 될 것이다. 요점은 이것이다. 신약에 제시된 모든 병행 관계들이 다 모형은 아니며, 하나의 모형은 하나의 유사점 이상인 것이다. 그러나 보다 통제되고, 오늘날에도 구약에서 신약에 나타난 그리스도로 가는 다리로 사용될 수도 있는 모형론의 길을 신약에서 식별해 낼 수 있다.

② 구약의 모형론 사용

우리는 모형론의 뿌리를 구약에서 발견한다. 예를 들어, 이사야는 바벨론의 포로가 된 이스라엘에게 새로운 출애굽을 약속하기 위해 출애굽의 그림을 자주 사용한다. 바벨론에서 가나안으로 귀환할 때 이스라엘은 바다나 사막을 가로지를 필요가 없었지만, 이것은 이사야가 사용하는 영상들이다. "너는 두려워하지 말라, 내가 너를 구속하였고 … 네가 물 가운데로 지날 때에 내가 함께 할 것이라. 강을 건널 때에 물이 너를 침몰치 못할 것이며, 네가 불 가운데로 행할 때에 타지도 아니할 것이요, 불꽃이 너를 사르지도 못하리니 … 바다 가운데 길을, 큰물 가운데 첩경을 내고 … 보라 내가 새 일을 행하리니, 이제 나타낼 것이라. 너희가 그것을 알지 못하겠느냐 정녕히 내가 광야에 길과 사막에 강을 내리니."[113] 예레미야는 옛 언약의 관점에서 새 언약을 언급한다. 그

---

[113] 사 43:1-2, 16, 19. 또한 예를 들어, 사 11:15-16; 48:20-21; 51:9-11; 52:11-12를 보라. 참조. Lampe, *Essays*, 27. "이사야 51:9-11과 같은 구절들에서 역사 유형에 대한 예언적 해석은 모형론적이라고 불러도 괜찮은 어떤 형태를 가정한다. 창조 투쟁(creation struggle; 학적으로 '혼돈 투쟁'[*chaoskampf*]라 부름-역주)은 출애굽에서 그 원형을 발견하고 양자는 똑같이 포로 생활에서

것은 여전히 은혜 언약이지만 그 새 언약에서 하나님은 다음과 같이 약속하신다. "나 여호와가 말하노라. 그러나 그날 후에 내가 이스라엘 집에 세울 언약은 이러하니, 곧 내가 나의 법을 그들의 속에 두며 그 마음에 기록하여, 나는 그들의 하나님이 되고 그들은 내 백성이 될 것이라"(렘 31:33). 이러한 예언에서 우리는 모형론을 특징짓는 두 요소, 즉 옛 언약과 새 언약 사이의 일치와 확대 상승을 명확하게 본다. 선지자들은 역시 또 다른 다윗 왕을 약속한다. 하나님은 말씀하신다. "내가 한 목자를 그들의 위에 세워 먹이게 하리니, 그는 내 종 다윗이라. 그가 그들을 먹이고 … 나 여호와는 그들의 하나님이 되고 내 종 다윗은 그들 중에 왕이 되리니, 나 여호와의 말이니라."[114] 여기서 원래의 다윗 왕은 장차 오게 될 목자 왕에 대한 모형의 기능을 한다. 이사야는(65:17-25) 하나님이 "새 하늘과 새 땅을 창조할 것"이라고 예언한다. 우리는 또다시 모형론을 특징짓는 두 요소인 이 땅과 새 땅 사이의 일치는 물론 확대 상승도 보게 된다. 더 이상 울음도 없고, 유아의 죽음도 없으며, "그들의 수고가 헛되지 않겠고, 그들의 생산한 것이 재난에 걸리지 아니하리니 … 이리와 어린양이 함께 먹을 것이며 … 해함도 없겠고 상함도 없으리라.…"

③ 예수님의 모형론 사용

예수님이 모형론을 사용하시는 목적은 과거의 구속 사건들과 자신의 사역이 일치함을 확정하고 확대 상승을 보여 주시려는 것이다. 예수님은 다음과 같이 말씀하신다. "요나가 밤낮 사흘을 큰 물고기 배 속에 있었던 것같이, 인자도 밤낮 사흘을 땅속에 있으리라. 심판 때에 니느웨 사람들이 일어나 이 세대 사람을 정죄하리니, 이는 그들이 요나의 전도를 듣고 회개하였음이거니와,

---

구원받을 미래의 행위에서 번갈아 반복 요약되고 성취된다." 옛 출애굽에 대한 이러한 새 출애굽의 확대 상승에 대해서는, von Rad, *Old Testament Theology*, 2,246-49를 보라. 참조. Bernhard Anderson, "Exodus Typology," 194-195.

114 겔 34:23-24; 참조. 37:24-28; 렘 23:5-6; 30:9; 호 3:5.

요나보다 더 큰 이가 여기 있으며." 그 후 다시 심판을 언급하여, "심판 때에 남방 여왕이 일어나 이 세대 사람을 정죄하리니, 이는 그가 솔로몬의 지혜로운 말을 들으려고 땅끝에서 왔음이거니와, 솔로몬보다 더 큰 이가 여기 있느니라"라고 말한다(마 12:40-42). 예수님이 불순종한 요나를 자신의 모형으로 사용한다는 것이 놀라움으로 다가올지는 모르지만, 여기서 병행 관계는 "바다의 큰 물고기 배 속에서 있었던 삼일 삼야"와 그에 뒤따르는 니느웨 백성을 회개하게 만든 요나의 설교에 국한된다. 프란스는 이렇게 설명한다. "하나님의 사역의 반복된 원리인 신학적 일치는 회개한 설교자의 파송에 놓여 있다. 그 설교자의 사명은 구원의 기적적인 행위에 의해 증명된다. 하나님이 요나를 니느웨로 파송하신 것처럼, 예수님도 자기 당대의 유대인들에게 파송되셨다. 이리하여 모형론은 하나님이 사람들에게 보내신 예언적 사자들을 계승하는 일 속에 예수님을 둔다. 이제 '요나보다 더 크신 이'(41절)를 파송하심으로써, 이렇게 오랫동안 계속된 하나님의 사역 방법은 그 정점에 이르게 되었고, 구원의 더 위대한 행위 가운데 하나님은 '회개하라'는 이 최고의 명령을 외치게 하실 것이다."[115]

요한복음 3:14-15에서 예수님은 모세가 들어 올린 놋 뱀(민 21:9)과 자신을 비교하여, "모세가 광야에서 뱀을 든 것같이 인자도 들려야 하리니, 이는 그를 믿는 자마다 영생을 얻게 하려 하심이니라"라고 말한다. 예수님이 성경에서 일반적으로 악의 상징으로 작용하는 뱀에 자신을 비유하신 것은 또다시 이상해 보인다. 그러나 병행 관계는 들어 올려짐과, 요구된 믿음과 그 결과로서 얻는 생명에 국한된다. 또다시 이러한 모형의 확대 상승은 놀라움을 주는데, 이는 뱀을 보고 살았으나 나중에는 죽을 뿐인 사람들에게서 인자를 믿고 영원히

---

[115] France, *Jesus and the Old Testament*, 45. 참조. John Stek, "The Message of the Book of Jonah," *CTJ* 4/1(1969) 43-46. 예수님을 솔로몬과 비교하는 것은 예수님을 요나에 비교하는 것과 유사하다. France, Ibid., 45-46에서는 다음과 같이 말한다. "두 개의 요점이 있는 것 같다. (a) 구약에 나타난 하나님의 사자들에 대한 이방인의 응답은 말씀을 듣고도 회개하지 않는 유대인들을 부끄럽게 만들어야 하며, (b) 요나나 솔로몬보다 더 크신 분의 존재는 그들의 죄책을 훨씬 더 크게 만든다."

사는 사람들에게로 그 모형이 더 확대되기 때문이다.¹¹⁶

예수님이 모형론을 사용하신 또 다른 실례는 마가복음 14:24의 "이것은 많은 사람을 위하여 흘리는 바, 나의 피, 곧 언약의 피니라"에서 발견된다. 그리고 요한복음 6:49-51에서 예수님은 광야에 내리던 만나를 자신의 모형으로 보신다. "너희 조상들은 광야에서 만나를 먹었어도 죽었거니와, 이는 하늘로서 내려오는 떡이니, 사람으로 하여금 먹고 죽지 아니하게 하는 이것이니라. 나는 하늘로서 내려온 산 떡이니, 사람으로 하여금 먹고 죽지 아니하게 하는 것이니라." 우리는 또다시 유비와 확대 상승을 주목하게 된다.¹¹⁷

④ 신약의 모형론 사용

바울의 모형론이 가장 분명하게 사용된 곳은 "오실 자의 표상(*typos*)인 아담"(롬 5:14)이라는 표현으로 "*typos*"라는 단어를 사용한 로마서 5:12-19이다. 이 구절에서 바울은 그리스도와 아담 사이의 유비를 드러낸다. 각자 새 창조의 머리이며, 각자 "모든 것"을 대표한다(18절). 바울은 "~와 마찬가지로 …인 (just as … as~)"이라는 접속사를 두 번씩 사용함으로써 그 유비를 강조한다(18-19절). 아담은 그리스도의 모형이지만, 바울은 그리스도가 아담의 정반대 인물이라는 것을 보여 준다. 이 반의적인(antithetic) 모형론¹¹⁸은 바울로 하여금 그 확대 상승을 훨씬 더 강조하도록 만든다. 그는 "같지 않다(not like)"란 말을 두 번이나 사용하여, "그러나 이 은사는 그 범죄와 같지 아니하니 … 또 이 선물

116　참조. A. Berkeley Mickelsen, *Interpreting*, 237. 이러한 모형론적 해석과 필론(Philo)의 알레고리적 해석 사이의 차이를 주목해 보라: "쾌락 즉 하와의 뱀에게 물렸을 때, 마음(=이스라엘)이 영혼 속에서 자기 통제의 아름다움, 곧 모세의 뱀을 보는 데 성공한다면, 그래서 이 뱀을 봄으로써 하나님 그분을 바라본다면, 그는 살 것이다." *Legum Allegoriae* 2.81. 이것은 Goppelt, *Typos*, 218, n. 37에 인용되었다.

117　Dockery, "Typological Exegesis," 174에 따르면, "예수님은 교회의 구약 이해에 대한 직접적이고 일차적인 자료가 되었다."

118　병행 대구법(parallelism)이 동의적(synonymous)이거나 반의적(antithetic)일 수 있듯이, 모형론도 동의적이거나 반의적이 될 수 있다.

은 죄지은 한 사람으로 말미암은 것과 같지 아니하니"(15-16절)라고 말한다. 그리고 그는 두 번이나 그리스도의 사역을 훨씬 더 효과적인 것으로("훨씬 더 확실하게"[much more surely]) 묘사한다. "곧 한 사람의 범죄를 인하여 많은 사람이 죽었은즉, '더욱'(영문 직역, "훨씬 더 확실하게" - 역주) 하나님의 은혜와 또는 한 사람 예수 그리스도의 은혜로 말미암은 선물이 많은 사람에게 넘쳤으리라." 그리고 또 "한 사람의 범죄를 인하여 사망이 그 한 사람으로 말미암아 왕 노릇 하였은즉 '더욱'(훨씬 더 확실하게) 은혜와 의의 선물을 넘치게 받는 자들이 한 분 예수 그리스도로 말미암아 생명 안에서 왕 노릇 하리로다"(15, 17절).[119]

유비와 확대 상승에 대한 이런 상세한 제시와는 대조적으로, 바울은 보다 단순한 형태의 모형론도 사용한다. 예를 들어, 그는 고린도전서 5:7에서 "우리의 유월절 양, 곧 그리스도께서 희생이 되셨느니라"라고 기록한다. 이것은 매년 드리는 유월절 어린양 제사(모형)와 그 원형(영어 'antitype'는 문자적으로 모형과 대조되는 '대형'이란 뜻이므로, 이 단원에서는 "대형"이란 뜻이 더 적합하겠으나, 편의상 그 문맥적 의미로 일관하여 사용한 '원형'으로 번역한다. - 역주)인 그리스도 사이에 모형론적인 관계를 세우는 데 필요한 전부이다.

고펠트는 다음과 같이 중요한 점을 제시한다. "바울은 피상적인 유사성이 아니라 사건들에 대한 신학적 본질에서 모형과 원형 사이의 일치점을 찾는다. 예를 들어, 홍해에서 있었던 이스라엘 백성의 경험이 세례의 모형이 되는 것은 두 가지 경우 모두 물을 통과하는 것을 포함하고 있기 때문이 아니라, 그 두 가지가 각각 하나님의 근본적인 구원 행위이기 때문이다."[120] 월터 로엘스(Walter Roehrs)는 고린도전서 10:1-13, 로마서 5:12-19, 그리고 로마서 4장을 분석한 후에 역시 다음과 같은 결론에 이르게 된다. "이러한 문단(pericopes)에

---

119 Goppelt, *Typos*, 220-223을 보라. 아담-그리스도의 모형론을 더 살펴려면, 고린도전서 15:21-22, 45-49를 보라.
120 Ibid., 222. 참조. 바울의 모형론에 대한 고펠트(Goppelt)의 정의, "하나의 모형은 하나님과 인간 사이에 일어나는 어떤 것이며, 그리스도 안에서 오게 되는 구원을 가리키는 어떤 것이다. 그것은 성경에 의해 확증되고 말일에 있을 어떤 일치되는 사건을 예시한다."(220쪽)

서 바울은 구약의 세 가지 이야기에 묘사된 대로 하나님께 대한 인간의 관계성과, 신약에 관련된 대로 하나님께 대한 관계성 사이의 상관관계에 대한 유비를 세운다. … 유비는 모든 경우에 역동적인 말씀과 하나님의 주권적인 행위를, 그 유비의 공통적이고 통합시키는 요소로서 가진다."[121] 모형과 원형 사이에 있는 이러한 하나님 중심적 연결을 고려하고, 모형론의 오용을 막기 위해 우리는 세 번째 판별 기준을 첨가할 필요가 있다. 즉, 타당한 모형론이란 단지 모형과 원형 사이에 있는 유비와 확대 상승은 물론, 모형과 원형 모두가 구속사에서 하나님 행위와의 의미심장한 관계를 반드시 드러내는 하나님 중심성(theocentricity)을 그 특징으로 한다는 것이다.

복음서 저자들은 종종 모형론을 보다 미묘한 방식으로 사용한다. 요한은 다음과 같이 기록한다. "말씀이 육신이 되어 우리 가운데 거하시매 우리가 그 영광을 보니 아버지의 독생자의 영광이요 은혜와 진리가 충만하더라"(1:14). 영어 번역에서는 절대 모형론을 알아차릴 수 없을지 모르지만, 헬라어에서는 "우리 가운데 거하매"가 문자적으로 "우리 가운데 장막을 치신"임이 명확하다('장막을 치다'란 뜻의 동사 skēnoō는 '장막'이란 명사 skēnē에서 파생한 것으로, 구약 성막에 임재한 하나님의 영광을 가리키는 히브리어 전문 용어인 shekinah와 자음이 동일하다. - 역주). 구약에서는 "여호와의 영광이 성막에 충만했다."(출 40:34). 이제 요한은 말씀이 육신이 되신 예수님 안에서 이러한 모형의 성취를 선포한다. 다음으로 세례 요한은 예수님을 다음과 같은 말씀으로 소개한다. "보라, 세상 죄를 지고 가는 하나님의 어린양이로다."(요 1:29, 36). 예수님의 나아오심에서, 세례 요한은 속죄를 위한 구약의 어린양 제사의 성취를 본다(참조. 벧전 1:19; 계 5:6 등). 마가는 아마도 모세가 금식한 40일(출 34:28)을 회상하면서, 예수님이 "광야에서 40일을 계셨다."(1:13)라고 진술했을 것이다. 산상설교에서 마태는 예수님을 "산에 올라가서"(마 5:1; 참조. 칠십인역, 신 9:9) 새 시대를 위한 모세 율법을 선포

---

121 Roehrs, *Concordia Journal* 10 (1984) 205-206. 고린도전서 10:1-11에 관해서는 Andrew Bandstra, *CTJ* 6 (1971) 5-21, 그리고 Walter Kaiser, *The Uses of the Old Testament in the New*, 103-121을 보라.

하셨고 "산에서 내려오신"(마 8:1; 참조. 칠십인역, 출 34:29) 새로운 모세로 묘사한다.[122] 요한은 병사들이 예수님의 다리를 꺾지 않았다고 보고하면서, "이 일들이 이룬 것은 '그 뼈가 하나도 꺾이지 아니하리라' 한 성경을 응하게 하려 함이라"라고 설명한다(19:33, 36). 요한은 여기서 예수님을 그 뼈가 꺾이지 않은 유월절 어린양(출 12:46; 민 9:12)의 원형으로 묘사한다.

신약의 다른 저자들보다 히브리서 저자는 모형론 사용에 있어서 더욱 유명하다.[123] 그는 비록 "*typos*"란 단어는 한 번만 사용했지만,[124] 복사나 스케치(*hypodeigma*, 8:5; 9:23; *antitypos*, 9:24), 그림자(*skia*, 8:5; 10:1), 그리고 상징(*parabolē*, 9:9)과 같은 다른 말들로 모형을 의미한다. 그는 독자들에게 점진적 구속사를 환기시키면서 서신서를 의미심장하게 시작한다. "옛적에 선지자들로 여러 부분과 여러 모양으로 우리 조상들에게 말씀하신 하나님이 이 모든 날 마지막에 아들로 우리에게 말씀하셨으니, 이 아들을 만유의 후사로 세우시고, 또 그로 말미암아 모든 세계를 지으셨느니라"(1:1-2). 제프리 샤프(Jeffrey Sharp)는 다음과 같이 주장한다. "저자의 생각을 이해하는 열쇠는 그가 모든 성경을 근본적으로 구속사적 관점에서 보고 있다는 것을 깨닫는 데 있다. 그리스도께서는 하나님이 인류를 하나님 자신과 화해시키려는 하나님의 오래된 계획의 궁극적인 성취이다." 이러한 관점은 "우리의 저자에게 옛 언약이란 그 사건들, 제도들, 인물들과 함께 역사적으로, 그리고 형이상학적으로 그리스도와 그의 새 언약에서 실현될 하나님의 구속 계획의 실재에 대한 전조(foreshadow)와 투영(shadow)"임을 의미한다.[125] 이 견해는 그리스도에 대한 많은 모형들을 구약에서 밝히 드러나게 만든다. 예를 들어, "지극히 높으신 하나님의 제사장"이며 "의의 왕"이고 "평강의 왕"으로서의 멜기세덱은 하나님의

---

122 W. D. Davies, "Jewish Sources," 505를 보라.
123 비록 신약 주석가들은 그가 종종 유대교 플라톤주의자들의 알렉산드리아 학파에 의존한다고 암시하지만, 이것은 그 경우가 아니다. Longenecker, *Biblical Exegesis*, 170-174를 보라.
124 성막의 천상 원형(prototype)에 대해 언급하는 히브리서 8:5.
125 Sharp, *East Asia Journal of Theology* 4/2 (1986) 101.

아들과 "닮았다"(7:1-3). 모세는 그리스도의 모형으로, "하나님의 집에서 충성하였다. 예수님은 모세보다 더욱 영광을 받을 만한 것이 … 모세는 장래에 말할 것을 증언하기 위하여 하나님의 온 집에서 사환으로 충성하였고, 그리스도께서는 그의 집 맡은 아들로 충성하셨다.…"(3:2-6). 대제사장 역시 그리스도의 모형이다(히브리서 2:14의 "큰 대제사장"이란 표현을 주목하라. - 역주). 대제사장은 "사람들의 죄에 대해 속죄제사"를 행하는 사람으로, "하늘에서 위엄의 보좌 우편에 앉으신" 대제사장의 그림자가 된다(2:17; 8:1-6). 또한 "염소와 송아지의 피"로 제사하는 대제사장은 "자신의 피로 영원한 구속을 얻는" 제사를 드리는 대제사장의 전조가 된다(9:12-14; 10:1-10). 게다가 "그리스도께서는 참것의 그림자인 손으로 만든 성소에 들어가지 아니하시고, 오직 참하늘에 들어가사, 이제 우리를 위하여 하나님 앞에 나타나시고…"(9:24-28), 그래서 구약의 성막은 "주께서 베푸신 것이요, 사람이 한 것이 아닌 참장막"의 전조가 된다(8:2). 히브리서의 저자는 "첫 언약"과 "보다 나은" "두 번째 언약"(8:6-13)에 대해서도 언급한다. 그리고 그는 그리스도를 "새 언약의 중보자"로 보고, "부르심을 입은 자로 하여금 영원한 기업의 약속을 얻게 하려 하심이라"라고 말한다(9:15).

고펠트는 히브리서로부터 다음과 같은 결론을 내린다. "모형론은 비교 형식의 관계성이며 양적으로라기보다는 질적으로 배열된다. 모형은 본질적으로 원형의 축소판이 아니라, 미래의 실재에 대한 윤곽이나 본질적인 특징들(*skia, paraboē - eikōn*)을 나타내는, 구속사의 다른 단계에서 나타나는 예표(prefiguration)이다."[126]

4) 유비의 길

점진적 구속사와 약속-성취 및 모형론에 덧붙여, 구약에서 그리스도를 설교하기 위해 신약이 사용하는 또 다른 길은 유비이다. 유비 역시 그 뿌리가 구약

---

126 Goppelt, *Typos*, 177.

에 있다. 구약의 해설자들은 그 후에 일어나는 사건들과 인물들을 다소간 그 이전에 일어난 사건들과 인물들의 영상에 투사함으로써 서로 관련시키는 역사상의 연속성을 자주 강조한다. 예를 들어, 창세기 해설자는 "아브라함을 어떤 의미에서 새로운 아담으로 묘사하는데, 그 안에서 인류의 운명이 결정될 것이었다." 그는 또한 노아가 인류를 우주적 홍수로부터 구한 것에 유비하여, 요셉을 "만민"(창 41:57)을 만국의 기근으로부터 구원하는 인물로 묘사한다.[127] 더 나아가, 나일강에서 건져 올린 모세의 작은 갈대 "상자"는 노아를 홍수에서 구해 준 노아의 방주에 유비하여 묘사한다(흥미롭게도 구약에서 모세의 '상자'와 노아의 '방주'에만 히브리어 tebah가 사용되었다. - 역주). 후에 사무엘은 또 다른 모세로 소개되고, 다윗은 또 다른 여호수아가 된다.[128] 이전의 사건들과 인물들이 이후의 사건 및 인물들과 가지는 유비를 사용함으로써, 구약의 저자들은 하나님이 자기 백성을 다루시는 점에 있어서 연속성과 점진성 모두를 강조한다.

신약의 저자들 역시 하나님이 이스라엘을 다루시고 그리스도를 통해 교회를 다루시는 것에 대한 연속성과 점진성을 확립하기 위해 유비를 사용한다. 악트마이어는 다음과 같이 올바르게 강조한다. "옛 이스라엘과 새 이스라엘 사이의 이러한 일치, 이러한 유비는 그 유일한 근거가 되는 구속사를 가지는데, 그 구속사 속에서 교회는 구약에서 약속된 대로, 그리스도 안에서 창조된 하나님의 새로운 백성의 실현으로 이해된다."[129]

우리는 하나님이 이스라엘에게 어떤 분이셨는가에서부터 하나님이 그리스도를 통해 신약 교회에 대해 어떤 분이신가로 이동함으로써, 구약에서 그리스도를 설교하기 위한 유비의 길을 설명할 수 있다.[130] 모형론의 유비와는 구별

---

127 John Stek, *CTJ* 13 (1978) 143, 145.
128 이러한 실례들은 존 스텍(John Stek)이 내게 제안했다.
129 Achtemeier, *Old Testament and Proclamation*, 122. 악트마이어는 "인간은 어느 시대나 동일하고, 따라서 이스라엘 백성의 체험은 교회를 위해 교훈적이다."라는 잘못된 생각과 싸우고 있다. 이스라엘과 교회 사이에 있는 신약의 많은 유비에 대해서는 Ibid., 116-123을 보라.
130 John Drane, *EvQ* 50 (1978) 199에서는 "예를 들어, 바울이 갈라디아 성도들을 '하나님의 이스라엘'로 언급한 것(갈 6:16)처럼 신약의 실재들을 묘사하기 위해 구약의 언어와 개념들을 사용하는 것"으로서 유비를 설명한다.

되는 여기서의 유비는 이스라엘에 대한 하나님의 관계성과 교회에 대한 그리스도의 관계성 사이에 놓여 있다. 이러한 관계성은 다른 강조점에도 사용될 수 있다.

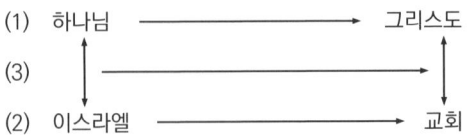

신약의 저자들은 때때로 하나님과 그리스도 사이의 유비를 강조하지만(1), 어떤 때는 이스라엘과 교회 사이의 유비를 강조하고(2), 또 어떤 때는 하나님과 이스라엘 간의 관계성과 그리스도와 그의 교회 간의 관계성 사이의 유사성을 강조한다(3). 각각의 범주에서 몇 개의 예를 들어 보자.

신약의 저자들은 자기 백성 이스라엘을 구속하는 하나님의 행위에 대해 언급하는 구약의 구절을 예수님께 적용한다. 예를 들어, 말라기는 "보라, 내가 내 사자를 보내리니, 그가 내 앞에서 길을 예비할 것이요"라고 선포한다(3:1). 마태에 따르면, 예수님은 이 구절을 사용하여, 세례 요한이 예수님의 길을 예비했다고 지적하신다(11:10). 에스겔은 하나님을 선한 목자로 묘사한다(34:11-16; 참조. 사 40:11). 요한복음 10:1-16에서 예수님은 "나는 선한 목자라"라고 말씀하신다. 우리가 이미 주목했듯이, 요한복음에서 예수님의 "나는 …이다."(I am ….)라는 말씀은 구약의 위대한 "나는 …이니라"(I AM)이신 여호와를 암시한다. 예수 그리스도 안에서 여호와께서 자기 백성을 다시 찾아오셨고 그들의 구원을 위해 자신을 알리시고자 그들 가운데에 장막을 치셨다(요 1:14-18).

유비는 신약에서 예수님이 구약에 있는 하나님의 구속 사역을 계속한다는 것을 보여 줄 뿐만 아니라, 또한 이스라엘과 교회 사이의 일치됨을 강조할 수 있다. 예를 들어, 구약에서 이스라엘은 여호와의 신부로 묘사된다(렘 2:2; 호 2:14-20). 신약에서 바울은 교회를 그리스도의 신부라고 말한다(고후 11:2; 엡 5:32). 베드로는 신약 교회에 이스라엘에게 먼저 말해진 옛 단어들로(신 10:15;

출 19:6) 편지하면서, "오직 너희는 택하신 족속이요 왕 같은 제사장들이요 거룩한 나라요 그의 소유된 백성이니"라고 말한다(벧전 2:9).

성경은 자주 '하나님과 이스라엘'과 '그리스도와 교회' 사이에 유비를 끌어온다. 요엘은 하나님께 대해 다음과 같이 말한다. "누구든지 여호와의 이름을 부르는 자는 구원을 얻으리라"(2:32). 바울은 그리스도에 대해 "네가 만일 네 입으로 예수님을 주로 시인하며 또 하나님이 그를 죽은 자 가운데서 살리신 것을 네 마음에 믿으면 구원을 얻으리니"라고 말한 후에, 계속해서 "누구든지 주의 이름을 부르는 자는 구원을 얻으리라"라고 요엘서를 인용한다(롬 10:9, 13). 하나님은 이사야서에서 "내게 모든 무릎이 꿇겠고, 모든 혀가 맹약하리라"라고 말씀하시는 바(45:23), 빌립보서에서 바울은 "모든 무릎을 예수님의 이름에 꿇게 하시고, 모든 입으로 예수 그리스도를 주라 시인하여 하나님 아버지께 영광을 돌리게 하셨느니라"라고 초대 교회 성도들의 찬송을 인용한다(2:10-11).

5) 통시적 주제의 길

하나님이 역사 속에서 자신의 구속 계획을 실행하실 때, 자기 자신과 자신의 뜻을 점진적으로 계시하시기 때문에 성경은 주제들의 점진적 발전을 보여준다. 우리는 이미 이러한 주제들의 발전을 구약 자체에서 보게 된다. 예를 들어, 시편의 어떤 시들은 그 당시의 왕들이나 미래의 왕들이 얻은 승리를 축하한다. 그러나 다윗 계통의 왕이 없었던 포로 기간 동안 선지자들은 이러한 승리의 주제를 그 왕통의 왕으로부터, 오실 메시아 왕으로 확대한다.[131]

신약 저자들 역시 구약의 주제들을 그리스도께로 확대하고, 그것들을 그리

---

[131] N. H. Ridderbos and P. C. Craigie, "Psalms," in *ISBE* (rev. ed., 1986) 1038. Ibid., 1039, "시편들은 예수 그리스도 안에 있는 하나님의 계시 내에서 새롭고 보다 깊은 의미를 취하도록 되어 있는 옛 시편들인 만큼, 어떤 예견적이거나 예보적인 의미에서 메시아적이지는 않다." 이 실례에서 통시적인 주제의 길은 모형론의 길과 중첩된다.

스도의 빛에서 재해석함으로써 그리스도를 설교한다. 그들은 아마도 예수님 자신에게서 이것을 배웠을 것이다. 왜냐하면 예수님은 종종 하나님의 왕국이나 언약이나 특별한 율법들과 같은 구약의 주제들을 취해서 예수님 자신이 이 땅에 오셨다는 관점에서 이들의 의미를 강화하셨기 때문이다. 마태는 산상설교에서 좋은 예를 제시하는데, 산상설교에서 예수님은 구약의 많은 주제들을 반복하시고 확대하시며 심화하신다. 존 브라이트(John Bright)는 "신약 성경 어디에서나 구약의 핵심 주제들을 파악하고 그리스도 안에서 새로운 의미를 그 주제들에게 주고 있다."라고 주장한다.[132]

예를 들어, 구속이란 주요 주제는 구약의 첫 부분에서 발견되며, 그것은 곧장 예수 그리스도에게까지 추적될 수 있다. 창세기에 따르면, 구속은 여자의 후손과 뱀의 후손 사이에 원수 관계를 둠으로써 하나님의 창조 세계를 자신의 피조물들의 반역에서 구원하시고자 하시는 하나님의 소원에 기초를 두고 있다(창 3:15). 그것은 아브람에게 주신 "땅의 모든 족속이 너를 인하여 복을 얻을 것이라"라는 하나님의 약속에 한층 더 기초를 둔다(창 12:3). 구약에서 중심이 되는 구속 사건은 애굽에서 노예 생활을 하던 이스라엘을 하나님이 해방하신 것이다. 모세는 이스라엘 백성에게 하나님은 맹세를 지키시는 분임을 상기시킨다. "여호와께서 다만 너희를 사랑하심을 인하여, 또한 너희 열조에게 하신 맹세를 지키려 하심을 인하여, 자기의 권능의 손으로 너희를 인도하여 내시되, 너희를 그 종 되었던 집에서, 애굽 왕 바로의 손에서 속량하셨나니"(신 7:8). 그러나 구속은 값을 요구하여, "몸값"(ransom)이 지불되어야 한다. 오직 흠 없는 어린양의 피만이 죽음의 사자로 하여금 이스라엘 백성의 집을 넘어가게 한다(출 12:13). 훗날 구속사에서도 노예 해방을 위해 몸값이 지불되어야 한다(레 25:47-49). 예수님은 신약에서 이러한 몸값 지불을 자신의 사역에 적용시켜, "인자가 온 것은 ⋯ 자기 목숨을 많은 사람의 대속물로 주려 함이라"라고 말씀하신다(막 10:45; 참조. 고전 7:23; 딤전 2:6). 그리고 바울은 구속과 몸값을 함

---

132 Bright, *Authority*, 140.

께 예수님의 사역에 관련시켜, "우리가 그리스도 안에서 그[하나님]의 은혜의 풍성함을 따라 그의 피로 말미암아 구속 곧 죄 사함을 받았으니"라고 말한다 (엡 1:7).

신약 성경에서 추적해 낼 수 있는 또 다른 주제는 희생 제사이다. 하나님은 속죄제, 속건제, 번제의 희생 제사와 관련된 자신의 요구 사항을 자세하게 규정하신다. 신약은 십자가에서 바친 그리스도의 희생 제사가 이 모든 제사를 성취했다고 선언한다(모형론). 그러나 이러한 성취가 하나님이 더 이상 희생 제사를 요구하지 않는다는 것을 의미하지는 않는다. 신약 저자들은 구약의 주제를 계속 다루지만, 그것을 새로운 방식으로 적용한다. 베드로는 "예수 그리스도로 말미암아 하나님이 기쁘게 받으실 신령한 제사를 드릴 거룩한 제사장이 되라"라고 교회를 촉구한다(벧전 2:5). 바울도 "내가 너희를 권하노니, 너희 몸을 하나님이 기뻐하시는 거룩한 산 제사로 드리라"라고 기록한다(롬 12:1; 참조. 히 13:15-16; 특별히 그리스도인의 전도 사명을 "성령님 안에서 이방인을 제물로 드리는 하나님의 복음의 제사장 직무"로 표현한, 로마서 15:16 참조 - 역주).

때때로 구약의 주제는 한 단어로 암시된다. 마가는 예수님이 폭풍을 잠잠하게 하신 이야기에서 그분의 제자들이 "심히 두려워하여 서로 말하되, '저가 뉘기에 바람과 바다라도 순종하는고'"라고 말한 것을 관련짓는다(4:41). 제자들이 아직 예수님이 누구신지 알지 못했을 수 있지만, 해설자인 마가는 우리에게 "예수님이 깨어 바람을 꾸짖으시며"(39절)라는 실마리를 준다. 헬라어 동사 *epitimaō*는 헬라어 구약 성경에서는 여호와께만 전용된 것이다. 여호와께서 바다의 수로(시 18:15), 태초의 깊은 물(시 104:5-9), 바다(나 1:3b-5), 강들(사 50:2), 병거와 말(시 76:6), 앗수르 군대(사 17:13), 악한 열방(시 9:5), 그리고 사탄(슥 3:1-2)을 '꾸짖으신다'.[133] 마가복음에 기록된 첫 번째 이적에서 예수님은 더러운 영을 "꾸짖으셨다."(1:25). 그 후에 예수님은 사탄을 "꾸짖어" "사탄아, 내 뒤로 물러가라"라고 명령하신다(8:33). 그러므로 예수님이 여기에 바람을 "꾸짖으

---

133 McCurley, *Wrestling*, 21.

실"때 마가의 요점은 명확하다: 우리는 혼돈과 싸우시며 자기 왕국의 질서를 회복하시려고 활동하시는 중인 여호와를 예수님 안에서 본다.[134]

6) 대조의 길

신약은 또한 그리스도를 대조의 길에 의해 설교한다. 다른 길들이 구약과 그리스도 사이의 연속성에 초점을 맞추는 반면에, 대조는 그리스도께서 가져 오시는 불연속성에 초점을 맞춘다. 예를 들어, 우리는 하나님이 그리스도 이전과 이후에 지상에 자신의 왕국을 세우시려는 방법에 있어서 중요한 차이점이 있음을 발견한다. 구약 시대에 하나님은 자신의 거룩한 왕국을 다시 세우기 위해 이스라엘 백성에게 제단과 주상과 목상과 우상들과 함께 약속의 땅에 살고 있는 악한 일곱 족속을 "진멸하라"고 명령하셨다(신 7:1-6). 대조적으로 신약 시대에는 예수님이 자신의 교회에 "그러므로 너희는 가서, 모든 족속으로 제자를 삼아, 아버지와 아들과 성령의 이름으로 세례를 주고, 내가 너희에게 분부한 모든 것을 가르쳐 지키게 하라"라고 명령하신다(마 28:19-20).

우리는 또한 이스라엘 백성에게 옛 언약의 요구를 성취하기 바라는 방법과 신약 성도들에게 새 언약의 요구를 성취하기를 바라는 방법 사이에는 중요한 차이가 있음을 볼 수 있다. 예레미야는 이미 이러한 대조를 예언해 놓았다. "이 언약은 내가 그들의 열조의 손을 잡고 애굽 땅에서 인도하여 내던 날에 세운 것과 같지 아니할 것은, 내가 그들의 남편이 되었어도 그들이 내 언약을 파하였음이니라." 시내산 언약은 돌판에 기록된 외부적인 언약 조항에 순종할 것을 요구했다. 새 언약은 그렇지 않다. "내가 나의 법을 그들의 속에 두며 그 마음에 기록하여, 나는 그들의 하나님이 되고 그들은 내 백성이 될 것이라"(렘 31:32-33). 예수님은 "이 잔은 내 피로 세운 새 언약이니"(고전 11:25)라고 하시

---

134 이 실례에서 '꾸짖음'의 주제는 여호와께서 꾸짖으셨듯이 예수님도 꾸짖으신다는 점에서 유비와 중첩된다.

며, 이 새 언약을 자신의 죽으심과 부활로 새롭게 시작하신다. 사도 바울은 특별히 외부적인 요구로서의 율법과 성령님이 우리의 심령에 내면적으로 기록하시는 율법 사이에 있는 이러한 차이점을 강조한다. 그는 고린도 교회 성도들에게 "너희는 우리로 말미암아 나타난 그리스도의 편지니 이는 먹으로 쓴 것이 아니요 오직 살아 계신 하나님의 영으로 한 것이며 또 돌비에 쓴 것이 아니요 오직 육의 심비에 하신 것이라"(고후 3:3)라고 말한다.

마지막 예시로서, 산상설교는 예수님의 가르침과 랍비들이 해석하는 구약의 토라 사이에 있는 일련의 대조들을 포함하고 있다. "옛 사람에게 말한바, '살인하지 말라…'는 것을 너희가 들었으나, 나는 너희에게 이르노니 형제에게 노하는 자마다 심판을 받게 되고 … 또 '간음하지 말라' 하였다는 것을 너희가 들었으나, 나는 너희에게 이르노니 여자를 보고 음욕을 품는 자마다 마음에 이미 간음하였느니라 … 또 일렀으되 '누구든지 아내를 버리거든, 이혼증서를 줄 것이라' 하였으나, 나는 너희에게 이르노니 … 또 '헛맹세를 하지 말고…'라는 것을 너희가 들었으나, 나는 너희에게 이르노니 … 또 '눈은 눈으로, 이는 이로 갚으라' 하였다는 것을 너희가 들었으나, 나는 너희에게 이르노니 … 또 '네 이웃을 사랑하고, 네 원수를 미워하라' 하였다는 것을 너희가 들었으나, 나는 너희에게 이르노니, 너희 원수를 사랑하며 너희를 핍박하는 자를 위하여 기도하라…"(마 5:21-48).

다음 장에서 우리는 현 시대의 해석학적 논의의 빛에서 구약에서 그리스도를 설교하기 위한 신약의 이러한 길들을 검토해 볼 것이다.

| 제6장 |

그리스도 중심적 방법론

"우리는 성경을 읽을 때 그 안에서 그리스도를 발견하려고 하는 명확한 의도를
가져야 한다. 이 목적에서 비껴난 사람은 누구든지 그의 전 생애에 걸쳐
지치도록 배우더라도 결코 진리의 지식을 얻지 못할 것이다.
도대체, 하나님의 지혜를 갖지 않고 우리가 무슨 지혜를 가질 수 있겠는가?"

– 칼뱅, Comm, 요한복음 5:39

내가 이 책에서 제시한, 구약에서 그리스도를 설교하는 방법은 칼뱅의 하나님 중심적 방법과 루터의 기독론적인 방법 사이의 어디엔가 해당된다. 그렇기 때문에, 이것을 그리스도 중심적 방법론, 혹은 보다 정확하게 구속사적-그리스도 중심적 방법론이라 부르고 싶다. 그리스도 중심적 방법론은 하나님의 왕국을 지상에 건설하려는 **하나님**의 이야기가 **그리스도** 안에 중심을 두고 있다는 사실, 곧 그리스도께서 구속사의 중심이며 그리스도께서 성경의 중심이라는 사실을 정당하게 평가하려고 한다는 점에서, 구약을 해석하는 데 있어서 하나님 중심의 방법론을 보완해 준다. 성경의 어떤 본문을 설교하려면, 우리는 예수 그리스도라는 그 중심의 빛에서 그 메시지를 이해해야만 한다.

1. 구속사적-그리스도 중심적 해석

우리의 관심이 "하나님의 모든 경륜"(whole counsel of God)을 배제하면서 그리스도를 설교하려는 것이 아니라, 오히려 하나님의 모든 경륜을 그 모든 교훈, 율법, 예언, 비전과 함께 예수 그리스도의 관점에서 조명하려는 것임을 명백히 해야만 한다. 우리는 성육신하신 그리스도를 구약 본문 속으로 대입해서 읽는 주입적 해석(eisegesis[자기 해석]: 자신의 사상을 개입시킨 해석 - 역주)이 아니라, 구약에서 그리스도를 설교하는 합법적인 방법을 신약의 문맥에서 찾아야만 한다는 것도 분명히 해야만 한다.

구속사적 해석이란 구약의 구절을 먼저 그 자체의 역사적, 문화적 문맥 안에서 이해하려고 애쓰는 것이다. 어떤 구절에 대해 이스라엘의 백성이 그 구절을 들었던 방식대로 우리가 들은 후에라야, 우리는 성경 전체와 구속사 전체의 폭넓은 맥락 속에서 이 메시지를 이해하는 단계로 넘어갈 수 있다. 그 중심부이신 예수 그리스도에 관해 질문이 생기는 것도 바로 이 지점이다. 먼저 이들 두 가지 기본적인 해석 운동에 대해 토의한 후에 구약에서 그리스도를 설교하는 합법적인 방법에 대해 숙고해 보도록 하자.

1) 첫째, 본문을 그 자체의 역사적 문맥에서 이해하라

설교자의 첫 번째 책임은 선택된 구절의 메시지를 그 자체의 역사적, 문화적 관점에서 이해하도록 힘쓰는 것이다. 존 브라이트는 그것을 다음과 같이 말한다. "모든 성경적인 설교는 본문의 문법적이고 역사적인 주해와 그것이 수반하는 모든 것과 함께 시작되어야 한다. … 그것이 오늘의 청중에게 합법적으로 어떤 메시지를 가지든지 간에 그것은 본문 원래의 의미에서 나와야 하고 원래의 의미에 충실해야 한다."[1]

---

1 Bright, *Int* 20 (1966) 189.

이 원래의 역사적 의미는 설교자에게 중요한 문제이다. 왜냐하면 그것은 본문에서 모든 종류의 주관적이고 자의적인 메시지를 끌어오지 못하게 하는 유일한 객관적 통제점(point of control)을 제공하기 때문이다. "명백한 의미를 일단 버리게 되면, 해석에 대한 통제력은 사라지고 성경은 영(spirit)이 그 본문에서 볼 수 있는 것이라면 무엇이든지 의미하게 된다(그런데 그 영이 성령인지, 아니면 설교자 자신의 영인지 누가 알겠는가?)."[2] 그 구절의 현대적인 의미를 찾는 일에 있어서 객관적인 통제점을 제공하는 일과 더불어, 그 구절의 원래적인 의미를 바르게 알면 그 의미를 그리스도 일원론적으로 축소시키는 것도 (우리가 피서에게서 보았듯이) 막을 수 있으니, 이는 구약 원래의 메시지는 분명히 하나님 중심적이기 때문이다.

설교자들이 어떤 구절의 역사적인 원래 의미를 드러내기 위해서는 문예적, 역사적, 하나님 중심적 의미라는 세 가닥으로 꼬여 있는 본문을 올바르게 다룰 필요가 있다. 실제적인 해석 작업에서는 종종 세 가닥을 가지고 동시에 시행하지만, 우리는 분석하기 위해서 그 가닥들을 풀어 보고 각 가닥이 본문 해석을 위해 제기하는 구체적 질문들을 주목해 볼 것이다.

① 문예적 해석

문예적 해석의 범주 아래에서 우리는 먼저 그것이 **어떻게** 의미하는가를 질문해 보아야 한다.[3] 즉, 이것은 무슨 문학 장르인가? 내러티브인가? 지혜서인가? 시편인가? 예언서인가? 더 나아가 저자는 어떤 하위 장르나 형식을 사용하고 있는가? 율법인가? 비유인가? 잠언인가? 애가인가? 자서전인가? 소송인

---

2 Bright, *Authority*, 91. 참조. Gordon Fee and Douglas Stuart, *How to Read the Bible*, 26, "해석학에 대한 유일하게 적절한 통제는 성경 본문의 원래 의도에서 발견될 수 있다. … [순수한] 주관성과는 대조적으로 본문의 원래 의미는 (그것을 식별하는 우리의 능력만큼이나) 객관적인 통제점이다."
3 통상적인 "무엇을?"이란 질문을 하기 이전에 유별나게 "어떻게?"라는 질문을 던진다는 착상은 내 동료 구약학 교수인 존 스텍(John H. Stek)에게 빚진 것이다.

가? 마지막으로 가장 작은 형식과 관련해서, 저자는 무슨 비유적 표현을 사용했는가? 은유인가? 직유인가? 과장법인가? 반어법인가? '그것은 어떻게 의미하는가?'에 관한 이러한 질문들에 대한 대답이, '그것은 무엇을 의미했는가?'라는 질문에 자신 있게 답할 수 있기 전에 먼저 제시되어야 한다. 왜냐하면, '어떻게'란 질문이 '무엇을'이란 질문을 인도하기 때문이다.

그다음에 우리는 '그것이 **무엇을** 의미했는가?'를 질문하는 데로 나아갈 수 있다. 해석 과정의 바로 이 지점에서 우리의 질문은 이 구체적인 책의 문맥 속에서 그것이 무엇을 의미하는가에 국한되어야 한다. 여기서 문예적인 질문을 더 해 볼 필요가 있다. 그것이 하나의 이야기라면, 갈등과 해결은 무엇인가?[4] 그것이 논쟁이라면, 그 논쟁의 흐름은 무엇인가? 더 나아가 저자가 자기 요점을 강조하기 위해 어떠한 수사학적 구조를 사용했는가? 반복법인가? 병행 대구법(parallelism)인가? 교차 대구법(chiasm)인가? 수미 상응법(inclusio)인가? 더 나아가 통상적인 문법적 질문도 해 볼 필요가 있다. 명사나 동사의 형태들과 구문이나 절들에 대한 질문들이다. 마지막으로 그 구절은 이 책의 문맥에서 어떤 기능을 하고 있는가?

② **역사적 해석**

역사적 해석은 두 가지 기본적인 질문을 던짐으로써 본문의 의미에 대한 질문 속으로 더 깊이 파고들어 간다. 첫째, 저자가 원래 청중을 위해 의도한 의미는 무엇이었는가? 이 질문에 답변하기 위해 저자, 원래 청중, 대략적인 연대, 사회적이고 지리적인 배경, 기록 목적에 관해 더 질문을 제기할 필요가 있다. 요약하자면 누가, 누구에게, 언제, 어디서, 왜, 이 본문을 썼는가를 묻는 것이다.

'왜'라는 마지막 질문은 역사적 해석 아래 반드시 대답해야 하는 두 번째 기본적인 질문으로 인도한다. 저자는 청중의 어떤 필요에 대해 말하고자 했는

---

4 Greidanus, *Modern Preacher*, 197-213을 보라.

가? 이 질문이 설교자들에게 특히 중요한 것은 현재적인 관련성에 가교 역할을 하게 될, 그 구절의 원래 관련성을 밝히려 하기 때문이다. 저자 원래의 메시지와 그 청중의 필요는 화살과 과녁과 같은 관계이다. 그 당시 이스라엘 백성의 필요는 구약의 저자가 자신의 메시지를 가지고 목표로 삼은 과녁이었다.

③ **하나님 중심적 해석**

학자들은 보통 "신학적(theological) 해석"에 대해 언급하지만, 많은 사람들이 그것은 사람들마다 제각각 다른 의미로 사용하는 용어라고 생각한다. 우리가 "하나님 **중심적**(theocentric) 해석"이라는 용어를 사용하는 이유는 그것이 이 시점에 대답을 요하는 중요한 질문을 정확하게 묘사하고 있기 때문이다. 이 구절은 하나님과 그분의 뜻에 대해 무엇을 드러내는가? 이 질문은 하나님에 대하여 추상적으로 관심을 갖는 것이 아니라, 하나님이 자신의 창조 세계와 창조물과의 관계성 속에서 자신을 계시하신 대로 관심을 갖는 것이다. 따라서 이러한 질문은 그 구절이 하나님의 행위, 하나님의 섭리, 하나님의 언약, 하나님의 율법, 하나님의 은혜, 하나님의 신실하심 등에 대해서 무엇을 말하는지를 발견하고자 하는 것이다. 폰 라트(von Rad)는 "구약 작품들의 주 관심사는" 이스라엘 백성들이 "하나님과 맺는 관계성"이라고 진술한다.[5] 존 로저스(John Rogers)는 다음과 같은 예리한 주장을 덧붙인다. "하나님이 자기 이야기의 주제이시지만, 그분께서는 은혜롭고 후회함 없이 우리를 포함시킬 것을 선택하셨다. 여기에 하나님의 의도에서 기원한 것으로서의 인간 실존의 가장 깊은 의미와, 하나님으로부터 위탁을 받아 살아가는 인간 삶의 가장 깊은 의미에 대한 열쇠가 놓여 있다."[6] 건전한 문예적이고 역사적인 해석과 함께 하나님 중심적 해석은 필요하지 않을 수도 있겠지만, 구약 문헌의 하나님 중심적 초

---

5 Von Rad, *God at Work*, 14.
6 Rogers, *Int* 45 (1991) 241.

점을 경시하는 우리의 경향 때문에 이러한 부가적인 질문이 필요해진다.[7] 게다가 이것은 그리스도 중심적 설교에 중요한 연결 고리로 판명될 것이다.

2) 그다음에, 메시지를 정경의 문맥과 구속사의 문맥에서 이해하라

기독 설교자들은 구약 본문만을 고립시켜 설교할 수는 없고, 항상 성경과 구속사 전체의 맥락 속에서 본문을 이해해야 한다. 단순히 구약 본문의 메시지만을 따로 떼어 설교하는 것은 구약 설교를 행하는 것인데, 계시와 구속의 역사는 계속해서 진행해 왔다. 따라서 구약 본문에 대한 기독교적 설교는 반드시 신약으로까지 계속 나아갈 것이다. 이것은 그 본문이 그리스도 안에서 성취된 약속을 포함하고 있을 때 분명해진다. 즉, 설교자들은 설교할 때 약속에서 멈출 수 없고 자연히 성취에까지 나아갈 것이다. 그 본문이 그리스도 안에서 성취된 모형을 포함하고 있을 때도 마찬가지이다. 즉, 설교할 때 모형에서 원형으로 나아가게 될 것이다. 그 본문이 신약에서 보다 더 발전되는 주제와 관련될 때도 마찬가지이다. 즉, 설교할 때 구약의 주제로부터 신약에 있는 최종적인 발전에까지 나아갈 것이다.

① 건전한 강해 설교가 요구됨

때때로 "본문 설교"(textual preaching)라는 범주는 단지 선택된 본문의 메시지만을 전하는 것인 양 오해받는다. 그러나 "본문 설교"라는 용어는 성경적이며 본문적인 설교를 제목 설교(topical preaching)와 대비하기 위해서 만든 것이다. 그것은 결코 설교를 그 문맥에서 고립시켜 선택된 본문의 메시지에만 엄격하게 제한하는 것을 의도하지 않는다. 이러한 오해는 "강해 설교"(expository preaching)라는 용어를 사용함으로써 피할 수 있는데, 단 여기에는 한 절 한 절

---

7 Greidanus, *Modern Preacher*, 102-106을 보라.

에 대한 해설과 적용(보다 정확하게 말해서 훈계[homily])으로부터 "두세 절 이상의 성경 구절들"에 대한 설교에 이르기까지 이 용어를 둘러싼 혼란스러운 정의를 피한다는 조건 아래에서이다.[8] 강해 설교는 그 명칭이 암시하듯이 설교 본문의 의미를 그 문맥 안에서 노출하고 파헤치는 것이다. 메릴 엉거(Merrill Unger)는 "강해 설교"를 훌륭하게 설명하여, "특정한 성경 저자의 마음속에 존재했고 성경의 전체적인 문맥에 비추어 존재하는 실제적이고 본질적인 의미가 명백하게 드러나고 오늘날 청중의 필요에 적용되는 그러한 방식으로" 본문을 다루는 것으로 본다.[9] 건전한 강해 설교는 다음과 같은 세 가지 기본적인 조치를 필요로 한다. 즉, (1) 원래의 의미를 결정하는 것에서부터, (2) 정경 전체의 문맥에서의 의미와 (3) 오늘날 우리의 청중에게 이러한 의미를 적용시키는 것에 이르는 것이다.

② 정경적 해석

정경과 구속사의 맥락에서 한 구절의 의미를 이해함에 있어서, 또한 우리는 문예적, 역사적, 하나님 중심적 해석의 세 가닥을 구별할 수 있다. 그러나 이때 각 분류 내의 질문들은 훨씬 더 광범위해질 것이다.

이 단계에서 문예적 해석은 정경적 해석이며 다음과 같은 질문을 던진다: 이 구절은 (단지 그 책의 문맥에서만이 아니라) 성경 전체의 문맥 속에서 무엇을 의미하는가? 구약 성경의 약속들은 그리스도의 초림이나 재림 안에서 성취될 때까지 점차적으로 채워질 것이다. 성경의 주제들이 구약에서 신약으로 발전되고, 성경의 율법들도 구약에서 신약으로 발전된다. 하나님의 구속사와 계시가 진전되고 있기 때문에 우리는 구약의 약속들과 주제들과 율법에서 나타나는 연속성과 불연속성을 모두 발견할 것이다.

---

8 Greidanus, *Modern Preacher*, 10-12를 보라.
9 Unger, *Principles*, 33.

③ 구속사적 해석

보다 광범위한 이 단계에서는, 역사적 해석은 구속사적 해석이다. 그리고 저자가 자신의 원래 청중을 위해 의도했던 의미는 무엇이었는가를 묻는 것이 아니라, 창조에서 새 창조까지의 구속사적 맥락이 이 본문의 현대적 중요성을 어떻게 알려 주고 있는가를 묻는 것이다. 구속사적 맥락은 불연속성뿐 아니라 연속성도 드러낼 것이다. 예를 들어, 창세기 17:9-14와 같은 구절에 대해 설교할 때, 그 본문의 주제는 "하나님의 언약의 표징으로서 너희 중 남자는 다 할례를 받으라"가 될 것이다. 그러나 오늘날 이 메시지를 설교한다면 구약 설교를 전하는 것이 될 것이다. 기독교 설교자들은 구속사에서 이러한 구약 의식에 어떤 일이 일어나는지를 검토해 볼 필요가 있을 것이다. 그들은 이내 초대 교회의 첫 공회가 할례 요구를 폐지했고(행 15장), 세례가 점차로 새 언약의 표징이 되었음을 발견하게 될 것이다(골 2:11-12). 게다가 이 표징은 남자와 여자 모두에게 적용되었다(갈 3:27-29). 따라서 구속사적 맥락에 비추어 설교의 주제는 "하나님의 언약의 표징으로서 너희 중 남자는 다 할례를 받으라"에서 "하나님의 언약의 표징으로서 그리스도의 몸의 모든 지체들은 세례를 받으라"로 바뀐다. 구약 본문의 주제와 그 주제 이후의 발전 모두를 공평하게 다루기 위해, 설교자는 할례와 세례 두 가지를 모두 다루는, "하나님의 언약의 표징을 하나님의 모든 언약 백성에게 적용시켜라"와 같은 설교 주제를 정하고 싶어 할지도 모른다. 그러나 이러한 대조가 아주 크게 드러날 때, 설교자는 신약의 구절들 중 하나를 설교 본문으로 선택하는 것을 고려해야만 하고, 이것을 할례와 관련된 구약 의식의 배경과 대조하여 전개해야만 한다.

④ 그리스도 중심적 해석

이 단계에서 하나님 중심적 해석은 그리스도 중심적 해석이며, '이 구절은 하나님과 그분의 뜻에 대해 무엇을 드러내는가?'라는 우리가 이미 살핀 질문을 넘어서서 '이 구절은 예수 그리스도의 입장에서 무엇을 드러내는가? 그리고 이 구절은 예수 그리스도에 대하여 무엇을 드러내는가?'라는 질문들로 나아간다. 크리스토퍼 라이트는 다음과 같이 주장한다. "우리는 사건이나 그 사건에 대한 기록에서 이야기의 결말, 즉 그리스도에 비추어 드러나는 부가적인 수준들의 의미를 정당하게 볼 수도 있다."[10] 예를 들어, "[출애굽] 사건을 … 예수 그리스도 안에서 하나님의 구속적 성취의 완전함이라는 빛으로 되돌아볼 때, 우리는 원래의 출애굽조차도 이스라엘이 처했던 곤경의 정치적이고 경제적이며 사회적인 측면과만 관련된 것이 아니라는 것을 알 수 있다. 여기에는 또한 이스라엘 백성이 애굽의 신들에게 복종해야 하는 영적 억압의 수준도 있었다."[11]

어떤 학자들은 우리가 정경과 구속사의 넓은 맥락에서 발견한 부가적인 수준들의 의미를 *sensus plenior*, 즉 '보다 더 충만한 의미'라고 부른다.[12] 다른 학자들은 "'신학적' 문자적 의미"라고 부르기를 더 좋아하는데, 이것은 "*analogia fidei*["신앙의 유비"란 뜻인데, 저자는 "신앙의 규칙[rule of faith]"으로 번역함 - 역주] 안에서 성경을 전체로 읽을 때의 의미 외에 다른 것이 아님을 의미한다."[13] 또 다른 학자들은 정경적 해석이라고 부르고 싶어 한다.[14] 나는 가능한 한 최대로 넓은 문맥과 관련되고 역사(history) 속에서 하나님의 역사(acts)를 적절하게 인식하는 명칭인 "구속사적 해석"을 계속해서 지지한다. 우리가 무

---

10 Wright, *Knowing Jesus*, 28.
11 Ibid., 29.
12 레이몬드 브라운(Raymond Brown)은 다음과 같이 정의를 내린다. "*sensus plenior*란 분명히 인간 저자가 의도한 것이 아니라 하나님이 의도하신 부가적이고 보다 깊은 의미인데, 그 의미는 성경 본문에 나오는 단어들(혹은 본문들의 그룹, 심지어 책 전체) 안에 존재하는 것으로, 계시를 이해함에 있어서 더 진전된 계시나 발전에 비추어 연구될 때 드러난다." *The "Sensus Plenior" of Sacred Scripture*, 92. 다른 참조 문헌들을 찾으려면, Greidanus, *Modern Preacher*, 111-112를 보라. 훌륭한 역사적 개관이 Wilfrid J. Harrington, *The Path of Biblical Theology* (Dublin: Gill and Macmillan, 1973), 293-313에 제공된다.
13 Douglas Moo, "The Problem of *Senior Plenior*," 205에서 인용된 Norbert Lohfink, in *The Christian Meaning of the Old Testament*, 42-43.
14 기독교 정경의 문맥에서 본문을 이해하는 방법은 특히 브레버드 차일즈(Brevard Childs)에 의해 발전되어 왔다. 참조 문헌으로는 Greidanus, *Modern Preacher*, 73-77을 보라.

슨 명칭을 사용하든지 간에 요점은 성경 전체와 구속사의 맥락 속에서 이해되는 구절은 그 저자가 원래 의도한 것 이상의 의미를 드러낼 수도 있다는 것이다. 예를 들어, 민수기 21장의 저자가 놋 뱀 이야기와 관련해서 그가 예수님의 모형을 스케치하고 있는 것으로 깨달은 것 같지는 않다. 이 구절에서의 모형은 예수님이 자신의 구원 사역을 선포하시기 위해 이 사건을 사용하는 신약의 관점에서만 발견된다.

"이 구절이 예수 그리스도에 관해 무엇을 드러내는가?"라는 질문은 보다 더 구체적인 질문을 야기한다. 우리가 신약에서 발견한 여섯 가지 길들 중에서 어떤 것이 성육신하신 그리스도에 이르게 하는가? 점진적 구속사? 약속-성취? 모형론? 유비? 통시적 주제? 혹은 대조?

신약이 이미 완성되었기 때문에 우리는 이제 이 여섯 가지 길에다가 설교자들이 활용할 수 있는 '신약의 관련 구절들'이라는 일곱 번째 길을 덧붙일 수 있다. 이 첨가된 길은 또 다른 문제를 제기하는데, 본문으로부터 그리스도께 이르는 길들에 대해 질문을 제기하는 우리의 다소 논리적인 순서 안에서 신약의 관련 구절들을 어디에 두어야 하는가 하는 문제이다. 신약 저자들은 영감을 받았기 때문에, 우리는 이러한 관련 구절들을 우리의 목록 첫 번째에 두고 싶어 할 것이다. 그러나 신약의 저자들이 가끔 이러한 구절들을 인용하는 것은, 그들이 인용하는 구약 본문의 메시지를 선포하고 확장하기 위해서라기보다는, 단지 그들 자신의 구체적인 메시지를 예증하기 위해서임을 우리는 보아 왔다.[15] 게다가 신약의 관련 구절이 단 하나만 있다면, 우리는 이 하나의 렌즈를 통해서만 구약 본문을 읽고 싶어 할지도 모른다. 그러나 이것은 구약 구절의 해석을 왜곡할 수도 있기에, 구약 본문을 신약의 본문 중의 하나와 "짝 짓는" 것은 우리가 반대한 것들 중의 하나였다. 따라서 신약의 관련 구절을 고려하는 것은, 맨 마지막 단계에서나 대조의 길 바로 앞에 있는 다섯 개의 연속적

---

15 예를 들어, 여리고와 라합(여호수아 6장)에 관해 설교할 때, 히브리서 11:31은 라합을 신앙의 실례로 언급하고, 야고보서 2:25은 라합을 "행함으로 의롭다 함을 받은" 실례로 언급한다. 그러나 이 두 개 중 어떠한 것도 여호수아 6장의 요점은 아니다.

인 길들 다음에 하는 것이 가장 좋다. 이러한 입장에서 신약의 관련 구절들은 우리의 발견을 확고하게 해 주고, 우리의 통찰이나 관찰 소홀을 바로잡아 주며 새로운 시각을 제공해 준다.

일반적으로 우리는 이 일곱 가지 길들 중에서 몇 가지 길을 사용할 수 있다. 이것은 설교자들이 이미 발견된 모든 길을 자신의 설교에 다 사용해야 한다는 것은 아니다. 한 편의 통일된 설교를 하기 위해서는 오직 설교 주제와 일치하는 길들만을 사용해야 한다. 현 시대에 논의되고 있는 관점에서 우리는 이제 현대 설교자들이 구약에서 그리스도를 설교할 수 있는 이러한 일곱 가지 길을 차례로 검토해 볼 것이다.[16] 비록 이러한 길들 사이에는 서로 중첩되는 부분도 있고, 종종 혼합된 길로 사용할 수 있지만, 각각의 길을 구별 짓는 특징을 찾기 위해서 우리는 많은 실례를 살펴볼 것이다. 우리는 다른 모든 길들이 의존하고 있는 길, 즉 점진적 구속사의 길에서부터 논의를 시작하고자 한다.

2. 점진적 구속사의 길

점진적 구속사는 구약에서 그리스도를 설교하는 데 있어서 기초적인 길이다. 구속사나 왕국 역사는 신약의 그리스도께 이르는 다른 모든 길을 지탱해 주는 근본적인 토대이다. 오늘날 구속사는 "초(超)내러티브"(meta-narrative), 혹은 "그 이야기"(The Story)로도 불린다.

---

16 참조. Gerhard Hasel, *OT Theology*, 157. "신구약 사이의 관계성에 대한 복합적 특성을 파악할 수 있게 하는 유일하게 적합한 길은 다양한 접근 방법을 선택하는 것인데, 그것은 모형론을 신중하고 용의주도하게 사용하며, 약속-성취의 개념을 사용하고, 또한 구속사(*Heilsgeschichte*)의 접근 방법을 주의 깊게 사용하는 것이다."

1) 구속사의 중추적 요점들

성경의 기초를 이루는 초(超)내러티브는 창조-타락-구속-새 창조라는 일종의 중추적 요점을 가지고 있음을 우리는 살펴보았다. 자신의 왕국을 지상에 가져오시려는 역사 속의 하나님의 행위라는 관점에서 볼 때, 이러한 주요점들은 보다 잘 조명될 수 있다.

① 창조: 혼돈을 자신이 구조화한 왕국으로 바꾸시는 하나님의 행위(창 1-2장)
② 구약 시대의 구속: 죄를 짓고 타락한 이후에 자기 백성 이스라엘이 열방의 빛이 되도록 그들을 구속하시는 하나님의 행위(창 3장-말 4장)
③ 예수 그리스도를 통한 구속: 예수님 안에서 모든 민족을 구속하시고 타락한 창조 세계를 자신의 왕국으로 회복하시려는 하나님의 행위(마 1장-계 20장)
④ 새 창조: 악에 대한 하나님의 최후 승리와 자신의 완전한 왕국을 지상에 세우심(계 21-22장)

발터 침멀리(Walther Zimmerli)는 구속사의 구약 부분의 흐름을 강(江) 그림으로 생생하게 포착했다. "구약 전체를 검토해 볼 때, 우리는 약속으로부터 성취를 향하는 거대한 역사의 흐름 속에 우리가 휩쓸리고 있음을 보게 된다. 그것은 큰 시내처럼 흐른다. 즉, 여기서는 급하게 흐르다가도, 저쪽에서는 조용히 정체되어 있는 물속에서 정지되어 있는 듯하지만, 전체적으로는 강 너머에 놓여 있는 먼 목적지를 향해 여전히 흘러가고 있다."[17] 그 목적지는 메시아 예수님이시고, 궁극적으로는 회복되고 변화될 창조 세계에 대한 하나님의 통치이다.[18]

---

17 Zimmerli, "Promise and Fulfillment," 111.
18 참조. Domenico Grasso, *Proclaiming*, 116-117. "구원사는 그리스도를 그 중심과 좌표계로 갖는다. … 만약 모든 것이 그리스도 안에서 참된 의미를 가진다면, 설교에서 논의된 모든 것은 그리스도의 빛에서 보아야 하며, 그 외에 다른 빛은 거짓되거나 적어도 불완전할 것이다. 도덕률, 교리, 예전, 교회, 성경, 이 모든 것은 그리스도 안에서 그들의 좌표계를 가진다."

2) 구속사의 특징

구속사는 구약에서 그리스도를 설교하기 위한 기반이다. 도널드 밀러(Donald Miller)는 다음과 같이 주장한다. "사람들이 그리스도에 대한 결정적인 질문들과 대면하게 하기 위해서는 우리의 **설교가 구속사에 중점을 두도록 해야 한다**. 우리는 신학적인 사상이나 윤리적인 권고를 설교해서가 아니라 성경에서 증언된 구원 사건들을 반복해서 말함으로써, 사람들이 그리스도를 대면하게 할 수 있다."[19] 알레고리적 해석은, 허황된 생각이라서, 구속사의 견고한 기초에서 빗나가기 때문에, 그러한 해석은 받아들여질 수 없다. 현대의 역사 비평적 해석의 자연신론적/세속적 형태는 얄궂게도 결국 더 악화된 곤경에 처했다. 즉, 그것은 그 자체의 전제 조건을 통해 역사의 동인(動因)이요 통치권자이신 주 하나님을 배제함으로써 단 하나의 구속사라는 시각을 다함게 잃어버린 것이다.[20] 심지어 빌헬름 피셔조차도 자신의 "증거-개념"을 가지고 "구속사적 관점을 분명히 하지 않고 병행 관계들을 제시하는데, 바로 그러한 이유 때문에 그의 주해는 우리에게 자의적인 것이라는 느낌을 준다."[21] 우리가 구약에서 그리스도를 설교하기 위해 무슨 길을 사용하든지 간에, 그 길들은 하나님의 구속사나(또는 구속사와) 하나님의 계시의 역사에 기초해야 한다.

구속사를 구약에서 그리스도를 설교하기 위한 기초로 인식하는 것 외에도, 우리는 구속사적 두 가지 다른 특징에 주목해야 한다. 그것은 자신의 백성을 구속하시고 자신의 창조 세계를 회복하시는 하나님의 이야기이기 때문에, 구속사는 하나님 중심적인 것이다. 플로로브스키(Georges Florovsky)는 다음과 같

---

19 Miller, *SJT* 11 (1958) 396.
20 구체적으로 모든 사건들의 유사성에 기초한 유비의 전제들, 그리고 우리가 내재하는 원인과 결과를 가진 닫힌 우주에 살고 있다는 가정에 기초한 상관관계의 전제들. Greidanus, *Modern Preacher*, 24-36, 95-96을 보라. 참조. Alvin Plantinga, "Two (or More) Kinds of Scripture Scholarship," *Modern Theology* 14 (1998) 243-278. 기독교 강단에서의 세속적인 역사 비평적 방법으로 인한 비참한 결과에 대해서는 Elizabeth Achtemeier, *Preaching from the Old Testament*, 29-32를 보라.
21 G. C. Berkouwer, *Person of Christ*, 128.

이 말했다. "성경은 … 하나님이 선택하신 자신의 백성을 다루시는 이야기이다. 성경은 하나님의 모든 행위와 전능하신 일들(즉, *Magnalia Dei*)을 가장 먼저 기록한다. 이러한 과정은 하나님이 주도해 오셨다."[22] 구속사가 하나님 중심적이라는 인식이 중요한 것은 구속사가 그리스도 안에서 절정을 이룬 하나님의 행위와의 연결을 확립하기 때문이다.

구속사의 또 다른 한 가지 특징은 그것이 통일된 이야기라는 것이다. 꼬불꼬불한 길도 있고 멈추었다가 다시 출발하기도 하지만, 그 길은 궁극적인 목표를 향해 꾸준하게 진전한다. "시작과 끝이 있다. 그 끝이 목표이기도 하다. … 창세기에서 요한계시록까지 합성물이지만 단일한 이야기가 있다. 그리고 이 이야기는 역사이다. 이 두 끝 지점 사이에는 계속되는 하나의 과정이 있다. … 매 특정 순간은 그 두 지점과 상관관계가 있고, 이를 통해 전체 속에서 그것만의 고유하고 유일한 위치를 가진다. 따라서 전체적인 문맥과 관점을 배제하고는 어떤 순간도 이해할 수 없다."[23] 구속사는 통일된 역사이기 때문에, 건전한 해석을 하기 위해서는 역사의 모든 부분이 그 시작과 끝(혹은 목적지)의 맥락 속에서 해석되어야 한다.

3) 점진적 구속사의 길

따라서 점진적 구속사의 길은 모든 구약 본문과 하나님의 역동적인 역사적 맥락 안에서 그 본문이 말하는 바를 보는 것으로, 그것은 꾸준히 진행하고 예수 그리스도의 삶과 죽으심, 그리고 부활에서 그 정점에 이르고 궁극적으로는 새 창조에서 도달한다.[24] 구약 전체가 강력한 종말론적 맥박으로 고동치고 있

---

22 Florovsky, "Revelation," 165.
23 Ibid., 참조. Greidanus, *Modern Preacher*, 94-101.
24 참조. von Rad, *God at Work*, 155, "심판과 구원에 있어서 구약의 역사는 예수 그리스도 안에서 마침내 계시된 하나님의 그 행위를 증언한다." 참조. Larsen, *Anatomy*, 167, "하나님의 구원 사역은 구약 도처에 있다. 이러한 전체론적 의미에서 구약 전체는 그리스도를 위해 예비하고 그 안에서 성취된다. 우리는 구약이 아직도 성취되지 않은 것처럼 설교할 수는 없다."

다. 모든 구절은 어떤 방식으로든, 혹은 어느 정도로든 다음과 같은 메시지에 목소리를 내거나 그 메시지를 반영한다. "하나님은 역사하고 계십니다! 하나님은 오고 계십니다! 하나님은 자신의 언약에 신실하십니다! 그분의 자비는 진실로 영원히 지속됩니다! 하나님은 자신이 선택한 백성을 버리지 않으십니다! 하나님은 구원을 준비하고 계십니다."[25] 그 후 구속사에서 갖는 우리의 위치에서 우리는 이러한 종말론의 고동 소리를 들어야 할 뿐만 아니라, 예수님의 초림과 재림 안에서 그 성취도 인식해야 한다. 로스 매켄지(Ross Mackenzie)는 이렇게 기록한다. "기독교 설교를 구약에서부터 전할 수 있는 것은 구약의 전 역사가 그리스도께로 이어지고 그분 안에서 성취를 발견하기 때문이다. 천 개의 구약 구절에서 기독 설교자는 옛 이스라엘 사람들에게는 분명하지 않았던 깊이 있는 의미를 보게 되는데, 그 설교자는 그 이야기가 어디에서 왔는지를 알고 있기 때문이다."[26]

우리는 점진적 구속사를 다음과 같이 그릴 수 있다.

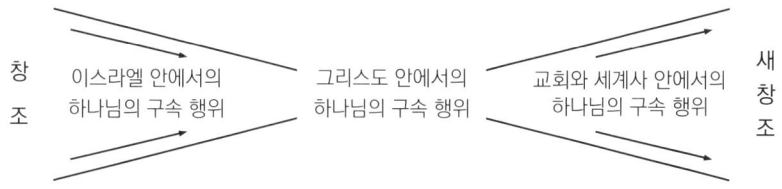

구약의 구속사는 그리스도 안에서 절정을 이룬 하나님의 행위의 중심부로

---

25 Herbert Mayer, *CTM* 35 (1964) 605. 참조. 606쪽, "설교자는 행동하시고 자비로우시고 사랑하시고 신실하시며 심판하시는 하나님에 대한 장엄한 묘사에 압도된다. 이러한 관점에서 볼 때 구약에 나오는 모든 단어는 '메시아에 관한 것'이다."

26 Mackenzie, *Int* 22 (1968) 24. 참조. Louis Berkhof, *Principles*, 142, "구약의 계시가 갖는 다양한 방향은 그것[말씀이 육신이 되다]을 향해 모이고, 신약 계시의 다양한 방향들은 그것에서 사방으로 퍼진다. 성경의 내러티브들은 오직 그것들의 결합 중심부인 예수 그리스도 안에서만 설명이 가능하다."

꾸준히 진행하고 있기 때문에, 기독 설교자들은 다만 구속사의 흐름 안에 설교 본문을 두고 그것이 그리스도께로 이동함을 의식할 필요가 있다.

① 내러티브에서의 점진적 구속사의 길

점진적 구속사는 특히 역사적 내러티브에서 그리스도를 설교할 때 잘 적용된다. 예를 들어, 다윗과 골리앗 이야기에 대해서 설교를 만든다면, 우리는 이 이야기를 구속사의 흐름에서 단절시키지 않으면서 각자의 골리앗과 싸울 때 본받아야 할 용기를 가진 영웅으로서 다윗을 회중에게 제시할 수 있다. 그러나 그 대신에 우리는 이 내러티브의 의미를 구속사 전체의 맥락에서 발견하려고 노력해야 한다. 이를 위해서는 중간 단계를 기억하는 것이 유익할 것이다. 구약에 나오는 내러티브는 세 가지 수준에서 이해될 수 있다. 최저 수준은 이야기를 개인 역사로 보는 것이고, 중간 수준은 그것을 민족사로 보는 것이며, 최고 수준은 그것을 구속사로 이해하는 것이다. 고든 피(Gordon Fee)와 더글러스 스튜어트(Douglas Stuart)는 이에 대해 다음과 같이 기록한다. "모든 개인적인 성경 내러티브(최저 수준)는 적어도 세상에서 이스라엘 역사의 더 큰 내러티브(중간 수준)의 한 부분인데, 그것은 그다음에 하나님의 창조 세계와 그분의 창조 세계의 구속에 대한 궁극적인 내러티브(최고 수준)의 한 부분이 된다. 이러한 궁극적인 내러티브는 구약을 넘어 신약을 통해 진행한다. 여러분은 다른 두 수준 내에서 개인적 이야기의 부분을 인식하지 않고서는 어떤 개인적인 이야기도 온전히 공정하게 다룰 수 없을 것이다."[27]

이러한 통찰을 다윗과 골리앗 내러티브에 적용할 때, 우리는 최저 수준에서 하나의 물매와 하나의 돌맹이를 가지고 블레셋 거인 골리앗을 죽이는 어린 다윗의 개인적인 이야기를 읽게 된다. 이러한 수준에서 그 이야기는 많은 사람

---

27 Fee and Stuart, *How to Read the Bible*, 74-75. 참조. Willem VanGemeren, *Progress*, 32, "해석자는 그 본문이 예수님의 오심과 무슨 관계가 있는지, 그리고 그분의 재림 때에 있을 만물의 회복에 대한 우리의 소망과 무슨 관계가 있는지를 묻는다."

에게 호소력을 갖는데, 어떤 설교자들은 재빨리 다윗을 용기에 대한 우리의 역할 모델로 스케치한다. 그러나 성경 저자는 이러한 개인적인 이야기에는 관심이 없다. 그의 관심은 중간 수준에 있다. 그는 다윗과 골리앗 이야기가 이스라엘 국가/왕족의 역사에서 중요한 부분이라는 것을 보여 주기 위해 이를 매우 길게 기록한다. 사무엘은 목동 다윗에게 은밀히 기름을 부어 그를 이스라엘을 다스릴 왕으로 삼았다(삼상 16장). 그 후(삼상 17장), 그 목동 왕은 골리앗을 죽임으로써 이스라엘 백성을 그들의 첫째가는 대적에게서 구해 준다. 이 이야기의 메시지는 하나님이 기름 부으신 왕 다윗은 이스라엘을 구하고 약속된 땅에서 그들의 안전을 보장한다는 것이다.

이제 우리는 최고 수준으로 나아갈 준비가 되었다. 즉, 이 이야기는 하나님의 구속사 전체에서 무슨 의미를 가지는가? 다윗이 자신의 힘이나 무기, 혹은 기술을 의지하지 않는 것을 주목하라. 다윗은 말한다. "나는 만군의 여호와의 이름, 곧 네가 모욕하는 이스라엘 군대의 하나님의 이름으로 네게 가노라. … 여호와의 구원하심이 칼과 창에 있지 아니함을 이 무리로 알게 하리라. 전쟁은 여호와께 속한 것인즉"(삼상 17:45-47). 따라서 이 이야기의 본질은 적을 쳐부수는 이스라엘 왕 이상의 의미를 가진다. 즉, 그 본질은 여호와 자신이 자기 백성의 대적을 쳐부수신다는 것이다. 이러한 주제는 이 구절을 사탄을 이기신 예수님께로 직접 이어지는 하나님 왕국사의 대로에 위치시킨다. 이러한 원수 관계의 역사는 인간의 범죄로 인한 타락 이후 즉시 하나님이 뱀(이후 사탄과 동일시됨)에게 이렇게 말씀하셨을 때부터 시작되었다. "내가 너로 여자와 원수가 되게 하고, 너의 후손도 여자의 후손과 원수가 되게 하리니, 여자의 후손은 네 머리를 상하게 할 것이요, 너는 그의 발꿈치를 상하게 할 것이니라"(창 3:15). 이렇게 해서 다윗과 골리앗 이야기는 한 개인적인 싸움 이상의 의미를 가진다. 또한 이스라엘의 왕이 강력한 적을 쳐부순 것 이상의 의미를 가진다. 그것은 여자의 후손과 뱀의 후손 사이의 전투, 즉, 처음에는 그의 죽으심과 부활로 사탄을 이기시고, 마지막으로 재림 때 "불과 유황 못에"(계 20:10) 사탄을 던지심으로 사탄을 이기실 예수님에게서 절정을 이루는 전투에 있어서의 한 작은 장(chapter)이다. 그리하여 설교에서 우리는 다윗과 골리앗의 전투에서부터 그리스도와 사탄의 전투까지 점진적 구속사의 도로를 여행해 볼 수 있다. 오늘날 하나님의 백성에게 이 구절을 적용하기 위해, 우리는 그리스도의 몸 된 교회가 이 우주적인 전투에 여전히 관여하고 있는 오늘날까지 점진적 구속사를 따라갈 수 있다. 정확한 적용은 교회가 처한 환경에 따라 다를 것이다. 만일 말씀을 받는 교회가 박해로 고난을 당하고 있다면, 우리는 하나님의 백성들에게 "전투는 여호와께 속했다."라는 확신을 줌으로써 그들을 위로할 수 있다. 즉, 그리스도 안에서 하나님이 정복하셨고 앞으로도 정복하실 것이다. 만일 말씀을 받는 교회가 이기적으로 자기 민족의 번영만을 즐기고 우주적인 전투를 보지 못한다면, 우리는 이 구절을 이 시대에 존재하는 악한 자와의 전투에 하나님의 백성이 동참하도록 재촉하는 일에 적용할 수 있다. 만일 말씀을 받는 교회가 전투 중에 있지만 자신의 힘을 의지하고 있다면, 그 교회를 향해 하나님이 그들을 통해 일하시게 하라고 강력히 권고할 수 있다. 왜냐하면, 하나님은 자기 종들에게 권능을 주셔서 그 전투를 치르시기 때문이다. 요점은, 점진적 구속사는 그리스도 중심적 초점을 맞추게 하는 것은 물론이고 현시대적인 적용도 가능하게 해 준다는 것이다.

② 시편과 지혜서에서의 점진적 구속사의 길

점진적 구속사는 우리에게 역사적 내러티브에서는 물론 구약의 다른 문학 장르에서도 그리스도를 설교할 수 있게 해 준다. 예를 들어, 시편을 보자. 시편 84편에서 시편 기자는 "주의 궁정" 즉 성전에 가고 싶은 열망을 표현한다. 때때로 설교자들은 마치 구속사가 진행되지 않은 것처럼, 오늘날 하나님의 백성에게 시편 기자의 열망을 직접적으로 적용한다. 설교자들은 회중에게 이렇게 말한다. "교회에 갈 때 우리는 그러한 갈망을 반드시 가져야 합니다!" 이와는 대조적으로 홀베르다(B. Holwerda)는 점진적 구속사를 다음과 같이 기록한다. "시편 기자는 일 년에 단지 몇 번만 그 앞뜰에 들어갈 수 있었다. 그는 성전 안에서는 자신의 가족을 부양할 수 없었고 자기 일도 할 수 없었다. 그러므로 이 사실 때문에 그는 성전 안에서 둥지를 트는 참새와 제비를 질투했다. 그러나 이러한 부족함이 그리스도 안에서 채워진다. 그분을 통해 예배 장소가 모든 곳에 세워졌다. 가족생활과 일은 이제 영원히 성전과 연결된다. 이제 우리는 앞뜰에는 물론 지성소에까지 나아간다. 그래서 이 구절은 이렇게 적용된다. 오순절 이후 우리는 얼마나 부유하게 되었는가! 그리고 이렇게 권고할 수 있게 되었다. 만약 우리가 이렇게 큰 구원을 소홀히 한다면, 어떻게 죄를 면할 것인가? 그렇다면 교회 가는 일에 불성실한 것은 훨씬 더 호되게 책망받을 수 있다."[28]

지혜서는 그리스도 중심적 설교를 하기가 어려운 것으로 소문나 있지만, 여기서도 점진적 구속사는 때때로 가능한 접근 방식을 제시할 수 있다. 가령 우리가 전도서 12:1-8로 설교한다고 가정해 보자. 우리의 주제는 "너는 청년의 때에 너의 창조자를 기억하라!"라는 것이다. 전도서 저자는 이스라엘 젊은이들에게 "곤고한 날이 이르기 전" 그들의 창조자를 기억하라고 가르친다. 구속사의 이 시점에서 그들은 그들의 창조자를 이스라엘을 구원하시는 그분의 행위와 그분의 창조 계시를 통해서 알았다. 오늘날 우리가 우리의 창조자를 아는 것은 그분의 일반 계시는 물론 이스라엘 백성에게 주신 그분의 특별 계시를 통해서도 알며, 특별히 예수 그리스도를 통해서 그분을 안다. 그리스도 안에서 우리는 우리의 창조자의 힘과 능력을 보는 것은 물론, 특별히 자기 백성과 자신의 창조 세계에 대한 하나님의 구원하시는 사랑도 본다. 그렇다면, 우리가 젊은 시절에는 물론 "곤고한 날"에도 우리의 창조자를 기억하도록 얼마나 많은 자극을 받아야 하겠는가?

28　B. Holwerda, *Begonnen*, 111 (나의 번역).

3. 약속-성취의 길

약속-성취는 20세기에 들어와 어려운 시기를 맞았다. 차일즈에 의하면, "히브리 정경의 구조에 따른 통일되고 유기적인 발전으로서 구약의 메시아사상에 대한 그리스도인들의 전통적인 이해를 옹호하고자 하는 최후의 성숙한 학자적 시도는 헹스텐베르크(Hengstenberg)의 시도였다(*Christology of the Old Testament*…)." 거의 150년 전에 두 권으로 출간된 이 책은 1854년에 영어로 번역되었다. 차일즈는 다음과 같이 주장한다. "벨하우젠과 다른 사람들의 '새로운 문예적 비평'은 그들이 성경 자료의 연대를 급진적으로 수정함으로써 구약 메시아사상의 발전에 대한 전통적인 이해의 한 고비를 넘겼다."[29] "전통적인 이해의 한 고비를 넘겼다"는 것은 그 경우를 상당히 과장한 것으로, 그 이유는 자료 비평과 그 결과들이 프로테스탄트와 로마 가톨릭, 그리고 특히 동방 정교의 많은 부분에서 받아들여지지 않았기 때문이다. 게다가 많은 수정들이 시도된 이후, 최종 본문을 지지하여 자료 비평의 뒤죽박죽된 결과들을 포기한 1980년대의 신문예 비평(내러티브 비평)이 그것을 꽤나 무색하게 만들었다.[30] 더 나아가 교회는 본문 뒤에 있는 가설상의 자료들이 아니라 최종적인 정경적 본문을 영감에 의해 기록된 성경으로 항상 받아들여 왔다. 그럼에도 불구하고, 벨하우젠의 근본적인 연대 수정은 구약에서 메시아 예언이 창세기 3:15에서 말라기 4:5-6에 걸쳐 점진적으로 발전되고 있음을 보여 주려고 힘쓰려는 연구들을 맥 빠지게 했다는 것은 사실이다. 차일즈는 오늘날 "수많은 대부분의 구약학자들이 메시아 소망의 기원을 사무엘하 7장에서 그 신적 정통성을 부여받은 다윗의 군주 정치의 확립에 연결시키고 있다."라고 주장한다.[31] 다행히

---

29 Childs, *Biblical Theology*, 453.
30 그러나 신문예 비평을 지지하는 많은 사람들은 역사성의 질문은 "고려의 대상에서 제외"하고 싶어 한다. 참고 문헌으로는 Greidanus, *Modern Preacher*, 78-79를 보라. 그리고 Greidanus, "The Value of a Literary Approach for Preaching," in *A Literary Guide to the Bible*, ed. Leland Ryken and Tremper Longman III (Grand Rapids: Zondervan, 1993), 509-519를 주목하라.
31 Childs, *Biblical Theology*, 453.

도 어떤 학자들은 단순히 "메시아 소망"[32]보다는 하나님의 약속에 대한 보다 넓은 시각을 고수하고, 또 어떤 학자들은 심지어 "메시아 소망"을 창세기 3:15까지 소급하여 추적한다.[33] 어떤 경우라도 교회가 받아들여 온 정경적 성경에서 하나님의 약속의 개념은 아브라함에게 주신 하나님의 언약 약속까지(창 12:1-3) 거슬러 올라가고, 심지어 그것을 넘어 창세기 3:15의 언약 약속까지 거슬러 올라간다.

에드먼드 클라우니(Edmund Clowney)는 다음과 같이 기록한다. "구약이 그 자체가 가진 약속의 구조의 빛에서 해석될 때와 그 약속이 그리스도 안에서 성취된 것으로 보일 때에는 구약의 의미의 중요성이 신학적인 깊이와 실제적인 능력에서 설교될 수 있다. 그리스도께 중심을 두지 않는 설교는 구약 계시에서 항상 심층의 차원을 놓치게 될 것이다."[34] 그러므로 오늘날 설교자들은 구약에 나타난 약속의 성취로서의 그리스도를 어떻게 설교해야 하는가?

1) 약속-성취 관계 해석을 위한 특별한 규칙

약속-성취의 길을 사용할 때, 우리는 특히 구약의 약속들을 해석하기 위한 두 가지 규칙을 명심해야 한다. 첫째, 하나님은 일반적으로 자신의 약속을 점진적으로, 말하자면 분할해서 채워 가신다는 것을 고려해야 한다. 우리는 이미 구약에서 점진적인 성취를 주목해 보았다. 윌리엄 라솔(William LaSor)은 성경 예언을 단순한 미래적 사건에 대한 예고(prediction)와 대조시킨다. 그는 다음과 같이 기록한다. "예언은 그것이 하나님의 구속 목적의 어떤 부분을 드러낸다는 의미에서 채워질 수 있으며, 또한 완전히 성취될 수 있다. 그래서 예언

---

32 예를 들어, Walther Zimmerli, "Promise and Fulfillment."
33 예를 들어, T. Desmond Alexander, "Messianic Ideology in the Book of Genesis," in *The Lord's Anointed: Interpretation of Old Testament Messianic Texts*, 19-39; Walter Kaiser, *The Messiah in the Old Testament*; 그리고 Gerard Van Groningen, *Messianic Revelation in the Old Testament*를 보라.
34 Clowney, "Preaching Christ from All the Scriptures," 183.

은 완전히(full) 채워질(filled) 때 성취되는(fulfilled) 것이다. 예언을 이러한 의미에서 이해하게 된다면, 우리는 더 이상 '예언이 한 가지 성취 이상으로 성취될 가능성이 있는가?'라고 질문하지 않는다. 예언은 완전히 성취될 때까지 더욱 채워질 수 있다."[35] 예를 들어, 베드로가 오순절에 "이는 곧 선지자 요엘로 말씀하신 것이니"라고 선언했지만, 요엘 선지자의 여러 가지 예고는, 예를 들어, "여호와의 크고 두려운 날이 이르기 전에, 해가 어두워지고 달이 핏빛같이 변하려니와"(욜 2:31) 같은 것은 성취되기를 여전히 기다린다.

두 번째, 본문을 해석할 때 구약의 약속에서부터 그리스도 안에 있는 성취로 나아가고, 다시 구약 본문으로 거슬러 올라가라는 것이다. 빌럼 반게메렌(Willem VanGemeren)은 다음과 같이 설명한다. "하나님의 약속 안에 소망을 두는 근거로서의 예언적 메시지의 온전한 영향력을 놓치지 않기 위하여, 기독교 주해는 구약의 메시지에서 신약으로 옮겨 가고, 그리스도 왕국의 진전을 탐사하며, 말씀이 어떻게 성취되었고 성취되어 가고 있으며 앞으로 어떻게 성취될 것인지를 보다 명확하게 결정하기 위해 예언적인 메시지로 다시 되돌아간다. 신약을 구약에 투영해서 읽는 데는 위험이 존재하여, 그렇게 함으로 구약 구절에는 나타나지만 신약의 인용문에는 나타나지 않는 소망과 약속의 측면을 잃게 된다."[36]

이 두 가지 규칙을 마음에 두고, 구약에 나타나는 몇 가지 약속을 검토해 보자.

2) 선지서의 약속들

우리는 메시아에 대한 약속을 찾기에 가장 분명한 곳인 선지서에서부터 시작하려고 한다. 하나님은 이사야 61:1-4에서 바벨론의 포로가 되어 있는 자기 백성에게 놀라운 구원의 약속을 주신다. "주 여호와의 영이 내게 임하셨으

---

[35] LaSor, *TynBul* 29 (1978) 55.
[36] VanGemeren, *WTJ* 46 (1984) 281.

니 … 그들은 오래 황폐하였던 곳을 다시 쌓을 것이며 … 황폐한 성읍 곧 대대로 무너져 있던 것들을 중수할 것이며"(1, 4). 이 예언은 남은 자들이 바벨론 유수에서 귀환한 주전 538년에 뒤이은 해에 본래적으로 성취되었다. 그러나 약 570년 후에 예수님이 이 구절을 나사렛 회당에서 읽었을 때, 예수님은 이 예언이 한층 더 성취되었음을 "이 글이 오늘날 너희 귀에 응하였느니라"라는 말씀으로 선포하셨다. 이제 이 지점에서 우리의 해석을 끝내기 전에 본문으로 되돌아가 보면, 예를 들어, 본문에서 예수님이 "우리 하나님의 원수 갚는 날"은 언급하지 않은 것을 주목하게 된다. 이날은 여전히 미래에 놓여 있다. 그러나 심지어 예수님이 지상에서의 자신의 생애 동안 성취하기 시작한 희년의 요소들조차 한층 더 성취되기를 기다리고 있다. 따라서 우리는 다음과 같이 중요한 세 지점에 초점을 두고 이 예언이 채워지는 과정을 대략적으로 그려 볼 수 있다.

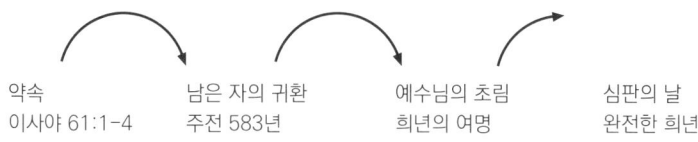

약속
이사야 61:1-4

남은 자의 귀환
주전 583년

예수님의 초림
희년의 여명

심판의 날
완전한 희년

시리아와 에브라임의 위협을 받고 있는 왕 아하스에게 '임마누엘'의 징조(사 7:11-17)를 주시는 하나님에 대해서 설교할 때, 우리는 그것이 티글랏-빌레셀이 두 나라를 쳐부순 주전 732년 전 어느 시간에 성취되었다는 것을 알고 있다. 그러나 마태가 "임마누엘"이란 단어를 번역한 데서 분명히 알 수 있듯이, 그는 특히 아기의 이름에서 이 약속이 한층 더 성취되었음을 본다. "이 모든 일의 된 것은 주께서 선지자로 하신 말씀을 이루려 하심이니, 가라사대, '보라, 처녀가 잉태하여 아들을 낳을 것이요, 그 이름은 임마누엘이라 하리라' 하셨으니, 이를 번역한즉 '하나님이 우리와 함께 계시다' 함이라"(마 1:22-23). 이 구절에서 "하나님이 우리와 함께 계시다."라는 구약의 아주 오래된 주제는 더 계속될 성취들의 통로를 제공해 준다. 예수님이 아버지 하나님께로 올라가시기 전에 제자들에게 약속하신다. "볼지어다. 내가 내 아버지의 약속하신 것을 너희에게 보내리니, 너희는 위로부터 능력을 입히울 때까지 이 성에 유하라"(눅 24:49). "하나님이 우리와 함께 계신다."라는 이 약속은 그들이 "성령님의 충만함을 받은"(행 2:4) 오순절에 성취되었다. 그러나 "하나님이 우리와 함께 계신다."라는 약속은 교회 시대를 지나 새 창조까지 이어지는데, 요한이 들은 음성에 의하면, 이 시대에는 "하나님의 장막이 사람들과 함께 있으매, 하나님이 저희와 함께 거하시리니, 저희는 하나님의 백성이 되고, 하나님은 친히 저희와 함께 계실 것이다."(계 21:3). 따라서 우리는 주요한 네 시점에 이 예언이 채워지는 것을 대략적으로 다음과 같이 그려 볼 수 있다.

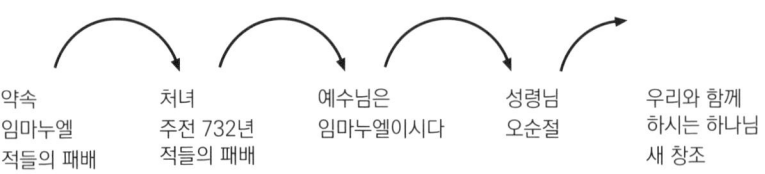

약속   처녀   예수님은   성령님   우리와 함께
임마누엘   주전 732년   임마누엘이시다 오순절   하시는 하나님
적들의 패배 적들의 패배   새 창조

선지서에 나타난 약속-성취의 또 다른 실례는 스가랴 9:9-10에 나타난다. 마태는 9절 말씀이 예수님의 영광스러운 예루살렘 입성에서 성취되고 있음을 본다. "이는 선지자로 하신 말씀을 이루려 하심이라. 일렀으되, '시온 딸에게 이르기를, 네 왕이 네게 임하나니, 그는 겸손하여 나귀, 곧 멍에 메는 짐승의 새끼를 탔도다 하라' 하였느니라"(21:4-5). 지금까지는 예수님 안에서 이것의 성취를 주목해 보았는데, 다시 본문으로 돌아가 보면 스가랴의 예언에 예수님이 아직 성취해야 할 요소들이 남아 있음을 보게 된다. "그가 이방 사람에게 화평을 전할 것이요, 그의 정권은 바다에서 바다까지 이르고, 유브라데 강에서 땅끝까지 이르리라"(슥 9:10).

3) 시편의 약속들

메시아에 대한 약속은 선지서는 물론 시편에서도 발견된다. 비록 시편이 문학 장르상 예언은 아니지만, 소위 "왕적 시편들"(예를 들면, 시 2, 18, 20, 45, 72, 89, 110편)은 오실 메시아의 예언으로 작용하기 시작한다. 본래 이 시편들은 유다 어떤 왕에게 왕관을 씌우거나(예를 들면, 시 2, 72, 그리고 아마도 110편) 어떤 통치하고 있는 왕을(예를 들면, 시 45편) 축하하는 것이었다. 존 스텍(John Stek)은 설명하기를, 이러한 시편들이 "하나님이 기름 부으신" 왕의 "지위를" 선포하고 "그와 그의 왕조를 통해 하나님이 무엇을 성취하실 것인가를 선언한다. 이리하여, 이 시편들은 또한 앞으로 올 다윗의 아들들에 대해 언급하는 바, 포로 시대와 포로 후기 시대에는 통치하는 왕이 없었기에, 이 시편은 다윗과 맺은 하나님의 언약을 미래에 성취하실 분으로 선지자들이 선포한 오직 다윗의 위대한 아들에 대해서만 이스라엘에게 말했다."라고 한다.[37] 제임스 메이즈(James Mays)는, 후기 메시아 예언의 영향 아래 "왕적 시편들 자체가 역사상 후기 단계에 와서, 오실 분에 대한 소망으로 읽혔다. … 일단 이사야가 등장한 뒤에는 시편들이 예언 자체의 맥락으로 끌려가기 시작했고, 또 다른 장르 속으로 이동하기 시작했다. 구약의 역사 아래에서 이러한 시편들은 메시아에 대한 장르로 움직이기 시작했다. 구약의 역사 자체 내에 이 시편들은 메시아 예언으로 저절로 읽히고 이해되기 시작했다. 이 시편들이 묘사한 새로운 시작은 한 명의 후보자를 기다리고 있었다. '하나님의 아들'이라는 칭호가 미해결 상태에 있었는데, 이는 그 칭호를 받을 만한 특정한 역사적 인물이 없었기 때문이다."라고 제안한다.[38]

---

37 Stek, "Introduction: Psalms," *NIV Study*, 786.
38 Mays, "Isaiah's Royal Theology," 48. 참조. Bright, *Authority*, 223. 또한 브루스 월키(Bruce Waltke)가 모든 시편의 인간 주제는 궁극적으로 예수 그리스도라고 주장함을 보라. "A Canonical Process Approach to the Psalms," in *Tradition and Testament*, ed. John S. Feinberg and Paul D. Feinberg (Chicago: Moody, 1981), 3-18.

4) 내러티브의 약속들

시편은 메시아 약속들을 다윗 왕과 연결시킨다. 클라우스 베스터만(Claus Westermann)에 의하면, "고유한 '메시아' 약속들은 … 모두 다윗 왕가를 위하여 선지자 나단이 말한 약속의 신탁에 근거하고 있다(삼하 7장)."[39] 이 구절은 구약 내러티브에서 뛰어난 메시아 약속들 중의 하나이다. 왜냐하면, 하나님은 다윗에게 다음과 같이 약속하시기 때문이다. "네 집과 네 나라가 내 앞에서 영원히 보전되고 네 위가 영원히 견고하리라"(삼하 7:16). 이 핵심 약속이 사무엘서와 열왕기서와 역대기서를 메시아 약속의 궤도로 이끌어 오는 것은 심지어 그 열왕들의 역사를 하나하나 열거할 때에도 이스라엘은 다윗과 같은 또 다른 왕을 기대하기 시작하기 때문이다. 이 책들은 또한 반복적으로 왕을 히브리어로 **메시아**(원음은 '마쉬아흐' - 역주)라는 "여호와의 기름 부으신 자"로 언급하여, 다윗과 같은 또 다른 의로운 왕에 대한 소망을 북돋아 주었다.[40] 따라서 사무엘서-열왕기서에서 그리스도를 설교할 때 약속-성취의 길이 사용될 수도 있지만, 모형론이 그리스도께 이르는 더 좋은 길일 것이다. 왜냐하면, "여호와의 기름 부으신 자"로서의 다윗 가문의 왕은 그리스도의 모형으로 작용하기 때문이다. 그리스도를 설교할 수 있는 또 다른 방법은 점진적 구속사이다. "열왕기서의 저자는 다윗에게 주어진 하나님의 약속들에 대해 그분의 신실하심에 대한 역사적 실재를 시위하는 데 관심을 가졌다. 저자는 약 350년에 걸쳐 유다에서 유지된, 단절되지 않은 한 왕조를 소개한다. 이 책은 심지어 포로 생활 기간과 이방 지배 아래에서조차도 하나님의 은혜는 여전히 다윗의 후손들에게 계속적으로 함께했다는 소망의 기록으로 끝난다."[41] 이러한 소망은 다윗의 위

---

39 Westermann, "The Way of the Promise," 215.
40 Raymond Dillard and Tremper Longman, *Introduction*, 146, "이스라엘에게 있어서 메시아사상은 다윗과 같은 어떤 의로운 왕에 대한 그들의 이데올로기에서 자라난다."
41 Ibid., 165-166. 이 저자들은 계속해서 다음과 같이 말한다. "신약은 이 동일한 소망이 로마가 통치하던 시절에도 이스라엘에 살아 있었다는 것을 보여 준다. 복음서 저자들은 예수님의 다윗 가계와, 하나님이 다윗에게 주신 약속들의 결과로서 세우실 왕국의 상속자인 '다윗의 자손'이라는

대한 자손인 예수 그리스도의 오심과 더불어 궁극적으로 성취된다.

끝으로 우리는 창세기에 나타나는 하나님의 메시아 약속들에 대해 뜨겁게 논의되었던 문제를 남겨 두었다. 오늘날 가장 결정적인 (그리고 가장 많이 논란이 되는) 구절은 창세기 3:15이다. "내가 너로 여자와 원수가 되게 하고, 너의 후손[씨]도 여자의 후손[씨]과 원수가 되게 하리니, 여자의 후손[씨]은 네 머리를 상하게 할 것이요 너는 그의 발꿈치를 상하게 할 것이니라." 전통적으로 이 구절은 하나님의 약속으로 이해되어, 사실 교부들은 그것을 *protoevangelium*, 즉 "원시('최초'라는 의미에서 – 역주) 복음"이라고 불렀다. 그러나 오늘날 많은 학자들은 이 구절을 하나의 약속으로 보는 것을 거부한다.[42] 클라우스 베스터만은 오늘날의 수많은 학자들을 대변하여 이렇게 이야기한다. "이러한 해석을 허락하지 않는 데는 두 가지 중요한 이유가 있다. 첫째는, *zera*[원어 '제라'는 '씨'라는 뜻임 – 역주]가 집합적으로 이해되어야 한다는 것에는 의심의 여지가 없다. 그 본문은 뱀의 후손들은 물론 여자의 후손들의 가계에 대해서도 언급하고 있다. 두 번째 이유는 양식 비평적인 것이다. 그 단어는 형벌(혹은 저주)을 선포하는 본문에 위치하고 있다. 그러한 형식이 일차적이거나 심지어 이차적인 의미로서도 약속이나 예언을 뜻한다는 것은 가능하지 않다."[43]

두 번째 반대 이유에서부터 시작하자면, 베스터만 자신은 "14절과 15절에서 두 개의 대칭적 선고는 … 상대적으로 서로가 독립적이다."라고 진술한다.[44] 만일 14절과 15절이 "상대적으로 서로 독립적"이라면, 15절을 14절에 나오는 저주의 테두리 안에서 해석할 강제적인 이유가 없다. 게다가 그 구절

칭호에 대한 예수님의 정당한 주장을 추적하는 데 관심을 가진다." 또한 다음을 보라. Philip E. Satterthwaite, "David in the Books of Samuel: a Messianic Hope?"; Iain W. Provan, "The Messiah in the Books of Kings"; 그리고 Brian Kelly, "Messianic Elements in the Chronicler's Work," in *The Lord's Anointed: Interpretation of Old Testament Messianic Texts* (Grand Rapids: Baker, 1995), 41-65, 67-85, 249-264.

42 Alexander, "Messianic Ideology in the Book of Genesis," 28에서 언급한 저자들을 보라.
43 Westermann, *Genesis 1-11* (London: SPCK, 1984), 260.
44 Ibid., 258; 참조. 15절과 관련해서는 259쪽, "이 문장은 14절에 나오는 저주 공식과는 단지 매우 느슨하게 연결될 뿐이다. 그래서 그것은 아주 독립적일 수도 있다."

에 귀 기울이기도 전에 그 본문을 재갈 물리는 "저주"에 대한 제한적 양식 비평의 정의를 사용해서는 안 된다. 왜냐하면 구약에서 하나님의 심판과 하나님의 은혜는 종종 함께 나타나기 때문이다. 즉, 하나님은 회복하시기 위해 심판하신다. 예를 들어, 홍수는 인간의 죄에 대한 하나님의 심판인 동시에 지구를 깨끗하게 하시는 하나님의 은혜이다. 따라서 베드로는 홍수를 세례의 모형으로 사용할 수 있다(벧전 3:20-21). 마찬가지로, 하나님이 뱀(로마서 16:20과 요한계시록 12:9에 의하면 사탄)에게 선고한 심판은, 한편으로는 하나님의 백성에게는 좋은 소식이다. 왜냐하면, 하나님이 말씀하시는 원수 관계는 하나님의 백성과 사탄 사이에 있는 불경건한 연합을 깨뜨리기 때문이다.[45]

"후손"을 집합적으로만 이해해야 한다는 첫 번째 반대 이유는, 히브리어 단수 명사는 한 개인을 가리킬 수도 있고 한 집단의 비슷한 개인들을 가리킬 수도 있다는 것을 고려할 때 사라지게 된다. 우리는 또한 문맥에 따라 "씨"의 의미를 집단 전체와 한 개인 사이에서 왕복하게 하는, 아주 오래전부터 사용해온 공동체 인격(corporate personality)을 생각할 수도 있다. 창세기 13:16에서 하나님이 아브라함에게 "내가 네 자손[씨]으로 땅의 티끌 같게 하리니, 사람이 땅의 티끌을 능히 셀 수 있을진대, 네 자손[씨]도 세리라" 하고 약속하신 것처럼, 한 무리의 개인들에 대해 습관상 집합적인 의미로 "씨"를 사용한다 하더라도, 우리는 개인적인 의미로 사용된 것, 예를 들어, 창세기 4:25에서 하와가 "하나님이 내게 … 아벨 대신에 다른 씨를 주셨다."라고 말한 것(참조. 창 21:13)도 역시 보게 된다. 이러한 혼용을 볼 때, 창세기 3:15의 "씨"의 의미는 그 해석이 자유로워서 집단적으로나 개인적인 것으로 이해될 수 있고, 혹은 양쪽으로 다 해석될 수도 있다. 창세기의 '톨레도트'(*toledoth*; "계보"라는 뜻의 히브리어

---

[45] 베스터만(Westermann)의 양식 비평적 접근과는 반대로 Alexander, "Messianic Ideology," 37에서는 다음과 같은 주장을 편다. "방법론적으로 볼 때, 개별적인 구절들은 자료와(또는 자료나) 양식 비평적인 고려에 기초해서 메시아에 관한 것이 아니라고 주장하는 것은 불합리하다. 분명히 평가하기 위해 필요한 것은 창세기를 현재의 모습대로 구성하는 다른 모든 요소들의 결합으로 창조된 그림이다."

단어로서, 창세기에 13회 사용 중 11회는 창세기의 문예적 구조를 단락 짓는 지시어가 된다. 2:4; 5:1; 6:9; 10:1; 11:10, 27; 25:12, 19; 36:1, 9; 37:2 – 역주) 구조의 맥락에서 볼 때, 분명한 것은 저자가 "여자의 씨"를 아담에서 노아까지(10대, 창 5:32), 노아의 아들 셈에서 아브람까지(10대, 창 11:26) 이어지는 후손들의 계보로 간주한다는 것이다. 우리는 아브람과 함께 "씨"에 대한 새로운 강조를 보게 된다. "여호와께서 아브람에게 나타나 가라사대, '내가 이 땅을 네 자손[씨]에게 주리라' 하신지라"(창 12:7). 아브람의 아내 사래가 생산치 못했다는 사실(창 16:1)은 씨에 대한 긴장감을 증가시킨다. 그러나 하나님은 공언하셨다. "내가 그에게 복을 주어 그로 네게 아들을 낳아 주게 하며, 내가 그에게 복을 주어 그로 열국의 어미가 되게 하리니, 민족의 열왕이 그에게서 나리라"(창 17:16). 이삭이 태어났을 때, 하나님은 "네 씨로 천하 만민이 복을 받으리니"(창 22:18)라고 아브라함에게 약속하셨다. 그러나 이삭의 아내 리브가는 생산치 못하였고, 그래서 여자의 씨의 가계는 마치 끝이 온 것처럼 보인다. 그러나 이삭의 끈질긴 호소에, "하나님이 그의 간구를 들으셨으므로, 그 아내 리브가가 잉태하였다."(창 25:21). 후에 야곱의 아내 라헬이 생산치 못하였으나(창 30:1), "하나님이 라헬을 생각하신지라. 하나님이 그를 들으시고, 그 태를 여신고로 그가 잉태하여 아들을 낳고 … 그 이름을 요셉이라 하니…"(창 30:22-24). 분명히 메시지는 하나님의 권능과 은혜만이 여자의 씨를 대대로 살아 있게 지키신다는 것이다. 더 나아가 하나님의 목적이 모든 민족의 구원이라는 메시지이다. 왜냐하면 하나님이 "네 씨로 천하 만민이 복을 받으리니"(창 22:18)라는 그의 약속을 아브라함에 반복하시고, 창세기 26:4에서는 이삭에게, 창세기 28:14에서는 야곱에게 그리 하셨기 때문이다. 이스라엘은 열방에 빛이 되어야 할 존재이다. 그러나 이스라엘이 그 사명을 성취하지 못할 때, 하나님은 여자의 그 씨, 곧 참이스라엘인 예수 그리스도를 보내신다.

창세기 3:15을 기록한, 영감을 받은 저자가 메시아 예수님의 오심과 사탄에 대한 그분의 승리를 예견하지 못한 것은 쉽게 인정할 수 있다. 왜냐하면, 일반적으로 우리는 성경의 약속들을 고립시켜서는 이해할 수 없기 때문에, 약속들이 구속사에서 때때로 놀라운 방식으로 채워져 갈 때 그 일들을 되돌아보면서 우리는 그 약속들을 이해해야 하기 때문이다. 그러나 최소한 창세기 3:15은 이스라엘 백성에게 하나님이 뱀의 씨와 여자의 씨 사이에 원한 관계를 맺게 하겠다고 약속하신 것을 말해 준다. 우리는 이 시점에서 "씨"의 모호성을 해결할 필요는 없지만, 후기의 구속사가 그 말이 집합적으로 이해되어야 하는지 아니면 개별적으로 이해되어야 하는지를 우리에게 보여 주도록 해야 한다. 가인이 아벨을 죽일 때 그 원수 관계는 두 개인 사이에서 표현된다. 그러나 창세기 저자는 또한 원수 관계가 두 부류의 사람들 사이에 존재한다는 것을 애써 보여 주려고 한다. 즉, 하나님께 반역하는 사람들과 하나님께 순종하려고 애쓰는 사람들 사이에 존재한다는 것이다. 그는 복잡한 '톨레도트' 구조 속에서 이 두 부류 사람들의 가계를 대조한다. 첫 번째 후손들의 목록은 아담과 가인을 경유하여 라멕의 무자비한 폭력으로 달려간다(창 2:4-4:26). 그러나 그 사이에 하나님은 아담에서 출발해 셋과 에녹을 거쳐 의인 노아까지 이어지는 또 다른 후손의 계보를 시작하셨다(창 5:1-6:8). 후에 이스마엘 후손들의 계보는 간단하게 설명되는 반면(창 25:12-18), 이삭과 야곱의 후손들은 폭넓게 검토된다(창 25:19-35:29). 마침내 에서의 후손들(창 36:1-37:1)은 야곱의 후손들(창 37:2-50:26)과 나란히 놓이며 대조된다.

두 부류 사람들 사이의 원수 관계는 구속사에서 이스라엘 대 애굽, 이스라엘 대 에돔, 이스라엘 대 가나안, 이스라엘 대 바벨론으로 그 모습을 드러낸다. 그러나 우리는 이러한 역사 전체를 통해 때로 두 부류 사람들이 아벨 대 가인, 이삭 대 이스마엘, 야곱 대 에서, 모세 대 바로, 다윗 대 골리앗 같은 개인 두 명으로 대표된다는 것도 본다. 사실 칠십인역(주전 3세기)과 유대인 타르굼은 창세기 3:15을 "왕 메시아의 시대에 사탄에 대한 승리를 언급하는 것"으로 이해한다.[46] 후대 신약의 구속사적 관점에서 우리는 여자의 씨와 뱀의 씨 사이의 원수 관계에 대한 약속은 마침내 예수님과 사탄의 대결을 초래하고, 광야(마

---

46 Alexander, "Messianic Ideology," 27.

4:1-11)와 골고다(마 28장)에서, 그리고 재림(계 12:9; 20:10) 때에 있을 예수님의 승리로 이어지는 것을 본다.

5) 약속 – 성취의 길의 현대적 관련성

추가적인 성취에 대한 안목을 가지고 메시아 약속들을 설교하는 것이 적절한 이유는 그것이 사람들의 시각을 왕국사 전 영역으로 확대시켜 주기 때문이다. 사실 그것은 청중을 하나님의 약속-성취의 역동적인 흐름 속에 올바르게 위치시킨다. 하나님이 그분의 온전한 왕국의 도래를 알리시는 약속을 성취하시기를 우리가 기다리고 있기에, 어려운 시기에 그러한 설교는 미래에 대한 좋은 소망을 줄 수 있다. 또한 메시아에 대한 예언적 시각을 설교하는 것은 예수님께 대한 어떤 현대적 견해들을 교정하는 역할도 할 수 있다.

제임스 메이즈는 다음과 같이 기록한다. "그리스도인들은 메시아요 왕이신 예수님의 역할을 교회의 영역 즉 세상 역사와는 분리해서 예수님과 관련된 공동체에 대해서만 말하고 생각하는 것으로 제한하고, 하나님이 교회에서 행하신 것이 곧 하나님이 세상에서 행하신 모든 것이라고 믿고 싶은 유혹을 받는다. 교회는 전 지구를 채우는 하나님의 영광에 대한 선지자의 환상을 필요로 한다. 교회는 **왕**이라는 단어를 강조하는 것과 함께, 하늘에 계신 왕에 대한 이사야의 환상을 필요로 한다. 하나님의 오른편에 계신 예수님은 하나님이 역사를 떠나 계시거나, 말하자면, 하나님이 앗수르를 자신의 분노 막대기로 사용하기를 멈추셨다고 하지 않으신다."[47] 게다가 하나님은 오늘날 민족들의 역사를 인도하심은 물론, 예수님의 재림 때에 민족들을 심판하시고 자신의 왕국을 온전히 가져오겠다고 약속하셨다. 결국엔 공의가 이기고 그분의 온전한 왕국이 올 것이라는 하나님의 약속들은, 하나님이 그 약속을 성취해 주시기를 그리스도인이 열렬히 기다리는 동안, 심지어 박해 와중에서도 그리스도인들에게 소

---

47 Mays, "Isaiah's Royal Theology," 50.

망과 용기를 줄 수 있다.

4. 모형론의 길

　모형론 또한 현대에 와서 심한 비평을 받아왔다. 때때로 학자들은 모형론을 알레고리적 해석과 묶어서 생각하다가 즉각 둘 다 거부하는 경향이 있다. 이 잘못된 결합이 비학문적인 이유는, 역사적으로 볼 때, 안디옥 학파가 모형론적 해석을 정확히 알렉산드리아 학파의 알레고리적 해석에 반대해서 사용했기 때문이다(앞서 살핀 147-148쪽을 보라). 그러나 우리가 깨달아야 할 것은 세속적이거나 이신론적인 형태의 역사 비평적 방식이 지닌 전제 조건들을 기초로 해서 연구하는 학자들은 모형론을 거부함에 있어서 거의 선택할 여지가 없는데, 그들은 폐쇄된 우주에 살고 있다는 그들의 전제 때문에 그렇게 행한 것이다.[48] 왜냐하면 역사 속에서 주권적으로 역사하시는 하나님에 대한 성경적인 가르침이 없다면, 모형론은 완전히 무의미하기 때문이다. 일단 하나님의 섭리가 부인되면 모형론도 필연적으로 부인되어야 하는데, 이는 역사 속에 자신의 구속 계획을 실행하시는 하나님에 대한 기초가 없이는 모형론이 존재할 수 없기 때문이다.

　물론, 모형론은 알레고리적 해석과는 상당히 다른 것으로, 알레고리적 해석은 해석자가 해석하고 싶은 대로 무엇이든지 어떤 본문으로 하여금 말할 수 있게 하기 때문이다. 이와 대조적으로 모형론은 성경에 드러난 대로 구속사에서 하나님의 행위들의 축을 따라 구체적인 유비들을 발견하는 것으로 제한된다. 람프(G. W. H. Lampe)가 말한 것처럼, "알레고리는 실제적인 역사적 성취를 인식하는 것에 의존하는 모형론 같은 것과는 근본적으로 다르다. 이러한 큰

48　앞서 살핀 347쪽, 각주 20번을 보라.

차이가 있게 된 이유는 단지 알레고리는 역사를 고려하지 않기 때문이다."⁴⁹

1) 모형론과 주해

어떤 학자들은 모형론적 해석이 적절한 주해인지를 물어본다. 예를 들어, 존 브라이트는 모형론이 "구약 본문 주해를 위한 도구로 사용될 수는 없다."라고 주장한다. 이것은 그가 모형론을 부인하는 것은 아니지만, 그는 그것을 "문법적-역사적 방법"만을 사용하는 적절한 주해의 범위 밖에 두고 싶어 한다는 의미다. 그는 말하기를 "주해란 본문에 대한 역사적이고 철학적인 주의 깊은 검토를 통해 저자가 전달하고자 의도했던 의미를 발견하는 과제를 안고 있으며, 주해는 그 과제의 범위를 결코 합법적으로는 벗어날 수 없다. 반대로, 모형론은 본문에 대해, 즉, 더 나은 표현으로는 본문 안에 묘사된 사건들에 대해 그 이후의 해석과 관계가 있다. 그리고 본문에 나타나는 새로운 의미를 그 이후에 늦게 발생한 사건들의 관점에서 표현하는 방식이다."⁵⁰ 데이비드 베이커는 다음과 같은 의견에 동의한다. "모형론은 주해나 본문 해석이 아니라 성경 본문에 기록된 사건들과 사람들과 제도들 사이의 관계성에 대한 연구이다."⁵¹

만약 모형론과 주해의 관계성이 단순히 정의의 문제라면, 그것에 많은 시간을 쓸 필요는 없을 것이다. 그러나 이러한 논의 이면에 있는 의미심장한 해석학적 주제는 하나의 모형이 예언만큼 예보적(豫報的, predictive)인가 하는 것이

---

49 Lampe, "The Reasonableness of Typology," 31. 참조. Walther Eichrodt, "Is Typological Exegesis an Appropriate Method?" 227, "모형론에서, 해석해야 할 본문의 역사적 가치는 그것을 사용하기 위한 본질적인 전제를 형성한다. 그와 반대로 알레고리에서는, 이것이 무관하거나 심지어 거슬리는 것이어서, 그 이면에 있는 '영적' 의미에 자리를 내주기 위해 한쪽으로 밀려나야 한다." 참조. John Breck, *Power of the Word*, 94, "역사적 사건들을 비유적 상징으로 취급함으로써 알레고리는 신앙의 역사적 근거를 위협한다. 그러나 … 모형론적 이론(*Theoria*)은 계시의 역사적 성격을 유지한다." Ibid., 93-104을 보라.
50 John Bright, *Authority*, 92. Geoffrey Grogan, *Scottish Bulletin of Evangelical Theology* 4 (1986) 10.
51 Baker, *SJT* 29 (1976) 149. 브라이트(Bright)가 "모형론적 **해석**"에 대한 언급을 받아들임을 주의하라. *Authority*, 92, n. 82.

다. 어떤 학자들은 "그래, 모형들은 예보적이기 때문에 모형론은 주해이다. 모형론은 본문에 이미 존재하는 것을 본문에서 가져올 뿐이기 때문이다."라고 주장한다.[52] 다른 학자들은 "아니다. 모형은 예보적인 것이 아니라 구속사의 후기 단계에서만 발견될 뿐이다. 따라서 모형론은 주해 자체가 아니다. 왜냐하면 모형론은 본문 자체에 있는 것 이상의 의미를 발견하기 때문이다."라고 주장한다. 프란스(R. T. France)는 이렇게 기록한다. "엄정한 주해는 모형론의 필수적인 전제이지만, 모형론 그 자체를 주해의 한 방법으로 묘사하는 것은 옳지 않다. … 만일 모든 모형이 본래 어떤 원형을 분명하게 지향하려고 의도되었다면, 모형론을 주해의 한 양식으로 분류하는 것이 옳을 수 있다. 그러나 사실은 그렇지가 않다. 하나의 모형 안에는 그 자체로서 미래를 가리키는 어떠한 표시도 없으며, 그것은 그 자체로 완전하고 명료하다."[53] 따라서 이 논의에 있어서 기본적인 주제는 구약의 모형이 예언처럼 예보적인가, 아니면 소급하여 발견되는 것인가라는 질문이다.

내 생각에는 그 질문에 대한 답은 양자택일적인 것이 아니라 양쪽 모두라는 것이다. 어떤 구약 모형들은 예보적인 것이나 그렇지 않은 모형들도 있다. 나는 대부분의 모형들이 예보적인 것은 아니지만, 특정한 인물들이나 사건들

---

52 예를 들어, G. K. Beale, *Themelios* 14 (1989) 93, "만일 모형론이 부분적으로 예언적인 것이라고 분류된다면, 그것은 주해 방법으로 생각될 수 있는데, 이는 신약에서 상응하는 부분이 저자이신 하나님이 원래 포함시킨 구약 모형이 가지는 보다 더 충만한 예언적 의미를 소급하여 끌어올 것이기 때문이다. … 이런 점에서 모형론은 정경의 골격 내에서의 문맥적 주해라고 불릴 수 있는데, 그 이유는 그것이 주로 성경의 앞서 기록된 부분의 의미를 후대 부분들을 통해 해석하고 해명하는 것을 포함하기 때문이다." 참조. Bruce Waltke, "Kingdom Promises," 278, "하나님이 모형을 신적으로 결정했기 때문에, 모형은 신적 **예보**라는 결론이 내려진다."
53 France, *Jesus and the Old Testament*, 41-42. 참조. Ibid., 40쪽, "신약의 모형론에 내재한 성취 사상은, 그렇게 이해된 사건들은 명확하게 예보된다는 신념에서 유래한 것이 아니라, 이미 구약에서 불완전하게 구현된 하나님의 사역 원리들이 예수님의 오심과 사역에서 보다 완전하게 다시 구현되고 그래서 성취된다는 확신에서 유래한다." 참조. Ellis, Foreword to Goppelt's *Typos*, xvi, "단지 신약 성취의 빛에서만 어떤 구약의 인물, 사건, 혹은 제도의 모형론적 의미가 분명해진다." 참조. Klein, Blomberg, and Hubbard, *Introduction*, 130, "이것이 후대에 신약의 저자들이 발견한 모형을 구약의 저자들이 일종의 예언의 방식으로 실제로 의도했다는 것을 암시할 필요는 없다. 모형론은 하나님의 현재 활동들에 대한 유사성을 찾기 위해 이전 성경을 '채굴하는' 후대 저자의 한 기교에 가깝다." 참조. Unger, *Principles*, 202-203.

은 그 후에 모형론적 의미를 가지는 것으로 본다. 예를 들어, 다윗의 통치 기간 당시에 이스라엘은 다윗 왕을 더 위대한 한 왕에 대한 예보로 보았을 것 같지는 않다. 다윗 왕이 살던 시대에서 수백 년이 지난 후에 선지자들이 새로운 목자-왕의 오심을 선포하기 시작했을 때, 다윗 왕은 하나의 모형이 된 것이다.[54] 물론 선지자들이 새로운 왕 다윗을 약속함에 있어서 모형론을 사용했을 때, 이제 하나의 약속과 연결된 모형은 예보적인 것이 되었다. 그러나 가령 설교 본문이 사무엘하 5:1-12일 때는 이러한 예보적 요소는 존재하지 않는다. 다윗이 이스라엘의 왕으로 기름 부음을 받고 예루살렘을 수도로 삼았을 때, 본문 자체에 다윗이 모형이라는 암시는 없다. 그러나 이 사건을 신약의 관점에서 볼 때 이 상황은 변한다. 이제 우리는 평화의 도시 예루살렘으로부터 하나의 통일된 민족을 통치하는, 하나님이 기름 부으신 그 왕은 하나님 자신의 왕국을 지상에 가져오시려는 하나님의 모형(pattern)이라는 것을 깨닫는다. 신약에서 우리는 새로운 목자-왕이요, 성령으로 기름 부음을 받으신 다윗의 자손 예수님이 하나님의 도성을 보고 우시는 것을 본다. "예루살렘아, 예루살렘아, … 내가 네 자녀를 모으려 한 일이 몇 번이냐 … 그러나 너희가 원치 아니하였도다!"(마 23:37). 위대한 왕이 오셨지만, 예루살렘은 그분의 통치 아래 평화의 왕국으로 통일되기를 거부했다. 그러나 그날은 반드시 올 것이다! 요한은 이미 그것을 환상 중에 보았다. "또 내가 보매, 거룩한 성 새 예루살렘이 하나님께로부터 하늘에서 내려오니, 그 예비한 것이 신부가 남편을 위하여 단장한 것 같더라"(계 21:2). 따라서 사무엘하 5장만 분리해서 보면 예보적이 아니지만, 신약의 관점에서 보면 여기서 다윗 왕은 분명히 그리스도의 모형이다.

---

54 John Bright, *Authority*, 223을 보라. "왕적 이상(예, 시편 72)은 다윗 왕조나 그 왕조의 대표자의 능력 너머에 놓여 있었다고 본다. … 다윗 가계의 이상적인 왕에 대한 기대가 시간의 흐름과 함께 발전되어 왔다(먼저 이사야 자신에게서 시작되었다: 9:1-7; 11:1-9). 그리고 그의 의롭고 유익한 통치 아래 모든 약속이 성취될 것이다. 그러나 그러한 소망 역시 실현되지 못했다. … 그러나 그 소망은 좌절되지 않았다 … 그것은 늘 비극과 좌절과 절망을 넘어, 한 왕, 기름 부음 받은 자, 메시아의 오심을 내다보았는데, 그분은 하나님의 능력을 부여받아 자기 백성에게 승리와 평화를 가져오고 지상에 하나님의 왕국을 세울 것이다."

그러나 원래의 역사적 맥락에서 이스라엘에게 예보적인 모형들도 있다. 하나님이 특별히 자기 백성 이스라엘을 가르치기 위해 세우신 모형들, 곧 안식일, 유월절, 성막, 피 제사 같은 모형들이다. 예를 들어, 하나님은 모세에게 성막 만드는 법을 정확하게 가르쳐 주심으로, 성막이 자기 백성 가운데서 하나님 임재의 표시가 될 수 있게 하셨다. 이러한 표시가 그 당시에도 의미가 있었으나, 하나의 모형으로서는 추가적인 성취도 가리켰다. 그러면 구체적으로 그 성취는 무엇인가? 예루살렘에 있는 성전인가? 육체로 우리 가운데 계신 하나님이신가? 심지어 예보적인 모형을 가지고서도 우리는 그 그림을 완성하기 위해서는 여전히 하나님이 자기 아들 예수님을 통해 자기 백성 가운데 임재하신다는 신약의 관점을 필요로 한다.

나는 되돌아가서 모형을 찾아 읽는 일에 대한 근본적인 관심은 구약 본문에 있지도 않은 의미를 찾기 위해 구약으로 돌아가야 한다는 부담을 스스로 받아들이는 것은 아니라고 생각한다. 그러나 모형론적 해석이란 본문에 묘사된 사건으로 돌아가 의미를 읽는 것이 아니라, 충분한 구속사적 맥락 속에서 이 사건을 이해하는 것이라고 되받아치는 사람이 있을 수 있다. 게다가, 비록 우리가 이러한 보다 충만한 의미를 구속사의 후대에서부터 소급해서만 **발견한다** 하더라도, 하나님의 관점에서 볼 때 그것은 항상 하나님의 전체적인 구속사의 설계 안에 있었다.

이러한 논의는 모형론과 약속-성취 사이에 있는 어느 정도의 차이점을 해명하는 데 도움이 되었다. 약속들은 보통 구두로 하는 말들인데 반해, 모형들은 사건들과 인물들과 제도들이다. 더 나아가 약속들은 미래적 성취를 가리키는데 반해, 모형론은 일반적으로 반대 방향, 즉 신약적 성취에서 과거의 모형으로 움직인다.

2) 모형론의 길에 따르는 위험

불행히도 설교자들은 종종 모형론을 오용했다(제3장과 4장을 보라). 존 골딩게 이(John Goldingay)는 "그 자체의 의미를 가진 실제적인 사람들이나 사건들을 우주적인 드라마 속의 대표적인 상징이나 인형들로 바꾸는 내재된 위험"에 대해 언급한다. 그는 또한 "(예를 들면) 청색, 자색, 홍색으로 채색된 성막 휘장을 그리스도의 거룩함과 왕권과 죽음으로 보는, 좀 더 경건한 모형론으로 제기되는 위험"에 대해서도 언급한다.[55] 우리는 후자를 모형론화(typologizing)라고 부를 수 있는데, 즉 세부 사항들조차도 "모형들"로 해석하는 것이다. 우리는 해석사를 개관하면서, 모든 세부 사항에서 "모형들"을 찾는 것이 해석자들로 하여금 곧바로 알레고리화(allegorizing)의 혼돈으로 빠져들게 한다는 것에 주목했다.

심지어 오늘날에도, 사람들은 타당한 모형론 사용을 벗어나 잘못된 모형론화 속으로 쉽게 미끄러져 들어간다.[56] 어떤 모형 사전에 보면, 이삭의 신붓감을 구하기 위해 자기 종을 보내는 아브라함의 이야기는(창 24장) 다음과 같은 모형을 담고 있다. "아들 이삭을 위해 신부(리브가)를 얻어 주려고 자기 종(성령님)을 보낸 아브라함은 성부의 모형이다. … 이삭은 주 예수 그리스도를 나타낸다. … 리브가는 교회를 나타낸다."[57] 비록 "모형"라는 단어가 사용되기는 하지만, 이것은 모형론이 아니라 알레고리화이다. 요셉에 대한 여러 가지 설교 중에서 견본 몇 개를 보면, 역시 모형론화의 의미를 구체적으로 알 수 있을 것이다. 형들을 찾아나서는 요셉의 복종은 그리스도의 복종의 예언적 모형이며, 이스마엘 사람들에게 팔린 것은 그리스도께서 유다에 의해 팔리는 것을 예표한다(prefigure). 애굽에서의 그의 행운은 역시 애굽으로 인도된 예수님께 대한 하나님의 축복을 예표한다. 요셉이 수감되고 그 후에 면류관을 쓴 것은 자기 백성을 구하기 위해 그리스도께서 굴욕을 당하신 것과 면류관 쓰신 것을 보여

---

55 Goldingay, *Models*, 65.
56 Louis Berkhof, *Principles*, 146에서는 "어떤 해석가들은 놋 뱀이 하급 금속으로 만들어졌다는 사실에서 그리스도의 외적인 초라함이나 변변치 못한 외모를 발견했고, 놋 뱀의 견고함에서 그리스도의 신적 힘을, 그리고 그 어둠침침한 광택에서 그분의 인성이 가려졌음에 대한 예표(prefiguration)를 발견했다."라고 언급한다.
57 W. L. Wilson, *Wilson's Dictionary of Bible Types* (Grand Rapids: Eerdmans, 1957), 15.

준다.⁵⁸ 마지막 설교만 참모형을 나타내는 것에 근접해 있다. 나머지 설교들은 모형론과는 아무런 관계가 없는 우연한 병행 관계에 집착하고 있다.

잘못 해석할지도 모른다는 위험성 때문에 어떤 사람들은 신약이 구약의 인물이나 사건을 모형으로 드러내는 곳에서만 모형론을 사용하는 것이 안전한 행동이라고 제안해 왔다. 150년 전에 영향력 있었던 패트릭 페어베언(Patrick Fairbairn)은 마쉬(Marsh) 감독이 추천한 이러한 선택 사항을 고려해 보고, 그것은 "자의적이고 납득이 가지 않는" 것이라며 즉시 거부해 버렸다. 페어베언은 다음과 같이 기록한다. "성경이 이렇게 특별히 예를 든 인물들과 사건들을 모형적인 요소가 속하는 것으로 동등하게 가정해 온 다른 많은 것들과 구별해 줄 수 있는 것에는 무엇이 있는가? … 만일 이런 것들이 정말로 모형적 성격을 갖고 있다면, 하나님의 섭리의 역사에서 동일하거나 훨씬 더 두드러진 위치를 갖고 있을 다른 것들도 분명히 마찬가지임에 틀림없다고 우리는 본능적으로 느낄 것이다." 페어베언은 다음과 같은 좋은 실례를 제공해 준다. "요셉, 삼손, 여호수아 같은 주요한 인물들은 생략되는 반면, 멜기세덱과 요나-구약 역사에서 우리가 비교적 주목하지 않는 인물들-가 모형을 이루는 데는 무슨 이유가 있다고 상상할 수 있겠는가? 혹은, 요단을 지나가는 통행로를 만든 것과 가나안 땅 정복은 중요하지 않으면서, 홍해를 지나가는 통행로와 광야에서의 사건들을 선택하는 것에는 무슨 이유가 있다고 상상할 수 있겠는가?"⁵⁹ 그러나 마쉬 감독의 "안전한" 제안이 완전한 답을 주는 것은 아니다. 그의 질문은 다음과 같이 남아 있다. "주어진 어떤 예에서 모형이라고 **추정된**(alleged) 것이 실제로는 모형으로 **계획된**(designed) 것임을 무슨 수단을 통해 결정할 것인가?" 페어베언은 대답한다. "다른 경우뿐만 아니라 이 경우에도, 성경이 어떤 근본적인 견해나 원리들을 가리키고 있기 때문에, 성경은 단지 몇 가지를 개별적으로 적용하게 하고, 나머지 것들은 영적으로 밝은 양심의 손에 맡긴다는

---

58 이러한 설교들 및 다른 설교들에 대한 참고 문헌을 보려면, Greidanus, *Sola Scriptura*, 83-84를 보라.
59 Fairbairn, *Typology*, 23.

것은 분명히 가능하다."⁶⁰

3) 모형론의 정의

자의적 해석(eisegesis)의 위험성에도 불구하고, 오늘날의 많은 학자들과 공동체들은 비록 모형론을 서로 상당히 다르게 정의하고 있기는 하지만, 모형론을 하나의 타당한 방법으로 받아들인다. 서양에서는 발터 아이히로트, 게르하르트 폰 라트, 레온하르트 고펠트 같은 학자들의 영향력으로 모형론적 해석이 학문적 품위의 척도로 바뀌었다. 폰 라트는 다음과 같이 주장한다. "우리는 하나님 말씀에 의해 성취된 이러한 역사, 즉 심판의 행위들과 구속의 행위들 도처에서 똑같이 신약의 그리스도 사건의 모형을 본다. … 구약 내의 모형론에 대한 이 새로운 인식은 은밀한 가르침을 몰래 퍼뜨리거나 기적들을 파헤치는 것이 아니라, 그리스도 안에서 자신을 드러내신 동일한 하나님이 자신의 발자국을 구약의 언약 백성의 역사에 남겨 놓았다는 신념과 단순히 일치하는 것이다."⁶¹ 동방의 희랍 정교회는 교부들을 의존했기에 모형론적 해석의 가치에 결코 의문을 갖지 않았다. 조르주 바로이스(Georges Barrois)는 다음과 같이 강한 주장을 편다. "모형론적 접근을 무시하거나 거부하는 것은 불가피하게 영적 빈곤을 초래하며, 그것은 방법상 심각한 결함을 구성한다."⁶²

그러나 사물들을 구약 본문 속으로 가져와 읽을 때의 위험성은 모형이 조심스럽게 정의되고 아주 주의 깊게 다루어져야 함을 의미한다. 모형들에 대한 보다 나은 정의들 중의 하나는 아이히로트의 정의이다. 그에 의하면, 모형들은

---

60 Ibid., 24.
61 Von Rad, "Typological Interpretation," 36. 참조. Merrill Unger, *Principles*, 201, "성경 연구에 가장 가치가 있는 이 분야[모형론]에 대한 가장 큰 범죄적 행위는 분명히 그 문제에서 도를 넘는(overdo) 자들이 저지르는 것이 아니라 '불충한'(underdo) 사람들, 즉 극도로 조심한 결과 많은 진정한(bona fide) 모형들을 완전히 회피하는 사람들이 저지른다." 참조. Poythress, *The Shadow of Christ in the Law of Moses*.
62 Barrois, *Face of Christ*, 44.

"신약의 구원사 속에서 상응하는 실재들의 모델이나 예시들(prerepresentations)을 신적으로 확립한 것으로 간주되는 구약의 인물, 제도, 사건들이다."[63] 그러나 모형론에 대한 훌륭한 정의조차도 잘못된 해석을 막을 수 없기 때문에, 우리는 모형 해석에 대한 특별한 규칙들은 물론 모형들의 그 구체적인 특징들을 주의해서 알아볼 필요가 있다.

4) 모형들의 특징

메릴 엉거는 이렇게 진술한다. "참된 모형은 항상 어떤 확실한 요소들을 포함하고 있다. 구별되는 이 특징들에 대한 지식은 진정한 모형을 인식하기 위해서 필수적임은 물론, 그것을 정확하게 해석하는 데도 근본적인 것이다."[64] 구속사에서 참된 예표가 전형적인 유형들(patterns)로 발전하는 것을 보면서, 우리는 그것이 하나님의 계획(design)에 기초하고 있다고 일반적으로 말할 수 있다.[65] 바로이스가 기록하듯이, "모형론은 … 특히 그 종국(telos), 즉, 그것의 궁극적인 목적인 장차 올 왕국을 향하는 거룩한 역사의 진전에 본질적으로 연결된 하나님의 섭리(economy)에 필수적인 부분인 것으로 보인다."[66] 람프는 특

---

63 Eichrodt, "Is Typological Exegesis an Appropriate Method?" 225. 참조. I. Howard Marshall, "Assessment," 16, "모형론은 구약에 기록된 사건들과 신약의 상대되는 사건들 사이의 병행 관계와 일치를 추적하는 연구로 정의할 수 있고, 후자는 전자와 주목할 만한 점들에서 유사해 보이지만, 여전히 구약을 넘어가는 것으로 보일 수 있다."
64 Unger, *Principles*, 204
65 참조. Edmund Clowney, "Preaching Christ," 174, "모형론은 하나님의 계획에 근거한다. 그것은 하나님의 구원 사역의 연속성과 차별성에서 흘러나온다. 연속성이 있는 이유는 하나님이 자기 아들을 주시기 오래전에 구원 사역을 시작하신 분이 바로 하나님이시기 때문이다. 그러나 불연속성도 있다."
66 Barrois, *Face of Christ*, 42. 참조. John Breck, *Power*, 41, "'모형론'은 단순히 인간적 해석 양식(mode)이 아니다. 그것은 무엇보다 **역사 속에서의 하나님의 활동 양식**이다. 하나님은 약속-성취의 방식으로 행하시되, 미래의 성취가 이스라엘 전 역사를 통하여, 그리고 그것을 뒤따르는 교회 역사 속에서 계속적으로 실현되는 방식으로 역사적 사건들을 통합시킨다." 참조. Ibid., 55쪽, 모형론의 정당화는 "성경과 역사의 주인이신 하나님 스스로 '약속-성취'의 방식으로 사건들을 작정하신다는 확신에 놓여 있다. … 그것은 진실로 구원사, 즉 인간과 우주가 하나님의 인도하심 아래 영원한 구원을 향하여 진전하는 하나님의 섭리의 영역이다."

히 반복되는 유형들에 초점을 맞춘다. "이스라엘 과거의 위대한 사건들은 하나님 행위의 어떤 유형을 나타낸다. … 선지자들은 때때로 과거의 역사에서 분명한 신적 행위의 리듬이 미래에 반복되거나 요약 반복되는 것을 예견한다."[67] 모형과 모형론에 대한 이러한 일반적인 진술들로부터, 우리는 참모형과 모형론화 사이를 구별하기 위해서 도움이 될 만한 예표의 구체적인 특징 네 가지를 모아 볼 것이다.

첫째, 참된 모형은 **역사적**이다. 고펠트는 다음과 같이 진술한다. "오직 역사적 사실인 인물들, 행위들, 사건들, 제도들만이 모형론적 해석을 위한 자료이며, 단어들과 내러티브들은 단지 이러한 문제를 다룰 때에만 활용될 수 있다."[68] 안디옥 학파는 역사성의 특징을 주로 모형론과 알레고리적 해석을 구별하는 데 사용했다.

둘째, 참된 모형은 **하나님 중심적**이다. 그것은 인간의 인격과 사건 안에서, 그리고 그것을 통해서 이루어지는 하나님의 행위와 관계된다. 존 스텍이 지적하듯이, "성경의 모형들은 하나님이 이스라엘 백성을 다루심에 있어서 **하나님이 사용하신** 것들로서, 구체적인 인물들과 제도들과 사건들 속에서 찾아볼 수 있다."[69] 하나님 중심적 성격의 모형들은 요셉의 복종과 이스마엘 사람들에게 요셉이 팔린 일, 그리고 성막 휘장의 청색, 자색, 홍색과 관련해서 우리가 앞에서 살펴 본 일종의 모형론화를 제거한다.

셋째, 참된 모형은 그 원형과의 **의미심장한 유비**를 보여 준다. 데이비드 베

---

67 Lampe, *Essays*, 26.
68 Goppelt, *Typos*, 17-18. 후에 고펠트(Goppelt)는 역사성의 요구를 단순한 사실성에서 역사 속 하나님의 계시로 그 범위를 넓힌다. "모형론의 타당성은 개별적인 장면들의 역사성에 달려 있는 것이 아니라 역사 속에 나타난 하나님 자신의 계시의 진실성과 실재, 그리고 그 주제에서만 발전될 수 있는 역사적 현상의 역사성을 위한 기준에 달려 있다." Ibid., 232-233. 참조. Unger, *Principles*, 204, 하나의 모형은 "실제적이고 허구가 아닌, 그리고 사실적이며 가상이 아닌 인물이나 사건이나 제도로 구성된다."
69 Stek, *CTJ* 5 (1970) 157. Fairbairn, *Typology*, 46, 모형이란 "'신적으로 확립된 것'이 틀림없다는 것을 첨가하고 있음을 주목하라. 하나의 모형은 단순히 '구약 성경에서 일어나는 **어떤** 인물, 행동, 제도'일 뿐 아니라, 오직 하나님이 작정하셨고, 복음에서 보다 좋게 나타나는 것들을 예표하고 예비하기 위해 하나님이 고안하신 그런 것이다."

이커는 이렇게 진술한다. "모형론은 참된 일치를 암시한다. 그것은 세부 사항의 병행 관계에 관심이 있는 것이 아니라, 단지 기본적인 원리들과 구조의 일치에만 관심이 있다. 역사와 신학에 있어서는 반드시 일치해야 하는데, 그렇지 않으면 병행 관계는 성경 이해에 있어서 사소하고 무가치한 것이 될 것이다."[70] 이러한 특징은 위에서 언급한 요셉과 관련된 모든 것을 포함해서 구약과 신약 사이에 그을 수 있는 모든 피상적인 병행 관계들을 참모형론에서 제외시킨다.

넷째, 그 원형과 참된 모형의 관계는 확대 상승을 특징으로 한다. 우리는 이러한 특징을 이미 신약 성경의 모형론 사용에서 살펴보았다. "요나보다 더 큰 이가 여기 있으며 … 솔로몬보다 더 큰 이가 여기 있느니라"(마 12:41-42).[71]

5) 모형론 사용의 규칙

우리는 이러한 배경을 통해 이제 모형론적 해석을 다루기 위한 몇 가지 구체적인 규칙을 공식화할 수 있다. 첫째, 모형론적 해석을 하기 위해서는 항상 문예(문법적 해석을 포함하는)-역사적 해석을 전제하라. 우리가 메시지의 초점을 예수 그리스도께 맞추고 그것을 교회에 적용하는 길을 찾기 이전에, 우선 이스라엘 백성을 향한 저자의 메시지를 파악해야 한다. 그 순서가 바뀌면 재난

---

70 Baker, *SJT* 29 (1976) 153. 참조. Louis Berkhof, *Principles*, 145, "모형은 원형과 유사하도록 하나님이 선정하심에 따라 계획되어야만 한다. 구약과 신약의 인물이나 사건 사이의 우연한 유사성이 전자를 후자의 어떤 모형으로 구성하지는 않는다." 참조. John Stek, *CTJ* 5 (1970) 138, "외부적인 특징에서의 피상적인 유사성은 관련이 없다. 오래전의 모형론자들은 이것을 주목하지 못했기 때문에 모형론을 악평했다. 상징과 그것이 상징하는 실재와의 사이에 있는 유사성처럼, 서로 비슷함은 '내적인 일치'[Fairbairn, 66쪽]로서의 유사성이어야 한다." 참조. Unger, *Principles*, 204-205.

71 Goppelt, *Typos*, 18에서는 "모형의 확대(heightening)"에 대해 언급한다. 33쪽에서 그는 다음과 같이 이상한 견해를 제시한다. "모형론적 확대는 존재하지 않기 때문에, 타락한 상태에 있는 아담을 그와 유사함을 지닌 현재의 인간에 대한 모형으로 표시하지 않는 것이 좋을 것이다." 물론 아담은 어떤 경우에도 인간의 모형이 아니지만, 바울에 의하면, 그는 그리스도의 모형이다(롬 5:12-21). 이런 경우에 확대 상승은 아담과 그리스도 사이의 반의적(antithetic)인 관계성에서 발견된다. 앞서 살핀 322-323쪽에서 우리가 논의한 내용을 보라.

을 초래할 수 있는데, 이는 문예-역사적 해석은 건전한 모형론적 해석을 위한 필수적인 기초가 되기 때문이다.

둘째, 모형을 세부 사항에서 찾지 말고 자기 백성을 구속하시는 하나님의 활동과 관련된 본문의 **중심 메시지**에서 찾으라. 클라우니는 다음과 같이 기록한다. "삼손 생애의 모형적인 측면을 세부 사항들의 유사성에서 찾아서는 안 된다. 삼손이 옮긴 가사의 문들은 … 곧바로 죽음의 문들과 동일시될 수는 없다. 구약 내러티브의 모형론에 기초가 되는 구조는 역사를 통해 전개되는 하나님의 구속 사역의 연속성이다."[72] 설교자들이 종종 성막의 세부 사항들에서 온갖 종류의 "모형들"을 발견해 왔기 때문에, 엉거는 다음과 같이 예리하게 관찰한다. "옛날 이스라엘 백성의 예배가 의도적으로 모형적이며, 오실 메시아의 인격과 사역에 대해 풍성한 교훈을 주는 반면, 모든 널판과 촛대와 휘장들이 구속의 진리들을 예표하는 것으로 추론될 수는 없다."[73] 요약하면, 규칙은 이렇다. 모형론적 오솔길에서 벗어나 우연적인 병행 관계들과 억지 유비들의 늪에서 헤매지 말라.

셋째, 구약 시대에서 인물, 제도, 사건의 **상징적 의미**를 결정하라. 만약 구약 시대에 상징적 의미를 갖지 못하는 것이라면, 그것은 모형이 될 수 없다. 게할더스 보스(Geerhardus Vos)는 이렇게 기록한다. "하나의 모형은, 우선 그것이 첫 번째로 상징하는 것과 관계없이 모형이 될 수는 없다. 모형론의 집으로 가는 통로는 상징주의 집의 맨 끝에 있다. … 오직 어떤 사물이 무엇을 상징하는지를 발견한 후에야, 우리는 그것이 무엇을 예표하는지 합법적으로 질문하는 데로 나아갈 수 있다. 왜냐하면, 후자는 전자가 보다 높은 단계로 올려준 것 외에 다른 어떤 것은 결코 될 수 없기 때문이다. 모형과 원형을 함께 묶는 유대는 구속의 진전에서 결정적인 연속성의 유대이다."[74] 예를 들어, 구약 시대의

---

[72] Clowney, *Unfolding Mystery*, 141.
[73] Unger, *Principles*, 205. 참조. Goppelt, *Typos*, 10, "모형론이 세부 사항들에 관련되어서는 안 되지만, 구약의 역사적 내러티브의 정신을 신약 사건의 정신과 비교해야만 한다."
[74] Vos, *Biblical Theology*, 162. 참조. Louis Berkhof, *Principles*, 145, "구약의 모형들은 동시에 그

성막은 자기 백성과 함께하시는 하나님의 상징이었다. "성막의 모형적 의미는 그 상징적인 의미와의 밀접한 의존 관계에서 찾아야 한다. 우리는 다음과 같이 질문해 보아야 한다: 성막이 가르치고 전해 준 이러한 신앙적인 원리들과 실재들은 그것들의 완성 단계에까지 올려진 바, 그 후 뒤따르는 구속사의 어디에서 재등장하는가?"[75]

클라우니는 상징적인 의미에 관한 규칙을 한층 더 발전시켰다. 그는 다음과 같이 설명한다. "구약의 사건이나 의식, 혹은 선지자적이거나 제사장적이거나 왕적인 행위는 … 구속사의 특별한 지점에서 계시된 진리를 가리키면서 상징화된다. … 우리는 이 진리가 그리스도께로 진전될 것이라고 확신할 수 있다. … 따라서 우리는 사건, 의식, 혹은 행동을 그리스도 안에서 완전하게 표현하는 데까지 이르게 되는 저 진리를 … 모형론 계통과 직접 연결할 수도 있다." 그러나 클라우니는 또한 경고한다. "만일 구약의 사건이나 인물의 상징주의를 인식하지 못하거나, 이것이 존재하지 않는다면, 어떠한 모형론의 계통도 그릴 수 없다. 또한 그 사건도 구약에 확립된 상징적인 기능과는 다른 의미로서 모형이 될 수 없다."[76] 우리는 설교에서의 논리적인 전개의 의미에서 이 세 번째 규칙을 다음과 같이 세 단계 혹은 가능하면 네 단계로도 그릴 수 있다.

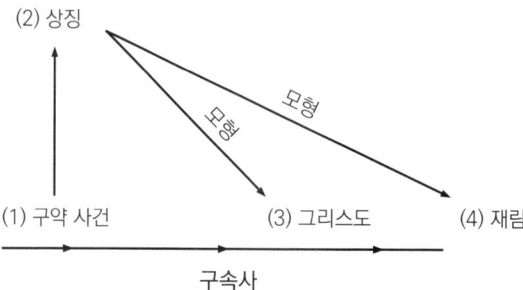

당대에 영적 진리를 전달하는 상징들이라는 것을 … 명심하는 것이 좋다. 이는 예표들의 상징적 의미가 그들의 모형론적 의미를 알아낼 수 있기 이전에 이해되어야 하기 때문이다."
75 Vos, *Biblical Theology*, 171. 참조. 164-172.
76 Clowney, "Preaching Christ," 180.

이 규칙은 비합법적인 모형을 제거하는 데 도움이 된다. 예를 들어, 라합이 여리고 자기 집 창문에 매달아 놓은 진홍색 천은 구약에서는 상징으로 작용하지 않았기 때문에, 이 전통적인 "모형"은 참으로 그리스도의 피에 대한 모형으로 작용할 수 없다. 반면에, 유월절 어린양의 피는 구약 시대에 참으로 죽음의 천사로부터 하나님이 보호해 주시는 것의 상징으로 작용했기 때문에, 그것은 합법적으로 우리를 영원한 죽음으로부터 보호해 주시는 우리의 유월절 어린양이신 그리스도의 모형으로 이해될 수 있다. 마찬가지로 출애굽은 이스라엘 백성에게 악한 제국으로부터 하나님이 그들을 구원해 주시는 상징이었기 때문에, 출애굽은 자기 백성을 사탄의 권세에서 구원하시는 그리스도의 모형이 될 수 있다.

넷째, 구약의 모형과 신약의 대형(원형) 사이의 **대조점들**을 기록하라. 그 차이점이 유사성만큼이나 중요한 것은, 그 차이가 구약 모형의 불완전한 성격은 물론, 구속사의 전개에 있어서 수반되는 "요나보다 더 크신 이가 여기 있으니"라는 점진적인 확대도 드러내기 때문이다.

다섯째, 구약의 상징/모형에서 그리스도께로 옮겨 갈 때, 그 의미가 점진적으로 확대하는 만큼 **상징의 의미**를 진전시켜라.[77] 다시 말하자면, 다른 의미로 바꾸지 말라. 예를 들어, 광야에서 만나를 공급하시는 하나님에 대해 언급하는 구약은 자기 백성을 살아 있게 하시는 하나님의 기적적인 공급을 상징할 수 있다. 이러한 의미를 그리스도께로 진전시킬 때, 우리는 그것을 예수님이 가르치시는 "오늘날 우리에게 일용할 양식을 주옵시고"에 연결시키기보다는, 오히려 자신이 "하늘에서 내려 세상에게 생명을 주는 … 하나님의 떡"(요 6:33)이라는 예수님의 가르침에 연결해야 한다. 즉, 동일한 의미에 점진적인 확대를 보태는 것이다. 혹은, 만일 우리가 속죄 제물(대속을 상징하는)로 희생되는 어린양에 대한 구약 구절을 설교한다면, 우리는 이것을 하나님께 우리의 최선을

---

[77] 참조. Fairbairn, *Typology*, 3. "모형적인 것이란 당연히 의미가 다르거나 보다 차원이 높은 것이 아니라, 동일한 의미를 다르게 적용하거나 보다 차원 높게 적용하는 것이다."

드리라는 신약의 요구에 연결시킬 것이 아니라, 오히려 "세상 죄를 지고 가는 하나님의 어린양"(요 1:29)으로서 설교하는 모형론을 사용해야 할 것이다. 즉 동일한 의미에 점진적인 확대를 보탠다.

여섯째, 단순히 그리스도께로 이어지는 모형론적인 계열을 그리지 말고, **그리스도 자체를 설교하라.** 단순히 그리스도께로 이어지는 계열을 그리는 것이 그리스도를 설교하는 것은 아니다. 구약 본문에서 나사렛 예수님께로 어떤 계열을 연결할 때, 우리는 "그래서 어쨌다는 것인가?"라는 질문을 해야 한다. 이러한 모형론적 계열이 회중에게 어떤 유익이 되는가? 청중은 하나님의 놀라운 섭리나 성경의 복잡한 구속 계획, 혹은 설교자의 재간에 감탄할 것인가? 존 스토트(John Stott)는 다음과 같이 올바른 주장을 한다. "설교의 주요한 목적은 성경을 성실하고 적절하게 주해하여, 예수 그리스도께서 인간의 필요를 충족시키기에 모든 면에서 적합하심을 인식시키는 것이다. … 설교자의 목적은 그리스도를 밝히는 것 이상이며, 사람들이 예수님께로 나아와 그분을 영접하도록 그분을 밝히는 것이다."[78] 구약의 모형에서부터 시작할 때, 기독 설교자들은 그리스도의 인격이나 사역을 선포하여, 사람들이 구원자이며 주님이신 분께 자신을 맡기고, 그분 안에만 있는 구원을 전적으로 신뢰하며, 삶의 모든 영역에서 그분께 순종하기에 힘쓰게 할 것이다.

6) 다양한 장르 속에 나타난 모형의 실례들

모형론에 대한 이 단락을 종결하기 위해서는 구약의 다양한 문학 장르에 나타나는 몇 가지 진정한 모형의 실례를 좀 더 찾아보는 것이 유익할 것이다.

---

[78] Stott, *Between Two Worlds*, 325. 참조. Daniel Lys, *Int* (1967) 406, "설교자는 단순히 그리스도를 **지시함**으로써만 만족할 수는 없다. 그리스도께서는 단순히 구약을 따른 연대적 결과가 아니다. … 그리스도께서는 동일하신 하나님이 '말씀이 육신이 되어'에서처럼 자신을 드러내는 곳에서 구약의 가치론적 의미이시다. … 구약의 올바른 전용(轉用)은 신자로 하여금 구약 시대 백성이 그랬던 것처럼, 근본적인 구원 행위와 오실 메시아 사이의 역사 속에서 어떻게 살아야 하는지를 배우도록 인도해야만 한다."

① 내러티브 장르에 나타나는 모형

대부분의 모형은 내러티브 장르에서 발견된다. 여기서 우리는 출애굽, 광야에서 만나와 물 공급, 가나안 정복, 블레셋과 다른 대적들에 대한 승리, 바벨론 포로 생활에서의 귀환과 같은 구속사적인 **사건들**이 선포되는 것을 발견하며, 이 모든 위대한 구원의 모형들은 하나님이 자기 백성을 위해 메시아 예수님 안에서 예비하신 것이다. 또한 여기서 우리는 하나님이 자기 백성을 구원하시고 자기 왕국(신정-"하나님 통치")을 세우시기 위해 택하신 모세, 여호수아, 사사들, 왕들과 같은 **인물들**을 발견한다. 하나님의 기름 부음 받은 지도자들을 통한 그분의 이러한 구속 사역은, 하나님이 그들을 통해 궁극적으로 자기 백성을 구원하시고 지상에 자기 왕국을 세우실 그리스도의 모형이 될 수 있는 자격을 그들에게 준다. 우리는 백성의 죄를 속하기 위해 제사를 드리고 백성을 중재함에 있어서 그리스도의 모형이 되는 대제사장들과 제사장들을 발견한다. 기름 부음을 받은 제사장들과 왕들뿐만 아니라, 내러티브 장르는 여호와의 뜻을 자기 백성에게 선포함에 있어서 그리스도의 모형이 되는 기름 부음을 받은 선지자들에 대해서도 자세하게 이야기해 준다.

그러나 설교에서 이러한 인물들 중의 하나를 그리스도의 모형으로 사용하기 전에, 우리는 상황을 자세하게 평가해 볼 필요가 있는데, 이는 우리가 "한 번 모형은 항상 모형이다."라고 기대할 수 없기 때문이다. 이스라엘의 이러한 지도자들은 하나님이 그들을 통해 구속 사역을 하실 수 있도록 하는 범위 안에서만 모형이 된다. 모세가 애굽인을 죽일 때는 그리스도의 모형이 아니다. 삼손이 창녀와 잠자리할 때는 그리스도의 모형이 아니다. 아론이 금송아지를 만들 때는 그리스도의 모형이 아니다. 제사장 홉니와 비느하스가 "여호와의 제물을 경멸할" 때는 그리스도의 모형이 아니다(삼상 2:17).

② 다른 장르에 나타나는 모형

율법적 자료에서 우리는 그리스도의 인격과 사역을 예표할 수 있는 제사장 같은 인물들을 찾아내고, 그리스도의 모형이 될 수 있는 **제도들**을 발견한다. 유월절, 대속죄일, 희년, 그리고 성막과 날마다 드리는 성막 제사를 생각해 보라. 이 모든 것과 그 외에 더 많은 것들은 그 모형론적 의미와 성취를 그리스도의 인격과 사역에서 발견한다.

우리는 시편에서도 그리스도의 모형이 되는 인물들을 본다. 우리는 이미 하나님이 다윗 계보의 왕을 통해 자기 백성을 다스리심을 이야기하는 왕적 시편들을 언급했다. 기름 부음 받은 이 왕들은 하나님이 그를 통해 열방을 다스리실 다윗의 위대한 자손의 모형들이다. 우리가 "많은 수의 시편에서 화자가 다윗 계보의 왕이라는 것"을 고려할 때,[79] 모형론은 역시 하나의 선택 사항이 될 수도 있다. 그의 고통, 그의 괴로움, 하나님께 대한 그의 신뢰를 표현한 것에서, 그 왕은 그리스도의 모형이 될 수도 있다. 예수님이 보다 강도 높은 수준에서 이러한 경험들을 다시 체험하시면서 동일한 말씀을 발하실 때 우리는 그 시편을 회상하며 이것을 인식한다.[80] 게다가 하나님께 부르짖는 의로운 수난자는 그리스도의 모형이 될 수도 있다. 스텍이 설명하듯이, "이러한 부르짖음은 하나님의 핍박받는 '성도들'의 기도가 되었고, 그 자체로 그것들은 이스라엘의 기도서에 채택되었다. 그리스도께서 성육신하셨을 때, 그분은 자신을 세상에 있는 하나님의 '비천한' 백성들과 동일시하셨다. … 이리하여 이 사람들의 기도가 또한 그분의 기도, 즉, 유일무이한 그분의 기도가 되었다. 그분 안에서 이러한 기도가 언급하는 고통과 구원이 성취되었다(비록 그것들은 자기 십자가를 지고 그분을 좇는 자들의 기도로 계속되고 있지만)."[81]

예언 장르에서 기름 부음 받은 선지자들 자체가 하나님의 뜻을 자기 백성에

---

79 Dillard and Longman, *Introduction*, 233.
80 모형론으로서 시편 22편에 대해서는 Douglas Moo, "Problem," 197을 보라.
81 Stek, *NIV Study*, 786.

게 선언하고 심판과 구원을 동시에 알릴 때에 그리스도의 모형이 된다. 게다가, 선지자들은 그들이 새 출애굽, 새 모세, 새 다윗, 새 엘리야, 새 언약, 새 성전, 새 하늘과 새 땅에 대해 언급할 때, 모형론을 사용하기 시작한다.

5. 유비의 길

유비(analogy)에 대해서는 오늘날 모형론이나 약속-성취보다 덜 논쟁적이다. 그 이유는 유비는, 엄격히 말해서, 본문 주해나 해석이 아니라, 구약의 메시지를 오늘날 교회에 적용시키는 대중적인 방법이라고 주장하기 때문이다. 악트마이어는 유비를 자주 사용하면서 다음과 같이 지적한다. "이것은 아마도 우리가 구약을 우리 시대 그리스도인의 삶에 관계시키는 가장 빈번한 방법일 것이다. 설교자는 하나님과 관계된 이스라엘의 상황이 … 우리의 상황과 유사한지 묻는다."[82] 유비(병행 관계적 상황들)에 의해 이스라엘 백성을 위해 전달된 하나님 말씀이 오늘날 교회에도 전달될 수 있다.

심지어 적용을 설교하기 위한 방법으로서 유비는 구속사의 통일성, 그리고 이스라엘과 교회 사이의 연속성에 기초를 두고 있다. 폰 라트는 다음과 같이 기록한다. "그리스도의 교회는 또다시 약속에서 성취로 진행 중이며, 이러한 이유로 교회의 상황은 구약 백성의 상황과 유비적이다. … 많은 유혹, 위로, 심판, 이스라엘을 위한 도움들은 그리스도 교회의 유혹, 위로, 심판, 도움들이기도 하다."[83]

---

82 Achtemeier, *Preaching from the Old Testament*, 58. 참조. Ibid., "Relevance of the Old Testament," 20-23.
83 Von Rad, *God at Work*, 156.

1) 구약에서 그리스도를 설교하기 위한 유비의 길

유비에 대한 우리의 관심 범위는 구약 메시지들의 적절한 적용보다 더 넓어서, 구약에서 **그리스도**를 설교하는 길로서 우리는 또한 유비에 관심이 있다. 따라서 우리는 구속사의 통일성이란 그리스도께 유착되어 있음을 강조할 필요가 있으며, 구약의 이스라엘과 신약의 교회 사이의 연속성은 그리스도 안에서만 성취된다. 바울은 에베소서에서 이방인 그리스도인들에게 말할 때 이것을 분명하게 공식화한다. "그때에 너희는 그리스도 밖에 있었고, 이스라엘 나라 밖의 사람이라. 약속의 언약들에 대하여 외인이요, 세상에서 소망이 없고, 하나님도 없는 자이더니, 이제는 전에 멀리 있던 너희가 그리스도 예수님 안에서 그리스도의 피로 가까워졌느니라"(엡 2:12-13). "그리스도 안에 있는" 이방인들이 어떻게 이스라엘 사회(commonwealth)에 가까이 오게 되었는가? 로마서 11:17에서 바울은 접목법의 생생한 영상을 사용한다. "돌감람나무인 네[이방인]가 그들 중에 접붙임이 되어, 참감람나무 뿌리의 진액을 함께 받는 자 되었다." 그러나 이는 오직 그리스도를 통해서만 가능하다. "너희가 그리스도께 속한 자이면, 곧 아브라함의 자손이요, 약속대로 유업을 이을 자니라"(갈 3:29; 참조. 벧전 2:9-10).

구속사에서 그리스도의 이러한 중추적 위치는 설교자들로 하여금 유사성을 사용해서 구약의 메시지를 신약의 교회에 집중하도록 해 준다. 이는 그리스도를 통해 이스라엘과 교회는 동일한 은혜의 언약을 받아들이고, 동일한 믿음을 나누며, 동일한 소망 속에서 살고, 동일한 사랑을 나타내고자 애쓰는, 동일한 종류의 하나님 백성이 되었기 때문이다.[84] 게다가 구속사에서 그리스도의 이러한 중추적 위치는 설교자들로 하여금 구약에서 그리스도를 설교하기 위해 유비를 사용할 수 있게 해 준다.

이러한 목표를 달성하기 위해서 설교자들이 여러 핵심적인 영역에서 유비

---

84 Marten Woudstra, "Israel and the Church: A Case for Continuity"를 보라.

를 찾아볼 필요가 있다. 하나님은 누구시며 이스라엘을 위해 무엇을 하시는가 와, **그리스도 안에** 계신 하나님은 누구시며 교회를 위해 무엇을 하시는가 사이의 유비를 조사해 보아야 한다. 설교자들은 하나님이 자기 백성 이스라엘에게 무엇을 가르치는가와, **그리스도**께서 자기 교회에 무엇을 가르치는가 사이의 유사성을 질문해 보아야 한다. 그리고 그들은 구약에서 하나님의 요구와 신약 에서 **그리스도**의 요구 사이의 병행 관계를 연구해 보아야 한다. 비록 구속사 와 계시사에서의 전진 때문에 차이는 있겠지만, 하나님은 누구시며, 이스라엘 을 위해 무엇을 하시며, 이스라엘에게 무엇을 가르치시고, 혹은 이스라엘에게 무엇을 요구하시는가와, 그리스도 안에서 하나님은 누구시며, 교회를 위해 무 엇을 하시며, 교회에 대해 무엇을 가르치시고, 혹은 교회에 무엇을 요구하시는 가 사이에 연속성 즉 병행 관계를 찾아내는 일에 유비는 집중한다.

2) 다양한 장르 속에 나타난 유비 사용의 실례들

유비는 약속-성취나 모형론보다 더욱 일반적이기 때문에 아주 다양한 본문 에서 사용될 수 있다. 그러나 유비가 갖는 보다 일반적인 성격은, 설교할 때 그 리스도 중심적 초점이 쉽게 희미해질 수 있다는 것을 의미한다. 따라서 청중 이 '오직 **그리스도 안에서**'라는 그 연결을 붙잡고 있는지를 확인하는 것이 좋 을 것이다. 이러한 관계는 종종 신약에 기록된 그리스도의 말씀을 인용함으로 써 명확해질 수 있다.

① 내러티브 설교에서의 유비 사용

구약의 내러티브에서 선택한 본문을 설교할 때, 유비는 하나님이 이스라엘 백성을 위해 무엇을 하고 계신가와, 하나님이 그리스도 안에서 신약 교회를 위해 무엇을 하고 계신가에 초점을 맞춤으로써 사용될 수 있다. 여기서 강조 점은, 요구되는 반응에 대해서뿐만 아니라 하나님의 구속 행위에도 있다. 예를 들어, 벧엘의 야곱(창 28:10-22)을 설교할 때, 설교자는 야곱이 위험한 여행을 시작하기에 앞서 벧엘에서 경험한 일로부터 이스라엘이 하나님이 임재하셔서 그들을 보호해 주시는 것에 대해 배웠듯이, 우리가 사는 동안 우리가 하게 될 위험한 여행에서 그리스도께서 우리와 함께하시겠다고 약속하신 것을 주장하기 위해 유비를 사용할 수 있다(마태복음 28:20에 있는 예수님의 약속과 같은 신약의 관련 구절을 함께 사용하는 유비). 혹은, 하나님이 이스라엘을 구름을 통해 인도하고 보호하신 것처럼(출 13:21-22), 하나님은 그리스도를 통해 "세상 끝날까지"(마 28:20) 자신의 교회를 인도하시고 보호하신다. 요구되는 반응의 문제로 되돌아가서, 하나님이 아브람을 불러 하나님의 왕국을 위해 가나안을 요구하게 하신 것처럼(창 12:1-9), 그리스도께서는 우리를 불러 하나님을 위해 세상을 요구하게 하신다(마 28:18-20). 그리고 하나님이 이스라엘을 불러 열방의 빛이 되게 하신 것처럼(창 12:3; 사 49:6), 하나님이 그리스도 안에서 이제 교회를 불러 열방의 빛이 되게 하신다(행 13:47).

② 율법 설교에서의 유비 사용

구약의 율법을 설교할 때, 우리는 또한 유비를 사용할 수 있다. 예를 들어, 십계명에 대해 설교할 때(출 20장), 우리는 하나님이 명령법에 앞서 직설법을 사용하시는 것을 볼 수 있고, 어떤 율법이 주어지기 이전에 하나님의 구속 행위가 나타남을 볼 수 있다(출 14장). "나는 너를 애굽 땅 종 되었던 집에서 인도하여 낸, 너의 하나님 여호와로라. 너는 나 외에는 다른 신들을 네게 있게 말지니라"(출 20:2-3). 마찬가지로 그리스도께서는 자신의 율법을 주시기 전에, 아홉 겹으로 된 복을 선포하신다(예, 마 5-7장).[85] 혹은, 하나님이 이스라엘과 언약을 맺으시고 자기 율법을 주신 것처럼(다시 한 번 반복되는 유형, 즉, 먼저 하나님의

---

85 또한 바울 서신들의 형태를 보라: 먼저 직설법을 사용하고(예, 롬 3-11장), 그 후 명령법/권고를 사용한다(롬 12-16장).

행위에 대한 역사적 서론, 그 후에 이어지는 언약 조항), 하나님은 그리스도를 통해 우리와 언약을 맺으시고 그분의 언약 조항을 주신다. 또는, 이스라엘의 순종 동기가 하나님의 구속에 대한 감사인 것처럼, 우리의 순종 동기도 그리스도를 통한 구속에 대한 감사이다. 또는, 이스라엘이 이방의 가증한 습성을 따르는 것이 금지된 것 같이(레 18:24-30), 교회도 "이제부터는 이방인이 … 행함같이 너희는 행하지 말라. 그리스도를 너희가 그같이 배우지 아니하였느니라."(엡 4:17-24)라는 명령을 받는다. 혹은, 하나님이 주신 땅과 추수의 선물에 응답하여, 하나님이 이스라엘에게 첫 열매를 바치도록 요구하신 것같이(신 26:1-11), 그리스도 안에서 하나님의 풍성한 선물에 응답하여 하나님은 우리에게도 구체적인 선물을 요구하신다. 혹은, 하나님이 이스라엘에게 하나님(신 6:5)과 이웃(레 19:8)을 사랑하라고 명령하신 것같이, 예수님도 우리에게 하나님과 이웃을 사랑하라고 요구하신다(마 22:37-39).

③ 선지서 설교에서의 유비 사용

선지서에서도 우리는 유비를 적용할 수 있다. 이스라엘이 바벨론 포로 생활에서 벗어나 약속의 땅으로 되돌아오게 하겠다는 하나님의 약속(사 40:1-11)에 대해 설교할 때, 우리는 유비를 사용할 수 있다. 하나님이 이스라엘을 고국으로 돌아오게 하겠다고 약속하신 것처럼, 그리스도도 신약에서 자기 백성을 집으로 돌아오게 하겠다고 약속하신다(요 14:2-3; 벧후 3:13). 이스라엘을 섬기는 고난받는 종(사 50:4-11)에 대해 설교할 때, 우리는 고난받는 종으로서 자기 백성을 섬기시는 그리스도께로 옮겨 가기 위해 유비를 사용할 수 있다. 하나님의 미래적 구원을 기다려야 할 포로 상태의 이스라엘에 대해 설교할 때(사 51:4-8), 우리는 그리스도께서 재림하실 때 임할 하나님의 구원을 기다려야 할 오늘날의 교회로 옮겨 가기 위해 유비를 사용할 수 있다.

④ 시편 설교에서의 유비 사용

이스라엘의 시편들은 그리스도를 통해 이제 새 이스라엘, 즉 교회의 노래가 된다. 이러한 가정은 교회로 하여금 시편을 그들의 송영이나 애가로 직접 읽고 부르며 기도하는 것을 가능하게 해 준다. 그러나 시편을 설교할 때, 우리는 이스라엘이 원래 시편을 들은 방식을 조사하는 역사적 해석에서부터 시작한다. 역사적 해석에는 건전한 해석이 요구되지만, 그것은 또한 우리로 하여금 시편에 대한 이스라엘의 이해와 우리의 이해 사이의 차이를 유의하게 한다. 여기서 유비는 우리가 그 간격에 다리를 놓아 그리스도를 설교하는 데 도움을 줄 수 있다. 예를 들어, "여호와는 나의 목자시니"(시 23편)라는 이스라엘의 고백에 대해 설교할 때, 사람들은 여호와께서 오직 예수 그리스도를 통해서만 **우리의** 목자이신 것이나, 아니면 예수님이 "나는 선한 목자라"(요 10:11)라고 주장하신 것을 강조하기 위해 유비를 사용할 수 있다. 혹은 "복 있는 사람은 … 여호와의 율법을 즐거워하여"(시 1편)에 관해 설교할 때, "자신의 기쁨이 그리스도의 율법 안에 있는 자는 복이 있나니"(마 5-7장, 그리스도의 율법에 의해 수반되는 최고의 행복)를 선포하기 위해 유비를 사용할 수 있다. "하나님은 우리의 피난처시요 힘이시니"(시 46편)에 대해 설교할 때, 우리가 그리스도 안에 있을 때에만 하나님이 우리의 피난처시라는 것을 선포하기 위해 유비를 사용할 수 있다.

⑤ 지혜서 설교에서의 유비 사용

지혜서에서 그리스도를 설교하는 것은 어려운 일인데, 지혜는 하나님의 창조 세계에 있는 규칙적인 유형에 대한 관찰에 기초하기 때문이다. 그러나 여기서도 종종 예수님의 가르침으로 이동함으로써 유비는 도움이 될 수 있다. 왜냐하면, 예수님은 지혜로운 선생님으로 여겨지기 때문이다. 뭇사람이 "그의 교훈에 놀라니, 이는 그 가르치시는 것이 권세 있는 자와 같고, 서기관들과 같지 아니함일러라"(막 1:22). 지혜에 있어서 그분은 "솔로몬보다 큰 이"(눅 11:31; 참조. 2:52; 7:35)이시다. 사실, "그분의 탁월한 가르침의 형식은 비유(parabolē ; 이에 대한 히브리어 *māšāl*은 '잠언'으로도 번역됨)였고, 지혜서 형식이었다.[86] 예를 들어, "은 같은" 지혜를 구하고 "감추인 보배"를 찾는 것(잠 2:4)을 설교할 때, 우리는 유비를 사용해서 바울이 "그 안에는 지혜와 지식의 모든 보화가 감추어져 있느니라"(골 2:3)라고 기록한 예수님께로 이동할 수 있다. "부자가 되기에 애쓰지 말고 … 네가 어찌 허무한 것에 주목하겠느냐? 정녕히 재물은 날개를 내어 하늘에 나는 독수리처럼 날아가리라"(잠 23:4-5)에 대해 설교할 때, 우리는 유비를 사용해서 예수님의 비슷한 가르침으로 이동할 수 있다. "너희를 위하여 보물을 땅에 쌓아두지 말라. 거기는 좀과 동록이 해하며, 도적이 구멍을 뚫고 도적질하느니라"(마 6:19). "나로 가난하게도 마옵시고 부하게도 마옵시고 오직 필요한 양식으로 내게 먹이시옵소서"(잠 30:8)라는 흥미로운 기도에 대해 설교할 때, 유비를 사용해서 예수님이 우리에게 "오늘날 우리에게 일용할 양식을 주옵시고"(마 6:11)라고 하나님께 요청하도록 가르치시는 것으로 이동할 수 있다.

6. 통시적 주제의 길

여기까지 구약에서 그리스도를 설교하는 길들로서 살핀 점진적 구속사의 길, 약속-성취, 모형론, 유비는 모두 구속사와 직접적으로 연결되어 있다. 우리가 탐사하려는 다음의 세 가지 길은 계시사(history of revelation)와 보다 밀접한 관계를 맺고 있다. 물론, 구속사와 계시사가 밀접하게 관련되어 있는 것도, 계시사가 구속사를 수반하기 때문이다.[87]

---

86 Dillard and Longman, *Introduction*, 245. 구약 지혜서와 그리스도에 관한 보다 폭넓은 논의에 대해서는 Graeme Goldsworthy, *Gospel and Wisdom*, 특히 147-190을 보라.
87 Clowney, *Preaching and Biblical Theology*, 15, "성경은 역사의 흐름 속에 주어진 계시를 기록

계시사는 하나님의 케리그마(Kerygma)의 역사, 즉 구속사의 다른 단계들에서 자기 백성에게 주시는 하나님의 적절한 선포이다. 이러한 선포는 단계마다 이스라엘에게 적절했으니, 이는 자기 백성을 구원하시기 위해 자기 자신과 자신의 계획과 자기 뜻에 관해 이스라엘 백성에게 가르치시려는 것이 하나님의 목표라는 구속적인 초점을 가지고 있기 때문이다.[88] 이러한 케리그마는 오늘날에도 여전히 적절하지만, 구속사와 계시사의 점진성 때문에 오늘날의 교회를 위한 메시지를 확립하기 위해서는 그 주제들을 신약을 통해 추적해 볼 필요가 있다.

1) 성경 신학

제5장에서 우리는 신약이 한층 더 발전시킨 구약의 두 가지 주제, 즉 구속의 주제, 그리고 요구되는 제사의 주제를 지적했다. 물론 신약은 구약의 많은 주제를 발전시킨다. 오늘날 특히 우리가 통시적인 주제들을 구약에서 신약으로 추적해 가는 데 도움을 주는 것은 성경 신학이라는 학문이다.[89] 그리스도의 인격과 사역과 가르침으로 인도하는 대로로 작용하는 주요한 구약 주제들은 하나님의 왕국(통치와 영역), 하나님의 섭리, 언약, 하나님의 임재, 하나님의 사랑, 하나님의 은혜, 공의, 구속, 율법, 속죄제와 속건제, "가난한 자"에 대한 하나님

한다. 이 계시는 한 번에 주어지지 않았고, 신학 사전의 형태로 주어진 것도 아니었다. 그것은 점진적으로 주어졌는데, 이는 계시의 과정이 구속의 과정을 수반하기 때문이다. 구속은 획일적으로 진행된 것이 아니라, 하나님의 행위들에 의해 결정된 획기적인 시대들(epochs) 속에서 진행되었기 때문에, 계시는 정경적 성경에 명시되고 표시된 획기적인 시대 구조를 가지고 있다."

88 Bryan Chapell, *Christ-Centered Preaching*에서는 "타락한 조건의 초점," 즉 "현시대의 신자들이 그 구절의 은혜를 요구하는 본문[즉, 그 구절의 말씀을 지킬 수 없는 죄인이기에, 먼저 하나님 편에서 은혜를 베푸셔야 한다는 요구-역주]이 수신자(그들에게) 겸 원인자(그들을 위해)가 된 사람들과 공유하는 인간 상호 간의 조건"(42쪽)에 대해 언급하기를 좋아한다. "타락한 조건의 초점"은 "구속적 초점"의 다른 면으로, 본문의 구속적 초점이 청중의 타락한 조건을 밝히고 상대한다.

89 참조. Hasel, "Biblical Theology: Then, Now, and Tomorrow," *HorBT* 4/1 (1982) 77, "성경 신학은 개별적인 성경 자료들과 여러 그룹의 작품들의 최종적인 형태의 요약적 해석을 제공하고, 성경 자료들에서 나타나는 통시적 주제들, 동기들, 개념들을 제시하는 과업을 가지고 있다." 참조. Greidanus, *Modern Preacher*, 67-72를 보라.

의 관심, 중재자, 여호와의 날 등등이다. 에드먼드 클라우니는 다음과 같이 질문할 것을 제안한다. "하나님과 그분의 구원 사역에 관한 무슨 진리가 이 구절에서 드러나는가? … 이 특별한 진리가 어떻게 계시사에서 진전되고 있는가? 그것은 그리스도 안에서 어떻게 성취되고 있는가?"[90]

2) 통시적 주제의 실례

몇 개의 실례를 통해 통시적 주제들이 구약에서 그리스도를 설교하는 길로 어떻게 사용될 수 있는지를 밝힐 수 있을 것이다. 벧엘에서의 야곱(창 28:10-22)에 대한 설교에서, 주제는 야곱이 다른 나라로 떠날 때 하나님이 그와 함께 하실 것이라는 것이다(15, 20절; 참조. 16-17절). '하나님이 자기 백성에게 임재하신다.'라는 주제는, 출애굽 동안 이스라엘 백성을 인도하고 보호하던 구름 기둥과 불 기둥으로, 그리고 광야에서 이스라엘 백성들과 함께 여행한 성막의 구름으로, 이스라엘 가운데 있는 성전의 구름으로, 하나님이 예수님 안에서 자기 백성에게 임재하심으로(임마누엘; 마 1:23), 부활하신 우리 주님의 약속인 "내가 세상 끝 날까지 너희와 항상 함께 있으리라"(마 28:20)로, 성령님을 부어 주심으로(행 2장), 그리고 "하나님이 친히 그들과 함께 계시는"(계 21:3) 새 창조 세계로 추적해 갈 수 있다. 설교가 지루해지지 않도록, 그리고 예측 가능한 것이 되지 않도록, 설교할 때 이 모든 점들을 다 언급할 필요는 없으나, 그리스도께 이르는 길은 분명하다.

혹은, 십일조 드리는 것(신 26:12-15)에 대해 설교할 때, '여호와께 드린다'라는 주제를 신약으로까지 추적해 갈 수 있다. 신약은 주님께 드리는 우리의 예물과 관련하여 무엇을 규정하는가? 고린도후서에서 바울은 그리스도인들을 향해 가난한 자들에게 주는 것에 대해 관대하라고 격려한다. 흥미롭게도 바울은 다음과 같은 말을 덧붙인다. "내가 명령으로 하는 말이 아니요 오직 … 너

---

90 Clowney, "Preaching Christ from Biblical Theology," 59.

희의 사랑의 진실함을 증명하고자 함이로라 우리 주 예수 그리스도의 은혜를 너희가 알거니와 부요하신 자로서 너희를 위하여 가난하게 되심은 그의 가난함을 인하여 너희로 부요하게 하려 하심이니라"(고후 8:8-9). 여기에는 십일조 율법에서 그리스도께로 이르는 명확한 연결이 있다. 우리를 구하기 위한 그리스도의 희생 이후, 우리의 드림은 더 이상 외적인 율법을 지키는 것의 문제가 아니라, 그리스도의 놀라운 선물 때문에 감사하는 마음에서 풍성하게 드리는 것이라는 문제가 되었다.

설교자들은 잠언과 같은 책에서 그리스도를 설교하는 데 어려움을 겪어 왔다. 그러나 우리가 유비의 길에서 살펴보았듯이, 잠언의 가르침을 예수님의 가르침과 연결함으로써 종종 효과적인 연결이 이루어질 수 있다. 마찬가지로 여기서 우리는 통시적 주제의 길을 이용해서 예수님 자신의 가르침을 그 구절의 주제에 연결할 수 있다. 가령, 우리가 창조 때 지혜가 한 역할을 다루는 유명한 구절이 포함된 잠언 8:22-36에 대해 설교하고 싶어 한다고 가정해 보자. 우리는 교부들과 함께 곧바로 요한복음 1:1-3, 골로새서 1:15, 혹은 계시록 3:14로 나아가서, 영원하신 로고스인 그리스도와 연결하고 싶은 유혹을 받을 수도 있다. 그러나 이것은 너무 시기상조일 것이다. "잠언 8장은 엄밀하게 예언적인 의도 없이, 지혜라는 하나님 속성의 시적인 표현이다."[91] 그리스도를 설교하는 길을 찾기 전에, 우리는 먼저 그 구절의 주제를 정해야 한다. 내 생각에 그 주제는 "대저 나[지혜]를 얻는 자는 생명을 얻고"라는 35절 말씀으로 요약될 수 있다. 잠언 다른 곳에서는 지혜와 생명이 어떻게 연결되는지를 성구 사전에서 찾아보면, "지혜는 그 얻은 자에게 생명나무라"라는 잠언 3:18에 이른다. 생명나무는 에덴에 있는 생명나무요(창 2:9), 하나님이 인류의 범죄 타락 이후 그 접근을 금지한 나무를(창 3:24) 연상시킨다. 생명나무에로의 접근이라는 주제는 실제적으로 그 지점에서 지하로 잠복해, 새 창조 때에만(계 22:2) 완전히 수면 위로 다시 떠오르게 된다. 그러나 이 구절의 요점은, 지혜를 찾는 것 곧 하

91　Dillard and Longman, *Introduction*, 245.

나님의 창조 질서와 일치하게 인간의 삶을 정돈하는 것은 생명을 찾는 것이요, 이 생명은 에덴동산에서 얻을 수 있었던 생명과 유사하다는 것이다. 그러나 신약은 우리에게 그리스도만이 다시 생명나무에 이르는 문을 열 수 있다고 가르친다. 이제 잠언 8:22-36에 기초해서 그리스도를 설교하는 것에 대한 보다 효과적인 연결이 나타난다. 요한복음 1장에 나타나는 영원하신 로고스인 그리스도에게 연결하는 것이 아니라, "하나님의 지혜이신" 그리스도에 대한 연결이다. 바울은 고린도전서 1:30에서 그렇게 연결하면서, 이렇게 기록한다. "예수님은 하나님으로부터 나와서 우리에게 지혜가 … 되셨으니."[92]

7. 신약의 관련 구절 사용의 길

신약의 저자들은 종종 그들의 메시지를 지지하기 위해 구약 구절을 사용한다. 설교자들은 헬라어 성경 부록, 좋은 성구 사전, 좋은 관주 성경, 혹은 *The Treasury of Scripture Knowledge*를[93] 조사함으로써, 이러한 관련 구절들(references; 실제적 의미는 구약 직접 인용, 인유에 관주까지 덧붙인 것으로서, 이 책 278쪽 이하에서 살핀 "신약의 구약 사용"을 참조하라. - 역주)을 발견할 수 있다. 물론 우리는 구약을 사용하는 신약의 저자들을 항상 따를 수는 없다는 것을 기억해야 한다. 역대상 3장을 설교할 때, 우리는 마태가 사용한 14란 숫자(David; 히브리어 수치는 앞서 살핀 대로 14이다.-역주)를 사용할 수 없으며, 사라와 하갈(창 21:8-21)을 설교할 때, 갈라디아서 4장에 나오는 바울의 "알레고리"를 사용할 수 없다.

---

92 Dillard and Longman, *Introduction to the Old Testament*, 구약 각 권에 대해 "Approaching the New Testament"라는 제목을 가진 유용한 부분이 포함되어 있다. "여기서 구약 각 권의 한 가지 이상의 주요한 주제들이 신약 성경 속으로 따라오게 된다."(36쪽).

93 *The Treasury of Scripture Knowledge: Consisting of Five-Hundred Thousand Scripture References and Parallel Passages from Canne, Browne, Blayney, Scott, and Others* (New York: Revell, n.d.). 또한 *Logos 2. 1 Bible Software*에서도 접속할 수 있다(최신 정보를 위해 www.logos.com를 보라.-역주).

또한 다른 관련 구절들에서도 우리는 신약의 저자들이 우리에게 구약의 구절들에 대한 확정된 해석을 우리에게 주려고 의도하는 것이 아니라, 자기 자신의 특별한 메시지를 지지하기 위해서 구약을 사용한다는 것(*usus*; 284-286쪽을 보라)을 기억해야 한다. 빌헬름 피셔가 "신약 본문과의 연결"을 임의적으로 사용한 것은 우리에게 신약 관련 구절 인용이나 인유(allusion, 암시)는 분별력 있게 사용해야 한다는 경고가 된다.

1) 신약 관련 구절 사용

많은 신약 관련 구절들은 약속-성취, 모형론, 통시적 주제의 길을 구성한다. 만약 설교자들이 이러한 방법을 스스로 발견하지 못했다면, 이러한 신약의 관련 구절들은 그렇게 무심결에 간과한 것에 대한 좋은 교정책이 된다. 만일 설교자들이 이미 이러한 길들 중에서 어떤 것들을 발견했다면, 신약 관련 구절들이 확인용으로는 물론이고, 설교 때 회중에게 강조하기 위한 디딤돌로서도 자주 사용될 수 있다. 게다가 신약 관련 구절들과 인유(암시)는 때때로 신약의 그리스도와의 예기치 않은 연결을 제공할 수도 있다. 예를 들어, 마태복음에서 엘리야의 삶과 세례 요한의 삶, 그리고 엘리사 시대와 예수님 시대 사이의 흥미로운 병행 관계는 구약에서 그리스도를 설교하기 위해 사용될 수 있다.[94]

2) 신약 관련 구절 사용의 실례

구약의 내러티브에 대해 설교할 때, 그리스도를 설교하기 위한 연결 고리로서 사용할 수 있는 신약 관련 구절이나 인유(암시)를 종종 찾아볼 수 있다. 예를 들어, 하나님이 아브라함에게 이삭을 제물로 바치라고 명령하시는 말씀인 "네 아들, 네 사랑하는 독자, 이삭을 데리고 모리아 땅으로 가서 … 그를 번제

---

[94] 자세한 것은, Dillard and Longman, *Introduction*, 166-167을 보라.

로 드리라"(창 22:2)에 대해 설교할 때, 요한은 이 구절을 자신의 유명한 구절인 "하나님이 세상을 이처럼 사랑하사 독생자를 주셨으니…"(3:16)에서 암시하고 있다는 것을 알아야 한다. 요한의 암시는 설교자들로 하여금 하나님이 아브라함의 위대한 제사를 멈추신 것과 하나님이 세상을 이처럼 사랑하사 직접 독생자를 희생하셨다는 사실을 지적할 수 있게 해 준다. 혹은, 벧엘에서의 야곱의 꿈인 "사닥다리가 땅 위에 섰는데 그 꼭대기가 하늘에 닿았고, 또 본즉, 하나님의 사자가 그 위에서 오르락내리락하고"(창 28:10-22)를 설교할 때, 신약의 관련 구절은 이 구절을 기초로 해서 그리스도를 설교하는 길을 제공한다. 왜냐하면, "진실로 진실로 너희에게 이르노니, 하늘이 열리고 하나님의 사자들이 인자 위에 오르락내리락하는 것을 보리라"(요 1:51)라고 말하며, 이 이미지를 적용하기 때문이다.

구약의 율법에 관해 설교할 때, 신약의 관련 구절들을 그리스도를 설교하는 길로 사용할 수 있다. 율법과의 연결은 보통 새 모세인 그리스도의 가르침에서 이루어진다. 산상 설교(마 5-7장)는 그러한 많은 연결 고리를 공급한다. 또 다른 예를 든다면, 십일조를 드림에 관해 설교할 때(신 26:12-15), 이러한 율법에서 마태복음 23:23에 나타나는 예수님의 가르침인 "화 있을진저, 외식하는 서기관들과 바리새인들이여! 너희가 박하와 회향과 근채의 십일조를 드리되, 율법의 더 중한 바 의와 인과 신은 버렸도다. 그러나 이것도 행하고 저것도 버리지 말아야 할지니라."로 이동할 수 있다.[95]

예언에 관해 설교하는 것 역시 신약의 관련 구절들을 그리스도를 설교하는 다리로 사용하게 할 수 있다. 때때로 예수님은 누군가 설교하고 있는 바로 그 구절을 친히 인용하시는데, 그 길은 명확하다. 다른 경우에는 그 관련 구절이 보다 미묘할지도 모른다. 이사야 50:4-11을 설교할 때, 우리는 4절에서 "주 여호와께서 학자의 혀를 내게 주사, 나로 다른 곤핍한 자를 말로 어떻게 도와줄

---

[95] 이 구절을 그리스도와 연결하는 데 있어서의 또 다른 선택 가능한 방법은 앞에서 말한 391-393쪽에 있는 통시적 주제 아래에서 언급된다.

줄을 알게 하시고"라는 말씀을 읽는다. 마태복음 11:28에서 우리는 예수님이 "수고하고 무거운 짐 진 자들아, 다 내게로 오라! 내가 너희를 쉬게 하리라"라고 말씀하심을 듣는다. 그러나 이사야서의 이 본문 6절에서, "나를 때리는 자들에게 내 등을 맡기며, 나의 수염을 보는 자들에게 나의 뺨을 맡기며, 수욕과 침 뱉음을 피하려고 내 얼굴을 가리우지 아니하였느니라"라는 말씀은 보다 명확한 신약의 관련 구절을 갖고 있다. 제자들과 함께 예루살렘으로 향하여 가실 때, 예수님은 "보라, 우리가 예루살렘에 올라가노니, 인자가 … 넘기우매 … 그들은 능욕하며, 침 뱉으며, 채찍질하고, 죽일 것이다.…"(막 10:33-34)라고 말씀하신다. 통일된 설교를 위해서는 아마도 신약의 관련 구절들 중에서 하나만 선택하고 싶을 것이다. 이 경우 6절의 관련 구절이 가장 좋은데, 그 이유는 이사야서의 구절이 갖는 주제에 가장 가깝기 때문이다.

시편에 대해 설교할 때도, 이와 마찬가지로, 선택된 바로 그 본문과 관련된 신약의 구절들을 찾을 수 있다. 예수님이 자신의 감정을 표현하기 위해 어떤 선택된 시편의 표현을 사용하실 때, 그리스도를 설교하는 길은 분명하다. 예를 들어, 시편 22편을 설교할 때, "나의 하나님, 나의 하나님, 어찌하여 나를 버리셨나이까?"(1절)란 말은 반드시 예수님의 십자가상의 처절한 외침인 "나의 하나님, 나의 하나님, 어찌하여 나를 버리셨나이까?"(막 15:34)로 인도한다. 그리고 시편 31편에 대해 설교할 때, 5절의 "내가 나의 영을 주의 손에 부탁하나이다."라는 말씀은 반드시 십자가상의 예수님 말씀인 "아버지여, 내 영혼을 아버지 손에 부탁하나이다."(눅 23:34)로 인도한다. 혹은, 시편 98편을 설교할 때, 주께서 "의로 세계를 판단하시며"라는 9절 말씀은, 예수님이 말씀하신 "아버지께서 아무도 심판하지 아니하시고, 심판을 다 아들에게 맡기셨으니…"(요 5:22; 참조. 딤후 4:1)로 연결될 수 있다.

지혜서에서 그리스도를 설교하는 것 역시 신약의 관련 구절에서 유익을 얻을 수 있다. 예를 들어, 잠언 15:29의 "여호와는 악인을 멀리하시고, 의인의 기도를 들으시니라"를 본문으로 삼으면, "의인의 기도를 들으심"의 주제는 히브리서 4:16의 "그러므로 우리가 긍휼하심을 받고, 때를 따라 돕는 은혜를 얻기 위하여, 은혜의 보좌 앞에 담대히 나아갈 것이니라"를 생각하게 한다. 이러한 신약의 관련 구절들은 우리를 예수님께로 인도하는데, 예수님은 우리에게 기도하는 법을 가르쳐 주실 뿐만 아니라, 대제사장으로서 예수님은 하나님이 의인의 간구를 들으신다는 것을 우리가 확신하도록 하나님과의 대화의 길을 열어 주신 분이다.

8. 대조의 길

구속사와 계시사에서 나타나는 점진성 때문에, 구약의 메시지가 때때로 신약의 메시지와 대조되는 것은 놀라운 일이 아니다. 혹자는 즉각적으로 구약의 의식법이나 시민법, 그리고 어떤 시편에 나타나는 소위 "저주들"(imprecations)을 생각한다. 그러나 혹자는 이천 년 동안 작용해 온 기본적인 언약 법령에서조차 대조를 찾을 수 있다. "대대로 남자는 집에서 난 자나 … 무론하고 난 지 팔일 만에 할례를 받을 것이라 … 할례를 받지 아니한 남자, 곧 그 양피를 베지 아니한 자는 백성 중에서 끊어지리니, 그가 내 언약을 배반하였음이니라"(창 17:12-14). 대조는 이 고대의 언약 법령과 기독교회 첫 공의회의 결정 사이에서 거의 총체적으로 나타난다. "성령님과 우리는 이 요긴한 것들 외에는 아무 짐도 너희에게 지우지 아니하는 것이 가한 줄 알았으니…"(행 15:28-29). 심지어 오랜 역사와 시대를 초월한 십계명도 구약 시대에 "제칠일은 네 하나님 여호와의 안식일인즉, 아무 일도 하지 말라"(출 20:10)라고 규정할 때에, 점진적 구속사에서 가로막힌다. 신약에서 우리는 우리 주님의 부활을 기념하기 위해(고전 16:2; 참조. 롬 14:15; 골 2:16), 주의 날이 한 주간의 일곱째 날에서 **첫째** 날로 옮겨 가는 것을 본다. 이것은 그러한 구약의 구절이 오늘날 그리스도인 교회에서 설교될 수 없다는 것을 의미하지는 않는다. 그러나 오직 그리스도 안에 있는 하나님의 최종 계시에 비추어 볼 때, 따라서 가능한 대조의 관점에 비추어 볼 때, 다만 그 내용들이 선포될 필요가 있다는 것을 의미한다. 그러나 그 대조가 극단적이라면, 신약 본문으로 설교하고, 그러한 각도에서 구약과의 대조를 보여 주는 것이 좋을 것이다.

1) 그리스도 안에 중심을 둔 대조의 길

대조의 길은 분명히 그리스도 안에 중심을 두는데, 이는 그리스도께서 구약의 메시지와 신약의 메시지 사이의 어떤 변화에 대해서도 일차적으로 책임이 있기 때문이다. 단번에 제사 의식법을 온전히 성취한 것은 바로 예수님의 희생이었다. 교회로 하여금 이스라엘의 시민법을 넘어서게 한 것은 바로 열방에 대한 그분의 선교였다. 이방인들에게까지 이렇게 나아간 것은 할례 요구를 그만두게 하는 결정을 초래했다. 시편에 나오는 "저주들"을 일반적으로 이해될 수 있는 것으로 바꾼 것은 바로 예수님의 가르침이었다. 왜냐하면 그분이 "너희 원수를 사랑하며, 너희를 미워하는 자를 선대하며, 너희를 저주하는 자를 축복하며, 너희를 모욕하는 자를 위하여 기도하라"(눅 6:27-28)라고 가르쳤기 때문이다. 제7일 안식일을 첫째 날인 주의 날로 바꾼 것은 바로 예수님의 부활이었다. 요약하면, 예수 그리스도의 인격, 사역, 가르침은 우리가 관찰한 대조들의 주요 근거들이다.[96]

대조의 길 아래에 우리는 스펄전이 자주 여행한 그리스도께 이르는 길, 즉 구약에서 직면하는 문제들에서 시작하여 예수 그리스도 안에서 그 해결책으로 인도되는 길을 포함할 수 있다. 예를 들어, 구약의 본문은 우리에게 인간의 죄의 중함을 확인시켜 주고, 우리로 하여금 의롭고 거룩한 하나님을 대면하게 하며, 심판의 날을 생각하게 한다. 이러한 곤경은 해결책을 절실히 필요로 하는데, 그 해결책은 예수 그리스도 안에서 발견된다. 그리스도께서 구약 문제들에 대한 해답이다.

---

96 또한 예수님은 이혼에 대해서 질문을 받았을 때(마 19:3-9), 신명기 24장의 가르침을 창세기 1-2장의 가르침과 대조하셨고, 그 과정에서 모세의 율법을 변경시켰다.

2) 다양한 장르 속에 나타난 대조의 실례들

구약에서 그리스도를 설교하는 이 마지막 길을 결론짓기 위해, 여러 문학 장르에서 몇 가지 실례를 드는 것이 유익할 것이다.

① 구약 내러티브 설교에 있어서의 대조

구약 내러티브에서, 대조는 여러 형태로 분명해질 수 있다. 예를 들어, 하나님은 여러 시기에 걸쳐 가나안의 도시들을 공격하고 그 주민들을 전멸하라고, "호흡 있는 자는 하나도 살리지 말지니 … 네가 진멸하되…"(신 20:16-17)라고 이스라엘 백성들에게 명하신다. 그 주민들은 "하나님께 바쳐져 멸망받을"(헤렘 [berem]; 예를 들어, 수 6:17, 21; 10:28-40) 운명이었다. 그러나 그리스도께서 오신 이후, 그분의 가르침에 비추어 볼 때, 어떠한 민족도 "거룩한 전쟁"을 지휘하고 대량 학살을 저지를 권리가 없다.

종종 대조는 다른 길들 중의 하나와 결합해서 사용될 수도 있다. 예를 들어, 사사 기드온에 대해 설교할 때, 그가 바알의 제단을 파괴하고 이스라엘을 미디안의 손에서 구원할 때는 하나님께 순종했음을 우리가 안다. 하지만, 그 후에 기드온은 에봇을 만들고 이스라엘을 하나님으로부터 멀어지게 만든다(삿 6-8장). 모형론과 대조의 결합은 그리스도를 완전한 구주로 설교하게 하는데, 그분은 죄와 죽음을 포함해서 우리의 대적에게서 우리를 자유롭게 해 주시며, 결코 깨질 수 없는 언약 관계로 우리를 아버지 하나님께 연결시켜 준다(요 10:27-30).[97] 또 다른 예를 들어보면, "에스라-느헤미야서는 성전 경계를 넘어 예루살렘 전 도시를 포함하는 거룩함의 확장을 증명해 준다." 그러나 거룩함과 세속 사이에, 정결과 부정 사이에, 유대인과 이방인 사이에 분명한 경계가 남아 있다. "중간에 막힌 담을 허신 분은 바로 예수 그리스도이시다. 무엇보다

---

97 여기서 대조는 모형론을 특징짓는 점진적인 확대의 요소로도 볼 수 있다.

그분은 먼저 지성소와 그 밖의 창조 세계를 분리한 휘장을 찢으셨고, 두 번째로 유대인과 이방인을 나누는 인류의 분리도 폐하셨다(엡 2:14-18)."[98]

② 구약 율법 설교에 있어서의 대조

예를 들어, "너는 나 외에는 다른 신들을 네게 있게 말지니라"(출 20:3)라는 구약 율법을 설교할 때, 우리는 하나님의 율법을 완전히 지킬 수 없는 이스라엘과 우리의 무능함에 직면한다. 이러한 심각한 곤경에 대한 해결책은 예수 그리스도와 그분의 완전한 의 안에서 발견될 수 있다. 사실 바울은 율법이 "우리를 그리스도께로 인도하는" 몽학선생(*paidagogos*; NIV는 "훈육 교사"[disciplinarian]로 번역)이었다고 기록한다(갈 3:24).

율법을 설교할 때, 우리는 역시 다른 길들 중의 하나와 결합해서 대조를 사용할 수도 있다. 예를 들어, 비록 피 제사를 요구하는 구약 율법은 그리스도의 희생 제사에 의해 성취되었지만, 이 신약 시대에도 여전히 하나님이 "너희 몸을 산 제사로 드리라"라고(모형론, 대조, 통시적 주제의 결합) 우리의 희생 제사를 요구하신다. 혹은, "안식일을 기억하여 거룩히 지키라"(출 20:8)라는 계명을 설교할 때, 이 구약에서의 제칠일은 신약에서의 첫째 날과 대조할 필요가 있다. 7일 중 하루는 여전히 주님을 예배하기 위한 특별한 날로 구별해 둘 필요가 있지만(고전 16:2; 히 10:25), 예수님의 부활을 기념하기 위해 한 주간의 첫 날로 바뀐다(대조와 신약 관련 구절들의 결합).[99]

③ 선지서 설교에 있어서의 대조

구약의 예언에서, 대조법은 국가적 실체로서 이스라엘의 회복에 국한되는

---

98 Dillard and Longman, *Introduction*, 187.
99 더 이상의 논의를 위해서는, 예를 들어, Moo, "The Law of Moses or the Law of Christ"를 보라.

예언을 할 때 종종 스스로 드러나지만, 신약에서는 그것을 훨씬 넘어 모든 민족과 전 창조 세계에 대한 하나님의 회복으로 이동한다(예, 롬 8:19-21; 계 22:1-2). 그러나 구체적인 대조들이 더 있다. 예를 들어, 에스겔은 "여호와의 영광의 형상의 모양"(겔 1:28)을 보았다고 우리에게 알려 준다. 그가 "여호와의 영광"을 보고는 두 걸음 물러나고 있다는 것을 주목하라. 대조의 길에 의해 요한은 주의 영광을 예수님 안에서 본 것을 "말씀이 육신이 되어 우리 가운데 거하시니, 우리가 그 영광을 보매"(요 1:14)라고 보고한다. 더 나아가 에스겔은 이스라엘에게 주신 여호와의 메시지를 선포한다. 반드시 죽을 사람은 죄인들의 자녀가 아니라, "오직 죄를 지은 그 사람"이다(겔 18:4; 참조. 렘 31:30). 비록 이 메시지가 이미 초기 구약의 가르침과도 대조되지만(출 20:5를 보라), 신약의 가르침과의 대조는, 그리스도께서 그들을 위해 죽으셨기 때문에, 우리가 우리 죄를 위해 죽을 필요가 없다는 것을 보여 준다.

④ 시편 설교에 있어서의 대조

시편을 설교할 때의 대조는 일반적으로 소위 "저주들" 시편에 대한 설교와 연결된다. 여러 개의 시편에서 우리는 여호와께 자기 백성을 신원하고 온전한 공의를 이루어 달라는 기도를 듣는다.[100] 그러한 기도들은 여전히 신약에서도, 예를 들어, 요한계시록 6:10에서, "거룩하고 참되신 대주재여, 땅에 거하는 자들을 심판하여 우리 피를 신원하여 주지 아니하시기를 어느 때까지 하시려나이까?"라고 들린다. 그러나 몇몇 시편들은 하나님의 공의에 대한 소원은 물론 복수에 대한 표현도 주는 것 같다. 예를 들어, 시편 137편은 바벨론에서의 이스라엘의 가공할 만한 경험들을 회상하면서, "여자 같은 멸망할 바벨론아, 네가 우리에게 행한 대로 네게 갚는 자가 유복하리로다. 네 어린것들을 반석에 메어치는 자는 유복하리로다."(시 137:8-9)라고 외친다. 시편 109편에서, 우리

---

100 예를 들어, 시 5:10; 55:15; 58:6-8; 59:11-13; 69:22-28; 83:9-12를 보라.

는 "긍휼히 여길 일을 생각지 아니하고, 가난하고 궁핍한 자와 마음이 상한 자를 핍박하여 죽이려 한"(16절) 사람에 대하여 "그 연수를 단축하게 하시며 … 그 자녀는 고아가 되고 … 그 자녀가 유리 구걸하며 … 그 열조의 죄악을 기억하시며, 그 어미의 죄를 도말하지 마시고"(시 109:8-14)라는 시편 기자의 기도를 듣는다. 만일 이러한 것들이 정말로 복수와 보복에 대한 지극히 인간적인 욕망이라면(학자들은 여기에 동의하지 않는다[101]) 그 후 우리는 이러한 생각들을 "너희 원수를 사랑하며, 너희를 핍박하는 자를 위하여 기도하라"(마 5:44; 참조. 고전 13:13) 하신 예수님의 가르침, 그리고 "아버지여, 저희를 사하여 주옵소서! 자기가 하는 것을 알지 못함이니이다."(눅 23:34)라는 십자가상 예수님의 기도와 대조할 필요가 있다.[102]

그러나 다른 시편에 대해서도 역시 대조를 사용할 수 있다. 예를 들어, 시편 44편은 이스라엘의 고통과 관련된 민족적 애가이다. 이스라엘은 이렇게 외친다. "우리가 주를 위하여 종일 죽음을 당하게 되며, 도살할 양같이 여김을 받았나이다. 주여 깨소서! 어찌하여 주무시나이까?"(22-23). 그 시편은 "일어나 우리를 도우소서! 주의 인자하심을 인하여 우리를 구속하소서!"(26절)라는 긴급한 기원으로 끝난다. 어떤 기독 설교자는 고난의 때에 도움을 요청하기 위해 이러한 호소를 반복하는 것 이상의 일을 말할 수 있다. 하나의 신약 관련 구절은 교회의 박해와 고난을 다루는 바울의 로마서 8장에서 시편 44:22을 인용하고 있음을 보여 준다. 그러나 도움을 달라는 시편 기자의 호소와는 대조적으로, 바울은 이 시편에 언급된 바로 그 고난의 때에 다음과 같은 확신을 준

---

101 다음을 비교하라. Ronald Allen and John Holbert, *Holy Root*, 128, "저주는 자신의 적에 대한 저주를 기원하는 것(invocation)이다." 그리고 Stek, *NIV Study*, 시 5:10, "실제로, 이러한 '저주들'은 전혀 그렇지가 않다. 오히려 그것들은 가해진 폭력(28:4를 보라)에 상응한 형벌을 부과함으로써 – 인간 법정에 있는 정상적인 재판 절차에 일치하여 – 시편 기자를 대적하여 자행한 잘못들을 시정해 달라고 하나님께 호소하는 것이다(신 25:1-3을 보라)." 또한 Achtemeier, *Preaching from the Old Testament*, 142-144와 George L. Klein, "Preaching Poetry," in *Reclaiming the Prophetic Mantle*, ed. George L. Klein (Nashville: Broadman, 1992), 90을 보라.
102 참조. 렘 29:7, "너희는 내가 사로잡혀 가게 한 그 성읍의 평안을 구하고 그를 위하여 여호와께 기도하라."

다. "이 모든 일에 우리를 사랑하시는 이로 말미암아 우리가 넉넉히 이기느니라. 내가 확신하노니, 사망이나 생명이나 천사들이나 권세자들이나 현재 일이나 장래 일이나 능력이나 높음이나 깊음이나 다른 아무 피조물이라도, 우리를 우리 주 그리스도 예수 안에 있는 하나님의 사랑에서 끊을 수 없으리라"(롬 8:37-39). 하나님은 우리가 고난받을 때에 주무시지 않는다. 그분은 자신의 "한결같은 사랑"(시 44:26; 한글개역에 "인자"라고 번역되는 히브리어, **헤세드**[*besed*] - 역주)을 인해 우리를 구속해 주셨다. 이러한 사랑과 확신은 "그리스도 예수님 우리 주 안에서"(롬 8:39) 우리의 것이다.

⑤ 지혜서 설교에 있어서의 대조

전도서 11:7-12:8은 다음과 같은 중요한 주제에 대해 설교할 수 있게 해 준다. "너는 청년의 때 곧 곤고한 날이 이르기 전 … 너의 창조자를 기억하라." 나는 소년 예배 시간에 처음으로 이 구절에 대해 설교를 했는데, 그때는 12:8을 설교하지 않음으로써 조금 애매하게 행동했다. 왜냐하면 그 구절은 "전도자가 가로되, 헛되고 헛되도다! 모든 것이 헛되도다!"라는 관찰과 함께 결론 지어지기 때문이다. 그때에는 이 염세주의적인 결론이 좋은 메시지를 망칠 것 같아 보였다. 이제는 8절을 포함해서 설교하는데, 그 이유는 그 구절이 그 본문 단락의 한 부분[103]이기 때문만이 아니라, 대조의 길에 의해 더 강력한 메시지를 만들 수 있기 때문이다. 그 전도자에게는 죽음이 모든 것을 끝장내기 때문에(예, 전 2:16, 21; 3:18; 9:2-6), "헛되고 헛되도다! 모든 것이 헛되도다!"가 연속적으로 반복되는 것이다. 그러나 신약의 그리스도인으로서 우리는 그리스도께서 죽음을 극복하셨다는 것을 알고 있고, 그 놀라운 승리는 우리에게 다른 인생관을 준다. 이 구절은 바울의 강력한 부활 장인 고린도전서 15장과의 대조를 분명하게 요구한다. 죽음은 "우리 주 예수 그리스도로 말미암아 우리

---

103 그것은 또한 전도서 1:2와 하나의 수미 상응법(inclusio)을 형성한다.

에게 이김을 주시는 하나님께 감사하노니"에서 극복되었다. 그 후 바울은 다음과 같이 결론짓는다. "그러므로 내 사랑하는 형제들아, 견고하며 흔들리지 말며 항상 주의 일에 더욱 힘쓰는 자들이 되라! 이는 너희 수고가 주 안에서 헛되지 않은 줄을 앎이니라"(고전 15:57-58). 바울은 "모든 것이 헛되도다"에서 "주 안에서 너희 수고가 헛되지 않는다"로 어마어마한 반전을 나타내는데, 이 모든 것은 전적으로 예수님이 죽음에서 부활하셨기 때문이다.

✢ ✢ ✢

이것으로 구약에서 그리스도를 설교하는 그리스도 중심적 길들, 즉, 점진적 구속사, 약속-성취, 모형론, 유비, 통시적 주제, 신약의 관련 구절들, 대조에 대한 우리의 논의를 종결하고자 한다. 이러한 길들 간에는 중첩되는 부분이 있기 때문에, 우리의 관심은 하나의 특정한 길의 정확한 테두리를 고집해 왔는지의 여부가 되어서는 안 된다. 우리의 관심은 오히려 "이 설교는 그리스도를 설교하는가?"가 되어야 한다. 브라이언 채플(Bryan Chapell)은 다음과 같이 제안한다. "모든 설교자는 설교가 끝날 때 다음과 같은 질문을 해야 한다: 나의 청중이 이 성전 문을 나가 하나님의 뜻을 수행하려 할 때, 그들은 누구와 함께 걷는가?" 이것은 좋은 질문이다. 왜냐하면, 종종 우리는 사람들이 그것을 스스로 알아내도록 놔두거나, 심지어 이를 그들 스스로의 힘으로 할 수 있다는 인상을 줄 수도 있기 때문이다. "만약 설교가 모든 사람을 구주를 볼 수 있는 곳으로 인도하여, 그들이 그분의 도우심을 확실하게 붙잡고, 이제 자신들의 세상으로 걸어 들어가게 한다면, 소망과 승리가 지평선을 밝혀 줄 것이다. 사람들이 혼자 떠나느냐, 아니면 구주의 손을 잡고 떠나느냐의 문제는, 공허와 믿음 사이의, 율법주의와 참된 순종 사이의, 공상적 사회 개량주의(do-goodism)와 참된 경건 사이의 차이를 나타내 줄 것이다."[104]

---

104 Chapell, *Christ-Centered Preaching*, 285-286.

| 제7장 |

구약 본문에서
그리스도 중심적 설교에 이르는 단계

"[예수님 외에] 다른 이로써는 구원을 얻을 수 없나니
천하 인간에 구원을 얻을 만한 다른 이름을 우리에게 주신 일이 없음이니라."

– 베드로, 사도행전 4:12

몇몇 학자들은 설교자가 본문에서 설교까지 책임감 있게 나아가기 위해 따라야 할 여러 단계를 제안했다.[1] 프레드 크래독(Fred Craddock)은 "설교 작성 단계가 본문 속으로, 그리고 본문을 통하여 매끄럽게 진행되고, 거의 무의식적으로 따라갈 수 있을 만큼 간단해야 한다는 사실은 아주 중요하다. … 그 방법이 오래 입은 스웨터처럼 편할 만큼 습관이 될 때 가장 풍성한 열매가 있을 것이다."라고 진술한다.[2] 나는 다음의 기본적인 단계가 평생 풍성한 말씀 사역을 하기 위한 습관이 될 만큼 간단한 것이라고 생각한다.[3]

---

1 예를 들면, Haddon Robinson, *Biblical Preaching*, 151-209; Fred Craddock, *Preaching*, 99-209; Thomas Long, *Witness*, 60-188.
2 Craddock, *Preaching*, 99.
3 내가 본문에서 설교에 이르는 이 열 단계를 가르치고 그 단계들을 강해 설교 모델과 결합시켰을 때 (부록을 보라), 구체적인 지침이 없을 때보다 신학생들이 성경 본문에 더 충실하게 되고 구체적인 경계선 내에서 더 창조적인 작업이 이뤄짐을 알 수 있었다.

1. 회중의 필요에 주의하면서 설교 본문을 선택하라.
2. 본문을 그 문예적 문맥에서 읽고 또 읽어라.
3. 본문 구조의 개요를 만들라.
4. 본문을 그 자체의 역사적 배경에서 해석하라.
5. 본문의 주제와 목표를 명확히 표현하라.
6. 본문의 메시지를 정경과 구속사의 문맥에서 이해하라.
7. 설교의 주제와 목표를 명확히 표현하라.
8. 알맞은 설교 양식을 선택하라.
9. 설교 개요를 준비하라.
10. 설교문을 구어체로 작성하라.

단계의 수가 그 순서만큼 중요하지는 않다. 왜냐하면 잘못된 순서로 본문에 질문을 던지는 것은 해석학적, 설교학적 문제를 초래하기 때문이다. 구약에서 그리스도를 설교하는 주제를 다루는 이 책의 맥락에서, 우리는 그리스도를 설교하는 방법들과 이것이 구약 본문들을 설교할 때 구체적으로 어떻게 작용하는지에 관하여, 주로 해석 과정의 어떤 지점에서 질문을 제기해야 하는지를 배울 필요가 있다. 이 필요를 만족시키기 위해, 우리는 먼저 순서대로 열 단계를 조사한 후, 구약 본문에서 그리스도 중심의 설교로 발전됨에 있어 그 열 단계가 어떻게 구체적으로 작용하는지 창세기 22장을 통해 시범을 보이려 한다.

1. 구약 본문에서 그리스도 중심적 설교에 이르는 단계

1) 첫째, 회중의 필요에 주의하면서 설교 본문을 선택하라

비극적인 사건이 교회나 지역사회를 강타할 때, 사람들은 그 압도적인 슬픔을 어떻게 다루어야 할지에 대해 주님께 말씀을 구하며 교회로 나온다. 교회

구성원이 물질적 자산을 자신의 삶에서 신으로 삼을 때, 그들에게는 인간의 삶을 향한 창조주의 목표에 관한 주님의 말씀이 필요하다. 부활 주일에 교회 종소리가 울릴 때, 사람들은 부활에 관해 주님께 말씀을 들어야 한다.

말할 것도 없이 회중은 폭넓고 다양한 중첩되는 필요를 가지고 있다. 그들의 가장 기본적인 필요 중의 하나는 "봉사의 일을 하며 그리스도의 몸을 세우도록"(엡 4:12) 온전케 되는 것과 또 다른 하나는 "하나님의 뜻을 다"(행 20:27) 듣는 것이다. 그들에게 일상적으로 필요한 것 중 하나는 교회력을 따라서 설교를 듣는 것이다. 강림절(Advent; 주일을 포함하는 크리스마스 4주 이전 기간 – 역주), 사순절(Lent; 부활절 전날까지의 40일간 금식과 참회 기간 – 역주) 같은 특별한 절기들이나, 크리스마스나 부활절이나 오순절(Pentecost; 성령강림절로서 부활절 후의 제7주일 – 역주) 같은 특별한 날들에는 설교자가 성구집(lectionary; 교회 공예배 시 매주 낭독용 성경 본문 모음집 – 역주)을 사용하여 그 필요를 채울 수 있다. 그리고 그들이 더 일반적으로 필요로 하는 것 중의 하나는 구약에 관한 지식이 점점 더 부족해지고 있는 현실에서 구약에 기초한 설교를 더 많이 듣는 것이다.

더욱 구체적인 필요들과 관련해서는, 설교자는 회중과 그들이 살고 있는 문화를 해석해야만 한다. 장로들과 함께 설교자는 기독 신앙에 관한 혼란과 의심, 미래에의 두려움, 도래하는 하나님의 왕국에 능동적으로 참여하지 않는 것, 하나님을 신뢰하지 못함, 구원의 확신이 없음, 서로 사랑하지 못함, 이 땅에 공의를 증진시키려는 일에 대한 무관심, 하나님과 그분의 뜻에 관한 지식이 없음, 현 세대 우상들의 유혹, 질병, 스트레스, 슬픔, 분노, 불안정, 그리고 그 외에 다른 많은 필요를 찾아낼 수 있다.

본문을 선택하기 전에 이 설교에서 어떤 구체적인 필요가 진술되어야 할지를 결정해야만 한다. 회중의 필요가 설교의 목표를 제공한다. 그다음 우리에게는 그 목표를 관통할 화살, 즉 구약의 이스라엘, 신약의 경우에는 초대 교회 안에서 비슷한 필요를 진술한 성경 본문이 필요하다. 본문을 필요에 따라 선택하는 이 전략은 우리가 처음부터 끝까지 관련 있는 설교, 즉 이스라엘 안에서 진술된 필요와 오늘의 교회 안에 있는 비슷한 필요 사이에서만 왔다 갔다

하는, 한 작품을 이루는 설교를 만들게 해 준다. 이와 대조적으로, 먼저 본문을 선택한 후 회중의 민감한 필요에 그것을 뒤늦게 적용하려고 하면 부자연스럽고 강요된 적용들로 이어질 수 있다.

이스라엘 안에서 비슷한 필요에 부응하는 본문을 찾을 때, 우리는 구약 교회인 이스라엘의 필요들과 아브라함이나 다윗 같은 개인들의 필요들을 혼동하지 않도록 조심해야만 한다. 전기적이거나 인물 설교를 하는 사람들과는 다르게, 우리는 아브라함과 다윗에 관한 이야기를 **이스라엘** 안에 있는 어떤 필요들에 부응하기 위해 성경에 기록된 메시지들로 여겨야 한다. 설교자는 다음 질문에 초점을 맞춰야 한다: 이 본문은 **이스라엘** 안에 있는 어떤 필요를 진술하는가? 이 본문이 대답하려고 애쓰는 이스라엘 안에 있는 질문은 무엇인가? 만일 더 연구하면서 우리가 처음 상정했던 것보다 그 본문은 이스라엘 안에 있는 다른 필요에 부응하는 것임을 발견한다면 우리는 다른 본문을 찾거나 이미 선택한 본문을 우리가 처음 의도한 것과는 다른 필요에 부응하는 설교로 발전시켜야 할 것이다. 여기서 강조점은 설교자는 어떤 값을 치르더라도 성경 본문에 충실해야 하며, 그 저자가 본래 진술한 것과는 다른 문제에 맞추기 위해 그 본문을 비틀어서는 안 된다는 것이다.

설교 본문용으로 성경 본문의 한 단위를 선택하는 이유는 설교를 기록된 하나님의 말씀에 근거시키기 위함이다. 강해 설교란 본래 이스라엘이나 신약의 경우 초대 교회에 말해진 하나님의 말씀을 현재의 회중을 위해 드러내려고 애쓰는 것이다. 설교자는 본래의 성경 메시지를 첫 세대에서 현 세대로 전송하는 송전탑과 같다.[4] 설교자의 소명은 자신의 메시지를 고안하는 것이 아니라 성경에서 발견된 신적 메시지를 적절하게 전달하는 것이다. 성경 본문에 충실해야 한다는 이 소명 때문에, 적합한 본문을 선택하는 것은 매우 결정적인 첫 단계가 된다. 서투르게 선택된 설교 본문에서 건전하고 성경적인 설교를 행하

---

4 또한 설교자는 본래의 메시지를 변형시켜 다른 문화 속에서 그 본래의 요점이 통하게 하는 번역자와 같다.

는 것은 거의 불가능하다.

선택된 본문은 반드시 하나의 메시지 단위, 즉 한 절이나 한 파편이 아니라 문예적 단위여야 한다. 하나의 메시지 단위는 때로는 단지 한 문장일 수도 있고(예. 어떤 잠언들), 보통은 하나 내지 그 이상의 문단으로(특별히 내러티브 본문에서는) 구성된다.[5] 게다가 설교는 청중에게 너무나 중요한 일이고 설교자는 설교할 수 있는 회수가 제한되어 있기 때문에 그 선택된 본문은 절대적으로 필요한 주제를 선포해야만 한다.[6]

2) 둘째, 본문을 그 문예적 문맥에서 읽고 또 읽어라

여러 종류의 번역 성경을 사용해서 그 성경의 문맥에서 본문을 읽고 또 읽어라. 이 초기 단계에서 우리의 관심은 히브리어 원문을 자세히 분석함으로써 나무에 초점을 맞추기 전에 숲을 보는 데 있다. 프레드 크래독은 "본문을 즉흥적으로, 심지어 고지식하게 다루는" 방법을 강하게 옹호한다. "무엇을 생각해야 하는지, 나중에 설교에서 무엇을 말할지에 관해서도 신경 쓰지 말고, 지성과 심장의 모든 기능을 개방한다. 이제는 듣고, 생각하고, 느끼고, 상상하고, 질문할 때이다."[7] 그는 이 시점에서 주해서 같은 성경 보조 도구 사용에 대해 경고한다. "그런 것들이 적절한 시간에 사용될 때에는 필수 불가결하지만, 너무 일찍 그런 것을 열어 보면 그것들이 점령해 버린다. 그것들은 설교자를 억

---

5 예를 들면, James Stewart, *Heralds*, 165는 다음과 같은 대조를 제시한다. "이사야 6장을 분석적으로 읽어라. 그러면 당신은 스랍들의 날개나 집에 가득한 연기에 관해 설교하고 싶은 충동을 느낄지도 모른다. … 그 본문을 하나의 단위로 읽어라. 그러면 완전히 다른 종류의 설교 개요가 선명하고 결정적으로 드러날 것이다. 이제 그 장 전체를 설교 본문으로 삼으면, 선지자에게 급속히 계속해서 임했고 여전히 모든 여호와의 참된 종들의 체험에서도 공감되는 세 가지 환상, 즉 하나님에 대한 환상, 자신에 대한 환상, 기다리고 있는 세상에 대한 환상에 관해 설교할 것이다."
6 "설교자는 하나님 왕국의 대사가 아니라는 견해는 강단을 선지자적 긴급한 사안으로부터 지엽적 문제에 관한 수줍은 훈계(homilies)로 격하시킬 것이다." Merrill R. Abbey, *Living Doctrine in a Vital Pulpit* (Nashville: Abingdon, 1964), 124. 본문 선택에 대한 더 자세한 논의는 Greidanus, *Modern Preacher*, 124-128을 보라.
7 Craddock, *Preaching*, 105.

압하고 위협한다."⁸

본문을 조심스레 읽고 묵상하는 동안 우리는 자신을 위해서는 물론이요 회중을 위해서도 듣는다. 목회적인 요청에 따라 선택한 본문을 읽을 때에는 더욱 직접적으로 회중에 관여할 수 있다. 호스피스 병동에서 죽어 가고 있는 성도는 이 성경 본문을 어떤 의미로 들을까? 편부모인 경우라면? 십대 문제아에게는 그 본문이 어떤 질문을 제기하겠는가? 혼자서, 또는 가능하다면 회중 가운데 몇 명과 함께 그 본문에 함께 귀를 기울이면서 이러한 초기 질문들을 메모해 놓아야 한다. 나중에 이러한 질문들은 주해서 같은 연구 보조 도구들을 참조하는 데 길잡이가 된다. 크래독이 말하는 대로 "성경 본문이 그러한 참고 서적에서 추구되어야 할 질문들을 제기한다. 따라서 그런 참고 서적들은 하인이지 주인이 아니다."⁹ 아마도 주일예배의 청중 역시 비슷한 질문들을 가질 수 있기 때문에 이런 질문들 중 몇 가지는 설교에서 사용할 수도 있다.¹⁰

3) 셋째, 본문 구조의 개요를 만들라

이 단계에서는 본문 자체에 집중하여 자신의 히브리어 실력을 활용해야 한다. 먼저 본문의 표층 의미 아래를 탐사하여 그 본문의 구조를 발견하고 드러내는 것이 필요하다. 본문이 내러티브이면 이야기나 줄거리를 밝혀낼 필요가 있다. 구체적인 질문들이 제기된다. 역사적 배경은 무엇인가? 갈등을 발생시키는 것은 무엇인가? 갈등을 강화시키는 것은 무엇인가? 갈등이 도달하는 절정은 어디인가? 그 갈등은 마침내 언제 어떻게 해결되는가? 그 결과나 결론은

---

8 Ibid., 106.
9 Ibid.
10 Craddock, Ibid., "이러한 초기 단계의 기록들은 설교 도입부의 절반 이상의 내용을 공급할 수 있다. 왜 그렇지 않겠는가? 결국 이것이 설교자가 본문에 흥미를 갖기 시작한 방식이며, 회중도 이와 같은 방식을 기쁘게 시작할 수 있을 것이다." 나는 이것이 설교를 시작하는 데 지적으로 손쉬운 방법임에 동의하지만, 설교자가 실존적 차원에서 더 잘 할 수 있을 때가 있다고도 생각한다. 다음에 논하는 9단계를 보라.

무엇인가?[11] 우리는 이 모든 질문의 해답을 찾아야 하며 적절한 관련 성구를 기록해야 한다.

만일 본문이 논증이면, 그 논증의 흐름을 조사해야 한다. 주요 주장들은 무엇인가? 이러한 주요 주장들은 서로 어떻게 관련되는가? 결론은 무엇인가? 이렇게 발견한 것들을 또다시 적절한 관련 성구들과 함께 목록으로 만들어야 한다. 주요 주장들의 배열은 마치 눈 위에 난 자동차 바퀴 자국과 같아서 그 논증이 향하고 있는 방향을 보여 준다.

히브리어 원어를 사용하면 단순히 번역 성경으로 작업하는 것보다, 본문의 흐름을 더 정확히 기록하는 데 도움이 된다. 우리는 더 확실한 정확성을 가지고 문장에 있는 절의 흐름을 도식화할 수 있고, 번역 성경에서 분명히 드러나거나 드러나지 않는 반복, 평행, 히브리어의 *ki*("왜냐하면")로 시작되는 원인절 같은 문예적 구조를 알아낼 수 있다.

본문 구조의 윤곽을 그리는 것에는 몇 가지 이득이 있다. 우선 우리는 그 본문에 동화되기 시작한다. 그 본문의 흐름을 그것의 부분과 전체 속에서 이해하기 시작한다. 그리고 이 윤곽은 나중에 설교 개요를 위해 사용될 수 있다.

4) 넷째, 본문을 그 자체의 역사적 배경에서 해석하라

자세한 분석 대부분이 넷째 단계에서 이루어진다. 제6장에서 살핀 대로 본문을 해석함에 있어서 우리는 얽혀 있는 세 겹 줄, 즉 문예적, 역사적, 하나님 중심적 해석을 구별할 수 있다.

① 문예적 해석

문예적 해석 아래 우리는 두 가지 기본적인 질문을 할 필요가 있다: 이 본문

---

[11] Tremper Longman, *Literary Approaches to Biblical Interpretation*, 92을 보라.

은 어떤 방식으로 의미하는가? 이 질문으로 우리는 그 책의 장르, 그 본문의 형태, 그 본문 안의 비유적 표현을 설명하려고 한다. 두 번째 질문은 이것이다. 이 책의 문맥에서 그 본문은 무엇을 의미했는가? 히브리어 본문에서 우리는 반복, 중심 단어 기법(A-A′-A″), 수미쌍관법(inclusio, A-A′), 교차 대구법(chiasm, A-B-C-B′-A′)과 같은 수사학적 구조를 주시해야 한다. 이런 모든 구조는 본문 단위(첫 A로부터 끝 A까지)를 결정하는 데 도움을 준다. 또한 본문의 초점이나 주제를 결정하는 데도 도움을 준다: 중심 단어의 여러 번 반복, 교차 대구의 중심점, 때로 수미쌍관법의 A들(북엔드[bookends]; 마치 양쪽에 있는 북엔드처럼 시작과 끝이 유사하다는 의미 - 역주).

시가(poetry)에서는(물론 어떤 산문에서도), 우리는 대구법(parallelism)과 그 대구법이 동의적인지, 반의적인지, 종합적인지에 관해 주의를 기울여야 한다. 대구법 역시 저자의 메시지는 물론 본문 단위에 대한 단서들을 제공할 수 있다.

내러티브에서는, 줄거리뿐만 아니라(제3단계) 장면들과 장면들 간의 상호 관계, 주인공들과 그들에 대한 묘사(흔하지는 않지만, 있다면 중요하다)와 그들 간의 대화, 반복되는 언어(speech) 속의 변화, 그리고 등장인물 사이의 대조를 주시해야 한다. 더 나아가, 우리는 해설자(narrator)와 그의 견해, 그 이야기에서 결정적인 전환점을 강조하기 위해 진행 속도를 지연시킨 것, 등장인물들에 대한 해설자의 평가(드물게 존재한다), 해설자의 결론과 메시지를 발견하려고 노력해야 한다. 내러티브가 아닌 산문에서는 주요 주장들을 목록화하는 것을 넘어서서(제3단계) 절과 구를 수식하는 자세한 사항들을 첨가해야 한다.

이러한 문예적 분석은 문장 구조(문장론, syntax)는 물론, 동사, 부사, 명사, 대명사, 형용사에 관한 (문법, grammar) 질문을 제기하는 문법적 분석과 함께 묶일 필요가 있다. 히브리어 원문의 자세한 "수사학적 분석"을 통해서 학생들을 가르친 후에 엘리자베스 악트마이어는 다음과 같이 결론짓는다. "만일 설교자가 한 구절을 그렇게 자세하게 연구한다면 본문의 의미를 놓치지는 않을 것이다. 무엇보다도, 설교자의 사상이 그 본문의 메시지를 형성하기보다는 그 본문의 메시지가 설교자의 사상을 형성하게 될 것이다. 모든 참된 성경적 설교들이 태어나는 것은 바로 그러한 주의 깊은 분석에서부터이다."[12]

본문의 메시지를 결정할 수 있기 전에 우리는 그 책의 맥락에서 그 구절의 기능을 결정할 필요가 있다. 이 시점에, 그 본문의 메시지를 그 자체의 역사적 배경에서 이해하도록 노력할 때, 문예적 해석이 역사적 해석과 통합된다.

② 역사적 해석

역사적 해석 아래에서 우리는 두 가지 기본적인 질문을 할 필요가 있다. 첫째, 원래 청중에 대해 저자가 의도한 의미는 무엇인가? 우리는 다섯 가지 익숙한 질문에 대한 해답을 찾음으로 이 질문에 답할 수 있다. "이 본문을 누가, 누구에게, 언제, 어디서, 왜 썼는가?" 그러나 올바른 이해를 위해서 우리는 이 모든 질문에 대한 정확한 대답을 알 필요는 없다. 왜냐하면 우리는 저자가 누구인지, 정확히 언제 어디서 썼는지를 알지 못해도 메시지를 이해할 수 있는 경우가 종종 있기 때문이다. 그러나 "누구에게?", 그리고 특별히 "왜?"와 같은 질문들은 설교자에게 결정적으로 중요하다. 이 질문들은 그 본문의 원래 삶의 정황(Sitz im Leben)과 관계하기 때문이다. 게다가 그것들은 두 번째 기본적인 질문에 대답할 수 있는 정보를 제공한다.

두 번째 기본적 질문은 이것이다. 저자가 다루려고 애쓴 청중의 필요는 무엇인가? 모든 본문 배후에는 어떤 질문, 즉 그 본문을 존재하게 만든 주제가 있다. 그것은 우상 숭배, 지식 결핍, 공의 결핍, 이웃 사랑 결핍, 이방 동맹국들, 포로 생활, 혹은 많은 군사를 의지하는 것과 같은 잘못일 수 있다. 문예적 해석에서 발견된 의미와 역사적 해석이 제공하는 실존적 의미에 대한 단서들을 연결할 때 우리는 저자 본래의 메시지에 대한 좋은 아이디어를 얻을 것이다.

저자 본래의 의미를 이해하는 것은 사활을 건 중요성을 갖는다. 그것은 주관적이고 임의적인 해석을 통제하게 하는 객관적인 요점을 제공하기 때문이

---

12 Achtemeier, *Preaching from the Old Testament*, 44, 39-44를 보라.

다. 특별히 우리의 관심을 그리스도 중심의 설교에 둔다면 그것은 우리가 이미 살핀 대로 주관적인 조작을 받기 쉬우므로, 본래의 메시지를 이해하는 것은 알레고리화, 모형론화, 그리고 구약 본문들에서 그리스도를 설교하는 다른 임의적 방법들을 방지하는 데 도움을 준다. 최우선적으로 본래의 메시지를 바르게 평가할 필요가 있다.

③ 하나님 중심적 해석

하나님 중심적 해석 아래 주요 질문은 다음과 같다: 이 구절은 하나님, 그분의 구속 행위, 그분의 언약, 그분의 은혜, 그분 백성을 위한 그분의 뜻에 관해 무엇을 계시하는가? 그분 백성과 관련해서 하나님에 관한 질문은 아마도 오늘날 아주 팽배한 도덕론적이요 모범론적 설교를 방지하도록 요구하는 가장 중요한 질문일 것이다. 왜냐하면 성경은 기본적으로 하나님에 관한 것, 즉 자기 백성에 대한 하나님의 자기 계시이다. 이 계시는 자연히 자기 백성에 대한 하나님의 뜻을 내포한다. 그러나 이 계시는 오류를 범하기 쉬운 인간 행동의 모델을 통해 드러나기보다는 인간 행동을 위한 하나님의 율법과 지시에서 드러난다. 도덕론적 설교를 방지하는 데 덧붙여 하나님 중심의 해석은, 제6단계에서 보겠지만, 역시 그리스도 중심의 설교와의 중요한 연결 고리를 제공한다.

성경 본문에서 설교에 이르는 단계 중 이 지점에서 우리는 충분한 개인 연구를 했다. 그래서 상당한 확신을 가지고 신학 사전류, 개론서들, 주해서 같은 일상적 연구 보조 자료를 찾아볼 수 있다. 최상의 전문 서적들은 이런 성경 구절들의 의미에 관해 수 세기에 걸친 교회의 신중한 사고(thinking)를 반영한다. 이러한 본문의 메시지에 대한 교회사 전반의 반영에 비추어 각 설교자는 교정을 받고 자신과 다른 결론에 도달하는 것에 자연스럽게 열려 있어야만 한다. 그 본문의 의미에 대해 교회사를 통해 축적된 다른 사람들의 타당한 통찰들과 함께 우리 자신의 통찰을 융합시키는 것은 자기 백성을 위한 하나님의 메시지를 분별하는, 신나지만 책임이 따르는 방법이다.

5) 다섯째, 본문의 주제와 목표를 명확히 표현하라

우리는 이제 두 개의 단일하면서도 관계있는 어구, 곧 본문의 주제와 본문의 목표를 공식화함으로써 여러 가지 통찰에 집중할 준비가 되었다.

① 본문의 주제

본문의 주제란 본문을 통일시키는 사상의 요약 진술이다. 그것은 이런 질문들에 대한 대답이기도 하다. 이 본문에서 저자는 **무엇**을 말하고 있는가? 원래 청중을 위한 저자의 요점은 무엇인가? 설교의 통일성을 위해 그 주제는 단 하나의 진술이 되어야 한다. 그것은 메시지의 중심이기 때문에 그 주제는 주어와 술어가 있는 하나의 단언(斷言)으로서 공식화되어야만 한다. 조엣(J. H. Jowett)은 이렇게 주장한다. "우리가 그 주제를 수정같이 투명하게 짧고 함축적인 문장으로 표현할 수 있기 전까지는 … 아직 그 설교를 선포할 준비가 안 된 것이라고 나는 확신한다. 그러한 문장을 얻는다는 것이 내게는 가장 힘들고, 가장 까다로우며, 내 서재에서 가장 보람된 노동이다. … 그러한 문장이 구름 없는 달처럼 밝고 투명하게 떠오르기까지는 어떤 설교도 선포하거나 심지어는 써서도 안 된다고 나는 생각한다. … [그런 후에는] 파렴치한 본문 왜곡의 위험은 없을 것이다. … 하나님의 말씀은 우리의 지성을 지배하고 우리의 마음에 불을 피울 것이며, 우리의 강해 작업의 전개를 조절하여 그 후에 회중에게 지속되는 인상을 남길 것이다."[13]

② 본문의 목표

본문의 목표란 알려진 저자이든 미상의 저자이든 자신의 원래 청중에게 이

---

13 Jowett, *The Preacher: His Life and Work* (New York: Doran, 1912), 133.

메시지를 보내면서 가졌던 목표의 간명한 진술이다. 그것은 다음의 질문에 대한 대답이다. **왜** 저자는 이 메시지를 이스라엘에게 보내고 있는가? 그는 이스라엘에게 어떤 사실을 가르치려고 하는가? 어떤 죄에 대해 이스라엘을 경고하려는 것인가? 하나님의 신실하신 사랑을 이스라엘에게 설득시키려는 것인가? 이스라엘이 하나님의 길로 행하기를 촉구하려는 것인가? 이스라엘이 하나님을 찬양하도록 격려하려는 것인가? 포로 생활 중의 이스라엘을 위로하려는 것인가?

본질적으로 모든 성경 본문은 교훈하려고 애쓴다. 그러나 대부분은 교훈하기보다는 더 깊은 목표를 가지는데, 즉 설득, 경고, 교정, 격려, 위로 등을 주려는 것이다. 일반적으로 율법서의 목표는 순종을 권면하기 위해 이스라엘에게 율법을 가르치려는 것이다. 지혜서의 목표는 하나님의 창조 질서에서 관찰되는 규칙적인 유형들 속에서 이스라엘을 교훈하여 하나님의 질서를 따라가면서 백성이 지혜롭게 행하고 행복해지도록 격려하는 것이다. 내러티브의 목표는 이스라엘에게 하나님과 그분 백성의 이야기를 가르쳐 그들에게 소망을 주며 도래할 놀라운 하나님의 나라를 기다리고 이를 위해 봉사하도록 격려하려는 것이다. 그러나 각 본문에 대해서, 우리는 장르의 일반적 목표를 넘어 그 특정 본문의 구체적 목표를 향해 움직일 필요가 있다.

저자의 구체적 목표를 분별할 때의 유익은, 그것이 설교하려는 본문의 현실적 관련성을 드러낸다는 것이다. 그것은 본문 이면의 질문, 즉 저자가 밝히려고 애쓰는 이스라엘의 필요를 들추어낸다. 이 통찰은 설교자가 현실적 관련성을 가진 설교를 잉태하는 데 절반 지점까지 데려다 준다. 나머지 절반은 오늘의 청중 가운데서 동일하거나 유사한 필요를 발견하는 것이다. 그리하여 이스라엘을 위한 주님의 말씀이 오늘의 교회를 위한 주님의 적절한 말씀으로 선포될 수 있다.

6) 여섯째, 본문의 메시지를 정경과 구속사의 문맥에서 이해하라

이스라엘을 위한 역사적 주제와 목표를 굳게 명심하고 우리는 이제 성경 전체와 구속사 전반의 문맥에서 그 범위를 확대하고 그 메시지를 이해하려고 힘쓸 수 있다. 이런 포괄적인 수준에서 문예적 해석은 정경적 해석이 된다. 그것은 "이 구절이 창세기 1장에서 계시록 22장까지 성경 전체의 문맥에서는 무엇을 의미하는가?"라고 질문한다. 이 단계에서의 역사적 해석은 구속사적 해석이 된다. 그것은 "이 구절은 창조에서 새 창조에 이르는 하나님의 모든 포괄적인 이야기의 문맥에서 무엇을 의미하는가?"라고 묻는다. 이 단계에서 하나님 중심의 해석은 그리스도 중심의 해석이 된다. 그것은 "이 구절은 예수 그리스도에 비추어 무엇을 의미하는가?", "구약에 있는 이 구절에서 신약의 예수 그리스도께로 가는 길은 무엇인가?"라고 묻는다.

이것은 이제 그리스도를 설교하는 길들에 관한 질문을 하게 하는 성경 해석학적 연속성의 주요점이다.[14] 우리가 본문의 역사적 의미를 확고히 세우고 이 의미를 본문의 주제와 목표의 분명한 진술에서 초점화하려고 애를 쓴 후에만, 우리는 다음의 질문으로 나아갈 수 있다. 이 구절은 예수 그리스도의 복된 소식을 어떻게 선포하는가? 일곱 가지 길 중 어느 것이 예수 그리스도께로 확고하게 연결되는 길인가? 따라서 여기가 다음의 질문을 던지는 지점이다. 구속사의 여정에서 이 메시지는 우리의 구주이시요 살아 계신 주님이신 예수 그리스도께로 인도하는가? 그것은 예수님의 오심을 약속하는가? 그것은 예수님의 인격과 사역을 예시하는가? 그것은 그리스도 안에 계신 하나님이 오늘의 우리에게 어떤 분이신지를 유비로 보여 주는가? 그 주제는 예수님이나 그분의 교훈과 관련하여 신약으로 인도하는가? 신약의 저자는 이 구절을 인용하거나 암시하는가? 신약의 가르침은 이 구약 본문과 대조적인 위치에 있는가?

이러한 과정은 아마도 그 구약 본문에서 우리가 어떤 하나의 설교에 포함시킬 수 있는 것 이상으로 구약 본문으로부터 그리스도에게로 연결할 수 있는 더 많은 지점에 이르게 할 것이다. 따라서 우리는 그 설교 주제를 지지하고 그

---

14 "하나의 타당한 정경적 해석은 문법적-역사적 단계에서 멈추는 것이 아니라 그 구절의 정경적이고 기독론적인 의미를 찾는 것이다." David Dockery, *GTJ* 4/2 (1983) 203.

설교 목표를 완성하도록 도와주는 몇 가지 결정적 연결 고리를 선택하도록 준비해야 한다.

7) 일곱째, 설교의 주제와 목표를 명확히 표현하라

① 설교 주제

신약이 구약 본문의 메시지를 전제하거나 확증할 때, 설교 주제는 보통 본문 주제와 동일하다. 이러한 사실은 설교를 작성하는 데 중요한 유익을 제공한다. 왜냐하면 이제 본문의 개요는 (제3단계에서 발견한 대로) 설교 주제를 지지할 것이며 설교 개요로 사용될 수 있기 때문이다. 반대로, 제6단계에서 조사한 계시의 진전 때문에 본문의 메시지를 다소간 변경시킬 때에는, 신약의 관점을 고려하기 위해 설교 주제를 조정할 필요가 있을 수 있다. 그러나 설교 주제를 근본적으로 바꾸지 말고 본문 주제에 가능한 한 가깝게 두면서, 본문 개요가 최소한 부분적으로라도 설교 주제를 지지하게 하는 것이 바람직하다.

설교 주제는 한 개의 단언(斷言), 즉 주어와 술어로 된 명확한 문장으로 공식화해야 한다. 설교 주제는 설교가 초점과 통일성을 유지하게 하고, 따라서 결론으로의 진전을 돕는다.[15]

② 설교 목표

설교자의 설교 목표는 설교 주제와 부합해야 하며 그 본문의 저자의 목표와 조화를 이루어야 한다. 예를 들면, 만일 이사야 40장의 저자가 포로 생활 중의 이스라엘을 위로하려는 의도를 가졌다면, 오늘날의 설교자는 이 본문을 불순종의 결과에 관해 청중을 경고하려고 사용하지 않아야 한다. 비록 오늘날 설

---

15 Craddock, *Preaching*, 155-157, Greidanus, *Modern Preacher*, 136-140을 보라.

교자의 목표가 원래 저자의 목표와 항상 정확하게 일치할 수는 없지만 최소한 그것과 조화는 이루어야 한다.

설교 목표는 설교자가 설교를 함으로써 하고자 하는 일을 간명하게 진술하는 것인데, 곧 청중이 자신의 삶을 그리스도에게 헌신하거나 재헌신하도록 격려하는 것이든지, 그렇지 않으면 어떤 종류의 죄에 대해 경고하거나, 하나님의 신실하신 사랑을 납득시키거나, 혹은 하나님과 그분의 도래하는 왕국에 소망을 두도록 권면하거나 하는 것이다. 그 목표는 그 설교가 **왜** 선포되고 있는지를 진술한다. 그것은 회중에게서 감지된 필요에 집중하는 반응이다.[16] 그 목표는 설교의 스타일을 정하는 데 지표가 될 것이며 서론과 결론의 내용을 결정하는 데도 사용될 것이다(제9단계를 보라).

8) 여덟째, 알맞은 설교 양식을 선택하라

지난 몇 십 년 동안 설교학은 성경적 메시지를 충실하게 전달하고 그와 동시에 지적인 수준 이상으로 청중을 끌어 올리는 데 적합한 설교 양식을 선택하는 문제의 중요성에 대해 더욱 주시하게 되었다.[17] 성경적 메시지를 충실하게 전달하기 위해서는 본문의 형태를 존중하면서 그와 동시에 설교의 목표를 달성하는 설교 양식을 선택해야 한다. 예를 들어, 본문이 내러티브라면, 본문에 그 자체의 구조를 부과하는 표준적인 교훈적 형태보다는 본문의 이야기 흐름을 따르는 내러티브 형태를 사용할 것을 진지하게 고려해야 한다. 혹은 그 본문이 애통해하는 시편이라면 하나님을 부르고, 역경을 아뢰고, 하나님께 항소하며, 하나님께 도움을 청원하며, 신뢰를 고백하며, 마침내 찬양을 드리

---

16 본문을 선택하는 데 제1단계에서 그 필요를 정확히 지적하고, 제4단계에서 이스라엘에도 그 필요가 존재한 것을 확증하며, 제5단계에서 목적 진술을 목표로 하고, 이제 제7단계에서 현재 청중에게 초점을 맞춘다.
17 "만일 목사가 본문이 하는 대로 설교하기를 원한다면, 그 설교자는 형태를 고수하기를 원할 것이다. 왜냐하면 형태는 본문을 해석하는 동안은 물론 설교를 작성하는 동안에도 기능을 포착해서 전달하기 때문이다." Craddock, *Preaching*, 123.

는 등 다양하게 진행되는 그 시편의 형태를 따라갈 것을 고려해야 한다.[18] 혹은 그 본문이 가르침을 목표로 한다면 그 본문의 의미를 전달하기 위해 본문의 결론으로 이끄는 주요 주장들을 따라갈 것을 고려해야 한다. 강해 설교에 있어서 강조해야 할 점은 우리가 단지 본문의 의미를 드러내는 것만이 아니라 그 의미를 전달하는 형태와 구조도 드러내야 한다는 것이다.[19]

9) 아홉째, 설교 개요를 준비하라

이미 언급한 대로 이상적인 설교 양식은 본문의 흐름을 따르는 것이다. 제3단계에서 행한 작업이 여기서 추가 유익을 주는 것은 그 본문의 주요 강조점들이나 흐름들이 자주 설교 본체의 주요 강조점들이나 흐름들이 될 수 있기 때문이다. 그러나 우리가 계속 설교 개요를 가지고 작업해야만 하는 이유는 때때로 그 본문의 순서를 거꾸로 하거나, 본문의 부차적 요점을 설교에서 두드러지게 하거나, 신약의 요점을 덧붙일 수도 있기 때문이다. 게다가 우리는 구약 본문에 근거한 모든 설교가 꼭 신약에서 끝맺는다고 예견되는 흐름이 되기를 원치 않기 때문이다. 먼저 신약으로 시작하여 구약으로 전환하거나, 설교 도중에 신약으로 진행하다가 다시 구약으로 되돌아가는 것이 가능할 수 있다.

더구나 우리는 설교 본체에 대해 작업하는 것에 덧붙여 효과적인 서론, 적절한 결론, 명료한 예화들에 대해 숙고할 필요가 있다. 엘리자베스 악트마이어는 "만일 우리가 설교를 개요 형태로 적어 둔다면 그것을 창조적으로 다듬을 수 있고, 어떤 [불필요한] 반복도 제거하며, 서론과 예화를 계획할 수 있다. 무엇보다도, 우리는 결론을 향한 방향으로 몰아가며 설교가 어떻게 끝나게 될지를 알게 된다."[20]라고 지적한다. 설교의 좋은 개요란 통일성, 균형(대칭), 클라이맥

---

18 이러한 "기도문"에 대한 더 자세한 논의를 위해서는 Stek, *NIV Study*, 783을 보라. 참조. Achtemeier, *Preaching from the Old Testament*, 51.
19 더욱 자세한 논의와 참고 문헌을 위해서는, Greidanus, *Modern Preacher*, 141-156을 보라.
20 Achtemeier, *Preaching from the Old Testament*, 59.

스를 향해 나아감을 그 특징으로 한다.[21]

설교 주제와 목표에 대한 우리의 작업은 개요를 준비하는 이 단계에서도 역시 추가적인 이익이 있다. 주제는 설교 본체의 내용들을 통제하고 초점을 맞춘다. 연역적 전개에 있어서는 본체의 각 요점이 그 주제에 종속되고 주제를 뒷받침해야 하며, 귀납적 전개에 있어서는 각 움직임이 주제를 향해 나아가도록 인도되어야 한다. 따라서 **주제**가 일차적으로 설교 본체의 개요를 잡는 기능이라면, 설교의 **목표**는 특별히 그 서론과 결론을 작성하기 위해 사용될 수 있다. 서론을 위해서는 그 목표의 필요 측면에 조준을 맞출 수 있다. 이 설교는 왜 전달되어야 하는가? 이 설교가 선포되어야 할 필요성은 무엇인가? 이 필요에 대한 최근의 예화로 설교를 시작하는 것은 설교의 적절성을 강화할 것이며, 그 설교가 이스라엘을 다룰 때에라도 모든 것이 현재의 필요를 다룬다는 과정 안에 존재하기 때문에 적절한 것으로 체득될 것이다. 결론을 위해서는 다시금 그 목표에 고정하여 스스로 질문할 수 있다. 내가 어떻게 이 목표에 가장 잘 도달할 수 있을까? 성경을 적확하게 인용함으로 목표를 관철시킬 것인가? 아니면 감동적인 예화나 청중이 따를 수 있는 구체적인 단계들을 제시함으로 그렇게 할 것인가?

우리가 지금까지 그리스도를 설교함에 초점을 두어 왔지만, 이것이 설교의 결론이 항상 "그리스도를 자신의 구주로 영접하라"라는 구원 초청이어야 한다는 의미는 아니다. 결론의 유형은 설교 본문과 그 목표에 좌우된다. 결단을 요청하는 경우들이 있기는 하지만 그리스도에게 헌신한다는 것은 순간적인 개인적인 결단보다는 훨씬 광범위한 것이어서 삶의 모든 부분에서 그리스도를 위해 평생 사는 것이다. 예수님은 모든 것의 주님이시기에 전적 헌신을 요구하신다. 레슬리 뉴비긴이 주장하듯이 "예수님을 구주로 영접하도록 남녀를 초청하면서도, 오늘날 우리의 공공 생활을 통제하는 사회와는 근본적으로 다

---

21 예를 들면, Hugh Litchfield, "Outlining the Sermon," in *Handbook of Contemporary Preaching*, ed. Michael Duduit (Nashville: Broadman, 1992), 162-174를 보라.

른 사회의 비전에 헌신하는 것이 제자도임을 분명하게 전하지 않는 복음이란 마땅히 거짓으로 정죄되어야 한다."²²

그리스도에 관한 설교에 집중하는 것은 관련성을 좁히는 것이 아니다. 참된 관련성은 정확하게 성경적인 하나님 중심-그리스도 중심의 메시지에 놓여 있다. 더욱이, 그리스도에게 집중하는 것과 함께 적용의 가능성들은 삶 자체만큼이나 광범위하다. 존 스토트(John Stott)는 그리스도께서 삶의 모든 것에 관련되심을 다음과 같이 암시한다. "그리스도를 대면한다는 것은 실재를 접촉하고 초월을 체험하는 것이다. 그분은 우리에게 자존감이나 자신의 중요성을 인식하게 한다. 왜냐하면 그분은 우리를 향한 하나님의 사랑을 확증해 주시기 때문이다. 그분은 우리를 위해 죽으셨기에 죄책감에서 … 그분이 다스리시기에 마비시키는 공포에서 우리를 자유롭게 하신다. … 그분은 결혼과 가정, 일과 휴가, 개성과 시민권에 의미를 부여하신다."²³

10) 열째, 설교문을 구어체로 작성하라

마지막으로, 설교는 구어체로 작성해야 한다. 구어체는 문어체와는 대조적으로 짧은 문장, 생동하는 어휘, 강력한 동사와 명사들, 능동태, 현재 시제로 하는 해설, 잘 기억되는 이미지, 감동적인 예화들을 특징으로 한다.²⁴ 자신의 사역에서 최소한 처음 10년간은 설교를 직접 써 보는 것이 표현의 정확성을 향상시키고, 필요한 말만 하게 할 것이며, 자신의 언어 스타일을 대체적으로 개선시킬 것이다.

---

22 Newbigin, *Foolishness to the Greeks*, 132.
23 Stott, *Between Two Worlds*, 154.
24 Mark Galli and Craig Brian Larson, *Preaching That Connects: Using the Techniques of Journalists to Add Impact to Your Sermons* (Grand Rapids: Zondervan, 1994), 특별히 91-115쪽의 탁월한 제안들을 보라.

2. 창세기 22장에 대한 열 단계 적용

이러한 열 단계가 어떻게 구약 본문으로부터 그리스도 중심의 설교를 이끌어 낼 수 있는지를 구체적으로 예시하기 위해, 특별히 창세기 22장을 대상으로 1단계부터 9단계까지 적용해 보기로 한다. 창세기 22장을 선택한 이유는 하나님이 아브라함에게 이삭을 제물로 바치도록 명하신 본문은 너무나도 힘 있는 이야기임에도 불구하고, 지난날의 설교 역사는 이 본문이 해석과 설교에 있어 무척이나 당혹스러운 난제들을 갖고 있음을 보여 주기 때문이다. 우선 이 본문 설교를 준비함에 있어서 피해야만 할 몇 가지 함정을 살펴보고자 한다.

우리의 연구는 성경 주석, 최소한 소위 "설교용 주석"(homiletical commentary)을 참고함으로 시작해서는 안 되는데, 그러한 주해서는 본문 적용에 대한 욕구 때문에 설교자들을 오도하는 경향이 있기 때문이다. 창세기 22장에 대한 설교용 주해서는 다음과 같은 적용 사례를 제시하는 경우가 있다. 2절에 대해, 아브라함이 자기 아들을 제물로 바치라는 명령을 받은 것처럼, "우리도 이와 같이 희생을 요구받을 수 있다." 5절에 대해, "그[아브라함]는 방해받지 않기를 원했다. … 위대한 시련은 동반자가 거의 없을 때 가장 잘 맞이할 수 있다." 그리고 11절에 대해서는, "하나님은 자기 백성을 산으로, 그것도 자칫하면 미끄러져 떨어질 수도 있는 벼랑으로 부르기를 좋아하시며, 그 후에야 구원하신다."[25] 이 주해서의 저자는 본문이 우선 이스라엘에게 던지는 메시지가 무엇인지를 문제 삼지 않고 있음에 주목하라. 그는 단지 매 구절 앞에서 멈춘 후에, 전체 이야기의 이러한 구성 요소들에 실천적 적용 덧붙이기를 추구할 뿐이다.

---

[25] T. H. Leale, *The Preacher's Complete Homiletical Commentary* (New York : Funk & Wagnalls, 1892), 창세기 22장. 참조. Robert S. Candlish, *Studies in Genesis* (Grand Rapids: Kregel, 1979[1868]), 381, "우리도 그[아브라함]와 똑같은 방식으로 시험받을 수 있다. 하나님은 우리에게 안목의 정욕 - 마음으로 사랑하는 사람들 - 절친한 동료, 자녀, 친구 등을 포기하라고 하시며 … 쓰라린 이별이긴 하나 … 그것이 하나님의 뜻이고 결국 우리는 승복한다." 참고. James Hastings, *The Great Texts of the Bible* (Edinburgh: Clark, 1911), 198, "참된 하나님의 자녀라면 희생의 산에 올라야 한다. 때가 왔을 때, 즉시 일어나, 번제 나무를 패 들고, 하늘 아버지께서 인도하실 그 길로 결연히 올라갈 수 있기를. 그리하면 시험의 산이 축복의 산으로 변하리라."

다른 문헌들은 이처럼 오용되지 않으나 흔히 실천적 주해서들은 몇몇 도덕관념이나 "적절한" 적용 사례를 찾고자 성경 이야기들을 자그마한 단편들로 수없이 조각내기 일쑤이다.

피해야만 할 또 하나의 함정으로는 오늘날 인기를 끌고 있는 인물 설교를 들 수 있겠다. 인물 설교는 오늘날 청중이 본받거나 피해야 할 성경 인물의 태도나 행위를 찾아보려는 경향이 있다. 이러한 설교 중에서 가장 기상천외한 실례로는 '부모와 자녀가 함께 주님을 경배해야 한다'라는 주제로 1984년에 창세기 22장을 설교한 것을 들 수 있다. 설교자가 출판할 만한 가치가 있다고 생각한 그 설교의 요점은 이렇다.

    Ⅰ. 아버지와 아들이 함께 걸었다.
    Ⅱ. 아버지와 아들이 함께 이야기했다.
    Ⅲ. 아버지와 아들이 함께 일했다.
    Ⅳ. 아버지와 아들이 함께 희생을 드렸다.[26]

1992년에 창세기 22장을 분석한 좋은 논문이 출판되었으나, 유감스럽게도 그 또한 다음과 같은 매우 실망스러운 설교 개요로 결론을 맺고 있다.

    Ⅰ. 하나님은 지속적인 순종을 통해 믿음을 확인하시고자 성도들을 시험하신다.
    Ⅱ. 의인은 주님께서 종국에는 구원을 예비하심을 믿으면서 그분께 순종한다.
    Ⅲ. 주님께서는 성도를 구하시고, 약속을 지키시며, 의인에게 상을 주신다.[27]

---

26 나의 번역. 설교자는 누구인지 알 수 없으나, 이 설교에 대한 분석은 Strydom, *Aard van die Prediking*, 216, 243-245에서 찾아볼 수 있다.
27 Kenneth A. Mathews, "Preaching Historical Narrative," in *Reclaiming the Prophetic Mantle*, ed. George L. Klein (Nashville: Broadman, 1992), 45. 1997년에 한 목사가 사이버 공간에서 창세기 22장에 대한 설교 개요를 다음과 같이 공유했다. 제목: "믿음의 여정"; 요점 1. 지극히 높으신 하나님과 관계를 가지라; 2. 모든 것을 걸라; 3. 준비하고 순종하라; 4. 하나님이 예비하심을 믿으라; 5. 하나님의 복을 받으라.

하나님이 특별히 아브라함을 시험하신 사건이 〈개요 I〉에서는 모든 성도에 대한 시험으로 적용되고 있음에 주목하라. 이것은 일반화 내지 보편화의 오류이다. 〈개요 II〉에서는 아브라함의 순종과 믿음에 대한 저자의 객관적 서술(description)이 오로지 현실 적용이라는 목적으로 의인의 의무에 대한 당위론(prescription)으로 변질되었다. (아브라함과 같이 우리도 주님을 순종하고 신뢰해야 한다는) 도덕화(moralizing)의 오류이다. 〈개요 III〉에서는 주님께서 아브라함을 구하시고 그에게 상 주신 사건이 모든 의인에게까지 확대된다. 다시금 일반화의 오류이다.[28] 비록 비성경적이라 할 수는 없다 해도, 이러한 논지들은 성경 기자가 이 특정 본문을 통해 전달하고자 의도했던 메시지는 아닌 것이다. 열 단계 적용을 통한 창세기 22장의 해석은 어떠한지 살펴보자.

1) 첫째, 회중의 필요에 주의하면서 설교 본문을 선택하라

내가 창세기 22장을 선택한 이유는 회중의 필요를 염두에 두어서가 아니라, 구약 본문으로부터 어떻게 기독교적 설교로 책임 있게 옮겨 갈 수 있는지를 예시하기 위함에 있다. 따라서 우리는 마치 성구집 순서를 따르는 목사와 같은 입장에 있다. 본문은 주어졌으되 회중의 어떤 필요를 다뤄야 할지는 아직 분명치 않다. 회중의 필요에 따라 본문을 선택했다면 아마도 그리스도의 수난과 죽음에 관한 설교가 적절한 시기인 사순절 기간에 맞추어 창세기 22장을 생각했을 수도 있다. 아니면, 구약을 더 설교해야겠다는 일반적인 필요에서 이 감동적인 이야기를 선택했을 수도 있다. 그 어떤 연유에서 창세기 22장을 택했든지 간에, 본문을 선택한 이상 이스라엘이 이 본문을 어떻게 받아들였는지에 대해 우선적으로 탐구하기 위해서는 잠시나마 회중의 필요를 뒤로할 필요가 있다.

---

28 보편화의 오류에 대해서는, Ernest Best, *From Text to Sermon*, 86-89를 보라. 도덕화의 오류에 대하여는, Greidanus, *Modern Preacher*, 161-166을 보라.

결혼식이나 장례식과 같은 특별한 경우에 알맞은 본문이 필요할 때, 설교자는 간혹 성경 본문 단락이 아니라 단순히 그 본문의 일부만을 취하는 수가 있다. 다른 교회의 목회 초청을 받아들이고 시무하던 교회에 고별 설교를 하기 위해 적합한 본문이 필요했던 한 목사의 이야기가 있다. 그와 공동으로 시무하고 있던 다른 목사는 그대로 남길 원했던지라, 그가 택한 설교 본문은 창세기 22:5 상반절이었다. "아브라함이 사환에게 이르되, '너희는 나귀와 함께 여기서 기다리라.'" 이렇게 어처구니없게 시작된 설교는 도대체 주워 담을 길이 없다. 심지어는 유명한 설교자 스펄전 역시 완전한 의미 단락을 택하지 않는 오류를 범하기도 했다. 제4장에서 자세히 이야기한 바와 같이 스펄전은 창세기 22:1만 가지고 설교한 적이 있다. 그는 설교를 두 가지 요점으로 시작했다. "본문을 봅시다. 본문은 특별하고도 유례가 없는 아브라함의 시험 이야기에서 일종의 서문에 해당합니다. 우선, '그 일 후에 하나님이 아브라함을 시험하시려고'라는 구절에서 우리는 **신자에 대한 주님의 길**을 봅니다. 그리고 다음으로 하나님이 '그를 부르시되 아브라함아 하자 그가 즉시 대답하기를 보소서 내가 여기 있나이다'하는 부분에서 우리는 **주님에 대한 신자의 길**을 배웁니다. 이 두 대지를 기억하는 것은 어렵지 않을 것입니다."[29] 이 두 가지 대지를 기억하는 것이 그다지 어려운 일은 아닐지라도, 이들이 성경 본문의 의미 단락이 아닌 본문의 한 단편에 근거를 둔 것이라는 점은 명백하다.

그렇다면 창세기 22장의 본문 단락은 어떻게 나누어지는가? "그 일 후에"라는 1절에서 새로운 단락이 시작됨은 명백한데, 그 이야기의 끝은 어디인가? 1-14절은 도입, 절정을 향해 나아가는 갈등, 갈등의 해소라는 구조를 지닌 완전한 의미 단락이라고 할 수 있다. 15-18절은 언약의 복을 반복함으로써 창세기의 보다 큰 주제를 담고 있어 별도의 화제를 다루고 있는 것으로 보인다. 그럼에도 불구하고 성경 본문에 비추어 볼 때 이들 구절은 내러티브 단락의 일부를 구성한다. 19절에서 사환들에게로 돌아온 아브라함이 그들과 함께 떠

---

29 243쪽 각주 201번을 보라.

나 브엘세바에 이르러 "아브라함이 거기 거하였더라"로 이야기를 끝맺고 있기 때문이다. 20절은 "이 일 후에"라고 하면서 새로운 단락을 시작한다(참조. 22:1).

그러므로 문예적 단락은 창세기 22:1-19이다. 그러나 이미 본 바와 같이 그 구조는 단순하지 않다. 문체나 내용 면에서 이 본문은 아브라함에 대한 하나님의 시험에 관한 서술인 1-14절과 아브라함에게 복 주시는 하나님의 독백인 15-18절이라는 구별되는 두 부분으로 구성되어 있다. 전자가 한 가지 메시지를 담고 있다면, 후자는 보다 크게 아브라함의 생애를 통해 반복되는 또 다른 주제를 담고 있는 것으로 보인다.[30] 이와 같이 구별되는 두 주제로 된 본문 단락으로부터 어떻게 하나의 주제로 통일된 설교를 준비할 수 있을 것인가? 일단 이 문제는 뒤로하고 문예적 문맥 안에서 본문 읽기라는 과제로 넘어가 보도록 하자.

2) 둘째, 본문을 전체 맥락 속에서 읽고 또 읽어라

이와 같은 초기 단계에 있어서는 본문을 읽는 것은 물론이고, 창세기 전체 문맥 안에서 본문을 읽어 내려감으로써 전체적인 구도를 잡아내야 한다. 본문의 세부 사항은 필히 전체적인 관점에서 이해해야 한다.

우리는 창세기의 전체 맥락을 통해서 22장의 배경을 알 수 있다. 수십 년의 기다림 끝에 약속의 자녀 이삭이 태어나고 그로부터 몇 년 후 이스마엘은 쫓겨났다(21장). 이제 아브라함과 사라에게는 이삭뿐이다. 그런데 하나님은 아브라함에게 "독자 이삭"을 바치라고 명하신 것이다. 시험 후에 여호와께서 아브라함에게 성경 기록상으로 마지막 말씀을 하신다(22장). 다음 장인 23장은 사

30　다음의 몇몇 주해서를 검토하면, 이 문제에 대해 충분한 논의가 이루어짐을 보게 될 것이다. Von Rad, *Genesis*, 237은, "14절로 이야기가 일단 끝맺고 있음을 명백히 확인할 수 있다."라고 강력히 주장한다. Gordon J. Wenham, *Word Biblical Commentary*, vol. 2 (Dallas: Word, 1994), 102-103 및 다른 주해가들은 15-18절의 "이차적 성격"에 이의를 제기한다.

라의 죽음과 약속의 땅에서의 매장에 대해, 그리고 24장은 이삭의 신붓감을 찾는 과정을 기록한다.

이 단계에서 우리는 선택된 본문을 자세히 살핌으로써 우리나 회중이 품게 마련인 의문점들을 발견하게 된다. 특별히 창세기 22장은 많은 의문을 자아낸다. 우선 하나님은 자녀를 희생으로 드리는 것을 금하셨음[31]에도 불구하고, 왜 아브라함에게는 자식을 번제물로 드리라 하셨을까? 또 "모리아 땅"(2절)은 어디일까? 하나님은 왜 가까운 곳이 아니라 그토록 먼 곳(사흘 길, 4절)을 택하셨던 것일까? 왜 본문에서는 사라에 대해서는 한마디 언급도 없는 것일까? "내가 아이와 함께 저기 가서 우리가 경배하고, **우리**[원문 동사는 1인칭 공성 복수 청원형인 바, 그 신학적 해석에 대해서는 히브리서 11:19 참조 – 역주]가 너희에게로 돌아오리라"(5절)하며 아브라함이 사환에게 이른 말이나, "아들아, 번제할 어린양은 하나님이 자기를 위하여 친히 준비하시리라"(8절)라는, 이삭의 질문에 대한 아브라함의 대답은 어떻게 이해해야만 하는가? 이는 선의의 거짓말인가, 아니면 믿음의 표현인가? 필시 십 대에 불과했던 이삭은 왜 결박된 채 번제단에 놓이고자 순순히 따랐을까(9절)? "여호와의 사자"(11, 15절)는 누구인가? 여호와께서는 왜 맹세까지 하시고자 했던가(16절)? "네 씨로 말미암아 천하 만민이 복을 얻으리니"(18절)라는 구절의 의미는 무엇인가? 끝으로 "이에 아브라함이 그 사환에게로 돌아와서"(19절)라는 맺는말에 왜 이삭은 빠져 있는가? 이러한 초보적인 의문들부터 메모하고 난 뒤에 본문을 보다 심층적으로 연구함으로써 그에 대한 대답을 찾아내야 한다. 이러한 의문 중 몇몇은 본문의 의미 전달과 아울러 청중의 관심 유지를 위해서도 설교 중에 사용되는 것이 보통이다.

3) 셋째, 본문 구조의 개요를 만들라

세 번째 단계에서는 본문을 더 깊이 파헤치기 시작한다. 이 단계에서는 본

---

31 레 18:21, 20:2-5; 신 18:10; 왕하 3:27을 보라.

문의 구조를 밝힌다. 구조를 발견함으로써 성경 기자가 어떻게 메시지를 전달하고자 했는지를 알 수 있음은 물론 그 구조가 설교의 전체적 틀에 주요 부분이 될 수도 있다.

본문은 내러티브이므로 줄거리 구성을 파악할 필요가 있다. 대부분의 성경 내러티브는 (복합적인 것과 반대로) 단순한 구성을 취한다. 창세기 22장의 배경에 대해서는 이미 언급했다. "그 일 후에"(1절)라 함은 21장을 지칭한다. 그곳에서 우리는 이삭의 출생과 이스마엘 추방 기사를 읽었다. "네 아들 네 사랑하는 독자 이삭을 데리고 … 그를 번제로 드리라"(2절)라는 하나님의 명령은 22장의 갈등 구조를 촉발한다. 3일간의 여정, 모리아 산으로의 부자의 고독한 여정, "번제할 어린양은 어디에 있나이까"라는 이삭의 질문, "번제할 어린양은 하나님이 자기를 위하여 친히 준비하시리라"라는 아브라함의 모호한 대답 등(3-8절)은 갈등 구조를 더욱 강렬하게 만든다. 아브라함이 단을 쌓고, 그 위에 나무를 벌여 놓고, 이삭을 결박하여, 단 나무 위에 놓고, 손을 내밀어, 칼을 잡고 아들을 죽이려 하는 시점에 이르러서(9-10절) 갈등은 최고조에 달한다. 가슴 저미는 아픔의 바로 그 순간에 여호와의 사자가 "그 아이에게 네 손을 대지 말라"라며 외쳐 부르고 나서야 긴장이 멈춘다(11-12절). 아브라함이 한 숫양을 발견하고 이로써 "아들을 대신하여 번제로" 드리고 그 땅을 "여호와 이레"("여호와께서 보실/준비하실 것이다."라는 뜻 - 역주)라 이름함으로써 마침내 갈등은 해소된다(13, 14절). 여호와의 사자가 두 번째로 아브라함을 부르시고 여호와께서 축복의 언약을 반복하신다(15-18절). 아브라함이 브엘세바에 돌아옴으로써 이야기는 끝이 난다(19절).

줄거리 구성을 명확히 기억하기 위해서는 관련 구절과 함께 이를 도해하면 좋다. 도표는 아래와 같이 그려 볼 수 있다.[32]

---

32 Tremper Longman, *Literary Approaches*, 92, '성경 내러티브 구조'에 나오는 일반적 도해를 보라. Greidanus, *Modern Preacher*, 204에 재수록.

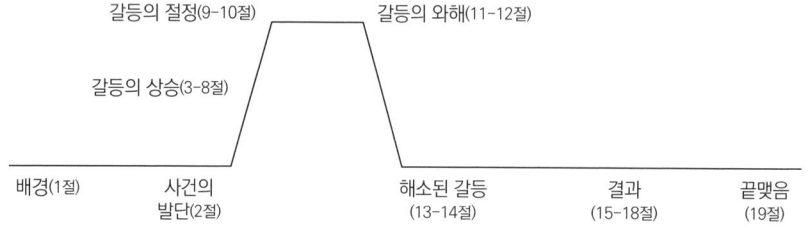

4) 넷째, 본문을 그 자체의 역사적 배경에서 해석하라

성경 본문을 역사적 배경 속에서 이해하기 위해서는 문예적, 역사적, 하나님 중심적이라는 세 가지 측면에서 본문을 고찰할 필요가 있다.

① 문예적 해석

창세기 22장은 명백히 내러티브 장르로서, 그 줄거리 구성에 대해서는 제3단계에서 이미 살펴보았다. 여기서는 내러티브의 여러 특성을 검토함으로써 보다 더 심층적인 본문 이해로 나아가고자 한다. 먼저 장면과 인물을 살펴볼 것이다. 히브리어 내러티브는 대개 장면마다 인물 둘이 등장한다. 둘 모두 개인일 수도 있고, 혹은 한쪽은 개인이고 다른 한쪽은 집단일 수도 있다. 종종 등장인물의 한쪽은 하나님 자신이거나, 하나님을 대변하는 자이다. 창세기 22장을 간략히 검토해 보면 다음의 결과를 얻을 수 있다.

    장면 1: 하나님과 아브라함(1-2절)
    장면 2: 아브라함과 그의 사환들(3-5절)
    장면 3: 아브라함과 이삭(6-8절)
    장면 4: 아브라함과 이삭(9-10절)
    장면 5: 여호와의 사자와 아브라함(11-14절)

장면 6: 여호와의 사자와 아브라함(15-18절)

장면 7: 아브라함과 그의 사환들(19절)[33]

전지한 해설자는 처음부터 청중에게 하나님이 아브라함을 **시험하시고** 계심을 알려 준다. 물론 아브라함은 이를 알지 못하고, 단지 "네 아들 네 사랑하는 독자 이삭을 … 번제로 드리라"라는 하나님의 명령을 들었을 뿐이다. 히브리 해설자는 등장인물에 대한 묘사는 거의 하지 않는 것이 보통이나, 이삭을 "네 아들, 네 사랑하는 독자, 이삭"이라고 표현함으로써 하나님이 아브라함에게 하신 명령이 얼마나 엄청난 것이었는가 하는 점을 두드러지게 각인시킨다. "하나님에 대한 순종과 아들에 대한 사랑이 정반대의 방향에서 아브라함의 가슴을 철저히 찢어 놓을 것이다."[34] 하나님의 요구가 실로 엄청난 것이었음은 이야기의 절정(12절)과 결말(16절)에서 다시금 "네 아들, 네 독자"라는 똑같은 표현이 반복됨으로써 한층 강조된다.

또한 해설자는 갈등의 정점에 오르는 속도를 의도적으로 늦춘다. "아브라함이 그곳에 단을 쌓고, 나무를 벌여 놓고, 그 아들 이삭을 결박하여, 단 나무 위에 놓고, 손을 내밀어, 칼을 잡고 그 아들을 잡으려 하더니"(9-10절)라고 모든 행위를 상세히 기록한다.

문예적 해석에서는 반복이나 교차 대구와 같은 수사학적 구조에 대해서도 검토가 이루어진다. 이 내러티브에서는 어떤 반복적 표현이 두드러진다. 2절, 12절, 16절에서 '네 아들, 네 독자'가 반복되고 있음은 이미 지적했다. 또 다른 반복이 다소 모호한 형태로 이루어진다. 이삭은 아버지에게 "번제할 어린양은 어디에 있나이까?"라고 물었을 뿐인데, 아브라함은 "아들아, 번제할 어린양은

---

33 Kenneth Mathews, "Preaching Historical Narrative," 32는, 9-12절을 〈장면 4〉로, 13-19절을 〈장면 5〉로 보고 있다. Wenham, Word, 2,100은 다음과 같은 교차 대구적 구조 분류를 제시한다: 1a절, 서술; 1b-2절, 독백; 3절, 서술; 4-6b절, 대화; 6c-8절, 대화; 9-10절, 서술; 11-18절, 독백; 19절, 서술.

34 Wenham, Word, 1,104.

하나님이 자기를 위하여 친히 준비하시리라"라고 답한다(8절). 바로 앞에서 우리는 이 지점에서 "아브라함은 엄청나게 충격적인 답변을 피하기 위해 선의의 거짓말을 하고 있는 것인가, 아니면 하나님께 대한 흔들리지 않는 믿음을 표현하고 있는 것인가?"라는 첫 의문을 제기한 바 있다.[35] 이러한 의문에 대해 해설자는 아직 어떠한 결론을 내리지는 않는다. 그러나 이야기가 전개됨에 따라, 하나님은 번제할 어린양, 즉 뿔이 수풀에 걸린 한 숫양을 실제로 준비하신다(13절). 따라서 아브라함이 그 장소를 **여호와 이레**("여호와께서 준비하시리라")라고 이름했다고 해서 하등 놀랄 것이 없다. 여기에서도 '준비하다' 또는 '돌보다'라는 의미의 '라아'(r'h)라는 단어가 다시금 사용되고 있다. 적절하게도 해설자는 세 번째로 또다시 당시의 사람들이 "여호와의 산에서 준비되리라"라고 말한다는 사실까지도 덧붙인다. 한편 이 동사의 수동형(niphal)이 사용되었으므로 일부 학자는 "여호와의 산에서 여호와께서 보이실 것이다."(NRSV 각주), 또는 여호와께서 나타나시리라고 번역하기도 한다. 세 번에 걸친 '준비하다'라는 단어로의 번역은 동일한 히브리어 동사 어간의 반복에 충실하게 이루어진 것이다. 반복은 눈길에 난 바퀴 자국과도 같은 기능을 하는 것이어서, "여호와께서 준비하시리라"라는 반복되는 구절은 해설자가 그의 이야기를 종국에는 어디로 끌고 가고자 하는지를 잘 보여 준다.

이 단계에서의 문예적 해석은 창세기 전체에서 본문이 어떠한 문예적 맥락 아래 위치하고 있는지를 이해하는 작업과도 연관된다. 우리의 최초 의문들 가운데는 왜 하나님이 16절에서 "내가 나를 가리켜 맹세하노니"라고 하심으로써 스스로 맹세까지 하고 계신가 하는 의문도 포함되어 있었다. 고든 웬함(Gordon Wenham)은 지적하기를, "비록 이후로도 빈번히 이 맹세를 상기하고

---

35 Gordon Talbot, *Study of the Book of Genesis* (Harrisburg, PA: Christian, 1981), 146는 이 말들을 "지혜로운 믿음의 고백"이라고 부른다. Wenham, *Word* 2.109는, "'하나님이 준비하시리라'는 구절이 이야기의 전환점을 이루는 구성은 본문을 소망의 표현이나 예언이나 기도…로 긍정적으로 이해함에 도움을 준다."라고 한다. Claus Westermann, *Genesis 12-36* (trans. John Scullion; Minneapolis: Ausburg, 1985), 359은, 아브라함은 이삭을 속인 것이 아니라, "(하나님이 명하신 바) 아브라함 자신에게는 사실인 것을 하나의 가능성으로 이삭에게 제시했을 뿐"이라고 한다.

있지만(창 24:7; 26:3; 50:24; 출 13:5; 그리고 종종 신명기에서), 16절은 족장들의 이야기 가운데 나타나는 여호와 하나님의 처음이자 유일한 맹세이다."라고 지적한다.[36] 22:16-18에서 반복되는 하나님의 축복이 여호와께서 아브라함에게 행하신 35번째이자 마지막 말씀이라는 사실은,[37] 부분적이나마 우리의 의문에 해답이 될 수 있다. "여호와께서 이르시기를, 내가 나를 가리켜 맹세하노니 **네가 이같이 행하여 네 아들 네 독자를 아끼지 아니하였은즉** 내가 **참으로**(indeed) [웬함, 실제로, really] 네게 큰 복을 주고 … **이는 네가 나의 말을 준행하였음이니라**"(16-18절)라는 구절에 아브라함의 순종에 대한 언급이 두 번씩이나 거듭되고 있다는 점은 한층 더 유력한 해답일 수 있다. 웬함은 "칭찬받기에 합당한 아브라함의 성품"에 대해 말하면서, "아브라함의 순전한 순종과 그로부터 연유하는 크나큰 축복이야말로 창세기 22장이 기록된 중심 요점이다."라고 단언한다.[38] 비록 위와 같은 설명이 이른바 "건강과 재물의 복음"(요한3서 2절에 근거한 영혼-범사-강건이라는 소위 '삼박자 구원'에 편중된 번영 신학[prosperity theology] 참조 - 역주)이나 공로에 기초한 칭의(works righteousness) 설교에 대한 관심을 환기시킬 수 있다 할지라도, 이러한 관심은 성급한 것이라 하겠다. 왜냐하면 이번 단계에서 우리의 과제는 가능한 한 솔직 담백하게 구약의 메시지를 밝혀내는 데 있기 때문이다. 이러한 관심에 대한 고려가 필요하다면 제6단계에서 행해질 것이며, 그곳에서는 성경 전체의 맥락에서 창세기 22장이 갖는 메시지를 검토하게 된다.

문맥의 상호 관련이라는 측면에서 아브라함의 생애는 교차 대구의 형태로 배열되어 있다는 점 또한 지적되어 왔다.

---

36 Wenham, Word, 2.111. 다만 John Stek, CJT 29/1 (1994), 29는 창세기 15장에 대해, "쪼갠 고기 사이로 횃불이 신비하게 지나감은 하나님이 언약을 비준하시고자 스스로 저주의 맹세 의식을 치르고 계심을 상징하는 것으로 이해함이 가장 적절하다."라고 본다.
37 Mathews, "Preaching Historical Narrative," 31.
38 Wenham, Word, 2.111, 112. 참조. 116쪽에서는, "이전의 모든 공식적 진술뿐만 아니라 그 약속에 뒤이은 모든 진술을 능가할 정도로, 이 마지막에 표현된 순종하는 믿음은, 최초의 약속에 대한 확대와 확인으로써 보상받았다."라고 말한다.

    A. 데라의 계보(11:27-32)

        B. 아브라함의 영적 여정 출발(12:1-9)

            C. 이방의 왕궁에 있는 사라, 평화와 성공으로 끝나는 시련, 아브람을 떠나는 롯(12:10-13:18)

                D. 소돔성과 롯을 구하러 온 아브라함(14:1-24)

                    E. 아브라함과의 횃불 언약, 이스마엘 출생 고지(15:1-16:16)

                    E´. 아브라함과의 할례 언약, 이삭의 출생 고지(17:1-18:15)

                D´. 소돔성과 롯을 구하러 온 아브라함(18:16-19:38)

            C´. 이방의 왕궁에 있는 사라, 평화와 성공으로 끝나는 시련, 아브라함을 떠나는 이스마엘(20:1-21:34)

        B´. 아브라함의 영적 여정의 정점(22:1-19)

    A´. 나홀의 계보(22:20-24)[39]

창세기 22장의 설교 본문과 관련하여 이러한 교차 대구를 살펴보면, 창세기 기자가 의도적으로 12:1-9와 22:1-19 상호 간에, 좀 더 진전시키는 것은 물론이고, 의도적인 병행 관계를 전개하고 있다는 점에 주목하게 된다. 12장에서 하나님은 아브라함에게 "가라"(lek-leka; 원문 직역은 "네 스스로"[leka: 여기서 전치사 le는 문법적으로 참여와 관심을 나타내는 윤리적 대격(ethic dative)라고 부르는데, 항상 주어에 사용된다.-역주]), 그리고 그의 과거(친척, 친구, 본토)를 바치라고 명하시고, 3중 언약의 복에 대한 약속을 받으라고 하신다. 한편 22장에서는 하나님이 아브라함에게 명하시기를, "가라"(lek-leka), 그리고 이제는 그의 과거가 아니라 그의 미래 즉 "네 아들, 네 사랑하는 독자"를 바치라고 하신다. 요구되는 믿음의 분량이 커진 것이다. 하나님이 언약의 말씀을 파기하신 것처럼 보일 때조차도 아브라함은 하나님을 의지해야만 한다. 그러나 하나님께 순종한다면 아브라

---

39 Mathews, "Preaching Historical Narrative," 30은 G. Rendsburg, *The Redaction of Genesis* (Winona Lake, IN: Eisenbrauns, 1986), 27-52에서 도움 받았음을 밝힌다.

함은 3중 언약의 복을, 그것도 한 차원 높은 형태로 받아 누리게 될 것이다. 이는 여호와께서 "준비하시기" 때문이다.

② 역사적 해석

역사적 해석에 있어서 우리는 주지하다시피 '누가, 누구에게, 언제, 어디서, 왜'라는 질문을 던지게 된다. 이 모든 질문에 대한 답변은 유익하지만, 특히 구약의 구절들에 관한 한 항상 그 답변을 얻을 수 있는 것은 아니다. 설교자가 해답을 주어야만 할 중요한 질문으로는 특히 '누구에게, 왜'라는 질문을 들 수 있겠다. 이 두 질문에 대한 답변은 이스라엘이 이 구절들을 어떻게 받아들였는가 하는 점과 어떠한 필요에서 그 본문이 전달되었는가 하는 점을 우리가 이해하는 데 매우 유용하다. 창세기 22장 본문 속에 내재된 일부 증거들은 이 내러티브가 가나안에 살고 있는 이스라엘 백성에게 전달되고 있음을 제안하는데, 이는 성경 기자가 번제물(레위기 1장을 보라)에 관해 언급하고 있음은 물론, 아브라함이 "아들 대신에"(출 12:12-13을 보라) 숫양을 바쳤음을 그의 청중에게 알려 주는 13절은 유월절의 의미를 암시하기 때문이다.[40] 만일 가나안에 거하는 이스라엘 백성이 이 메시지의 수신인이라면, 우리가 애초에 품었던 의문, 즉 "하나님은 이스라엘이 자녀를 희생으로 드리는 것을 금하셨는데(레 18:21; 20:2-5; 신 18:10; 왕하 3:27), 왜 아브라함에게는 자기 아들을 번제물로 드리라고 요구하심으로써 하나님 자신의 계명을 스스로 역행하려 하셨던가?"라는 의문은 지극히 적절한 것이었다고 할 수 있다. 이러한 예리한 의문에 답하기 위해서는 몇몇 좋은 주해서들의 도움을 받을 필요가 있다. 베스터만과 웬함은 모두 이와 같은 의문에 대한 해답은 이스라엘에 주어진 또 하나의 독특한 율법에서 찾을 수 있다고 제안한다.[41] 하나님은 "너의 처음 난 아들을 내게 줄지

---

40 "후대의 유대 전승(예를 들어, the book of Jubilees, 주전 100년)에서는 유월절과 이삭의 희생이 연관 지어진다." Wenham, *Word* 2,116.
41 Westermann, *Genesis 12-36*, 357-358; Wenham, *Word*, 2,105.

며"(출 22:29; 참조. 13:2)라고 명하셨다. 그러므로 아브라함에게 "자신의 독자"를 바치라는 하나님의 명령은 하나님 율법의 범위 내에서 이루어진 것이다. 그러나 은혜 가운데 하나님은 "네 아들 중 장자는 다 대속할지며"(출 34:20; 참조. 13:13)라고 하여 이스라엘에게 장자의 희생을 대신할 수 있는 방법을 명시하셨다. 부모가 장자를 대속하는 구체적 방법으로는, 유월절 어린양(출 12장)과 산모의 결례를 위한 어린양이 있고, 또는 "그 여인의 힘이 어린양에 미치지 못하거든 산비둘기 둘이나 집비둘기 새끼 둘을 가져다가"(레 12:8; 참조. 아기 예수님을 위한 대속물에 대한 누가복음 2:22-24) 대신 드리라고 규정하셨다.

좋은 주해서들은 우리가 품었던 또 다른 의문들에 대한 해답을 얻는 데도 도움을 준다. 예를 들어 하나님은 왜 인근이 아니라 그토록 먼 곳(사흘 길, 4절)을 택하셨던가 하는 의문에 대해, 칼뱅은 아브라함을 시험하심에 초점을 맞춤으로써 해답을 얻고자 한다. "하나님은 … 아브라함으로 하여금 사흘 내내 이 가혹한 명령이 그의 마음속에 맴돌도록 하심으로써, 아들의 희생을 그 스스로 준비하는 과정에서 아브라함이 모든 측면에서 극심한 고통을 받도록 하셨으며 … 이는 그로 하여금 극도로 인내하게 하여 단순한 일시적 충동으로 하나님께 순종할 수는 없도록 만들었으니 … 따라서 하나님을 향한 아브라함의 사랑은 변함없는 충성에 의해 확증되었고, 또한 그 사랑은 어떠한 환경의 변화에 의해서도 영향을 받지 아니하는 것임이 밝혀졌다."[42] 이와는 대조적으로 베스터만은 문예적인 이유를 제시한다. "출애굽기 3:18; 5:3; 8:23에 의하면 이스라엘 백성이 광야에서 희생을 드리기 원한 장소는 사흘 길이나 되는 곳이었고, 따라서 여기에도 어떠한 암시가 있다고 보아야 할 것이다. 어쨌든 사흘이라는 기간은 구약에서 정말 중요한 사건을 위한 준비 기간이며…."[43]

역사적 해석의 과정에서 직면하게 되는 또 하나의 핵심 질문은, 원래 청중은 자신을 누구와 동일시했는가 하는 점이다. 흔히 이러한 질문은 어느 정도

---

42 Calvin, *Comm. Genesis* (trans. John King; Grand Rapids: Eerdmas, 1948), 565-566.
43 Westermann, *Genesis 12-36*, 358은 그 외에도 창 31:22; 34:25; 40:20; 42:18을 들고 있다.

라도 확신을 가지고 답하기에는 어려운 질문이 아닐 수 없다.[44] 이 이야기에서 선택의 폭은 아브라함과 이삭으로 국한된다. 우선 청중은 가슴 저미는 선택을 내려야만 했던 아브라함과 자신을 동일시했을 수 있다. 그러나 보다 깊이 들어가 보면, 청중이 자신을 이삭과 동일시했을 것이라는 점에는 별다른 의문이 없다. 이삭은 죽을 것인가, 살 것인가? 그가 단 위에서 죽었다면, 이스라엘이라 불리는 백성은 존재하지도 않았을 것이다. 숫양이 죽음으로써 이삭이, 다시 말해서 이스라엘이 살 수 있었던 것이다. 오늘날에도 유대인들은 이삭과 자신을 동일시하며 유대인들의 새해에는 그들이 "이삭의 결박"이라 부르는 본문 (창 22:1-19, 9절의 동사 '결박하다'['aqedah]에서 유래한 제목 – 역주)을 읽고 있다. 이러한 해석은 폰 라트에 의해 다시금 확인된다. "후대에 이스라엘이 이 이야기를 읽고 자신과 관련지었다면 이스라엘은 이삭이, 곧 여호와의 단 위에 놓여 여호와에게 도로 바쳐졌으되 오로지 여호와에 의해 다시금 생명을 얻은 바로 그 이삭이, 이스라엘 자신을 대표한다고 생각할 수밖에 없을 것이다. 다시 말해서 이스라엘은 역사 속에서 자신들의 존재 근거를 다른 민족들처럼 자기 자신의 법적 권리에 두는 것이 아니라, 오직 그분의 풍성한 은혜의 자유 가운데 그들을 살게 하신 여호와의 뜻에서 찾으려 할 것이다."[45]

③ 하나님 중심적 해석

여기서의 핵심 질문은 본문이 하나님에 관해서, 그리고 자기 백성에 대한 하나님의 의지에 관해서 무엇을 우리에게 전해 주는가 하는 것이다. 각 장면

44　Greidanus, *Modern Preacher*, 175-181을 보라.
45　Von Rad, *Genesis*, 239-240. 참조. 동일 저자의 *Biblical Interpretations*, 39는, "이스라엘 공동체는 바로 이삭에게서 자신이 대표됨을 보았고, 이삭에게서 하나님께 드려진 자신을 보았으며, 이삭에게서 하나님의 손으로부터 자신의 완전한 존재를 되찾았음을 분명히 고백하게 되었으며, 이제 그들이 오로지 그분의 은혜에 따라 살고 그분의 뜻에 맡겨져 있음을 알게 되었다."라고 말한다. 참조. Roland de Vaux, *Ancient Israel* (New York: McGraw-Hill, 1965), 443은, "이 이야기를 들은 이스라엘 사람이라면 누구라도 이것이 이스라엘 족속의 생존은 하나님의 자비 덕택임을 뜻하는 것으로 받아들일 것이며…"라고 한다.

과 등장인물들을 분석함으로써 우리는 하나님이 장면 1과 5, 6에서 주요 인물 중의 한 분임을 보았다. 주고받은 대화의 측면에서 보자면, 하나님은 처음과 마지막 말을 모두 맡고 계신다. 그러나 처음과 끝뿐만 아니라 이야기의 전체를 통해서도 하나님이 그 중심에 계심을 알 수 있다. "하나님이 시험하셨으며"(1절), 아브라함이 이삭을 안심시키기를 "하나님이 준비하시리라"고 하며(8절), 하나님이 이삭을 드리는 아브라함을 제지하시며(12절), 하나님이 숫양을 준비하시며(13절), 아브라함이 그곳을 "여호와 이레"라 이름하며(14절), 해설자는 "오늘까지 사람들이 이르기를, 여호와의 산에서 준비되리라고 한다."(14절)라고 덧붙이고, 여호와께서는 아브라함과 그 씨와 천하 만민에게 복 주시기로 약속하신다(15-18절). 그 이야기 전체가 하나님이 아브라함과 이삭에게 관여하심을 밝히 드러내고 있는 것이다.

5) 다섯째, 본문의 주제와 목표를 명확히 표현하라

여기서는 이스라엘을 위한 이 본문의 메시지를 간단한 문장으로 요약하여 본문의 주제를 '한 문장으로 요약화'(formulation)하는 (특별히 내러티브에서) 까다로운 과제에 대면하게 된다. 본문의 주제를 "하나님이 아브라함의 믿음과 순종을 시험하신다."라고 제안하는 사람도 있다. 그러나 이는 메시지 요약이라기보다는 오히려 사건을 묘사하는 제목에 가깝다. 본문은 "생명을 주시는 하나님의 능력을 믿고, 아브라함이 아들을 바친다."라는 주제를 담고 있다고 제안하는 사람도 있다.[46] 그러나 이 또한 여전히 주제라기보다는 단순한 상황 묘사에 불과하다. 우리가 묻고자 하는 것은 이 이야기를 통해 이스라엘에 전달된 하나님의 메시지는 무엇인가, 이스라엘을 향한 말씀의 핵심 취지는 무엇인가 하는 점이다.

가능한 주제로는 두 가지가 있다. 가장 흔히 사용되는 본문 이해는 "하나님

---

46 J. L. Helberg, *Verklaring*, 118 (나의 번역).

이 아브라함을 시험하셨다."라는 1절에서 그 실마리를 찾는다(앞서 살핀 두 견해를 보라). 폰 라트는 이 내러티브의 주요 사상들 중 하나는 "순종에 대한 철저한 시험이다. 스스로를 이스라엘에 나타내신 하나님은 전적으로 자유로이 주시기도 하고 가져가시기도 하시며, 그 누구도 감히 그분께 '무엇을 하시나이까?'(욥 9:12; 단 4:32)라고 물을 수 없다는 점이야말로 틀림없이 본문의 근저에 깔린 사상이다. … 여호와께서는 믿음과 순종을 시험하신다."라고 주장한다.[47] 웬함에 의하면 "이야기의 중심 요점은 아브라함의 순전한 순종과 그로부터 연유한 크나큰 축복"이다.[48] 이러한 설명에 따르면, 이스라엘이 본문에서 배워야 할 교훈은 다음과 같은 것이라고 추론할 수 있다. 곧 하나님은 자기 백성의 믿음을 주권적으로 자유로이 시험하실 수 있으며, 아브라함이 보여 준 것과 같은 순종과 전적 신뢰를 바라신다는 것이다. 실제로 베스터만은 "대다수 해석자들은 … 이 내러티브가 아브라함을 훌륭한 모범으로 격상시키고 있는 것으로 본다."라고 말한다.[49] 주권적으로 아브라함의 믿음을 시험하시는 하나님과 이스라엘에게 순종의 모범을 보이는 아브라함에 대한 관념은 하나의 주제로 합쳐져서 다음과 같이 한 문장으로 요약될 수 있다: 주권적 하나님이 자기 백성의 믿음을 시험하실 때는 언제나 무조건적이고 신뢰하는 순종을 요구하신다. 하나님과 아브라함에 초점을 맞추고 있는 이러한 주제는 본문이 아브라함의 생애 이야기 안에 위치하고 있으며 창세기 12:1-3에서 소개된 사상으로 끝맺음하고 있다는 사실을 적절히 반영한다. 그러나 이러한 견해는 이스라엘이 이 이야기를 들을 때 스스로를 아브라함과 동일시한다는 가정, 즉 앞서 우리

---

47 Von Rad, *Genesis*, 239.
48 Wenham, *Word*, 2.112.
49 Westermann, *Genesis 12-36*, 364. Calvin, *Comm. Genesis*, 568은 이와 유사하게 아브라함은 "자신이 하나님께 온전히 헌신된 상태임을 보여 주고 있으며," 시험을 통과함에 있어 "어린양은 하나님이 친히 준비하시리라"라는 하나님의 섭리에서 피난처를 찾는다. 이 모범은 우리도 본받도록 제시된 것이다. 주님께서 명령을 내리실 때는 언제라도 우리의 목적을 약화시키는 많은 일들이 연이어 일어난다. 즉, 시도하는 방법들이 먹혀들지 않거나, 조언을 얻을 수 없다거나, 모든 길이 막혀 있는 것처럼 보이기도 한다. 이러한 곤경 속에서 낙망에 대한 유일한 해결책은 하나님이 길을 열어 곤경이 모두 사라진 곳으로 우리를 이끄실 수 있도록 그 행사를 하나님께 맡기는 것이다."라고 적고 있다.

가 이미 살펴본 결론과 상치되는 가정에 기초한다는 약점이 있다. 그리고 비록 이 주제가 아브라함의 생애 전반의 더 폭넓은 주제를 포착하고 있다 하더라도 이 견해는 창세기 22장 본문이라는 특별한 이야기의 구체적 주제는 놓치고 있다는 약점 또한 지닌다.

이 이야기의 더욱 구체적인 주제를 파악하기 위해서는 본문을 이스라엘이 들었던 것과 마찬가지 방식으로 들어 볼 필요가 있다. 앞서 본 대로 이스라엘은 스스로를 이삭과 철저히 동일시하고자 했을 것이다. 단 위에 놓여 있는 이삭의 이야기를 이스라엘은 마치 자신의 존망 자체가 저울 위에 달려 있는 것으로 들었을 것이다. 이삭이 사느냐 죽느냐는 줄거리 구성의 핵심인 것이다. 갈등의 절정에서, 칼에 찔려 죽기 일보 직전에, 이삭은 생명을 되찾고 숫양이 이삭 "대신에" 바쳐진다. 이러한 본문 이해는 해설자의 2-14절에서의 줄거리 구성뿐만 아니라 "하나님이 준비하시리라"라는 핵심 구절의 반복을 통해 분명히 드러난 "의도의 바퀴 자국"을 보다 정당하게 반영하는 것이기도 하다. 우리는 이 단어들을, 우선 "하나님이 준비하시리라"라는 아브라함의 증언을 통해서(8절), 다음으로 이삭 '대신에' 바칠 숫양을 실제로 준비하신 하나님의 행위를 통해서(13절), 그리고 아브라함이 그곳을 **여호와 이레**(즉, "하나님이 준비하시리라")라고 이름하는 것을 통해서(14절), 마지막으로 "여호와의 산에서 준비되리라"라고 하는 해설자 자신의 진술을 통해서(14절) 듣게 된다. 이러한 이삭에 대한 초점은 결론부에 덧붙여진 언약적 축복의 말씀을 통해서도 더욱 확인된다. 즉, 여기서는 창세기 12장 2-3절의 축복과는 대조적으로 아브라함보다는 그의 씨에 대해 주로 다루어지고 있다. "내가 네게 큰 복을 주고 네 씨로 크게 성하여 ⋯ 바닷가의 모래와 같게 하리니 네 씨가 그 대적의 문을 얻으리라 또 네 씨로 말미암아 천하 만민이 복을 얻으리니"(17-18절).

본문의 구조를 분석하면서 웬함은 "하나님이 준비하시리라"라는 문구는 '이야기의 전환점'에 해당한다는 결론을 내린다.[50] 그러나 단순히 그에 그치는

50　Wenham, *Word*, 2.109. 참조. Walter Brueggemann, *Genesis* (Atlanta: John Knox, 1982), 186,

것이 아니라 더 나아가서 이 이야기가 지닌 메시지의 핵심은 이스라엘을 위한 것이다. 이스라엘에게 장자를 요구하시되 대속물에 의한 구속을 예비하신 하나님이란 관점에서 바라볼 때, 본문의 주제는 "주님께서 이삭(이스라엘)을 요구하시고 또한 구속하심으로써 그의 주권적 은혜를 나타내신다."라고 한 문장으로 요약할 수 있겠다. 다만 성경 원문의 표현법을 사용하는 것이 유익하기 때문에, 다음과 같은 본문의 주제로 수정함이 바람직하다: **여호와께서 번제할 어린양을 준비하사 이삭(이스라엘)을 살리신다.**

이 특정한 주제에 대한 해석학적 선택은 믿음의 모델로서 아브라함을 이해하는 것보다 명백한 훈계적 함의를 가진다. 창세기 22장을 설교함에 있어서 우리는 양심의 거리낌 없이 청중에게 결국에는 그들을 아브라함과 동일시하고 그의 믿음과 순종을 모방하도록 설득할 수 없다는 점도 그중 하나이다. 그것이 이스라엘에게 있어서 이 특정한 이야기의 취지가 아니었다면, 오늘날의 교회를 위해서도 그것이 본문 설교의 요점이 되어서는 안 되는 것이다. 그러나 물론 다른 본문을 별도로 설교할 때는 믿음의 본질에 대한 실례를 들기 위해 본문의 이야기를 사용할 수 있다. 가령, "믿음은 바라는 것들의 실상이요 보지 못하는 것들의 증거니"라는 히브리서 11:1을 설교하는 경우에는, 설교의 주제가 '믿음은 바라는 것들의 실상'이다. 그리고 이 주제에 대해서는 창세기 22장에서 명백히 드러나는 아브라함의 믿음을 그 실례로서 사용할 수 있다. 실제로 히브리서 기자 스스로도 이와 같이 하고 있다(히 11:17-19). 오늘날의 사건들과 마찬가지로 성경의 이야기들도 많은 것을 시사할 수 있다. 창세기 22장의 본문은 믿음의 본질(히 11:17-19처럼)에 대해서는 물론이거니와, 믿음이 행함으로 나타나야 한다는 점(약 2:21처럼)에 대해서도, 그리고 그 백성을 시험하시는 하나님의 전권이나 하나님의 섭리나 순종에 대한 하나님의 풍성한 축복에 대해서, 심지어는 당시의 사람들은 산 위에서 어떻게 하나님과의 만남을

세 번에 걸친 부르심/응답 구절의 대비라는 "본문의 구조적 근거에서 이 문구가 핵심적 중요성을 갖는다는 점에는 별다른 의문이 없다."

구했고, 또한 어떻게 번제를 드렸는지 하는 점에 대해서도 유익한 시사를 줄 수 있다. 성경의 이야기들은 실로 무수한 시사점을 제공해 준다. 다만 설교 본문에 충실하면서도 일관된 설교를 이끌어 가고자 한다면, 이스라엘을 향한 원래의 메시지에 집중해야 할 것이고, 그 주제에 부합하는 시사점들만 사용하되, 같은 본문에서 도출된다 하더라도 별개의 목적을 갖는 것들은 사용하지 말아야 한다.

본문의 주제를 요약 문장화했으니, 본문 기록자의 목표 또한 그에 최대한 근접한 형태로 요약 문장화해야 할 것이다. 그 목표는 흔히 본문 주제와 이스라엘에게 본문이 전달된 역사적 상황으로부터 도출된다. 이 경우에 역사적 상황은 다소 불분명하나, 본문의 문예적 구조로부터 여호와께서 번제할 어린양을 준비하사 이삭(이스라엘)을 살리신다는 주제는 주어져 있다. 이러한 주제로부터 이스라엘의 일반적 상황에 부응하는 몇몇 가능한 목적을 생각해 보면 다음과 같다.

1. 이스라엘을 가르쳐서, 언약을 지키시는 주님의 은혜를 따라서만 살도록 함.
2. 이스라엘을 감동시켜, 대속물을 준비하신 주님의 은혜에 감사하도록 함.
3. 이스라엘을 격려해서, 구속을 예비하시는 신실한 언약의 주님을 온전히 믿도록 함.

현 단계로서는 본문의 목표에 대해서 이 정도로 기술함이 적절할 것이다. 설교의 목표를 요약 문장화하는 7단계에 이르러서는, 회중의 필요에 따라 그 목적의 범위를 좁혀야만 한다.

6) 여섯째, 본문의 메시지를 정경과 구속사의 맥락에서 이해하라

제6단계에서는 주제와 목표에 초점을 맞추고, 본문의 메시지를 정경과 구속사의 맥락에서 이해하고자 힘쓴다. 이러한 보다 광범위한 단계에서 문예적, 역사적, 하나님 중심적이라는 세 가지 측면에서의 본문 해석이 가능하다. 다만 이러한 광범위한 단계에서는 그 세 가지 측면이 각각 정경적, 구속사적, 그리스도 중심적 해석으로 명명될 수 있다.

① 정경적 해석

여기서는 창세기 22장의 의미를 창세기 1장부터 요한계시록 22장까지, 즉 성경 전체의 맥락에서 살피고자 한다. 바로 이 지점이 공로에 기초한 칭의나 건강과 재물의 복음에 관한 설교를 위해 16-18절("네가 이같이 행하여 … 내가 네게 큰 복을 주고 … 이는 네가 나의 말을 준행하였음이니라")을 사용하는 것에 대한 관심을 일으키는 대목이다. 본문의 주제를 한 문장으로 요약함에 있어 우리가 취한 해석학적 선택인 '하나님이 준비하신다'는 구절은 설교를 준비하는 과정에서 이러한 주제를 결과적으로 배제한다. 그러나 16-18절이 건강과 재물의 복음을 바라는 회중의 심리 상태에 부응하는 측면이 있을 수 있다는 일말의 관심이 존재하는 한, 여기서 이 주제에 대해서는 신약의 관점에서 특히 참 제자됨에 관한 예수님의 말씀(예를 들어, 막 8:34-38; 마 10장)에 비추어 검토해 볼 수도 있을 것이다.

이 지점은 또한 우리가 애초에 품었던 '모리아 땅'에 관한 의문을 환기시키는 곳이기도 하다. 모리아라는 지명은 구약에서 단지 한 번만 더 나올 뿐인데 역대하 3:1에 "솔로몬이 예루살렘 모리아 산에 여호와의 전 건축하기를 시작하니, 그곳은 전에 여호와께서 그 아버지 다윗에게 나타나신 곳이요"라고 기록하고 있다. 이렇게 시온산과 모리아산을 동일시하고 있어, 일부 학자는 이삭이 바쳐진 곳과 후대에 성전이 세워진 산이 같은 곳이라고 속단하기도 한다. 실제로 오늘날 예루살렘의 성전산 위에 있는 바위 사원(Dome of the Rock)으로 여행하는 관광객들은 이삭이 놓였었다고들 주장하는 바위를 둘러보기도 한다. 설교자는 아브라함이 이 바위 위에 바쳤던 숫양으로부터 이스라엘 제사장들이 성전산에 바쳤던 무수한 짐승들은 물론, 거기서 멀지 않은 곳에서 자기 생명을 바쳤던 그리스도에 이르기까지 흥미로운 연관을 지어 볼 수도 있을 것이다. 그러나 창세기 22장의 "모리아 땅"이 반드시 역대하 3장의 "모리아 산"이어야 하는 것은 아니므로(역대하 기자는 모리아산을 아브라함이 아니라 다윗과 연관 짓는다)[51], 이러한 희박한 연관성에 지나치게 의존하지 않는 것이 더 좋겠다.

모리아 땅의 위치보다 훨씬 더 확실한 것은 대속적 속죄라는 주제로서, 이 주제는 이삭 "대신에" 바쳐진 숫양으로부터 시작하여, 장자 대신에 바쳐진 유월절 어린양이나(출 12:12-13), 장자의 구속을 위해 바쳐진 어린양(출 3:13-15; 34:20), 또는 이스라엘 대신에 매일 성전에서 바쳐진 어린양(출 29:38-42; 레4-7장)은 물론 자기 백성 대신에 바쳐진 그리스도에게까지 발전된다. 그 외에도 본문과 신약 상호 간에는 많은 연관성이 발견되지만, 이에 대해서는 나중에 그리스도 중심적 해석에 관한 논의 과정에서 살펴보기로 한다.

② **구속사적 해석**

여기서는 천지창조에서 새로운 천지창조에 이르는 하나님의 역사라는 맥락에서 본문을 이해해 보고자 한다. 진 터커(Gene Tucker)는 말한다. "이 간결한 내러티브는 출애굽, 시내산 언약, 광야 여정, 가나안 정착을 포함하는 구원 역사의 한 장을 이룬다. 이와 같은 광대한 이야기를 인식함으로써 마치 지금껏 드라마가 충분치 못했던 것인 양 그 드라마는 더욱 고조된다. 이는 단순히 한 아이의 생사가 걸린 문제만은 아니기 때문이다. 약속된 미래가 이야기의 결과에 포로가 되어 버린 격이다."[52] 물론 구원사는 가나안 정착 이후로도 계속되며, 모든 길을 통해 신약 시대에 이르러, 그리스도께서 이스라엘에 나시고, 자

---

51 von Rad, *Genesis*, 235. "놀랍게도 역대기 본문은 우리의 이야기에 그 장소를 [창세기 22장]의 장소가 아니라 천사가 다윗에게 나타난 장소로 규정한다. 물론 그렇게 함으로써 그 장소는 고대에 훨씬 더 신성시되었을 것이다." 문제는 물론 역대기의 기자가 "고대에 훨씬 더 신성시 된 것"에 관심이 있었는가, 아니면 그의 의도가 다윗 왕을 부각하고자 한 것이었는가 하는 점이다. Wenham, *Word*, 2.104-106은 '모리아 땅'과 '모리아 산' 상호 간의 연관성을 주장한다.
52 Tucker, "Reading and Preaching the Old Testament," 44.

기 목숨을 "많은 사람의 대속물"로 바치시며, 교회로 하여금 모든 족속으로 제자를 삼아 하나님이 아브라함에게 하신 "네 씨로 말미암아 천하 만민이 복을 얻으리니"(창 22:18)라는 약속을 이루도록 명령하시는 데까지 이른다. 결국 본문에서 위기에 처한 것은 단순히 이삭의 목숨이나 이스라엘의 존재 자체만이 아니라 메시아의 오심과 열국 백성이 하나님 왕국으로 들어가는 문제까지도 걸려 있는 것이다.[53]

③ 그리스도 중심적 해석

마지막으로 예수 그리스도의 빛에서 이 본문은 무슨 의미를 지니고 있는가 하는 문제가 제기된다. 본문은 신약에 나타난 대로 그리스도의 인격, 사역, 가르침들과 어떤 연관이 있는가? 앞서 우리가 설교사에 관한 개관에서 교부들은 번제 나무를 들고 가는 이삭 속에서 십자가를 지고 가는 그리스도를 보았음에 대해 언급한 바 있다.

오늘날 일부의 주해가들도 "후에 그리스도께서 자기 자신의 십자가를 지고 갈보리를 향해 가셔야만 했던 것처럼, 이삭도 여기에서 자기 자신의 희생 제사를 위한 나무를 지고 가야만 했던 것이다."[54]라고 하는 등, 계속해서 이러한 해석을 그리스도에 대한 설교에 있어 유효한 것으로 보고 있다. 그러나 나무를 지고 가는 이삭은 이스라엘 가운데 어떠한 상징으로서도 작용하지 않았으므로, 이와 같은 세부 사항이 그리스도의 모형으로까지 확대 해석될 수는 없는 노릇이다. 게다가 이러한 연관성은 본문의 세부 사항과 신약의 세부 사항

---

53 참조, Calvin, *Comm. Genesis*, 560은, "그[아브라함]의 비탄의 커다란 원인은 자기 자신의 아들을 잃는다는 것도 아니오, 그를 장차 기억하고 이름을 이어 갈 것에 대한 소망이자 가정의 영광이요 지주인 자신의 유일한 상속자를 죽이도록 명령받은 것 때문이 아니라, 바로 이 아들의 몸 안에서 세상의 모든 구원이 소멸되고 사라져 버릴 것처럼 보였기 때문이었다."라고 지적한다. 사건으로는 비록 칼뱅이 당시 아브라함이 가졌던 지식에 대해 억측하고는 있다 하더라도, 그가 성경 전체의 관점과 구속사의 총체적 시각에서 이 문제를 이해하고 있었다는 점은 분명하다고 생각한다.

54 Talbot, *Study of the Book of Genesis*, 145.

사이에 기초하고 있는 것으로, 이는 지나친 모형론화의 형태라고 하겠다. 예수 그리스도와의 정당한 연관성을 찾기 위해서는 본문의 세부 사항이 아니라 우리가 이미 공식화한 바 있는 "주님께서 번제할 어린양을 준비하사 이삭(이스라엘)을 살리신다."라는 본문 주제와 같이 본문이 기록된 핵심 요점에 주목해야 한다. 앞에 제시된 일곱 가지 길들 가운데 예수 그리스도와의 확고한 연관성을 제공해 주는 것은 무엇인가 차례로 살펴보도록 하자.

점진적 구속사의 길

점진적 구속사의 길은 구약에서 그리스도를 설교하는 일곱 가지 방법들 가운데 기본적이고 가장 일반적인 길이다. 이 길은 흔히 약속–성취나 모형론 또는 통시적 주제와 같은 여타의 길들 중 하나에서 자주 더 정확하게 전개되기도 한다. 여기서 제기되는 최초의 질문은 구속사의 과정에서 창세기 22장의 메시지가 예수 그리스도의 인격이나 사역이나 가르침으로 인도되는가 하는 것이다. 아마도 첫 번째 대답은 이삭이 죽지 않고 살았으므로 이스라엘도 살 수 있었고, 이스라엘이 살았으므로 종국에는 메시아도 이스라엘에서 나실 수 있었다는 정도일 것이다. 이러한 사고의 흐름은 이삭이 살았다는 이야기의 결과로부터 형성된다. 비록 이것이 사실이기는 하나, 보다 바람직하고도 적확한 해답은 주제 속에 밝히 드러난 본문의 메시지에 집중함으로써 얻어질 것이다. 본문에 의하면 주님께서는 이삭/이스라엘의 대속제물로서 어린양을 준비하신다. 즉 주님께서는 구속에 필요한 대속물을 준비하신다. 대속물에 관한 메시지는 구약 역사 속에서 유월절, 번제물, 속죄제물, 죄에 대해 대가를 치르는 속건제물에 관한 일련의 율법들로 발전한다. 때가 차매 여호와께서는 구속을 위한 마지막 대속물로서 자기 아들을 준비하신다. 세례 요한은 예수님을 "세상 죄를 지고 가는 하나님의 어린양"(요 1:29)으로 소개한다. 예수님은 "자기 목숨을 많은 사람의 대속물로 주려고"(막 10:45) 오셨다고 스스로 선포하신다. 이렇게 이삭의 대속물로서 어린양을 준비하시는 주님의 개념은 구속사 속에서 자기 백성을 죄의 속박으로부터 해방시키려고 자신의 아들을 준비하시는 주님

의 개념으로 진전한다.[55]

약속-성취의 길

이 관점에 의하면, 이 본문은 예수님의 오심을 약속하는가라는 질문이 제기된다. 그 대답은, 직접적으로는 아니라는 것이다. 그러므로 다음 선택으로 넘어가 보자.

모형론의 길

모형론의 관점에서는 이 본문의 인물, 제도, 사건이 예수 그리스도의 인격과 사역을 예시하는가 하는 질문을 던진다. 비록 많은 사람이 긍정적으로 대답하겠으나, 그것이 아브라함인지,[56] 이삭인지, 혹은 숫양인지에 대해서는 아무런 합의도 없는 상태이다. 창세기 22장에 대한 설교에서, 크리소스토무스는 숫양과 이삭 모두를 모형으로서 제시한다. "이 모두는 십자가의 모형으로서 발생한 것입니다. 따라서 그리스도께서도 유대인들에게 말씀하십니다. '네 아비 아브라함은 나의 날 보기를 기대하며 즐거워하였으니, 그가 이를 보고 기뻐하였노라.' 아브라함이 그토록 오래전에 살았던 사람인데 어떻게 이를 볼 수 있었겠습니까? 모형으로, 그림자로: 본문에서 이삭 대신에 양이 바쳐졌던 것처럼,

---

55 참조, Clowney, *Unfolding Mystery*, 57, "아브라함이 아니라 하나님이 구속의 대가를 치르셨습니다. 진실로 하나님만이 그 대가를 치르실 수 **있었습니다**. 숫양이나 어린양을 준비하시는 것이 아니라 자기 자신의 독생자를 준비하심으로써 그분이 그 값을 치르셨던 것입니다."
56 '모형'란 단어를 사용하지 않으면서도, Brueggemann, *Genesis*, 192-194은 아브라함-그리스도 모형론을 제안한다. 그는, "따라서 본문을 통해서 아브라함의 삶은 하나님의 **시험하심**과 하나님의 **준비하심**의 모순 한가운데 놓이게 되고 … 시험하심과 준비하심, 가져가심과 주심의 변증법은 나사렛 예수님의 실체와 적절하게 연관될 수 있다. … 예수님의 십자가 수난은 하나님의 시험하심에 대한 궁극적인 표현인 것이다. 아브라함처럼 겟세마네의 예수님은(막 14:32-42) 선택해야만 하는 상황에 계셨다. … 아브라함처럼 예수님은 단지 약속만 의지하신다. … 부활이야말로 오직 죽음만이 예기되는 상황에서 하나님이 새 생명을 준비하시는 기적의 방법인 것이다. 본문 속 **시험하심/준비하심**의 변증법은 교회의 믿음 속에 있는 십자가 수난/부활의 변증법이 된다."라고 제안한다. 판단컨대, 하나님의 시험하심과 하나님의 준비하심에 동일한 무게를 두는 이러한 변증론은 본문에 부합되지 않는 이질적 구조라고 본다. 1절에서 해설자는, 하나님이 유아 희생 제사를 엄금하심을 알고 있었던 이스라엘에게 이는 시험이었음을 간단히 언급하고 있는 반면에, 이야기 속에서 "하나님이 준비하신다."는 데 대해서는 전적으로 강조하고 있기 때문이다.

이제 이성을 가진 어린양이 세상을 위해 바쳐졌던 것입니다. … 어떻게 이 모든 것들이 그림자로 예시되었는지를 주목하십시오. … 저 경우의 독생자는 여기의 독생자요, 저기의 지극히 사랑받던 자는 여기의 지극히 사랑받는 자이며 … 전자가 자기 아버지에 의해 번제물로 바쳐졌다면, 후자는 자신의 아버지 하나님이 넘겨주셨던 것입니다."[57] 스펄전도 비슷한 말을 한다. "언제 아브라함이 그리스도를 보았을까요? … 모리아산에서 번제 나무 위에 자기 아들을 올려놓고 칼 든 자신의 손을 높이 치켜들었을 때, 그는 필히 하나님의 아들을, 그리고 위대한 희생(Great Sacrifice)을 바치기 위해 높이 치켜든 하나님의 손을 보았음에 틀림없습니다. 수풀로부터 숫양을 취하여 자기 아들의 생명을 구했던 때에, 복음의 바로 그 중심인 대속의 복된 교리를 깨달았음에 틀림없습니다."[58]

비록 오늘날에는 크리소스토무스와 스펄전처럼 한 본문에 나타난 두 존재를 그리스도의 모형으로서 바라보는 데 동의할 자는 많지 않을지라도, 누가 그리스도의 모형인가 하는 결정은 아직도 전혀 해결되지 않고 있다. 폰 라트는, "이삭은 그리스도의 모형이 아니다. … 게다가 수풀에 걸린 숫양을 그리스도의 모형으로서 간주하지 않음이 옳다."[59]라고 단언함으로써 이 난해한 문제에 대한 과감한 해결을 시도하고 있다. 그럼에도 여전히 영향력 있는 주해가들 중에는 "이삭은 여기서 그리스도의 모형(예시)"[60]이라고 가르치는 자도 있

---

57 Chrysostom, "Homily 47 [Genesis 22]," 21-22. 유스티누스는 아말렉과의 전투 장면에서 이와 유사하게 '2중 모형론'을 지적한 바 있다. "두 번에 걸친 그리스도의 강림은 모세와 여호수아의 행위를 통해 사전에 상징적으로 알려지고 말씀되었다. 그들 중 한 명이 자기 손을 펼친 것은 … 다름 아닌 바로 십자가의 모형을 보여 주며, 그의 이름이 예수로 바뀐 또 다른 한 명[여호수아]은 싸움을 이끌었으며, 이스라엘은 승리했다. 이것이 거룩한 자요 하나님의 선지자인 이들 두 사람을 통해서 이제 일어났다는 사실은, 십자가의 모형과 그 이름의 모형이라는 이 두 가지 신비를 이들 중 한 명은 감당해 낼 수 없었던가 하는 점을 인식하게 한다." *Dialogue*, 111. Daniélou, *From Shadows*, 235에서 재인용.
58 Spurgeon, *Metropolitan Tabernacle Pulpit* 37.500.
59 Von Rad, *Biblical Interpretations*, 39.
60 창세기 22:9에 대한 *NIV Study Bible* 설명 참조. Talbot, *Study of the Book of Genesis*, 144, "아브라함과 이삭은 이 특유한 사건 속에서 하나님과 자기 아들의 모형으로서 기능한다." 또한 Gerard Van Groningen, *Messianic Revelation*, 144에 나오는 John R. Rice, George Rawlinson, 및

체와 구속사 전반의 문맥에서 그 범위를 확대하고 그 메시지를 이해하려고 힘쓸 수 있다. 이런 포괄적인 수준에서 문예적 해석은 정경적 해석이 된다. 그것은 "이 구절이 창세기 1장에서 계시록 22장까지 성경 전체의 문맥에서는 무엇을 의미하는가?"라고 질문한다. 이 단계에서의 역사적 해석은 구속사적 해석이 된다. 그것은 "이 구절은 창조에서 새 창조에 이르는 하나님의 모든 포괄적인 이야기의 문맥에서 무엇을 의미하는가?"라고 묻는다. 이 단계에서 하나님 중심의 해석은 그리스도 중심의 해석이 된다. 그것은 "이 구절은 예수 그리스도에 비추어 무엇을 의미하는가?", "구약에 있는 이 구절에서 신약의 예수 그리스도께로 가는 길은 무엇인가?"라고 묻는다.

이것은 이제 그리스도를 설교하는 길들에 관한 질문을 하게 하는 성경 해석학적 연속성의 주요점이다.[14] 우리가 본문의 역사적 의미를 확고히 세우고 이 의미를 본문의 주제와 목표의 분명한 진술에서 초점화하려고 애를 쓴 후에만, 우리는 다음의 질문으로 나아갈 수 있다. 이 구절은 예수 그리스도의 복된 소식을 어떻게 선포하는가? 일곱 가지 길 중 어느 것이 예수 그리스도께로 확고하게 연결되는 길인가? 따라서 여기가 다음의 질문을 던지는 지점이다. 구속사의 여정에서 이 메시지는 우리의 구주이시요 살아 계신 주님이신 예수 그리스도께로 인도하는가? 그것은 예수님의 오심을 약속하는가? 그것은 예수님의 인격과 사역을 예시하는가? 그것은 그리스도 안에 계신 하나님이 오늘의 우리에게 어떤 분이신지를 유비로 보여 주는가? 그 주제는 예수님이나 그분의 교훈과 관련하여 신약으로 인도하는가? 신약의 저자는 이 구절을 인용하거나 암시하는가? 신약의 가르침은 이 구약 본문과 대조적인 위치에 있는가?

이러한 과정은 아마도 그 구약 본문에서 우리가 어떤 하나의 설교에 포함시킬 수 있는 것 이상으로 구약 본문으로부터 그리스도에게로 연결할 수 있는 더 많은 지점에 이르게 할 것이다. 따라서 우리는 그 설교 주제를 지지하고 그

---

[14] "하나의 타당한 정경적 해석은 문법적-역사적 단계에서 멈추는 것이 아니라 그 구절의 정경적이고 기독론적인 의미를 찾는 것이다." David Dockery, *GTJ* 4/2 (1983) 203.

설교 목표를 완성하도록 도와주는 몇 가지 결정적 연결 고리를 선택하도록 준비해야 한다.

7) 일곱째, 설교의 주제와 목표를 명확히 표현하라

① 설교 주제

신약이 구약 본문의 메시지를 전제하거나 확증할 때, 설교 주제는 보통 본문 주제와 동일하다. 이러한 사실은 설교를 작성하는 데 중요한 유익을 제공한다. 왜냐하면 이제 본문의 개요는 (제3단계에서 발견한 대로) 설교 주제를 지지할 것이며 설교 개요로 사용될 수 있기 때문이다. 반대로, 제6단계에서 조사한 계시의 진전 때문에 본문의 메시지를 다소간 변경시킬 때에는, 신약의 관점을 고려하기 위해 설교 주제를 조정할 필요가 있을 수 있다. 그러나 설교 주제를 근본적으로 바꾸지 말고 본문 주제에 가능한 한 가깝게 두면서, 본문 개요가 최소한 부분적으로라도 설교 주제를 지지하게 하는 것이 바람직하다.

설교 주제는 한 개의 단언(斷言), 즉 주어와 술어로 된 명확한 문장으로 공식화해야 한다. 설교 주제는 설교가 초점과 통일성을 유지하게 하고, 따라서 결론으로의 진전을 돕는다.[15]

② 설교 목표

설교자의 설교 목표는 설교 주제와 부합해야 하며 그 본문의 저자의 목표와 조화를 이루어야 한다. 예를 들면, 만일 이사야 40장의 저자가 포로 생활 중의 이스라엘을 위로하려는 의도를 가졌다면, 오늘날의 설교자는 이 본문을 불순종의 결과에 관해 청중을 경고하려고 사용하지 않아야 한다. 비록 오늘날 설

---

15 Craddock, *Preaching*, 155-157, Greidanus, *Modern Preacher*, 136-140을 보라.

교자의 목표가 원래 저자의 목표와 항상 정확하게 일치할 수는 없지만 최소한 그것과 조화는 이루어야 한다.

설교 목표는 설교자가 설교를 함으로써 하고자 하는 일을 간명하게 진술하는 것인데, 곧 청중이 자신의 삶을 그리스도에게 헌신하거나 재헌신하도록 격려하는 것이든지, 그렇지 않으면 어떤 종류의 죄에 대해 경고하거나, 하나님의 신실하신 사랑을 납득시키거나, 혹은 하나님과 그분의 도래하는 왕국에 소망을 두도록 권면하거나 하는 것이다. 그 목표는 그 설교가 **왜** 선포되고 있는지를 진술한다. 그것은 회중에게서 감지된 필요에 집중하는 반응이다.[16] 그 목표는 설교의 스타일을 정하는 데 지표가 될 것이며 서론과 결론의 내용을 결정하는 데도 사용될 것이다(제9단계를 보라).

8) 여덟째, 알맞은 설교 양식을 선택하라

지난 몇 십 년 동안 설교학은 성경적 메시지를 충실하게 전달하고 그와 동시에 지적인 수준 이상으로 청중을 끌어 올리는 데 적합한 설교 양식을 선택하는 문제의 중요성에 대해 더욱 주시하게 되었다.[17] 성경적 메시지를 충실하게 전달하기 위해서는 본문의 형태를 존중하면서 그와 동시에 설교의 목표를 달성하는 설교 양식을 선택해야 한다. 예를 들어, 본문이 내러티브라면, 본문에 그 자체의 구조를 부과하는 표준적인 교훈적 형태보다는 본문의 이야기 흐름을 따르는 내러티브 형태를 사용할 것을 진지하게 고려해야 한다. 혹은 그 본문이 애통해하는 시편이라면 하나님을 부르고, 역경을 아뢰고, 하나님께 항소하며, 하나님께 도움을 청원하며, 신뢰를 고백하며, 마침내 찬양을 드리

---

16 본문을 선택하는 데 제1단계에서 그 필요를 정확히 지적하고, 제4단계에서 이스라엘에도 그 필요가 존재한 것을 확증하며, 제5단계에서 목적 진술을 목표로 하고, 이제 제7단계에서 현재 청중에게 초점을 맞춘다.
17 "만일 목사가 본문이 하는 대로 설교하기를 원한다면, 그 설교자는 형태를 고수하기를 원할 것이다. 왜냐하면 형태는 본문을 해석하는 동안은 물론 설교를 작성하는 동안에도 기능을 포착해서 전달하기 때문이다." Craddock, *Preaching*, 123.

는 등 다양하게 진행되는 그 시편의 형태를 따라갈 것을 고려해야 한다.[18] 혹은 그 본문이 가르침을 목표로 한다면 그 본문의 의미를 전달하기 위해 본문의 결론으로 이끄는 주요 주장들을 따라갈 것을 고려해야 한다. 강해 설교에 있어서 강조해야 할 점은 우리가 단지 본문의 의미를 드러내는 것만이 아니라 그 의미를 전달하는 형태와 구조도 드러내야 한다는 것이다.[19]

9) 아홉째, 설교 개요를 준비하라

이미 언급한 대로 이상적인 설교 양식은 본문의 흐름을 따르는 것이다. 제3단계에서 행한 작업이 여기서 추가 유익을 주는 것은 그 본문의 주요 강조점들이나 흐름들이 자주 설교 본체의 주요 강조점들이나 흐름들이 될 수 있기 때문이다. 그러나 우리가 계속 설교 개요를 가지고 작업해야만 하는 이유는 때때로 그 본문의 순서를 거꾸로 하거나, 본문의 부차적 요점을 설교에서 두드러지게 하거나, 신약의 요점을 덧붙일 수도 있기 때문이다. 게다가 우리는 구약 본문에 근거한 모든 설교가 꼭 신약에서 끝맺는다고 예견되는 흐름이 되기를 원치 않기 때문이다. 먼저 신약으로 시작하여 구약으로 전환하거나, 설교 도중에 신약으로 진행하다가 다시 구약으로 되돌아가는 것이 가능할 수 있다.

더구나 우리는 설교 본체에 대해 작업하는 것에 덧붙여 효과적인 서론, 적절한 결론, 명료한 예화들에 대해 숙고할 필요가 있다. 엘리자베스 악트마이어는 "만일 우리가 설교를 개요 형태로 적어 둔다면 그것을 창조적으로 다듬을 수 있고, 어떤 [불필요한] 반복도 제거하며, 서론과 예화를 계획할 수 있다. 무엇보다도, 우리는 결론을 향한 방향으로 몰아가며 설교가 어떻게 끝나게 될지를 알게 된다."[20]라고 지적한다. 설교의 좋은 개요란 통일성, 균형(대칭), 클라이맥

---

18 이러한 "기도문"에 대한 더 자세한 논의를 위해서는 Stek, *NIV Study*, 783을 보라. 참조. Achtemeier, *Preaching from the Old Testament*, 51.
19 더욱 자세한 논의와 참고 문헌을 위해서는, Greidanus, *Modern Preacher*, 141-156을 보라.
20 Achtemeier, *Preaching from the Old Testament*, 59.

스를 향해 나아감을 그 특징으로 한다.[21]

설교 주제와 목표에 대한 우리의 작업은 개요를 준비하는 이 단계에서도 역시 추가적인 이익이 있다. 주제는 설교 본체의 내용들을 통제하고 초점을 맞춘다. 연역적 전개에 있어서는 본체의 각 요점이 그 주제에 종속되고 주제를 뒷받침해야 하며, 귀납적 전개에 있어서는 각 움직임이 주제를 향해 나아가도록 인도되어야 한다. 따라서 **주제**가 일차적으로 설교 본체의 개요를 잡는 기능이라면, 설교의 **목표**는 특별히 그 서론과 결론을 작성하기 위해 사용될 수 있다. 서론을 위해서는 그 목표의 필요 측면에 조준을 맞출 수 있다. 이 설교는 왜 전달되어야 하는가? 이 설교가 선포되어야 할 필요성은 무엇인가? 이 필요에 대한 최근의 예화로 설교를 시작하는 것은 설교의 적절성을 강화할 것이며, 그 설교가 이스라엘을 다룰 때에라도 모든 것이 현재의 필요를 다룬다는 과정 안에 존재하기 때문에 적절한 것으로 체득될 것이다. 결론을 위해서는 다시금 그 목표에 고정하여 스스로 질문할 수 있다. 내가 어떻게 이 목표에 가장 잘 도달할 수 있을까? 성경을 적확하게 인용함으로 목표를 관철시킬 것인가? 아니면 감동적인 예화나 청중이 따를 수 있는 구체적인 단계들을 제시함으로 그렇게 할 것인가?

우리가 지금까지 그리스도를 설교함에 초점을 두어 왔지만, 이것이 설교의 결론이 항상 "그리스도를 자신의 구주로 영접하라"라는 구원 초청이어야 한다는 의미는 아니다. 결론의 유형은 설교 본문과 그 목표에 좌우된다. 결단을 요청하는 경우들이 있기는 하지만 그리스도에게 헌신한다는 것은 순간적인 개인적인 결단보다는 훨씬 광범위한 것이어서 삶의 모든 부분에서 그리스도를 위해 평생 사는 것이다. 예수님은 모든 것의 주님이시기에 전적 헌신을 요구하신다. 레슬리 뉴비긴이 주장하듯이 "예수님을 구주로 영접하도록 남녀를 초청하면서도, 오늘날 우리의 공공 생활을 통제하는 사회와는 근본적으로 다

---

21 예를 들면, Hugh Litchfield, "Outlining the Sermon," in *Handbook of Contemporary Preaching*, ed. Michael Duduit (Nashville: Broadman, 1992), 162-174를 보라.

른 사회의 비전에 헌신하는 것이 제자도임을 분명하게 전하지 않는 복음이란 마땅히 거짓으로 정죄되어야 한다."22

그리스도에 관한 설교에 집중하는 것은 관련성을 좁히는 것이 아니다. 참된 관련성은 정확하게 성경적인 하나님 중심-그리스도 중심의 메시지에 놓여 있다. 더욱이, 그리스도에게 집중하는 것과 함께 적용의 가능성들은 삶 자체만큼이나 광범위하다. 존 스토트(John Stott)는 그리스도께서 삶의 모든 것에 관련되심을 다음과 같이 암시한다. "그리스도를 대면한다는 것은 실재를 접촉하고 초월을 체험하는 것이다. 그분은 우리에게 자존감이나 자신의 중요성을 인식하게 한다. 왜냐하면 그분은 우리를 향한 하나님의 사랑을 확증해 주시기 때문이다. 그분은 우리를 위해 죽으셨기에 죄책감에서 … 그분이 다스리시기에 마비시키는 공포에서 우리를 자유롭게 하신다. … 그분은 결혼과 가정, 일과 휴가, 개성과 시민권에 의미를 부여하신다."23

10) 열째, 설교문을 구어체로 작성하라

마지막으로, 설교는 구어체로 작성해야 한다. 구어체는 문어체와는 대조적으로 짧은 문장, 생동하는 어휘, 강력한 동사와 명사들, 능동태, 현재 시제로 하는 해설, 잘 기억되는 이미지, 감동적인 예화들을 특징으로 한다.24 자신의 사역에서 최소한 처음 10년간은 설교를 직접 써 보는 것이 표현의 정확성을 향상시키고, 필요한 말만 하게 할 것이며, 자신의 언어 스타일을 대체적으로 개선시킬 것이다.

---

22 Newbigin, *Foolishness to the Greeks*, 132.
23 Stott, *Between Two Worlds*, 154.
24 Mark Galli and Craig Brian Larson, *Preaching That Connects: Using the Techniques of Journalists to Add Impact to Your Sermons* (Grand Rapids: Zondervan, 1994), 특별히 91-115쪽의 탁월한 제안들을 보라.

2. 창세기 22장에 대한 열 단계 적용

이러한 열 단계가 어떻게 구약 본문으로부터 그리스도 중심의 설교를 이끌어 낼 수 있는지를 구체적으로 예시하기 위해, 특별히 창세기 22장을 대상으로 1단계부터 9단계까지 적용해 보기로 한다. 창세기 22장을 선택한 이유는 하나님이 아브라함에게 이삭을 제물로 바치도록 명하신 본문은 너무나도 힘 있는 이야기임에도 불구하고, 지난날의 설교 역사는 이 본문이 해석과 설교에 있어 무척이나 당혹스러운 난제들을 갖고 있음을 보여 주기 때문이다. 우선 이 본문 설교를 준비함에 있어서 피해야만 할 몇 가지 함정을 살펴보고자 한다.

우리의 연구는 성경 주석, 최소한 소위 "설교용 주석"(homiletical commentary)을 참고함으로 시작해서는 안 되는데, 그러한 주해서는 본문 적용에 대한 욕구 때문에 설교자들을 오도하는 경향이 있기 때문이다. 창세기 22장에 대한 설교용 주해서는 다음과 같은 적용 사례를 제시하는 경우가 있다. 2절에 대해, 아브라함이 자기 아들을 제물로 바치라는 명령을 받은 것처럼, "우리도 이와 같이 희생을 요구받을 수 있다." 5절에 대해, "그[아브라함]는 방해받지 않기를 원했다. … 위대한 시련은 동반자가 거의 없을 때 가장 잘 맞이할 수 있다." 그리고 11절에 대해서는, "하나님은 자기 백성을 산으로, 그것도 자칫하면 미끄러져 떨어질 수도 있는 벼랑으로 부르기를 좋아하시며, 그 후에야 구원하신다."[25] 이 주해서의 저자는 본문이 우선 이스라엘에게 던지는 메시지가 무엇인지를 문제 삼지 않고 있음에 주목하라. 그는 단지 매 구절 앞에서 멈춘 후에, 전체 이야기의 이러한 구성 요소들에 실천적 적용 덧붙이기를 추구할 뿐이다.

25　T. H. Leale, *The Preacher's Complete Homiletical Commentary* (New York : Funk & Wagnalls, 1892), 창세기 22장. 참조. Robert S. Candlish, *Studies in Genesis* (Grand Rapids: Kregel, 1979[1868]), 381, "우리도 그[아브라함]와 똑같은 방식으로 시험받을 수 있다. 하나님은 우리에게 안목의 정욕 - 마음으로 사랑하는 사람들 - 절친한 동료, 자녀, 친구 등을 포기하라고 하시며 … 쓰라린 이별이긴 하나 … 그것이 하나님의 뜻이고 결국 우리는 승복한다." 참고. James Hastings, *The Great Texts of the Bible* (Edinburgh: Clark, 1911), 198, "참된 하나님의 자녀라면 희생의 산에 올라야만 한다. 때가 왔을 때, 즉시 일어나, 번제 나무를 패 들고, 하늘 아버지께서 인도하실 그 길로 결연히 올라갈 수 있기를. 그리하면 시험의 산이 축복의 산으로 변하리라."

다른 문헌들은 이처럼 오용되지 않으나 흔히 실천적 주해서들은 몇몇 도덕관념이나 "적절한" 적용 사례를 찾고자 성경 이야기들을 자그마한 단편들로 수없이 조각내기 일쑤이다.

피해야만 할 또 하나의 함정으로는 오늘날 인기를 끌고 있는 인물 설교를 들 수 있겠다. 인물 설교는 오늘날 청중이 본받거나 피해야 할 성경 인물의 태도나 행위를 찾아보려는 경향이 있다. 이러한 설교 중에서 가장 기상천외한 실례로는 '부모와 자녀가 함께 주님을 경배해야 한다'라는 주제로 1984년에 창세기 22장을 설교한 것을 들 수 있다. 설교자가 출판할 만한 가치가 있다고 생각한 그 설교의 요점은 이렇다.

  Ⅰ. 아버지와 아들이 함께 걸었다.
  Ⅱ. 아버지와 아들이 함께 이야기했다.
  Ⅲ. 아버지와 아들이 함께 일했다.
  Ⅳ. 아버지와 아들이 함께 희생을 드렸다.[26]

1992년에 창세기 22장을 분석한 좋은 논문이 출판되었으나, 유감스럽게도 그 또한 다음과 같은 매우 실망스러운 설교 개요로 결론을 맺고 있다.

  Ⅰ. 하나님은 지속적인 순종을 통해 믿음을 확인하시고자 성도들을 시험하신다.
  Ⅱ. 의인은 주님께서 종국에는 구원을 예비하심을 믿으면서 그분께 순종한다.
  Ⅲ. 주님께서는 성도를 구하시고, 약속을 지키시며, 의인에게 상을 주신다.[27]

---

26 나의 번역. 설교자는 누구인지 알 수 없으나, 이 설교에 대한 분석은 Strydom, *Aard van die Prediking*, 216, 243-245에서 찾아볼 수 있다.
27 Kenneth A. Mathews, "Preaching Historical Narrative," in *Reclaiming the Prophetic Mantle*, ed. George L. Klein (Nashville: Broadman, 1992), 45. 1997년에 한 목사가 사이버 공간에서 창세기 22장에 대한 설교 개요를 다음과 같이 공유했다. 제목: "믿음의 여정"; 요점 1. 지극히 높으신 하나님과 관계를 가지라; 2. 모든 것을 걸라; 3. 준비하고 순종하라; 4. 하나님이 예비하심을 믿으라; 5. 하나님의 복을 받으라.

하나님이 특별히 아브라함을 시험하신 사건이 〈개요 I〉에서는 모든 성도에 대한 시험으로 적용되고 있음에 주목하라. 이것은 일반화 내지 보편화의 오류이다. 〈개요 II〉에서는 아브라함의 순종과 믿음에 대한 저자의 객관적 서술(description)이 오로지 현실 적용이라는 목적으로 의인의 의무에 대한 당위론(prescription)으로 변질되었다. (아브라함과 같이 우리도 주님을 순종하고 신뢰해야 한다는) 도덕화(moralizing)의 오류이다. 〈개요 III〉에서는 주님께서 아브라함을 구하시고 그에게 상 주신 사건이 모든 의인에게까지 확대된다. 다시금 일반화의 오류이다.[28] 비록 비성경적이라 할 수는 없다 해도, 이러한 논지들은 성경 기자가 이 특정 본문을 통해 전달하고자 의도했던 메시지는 아닌 것이다. 열 단계 적용을 통한 창세기 22장의 해석은 어떠한지 살펴보자.

1) 첫째, 회중의 필요에 주의하면서 설교 본문을 선택하라

내가 창세기 22장을 선택한 이유는 회중의 필요를 염두에 두어서가 아니라, 구약 본문으로부터 어떻게 기독교적 설교로 책임 있게 옮겨 갈 수 있는지를 예시하기 위함에 있다. 따라서 우리는 마치 성구집 순서를 따르는 목사와 같은 입장에 있다. 본문은 주어졌으되 회중의 어떤 필요를 다뤄야 할지는 아직 분명치 않다. 회중의 필요에 따라 본문을 선택했다면 아마도 그리스도의 수난과 죽음에 관한 설교가 적절한 시기인 사순절 기간에 맞추어 창세기 22장을 생각했을 수도 있다. 아니면, 구약을 더 설교해야겠다는 일반적인 필요에서 이 감동적인 이야기를 선택했을 수도 있다. 그 어떤 연유에서 창세기 22장을 택했든지 간에, 본문을 선택한 이상 이스라엘이 이 본문을 어떻게 받아들였는지에 대해 우선적으로 탐구하기 위해서는 잠시나마 회중의 필요를 뒤로할 필요가 있다.

---

28 보편화의 오류에 대해서는, Ernest Best, *From Text to Sermon*, 86-89를 보라. 도덕화의 오류에 대하여는, Greidanus, *Modern Preacher*, 161-166을 보라.

결혼식이나 장례식과 같은 특별한 경우에 알맞은 본문이 필요할 때, 설교자는 간혹 성경 본문 단락이 아니라 단순히 그 본문의 일부만을 취하는 수가 있다. 다른 교회의 목회 초청을 받아들이고 시무하던 교회에 고별 설교를 하기 위해 적합한 본문이 필요했던 한 목사의 이야기가 있다. 그와 공동으로 시무하고 있던 다른 목사는 그대로 남길 원했던지라, 그가 택한 설교 본문은 창세기 22:5 상반절이었다. "아브라함이 사환에게 이르되, '너희는 나귀와 함께 여기서 기다리라.'" 이렇게 어처구니없게 시작된 설교는 도대체 주워 담을 길이 없다. 심지어는 유명한 설교자 스펄전 역시 완전한 의미 단락을 택하지 않는 오류를 범하기도 했다. 제4장에서 자세히 이야기한 바와 같이 스펄전은 창세기 22:1만 가지고 설교한 적이 있다. 그는 설교를 두 가지 요점으로 시작했다. "본문을 봅시다. 본문은 특별하고도 유례가 없는 아브라함의 시험 이야기에서 일종의 서문에 해당합니다. 우선, '그 일 후에 하나님이 아브라함을 시험하시려고'라는 구절에서 우리는 **신자에 대한 주님의 길**을 봅니다. 그리고 다음으로 하나님이 '그를 부르시되 아브라함아 하자 그가 즉시 대답하기를 보소서 내가 여기 있나이다'하는 부분에서 우리는 **주님에 대한 신자의 길**을 배웁니다. 이 두 대지를 기억하는 것은 어렵지 않을 것입니다."[29] 이 두 가지 대지를 기억하는 것이 그다지 어려운 일은 아닐지라도, 이들이 성경 본문의 의미 단락이 아닌 본문의 한 단편에 근거를 둔 것이라는 점은 명백하다.

그렇다면 창세기 22장의 본문 단락은 어떻게 나누어지는가? "그 일 후에"라는 1절에서 새로운 단락이 시작됨은 명백한데, 그 이야기의 끝은 어디인가? 1-14절은 도입, 절정을 향해 나아가는 갈등, 갈등의 해소라는 구조를 지닌 완전한 의미 단락이라고 할 수 있다. 15-18절은 언약의 복을 반복함으로써 창세기의 보다 큰 주제를 담고 있어 별도의 화제를 다루고 있는 것으로 보인다. 그럼에도 불구하고 성경 본문에 비추어 볼 때 이들 구절은 내러티브 단락의 일부를 구성한다. 19절에서 사환들에게로 돌아온 아브라함이 그들과 함께 떠

---

29   243쪽 각주 201번을 보라.

나 브엘세바에 이르러 "아브라함이 거기 거하였더라"로 이야기를 끝맺고 있기 때문이다. 20절은 "이 일 후에"라고 하면서 새로운 단락을 시작한다(참조. 22:1).

그러므로 문예적 단락은 창세기 22:1-19이다. 그러나 이미 본 바와 같이 그 구조는 단순하지 않다. 문체나 내용 면에서 이 본문은 아브라함에 대한 하나님의 시험에 관한 서술인 1-14절과 아브라함에게 복 주시는 하나님의 독백인 15-18절이라는 구별되는 두 부분으로 구성되어 있다. 전자가 한 가지 메시지를 담고 있다면, 후자는 보다 크게 아브라함의 생애를 통해 반복되는 또 다른 주제를 담고 있는 것으로 보인다.[30] 이와 같이 구별되는 두 주제로 된 본문 단락으로부터 어떻게 하나의 주제로 통일된 설교를 준비할 수 있을 것인가? 일단 이 문제는 뒤로하고 문예적 문맥 안에서 본문 읽기라는 과제로 넘어가 보도록 하자.

2) 둘째, 본문을 전체 맥락 속에서 읽고 또 읽어라

이와 같은 초기 단계에 있어서는 본문을 읽는 것은 물론이고, 창세기 전체 문맥 안에서 본문을 읽어 내려감으로써 전체적인 구도를 잡아내야 한다. 본문의 세부 사항은 필히 전체적인 관점에서 이해해야 한다.

우리는 창세기의 전체 맥락을 통해서 22장의 배경을 알 수 있다. 수십 년의 기다림 끝에 약속의 자녀 이삭이 태어나고 그로부터 몇 년 후 이스마엘은 쫓겨났다(21장). 이제 아브라함과 사라에게는 이삭뿐이다. 그런데 하나님은 아브라함에게 "독자 이삭"을 바치라고 명하신 것이다. 시험 후에 여호와께서 아브라함에게 성경 기록상으로 마지막 말씀을 하신다(22장). 다음 장인 23장은 사

---

30 다음의 몇몇 주해서를 검토하면, 이 문제에 대해 충분한 논의가 이루어짐을 보게 될 것이다. Von Rad, *Genesis*, 237은, "14절로 이야기가 일단 끝맺고 있음을 명백히 확인할 수 있다."라고 강력히 주장한다. Gordon J. Wenham, *Word Biblical Commentary*, vol. 2 (Dallas: Word, 1994), 102-103 및 다른 주해가들은 15-18절의 "이차적 성격"에 이의를 제기한다.

라의 죽음과 약속의 땅에서의 매장에 대해, 그리고 24장은 이삭의 신붓감을 찾는 과정을 기록한다.

이 단계에서 우리는 선택된 본문을 자세히 살핌으로써 우리나 회중이 품게 마련인 의문점들을 발견하게 된다. 특별히 창세기 22장은 많은 의문을 자아낸다. 우선 하나님은 자녀를 희생으로 드리는 것을 금하셨음[31]에도 불구하고, 왜 아브라함에게는 자식을 번제물로 드리라 하셨을까? 또 "모리아 땅"(2절)은 어디일까? 하나님은 왜 가까운 곳이 아니라 그토록 먼 곳(사흘 길, 4절)을 택하셨던 것일까? 왜 본문에서는 사라에 대해서는 한마디 언급도 없는 것일까? "내가 아이와 함께 저기 가서 우리가 경배하고, **우리**[원문 동사는 1인칭 공성 복수 청원형인 바, 그 신학적 해석에 대해서는 히브리서 11:19 참조 - 역주]가 너희에게로 돌아오리라"(5절)하며 아브라함이 사환에게 이른 말이나, "아들아, 번제할 어린양은 하나님이 자기를 위하여 친히 준비하시리라"(8절)라는, 이삭의 질문에 대한 아브라함의 대답은 어떻게 이해해야만 하는가? 이는 선의의 거짓말인가, 아니면 믿음의 표현인가? 필시 십 대에 불과했던 이삭은 왜 결박된 채 번제단에 놓이고자 순순히 따랐을까(9절)? "여호와의 사자"(11, 15절)는 누구인가? 여호와께서는 왜 맹세까지 하시고자 했던가(16절)? "네 씨로 말미암아 천하 만민이 복을 얻으리니"(18절)라는 구절의 의미는 무엇인가? 끝으로 "이에 아브라함이 그 사환에게로 돌아와서"(19절)라는 맺는말에 왜 이삭은 빠져 있는가? 이러한 초보적인 의문들부터 메모하고 난 뒤에 본문을 보다 심층적으로 연구함으로써 그에 대한 대답을 찾아내야 한다. 이러한 의문 중 몇몇은 본문의 의미 전달과 아울러 청중의 관심 유지를 위해서도 설교 중에 사용되는 것이 보통이다.

3) 셋째, 본문 구조의 개요를 만들라

세 번째 단계에서는 본문을 더 깊이 파헤치기 시작한다. 이 단계에서는 본

---

31 레 18:21, 20:2-5; 신 18:10; 왕하 3:27을 보라.

문의 구조를 밝힌다. 구조를 발견함으로써 성경 기자가 어떻게 메시지를 전달하고자 했는지를 알 수 있음은 물론 그 구조가 설교의 전체적 틀에 주요 부분이 될 수도 있다.

본문은 내러티브이므로 줄거리 구성을 파악할 필요가 있다. 대부분의 성경 내러티브는 (복합적인 것과 반대로) 단순한 구성을 취한다. 창세기 22장의 배경에 대해서는 이미 언급했다. "그 일 후에"(1절)라 함은 21장을 지칭한다. 그곳에서 우리는 이삭의 출생과 이스마엘 추방 기사를 읽었다. "네 아들 네 사랑하는 독자 이삭을 데리고 … 그를 번제로 드리라"(2절)라는 하나님의 명령은 22장의 갈등 구조를 촉발한다. 3일간의 여정, 모리아 산으로의 부자의 고독한 여정, "번제할 어린양은 어디에 있나이까"라는 이삭의 질문, "번제할 어린양은 하나님이 자기를 위하여 친히 준비하시리라"라는 아브라함의 모호한 대답 등(3-8절)은 갈등 구조를 더욱 강렬하게 만든다. 아브라함이 단을 쌓고, 그 위에 나무를 벌여 놓고, 이삭을 결박하여, 단 나무 위에 놓고, 손을 내밀어, 칼을 잡고 아들을 죽이려 하는 시점에 이르러서(9-10절) 갈등은 최고조에 달한다. 가슴 저미는 아픔의 바로 그 순간에 여호와의 사자가 "그 아이에게 네 손을 대지 말라"라며 외쳐 부르고 나서야 긴장이 멈춘다(11-12절). 아브라함이 한 숫양을 발견하고 이로써 "아들을 대신하여 번제로" 드리고 그 땅을 "여호와 이레"("여호와께서 보실/준비하실 것이다."라는 뜻 – 역주)라 이름함으로써 마침내 갈등은 해소된다(13, 14절). 여호와의 사자가 두 번째로 아브라함을 부르시고 여호와께서 축복의 언약을 반복하신다(15-18절). 아브라함이 브엘세바에 돌아옴으로써 이야기는 끝이 난다(19절).

줄거리 구성을 명확히 기억하기 위해서는 관련 구절과 함께 이를 도해하면 좋다. 도표는 아래와 같이 그려 볼 수 있다.[32]

---

32 Tremper Longman, *Literary Approaches*, 92, '성경 내러티브 구조에 나오는 일반적 도해를 보라. Greidanus, *Modern Preacher*, 204에 재수록.

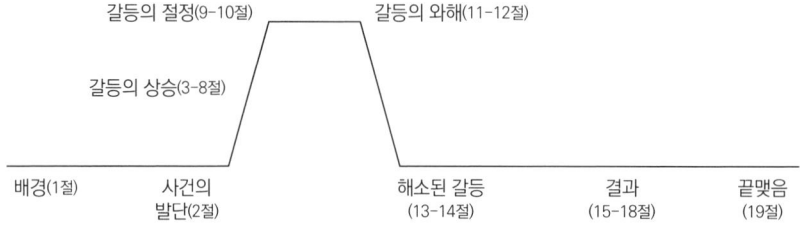

4) 넷째, 본문을 그 자체의 역사적 배경에서 해석하라

성경 본문을 역사적 배경 속에서 이해하기 위해서는 문예적, 역사적, 하나님 중심적이라는 세 가지 측면에서 본문을 고찰할 필요가 있다.

① 문예적 해석

창세기 22장은 명백히 내러티브 장르로서, 그 줄거리 구성에 대해서는 제3단계에서 이미 살펴보았다. 여기서는 내러티브의 여러 특성을 검토함으로써 보다 더 심층적인 본문 이해로 나아가고자 한다. 먼저 장면과 인물을 살펴볼 것이다. 히브리어 내러티브는 대개 장면마다 인물 둘이 등장한다. 둘 모두 개인일 수도 있고, 혹은 한쪽은 개인이고 다른 한쪽은 집단일 수도 있다. 종종 등장인물의 한쪽은 하나님 자신이거나, 하나님을 대변하는 자이다. 창세기 22장을 간략히 검토해 보면 다음의 결과를 얻을 수 있다.

장면 1: 하나님과 아브라함(1-2절)
장면 2: 아브라함과 그의 사환들(3-5절)
장면 3: 아브라함과 이삭(6-8절)
장면 4: 아브라함과 이삭(9-10절)
장면 5: 여호와의 사자와 아브라함(11-14절)

장면 6: 여호와의 사자와 아브라함(15-18절)

장면 7: 아브라함과 그의 사환들(19절)[33]

전지한 해설자는 처음부터 청중에게 하나님이 아브라함을 **시험하시고** 계심을 알려 준다. 물론 아브라함은 이를 알지 못하고, 단지 "네 아들 네 사랑하는 독자 이삭을 … 번제로 드리라"라는 하나님의 명령을 들었을 뿐이다. 히브리 해설자는 등장인물에 대한 묘사는 거의 하지 않는 것이 보통이나, 이삭을 "네 아들, 네 사랑하는 독자, 이삭"이라고 표현함으로써 하나님이 아브라함에게 하신 명령이 얼마나 엄청난 것이었는가 하는 점을 두드러지게 각인시킨다. "하나님에 대한 순종과 아들에 대한 사랑이 정반대의 방향에서 아브라함의 가슴을 철저히 찢어 놓을 것이다."[34] 하나님의 요구가 실로 엄청난 것이었음은 이야기의 절정(12절)과 결말(16절)에서 다시금 "네 아들, 네 독자"라는 똑같은 표현이 반복됨으로써 한층 강조된다.

또한 해설자는 갈등의 정점에 오르는 속도를 의도적으로 늦춘다. "아브라함이 그곳에 단을 쌓고, 나무를 벌여 놓고, 그 아들 이삭을 결박하여, 단 나무 위에 놓고, 손을 내밀어, 칼을 잡고 그 아들을 잡으려 하더니"(9-10절)라고 모든 행위를 상세히 기록한다.

문예적 해석에서는 반복이나 교차 대구와 같은 수사학적 구조에 대해서도 검토가 이루어진다. 이 내러티브에서는 어떤 반복적 표현이 두드러진다. 2절, 12절, 16절에서 '네 아들, 네 독자'가 반복되고 있음은 이미 지적했다. 또 다른 반복이 다소 모호한 형태로 이루어진다. 이삭은 아버지에게 "번제할 어린양은 어디에 있나이까?"라고 물었을 뿐인데, 아브라함은 "아들아, 번제할 어린양은

---

33 Kenneth Mathews, "Preaching Historical Narrative," 32는, 9-12절을 〈장면 4〉로, 13-19절을 〈장면 5〉로 보고 있다. Wenham, *Word*, 2,100은 다음과 같은 교차 대구적 구조 분류를 제시한다: 1a절, 서술; 1b-2절, 독백; 3절, 서술; 4-6b절, 대화; 6c-8절, 대화; 9-10절, 서술; 11-18절, 독백; 19절, 서술.

34 Wenham, *Word*, 1,104.

하나님이 자기를 위하여 친히 준비하시리라"라고 답한다(8절). 바로 앞에서 우리는 이 지점에서 "아브라함은 엄청나게 충격적인 답변을 피하기 위해 선의의 거짓말을 하고 있는 것인가, 아니면 하나님께 대한 흔들리지 않는 믿음을 표현하고 있는 것인가?"라는 첫 의문을 제기한 바 있다.[35] 이러한 의문에 대해 해설자는 아직 어떠한 결론을 내리지는 않는다. 그러나 이야기가 전개됨에 따라, 하나님은 번제할 어린양, 즉 뿔이 수풀에 걸린 한 숫양을 실제로 준비하신다(13절). 따라서 아브라함이 그 장소를 **여호와 이레**("여호와께서 준비하시리라")라고 이름했다고 해서 하등 놀랄 것이 없다. 여기에서도 '준비하다' 또는 '돌보다'라는 의미의 '라아'(r'h)라는 단어가 다시금 사용되고 있다. 적절하게도 해설자는 세 번째로 또다시 당시의 사람들이 "여호와의 산에서 준비되리라"라고 말한다는 사실까지도 덧붙인다. 한편 이 동사의 수동형(niphal)이 사용되었으므로 일부 학자는 "여호와의 산에서 여호와께서 보이실 것이다."(NRSV 각주), 또는 여호와께서 나타나시리라고 번역하기도 한다. 세 번에 걸친 '준비하다'라는 단어로의 번역은 동일한 히브리어 동사 어간의 반복에 충실하게 이루어진 것이다. 반복은 눈길에 난 바퀴 자국과도 같은 기능을 하는 것이어서, "여호와께서 준비하시리라"라는 반복되는 구절은 해설자가 그의 이야기를 종국에는 어디로 끌고 가고자 하는지를 잘 보여 준다.

이 단계에서의 문예적 해석은 창세기 전체에서 본문이 어떠한 문예적 맥락 아래 위치하고 있는지를 이해하는 작업과도 연관된다. 우리의 최초 의문들 가운데는 왜 하나님이 16절에서 "내가 나를 가리켜 맹세하노니"라고 하심으로써 스스로 맹세까지 하고 계신가 하는 의문도 포함되어 있었다. 고든 웬함(Gordon Wenham)은 지적하기를, "비록 이후로도 빈번히 이 맹세를 상기하고

---

35 Gordon Talbot, *Study of the Book of Genesis* (Harrisburg, PA: Christian, 1981), 146는 이 말들을 "지혜로운 믿음의 고백"이라고 부른다. Wenham, *Word* 2,109는, "'하나님이 준비하시리라'는 구절이 이야기의 전환점을 이루는 구성은 본문을 소망의 표현이나 예언이나 기도…로 긍정적으로 이해함에 도움을 준다."라고 한다. Claus Westermann, *Genesis 12-36* (trans. John Scullion; Minneapolis: Ausburg, 1985), 359은, 아브라함은 이삭을 속인 것이 아니라, "(하나님이 명하신 바) 아브라함 자신에게는 사실인 것을 하나의 가능성으로 이삭에게 제시했을 뿐"이라고 한다.

리스도와 연결된다고 보았다: 노아의 가족 여덟 명과 그리스도께서 죽음에서 일어나신 주간의 8번째 날; 노아처럼 그리스도께서는 "새로운 인류의 머리"가 되셨다; 방주의 나무와 그리스도의 십자가의 나무; 홍수의 물과 기독교 세례의 물. 그리스도와의 이러한 연결점들을 확립하고자, 유스티누스는 이야기의 세부 사항들(숫자, 나무, 물)에 기본적으로 초점을 맞추고 있으며, 이런 요소들을 예수님에 관한 신약 이야기에 나타난 요소들과 연결 짓고 있다. 그러나 본문 내의 다소 부수적인 요소들에 초점을 둠으로써, 유스티누스는 본문의 요지를 잃어버렸고, 그리스도를 역으로 본문에 투영해서 본문을 읽어 나가게 되었다.

홍수 이야기는 숫자 8이나, 나무, 혹은 물에 관한 이야기가 아니다. 이 본문은 인간의 죄에 대한 하나님의 심판에 관한 본문이요(창 6:13), 노아와 그의 가족, 그리고 여타 피조물들을 구원해 내시는 하나님의 은혜에 관한 본문이며, 땅에 계절들의 규칙적인 변화를 유지하리라는 하나님의 약속에 관한 본문이다(창 8:22). 노아 홍수에 관한 본문들은 창조 기사에 관한 본문들과 연결되어 있기에, 구속사란 문맥이 노아 홍수 본문들의 메시지를 보다 선명하게 드러나게 한다.

태초에 하나님은 자신의 조화로운 왕국을 이 땅 위에 창조하셨다(창 1-2장). 인간의 타락과 함께(창 3장), 강포가 평화로운 왕국에 들어왔고(창 4장), 그 후 완전수에 해당하는 10세대 만에 온 땅이 "강포로 가득 차게" 되었다(창 6:11). 이러한 점들이 홍수 기사의 보다 넓은 문맥에 해당된다. 홍수 기사 속의 갈등은 노아를 향한 하나님의 선언으로 야기된다. "모든 혈육 있는 자의 강포가 땅에 가득하므로, 그 끝 날이 내 앞에 이르렀으니 내가 그들을 땅과 함께 멸하리라"(6:13). 이러한 하나님의 선언은 곧바로 하나님의 심판이 땅에 있는 하나님의 왕국의 멸망으로 이어질 것인가란 질문을 불러일으킨다. 이러한 갈등은 홍수가 온 땅을 "40주야"를 내리치기 시작하면서 더욱 격렬해졌고(7:11-18), 온 지면과 심지어 산들이 물로 뒤덮이고 지면에 있는 모든 생물이 사라지게 되었을 때 이 갈등은 절정에 다다르게 된다(7:19-24). 하나님의 심판이 하나님의 창조 역사들을 파기했고(창 1장), 혼돈이 땅에 되돌아왔다. 이것이 이 땅 위에 있는 하나님의 왕국의 끝인가란 점이 문제였다.

그러나 이야기는 계속된다. "하나님이 노아와 그와 함께 방주에 있는 모든 들짐승과 육축들을 기억하셨더라"(8:1). 창세기 1장에서와 같이, 하나님은 파괴적인 물 가운데서 다시 그의 통치를 시작하셨고, 점차적으로 마른 땅이 드러나게 되었으며, 이 땅은 인간과 동물들이 거주하는 곳이 되었다. 이야기는 다음과 같은 하나님의 약속으로 끝맺는다. "내가 다시는 사람으로 인하여 땅을 저주하지 아니하리니, 이는 사람의 마음의 계획하는 바가 어려서부터 악함이라. 내가 전에 행한 것같이 모든 생물을 멸하지 아니하리니, 땅이 있을 동안에는 심음과 거둠과, 추위와 더위와, 여름과 겨울과, 낮과 밤이 쉬지 아니하리라"(8:21-22). 드디어 갈등이 해결되었다. 하나님은 인간의 악한 세상을 심판하셨고 깨끗하게 하셨다. 그러나 그의 은혜로 하나님은 새로운 아담인 노아와 그의 후손들을 통해 땅 위에 여전히 자신의 왕국을 세우시고자 하신다(창 9장). 홍수 기사의 전환점은 "그러나 하나님이 노아를 기억하셨다."(8:1)라는 말씀이다. 기사의 이러한 초점은 "하나님이 노아를 기억했다."라는 부분이 중심 부분을 형성하는 일종의 교차 대구법적 구조를 통해 확인될 수 있을 것이다.[2]

그러므로 우리는 이 본문의 주제를 다음과 같이 정리할 수 있다. "**비록 하나님이 인간의 죄와 강포 때문에 세상을 심판하시더라도, 그의 은혜 가운데 하나**

---

[2] Gordon J. Wenham, *Genesis*, vol. 1 (Waco, TX: Word, 1987), 156:
전환기적 도입부 (6:9-10)
  1. 피조 세계의 강포 (6:11-12)
    2. 첫 번째 하나님의 말씀: 멸망을 결정하심 (6:13-22)
      3. 두 번째 하나님의 말씀: "방주에 들어가라" (7:1-10)
        4. 홍수의 시작 (7:11-16)
          5. 물이 불어남 (7:17-24)
            하나님이 노아를 기억하심
          6. 줄어드는 물(8:1-5)
        7. 말라가는 땅 (8:6-14)
      8. 세 번째 하나님의 말씀: "방주를 떠나라" (8:15-19)
    9. 창조 질서를 유지하기로 하나님이 결심하심 (8:20-22)
  10. 네 번째 하나님의 말씀: 언약 (9:1-17)
전환기적 결론 (9:18-19)

님은 노아와 그의 가족, 그리고 여타 피조물들과 함께 새롭게 시작하심으로써 땅 위에 자신의 왕국을 계속적으로 유지하신다." 이스라엘을 향한 이러한 메시지가 지향하는 목표들은 이스라엘이 어떠한 상황 속에서 이 홍수 이야기를 듣게 되었는가에 달려 있다. 이스라엘이 약속의 땅에서 평화와 번영 속에 살고 있었는가? 아니면 이스라엘은 바벨론 포로 생활을 통해 하나님의 심판을 겪고 있었는가? 홍수 이야기를 듣고 있는 사람들은 포로 생활 이후의 낙심 중에 있는 남은 자들인가? 홍수 이야기의 메시지는 이처럼 여러 다른 상황들에 따라 사뭇 다른 느낌으로 다가왔을 것이다. 이 본문을 통해 상정할 수 있는 몇 가지 목표들은 다음과 같다: 이스라엘에게 하나님은 은혜의 하나님일 뿐만 아니라 공의의 하나님이라는 사실을 가르친다; 하나님은 심지어 남은 자들을 통해 땅 위에 자신의 왕국을 세우심에 있어서 자신의 언약에 신실하시다는 것을 이스라엘에게 가르친다; 죄와 악함에 대해 이스라엘에게 경고하고 있다; 이스라엘로 하여금 하나님의 은혜로운 구원에 전적으로 의지할 것을 권면하고 있다. 이러한 본문의 주제와 본문을 통해 생각할 수 있는 몇몇 목표들은 우리로 하여금 그리스도를 설교하는 일곱 가지 방법에 의해 제공된 여러 선택 사항들로부터 그리스도를 설교할 수 있는 적법한 길들을 선택할 수 있도록 도와준다.

① 점진적 구속사의 길

먼저 홍수 이야기를 구속사란 관점에서 살펴봄으로써, 보다 큰 그림을 얻고자 하는데, 본문의 세부 사항들은 언제나 본문 전체의 관점에서 이해되어야 하기 때문이다. 창세기 1장은 태초에 하나님이 깊음의 표면을 뒤덮고 있는 끝없는 흑암과 파괴적인 물들에 경계선을 두심으로 혼돈이 질서정연한 우주가 되었고, 그 우주에 모든 종류의 피조물이 평화롭게 살 수 있도록 하셨다고 말하고 있다. 그러나 인간의 죄와 점증하는 강포와 패역이 하나님의 선한 창조의 이러한 평화스러운 환경을 파괴했다. "여호와께서 사람의 죄악이 세상에 관영함과 그 마음의 생각의 모든 계획이 항상 악할 뿐임을 보시고 … 가라사대 나의 창조한 사람을 내가 지면에서 쓸어버리되, 사람으로부터 육축과 기는 것과 공중의 새까지 그리하리니, 이는 내가 그것을 지었음을 한탄함이니라 하시니라. 그러나 노아는 여호와께 은혜를 입었더라"(창 6:5-8). 분명히 우리의 본문 바로 앞에 있는 이상의 구절들은 하나님의 심판과 심판 중에 나타나는 하나님의 은혜를 잘 요약해 주고 있다(6:11-14에 있는 반복적인 표현들을 주목하라).

구속사의 이 단계에서 하나님의 심판은 태초에 하나님이 구속해 놓으셨던 파괴적 물들을 풀어놓으심으로 혼돈이 땅에 되돌아오게 되었고, 악한 모든 것들이 멸망하게 되는 일들을 포함하고 있다. 인류 역사의 여명기에 있었던 죄에 대한 하나님의 심판은 노아와 그의 가족들에 대한 하나님의 은혜와 연계되어서, 역사의 종말에 나타날 하나님의 심판과 은혜에 대한 하나의 전조가 되고 있다. 홍수의 물을 통한 하나님의 심판과 구원, 그리고 불을 통한 하나님의 최후 심판과 그의 구원하심은 (한 여정의 처음과 마지막처럼) 우리에게 구속사의 진전 속에서 노아 홍수 이야기가 어떠한 방향으로 나아가고 있는가에 대한 하나의 전망을 제공해 준다. 이 역사의 분수령을 이루는 한 지점에서 죄에 대한 하나님의 심판은 한 분, 곧 하나님의 아들 되신 예수 그리스도 위에 떨어지게 된다. 바울은 "하나님이 죄를 알지도 못하신 자로 우리를 대신하여 죄를 삼으신 것은, 우리로 하여금 저의 안에서 하나님의 의가 되게 하려 함이라"(고후 5:21)라고 쓰고 있다. 하나님의 심판과 하나님의 은혜, 이 둘은 그리스도의 십자가에서 한데 어우러진다. 그러나 하나님의 은혜가 심판을 능가한다. "노아는 여호와께 은혜를 입었더라"(창 6:8). 심지어 최후의 심판에서도 하나님의 은혜가 심판을 능가할 것인데, 그 이유는 최후의 심판을 통해 이 세상의 모든 악이 정화되고 결국 하나님의 영광스러운 새로운 피조 세계가 도래할 것이기 때문이다.

② 약속–성취의 길

비록 노아 홍수 이야기가 "땅이 있을 동안에" 창조 질서를 유지하리라는 하나님의 약속을 담고 있지만(창 8:22), 직접적인 그리스도에 대한 약속을 담고 있지는 않다.

③ 모형론의 길

노아는 "의로운 사람"(창 6:7; 7:1)으로 묘사되고 있다. 또한 그는 또 다른 아담이요, 최초에 아담이 받았던 복들과 교훈들과 유사한 복들과 교훈을 받게 된 인류의 새로운 머리이다(창 9:1-7). 인류가 새롭게 정화된 땅을 기업으로 받음에 따라서, 하나님은 노아와 함께 인류와 새로운 출발을 시작하셨다. 이와 같은 점에서, 노아는 그리스도의 한 모형으로 볼 수 있는데, 이는 그리스도 안에서 하나님 역시, 자기 백성들이 새로운 피조 세계를 기업으로 받을 것을 기대하며 살아감에 따라, 이들 백성과 새로운 출발을 시작하고 계시기 때문이다. 그러나 종말에 그리스도 안에서 이루어진 새로운 출발은 노아와 함께 시작된 새로운 출발보다 월등히 뛰어난 출발이다. 하나님의 백성에게 깨끗한 마음이 주어질 것이요, 우주는 단번에 썩어짐의 종노릇에서 해방될 것이다(롬 8:21) - 유비와 확대 상승.

④ 유비의 길

유비를 사용하는 방법 중 하나는 노아 홍수 이야기의 가르침을 심판과 은혜에 대한 예수님의 가르침과 연결시키는 것이다. 그러나 보다 더 직접적인 방법은 심판 중의 하나님의 은혜란 개념을 오늘날 교회에 전이시켜 적용하는 일이다. 하나님은 그의 은혜 가운데 당시 선택된 남은 인류들을 구원하셨듯이, 하나님은 그리스도 안에서 오늘날에도 선택된 남은 자들을 구원하신다. 또한 그의 은혜 가운데 하나님이 자신의 피조 세계를 지탱하셨고 계절의 규칙적인 변화를 유지하시기로 약속하셨듯이, 오늘날에도 피조 세계를 유지하시는 분은 바로 그리스도 안에서 역사하시는 하나님이시다(골 1:17). 다시 말해서, 오직 그리스도 예수님으로 말미암는 하나님의 은혜 때문에 우리는 이 땅에서 비교적 규칙적으로 안정되게 변화하는 계절들 속에서 살 수 있는 것이다.

⑤ 통시적 주제의 길

노아 홍수 이야기를 위해, 우리는 성경 전체를 살펴보면서 하나님의 심판과 하나님의 은혜란 주제를 추적해 나갈 수 있다. 그러나 이 두 주제가 우리의 본문 속에서 함께 나타나기 때문에, 심판 가운데 나타나는 하나님의 은혜라는 통합된 주제를 추적해 나가는 것이 더 가치 있는 일이다. 이러한 이중적 주제는 다음과 같이 추적해 볼 수 있을 것이다. 노아 홍수와 그리고 노아와 시작하신 하나님의 새로운 출발로부터 시작해서, 바벨탑에서 나타난 하나님의 심판과(창 11장) 아브라함과 시작하신 하나님의 새로운 출발에 이르기까지(창 12:1-3); 여호와의 날은 어두움의 날이 될 것이라는 선지자들의 경고와(암 5:18) "그 날에 내가 다윗의 무너진 천막을 일으킬 것이다."(암 9:11)라는 약속에 이르기까지; 앗수르 강제 이주(주전 722년)와 바벨론의 포로 됨(주전 587년)을 통해 나타난 이스라엘에 대한 하나님의 심판과 남은 자들과 함께 시작하신 하나님의 새로운 출발에 이르기까지(주전 538년); 십자가상의 그리스도의 죽음 가운데 실행된 하나님의 심판과 그리스도의 부활 가운데 나타난 하나님의 은혜에 이르기까지; "하늘이 불에 타서 풀어지고 체질이 뜨거운 불에 녹아지는 날" 곧 "하나님의 날"에 나타날 하나님의 심판과 "의가 거주할 새 하늘과 새 땅"을 세우실 하나님의 은혜에(벧후 3:12-13) 이르기까지, 노아 홍수 사건이 지닌 심판과 은혜의 이중적 주제를 추적해 나갈 수 있다.

⑥ 신약 관련 구절의 길

앞에서 언급한 그리스도에 이르는 길들은 신약에 나타나는 구약 구절들을 통해 확인되고 강화될 수 있다. 네슬-알란트 헬라어 신약 성경(27판)의 부록에 보면, 이러한 구약 구절들이 주어지고 있다. 히브리서 11:7은 참된 믿음을 예증하기 위해서 노아의 행동을 사용하고 있다. 마태복음 24:37-39(참조. 눅 17:26-27)에서 예수님은 예기치 못했던 노아 홍수의 도래를, 예기치 못한 "인자의 오심"에 대한 하나의 예증으로 사용하고 있다. 베드로는 노아 홍수를 세례의 한 모형으로 제시한다. "그들은 전에 노아의 날 방주 예비할 동안 하나님이 오래 참고 기다리실 때에 순종치 아니하던 자들이라. 방주에서 물로 말미암아 구원을 얻은 자가 몇 명뿐이니, 겨우 여덟 명이라. 물은 예수 그리스도의 부활하심으로 말미암아 이제 너희를 구원하는 표[antitypon]니 곧 세례라. 육체의 더러운 것을 제하여 버림이 아니요, 오직 선한 양심이 하나님을 찾아 가는 것이라…"(벧전 3:20-21). 베드로후서에서 베드로는 동일한 노아 홍수의 구절을 사용해서 어려움 속에 있는 그의 독자들에게 하나님의 심판과 은혜의 실체를 확인시키고 있다. "옛 세상을 용서치 아니하시고, 오직 의를 전파하는 노아와 그 일곱 식구를 보존하시고 경건치 아니한 자들의 세상에 홍수를 내리셨으며 … 주께서 경건한 자는 시험에서 건지시고 불의한 자는 형벌 아래 두어 심판 날까지 지키시며…"(벧후 2:5, 9). 다음 장에서 베드로는 노아 홍수와 최후 심판 사이의 유비 관계를 이야기하고 있다. "하나님의 말씀으로 하늘이 오래전에 존재했고, 땅이 물로부터 그리고 물로 인해 형성되었으니, 이 물을 통해 당시 세상이 물의 넘침으로 멸망하였도다. 그러나 동일한 말씀으로 현재의 하늘과 땅이 불의 심판을 위해 간수되어 왔으며, 불경한 자들의 심판과 멸망의 날까지 보존되어 있도다."(벧후 3:5-7).

⑦ 대조의 길

창세기 8:21에서 하나님은 친히 "다시는 결코"라고 말씀하신다. 이렇게 말씀하심은, "사람의 마음의 성향이 어려서부터 악하다."는 사실을 아셨기 때문이다. "다시는 결코"라고 말씀하실 수 있었던 이유는 오직 때가 차면 그리스도께서 죄에 대한 하나님의 심판을 담당하실 것이기 때문이다.

이상에서 제안된 그리스도에 이르는 여러 길들은 노아 홍수 본문을 기초로 해서 그리스도를 설교할 수 있는 몇몇 적합한 길들을 드러내 주었다. 설교 주제와 목표를 반드시 사용해서 이들 중 어떤 길들이 설교에서 사용될 수 있는가를 결정해야 한다. 어떠한 경우이든, 우리가 노아 홍수 본문으로부터 그리스도를 설교하기 위해 알레고리적 해석에 의존할 필요가 없다는 것은 분명하다.

2) 이스라엘과 마라의 물에 대한 설교(출 15:22-27)

유스티누스와 다른 교부들은 쓴 물을 달게 했던 나무를 그리스도의 십자가의 나무로 이해함으로써, 마라의 이야기로부터 그리스도를 설교했다. 예를 들어, 테르툴리아누스는 "모세의 지팡이에 의해 쓴 물이 변하여 신선하고 마실 수 있는 물이 되었다. 이 나무는 다름 아닌 세례의 물을 새롭게 바꾸셨던 그리스도 자신이었다."라고 쓰고 있다.[3] 테르툴리아누스는 본문에 대해 약간의 해석상 자율권을 행사해, 물속에 던져진 나무와 모세의 지팡이를 똑같은 것으로 취급한다. 그 이유는 본문은 모세에게 "하나의 나무 조각"이나 한 그루의 "나무"를 보여 주시고 모세로 하여금 이 나무를 물속에 던지게 하시는 하나님에 대해 이야기하고 있기 때문이다(출 15:25). 그러나 본문의 저자는 이 나무에 관해 특별한 무엇이 존재하고 있다는 아무런 암시도 보여 주고 있지 않다. 이 나무는 단지 땅 위에 놓여 있는 한 조각의 나무였던 것처럼 보인다. 수 세기 후, 엘리사와 선지자 무리들이 국그릇 속에서 "독"을 발견함으로써 죽음에 직면했을 때, 엘리사는 단지 가루 얼마를 솥에 집어넣었고, "이에 솥 가운데 해독이 없어지게 되었다."(왕하 4:41). 나무이든 가루이든, 물이나 음식을 새롭게 하여 사람들을 구해 낸 것은 물이나 솥 속에 던져진 것을 물리적으로 구성하고 있는 물질이 아니다. 우리 본문 속의 나무 한 조각은 단순히 하나의 표적으로, 모든 사람들로 하여금 물의 질을 회복시키심으로 이스라엘 백성을 구하신 분

---

3 Tertullian, *De Baptismo* 9. Daniélou, *From Shadows*, 171에서 인용.

은 하나님이란 사실을 알게 하는 하나의 외형적 표식에 해당한다. 하나님이 친히 말씀하시는 대로, "나는 너희를 치료하는 여호와"이시다(출 15:26). 어떤 경우이든, 알레고리적 해석은 이야기 속에 있는 하나의 세부 조항인 나무를 신약 본문에 있는 하나의 세부 조항인 십자가의 나무, 즉 한 걸음 더 나아가 그리스도 자신을 상징하게 되어 있는 십자가와 연결 짓고 있음을 우리는 다시 목도하게 되었다. 이런 과정 중에 구약 본문이 담고 있는 메시지는 소실되고 만다.

이 이야기로부터 그리스도를 설교할 수 있는 보다 나은 대안적 방법은 첫째로 이 이야기가 무엇에 관한 것인지를 묻는 일이다. 이스라엘은 원어적으로 '갈대의 바다'라는 뜻의 홍해를 건넘으로 방금 애굽을 떠난 바 있고(출 14장), 모세와 미리암의 노래를 통해 하나님의 구속을 찬양한 바 있다(출 15:1-21). "모세가 홍해에서 이스라엘을 인도하며 그들이 나와서 수르 광야로 들어가서 거기서 사흘 길을 행하였으나 물을 얻지 못하였더라"(출 15:22). 광야에서 사흘 길을 행하였으나 물을 얻지 못한 것, 바로 이것이 갈등을 낳게 한 문제였다. 이스라엘 백성이 마침내 마라에서 물을 발견했으나, 물이 써서 마시지 못하게 되었을 때, 이 갈등은 더욱 고조된다. 백성은 모세를 원망했고 모세는 여호와께 부르짖는다. "그리고 여호와께서 모세에게 한 나무를 보여 주셨고, 모세는 이 나무를 물에 던졌고, 이에 물이 달게 되었다."(25절). 갈등은 해결되었다. 다음에 이스라엘 백성은 엘림에서 멈추게 되었는데, "여기에는 물 샘 열둘과 종려 칠십 주가 있었고, 거기서 그들이 그 물 곁에 장막을 치게 된다."(27절). 이야기의 요점은 여호와께서 광야에서 자기 백성을 위해 물을 준비하심으로 그들이 살 수 있게 되었다는 점이다. 뒤따르는 이야기에 따르면, 여호와께서 자기 백성들에게 만나와 메추라기를 통해 먹을 양식을 준비해 주신다. 그러므로 '마라의 쓴 물'이라는 우리 본문의 주제는 **여호와께서 생명을 유지하게 하는 물을 준비하심으로 광야에서 자기 백성을 구원하신다**는 것이다. 후일 가나안이나 바벨론 포로 시기의 이스라엘 백성을 향해 본문이 주는 몇 가지 목표들로는 다음과 같은 것들을 생각할 수 있다: 오직 여호와만이 생명을 유지케 하신다는 것을 이스라엘에게 가르친다; 이스라엘로 하여금 가뭄의 때나 포로에서 돌아왔을 때, 하나님이 물을 준비하실 것이라는 사실을 신뢰하도록 권면한다; 이스라엘로 하여금 광야에서 자신들의 조상들을 살리셨던 하나님, 그리고 가나안에서 여전히 자신들의 조상에게 필요한 것들을 공급하셨던 바로 그 하나님에 대해 감사함으로 복종케 하도록 동기를 부여한다(26절 참조).

① 점진적 구속사의 길

먼저 우리는 이 이야기의 주제를 구속사의 문맥에서 살펴보아야 한다. 우리는 구속사의 어느 단계에서 자기 백성을 살리시기 위해 물을 준비하시는 하나님을 발견할 수 있는가? 구속사의 발자취를 따라잡기 위해, 우리는 주제를 다소 확대해 생각해 볼 필요가 있는데, 이는 물에만 초점을 둔다는 것은 너무 좁은 시야를 갖는 것이기 때문이다. 만약 주제를 생명에 필요한 것들을 제공하시는 하나님에게로까지 확대해 나간다면, 우리는 에덴동산에서 아담과 하와를 위해 양식을 준비하시는 하나님을 발견할 수 있게 된다(창 1:29). 후에 하나님은 노아와 그의 가족을 위해 유사한 일을 행하신다(창 9:3). 우리의 본문에 이르게 되면, 이스라엘이 광야를 지남에 따라서, 하나님은 자기 백성을 위해 물과 양식을 준비하시며, 심지어 이들을 "젖과 꿀이 흐르는 땅"으로 인도해 나가신다(출 3:8). 신약에 오면, 예수님은 굶주린 무리를 먹이신다. 더 나아가 구속사는 새 창조의 놀라운 모습으로 끝을 맺는다. "저희가 다시 주리지도 아니하며 목마르지도 아니하니…; 이는 보좌 가운데 계신 어린양이 저희의 목자가 되사 생명수 샘으로 인도하실 것이기 때문이다.…"(계 7:16-17).

② 약속-성취의 길

우리의 본문은 이스라엘을 치유하리라는 하나님의 조건적 약속을 담고 있긴 하지만(26절), 그리스도에 대한 직접적인 약속은 담고 있지 않다.

③ 모형론의 길

　모세는 자기 백성을 애굽의 속박으로부터 인도해 내고자 하나님이 사용하셨던 지도자이며, 우리 본문에 와서는 이들 백성을 약속된 땅으로 이끌어 가는 인도자이다. 하나님 백성의 지도자와 구속자로서, 모세는 자기 백성을 죄와 강포의 속박으로부터 인도해 내어 약속된 새로운 피조 세계의 땅으로 이끌어 가시는 그리스도의 한 모형이다. 그러나 이 이야기 속에서 모형론은 보다 구체적이다. 이스라엘 백성이 목말라 죽어 가면서도 마라의 물을 마실 수 없었을 때, "이들은 모세를 원망하며, '우리가 무엇을 마실까'라고 소리쳤고, 이에 모세는 여호와께 부르짖는다."(25절). 모세는 여기서 이스라엘을 대신하여 하나님께 말하고, 하나님을 대신하여 백성에게 신선한 물을 주어 그들로 하여금 살게 하는 중재자의 역할을 하고 있다. 이와 같이, 모세는 중재자 되신 그리스도, 즉 자기 백성을 대신하여 하나님께 말씀하고 하나님을 대신하여 자기 백성에게 생수를 주심으로 영원히 살 수 있게 하는 중재자의 한 모형이다 – 유비와 확대 상승.

④ 유비의 길

　유비를 통해 과거 그때와 현재 지금 사이에 다음과 같은 병행 관계가 도출된다: 하나님이 광야에서 이스라엘을 위해 생명에 필요한 것들을 준비하셨던 것처럼, 하나님은 그리스도 안에서 우리에게 오늘날 사는 데 필요한 것들을 제공하신다. 보다 더 강력한 병행 관계는 하나님은 이스라엘에게 필요한 것을 제공하시는 분이요 치료하시는 분이라는 오늘 본문의 가르침(26절)과 "염려하여 이르기를 무엇을 먹을까 무엇을 마실까 무엇을 입을까 하지 말라 … 너희 천부께서는 이 모든 것이 너희에게 있어야 할 줄을 아시느니라. 너희는 먼저 그의 나라와 그의 의를 구하라 그리하면 이 모든 것을 너희에게 더하시리라"(마 6:31-33)라는 예수님의 가르침 사이의 병행 관계이다.

⑤ 통시적 주제의 길

자기 백성에게 물을 제공하시는 하나님이란 주제는 마라에서 "물 샘 열둘이 있는" 엘림(출 15:27)에까지 이르는 우리 본문 속에서 추적될 수 있다. 우리 본문으로부터 시작해서 동일한 주제가 르비딤에 있는 반석에서 솟아난 물에 이르기까지(출 17:1-7), 므리바의 바위에서 솟아난 물에 이르기까지(민 20:1-13), 약속의 땅에 있는 풍성한 물과, "여호와는 나의 목자시니, 내가 부족함이 없으리로다. 그가 나를 푸른 초장에 누이시며 쉴 만한 물가로 인도하시는도다."라는 시편 23:1-2의 말씀에 이르기까지, 끝으로 선한 목자 되신 예수님에게까지(요 10장) 계속적으로 이어져 나가고 있다. 어떻게 이 주제가 신약에까지 이어지고 있는가를 즉각적으로 알 수는 없지만, 아래에서 다룰 신약 관련 구절의 길이 이 점을 다소 분명히 해 줄 것으로 생각한다.

⑥ 신약 관련 구절의 길

네슬-알란트 헬라어 신약 성경은 출애굽기 15:23을 암시하는 두 개의 신약 본문, 즉 히브리서 3:8과 요한계시록 8:11을 열거하고 있다. 이들 신약 본문 어느 것도, 우리의 본문인 마라의 물이 말하려는 주제를 지지하지 않는다. *The Treasury of Scripture Knowledge*는 다섯 개의 신약 본문을 제시하는데, 이 중 가장 설득력이 있는 연결은 마태복음 6:25의 "그러므로 내가 너희에게 이르노니 목숨을 위하여 무엇을 먹을까 무엇을 마실까 … 염려하지 말라"라는 그리스도의 가르침과의 연결이다. 성구 사전에서 "물"이란 단어를 찾아보면, 요한복음의 한 흥미로운 구절이 떠오르는데, 여기서 예수님은 우물가의 사마리아 여인에게 "내가 주는 물을 먹는 자는 영원히 목마르지 아니하리니, 내가 주는 물은 그 속에서 영생하도록 솟아나는 샘물이 되리라"(요 4:14)라고 말씀하신다. 더 나아가, 계시록은 "보좌에 앉으신 이"가 "내가 생명수 샘물로 목마른 자에게 값없이 주리라"라고 말씀하고 있다고 기록하고 있다(21:6). 그리고 계시록은 "목마른 자는 오라! 원하는 자는 값없이 생명수를 받으라!"라는 초청으로 끝을 맺는다(22:17).

⑦ 대조의 길

마라에서 하나님은 이스라엘 백성에게 물을 공급하심으로 그들이 최소한 며칠간 살 수 있게 하셨다. 이와 대조적으로, 예수 그리스도는 자기 백성들로 하여금 영원히 살게 하는 생수를 제공하셨다(위에서 인용된 요 4:14을 참조하라).

이상의 일곱 가지 길들에 따라, 마라의 물에 대한 본문에 대해 여러 질문을 함으로써, 우리는 알레고리적 해석 방법에 호소하지 않으면서도, 이 본문으로부터 그리스도를 설교할 수 있는 여러 길을 살펴보았다. 다시 말하지만, 설교 주제와 목표에 따라, 그리스도를 설교하기 위해 어떠한 구체적인 사항들이 설교 가운데서 채택되어야 하는지 결정되어야 한다.

3) 이스라엘의 아말렉 전투에 대한 설교(출 17:8-16)

유스티누스, 이레니우스, 오리게네스와 다른 교부들 역시 이스라엘과 아말렉의 싸움에 대한 본문으로부터 그리스도를 설교하기 위해 알레고리적 해석 방법을 사용한 바 있다. 유스티누스는 다음과 같이 쓰고 있다. "이스라엘 백성이 아말렉과 싸울 당시, 예수[여호수아]라 이름하는 눈의 아들이 이 싸움을 이끌었고, 모세 자신은 양손을 들고 하나님께 기도했으며, 아론은 온종일 모세의 손을 옆에서 받쳐 들었다. … 왜냐하면 십자가에 대한 하나의 모방(imitation)인 이 표식의 어느 하나라도 모세가 포기한다면 이스라엘 백성이 패했고, 모세가 동일한 모습으로 머물러 있었다면 아말렉이 패했기 때문이다. 이기는 자는 십자가를 통해 이긴 것이다. 왜냐하면, 백성이 강했던 것은 모세가 강하게 해 달라고 기도했기 때문이 아니라, 예수라는 이름을 갖고 있는 자가 전투의 최일 선에 서 있으면서, 그가 십자가의 표식을 만들고 서 있었기 때문이다."[4] 이 본문에서 유스티누스는 두 가지 점에서 그리스도와 연결을 짓고 있다. 첫째는 헬라어로 예수라 표현되는 여호수아란 히브리어 이름이며, 둘째는 십자가 형태로 자신의 손을 들고 있는 모세이다. 또한 그리스도를 설교하기 위해서, 유스티누스는 본문에 있는 몇몇 세부 사항에 초점을 맞춘다. 이에 덧붙여, 유스티누스는 얼마간의 해석상의 자유를 사용해, 모세는 자신의 손을 십자가 형태로 펼쳤다고 주장하는데, 실상 본문은 단지 모세가 "자기 손을 들었다."(11절)고만 이야기하고 있을 뿐이다.

먼저 우리는 이스라엘을 향한 본문의 메시지를 결정해야 한다. 본문의 첫 번째 구절은 다음과 같은 갈등을 보여 주고 있다. "그때에 아말렉이 이르러 이스라엘과 르비딤에서 싸우니라"(8절). 이스라엘 백성은 방금 애굽에서 구출되었고, 곧바로 그들의 생존 자체가 에서의 후손인 아멜렉에 의해 위협받게 된다(창 36:12, 15-16). 이스라엘 백성은 어떻게 해야 하는가? "모세는 여호수아에게, '우리를 위하여 사람들을 택하여 나가서 아말렉과 싸우라. 내일 내가 하나님의 지팡이를 손에 잡고 산꼭대기에 서리라'고 말한다."(9절). 다음날 전투는 일진일퇴를 거듭한다. "모세가 손을 들면 이스라엘이 이기고, 손을 내리면 아말렉이 이기더라"(11절). 모세의 손이 피곤해지고 이스라엘이 전투에서 패하게 됨에 따라 어려움이 생겨난다. 아론과 훌이 모세의 손을 붙들어 올림으로 해결책이 주어졌고, 이들은 해가 질 때까지 그 일을 계속한다. 결국 "여호수아가 칼로 아말렉과 그 백성을 패퇴시킨다."(13절).

본문 저자는 여호수아가 자신의 힘으로 전투에서 이긴 것이 아니며, 전투의 승리는 전적으로 계속적으로 자신의 팔을 들고 있는 모세에게 달려 있었다는 점을 분명히 하고 있다.[5] 모세는 손에 "하나님의 지팡이"를 들었는데, 이 지팡

---

[4] Justin Martyr, *Dialogue*, 90. Daniélou, *From Shadows*, 233에서 인용. 이래니우스의 경우는 이 책 130쪽을 보고, 오리게네스의 경우는 이 책 140-141을 보라.

[5] Bernard P. Robinson, "Israel and Amalek," *JSOT* 32 (1985) 15는 모세의 팔을 중심으로 한 교차대구법적인 구조를 보여 주고 있다.

이는 전능하신 하나님을 상징하는 지팡이요, 모세가 애굽에서 이를 사용해 이스라엘을 해방하고자 하나님의 기적들을 행한 바 있다. 그러므로 본문의 요점은 하나님이 이스라엘의 생존 자체를 위협하는 아말렉과의 싸움에서 이스라엘에게 승리를 주신다는 점이다. 만약 우리가 이러한 요점을 놓칠 경우를 생각해, 저자는 "모세가 단을 쌓고 그 이름을 여호와 닛시, 곧 여호와는 나의 깃발이라 불렀다."라고 부연하고 있다(15절). 그렇다면 우리는 이 본문의 주제를 다음과 같이 정의할 수 있다: **이스라엘의 깨어지기 쉬운 생존이 아말렉에게 위협당할 때, 여호와께서 전쟁에서 이스라엘에게 승리를 가져다주셨다.** 보다 후대의 이스라엘을 향한 본문의 목표들로는 다음과 같은 것을 들 수 있다: 이스라엘로 하여금 전쟁에서 자신들에게 승리를 가져다주시는 하나님을 신뢰하도록 격려한다; 수많은 적들에게 둘러싸여 사는 이스라엘에게 하나님이 임재해 계시기에, 안정감을 제공해 준다.

① 점진적 구속사의 길

하나님이 자기 백성에게 전투에서의 승리를 주신다는 주제는 구속사의 많은 부분에서 메아리치고 있다. 이 주제는 인간이 타락한 후 하나님이 뱀과 여자 사이에, 그리고 뱀의 씨와 여자의 씨 사이에 원수 관계를 놓으셨을 때 바

A. 이스라엘과 전쟁 중에 있는 아말렉 (17:8)
  B. 여호수아에 대한 모세의 지침들
     모세가 행할 것과 여호수아의 복종 (17:9, 10a)
    C. 여호수아가 아말렉을 치다 (17:10b)
      D. 모세, 아론, 훌 (17:10c)
        E. 모세의 손 (17:11)
        E´. 모세의 손 (17:12a)
      D´. 모세, 아론, 훌 (17:12b)
    C´. 여호수아가 아멜렉을 치다 (17:13)
  B´. 모세에 대한 여호와의 지침들
     여호와께서 행하실 것과, 모세의 복종 (17:14, 15)
A´. 아말렉과 전쟁 중에 있는 여호와 (17:16)

로 시작되었다(창 3:15). 우리의 출애굽기 본문은 여자의 씨에게 하나님이 승리를 주시는 한 예를 드러내 보이고 있다. 즉 아말렉이 약속의 땅으로 가고 있는 하나님의 백성을 멸망시키려 하고 있으나, 하나님이 여호수아에게 승리를 주신다. 뱀의 씨와 여자의 씨 사이에 계속되는 싸움의 일부로서, 우리의 본문은 구속사 속에서 헤롯 왕을 통해 유아였던 그리스도를 죽이려 하는 사탄의 시도로 이어지는데, 그러나 하나님이 피할 길을 준비하신다. 예수님이 죽임당하사 땅에 묻힘에 따라, 하나님이 주신 승리가 외견상 사탄의 승리와 함께 다시 표면화한다. 그러나 하나님은 예수님을 죽은 자 가운데서 일으키심으로 예수님에게 승리를 주신다. 마지막으로 이 주제는 최후의 날로 이어지는데, 이날에 하나님은 예수님에게 승리를 주시고 마귀를 "불과 유황 못에" 던지신다(계 20:10). 구속사의 진전은 폭넓은 화필의 붓놀림을 제공하며, 이것은 약속-성취나 모형론, 혹은 유비나 통시적 주제들로 가득 채워진다.

② 약속-성취의 길

우리의 본문은 그리스도에 대한 아무런 직접적인 약속을 담고 있지 않다.

③ 모형론의 길

여호수아는 그리스도의 한 모형인데, 이것은 헬라어로 번역되는 그의 이름이 예수이기 때문이 아니라, 그가 아말렉과의 전투에서 이스라엘의 지도자이며, 그를 통해 하나님이 적에 대한 승리를 자기 백성에게 주시기 때문이다. 이런 점에서 여호수아는 예수 그리스도를 예표한다. 이 예수 그리스도께서는 십자가 위에서 사탄을 이기시고 자기 백성에 대한 승리를 쟁취하셨고, 마지막 날에 최후의 승리를 얻으실 것이다. 다시 여기서 우리는 유비와 확대 상승을 보게 된다.

④ 유비의 길

유비는 그리스도와의 연결을 만들어 낼 수 있다. 하나님이 자기 백성인 이스라엘에게 아말렉에 대한 승리를 주셨던 것처럼, 하나님은 그리스도 안에서 우리에게 우리의 대적들에 대한 승리를 허락하신다. 그러나 이러한 유비는 콘스탄티누스 황제의 군사들("이 표식[십자가]으로 정복하라!")로부터 20세기의 나치("우리와 함께하시는 하나님"; Gott mit uns)에 이르기까지 잘못 사용되어, 이들 각각은 그리스도나 하나님의 이름으로 자신의 대적들에 대한 승리를 주장했다. 이러한 유비의 잘못된 사용은 유비의 길을 대조의 길을 통해 점검해야 할 중요성을 적나라하게 보여 주고 있다 – 사실 일곱 가지의 모든 길은 설교문이 확정되기 전에 먼저 반드시 점검되어야 마땅하다. 왜냐하면, 그리스도께서는 우리에게 국가적인 혹은 개인적인 대적들에 대한 승리를 약속하신 적이 결코 없기 때문이다. 그 대신, 그리스도께서는 우리에게 "원수를 사랑하고 너희를 핍박하는 자들을 위해 기도하라"라고 명령하셨다(마 5:44). 비록 인간의 정부가 악한 세상에서 공의를 증진시키는 하나님의 방식이고(롬 13:1-7), 그리스도인들 역시 공의를 위해 힘써야 마땅하지만, 그리스도인들에게 약속된 유일한 승리는 죄와 사망에 대한 최후의 승리이다(고전 15:54-57). 그러므로 보다 나은 유비는 하나님이 자기 백성인 이스라엘에게 아말렉에 대한 승리를 주셨듯이, 그렇게 하나님은 그리스도 안에서 종국적으로 자신의 교회에게 교회의 대적들인 죄와 적그리스도, 그리고 사망에 대한 승리를 주실 것이라는 유비 관계이다.

⑤ 통시적 주제의 길

하나님이 자기 백성을 위해 싸우시며, 그들에게 승리를 주신다는 주제는 구약 전체를 통해 추적해 볼 수 있으며, 신약 속에서도 바로 찾아볼 수 있다. 이 주제는 용사이며 왕 되신 하나님이란 주제와 동일하며, 이 호칭은 신약이 예수님에게 부여하는 "만왕의 왕, 만 주의 주"(계 19:16)라는 칭호이다. 자신의 지상 사역 중에, 예수님은 마귀들을 쫓아내시고 병든 자들을 고치심으로 사탄과 그를 따르는 자들과 싸우셨다. 십자가 위에서 예수님은 사탄의 권세에 대해 결정적으로 승리하셨으며, 이 승리는 마지막 날에 다가올 최후의 승리를 동반한다.[6]

⑥ 신약 관련 구절의 길

헬라어 신약 성경은 우리의 구약 본문에 대해서 어떠한 구약 인용도 제공하고 있지 않다. *The Treasure of Scripture Knowledge*는 16개의 신약 구절들을 제시하고 있는데, 이들 모두는 출애굽기 본문의 세부 사항들과 관련된 것이며 대개의 경우는 기도와 관련된 것인데, 이것은 아마도 높이 들린 모세의 손이 기도로 이해되었기 때문인 듯하다. 그러나 구약 본문의 주제는 기도가 아니고 전쟁에서 승리를 주시는 하나님에 관한 것이기 때문에, 우리의 구약 본문에 대한 설교에서 이들 신약 구절들을 사용할 수는 없다. '정복하다'란 단어를 성구 사전에서 찾아보면, 그리스도 중심적인 설교를 위한 가능성 있는 하나의 길을 만나게 된다. 바울은 로마서 8:37-39에서 "우리를 사랑하시는 이로 말미암아 우리는 정복자 그 이상의 존재들이다. 왜냐하면 사망이나 생명이나 천사들이나 권세자들이나 현재 일이나 장래 일이나 능력이나 높음이나 깊음이나 다른 아무 피조물이라도 우리 주 그리스도 예수님 안에 있는 하나님의 사랑에서 우리를 끊을 수 없기 때문이라"(NIV)라고 쓰고 있기 때문이다.

---

6 용사이시며 왕으로서의 하나님과 예수님에 관해서, Tremper Longman III, "The Form and Message of Nahum: Preaching from a Prophet of Doom," *Reformed Theological Journal* 1 (1985) 13-24를 보라. 참조. Tremper Longman III and Daniel G. Reid, *God is a Warrior* (Grand Rapids: Zondervan, 1995).

⑦ 대조의 길

롱맨(Tremper Longman)은 이스라엘이 싸웠던 전쟁들과 신약 시대에 일어났던 전쟁들 사이의 대조 관계를 지적한 바 있다. "예수님의 거룩한 전쟁은 이스라엘의 거룩한 전쟁과 다르다. 하나님의 명령으로 이루어진 후자의 경우는 지상의 대적을 향한 전쟁인 반면, 예수님은 악한 인간들 뒤에 있는, 정사와 세력들과 권세들과 싸우셨으며 (예수님의 기적들과 치료 사건들을 참조하라) … 그[예수님]의 명령은 살육하라는 것이 아니라 개종시키라는 것이었다(마 28:16 이하)."[7]

그리스도를 설교할 수 있게 해 줄 수 있는 일곱 가지의 길들을 구약 본문에 비추어 점검해 본 결과, 구약 본문을 기초로 해서 그리스도를 설교할 수 있는 몇 가지 선택들이 드러나게 되었다. 그러나 이러한 점검을 통해 밝혀진 사실은 유비만을 사용하여 제안된 신약 본문들에게 너무 과도한 비중을 두는 것은 위험하다는 점이다. 일곱 가지 길 모두가 설교문을 작성하기 전에 먼저 반드시 잘 점검되어야 한다.

4) 붉은 암송아지 의식에 관한 설교(민수기 19장)

『바나바 서신』(Epistle of Barnabas)은 붉은 암송아지에 대한 규정된 의식을 극히 임의대로 알레고리화하고 있다. 억지로 만들어 낸 그리스도와의 연결점은 다음과 같은 세 가지다: "암송아지는 예수님이고," "백향목"은 "십자가의 한 모형"이며, "홍색 실"은 그리스도의 피다.[8] 비록 빌헬름 피셔가 이 규례의 세부 사항들 속에서 예수님에 대한 더 많은 언급들을 찾아내고 있기는 하지만, 피셔의 경우 그 모든 언급은 암송아지와 연결된 것들이었다. 암송아지가

---

7 Ibid., 20.
8 이 책 122쪽을 보라.

흠이 없어야 한다는 규정은 흠 없으신 그리스도를 암시하는 것이며, 암송아지가 한 번도 멍에를 메지 아니하였다는 규정은 "죄의 멍에 아래 한 번도 있지 않았던" 그리스도를 암시하고 있고, 암송아지가 진 밖에서 죽임을 당해야 한다는 규정은 예루살렘 성벽 밖에서 죽임을 당하시는 그리스도를 가리키며, 송아지의 피 중 얼마를 성막을 향하여 뿌리라는 규정은 "오직 그리스도의 피 뿌림을 통해서만 우리는 죄 사함을 받을 수 있으며, 그리스도의 순종의 공로를 우리가 전가받음으로써만 하나님을 섬길 수 있는 문이 열리게 된다."라는 것과 연결된다.[9]

불행히도, 이 규례의 몇몇 세부 사항들을 알레고리화하거나 혹은 모형론화함으로써 그리스도와 연결 짓는 것은 이 본문의 요지를 놓치게 만든다. 이 난해한 본문은 많은 의식상의 상징들을 담고 있으며, 주해가들조차 이들 상징들이 이스라엘에 대해 갖는 중요성에 대해 일치하지 않는다. 예를 들어, 암송아지가 붉은색이어야 한다던가, "백향목과 우슬초와 홍색 실을 암송아지를 사르는 불 가운데" 던져야 한다는 규정이 지닌 중요성은 무엇인가(6절; 레 14:4-6을 참조하라)? 만약 우리가 이들 요소들이 이스라엘에 대해 지닌 중요성에 대해 단지 추론밖에 할 수 없다면, 이들의 중요성을 그리스도의 십자가와 그의 피에까지 확장시킨다는 것은 극히 의심스러운 일이다. 또한 설교자는 피셔가 그랬듯이, 암송아지 피의 얼마를 성막을 향해 뿌리는 것을 그리스도의 피를 뿌리는 것과 연결 지어서는 안 된다. 이것이 성막에서 행해진 다른 희생 제사들의 경우, 즉 피가 제단의 주초 위에 부어지고 일 년에 한 번씩 죄의 속죄를 위해 시은소에 피가 뿌려지는 희생 제사들의 경우에는 이러한 연결이 사실일 수 있을지 모른다. 그러나 우리의 민수기 본문의 "성결 제사"(10절)는 "진 밖"에서 행해져야 한다. 성막에서 행해지는 속죄제사들과의 유일한 연결점은 제사장이 "손가락에 암송아지의 피를 찍고 그 피를 회막 앞을 향하여 일곱 번 뿌려야 한다."는 규정뿐이다(4절). 구체적인 이 규례는 피의 뿌림에 초점을 맞추고

---

9 이 책 263-264쪽을 보라.

있는 것이 아니라(피의 대부분은 태워지고 있다), 붉은 암송아지의 재를 담고 있는 물을 뿌리는 "깨끗하게 하는 물"에 초점이 맞추어져 있다(10절; 11-22절을 참조). 하나님은 여기서 이스라엘 백성에게 그들이 시체와 접촉함으로 부정해졌을 때 그들을 정결케 할 수 있는 방법을 제공하고 계신다. 그들이 부정할 때, 그들은 성막이나 성전에서 하나님의 백성들과 함께 예배드리는 것이 허락되지 않았는데, 이는 그들이 "하나님의 성막을 더럽힐" 수 있기 때문이다(13, 20절). 부정한 사람은 거룩한 하나님과 교제할 수 있는 어떠한 여지도 갖고 있지 않다. 그러므로 부정하다는 것은 극히 심각한 것이다. 보통의 물은 의식상 부정한 사람을 깨끗하게 하기에 충분치 않다. 그러나 이 규례를 통해 하나님은 이스라엘에게 특별한 물, 즉 붉은 암송아지의 재가 혼합된 물을 준비하신다.

우리는 "너희가 시체와 접촉함으로 부정하게 되었을 때, 너희 자신을 붉은 암송아지의 재를 담고 있는 특별한 물로 깨끗하게 하라!"라는 주제 아래 이 본문의 메시지에 초점을 맞출 수 있다. 이 메시지가 이스라엘에 대해 가질 수 있는 몇몇 목표들로는 다음과 같은 것들을 들 수 있다: 이스라엘에게 정함과 부정함 사이의 구별됨을, 또한 거룩함과 죄 됨 사이의 구별됨을 가르칠 수 있다; 이스라엘로 하여금 죄의 심각성(부정하게 되는 것)에 대해 설득할 수 있는데, 그 이유는 죄는 거룩한 하나님과의 교제를 단절시키기 때문이다; 이스라엘로 하여금 성결을 위해, 그리고 하나님과의 교제 회복을 위해 하나님이 친히 준비하신 수단들을 사용하도록 권면한다.

① 점진적 구속사의 길

붉은 암송아지의 본문을 기초로 해서 그리스도를 설교하기 위한 방법들을 찾고자 할 때, 우리는 다시 본문의 메시지를 구속사란 큰 그림에 비추어 먼저 살펴보아야 한다. 이 본문은 죽음과 접촉함으로 부정해지는 것과 관련되어 있다. 죽음은 인간 타락과 함께 인류 역사에 처음 들어왔다. "너는 흙이니 흙으로 돌아가리라"(창 3:19). 처음부터 죽음과 죄는 서로 연결되어 있었다. 인간의 죄는 사망으로 이어진다. 그러나 죽음이 끝이 아니다. 요한은 하늘의 보좌로부터 들려오는 한 목소리를 듣게 된다. "다시는 사망이 없으리라"(계 21:4). 그러나 그날까지 우리는 여전히 죄에 대한 하나님의 심판인 사망이란 실체와 함께 살아야 할 것이다.

이 본문에서 하나님은 자기 백성에게 하나의 종교적 의식을 제시함으로써 그들이 죽음의 오염으로부터 정결케 될 수 있게 하셨다. 죽음과의 접촉은 사람들을 부정하게 만들며 그 결과 사람들은 거룩하신 하나님과 그의 거룩한 백성들과의 교제로부터 "끊어지게" 된다(민 19:13, 20). 그러나 하나님은 붉은 암송아지의 재를 담고 있는 특별한 물을 뿌림으로써 오염된 사람이 정결해지고 하나님과의 교제를 회복할 수 있도록 하셨다.

구약 역사 전반에 걸쳐서 물은 의식상의 정결과 연결되어 있다. 성막 혹은 성전에서 제사장들은 자신들의 손과 발을 씻기 위한 물로 가득 채워진, 놋으로 만든 물두멍을 갖고 있었다(출 30:12). 많은 경우에, 이스라엘 사람들에게는 의식상으로 정결케 되기 위해 자신들의 옷을 빨거나 목욕하라는 규례가 주어진다. 우리의 본문에서도 역시, 붉은 암송아지를 만진 제사장은 "자신의 옷을 빨고 물로 몸을 씻어야"만 했다(민 19:7; 8-10을 참조하라). 그러나 여기서 하나님은 특별한 물을 제정하심으로 죽음과 접촉함으로 생겨난 의식상의 중대한 부정함을 제거할 수 있게 하셨다. 더욱이 우리는 이스라엘 가운데서 개종자를 위해 물로 세례를 베푸는 제도가 발전했음을 발견할 수 있다. 신약에서 세례 요한은 "죄 사함에 이르는 회개의 세례"를 선포하고 있다(막 1:4). 여기서 한 발자국 더 나가면 기독교 세례가 있다. "회개하여 각각 예수 그리스도의 이름으로 세례를 받고 죄 사함을 받으라"(행 2:38). 요한의 세례는 "주 예수 그리스도의 이름"(행 19:3-5)에 의한, 그리고 성부와 성자와 성령의 이름에 의한(마 28:19) 세례로 대체된다.

② 약속-성취의 길

붉은 암송아지에 관한 우리의 본문은 그리스도에 대한 아무런 직접적인 약속을 담고 있지 않다.

③ 모형론의 길

깨끗하게 하는 물은 특별한데, 그 이유는 암송아지의 재가 물에 섞여 있기 때문이다. 암송아지의 재는 깨끗하게 한다는 표식을 유효하게 만든다. 그러므로 붉은 암송아지는 오염으로부터 깨끗하게 되어 하나님과의 교제를 회복한다는 하나의 상징이다. 이런 점에서 암송아지는 그리스도의 한 모형의 역할을 하는데, 그리스도의 죽음은 죄의 오염 때문에 필요해진 정결함을 제공해 주며, 그리스도께서는 자기 백성을 회복시킴으로 단번에 하나님과의 교제에 들어가게 하신다 – 유비와 확대 상승.

④ 유비의 길

유비는 위에서 말한 모형론의 유비를 사실상 되풀이하고 있는 셈이다. 하나님이 이스라엘에게 의식상 정결하게 될 수 있는 길을 제공하시고 하나님과의 교제를 회복시키셨듯이, 그렇게 하나님은 오늘날 자기 백성들에게 자신의 하나밖에 없는 아들을 주심으로써 그들이 죄로부터 깨끗해지고 그들을 회복시켜 하나님과의 교제에 들어가게 하신다. 그러나 유비는 모형론의 유비 그 이상으로 나아간다. 이것은 정함과 부정함에 관한 규례의 가르침과 예수님이나 사도들의 가르침을 연결 지음으로 가능케 된다. 예를 들어, 하나님은 이 규례를 통해 이스라엘에게 하나님과의 교제를 위해 그들이 깨끗해질 필요가 있음을, 즉 거룩해져야만 한다는 것을 가르치듯이, 그렇게 예수님은 하나님의 백성들에게 마땅히 단지 외적으로가 아니라 내적으로 정결해야 한다는 것을 가르치셨다(눅 11:37-41; 참조. 마 15:10-20; 벧전 1:15).

⑤ 통시적 주제의 길

우리는 의식상의 부정함을 정결케 해야 한다는 주제를 "이스라엘 자손과 그 중에 우거하는 외인에게 영원한 율례"(10절)가 되어야 할 암송아지에 관한 규례로부터, "죄 사함에 이르는 회개의 세례"(막 1:4)인 세례 요한의 세례에 이르기까지, 또한 "회개하여 각각 예수 그리스도의 이름으로 세례를 받고 죄 사함을 받으라"(행 2:38)라는 사도들의 기독교 세례에 이르기까지, 마지막으로 사도들의 가르침에 이르기까지 추적해 나갈 수 있다. 기독교 세례가 그리스도와 연결되어 있는 것은 단지 그의 이름으로 세례를 받기 때문만이 아니라, 세례의 중요성에 대한 사도들의 가르침이 우리 본문에 있는 개념들과 많은 연결점들을 보여 주고 있기 때문이다. 예를 들어, 로마서 6:4에서 바울은 세례를 죽고 사는 것과 연결 짓고 있다. "우리가 그의 죽으심과 합하여 세례를 받음으로 그[그리스도]와 함께 장사되었나니, 이는 아버지의 영광으로 말미암아 그리스도를 죽은 자 가운데서 살리심과 같이 우리로 또한 새 생명 가운데서 행하게 하려 함이니라." 골로새서 2:12-14은 우리 본문과 더 많은 연결점들을 보여 주고 있다. 죽음과 생명뿐만 아니라 죄, 그리고 용서를 통한 씻김("지워 버림")이 세례와 연결되고 있다. "너희가 세례로 그리스도와 함께 장사 지낸 바 되었을 때, 너희는 또한 죽은 자들 가운데서 그를 일으키신 하나님의 역사를 믿음으로 말미암아 그 안에서 함께 일으킴을 받았느니라. 또 너희가 범죄로 … 죽었을 때, 하나님이 그와 함께 너희를 살리셨고, 우리에게 모든 죄를 사하시고, 의문에 쓴 증서를 도말하시고 제하여 버리사 … 십자가에 못 박으셨느니라."(골 2:12-14).

⑥ 신약 관련 구절의 길

 헬라어 신약 성경은 우리의 구약 본문에 대한 신약 내의 언급을 두 개 열거하고 있다. 첫 번째는 히브리서 9:9에 있는 인유인데, 이 구절은 우리의 목적상 그리 도움이 되지 않는 구절이다. 두 번째는 히브리서 9:13에 있는 인유인데, 이 구절은 모형론을 확언해 주고 있기에 아주 설득력이 있는 구절이다. "… 암송아지의 피로 부정한 자에게 뿌려 그 육체를 정결케 하여 거룩하게 하거든 … 그리스도의 피가 얼마나 더욱더 너희 양심으로 죽은 행실에서 깨끗하게 하여, 살아 계신 하나님을 섬기게 할 수 있지 않겠는가"(히 9:13-14).

 '뿌리다'라는 단어를 성구 사전을 찾아보면, 히브리서 내에서 구약 본문에 대한 보다 더 확실한 암시를 담고 있는 구절을 찾을 수 있다. "그러므로 형제들아 우리가 예수님의 피를 힘입어 성소에 들어갈 담력을 얻었고 … 우리가 하나님의 집을 다스리는 큰 제사장을 갖고 있기에, 피 뿌림을 통해 악한 양심으로부터 깨끗하게 된 우리의 마음과, 청결한 물로 씻긴 우리의 몸을 갖고, 온전한 믿음의 확신 속에 참된 마음으로 하나님께 나아가자"(히 10:19-22 NIV).

 한 걸음 더 나아가 "물"이란 단어에 대해서 성구 사전을 찾아보면, 에베소서 5:25하-27에 이르게 된다. "그리스도께서 교회를 사랑하시고 자신을 교회를 위해 내주셨으니, 이는 교회를 말씀에 의해 물로 씻어 교회를 정결케 함으로써 교회를 거룩하게 하기 위함이니, 이로 말미암아 교회를 영광 중에 티나 주름 잡힌 것이나 이와 유사한 것들이 없이 거룩하고 흠이 없이 자기 앞에 내어 놓기 위함이라"(NIV). 성구 사전을 통한 이러한 발견은 또한 사도행전 10:47을 우리의 구약 본문을 암시하는 흥미로운 구절로 생각해 볼 수 있게 하는데, 여기서 흥미롭다는 것은 이 구절의 문맥에 따르면 하나님이 베드로를 이방인 고넬료의 집에 보내사, 그에게 정함과 부정함 사이의 옛 구분, 특히 유대인들과 이방인들을 구분하는 데 사용되는 옛 구분이 더 이상 쓸모가 없다는 것을 보여 주고 있기 때문이다. 하나님의 한 천사가 베드로에게 "하나님이 깨끗하게 하신 것을 네가 속되다 하지 말라"(행 10:15)라고 말한다. 베드로가 고넬료의 집에 도착해서 예수 그리스도를 설교했을 때, 성령님이 그곳에 있던 이방인들 위에 임재했다. 이에 대해 베드로는 다음과 같이 반응한다. "'이 사람들이 우리와 같이 성령님을 받았으니, 누가 능히 물로 세례 줌을 금하리요?' 하고, 명하여 예수 그리스도의 이름으로 세례를 주라 하니라"(행 10:47-48).

마지막으로, '부정한'이란 단어에 대해서 성구 사전을 찾아보니, 두 개의 흥미로운 구절들이 나온다. 고린도후서 6:17-18에서, 바울은 구약의 몇몇 구절을 한데 묶어서 고린도 교회 교인들에게 거룩함에 대해서 가르치고 있다. "하나님이 말씀하셨듯이 … 부정한 것은 일체 만지지 말라; 그리하면 내가 너희를 영접할 것이요, 나는 너희의 아버지가 되고 너희는 나의 아들과 딸이 될 것이라." 한 걸음 더 나아가, 로마서 14:14에서 바울은 "내가 주 예수님 안에서 알고 확신하는 것은 무엇이든지 스스로 속된 것이 없도다."라고 주장하고 있다. 이러한 신약 구절들은 (위에서 말한 사도행전 10장뿐만 아니라) 우리로 하여금 구속사의 점진성과 계시의 점진성에 대해 경각심을 불러일으키며 이런 점에서 대조의 길에 대해서 관심을 기울일 것을 요구하고 있다.

⑦ 대조의 길

그리스도의 오심과 함께, 구약의 의식 법들은 거의 가득 채워져 이제 폐기되었다. 우리는 이미 신약 내의 구약 인용이나 암시의 구절들 속에서 하나님의 천사가 베드로에게 "하나님이 깨끗하게 하신 것을 네가 속되다 하지 말라"(행 10:15)라고 말한 것과, 바울이 "내가 주 예수님 안에서 알고 확신하는 것은 무엇이든지 스스로 속된 것이 없도다."(롬 14:14)라고 주장한 것을 살펴본 바 있다. 십자가 위에서 단번에 드려진 그리스도의 희생은 영속적인 깨끗함을 제공했다. 더욱이 그리스도께서는 우리가 더러워지는 것은 밖에서 들어오는 죄로 인한 것이라기보다는 안에서부터 나오는 죄로 인한 것이라고 가르치셨다. "마음에서 나오는 것은 악한 생각과 살인과 간음과 음란과 도적질과 거짓 증거와 훼방이라. 이것들이 사람을 더럽게 하는 것이요, 씻지 않은 손으로 먹는 것은 사람을 더럽게 하지 못하느니라."(마 15:19-20).

이상의 일곱 가지 길들을 살펴봄으로써 알레고리적 해석에 의존하지 않고도 우리의 구약 본문을 기초로 해서 그리스도를 설교할 수 있는 다양한 방법들을 모색해 봤다. 이러한 선택들을 다양하게 조합하여 사용할 수 있기 때문에, 그리스도를 설득력 있게 설교할 수 있게끔 하는 사항들을 선택하려면 설교 주제와 목표를 고려해야만 한다.

5) 여리고성의 멸망과 라합의 구원에 관한 설교(여호수아 2장과 6장)

이미 주후 96년경, 로마의 주교 클레멘스(Clement)는 붉은 줄에 초점을 맞추어 여리고의 이야기로부터 그리스도를 설교한 바 있다: 라합에게 창문 밖에 붉은 줄을 달아 놓을 것을 지시함으로써, 이스라엘 정탐꾼들은 "하나님을 믿고 그에게 소망을 두는 모든 자들에게 있어서 구원은 주님의 피를 통해 온다는 것을 분명히 했다."[10] 오리게네스는 이러한 그리스도와의 연결을 이 이야기에 대한 그의 알레고리적 해석을 통해 크게 확장시켰다. 그는 "여호수아는 예수님을 상징하며, 여리고는 이 세상을 상징한다."라고 선언했다. "나팔을 잡고 있는 일곱 제사장들은 마태, 마가, 누가, 요한, 야고보, 유다, 베드로를 상징하고, 기생 라합은 죄인들로 구성된 교회를 상징하며, 이스라엘의 살육으로부터 자신과 자기의 가족들을 구하기 위해 창문 밖에 달아 놓았던 붉은 줄은 그리스도의 구속의 피를 상징한다."[11] 비록 오늘날 오리게네스의 이러한 알레고리적 해석을 따르는 사람은 많지 않지만, 라합의 붉은 줄을 그리스도의 피와 연결 짓는 일은 아직도 이 본문으로부터 그리스도를 설교하는 데 있어서 흔히 사용되는 방법이다. 이러한 해석은 보통 본문을 알레고리화한다는 지적과 함

---

10 이 책 121쪽을 보라.
11 이 책 141-142쪽을 보라.

께 기각되고 있지만, 장 다니엘루(Jean Daniélou)는 유스티누스, 이레니우스, 힐라리우스, 그레고리우스 모두가 유월절에 문설주에 있던 피의 표식이란 문맥에서, 붉은 줄을 그리스도의 피의 한 모형으로 말하고 있다고 지적한다. 예를 들어, 유스티누스는 다음과 같이 쓰고 있다. "유월절의 피가 애굽에 있었던 사람들을 구했던 것처럼, 그리스도의 피가 또한 믿는 자들을 죽음에서 구해 낼 것이다. … 왜냐하면 붉은 줄의 표식이 그리스도의 피의 상징을 드러내기 때문이며, 이 피를 통해 한때는 기생이었던 자들, 그리고 열방에서 온 악한 자들이 구원을 받게 될 것이다."[12]

만약 여리고 사건 이후 이스라엘이 문설주 위의 피를 동반하는 유월절 경험에 비추어서 라합의 붉은 줄에 관한 이야기를 읽었다는 것을 만일 교부들이 설득력 있게 주장할 수 있었다면, 그들은 나름대로 일리를 갖고 있었을 것이다. 그러나 교부들이 그런 유의 현대적인 역사적 사고를 사용했을 가능성은 별로 없다. 교부들은 단순히 붉은 색과 피의 색깔을 연결 지었을 확률이 더 높으며, 이것은 마치 교부들이 나무에 관한 모든 언급을 십자가와 곧바로 연결 지었던 것과 같은 이치이다. 더욱이, 붉은 줄이 이스라엘 가운데서 구원의 한 상징적 역할을 했다는 아무런 증거도 없다. 사실, 라합과 그녀의 가족들의 구원을 이야기하는 본문(수 6장)은 붉은 줄에 대해 아무런 언급도 하고 있지 않다. 그 줄의 붉은 색깔이라는 세부 사항에 곧바로 얽매어 있기보다는 라합의 이야기를 전체적으로 듣고 이해하는 편이 더 낫다.

여리고성 멸망과 라합의 구원에 관한 이야기들을 자세히 읽어 보면, 이 이야기는 일차적으로 약속의 땅을 자기 백성 이스라엘에게 **주시는** 하나님에 관한 것임을 알게 된다. 정탐꾼들이 정탐을 마치고 돌아와서 여호수아에게, "진실로 여호와께서 그 온 땅을 우리 손에 붙이셨도다."(수 2:24)라고 보고한다. 그러나 이 본문 전체를 통해 흐르고 있는 또 하나의 주제가 있다. 정탐꾼들이 라

---

[12] Justin, *Dialogue*, 111.3-4. Daniélou, *From Shadows*, 247에서 인용. 이레니우스에 대해서는 248쪽을, 힐라리우스에 대해서는 255쪽을, 그레고리우스에 대해서는 258쪽을 보라.

합에 의해 구출되었고, 이에 대한 반대급부로 그들은 라합과 그녀의 가족들을 구해 주겠다고 약속했다. 정탐꾼들은 그녀에게 "우리를 달아 내리운 창에 이 붉은 줄을 드리우라"(2:18)라고 말했고, 라합은 그들이 말한 대로 행한다(2:21). 본문의 저자는 계속해서 이스라엘이 요단을 건너 길갈에 진을 친 사건을 기록하고 있다. 여호수아가 여리고성을 어떻게 가장 효과적으로 공격할 수 있는가를 살피기 위해 그 성에 다가감에 따라 우리는 다시 여리고에 대해 듣게 된다(5:13). 여기서 "여호와의 군대 장관"이 여호수아를 만나 그에게 "네 발에서 신을 벗으라. 네가 선 곳은 거룩하니라."(5:15)라고 말한다. 여호수아는 또 하나의 모세로서(출 3:5을 보라), 하나님의 백성을 약속의 땅으로 인도할 자이다. 그러나 여호수아는 이 일을 자신의 힘으로나 아니면 강력한 군대의 힘으로 행할 필요가 없었다. "여호와께서 여호수아에게, '보라, 내가 여리고와 그 왕과 용사들을 네 손에 붙였도다'라고 말씀하신다."(6:2). 여기서 다시 한 번 강조점이 약속의 땅을 주시는 하나님께 주어지고 있음을 볼 수 있다. 본문은 "여호와께서 여호수아와 함께하시니 여호수아의 명성이 그 온 땅에 퍼지니라"(6:27)라는 저자의 결론으로 끝을 맺고 있다. 여호수아 6장이 이렇게 수미상응법의 문예적 형태로 구성되었다는 것은 6장의 주된 초점이 하나님과 여호수아에게 있다는 것을 보여 주는 것이며, 바로 이러한 문맥에서 우리가 다시 라합에 대해 듣게 되는 것이다.

하나님은 문자적으로 여리고를 여호수아와 이스라엘에게 주셨다. 그들은 여리고성을 공격할 필요가 없었으니, 그들이 해야 할 모든 것은 언약궤(여호와)를 가운데 놓고, 일종의 신앙적 전열을 갖추어 성 주위를 도는 것이었다(6:9). 완전수인 일곱은 이 사건의 거룩성을 강조하고 있다. "너희는 엿새 동안 그리할 것이라. 제사장 일곱은 일곱 양각 나팔을 잡고 언약궤 앞에서 행할 것이요. 제칠일에 너희는 성을 일곱 번 돌며 제사장들은 나팔을 불 것이며 … 그때에 모든 백성이 다 큰 소리로 외쳐 부를 것이라. 그리하면 그 성벽이 무너져 내리리니, 각기 앞으로 올라갈지니라"(6:3-5). 여리고성은 하나님의 선물이다. 그러나 그 선물은 하나님께 반드시 되돌려져야 할 선물이다. "이 성과 그

가운데 모든 물건은 여호와께 바쳐질 것이요 모두 진멸될 것이라"(6:17상 NIV). 이 전쟁은 거룩한 전쟁이다. 이미 모세를 통해 하나님은 이스라엘에게 명령하신 바 있다. 가나안에 살고 있는 일곱 족속을 "너희는 완전히 멸절해야 할 것이니라"(신 7:2), "그래서 그들이 그 신들에게 행하는 모든 가증한 일로 너희에게 가르쳐 본받게 하여 너희로 너희의 하나님 여호와께 죄짓지 못하게 할지니라"(신 29:17-18). 여리고에 있는 모든 남자와 여자, 어린애와 짐승들이 반드시 죽임을 당해야 한다. 놀랍게도, 여리고에 거하는 모든 거주민들이 진멸당하는 가운데 하나의 예외가 있었다. "오직 기생 라합과 그 집에 동거하는 자는 살리니, 이는 라합이 우리가 보낸 사자를 숨겼음이니라"(6:17하). 가나안 여인 라합과 그녀의 가족은 여리고의 완전한 멸절로부터 구출되었다. 두 번씩이나 여호수아 6장은 라합과 그녀의 가족이 살아남게 된 이유를 밝히고 있다. "라합이 사자들을 숨겼음이라." 그러나 붉은 줄에 관해선 아무런 이야기가 없다.

여호수아 2장과 6장에 있는 두 개의 다른 이야기 속에 기록된 라합의 구원에 관해 우리가 생각해 보았기에, 설교의 초점은 이 두 장 중 한 장에 집중되는 것이 가장 바람직하다. 나 자신은 6장에 초점을 맞추어 왔는데, 그 이유는 6장이 라합의 실제적인 구출에 대해 이야기하고 있기 때문이요, 설교는 여전히 2장을 하나의 배경으로 삼아 언급할 수 있을 것이다. 비록 6장에 초점을 둔다 하더라도, 단일한 하나의 주제를 한 문장으로 요약해 내기는 쉽지 않은데, 그것은 6장이 여리고의 멸망과 라합의 구원이라는 두 개의 초점을 갖고 있기 때문이다. 이 두 초점은 6장의 이야기 구성이 단순하지 않고 복잡하다는 사실과 연결되어 있다. 첫 번째 문제는 여리고의 강력한 성채가 이스라엘의 길을 막고 서 있는데, 과연 이스라엘은 약속의 땅을 정복할 수 있겠는가 하는 점이다. 여기서 생겨나는 갈등은 이스라엘이 순종하여 여리고성 주위를 돌고 있는 동안 계속적으로 수면 아래에서 부글부글 끓고 있었다. 이 갈등은 이스라엘이 여리고성 주위를 일곱 번 돌고 여호수아가 마지막 지시 사항을 전달하는 시점에서 절정에 다다르게 된다(6:15-19). 백성들이 "큰 소리로" 외쳐 부르고, 성벽이 무너져 내리며, 마침내 이스라엘이 여리고성 안으로 들어가 그 성을 가나안 전 지역을 추수하여 얻은 첫 열매로 하나님께 바침에 따라서, 이 갈등은 해결된다(6:20-21).

그러나 이러한 해결 국면은 여전히 두 번째 문제를 남겨 놓게 된다. 그러나 앞서 정탐꾼들에 의해 생명이 약속된 바 있었던(2:14) 라합과 그녀의 가족들은 어떻게 되었는가? 여호수아는 그의 최종적 지시 사항 가운데 이 약속을 언급하고 있긴 하지만(6:17), 그러나 이 문제는 여호수아가 구체적으로 정탐꾼들에게 라합과 그녀의 가족들을 지옥 같은 여리고성으로부터 이끌어 내라고 명령하기 전까지 해결되지 않는다(6:22-24). 이러한 해결은 놀라운 결론에 이르게 된다. 본문의 저자는 우리에게 라합과 그녀의 가족들이 먼저 "이스라엘의 진 밖"으로 이끌어 내어졌고, 그들이 "그 후 계속해서 이스라엘 중에 살았도다."(6:25)라고 이야기하고 있다. 놀랍게도, 하나님의 은혜 가운데, 라합의 이방 가족들은 하나님의 특별한 백성의 일부가 되었던 것이다.

이 본문에 대한 하나의 단일한 주제를 이끌어 내기 위해서, 우리는 한 주제를 다른 한 주제에 포함시킬 필요가 있다. 이스라엘에게 여리고를 주시는 하나님이란 모습이 크게 부각되어 나타나고 있기에, 나는 다음과 같은 주제를 제시하고자 한다. "하나님은 여리고를 이스라엘에게 주어 완전히 멸절하도록 하신다. 그러나 가나안 여인 라합과 그녀의 가족들은 구원해 내신다." 이 이야기를 후대의 이스라엘에게 들려줌에 있어서 다음과 같은 설교 목표들을 상정해 볼 수 있다: 하나님이 이스라엘 백성에게 약속된 땅을 주셨다는 사실을 그들이 확신하도록 한다; 배교의 결말에 대해 이스라엘에게 경고한다; 이방인들 역시 하나님의 백성이 될 수 있다는 사실을 이스라엘에게 보여 준다. 이상과 같이 이 본문의 역사적 주제와 설교의 목표들을 생각해 보았기에, 이제 우리는 일곱 가지 길들 중 어느 길이 이 본문으로부터 예수 그리스도에게 이르는 길을 제공하고 있는가를 점검할 시점에 와 있다.

① 점진적 구속사의 길

먼저 구속사에 비추어 본문을 살펴보고자 한다. 이스라엘은 하나님이 그들의 조상 아브라함에게 약속하셨던 땅을 정복할 태세를 갖추고 있었다. 처음에 아브라함이 이 지역에 왔을 때, "가나안 사람들이 그 땅에 있었다."(창 12:6). 가나안 사람들은 노아의 아들 가나안의 후손들로, 노아는 가나안의 죄에 대해 그를 "저주한" 적이 있다(창 9:25). 당시 약속의 땅은 자신의 신들을 위해 "가증한 일들"을 행하고 이로 인해 하나님의 심판을 목전에 두고 있던 가나안 사람들과 다른 족속들이 차지하고 있었다. 하나님은 이전에 홍수를 통해 훨씬 광범위하게 사악한 자들을 진멸하셨던 것처럼(창 6-7장), 이스라엘에게 명하여 이 족속들을 "진멸"하라고 말씀하셨다(신 20:17-18). 그들을 진멸하는 것은 하나의 거룩한 전쟁으로서, 이를 통해 모든 살아 있는 피조물이 "여호와께 바쳐질 것이요, 모두 진멸될 것이다."(수 6:17 NIV). "여호와께 바쳐져 모두 진멸될 것"이라는 점은 "여호와의 날"을 미리 보여 주는 하나의 전조이며, 이날에 대해 선지자들도 이미 경고한 바 있고, 사도 베드로는 이날에 대해 이렇게 쓰고 있다. "주의 날이 도적같이 오리니 그날에는 하늘이 큰 소리로 떠나가고 체질이 뜨거운 불에 풀어지고 땅과 그중에 있는 모든 일이 드러나리로다."(벧후 3:10).

이스라엘은 가나안에 대한 하나님의 심판을 시행할 태세를 갖추고 있었다. 하나님의 백성인 이스라엘은 가나안의 악한 족속들을 대체하고, 그 땅에 하나님의 왕국, 즉 하나님이 마땅히 하나님으로 경배받으시고, 하나님의 규례들이 준수되는 그러한 하나님의 왕국을 위한 하나의 교두보를 반드시 세워야 할 사명을 띠고 있었다. 하나님은 이스라엘에게 가나안의 최초의 도성으로 여리고를 주셨고, 그들은 이 도성과 도성의 거주민들을 진멸하게 된다. 그러나 이러한 완전 멸절에 놀랄 만한 하나의 예외가 있었다. 라합과 그녀의 가족들은 여호와에 대한 라합의 믿음 때문에, 또한 정탐꾼들을 보호했던 그녀의 행동 때문에, 모두 구원을 얻게 된다. 라합과 그녀의 가족은 하나님의 백성의 일부가 되었고, 이것은 하나님이 아브라함에게 말씀하셨던 "너로 인하여 땅의 모든 족속들이 복을 얻을 것이니라"(창 12:3)라는 약속의 부분적 성취이기도 하다. 그러나 가나안 여인 라합과 그녀의 가족의 구원은 단지 작은 출발에 불과하다. 우리는 신약에서 다시 라합을 만나게 되는데, 라합은 여기서 예수님의 여자 조상들 중 한 명으로 열거되고 있다(마 1:15). 예수님은 제자들에게 "모든 족속으로 제자를 삼아 … 내가 너희에게 분부한 모든 것을 가르쳐 지키게 하라"라고 명령하신다(마 28:19-20). 그리고 그렇게 구속사는 교회 시대 전반에 걸쳐 지속되고 있으며, 결국 새 예루살렘에서 그 끝을 맺을 것이다. 성경은 이 새 예루살렘에 대해 다음과 같이 기록한다. "하나님의 영광이 이 성의 빛 되시며, 이 성의 등불은 어린양이시라. 만국이 그 빛 가운데로 다니고 땅의 왕들이 자기 영광을 가지고 그리로 들어오리라"(계 21:24 NIV).

② **약속–성취의 길**

우리의 구약 본문은 그리스도에 대한 직접적인 약속을 담고 있지 않다.

③ **모형론의 길**

이 이야기 속에는 분명히 그리스도의 모형이 되는 한 인물이 등장한다. 이스라엘의 지도자인 여호수아이다. 여호수아가 적의 도성인 여리고를 정복하고 이스라엘이 약속의 땅으로 들어가도록 길을 열어 놓았던 것처럼, 그렇게 그리스도께서는 사탄의 요새를 정복하셨고(참조. 마 12:28-29; 계 20:2-3) 자기 백성이 새로운 피조 세계로 들어갈 수 있는 길을 열어 놓으셨다. 우리는 다시 유비와 확대 상승을 보게 된다.

④ 유비의 길

아말렉에 대한 이스라엘 승리의 본문을 유비의 길을 통해 해석하면서, 우리는 이미 유비는 적당한 정도의 대조나 불연속성과 함께 조화를 이루어 사용되어야 한다는 점을 살펴본 바 있다. 이 본문의 경우 역시, 만약 우리가 우리 본문 주제의 첫 번째 부분에만 집중한다면, 다음과 같이 잘못된 유비가 쉽게 도출되고 말 것이다. 하나님이 악한 여리고를 이스라엘에게 주어 진멸되게 하셨듯이, 그렇게 하나님은 오늘날에도 자기 백성에게 악한 곳들(임신중절을 전문적으로 행하는 의료기관 같은 곳들)을 주어 파괴토록 하신다. 이러한 유비는 구약의 이스라엘과 신약 교회 사이의 불연속성뿐만 아니라, 구약의 이스라엘과 신약이 증언하는 바 사이의 불연속성을 간과하고 있다. 유비를 이끌어 낼 수 있는 보다 좋은 장소는 구약 본문 주제의 두 번째 부분이다. 여호수아를 통해 하나님이 이방 여인 라합과 그녀의 가족을 심판으로부터 구원해 내셨듯이, 그렇게 하나님은 그리스도를 통해 이방인들인 우리를 심판으로부터 구원해 내신다.

또한 우리는 이 이야기가 이스라엘에게 주는 교훈과 그리스도의 가르침 사이에서 하나의 유비 관계를 이끌어 낼 수 있을 것이다. 앞서 우리가 제시한 설교 목표들 각각을 다음과 같이 우리의 선택으로 삼을 수 있을 것이다: 하나님이 이 이야기를 통해 이스라엘에게 약속된 땅을 줄 것이라고 그들을 확신시키셨던 것처럼, 그렇게 그리스도께서는 자기 백성에게 하늘의 "아버지의 집"에 있는 한 처소를 주실 것이라고 그들을 확신시키고 있다(요 14:2); 이 이야기를 통해 하나님이 배교의 무서운 결말에 대해 이스라엘에게 경고하셨던 것처럼, 그리스도께서는 배교의 무서운 결말에 대해 그의 교회에게 경고하신다(예, 계 21:8); 이 이야기를 통해 하나님이 이스라엘에게 이방인들 역시 하나님 백성의 일부가 될 수 있다는 것을 나타내 보이셨듯이, 그리스도께서는 하나님의 나라는 모든 열방을 위한 것이라는 점을 그의 교회에게 가르치신다(예, 마 28:19).

⑤ 통시적 주제의 길

통시적 주제 역시 이 본문으로부터 그리스도를 설교할 수 있는 기회를 부여한다. 혹자는 사악한 자들에 대한 하나님의 심판이란 주제를 최후 심판 시의 그리스도의 판결이란 주제에까지 연결해 추적할 수도 있을 것이다. 그러나 더 좋은 선택은 모든 백성을 구원하시고자 하는 하나님의 바람이란 주제를 추적해 나가는 일인데, 이것은 이 이야기의 주요 주제 중 하나가 이방 여인과 그녀의 가족이 멸망으로부터 구원되어 하나님의 백성으로 통합된다는 것이기 때문이다(수 6:25). 이방인을 구원하시고자 하는 하나님의 바람이란 주제는 다음과 같이 뒤로 앞으로 성경의 여러 구절들과 연결된다: 아브라함에게 주어진 "너로 인하여 땅의 모든 족속들이 복을 얻을 것이니라"(창 12:3)라는 하나님의 언약 약속과의 연결; 하나님 백성의 일부가 된 모압 여자 룻과의 연결; "바다에서부터 바다까지" 왕의 다스림을 기도하고 있는 시편과의 연결(72:8); 이스라엘에게 그들이 "열방의 빛"이라는 소명을 상기시켰던 선지자들과의 연결(사 42:6; 요나서를 참조하라); 하나님으로부터 "내가 너로 열방의 빛을 삼아 나의 구원을 베풀어서 땅끝까지 이르게 하리라"(사 49:6)라는 말씀을 들었던 여호와의 종과의 연결. 신약에 와서, 마태는 이 주제를 다음과 같은 방법으로 이어받고 있다: 이방 여인인 라합과 룻을 예수님의 족보에 포함시킴으로써(마 1장); 이방의 동방박사들이 아기 예수님을 경배하기 위해 왔다는 사실을 두드러지게 기록함으로써(마 2장); 자기를 따르는 자들을 향해 "모든 족속들을 제자 삼으라"라고 하신 예수님의 위임 명령을 포함시킴으로써(마 28:19). 여기서부터 계속해서 이 주제는 그리스도의 복음을 이방인들에게 전했던 사도들에게까지 이어지고, 계시록에 이르러 "모든 나라와 모든 족속들 그리고 모든 백성들로부터 와서" 자신들의 구원에 대해 하나님과 어린양을 찬양하는 허다한 무리에 관한 이상(7:9-10)과 새 예루살렘에 들어가는 모든 나라의 백성에 대한 이상(21:24-26)으로 끝을 맺고 있다.

⑥ 신약 관련 구절의 길

헬라어 신약 성경은 우리의 구약 본문에 대한 신약 내의 언급 몇몇을 제시하고 있다. 첫 번째는 요한계시록 8:2에 있는 일곱 나팔에 대한 암시이다. 구약 본문에 대한 그다음 두 구절은 히브리서 11:31과 야고보서 2:25이다. 히브리서 구절은 라합을 믿음의 한 예증으로 제시한다. "믿음으로 기생 라합은 정탐꾼을 평안히 영접하였으므로 순종치 아니한 자와 함께 멸망치 아니하였도다." 이와 대조적으로, 야고보서 구절은 라합을 행함의 필요성에 대한 한 예증으로 제시한다. "이와 같이 기생 라합이 사자를 접대하여 다른 길로 나가게 할 때에 행함으로 의롭다 하심을 받은 것이 아니뇨?" 히브리서와 야고보서 모두가 라합의 이야기를 자신들의 구체적인 주제들을 예증하기 위해 사용하고 있기에, 또한 이들 주제 중 어느 것도 우리의 구약 본문의 주제가 아니기에, 이런 두 신약 구절들을 우리의 설교에서 사용할 수는 없을 것 같다. "라합"이란 단어를 성구 사전을 찾아보니, 예수 그리스도와의 직접적인 연결이 강화되어 있다. 예수님의 족보에서, 마태는 라합을 예수님의 여자 조상들의 한 명으로 열거하고 있다(1:5).

⑦ 대조의 길

대조를 찾으면서, 우리는 우리의 구약 본문이 이스라엘에게 의도했던 메시지와 이 본문에 대한 설교가 의도하고 있는 교회를 향한 메시지 사이의 비연속성들을 생각하게 되는데, 이 비연속성은 구속사의 진전에 의해 야기된 비연속성이며, 특별히 그리스도의 오심을 통해 생겨난 비연속성들이다. 그리스도의 오심 이래로, 교회는 더 이상 하나의 구체적인 국가인 이스라엘과 동일시되지 않으며 모든 나라를 다 포함한다. 그리스도의 오심 이래로, 교회는 국제적이 되었다기보다는 초국가적이 되었다고 말할 수 있다. 어떤 국가도, 심지어 어떠한 국제적인 연합도 "거룩한 전쟁"을 행하기 위해서, 또한 인종 말살을 자행하기 위해서 성경으로부터의 지지를 주장해서는 안 된다. 십자군들과 나치만큼이나 근본적으로 서로 다른 집단들도 이스라엘과 신약 교회 사이의 비연속성을 무시한 바 있다. 그러나 예수님은 분명히 제자들에게 그들의 원수들을 몰살하지 말라고 가르치셨으며, 심지어 미워하지도 말고 사랑하고, 도리어 그들을 위해 기도하라고 가르치셨다(마 5:43-44). 또한 원수들에게 "선을 행하고"(눅 6:35), 그들을 "제자 삼으라"(마 28:19)라고 가르치셨다. 이러한 태도와의 동일 선상에서, 바울은 다음과 같이 쓰고 있다. "아무에게도 악으로 악을 갚지 말고, 모든 사람 앞에서 선한 일을 도모하라. … 사랑하는 자들아, 너희는 친히 원수를 갚지 말고 진노하심에 맡기라. 기록되었으되, '원수 갚는 것이 내게 있으니 내가 갚으리라. 주께서 말씀하시니라'"(롬 12:17, 19). 원수를 사랑하고 "하나님의 진노하심에 맡기라"라는 요청은 하나님의 나라에 대한 예수님의 가르침과 일치한다. 알곡과 가라지에 관한 예수님의 비유 중에서, 종들은 가라지들을 곧바로 뽑아 버릴 것을 제안하지만, 주인은 "둘 다 추수 때까지 함께 자라게 두어라. 추수 때에 내가 추수꾼들에게 말하기를, '가라지는 먼저 거두어 불사르게 단으로 묶고, 곡식은 모아 내 곳간에 넣으리라'"(마 13:30)라는 최상의 선언을 한다. 결국, 공의가 우위를 점하게 될 것인데, 그 이유는 최후의 심판의 날이 있기 때문이다.

이상과 같이 일곱 가지 길들을 살펴봄으로써, 우리의 구약 본문을 기초로 해서 그리스도를 설교할 수 있는 많은 가능성을 다시 열어 놓게 되었다. 여기서 파생하는 하나의 자연스러운 지적 사항은 이 모든 가능성을 사용함으로써 우리의 설교에 과부하가 걸리지 않게 해야 한다는 점이다. 그 대신에 본문의 주제를 지지하며 설교의 목표를 달성할 수 있도록 도와줄 수 있는 몇 가지 핵심적인 사항을 선택해야 한다. 본문의 주제는 여호와께서 이스라엘에게 여리고를 주셔서 완전히 멸절케 하셨고, 반면 가나안 여인 라합과 그녀의 가족은 구원하셨다는 것이기 때문에, 우리가 마땅히 추구해야 할 일은 우리로 하여금 올바르게 그리스도를 설교할 수 있도록 해 주는 선택들을 하나로 연결 짓는 일이다. 다시 말해 오늘날 이방인들뿐만 아니라 유대인들을 하나님의 심판으로부터 구원해 내시고, 이들에게 영생을 주심으로 그의 새로운 피조 세계에서 살 수 있게 하신 분으로서 그리스도를 설교할 수 있도록 해 주는 선택들을 하나로 통합시키는 일이다.

✧ ✧ ✧

이상으로 우리는 일곱 가지 길들을 해석과 설교 역사 가운데서 종종 알레고리적으로 해석되어 왔던 몇몇 본문에 적용하는 일을 종결짓게 되었다. 제3장에서 다룬 바 있듯이, 알레고리적 해석에서 표면화되었던 본문들을 선정함으로써, 분명히 그리스도 중심적이지 않은 본문들을 다루어야 하는 어려움이 있었다.[13] 만약 구속사적-그리스도 중심적 해석 방법이 이상의 난해한 본문들을 기초로 해서 그리스도를 설교할 수 있는 길들을 드러낼 수 있다면, 이 해석 방법은 비록 모두는 아니겠지만 대부분의 다른 구약 본문들의 경우에도 잘 통용될 수 있는 방법임에 틀림없다. 꼭 기억해야 할 사항은 이 해석 방법은 제일 먼저 본문을 그 역사적-문화적 배경하에서 이해하고자 하며, 그다음으로 본문의 메시지를 정경과 구속사란 문맥에서 살펴보고, 구약 본문으로부터 예수 그리스도에게 이르는 구체적인 길을 드러내고 있는지를 찾고자 하며, 마지막으로 이 해석 방법은 설교자로 하여금 설교의 주제와 목표를 기초로 해서, 여러 가능한 길들 중에서 어느 것을 설교에서 사용할 것인가를 결정하도록 요구하고 있다는 점이다. 앞에서 이미 주장한 바 있듯이, 우리가 해야 할 일은 단순히 그리스도에게까지 연결선을 긋는 데 있지 않고 그리스도를 설교함으로써 사람들이 자신의 구원을 위해 자신을 그리스도에게 내어 맡기고 그들의 삶을

---

13 이상의 개관을 통해 예기치 못했던 하나의 결과는 이들 구약 본문들 중 어느 것도 약속-성취란 길을 통해 그리스도를 설교할 수 있는 길을 제공하지 않고 있다는 점이다. 이 점이 시사하는 바는 아마 그리스도를 다소 쉽게 약속-성취란 길을 통해 설교할 수 있는 메시아에 관한 본문들의 경우에는 알레고리적으로 해석될 수 있는 가능성이 더 적을 수 있다는 점이다.

그리스도를 섬기는 일에 헌신하도록 하는 데 있다.

분명히 이 해석 방법은 설교 준비에 있어서 단순히 본문이 이스라엘을 향해 갖고 있는 역사적 메시지를 설정하고 그 메시지를 오늘날 비견될 수 있는 우리의 상황에 연결 짓는 그러한 설교 준비보다 훨씬 많은 시간을 요구할 것이다. 또한 메시지가 설교자의 사고 속에 완전히 스며듦으로써 본문의 메시지와 예수 그리스도 사이의 놀라운 연결점이 설교자의 마음에 떠오르게 되기 위해선 더 많은 시간이 필요할 것이다. 그러나 이러한 추가적인 노력은 단순한 가치 이상의 가치가 있는데, 특히 이를 통해 설교자가 구약 본문을 구약의 성경적 문맥에 비추어 그리스도를 참되게, 그리고 권위 있게 설교할 수 있게 해 줄 경우에 그렇다. 바울은 오늘날의 설교자들뿐만 아니라, 디모데에게 다음과 같이 격려하고 있다. "네가 진리의 말씀을 옳게 설명하며, 부끄러울 것이 없는 일꾼으로 하나님께 인정된 자처럼 자신을 하나님 앞에 드리기를 힘쓰라"(딤후 2:15).

2. 그리스도 중심적 방법론 실습

다음의 실습은 구약 문헌의 다양한 장르에 속하는 본문들에 기초하고 있다. 이 실습은 성경학도나 목회자들이 한 본문이나 혹은 두 개의 본문에 대해 개별적으로 연구한 다음, 함께 만나서 그룹 토의를 하게 된다면 최상의 도움이 될 것이다. 나는 다음에서 본문상의 주제들을 제공함으로써, 그룹 토의가 이들 주제들로부터 시작해서 토의를 해 나갈 수 있도록 했으며, 또한 본문의 주제로부터 그리스도 중심적인 설교로 나아가는 구체적인 방법들에 초점을 맞출 수 있게 했다.

각각의 본문에 대해, 다음 두 질문에 답을 하시오.

질문

1. 앞에서 설명한 바 있는 일곱 가지 길 중 어느 길을 사용해서 구체적인 본문을 기초로 하여 그리스도를 설교하려고 하는가? 또한 어떻게 설교하려고 하는가?
2. 본문의 주제가 주어졌을 경우, 본문의 구체적인 메시지를 전하는 한편, 그리스도를 설교하기 위한 당신의 최상의 선택은 무엇인가?

내러티브 본문

- 창세기 11:1-9: 바벨에서 하나님은 그들의 세속적인 왕국을 세움으로써 하나님이 세우실 왕국을 좌초시키려고 위협하는 교만한 자들을 흩으셨다.
- 창세기 37장: 하나님은 요셉의 형들이 행한 악한 일들을 사용하셔서, 왕이 된다는 요셉의 꿈들을 성취하기 시작하신다.

율법서 본문

- 레위기 18장: 너희 주위에 있는 이방 민족들이 행하듯이, 약속의 땅에서 너희 자신을 성적으로 더럽히지 말라!
- **혹은 긍정적으로 표현하자면**: 성적으로 정결하게 행하라! 그리하면 약속의 땅에서 너희가 살 수 있으리라.
- 신명기 26:1-15: 하나님의 복에 대한 감사 제물로서, 너희의 첫 번째 소산과 십일조를 하나님께 드리라!

선지서 본문

- 이사야 43:1-7: 두려워하지 말라. 하나님이 너희를 약속의 땅으로 안전히 돌아가게 하리시라.
- 말라기 4:1-6: 여호와의 날이 가까이 다가오리니, 교만한 자들을 불사를 것이요, 여호와를 경외하는 자들을 치료하리라.

시편 본문

- 시편 30편: 통곡을 기쁨으로 바꾸신 여호와께 감사하라!

- **시편 72편**: 이스라엘의 왕이 온 땅에 하나님의 공의를 세우실 것이라.

지혜서 본문:
- 잠언 16:3: 너희의 계획이 성공하고자 하면, 너희의 일들을 여호와께 맡기라.
- 전도서 11:7-12:8: 너희의 삶을 향유하라. 그리고 역경의 날이 오기 전에 너의 창조주를 기억하라.

부록 1

본문에서 설교에 이르는 단계

1. 설교 본문을 선택하라.

회중의 필요를 생각하면서 설교 본문을 선택하라. 설교 본문은 반드시 하나의 문예적 단위여야 하며, 현대적 상관성을 지닌 의미 있는 주제를 담고 있어야 한다.

2. 본문을 그 문예적 문맥에서 읽으라.

본문을 본문의 문예적 문맥에 비추어 읽고 또 읽으면서, 생겨나는 최초의 질문들을 노트에 적어 놓으라. 이 질문들은 후에 이루어질 질문들로 이어질 것이고, 만약 회중들도 동일한 질문들을 갖고 있다면 설교 중에 그 대답이 주어져야 할지도 모른다.

3. 본문 구조의 개요를 만들라.

히브리어나 헬라어 본문을 통해서, 주요한 확언들, 절들의 흐름, 줄거리 구성 전개, 장면들, 혹은 문예적 구조들을 주시해 보라. 본문 내의 주요 단락들을 구분 짓고, 각각에 제목과 절을 명기하라.

4. 본문을 그 자체의 역사적 배경에서 해석하라.

    a. 문예적 해석
    b. 역사적 해석
    c. 하나님 중심적 해석

이 해석의 결과를 좋은 주해서들의 도움을 받아 다시 한 번 정리하라.

5. 본문의 주제와 목표를 명확히 표현하라.

   a. 간단한 문장으로 본문의 주제를 서술하라. 단, 이 주제는 본문의 원래 독자들을 향한 본문의 메시지를 요약하고 있어야 한다. 문장은 반드시 주부와 술부로 이루어져야 한다. 본문은 무엇을 말하고 있는가?

   b. 원래의 독자들을 향한 본문 저자의 목표를 서술하라. 본문은 무엇을 행하고 있는가? 저자는 가르치려고 하는가, 설득하려고 하는가, 권면하는가, 격려하는가, 경고하는가, 위로하는가? 이에 대해 구체적으로 서술하라.

6. 본문의 메시지를 정경과 구속사의 문맥에서 이해하라.

   a. 정경적 해석: 메시지를 정경 전체란 문맥에서 해석하라.

   b. 구속사적 해석: 메시지를 창조로부터 새 창조까지 이어지는 하나님의 이야기란 문맥에서 이해하라.

   c. 그리스도 중심적 해석: 다음의 길들을 찾아보라.

     (1) 점진적 구속사

     (2) 약속-성취

     (3) 모형론

     (4) 유비

     (5) 통시적 주제

     (6) 신약 관련 구절들

     (7) 대조

7. 설교의 주제와 목표를 명확히 표현하라.

   a. 원리상, 설교 주제는 본문의 주제와 같아야 한다(5단계). 만약 제6단계가 설교 주제를 바꿀 것을 요구한다면, 가능하면 본문 주제에 가까운 것으로 하라. 설교 주제가 설교의 본론을 발전시키는 데 안내자가 될 것이다.

   b. 설교 목표는 본문 저자의 목표와 일치해야 하며(5단계), 설교 주제와도 잘 맞아야 한다. 설교 목표가 설교의 서론과 결론의 내용뿐만 아니라, 설교의 스타일까지도 지도하게 될 것이다.

8. 알맞은 설교 양식을 선택하라.

본문의 양식(교훈적, 내러티브, 연역적, 귀납적)에 맞는, 그리고 설교 목표를 달성할 수 있는 설교 양식을 선택하라.

9. 설교 개요를 준비하라.

가능하다면, 설교 본론에서는 본문의 흐름을(3단계) 따르는 편이 좋다. 본문에서 나온 주요 요점들은 설교 주제를 지지한다. 결론은 설교 목표와 연결되어야 한다. 서론은 설교 메시지를 들어야 할 필요성을 드러내 주어야 한다.

10. 설교문을 구어체로 작성하라.

설교문에 작성된 그대로 말할 수 있어야 한다. 짧은 문장들, 생생한 단어들, 강력한 명사들과 동사들, 능동태형, 현재시제, 이미지들, 예증들을 사용해 구어체로 설교문을 작성하라.

부록 2

강해 설교의 한 모델

A. **서론** (일반적으로 전체 설교 분량의 10%를 넘지 않도록 한다)

1. 일반적으로, 이미 회자되고 있는 **현대적 필요**에 대한 하나의 예증으로 시작하라(부록 1의 7b 단계).
2. 이 예증을 현재 청중의 필요와 연결시켜라.
3. **전환**: 이 필요와 그와 유사한 주제가 성경 본문 뒤에 있는 문제이기도 하다는 점을 보여 주라.
4. 본문/설교의 **주제**, 즉 계시적 차원의 요점을 진술하라(7단계). 설교의 긴장감을 유지하기 위해서, 설교 초두에서 주제를 밝히는 것을 뒤로 미루고자 할지 모르나(귀납적인 전개), 진술과 재진술을 통해, 청중이 설교의 요점을 파악하고 있는지를 분명히 해야 한다.

B. **설교 본론**

1. **본문의 구조**를 밝혀라.
   본문의 요점들, 확언들, 흐름들, 의미들(3단계)이 보통의 경우 설교에 있어서 당신의 요점들이 된다.
2. **요점들**은 반드시 설교 주제를 지지해야 하며, 동일한 계층에 속해야 한다.
3. 요점들에 대한 **본문상의 흐름**을 따르도록 해야 하며, 단 절정을 고려한 배열의 경우같이, 본문의 흐름을 수정해야 할 충분한 이유가 있을 경우에는 이 흐름을 따르지 않을 수도 있다(9단계).
4. 간단하고도 **분명한 전환구**를 사용함으로써 청중들로 하여금 설교에 있어서 구조와 흐름에 대한 의식이 있도록 해야 한다. 예를 들어, "우리 다 같이 먼저

… 살펴보도록 합시다. … 이제 두 번째로 …을 살펴보도록 합시다." 혹은 "저와 함께 8절을 봅시다. … 이제 12절을 함께 읽도록 합시다." 혹은 " …뿐만 아니라 …도."

5. 본문의 중요 구절을 인용하기에 앞서 **관련 구절**을 몇 장 몇 절로 밝힘으로써, 청중도 함께 따라올 수 있도록 한다. 시각적인 배움이 청각적인 배움만 있는 것보다 9배 이상의 효과가 있다는 것을 명심해야 한다.

6. 어려운 개념들을 **예증**하기 위해서, 혹은 요점을 밝히기 위해서, 얼마간 설교자 자신의 개인적인 고찰을 사용하라. 개인적인 예증들은 웨이틀리(Wately) 감독에 대한 진부하고도 정형화된 예증들보다 더 자연스럽고 강력하다. 개인적인 경험들 역시 사용될 수 있는데, 주의해야 할 것은 당신 자신이 아니라 그리스도를 설교하도록 해야 한다는 점이다.

C. 결론

1. 결론은 간단명료해야 한다.
2. 새로운 주제를 도입하지 말라. 초점을 좁히고, 확대하지 말라.
3. **설교 목표**를 떠나지 말라(7b 단계).
4. 결론은 구체적일 필요가 있다. 설교된 말씀에 대한 반응으로 청중이 무엇을 할 수 있는가에 대해서, 당신은 보다 구체적인 제안들을 제공할 수 있는가?

참고 문헌

Achtemeier, Elizabeth. *The Old Testament and the Proclamation of the Gospel*. Philadelphia: Westminster, 1973.

_____. "The Relevance of the Old Testament for Christian Preaching." In *A Light unto My Path: Old Testament Studies in Honor of Jacob M. Myers*. Ed. Howard H. Bream, R. D. Heim, and C. A. Moore. Philadelphia: Temple University, 1974. Pp. 3-24.

_____. "The Theological Message of Hosea: Its Preaching Values." *RevExp* 72/4 (1975) 473-85.

_____. *Preaching from the Old Testament*. Louisville: Westminster/John Knox, 1989

_____. "From Exegesis to Proclamation." In *Studies in Old Testament Theology*. Ed. Robert L. Hubbard, Jr., *et al*. Dallas: Word, 1992. Pp. 47-61.

Adams, Jay E. *Preaching with Purpose*. Grand Rapids: Baker, 1982.

Aland, Kurt. "Luther as Exegete." *ExpT* 69 (1957-58) 45-48, 68-70.

Alexander, T. Desmond. "Messianic Ideology in the Book of Genesis." In *The Lord's Anointed*. Ed. Philip E. Satterthwaite, *et al*. Grand Rapids: Baker, 1995. Pp. 19-39.

Allen, Ronald J., and John C. Holbert. *Holy Root, Holy Branches: Christian Preaching from the Old Testament*. Nashville: Abingdon, 1995.

Anderson, Bernhard W. "Exodus Typology in Second Isaiah." In *Israel's Prophetic Heritage*. Ed. Walter Harrelson. New York: Harper and Row, 1962. Pp. 177-95.

_____. "The Bible as the Shared Story of a People." In *The Old and New Testaments*. Ed. James H. Charlesworth and Walter P. Weaver. Valley Forge, PA: Trinity Press International, 1993. Pp. 19-37.

Augustine, *De Doctrina Christiana*. Ed. and trans. R. P.H. Green. Oxford: Clarendon, 1995.

_____. *Concerning the City of God Against the Pagans*. Trans. Henry Bettenson. New York: Penguin, 1972.

Baker, David L. "Typology and the Christian Use of the Old Testament." *SJT* 29 (1976) 137-57.

_____. *Two Testaments, One Bible: A Study of Some Modern Solutions to the Theological Problem of the Relationship between the Old and New Testaments.* Downers Grove: InterVarsity, 1976.

Bandstra, Andrew J. "Interpretations in 1 Corinthians 10:1-11." *CTJ* 6 (1971) 5-21.

_____. "Law and Gospel in Calvin and in Paul." In *Exploring the Heritage of John Calvin.* Ed. David E. Holwerda. Grand Rapids: Baker, 1976. Pp.11-39.

Barclay, William. *Jesus As They Saw Him: New Testament Interpretation of Jesus.* New York: Harper and Row, 1962.

Barnard, Leslie W. "To Allegorize or Not to Allegorize?" *Studia Theologica* 36/1 (1982) 1-10.

Barr, James. *Old and New in Interpretation: A Study of the Two Testaments.* London: SCM, 1966.

Barrois, Georges A. *The Face of Christ in the Old Testament.* Crestwood, NY: St. Vladimir's Seminary, 1974.

Barth, Karl. *Church Dogmatics,* Vol. 1/2, 2/2. Trans. G. W. Bromiley and T. F. Torrance. Edinburgh: T & T Clark, 1956, 1957.

_____. *The Preaching of the Gospel.* Trans. B. E. Hooke. Philadelphia: Westminster, 1963.

Bates, Gordon. "The Typology of Adam and Christ in John Calvin." *Hartford Quarterly* 5/2 (1965) 42-57.

Baue, Frederic W. "Luther on Preaching as Explanation and Exclamation." *LuthQ* 9 (1995) 405-18.

Beale, G. K. "Did Jesus and His Followers Preach the Right Doctrine from the Wrong Texts?" *Themelios* 14 (Spring 1989) 89-96.

Berkhof, Louis. *Principles of Biblical Interpretation.* Grand Rapids: Baker, 1950.

Berkouwer, Gerrit C. *The Person of Christ.* Trans. John Vriend. Grand Rapids: Eerdmans, 1955.

Best, Ernest. *From Text to Sermon: Responsible Use of the New Testament in Preaching.* Atlanta: John Knox, 1978.

Birch, Bruce C. *What Does the Lord Require? The Old Testament Call to Social Witness.* Philadelphia: Westminster, 1985.

Blackman, E. C. *Biblical Interpretation: The Old Difficulties and the New Opportunity.* London: Independent, 1957.

Bloesch, Donald G. "A Christological Hermeneutic: Crisis and Conflict in Hermeneutics." In *The Use of the Bible in Theology: Evangelical Options.* Ed. Robert K. Johnston. Atlanta: John Knox, 1985. Pp. 78-102.

Bock, Darrell L. "The Use of the Old testament in the New." In *Foundations for Biblical Interpretation.* Ed. David S. Dockery, *et al.* Nashville: Broadman & Holman, 1994. Pp. 97-114.

Bonner, Gerald. "Augustine as Biblical Scholar." In *The Cambridge History of the Bible*. Vol. 1. Ed. P. R. Ackroyd and C. F. Evans. Cambridge: Cambridge University, 1970. Pp. 541-63.

Bornkamm, Heinrich. *Luther and the Old Testament*. Trans. Eric W. and Ruth C. Gritsch. Philadelphia: Fortress, 1969.

_____. *Luther in Mid-Career: 1521-1530*. Trans. E. Theodore Bachmann. Philadelphia: Fortress, 1983.

Breck, John. *The Power of the World: In the Worshiping Church*. Crestwood, NY: St. Vladimir's Seminary Press, 1986.

Bright, John, *The Kingdom of God: The Biblical Concept and Its Meaning for the Church*. Nashville: Abingdon, 1953.

_____. "An Exercise in Hermeneutics." *Int* 20 (1966) 188-210.

_____. *The Authority of the Old Testament*. London: SCM, 1967.

Broadus, John A. *Lectures on the History of Preaching*. New York: Sheldon, 1876.

Bromiley, Geoffrey W. "The Church Fathers and Holy Scripture." In *Scripture and Truth*. Ed. D. A. Carson and John D. Woodbridge. Grand Rapids: Zondervan, 1983. Pp.196-220.

Bronkhorst, A. J. "In Memoriam Wilhelm Vischer [1895-1988]." *Kerk en Theologie* 40/2 (1989) 142-53.

Brown, Raymond E. *The "Sensus Plenior" of Sacred Scripture*. Baltimore: St. Mary's University, 1955.

_____. "The *Sensus Plenior* in the Last Ten Years." *CBQ* 25 (1963) 262-85.

_____. *Biblical Exegesis and Church Doctrine*. New York: Paulist, 1985.

Bruce, F. F. "Promise and Fulfillment in Paul's Presentation of Jesus." In *Promise and Fulfillment*. Ed. F. F. Bruce. Edinburgh: T & T Clark, 1963. Pp. 36-50.

_____. *The New Testament Development of Old Testament Themes*. Grand Rapids: Eerdmans, 1968.

_____. *The Time is Fulfilled: Five Aspects of the Fulfillment of the Old Testament in the New*. Grand Rapids: Eerdmans, 1978.

Bultmann, Rudolf. "The Significance of the Old Testament for the Christian Faith." In *The Old Testament and the Christian Faith*. Ed. Bernhard W. Anderson. New York: Harper & Row, 1963. Pp. 8-35.

Burghardt, Walter J. *Preaching: The Art and the Craft*. New York: Paulist, 1987.

Calvin, John. *Sermons from Job*. Trans. Leroy Nixon. Grand Rapids: Eerdmans, 1952.

_____. *Institutes of the Christian Religion*. Ed. John T. McNeill. Trans. Ford Lewis Battles. Philadelphia: Westminster, 1960.

_____. *Sermons on 2 Samuel: Chapters 1-13*. Trans. Douglas Kelly. Edinburgh: The Banner of Truth Trust, 1992.

Campbell, Charles L. *Preaching Jesus: New Directions for Homiletics in Hans Frei's*

        Postliberal Theology. Grand Rapids: Eerdmans, 1997.

Chapell, Bryan. *Christ-Centered Preaching: Redeeming the Expository Sermon*. Grand Rapids: Baker, 1994.

Childs, Brevard S. "The Sensus Literalis of Scripture: An Ancient and Modern Problem." In *Beitrage zur Alttestamentlichen Theologie*. Ed. Herbert Donner. Göttingen: Vandenhoeck & Ruprecht, 1977. Pp. 80-93.

_____. *Biblical Theology of the Old and New Testament*, Minneapolis: Fortress, 1992.

_____. "On Reclaiming the Bible for Christian Theology." In *Reclaiming the Bible for the Church*. Ed. Carl E. Braaten, *et al*. Grand Rapids: Eerdmans, 1995. Pp. 1-17.

Chouinard, Larry. "The History of New Testament Interpretation." In *Biblical Interpretation*. Ed. F. Furman Kearly, Edwards P. Myers, and Timothy D. Hadley. Grand Rapids: Baker, 1986. Pp. 195-213.

Chrysostom, John. "Homily 47 [Genesis 22]." In *Saint John Chrysostom: Homilies on Genesis. The Fathers of the Church*, Vol. 87. Trans. Robert C. Hill, Washington: Catholic University of America Press, 1992. Pp. 14-24.

Clowney, Edmund P. *Preaching and Biblical Theology*. Grand Rapids: Eerdmans, 1961.

_____. "Preaching Christ for All the Scriptures." In *The Preacher and Preaching*. Ed. S. Logan, Jr. Phillipsburg, NJ: Presbyterian and Reformed, 1986. Pp. 163-91.

_____. *The Unfolding Mystery: Discovering Christ in the Old Testament*. Colorado Springs: Nav Press, 1988.

_____. "Preaching Christ from Biblical Theology." In *Inside the Sermon*. Ed. R. A. Bodey. Grand Rapids: Baker, 1990. Pp. 57-64.

Cosser, William. *Preaching the Old Testament*. London: Epworth, 1967.

Craddock, Fred. *The Pre-Existence of Christ in the New Testament*. Nashville: Abingdon, 1968.

_____. *Preaching*. Nashville: Abingdon, 1985.

Criswell, W. A. "Preaching from the Old Testament." In *Tradition and Testament*. Ed. J. S. Fienberg. Chicago: Moody, 1981. Pp. 293-305.

Cullmann, Oscar. *Christ and Time: The Primitive Christian Conception of Time and History*. Rev. ed. Trans. Floyd V. Filson. London: SCM, 1962.

_____. *Salvation in History*. Trans. S. G. Sowers. New York: Harper and Row, 1967.

Daly, Robert J. "The Hermeneutics of Origen: Existential Interpretation in the Third Century." In *The World in the World*. Ed. Richard J. Clifford, *et al*. Cambridge, MA: Weston College Press, 1973. Pp. 135-43.

Daniélou, Jean. *From Shadows to Reality: Studies in the Biblical Typology of the Fathers*. Trans. Dom Wulstan Hibberd. Westminster, MD: Newman, 1960.

Dargan, Edwin Charles. *A History of Preaching*. Vols. 1 and 2. Grand Rapids: Baker, 1954 [1904].

Davies, W. D. *Invitation to the New Testament: A Guide to Its Main Witnesses*. Garden City,

NY: Doubleday, 1969.

_____. "The Jewish Sources of Matthew's Messianism." In *The Messiah: Developments in the Earliest Judaism and Christianity.* Ed. James Charlesworth. Minneapolis: Fortress, 1992. Pp. 494-511.

Dekker, Harold. "Introduction." In John Calvin, *Sermons from Job.* Grand Rapids: Eerdmans, 1952. Pp. ix-xxxvii.

Dillard, Raymond B., and Tremper Longman III. *An Introduction to the Old Testament.* Grand Rapids: Zondervan, 1994.

Dockery, David S. "Martin Luther's Christological Hermeneutics," *GTJ* 4/2 (1983) 189-203.

_____. "New Testament Interpretation: A Historical Survey." In *New Testament Criticism and Interpretation.* Ed. David A. Black and David S. Dockery. Grand Rapids: Zondervan, 1991. Pp. 40-69.

_____. *Biblical Interpretation Then and Now: Contemporary Hermeneutics in the Light of the Early Church.* Grand Rapids: Baker, 1992.

_____. "Typological Exegesis: Moving beyond Abuse and Neglect." In *Reclaiming the Prophetic Mantle.* Ed. George L. Klien. Nashville: Broadman, 1992. Pp. 61-78.

Dodd, C. H. *The Apostolic Preaching and Its Developments.* London: Hodder & Stoughton, 1936.

_____. *According to the Scriptures: The Sub-Structure of New Testament Theology.* London: Nisbet, 1952.

Drane, John W. "Typology." *EvQ* 50 (1978) 195-210.

Duduit, Michael. "The Church's Need for Old Testament Preaching." In *Reclaiming the Prophetic Mantle.* Ed. George L. Klein. Nashville: Broadman, 1992. Pp. 9-16.

Dunn, James D. G. "The Use of the Old Testament." In *Unity and Diversity in the New Testament.* Ed. James D. G. Dunn. Philadelphia: Westminster, 1977. Pp. 81-102.

_____. "Christology as an Aspect of Theology." In *The Future of Christology: Essays in Honor and Leander E. Keck.* Ed. Abraham J. Malherbe and Wayne A. Meeks. Minneapolis: Fortress, 1993. Pp. 202-12.

_____. "Messianic Ideas and Their Influence on Jesus of History." In *The Messiah: Developments in Earliest Judaism and Christianity.* Ed. James H. Charlesworth. Minneapolis: Fortress, 1992. Pp. 365-81.

Edwards, O. C., Jr. "History of Preaching." In *Concise Encyclopedia of Preaching.* Ed. William H. Willimon and Richard Lischer. Lousiville: Westminster/John Knox, 1995. Pp. 184-227.

Eichrodt, Walther. *Theology of the Old Testament.* Vol. 1. Trans. J. A. Baker. London: SCM, 1961.

_____. "Is Typological Exegesis an Appropriate Method?" In *Essays on Old Testament Hermeneutics.* Ed. Claus Westermann. Richmond, VA: John Knox, 1963. Pp. 224-45.

Ellis, E. Earle. *Paul's Use of the Old Testament*. Edinburgh: Oliver and Boyd, 1957.

_____. "How the New Testament Uses the Old." In *New Testament Interpretation: Essay on Principles and Methods*. Ed. I. Howard Marshall. Grand Rapids: Eerdmans, 1977. Pp. 199-219.

_____. "Biblical Interpretation in the New Testament Church." In *Mikra*. Ed. Martin J. Mulder and Harry Sysling. Philadelphia: Fortress, 1988. Pp. 691-725.

Ellison, H. L. *The Centrality of the Messianic Idea for the Old Testament*. London: Tyndale, 1957.

Ericson, Norman R. "The New Testament Use of the Old Testament: A Kerygmatic Approach." *JETS* 30 (1987) 337-42.

Fairbairn, Patrick. *The Typology of Scripture: Viewed in Connection with the Whole Series of the Divine Dispensations*. 6th ed. Edinburgh: T & T Clark, 1876.

Farrar, Frederic W. *History of Interpretation*. London: Macmillan, 1886.

Fee, Gordon D., and Douglas Stuart. *How to Read the Bible for All Its Worth: A Guide to Understanding the Bible*. Grand Rapids: Zondervan, 1982.

Filson, Floyd V. "The Unity of the Old and the New Testaments." *Int* 5 (1951) 134-52.

Florovsky, Georges. "Revelation and Interpretation." In *Biblical Authority for Today: A World Council of Churches Symposium on "The Biblical Authority for the Churches' Social and Political Message Today."* Ed. A. Richardson and W. Schweitzer. Philadelphia: Westminster, 1951. Pp. 163-80.

_____. *Bible, Church, Tradition: An Eastern Orthodox View*. Belmont, MS: Nordland, 1972.

France, R. T. "The Servant of the Lord in the Teaching of Jesus." *TynBul* 19 (1968) 26-52.

_____. *Jesus and the Old Testament: His Application of Old Testament Passages to Himself and His Mission*. London: Tyndale, 1971.

Frend, W. H. C. "The Old Testament in the Age of the Greek Apologists." *SJT* 26 (1973) 129-50.

Froelich, Karlfried. *Biblical Interpretation in the Early Church*. Philadelphia: Fortress, 1984.

Gamble, Richard C. "Exposition and Method in Calvin." *WTJ* 49 (1987) 153-65.

_____. "Calvin as Theologian and Exegete: Is There Anything New?" *CTJ* 23 (1988) 178-94.

Goldingay, John. "Luther and the Bible." *SJT* 35 (1982) 33-58.

_____. *Models for Interpretation of Scripture*. Grand Rapids: Eerdmans, 1995.

Goldsworthy, Graeme. *Gospel and Wisdom*. Exeter: Paternoster, 1987.

Goppelt, Leonhard. "Typos." *TDNT* 8.246-59. Trans. Geoffrey W. Bromiley. Grand Rapids: Eerdmans, 1972.

_____. *Typos: The Typological Interpretation of the Old Testament in the New*. Trans.

Donald H. Madvig. Grand Rapids: Eerdmans, 1982.

Gowan, Donald E. *Reclaiming the Old Testament for the Christian Pulpit*. Atlanta: John Knox, 1980.

Graesser, Carl, Jr. "Preaching from the Old Testament." *CTM* 38/8 (1967) 525-34.

Grasso, Domenico. *Proclaiming God's Message: A Study in the Theology of Preaching*. Notre Dame: University of Notre Dame Press, 1965.

Greer, Rowan A. "The Christian Bible and Its Interpretation." In *Early Biblical Interpretation*. Ed. James L. Kugel and Rowan A. Greer. Philadelphia: Westminster, 1986. Pp. 107-208.

Greidanus, Sidney. *Sola Scriptura: Problems and Principles in Preaching Historical Texts*. Toronto: Wedge, 1970.

_____. *The Modern Preacher and the Ancient Text: Interpreting and Preaching Biblical Literature*. Grands Rapids: Eerdmans, 1988.

Grogan, Geoffrey W. "The New Testament Interpretation of the Old Testament: A Comparative Study." *TynBul* 18 (1967) 54-76.

_____. "The Relationship between Prophecy and Typology." *Scottish Bulletin of Evangelical Theology* 4 (Spring 1986) 5-16.

Grollenberg, Lucas. *A Bible for Our Time: Reading the Bible in the Light of Today's Questions*. Trans. John Bowden. London: SCM, 1979.

Gundry, Robert Horton. *The Use of the Old Testament in St. Matthew's Gospel: With Special Reference to the Messianic Hope*. Leiden: Brill, 1967.

Gundry, Stanley N. "Typology as a Means of Interpretation: Past and Present." *JETS* 12/4 (1969) 233-40.

Gunneweg, A. H. J. *Understanding the Old Testament*. Trans. John Bowden. London: SCM, 1978.

Hanson, Anthony Tyrrell. *The Living Utterance of God: The New Testament Exegesis of the Old*. London: Darton, Longman and Todd, 1983.

Hanson, R. P. C. "Biblical Exegesis in the Early Church." In *Cambridge History of the Bible*. Vol. 1. Ed. P. R. Ackroyd and C. F. Evans. Cambridge: Cambridge University, 1970. Pp. 412-53.

Harrison, R. K. "The Pastor's Use of the Old Testament." *BSac* 146 (1989) 12-20, 123-31, 243-53, 263-72.

Hasel, Gerhard F. *Old Testament Theology*. Grand Rapids: Eerdmans, 1972.

_____. "Biblical Theology: Then, Now and Tomorrow." *HorBT* 4/1 (1982) 61-93.

Hays, Richard B. *Echoes of Scripture in the Letters of Paul*. New Haven: Yale University Press, 1989.

Hebert, Arthur G. *The Authority of the Old Testament*. London: Faber & Faber, 1947.

Helberg, J. L. *Verklaring en Prediking van die Ou Testament*. Potchefstroom: PTP, 1983.

Hendrix, Scott H. "Luther against the Background of the History of Biblical

Interpretations." *Int* 37 (1983) 229-39.

Hesselink, I. John. "Calvin and Heilsgeschichte." In *Oikonomia: Heilsgeschichte als Thema der Theologie*. Ed. Felix Christ. Hamburg: Herbert Reich, 1967. Pp. 163-70.

Higgins, A. J. B. *The Christian Significance of the Old Testament*. London: Independent, 1949.

Hoekstra, H. *Gereformeerde Homiletiek*. Wageningen: Zomer & Keuning, 1926.

Holwerda, B. "···*Begonnen Hebbende van Moses*." Terneuzen: D. H. Littooij, 1953.

Holwerda, David E. "Eschatology and History: A Look at Calvin's Eschatological Vision." In *Readings in Calvin's Theology*. Ed. Donald K. McKim. Grand Rapids: Baker, 1984. Pp. 311-42. (First published in *Exploring the Heritage of John Calvin*. Ed. David E. Holwerda. Grand Rapids: Baker, 1976. Pp. 110-39.)

_____. *Jesus and Israel: One Covenant of Two?* Grand Rapids: Eerdmans, 1995.

Houlden, James L. *The Interpretation of the Bile in the Church*. London: SCM, 1995.

Hull, William E. "Called to Preach." In *Heralds to a New Age*. Ed. Don M. Aycock. Elgin, IL.: Brethren, 1985. Pp. 41-48.

Hummel, Horace D. "The Old Testament Basis of Typological Interpretation." *Biblical Research* 9 (1964) 38-50.

Irenaeus. *Proof of the Apostolic Preaching*. Trans. J. P. Smit. Westminster, MD: Newman, 1952.

_____. *St. Irenaeus against Heresies*. Tans. Dominic J. Unger. New York: Paulist, 1992.

Jensen, Joseph. *God's Word to Israel*. Rev. ed. Wilmington, DE: Michael Glazier, 1982.

Juel, Donald H. *Messianic Exegesis: Christological Interpretation of the Old Testament in Early Christianity*. Philadelphia: Fortress, 1988.

Kahmann, J. *The Bible on the Preaching of the Word*. DePere, WI: St. Norbert Abbey, 1965.

Kaiser, Walter C. *Toward an Exegetical Theology: Biblical Exegesis for Preaching and Teaching*. Grand Rapids: Baker, 1981.

_____. *Toward Old Testament Ethics*. Grand Rapids: Zondervan, 1983.

_____. *The Uses of the Old Testament in the New*. Chicago: Moody, 1985.

_____. *Toward Rediscovering the Old Testament*. Grand Rapids: Zondervan, 1987.

_____. *The Messiah in the Old Testament*. Grand Rapids: Zondervan, 1995.

Kaiser, Walter C., and Moisés Silva. *An Introduction to Biblical Hermeneutics*. Grand Rapids: Zondervan, 1994.

Kepple, Robert J. "An Analysis of Antiochene Exegesis of Galatians 4:24-26." *WTJ* 39 (1976-77) 239-49.

Kingsbury, Jack Dean. *Jesus Christ in Matthew, Mark, and Luke*. Philadelphia: Fortress, 1981.

Klein, William W., Craig L. Blomberg, and Robert L. Hubbard, Jr. *Introduction to Biblical*

Interpretation. Dallas: Word, 1993.

Knox, John. *Chapters in a Life of Paul*. Rev. ed. Macon, GA: Mercer University Press, 1987.

Koole, J. L. *De Overname van het Oude Testament door de Christelijke Kerk*. Hilversum: Schipper, 1938.

Kraeling, Emil G. *The Old Testament since the Reformation*. London: Lutterworth, 1955.

Kraus, Hans-Joachim. "Calvin's Exegetical Principles." *Int* 31 (1977) 8-18.

Kuiper, Rinck Bouke. "Scriptural Preaching." In *The Infallible Word*. Ed. Ned B. Stonehouse and Paul Woolley. Philadelphia: Presbyterian Guardian, 1946. Pp. 208-54.

Kuske, Martin. *The Old Testament as the Book of Christ: An Appraisal of Bonhoeffer's Interpretation*. Trans. S. T. Kimbrough, Jr. Philadelphia: Westminster, 1976.

Kuyper, Lester J. *The Scripture Unbroken: A Perceptive Study of the Old and New Testament*. Grand Rapids: Eerdmans, 1978.

Lampe, G. W. H. "Typological Exegesis." *Th* 51 (1953) 201-8.

_____. "The Reasonableness of Typology." In *Essays on Typology*. Ed. G. W. H. Lampe and K. J. Woollcombe. Naperville, IL: A. R. Allenson, 1957. Pp. 9-38.

Larsen, David L. *The Anatomy of Preaching: Identifying the Issues in Preaching Today*. Grand Rapids: Baker, 1989.

LaSor, William S. "The Messiah: An Evangelical Christian View." In *Evangelicals and Jews in Conversation on Scripture, Theology and History*. Ed. M. H. Tanenbaum. Grand Rapids: Baker, 1978. Pp.76-95.

_____. "Prophecy, Inspiration and Sensus Plenior." *Tynbul* 29 (1978) 49-60.

Leith, John H. "John Calvin-Theologian of the Bible." *Int* 25 (1971) 329-44.

Le Roux, Johann. "Die Betekenis van die Verhoudinge in die Goddelike DrieEenheid vir die Prediking: ´n Homiletiese Ondersoek vanuit Johannes 14-15." Th.D. dissertation. Potchefstroom: University of Potchefstroom, 1991.

Lienhard, Joseph T. "Origen as Homilist." In *Preaching in the Patristic Age*. Ed. David G. Hunter. New York/Mahwah, NJ: Paulist, 1989.

Lindars, Barnabas. "The Place of the Old Testament in the Formation of New Testament Theology." *NTS* 23 (1977) 59-66.

Lischer, Richard. *A Theology of Preaching. The Dynamics of the Gospel*. Nashville: Abingdon, 1981.

_____. *Theories of Preaching: Selected Readings in the Homiletical Tradition*. Durham, NC: Labyrinth, 1987.

Long, Thomas G. *The Witness of Preaching*. Louisville: Westminster/John Knox 1989.

Longenecker, Richard N. "Can We Reproduce the Exegesis of the New Testament?" *TynBul* 21 (1970) 3-38.

_____. *Biblical Exegesis in the Apostolic Period*. Grand Rapids: Eerdmans, 1975.

_____. "Who is the Prophet Talking About: Some Reflections on the New Testament's Use in the Old." *Themelios* 13 (October-November 1987) 4-8.

Longman, Tremper, III. *Literary Approaches to Biblical Interpretation*. Grand Rapids: Zondervan, 1987.

Luther, Martin. *A Brief Instruction on What to Look for and Expect in the Gospels*. Trans. E. Theodore Bachmann. A selection reprinted in Richard Lischer, *Theories of Preaching: Selected Readings in the Homiletical Tradition*. Durham, NC: Labyrinth, 1987. Pp. 95-99.

_____. "…Answer to the Superchristian, Superspiritual, and Superlearned Book of Goat Emser of Leipzig." Reprinted in Richard Lischer, *Theories of Preaching: Selected Readings in the Homiletical Tradition*. Durham, NC: Labyrinth, 1987. Pp. 151-58.

Lys, Daniel. "Who Is Our President? From Text to Sermon on 1 Samuel 12:12." *Int* 21 (1967) 401-20.

McCartney, Dan, and Charles Clayton. *Let the Reader Understand: A Guide to Interpreting and Applying the Bible*. Wheaton, IL: Victor Books, 1994.

McConville, J. Gordan "Messianic Interpretation of the Old Testament in Modern Context." In *The Lord's Anointed*. Ed. P. Satterthwaite, *et al*. Grand Rapids: 1995. Pp. 1-17.

McCurley, Foster R. *Proclaiming the Promise: Christian Preaching from the Old Testament*. Philadelphia: Fortress, 1974.

_____. "Confessional Propria as Hermeneutic-Old Testament." In *Studies in Lutheran Hermeneutics*. Ed. John Reumann. Philadelphia: Fortress, 1979. Pp. 233-51.

_____. *Wrestling with the Word: Christian Preaching from the Hebrew Bible*. Valley Forge, PA: Trinity Press International, 1996.

McKane, W. "Calvin as an Old Testament Commentator." *NGTT* 25/3 (July 1984) 250-59.

McKenzien, John L. "The Significance of the Old Testament for Christian Faith in Roman Catholicism." In *The Old Testament and Christian Faith: A Theological Discussion*. Ed. Bernhard W. Anderson. New York: Harper and Row, 1963. Pp. 102-14.

Mackenzie, J. A. Ross. "Valiant against All." *Int* 22 (1968) 18-35.

Marshall, I. Howard. "An Assessment of Recent Developments." In *It Is Written: Scripture Citing Scripture*. Ed. D. A. Carson, *et al*. Cambridge: Cambridge University Press, 1988. Pp. 1-21.

Mathews, Kenneth A. "Preaching Historical Narrative." In *Reclaiming the Prophetic Mantle: Preaching the Old Testament Faithfully*. Ed. George L. Klein. Nashville: Broadman, 1992. Pp. 19-50.

Mayer, Herbert T. "The Old Testament in the Pulpit." *CTM* 35 (1964) 603-8.

Mays, James Luther. "Isaiah's Royal Theology and the Messiah." In *Reading and Preaching the Book of Isaiah*. Ed. Christopher R. Seitz. Philadelphia: Fortress, 1988. Pp. 39-51.

_____. *The Lord Reigns: A Theological Handbook to the Psalms.* Louisville: Westminster, 1994.

Mellor, Enid B. "The Old Testament for Jews and Christians Today." In *The Making of the Old Testament*. Ed. Enid B. Mellor. Cambridge: University Press, 1972. Pp. 167-201.

Meuser, Fred W. *Luther the Preacher.* Minneapolis: Augsburg, 1983.

Mickelson, A. Berkeley. *Interpreting the Bible.* Grand Rapids: Eerdmans, 1963.

Miller, Donald G. *The Way to Biblical Preaching.* Nashville: Abingdon, 1957.

_____. "Biblical Theology and Preaching." *SJT* 11 (1958) 389-405

Moo, Douglas J. "*The Problem of Sensus Plenior.*" In *Hermeneutics, Authority, and Canon.* Ed. D. A. Carson and John D. Woodbridge. Grand Rapids: Zondervan, 1986. Pp. 175-211.

_____. "The Law of Moses or the Law of Christ." In *Continuity and Discontinuity: Perspectives on the Relationship between the Old and New Testament.* Ed. John S. Feinberg. Westchester, IL: Crossway, 1988. Pp. 203-18, 373-75.

Mounce, Robert H. *The Essential Nature of New Testament Preaching.* Grand Rapids: Eerdmans, 1960.

Muller, Richard A. "The Hermeneutics of Promise and Fulfillment." In *The Bible in the Sixteenth Century.* Ed. D. C. Steinmetz. Durham, NC: Duke University Press, 1990. Pp. 68-82.

_____. *Holy Scripture: The Cognitive Foundation of Theology.* Vol. 2. of *Post-Reformation Reformed Dogmatics.* Grand Rapids: Baker, 1993.

_____. "Biblical Interpretation in the Era of the Reformation: The View from the Middle Ages." In *Biblical Interpretation in the Era of the Reformation.* Ed. Richard A. Muller and John L. Thompson. Grand Rapids: Eerdmans, 1996. Pp. 3-21.

Murphy, Roland E. "Patristic and Medieval Exegesis – Help or Hindrance?" *CBQ* 43 (1981) 505-16.

Newbigin, Lesslie. *Foolishness to the Greeks: The Gospel and Western Culture.* Grand Rapids: Eerdmans, 1986.

Newman, Elbert Benjamin, Jr. "A Critical Evaluation of the Contributions of the Hermeneutical Approaches of Representative Old Testament Scholars to an Appropriation of the Old Testament for Christian Preaching." Ph.D. thesis. Fort Worth, TX: Southwestern Baptist Theological Seminary, 1986.

Nixon, Leroy. *John Calvin, Expository Preacher.* Grand Rapids: Eerdmans, 1950.

Nygren, Anders. *The Significance of the Bible for the Church.* Philadelphia: Fortress, 1963.

Odgen, Schubert M. *The Point of Christology.* San Francisco: Harper and Row, 1982.

Olson, Dennis T. "Rediscovering Lost Treasure: Forgotten Preaching Texts of the Old Testament." *Journal for Preachers* 13/4 (1990) 2-10.

Oosterhoff, B. J. *Om de Schriften te Openen.* Kampen: Kok, 1987.

Origen. *First Principles*. In Karlfried Froelich, *Biblical Interpretation in the Early Church*. Philadelphia: Fortress, 1984. Pp. 48-78.

Parker, T. H. L. *Calvin's Old Testament Commentaries*. Edinburgh: Clark, 1986.

_____. *Calvin's Preaching*. Louisville: Westminster/John Knox, 1992.

Peterson, Rodney. "Continuity and Discontinuity: The Debate throughout Church History." In *Continuity and Discontinuity: Perspectives on the Relationship between the Old and New Testament*. Ed. John S. Feinberg. Westchester, IL: Crossway. 1988. Pp. 17-34.

Piper, John. *The Supremacy of God in Preaching*. Grand Rapids: Baker, 1990.

Poythress, Vern S. *The Shadow of Christ in the Law of Moses*. Brentwood, TN: Wolgemuth and Hyatt, 1991.

Preus, James S. "Old Testament *Promissio* and Luther's New Hermeneutic." *Harvard Theological Review* 60 (1967) 145-61.

_____. *From Shadow to Promise: Old Testament Interpretation from Augustine to the Young Luther*. Cambridge, MA: Cambridge University Press, 1969.

Preus, Robert D. "A Response to the Unity of the Bible." In *Hermeneutics, Inerrancy, and the Bible*. Ed. Earl D. Radmacher and Robert D. Preus. Grand Rapids: Zondervan, 1984. Pp. 669-90.

Preuss, Horst D. *Das Alte Testament in Christlicher Predigt*. Berlin: W. Kohlhammer, 1984.

Provan, Iain W. "The Messiah in the Book of Kings." In *The Lord's Anointed*. Ed. P. Satterthwaite, *et al.* Grand Rapids: Baker, 1995. Pp. 67-85.

Puckett, David L. *John Calvin's Exegesis of the Old Testament*. Louisville: Westminster, 1995.

Rad, Gerhard von. "Das Christuszeugnis des Alten Testaments." *Theologische Blätter* (1935) 249-54.

_____. *Old Testament Theology*. Vols. 1 and 2. Trans. D. M. G. Stalker. Edinburgh: Oliver and Boyd, 1962, 1965.

_____. "Typological Interpretation of the Old Testament." Trans. J. Bright. In *Essays on Old Testament Hermeneutics*. Ed. Claus Westermann. Richmond: John Knox, 1963. Pp. 17-39.

_____. *Biblical Interpretations in Preaching*. Trans. John E. Steely. Nashville: Abingdon, 1977.

_____. *God at Work in Israel*. Trans. John H. Merks. Nashville: Abingdon, 1980.

Ramm, Bernard. *Protestant Biblical Interpretations: A Textbook of Hermeneutics*. Grand Rapids: Baker, 1970.

Rendtorff, Rolf. "Towards a New Christian Reading of the Hebrew Bible." *Immanuel* 15 (Winter 1982-83) 13-21.

_____. *Canon and Theology: Overtures to an Old Testament Theology*. Minneapolis: Fortress, 1993.

Reu, M. *Homiletics: A Manual of the Theory and Practice of Preaching.* Trans. Albert Steinhaeuser. Grand Rapids: Baker, 1967 [1924].

Richardson, Alan. "Is the Old Testament the Propaedeutic to Christian Faith?" In *The Old Testament and Christian Faith.* Ed. Bernhard W. Anderson. New York: Harper and Row, 1963. Pp. 36-48.

Ridderbos, Herman. *The Coming of the Kingdom.* Trans. H. de Jongste. Ed. Raymond O. Zorn. Presbyterian and Reformed, 1962; reprint St. Catharines, ON: Paideia, 1978.

_____. *Paul: An Outline of His Theology.* Grand Rapids: Eerdmans, 1975.

Ridenhour, Thomas E. "The Old Testament and Preaching." *CurTM* 20 (1993) 253-58.

Robinson, H. Wheeler. *Corporate Personality in Ancient Israel.* Rev. ed. Philadelphia: Fortress, 1964 [1935].

Robinson, Haddon W. *Biblical Preaching: The Development and Delivery of Expository Messages.* Grand Rapids: Baker, 1980.

Roehrs, Walter R. "The Typological Use of the Old Testament in the New Testament." *Concordia Journal* 10/6 (1984) 204-16.

Rogers, Jack B., and Donald K. McKim. *The Authority and Interpretation of the Bible: An Historical Approach.* San Francisco: Harper and Row, 1979.

Rogers, John B., Jr "The Foolishness of Preaching." *Int* 42 (1991) 241-52.

Rogerson, John, Christopher Rowland, and Barnabas Lindars. *The Study and Use of the Bible.* Grand Rapids: Eerdmans, 1988.

Runia, Klaas. "The Hermeneutics of the Reformers." *CTJ* 19 (1984) 21-52.

_____. "Some Crucial Issues in Biblical Interpretation" *CTJ* 24 (1989) 300-315.

Russel, S. H. "Calvin and the Messianic Interpretation of the Psalms." *SJT* 21 (1968) 37-47.

Sabourin, Leopold. *The Bible and Christ: The Unity of the Two Testaments.* New York: Alba House, 1980.

Selman, Martin J. "Messianic Mysteries." In *The Lord's Anointed.* Ed. P. Satterthwaite, *et al.* Grand Rapids: Baker, 1995. Pp. 281-302.

Sharp, Jeffrey R. "Typology and the Message of Hebrews." *East Asia Journal of Theology* 4/2 (1986) 95-103.

Shires, Henry. M. *Finding the Old Testament in the New.* Philadelphia: Westminster, 1974.

Smith, Dwight Moody. "The Use of the Old Testament in the New." In *The Use of the Old Testament in the New and Other Essays.* Ed. James M. Efird. Durham, NC: Duke University Press, 1972. Pp. 3-65.

Snodgrass, Klyne R. "The Use of the Old Testament in the New." In *New Testament Criticism and Interpretations.* Ed. D. Black, *et al.* Grand Rapids: Zondervan, 1991. Pp. 407-34.

Spurgeon, Charles Haddon. *The Metropolitan Tabernacle Pulpit: Sermons Preached by C. H. Spurgeon.* Vols. 37, 45, 47. London: Passmore& Alabaster, 1881, 1899, 1901.

_____. *Christ in the Old Testament: Sermons on the Foreshadowing of Our Lord in Old*

　　　　Testament History, Ceremony and Prophecy. London: Passmore & Alabaster, 1899.

_____. *Lectures to My Students*. Selections reprinted in Helmut Thielicke, *Encounter with Spurgeon*. Grand Rapids: Baker, 1975 (reprint of Fortress 1963). Pp. 47-246.

Steimle, Edmund A. "Preaching as the Word Made Relevant." *LuthQ* 6 (1954) 11-22.

Stek, John H. "The Message of the Book of Jonah." *CTJ* 4 (1969) 23-50.

_____. "Biblical Typology Yesterday and Today." *CTJ* 5 (1970) 133-62.

_____. "Salvation, Justice and Liberation in the Old Testament." *CTJ* 13 (1978) 133-65.

_____. "Introduction: Psalms." *The NIV Study Bible*. Grand Rapids: Zondervan, 1985.

_____. "'Covenant' Overload in Reformed Theology." *CTJ* 29 (1994) 12-41.

Stewart, James S. *Heralds of God*. London: Hodder & Stoughton, 1946.

_____. *A Faith to Proclaim*. The Lyman Beecher Lectures at Yale University. London: Hodder & Stoughton, 1953.

Storley, Calvin. "Reclaiming the Old Testament." *LuthQ* 1 (Winter 1987) 487-94.

Stott, John R. W. *Between Two Worlds: The Art of Preaching in the Twentieth Century*. Grand Rapids: Eerdmans, 1982.

Strydom, Marthinus Christiaan. *Die Aard can die Prediking oor Bybelkarakters*. Th.D. thesis. Bloemfontein: UOVS, 1988.

Talbert, John David. "Charles Haddon Spurgeon's Christological Homiletics: A Critical Evaluation of Selected Sermons from Old Testament Texts." Ph.D. thesis. Fort Worth, TX: Southwestern Baptist Theological Seminary, 1989.

Thielicke, Helmut. *Encounter with Spurgeon*. Trans. John W. Doberstein. Grand Rapids: Baker, 1975 [1963].

Thiselton, Anthony C. *New Horizons in Hermeneutics*. London: Harper Collins, 1992.

Thompson, John L. "Preaching as a Means of Grace in the Theology of Martin Luther." *Studia Biblica et Theologica* 12 (1982) 43-71.

Toombs, Lawrence E. *The Old Testament in Christian Preaching*. Philadelphia: Westminster, 1961.

Tucker, Gene M. "Reading and Preaching the Old Testament." In *Listening to the Word*. Ed. Gail R. O'Day and Thomas G. Long. Nashville: Abingdon, 1993. Pp. 33-51.

Unger, Merrill F. *Principles of Expository Preaching*, 1955. Grand Rapids: Zondervan, 1955.

VanGemeren, Willem A. "Israel as the Hermeneutical Crux in the Interpretation of Prophecy." *WTJ* 46 (1984) 254-97.

_____. *The Progress of Redemption: The Story of Salvation From Creation to the New Jerusalem*. Grand Rapids: Zondervan, 1988.

Van Groningen, Gerard. *Messianic Revelation in the Old Testament*. Grand Rapids: Baker, 1990.

Van Leeuwen, Raymond C. "No Other Gods." *Theological Forum* 24 (November 1996) 29-42.

Van't Veer, M. B. "Christologische Prediking over de Historische Stof van het Oude Testament." In *Van den Dienst Woords.* Ed. R. Schippers. Goes: Oosterbaan and Le Cointre, 1944. Pp. 117-67.

Van Zyl, H. C. "Die Nuwe Testament se Gebruik van die Ou Testament – Model of Norm?" *Fax Theologica* 6/1 (1986) 37-77.

Veenhof, C. *Predik het Woord.* Goes: Oosterbaan and Le Cointre, 1944.

Verhoef, Pieter A. "Calvyn oor Messiasverwagting in die Ou Testament." *NGTT* 31/1 (1990) 112-17.

Vischer, Wilhelm. *The Witness of the Old Testament to Christ.* Trans. of *Das Christuszeugnis des Alte Testaments,* vol. 1, 1935. Trans. A. B. Crabtree. London: Lutterworth, 1949.

_____. *Das Christuszeugnis des Alten Testaments.* Vol. 2. Zurich: Evangelischer, 1944.

_____. "Everywhere the Scripture is about Christ Alone." In *The Old Testament and Christian Faith.* Ed. B. W. Anderson. New York: Harper and Row, 1963. Pp. 90-101.

Von Rad, Gerhard. See Rad, Gerhard von.

Vos, Geerhardus. *Biblical Theology: Old and New Testament.* Grand Rapids: Eerdmans, 1948.

Vriezen, T. C. *An Outline of Old Testament Theology.* Rev. ed. Trans. S. Neuijen. Oxford: Basil Blackwell, 1970.

Wainwright, Arthur. *Beyond Biblical Criticism: Encountering Jesus in Scripture.* London: SPCK, 1982.

Waltke, Bruce K. "Kingdom Promises as Spiritual." In *Continuity and Discontinuity: Perspectives on the Relationship between the Old and New Testament.* Ed. John S. Feinberg. Westchester, IL: Crossway, 1988. Pp. 263-87.

Westermann, Claus. "The Way of the Promise through the Old Testament." In *The Old Testament and Christian Faith.* Ed. Bernhard W. Anderson. New York: Harper and Row, 1963. Pp. 200-224.

White, James B. "A Critical Examination of Wilhelm Vischer's Hermeneutic of the Old Testament." Th.M. thesis. Grand Rapids: Calvin Theological Seminary, 1969.

Wiles, Maurice F. "Origen as Biblical Scholar." In *The Cambridge History of the Bible.* Vol. 1. Ed. P. R. Ackroyd and C. F. Evans. Cambridge: Cambridge University Press, 1970. Pp. 454-89.

_____. "Theodore of Mopsuestia as Representative of the Antiochene School." In *The Cambridge History of the Bible.* Vol. 1. Ed. P. R. Ackroyd and C. F. Evans. Cambridge: Cambridge University Press, 1970. Pp. 489-510.

Williams, Mead C. "Preaching Christ." *Princeton Theological Review* 4 (1906) 191-205.

Willimon, William H. *Peculiar Speech: Preaching to the Baptized.* Grand Rapids: Eerdmans, 1992.

Wilson, Marvin R. *Our Father Abraham*. Grand Rapids: Eerdmans, 1989.

Wilson, Paul Scott. *A Concise History of Preaching*. Nashville: Abingdon, 1992.

Wood, A. Skevington. "Luther as a Preacher." *EvQ* 21 (1949) 109-21.

_____. *Luther's Principles of Biblical Interpretation*. London: Tyndale Press, 1960.

_____. *The Principles of Biblical Interpretation: As Enunciated by Irenaeus, Origen, Augustine, Luther, and Calvin*. Grand Rapids: Zondervan, 1967.

Woollcombe, K. J. "The Biblical Origins and Patristic Development of Typology." *Essays on Typology*. Ed. G. W. H. Lampe and K. J. Woollcombe. Naperville, IL: A. R. Allenson, 1957. Pp. 39-75.

Woudstra, Marten H. "Israel and the Church: A Case for Continuity." In *Continuity and Discontinuity: Perspectives on the Relationship between the Old and New Testament*. Ed. John S. Feinburg. Westchester, IL: Crossway, 1988. Pp. 221-38, 376-80.

Wright, Christopher J. H. *Knowing Jesus through the Old Testament: Rediscovering the Roots of Our Faith*. Downers Grove: InterVarsity, 1992.

Wright, Nicholas Thomas. *The New Testament and the People of God*. London: SPCK, 1992.

_____. *Jesus and the Victory of God*. London: SPCK, 1996.

Zimmerli, Walter. "Promise and Fulfillment." In *Essays on Old Testament Hermeneutics*. Ed. Claus Westermann. Richmond: John Knox, 1963. Pp. 89-122.

성경 색인

창세기	
2:18-25	74
3:15	188, 215, 330, 351, 354, 355, 361, 362-364, 480
6:9-8:22	464-472
11:1-9	504
12:1-3	355, 439, 470
12:1-9	386, 434
12:3	62, 65, 102, 303, 308, 315, 330, 386, 497, 499
17:9-14	85, 342
17:12-14	397
18:2	130
22장	237-238, 256
22:1	242, 426
22:1-19	427, 434, 437
22:2	395
22:18	208, 363, 445
24장	371, 428
28:10-22	386, 391, 395
32:22-32	72-73
37장	504

출애굽기	
3:1-12	256
3:2	217
13:21-22	386
15:22-27	472-477
17:8-16	477-483
20:2-3	386
20:8	400
20:10	397

레위기	
11장	226-227
18장	504
18:24-30	387
19:8	387

민수기	
19장	263, 483-490
19:1-10	122
27:16-21	255

신명기	
6:4	55, 267, 270
6:5	387
26:1-11	387
26:5-9	288
26:1-15	504
26:12-15	391, 395

여호수아	
2장	491-501
6장	141-142, 491-501
10:1-16	142

사사기

6-8장	399

사무엘상

17장	351

사무엘하

5:1-12	369
7:16	106, 189, 303, 309, 312, 360
7:21	236

열왕기하

5:1-27	83

시편

1편	388
2:7	211, 299
17:3	200
22편	150, 299, 300, 396
23편	84, 388
30편	504
31:5	396
44:22-26	402-403
46편	388
72편	212, 505
78편	288
84편	352-353
98:9	396
109:8-14	402
137:8-9	401
137:9	58, 142, 162

잠언

8:22-36	392-393
15:29	396
16:3	505
23:4-5	389
30:8	389

전도서

11:7-12:8	403-404, 505
12:1-8	353

이사야

7:11-17	357
7:14	79, 213, 311
7:14-16	311
40:1-11	387
43:1-7	504
49:6	65, 386, 499
50:4-11	113, 310, 387, 395
51:4-8	387
52:10	218
52:13-53:12	113, 300, 301, 310
53장	102, 113, 222, 299, 301, 310
61:1-4	356-357
63:1	210-211

예레미야

31:31-34	206
31:33	320

에스겔

1:28	401
18:4	401

다니엘

7:9-14	112
7:13-14	301, 308, 310
7:27	218

호세아
11:1	306

요엘
2:31	356

스가랴
9:9-10	358

말라기
4:1-6	504

마태복음
1:1	105, 111, 451, 453
1:1-17	284-285
1:22-23	311, 357
2:4-6	312
5-7장	38, 318, 386, 388, 395
5:5	315
5:17	87, 203, 310
5:21	204-205
5:21-48	333
12:40-42	321
21:4-5	358
28:19-20	38, 39, 315, 332, 497

마가복음
1:1-4	104-105
1:13	324
1:14-15	105
4:3-20	143
4:39	331

누가복음
3:38	106, 303
4:16-30	100-101
4:18-21	100
4:21	310
11:20	66, 114, 282
24:25-26	100, 159, 276
24:25-27	107
24:44	107, 313

요한복음
1:1-14	107
1:14	27, 303, 324, 401
1:29	380, 446, 450, 461
1:29, 36	324
3:14-15	321
3:16	57, 395, 452, 454, 461
5:39	101, 107, 202, 214, 335
5:46	108
6:49-51	322
14:2	114, 498
14:9	92, 271
19:33, 36	325

사도행전
2:14-34	102
3:11-26	102
4:12	42, 109, 405
8장	102
13:16-41	102-103, 304
17:1-11	103

로마서
5:12-19	322-323
8:21	306, 469
8:32	451
10:14-15	272
11:17	384
16:25-26	92

고린도전서
2:2	32, 185

10:1-4	281
15장	305, 403
15:3-4	103, 314

고린도후서

3:6	158, 181, 197
3:15-16	79, 95, 299

갈라디아서

3:29	314, 384
4:22-31	281

에베소서

1:8-10	305
2:12-13	384

디모데전서

3:16	92-93

디모데후서

3:16	85
3:15-17	60

히브리서

1:1-2	92, 325

베드로전서

1:12	61, 208
3:20-21	362, 471

요한계시록

21:1	66, 315
21:1-4	32
22:13	257

주제 색인

ㄱ

개인주의(개인 구원) 244
계시의 점진성 90-91, 126-128, 155, 215-216, 389-390, 397-398, 453
고난받는 종 / '여호와의 종' 참조
공동체 인격(corporate personality) 295-296, 362-365
관련성 406-409, 416, 421
교차 대구법 412, 434, 466n.2, 478n.5
구속사 30-34, 61-62, 89, 90-91, 159, 287-291, 345-348, 374-375, 384-385 / '창조-타락-구속-새 창조' 참조
　점진성 90-91, 95, 126-127 / '점진적 구속사' 참조
　통일성 348, 384-385
　하나님 중심 347-348
구약
　~에서 그리스도를 설교함의 유익 109-115
　거부 49-55, 78, 246-247
　그리스도를 증언 96-109, 129-131, 184-186, 207-208, 252-253
　기독교적인 60-61, 85-87
　미래지향적 88-89
　비기독교적인 76-79
　설교가 별로 없는 이유 47-59
　설교를 해야 할 이유 59-68, 109-115
　설교의 어려운 점 55-59
　신약 관점에서 해석 274-278, 297-302
　신약에 관련된 64-68, 76-77, 80-83, 88-96, 180-184, 203-209, 225-226, 251-253, 262
　신약에 없는 가르침 62-64
　율법으로서의 53-54, 180-184, 192-195
　전(前)기독교적 80-85
　하나님 중심적 267
구약과 신약의 관계 / '구약: 신약에 관련된' 참조
구약과 신약의 불연속성 57, 90-91, 332-333
구어체 422
그리스도
　구약 해석 300-302, 309-310, 320-322
　구약의 로고스이신 27, 97-98, 124, 130, 216-217, 257-258, 261
　구약의 약속 / '약속-성취' 참조
　부활 292
　설교 / '설교(preaching): 그리스도의' 참조
　신구약 연결 고리이신 91-93
　여호와의 천사 217, 294
　역사적 예수 300n.76
　인자이신 112, 310
　하나님이신 293-295
그리스도 일원론 244, 264, 268-269, 337
그리스도를 설교함 231-232, 275-276, 380, 404

구원을 위해 41-42
명령 39-40
비기독교 문화에서 43-44
예수님의 가르침 37-38, 114-115
예수님의 기적 114
예수님의 부활 32-34
예수님의 사역 37, 113-114
예수님의 성육신 97, 99
예수님의 십자가 30-32
예수님의 인성 36, 36-37
의미 35-38
이유 38-45
하나님의 나라 34-35
하나님의 영광 269-273

ㄴ

내러티브 / '장르: 내러티브' 참조
니콜라스(Nicholas of Lyra) 167n.161, 169

ㄷ

대조 205-207, 332-333, 396-398, 453
   그리스도 안에 중심 398
   실례들 399-404, 453, 471-472, 477, 483, 490-491, 500-501
데오도레(Theodore of Mopsuestia) 149-151
도덕화 / '설교(preaching): 도덕적' 참조

ㄹ

로고스 / '그리스도: 구약의 로고스이신' 참조
로마 가톨릭 해석 172n.168
루터(Martin Luther) 173-195

ㅁ

마르키온(Marcion) 50-51, 54-55, 119
메시아 시대 291-293
모형
   예보적 367-370
   특징 374-376
모형론 146-157, 160, 219-221, 237, 254-255, 280, 315-326, 360, 366-380
   구약에서의 사용 319-320
   사용 규칙 376-380
   신약에서의 사용 322-326
   예수님 사용 320-322
   실례들 380-382, 447-449, 469, 475, 480, 487, 497
모형론화 155-156, 238-239, 263, 371
문맥
   문예적 200, 409-410, 427-428, 431-435
   역사적 정황 / '해석: 역사적' 참조
   정경적 / '해석: 정경적' 참조

ㅂ

바나바 서신 121-122
반복 412, 430-431, 440
보다 충만한 의미(Sensus plenior) 81, 343, 370
보편화 / '일반화' 참조
본문
   구조 410-411, 428-429
   단위 408-409, 425-427
   목표 415-416, 442
   선택 242-243, 406-409
   주제 415, 438-442
본문에서 설교에 이르는 단계 405-461, 507-509
불트만(Rudolf Bultmann) 53-54

ㅅ

사중 해석 157-172
삼중 해석 / '해석: 삼중' 참조
상징(주의) 377-379
설교(Preaching)
    강해 340-341, 408-409, 456
    그리스도 중심적 / '그리스도를 설교함' 참조
    그리스도의 100-101, 271-272
    도덕적 73, 227-229
    복음서 저자의 104-108
    본문 83
    본문-주제 192
    사도들의 29-35, 101-104, 269-270, 276-277
    삼위일체적 273-274
    인간 중심 70-73
    인물 모방 70-73, 227-229, 243
    전기적 70-73, 408, 424
    하나님 중심적 74-75, 221-226, 268-274
설교(Sermon)
    개요 420-422, 457-461
    모델 509-510
    목표 418-419, 455-456
    서론 458-461
    주제 418, 455
    형식 419-420, 456-457
설교 본문 / '본문' 참조
섭리 128, 316, 339
성경의 통일성 68, 85-96, 203-205, 251-252
성구집(Lectionary) 407
성령
    ~에 관한 설교 273-274
    ~의 의도 169-170, 180n.21, 214
세계관 63, 67, 286-291
슐라이어마허(F. Schleiermacher) 52
스펄전(Charles Spurgeon) 230-245, 448
시편 / '장르: 시편' 참조
신앙의 규칙 128-129, 161, 343
신앙의 유비 343
신약
    구약 사용 93-94, 278-283
    성경 해석학의 교과서가 아니다 284-286
신약과 구약의 연속성 85-87, 342, 385
신약 관련 구절 93-94, 256, 278-279, 344-345, 393-394, 450-453
    실례들 394-397, 470-471, 476-477, 482, 489-490, 500
신인동형론 202
십계명 201, 397-398

ㅇ

아우구스티누스(Augustine) 158-164
아퀴나스(Thomas Aquinas) 167-169
알레고리 143
알레고리적 해석 75, 118-131, 161-164, 175-176, 196-197, 234-235, 239-240, 263-264, 280-282, 347, 464-465, 477-478, 483-484, 491-492
    알레고리적 어구 목록 144n.85
암브로시우스(Ambrose) 157-158
약속-성취 217-219, 236-237, 306-315, 354-365
    관련성 365
    구약에서 308-309
    해석 규칙 355-356
    신약에서 309-315
    실례들 356-365
여호와의 종 113, 301, 309-310, 313, 387
역사-비평적 방법 / '해석: 역사-비평적' 참조
역사적 내러티브 / '장르: 내러티브' 참조
역사적 문맥 / '해석: 역사적' 참조
역사적 예수 300n.76
영적화 73, 73n.8 / '해석: 영적' 참조

영지주의 50, 66, 68, 118, 128
예언 / '장르: 선지서' 참조
오리게네스(Origen) 135-142, 491
오직 성경대로(Sola scriptura) 177-178, 195
왕국사 / '구속사' 참조
유비 326-329, 383-385
    실례들 385-389, 449, 469-470, 475, 481, 487, 498
유스티누스(Justin Martyr) 123-126, 464-465, 472, 477-478, 491-492
율법, 제3의 용례 205
율법과 복음 180-184, 195-196
은혜 언약 90-91, 203-204
이레니우스(Irenaeus) 126-131
이스라엘과 교회 327-328, 384-385
인자 112, 310
일반화 72-73, 243, 425

ㅈ

장르
    내러티브 350-352, 360-364, 381, 385-386, 399, 504
    선지서 382, 387, 400-401, 504
    시편 352-353, 382, 388, 401-403, 504-505
    율법서 382, 386-387, 400, 504
    지혜서 353, 388-389, 403-404, 505
장르 오류 143, 244
저자의 의도 73, 152, 160, 168-169, 198-199, 214, 229 / '성령의 의도' 참조
적용 350, 365, 384, 406-409, 415-416, 421-422
전기적 설교 / '설교(Preaching): 전기적' 참조
전제 67-68, 347, 366
점진적 구속사 302-305, 345-353, 360
    실례들 349-353, 446, 467-468, 474, 479-480, 485-486, 496-497

점진적 성취 308, 314-315, 355-358
종의 노래 113, 295
주제 / '설교(Sermon): 주제; 본문: 주제; 통시적 주제' 참조
짝 짓기(Pairing) 83-85

ㅊ

창조-타락-구속-새 창조 289-290, 346 / '구속사' 참조
청중 동일시 436-437, 440
청중의 필요 339, 406-409, 413, 425-427

ㅋ

카시안(John Cassian) 164-167
칼뱅(John Calvin) 195-229
크리소스토무스(John Chrysostom) 152-154, 447-449
클레멘스(Clement of Alexandria) 133-135
클레멘스(Clement of Rome) 121, 491

ㅌ

테르툴리아누스(Tertullian) 129, 472
테오리아(Theoria) 148
통시적 주제 329-331, 389-393, 450
    실례 470, 476, 481, 488, 499

ㅍ

피셔(Wilhelm Vischer) 245-264, 347, 483-484
필론(Philo) 132

ㅎ

하나님
  삼위일체 223-225, 273-274
  성령 273-274
  성부 269-273
  성자 293-295
  주권 195-196
하나님의 나라 38, 65-66, 114-115 / '해석: 종말론적' 참조
하르나크(Adolf von Harnack) 52-53
해석
  구속사적 336, 342, 444-445 / '점진적 구속사' 참조
  기독론적 180-195
  도덕적 138-142, 165-166, 229
  동방정교 166, 373
  로마 가톨릭 172n.168
  메시아적 99n.58
  모형론적 / '모형론' 참조
  문법적-역사적 / '해석: 문자적' 참조
  문예적 337-339, 411-413, 430-435 / '문맥: 문예적' 참조
  문자 너머의 의미 201
  문자적 132, 133-134, 136, 147-148, 149-151, 152, 160-161, 165, 167, 168-169, 170, 200, 233, 343
  문자적-예언적 178-179
  사중 157-172
  삼중 137-142, 157, 161
  알레고리적 / '알레고리적 해석' 참조
  역사-비평적 76, 109, 347, 366
  역사적 128, 161, 211-212, 225-226, 338-339, 435-437
  영적 133, 137-142, 168-169, 233-234
  유대적 279-283
  이중 133-134
  자의적 해석(eisegesis) 336, 371-372
  정경적 94, 209-210, 340-345, 416-417, 443-444
  종말론적 347-349, 357-358, 365, 378
  하나님 중심적 210-213, 221-225, 339-340, 342-345, 437-438
  그리스도 중심적 94, 213-221, 342-345, 417, 445-453
해석학적 순환 95-96, 209, 299-300
해석학적 원리 128-129, 177-184, 197-210, 336-345, 406-419
회중의 필요 / '청중의 필요' 참조
훈계(Homily) 224-225, 340-341